카를 야스퍼스(1883~1969)

하이델베르크 대학교 야스퍼스는 이 대학에서 법학과 의학을 공부했다.

니체의 돌 1902년 이탈리아 여행에 나선 야스퍼스는, 스위스의 실스마리아 호반 인근에서 니체에게 영감을 주었다는 '니체의 돌'에 이르러 의학도가 되기로 마음을 굳힌다.

에드문트 후설(1859~1938) 야스퍼스는 '후설의 현상학'을 철학으로서는 인정하지 않았으나 정신병리학자로의 현상학적 방법은 과학적임을 인정하고 정신병에 대한 체험을 기술하는 데에 유용하게 응용했다.

빌헬름 빈델반트(1848~1915) 1913년 야스퍼스는 그 무렵 하이델베르크 대학 철학 주임교수이자 서남독일학파 창시자인 빈델반트 밑에서 심리학 교수 자격을 얻는다. 그러나 빈델반트가 죽은 뒤 서남독일학파에서는 야스퍼스를 철학자로 인정해 주지 않았다.

막스 베버(1864~1920) 야스퍼스 또한 서남독일학파가 지향하는 보편타당적 가치에 대한 과학적 철학을 무의미한 것으로 보았다. 야스퍼스가 추구하던 것은 스스로 가치를 정하고 그것으로 숨쉬는 위대한 인격이었다. 그는 베버를 그러한 인물로 보았다.

▲**카를 야스퍼스 학술협회** 올덴부르크

◀**야스퍼스 청동 흉상** 크리스타 바움가르텔. 1983. 올덴부르크 체칠리에 광장

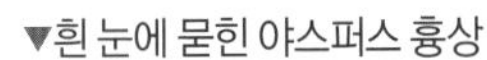

▼흰 눈에 묻힌 야스퍼스 흉상

Karl Jaspers

Kleine Schule des philosophischen Denkens

《철학학교》(초판 1965) 표지

《위대한 철학자들》(초판 1957) 표지

세계사상전집078

Karl Theodor Jaspers

KLEINE SCHULE DES PHILOSOPHISCHEN DENKENS
ÜBER DAS TRAGISCHE/EINFÜHRUNG IN DIE
PHILOSOPHIE/DIE GROẞEN PHILOSOPHEN

철학학교/비극론/철학입문/위대한 철학자들

카를 야스퍼스/전양범 옮김

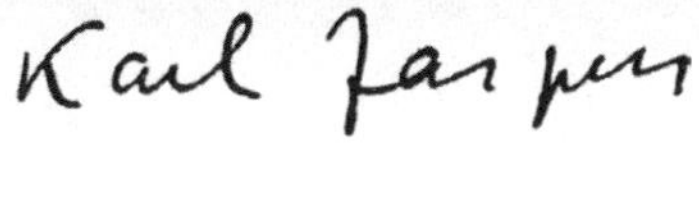

Karl Jaspers

동서문화사

디자인 : 동서랑 미술팀

철학학교/비극론/철학입문/위대한 철학자들
차례

철학학교

철학입문

위대한 철학자들

야스퍼스 생애와 사상

Kleine Schule des Philosophischen Denkens

철학학교

머리글

바이에른 방송 TV 대학에 나와 매주 1회씩 3개월 철학강의를 해 달라는 요청을 받았을 때, 나는 무척 놀랐습니다. 방송이라니 이 얼마나 멋진 모험인가! 하지만 강연자에게는 얼마나 부담스런 과제인가! 그러나 나는 주저하지 않았습니다. 철학은 인간다운 인간을 만들기 위한 것이며, 우리 한 사람 한 사람을 위해 존재하는 것입니다. 나는 강의 제목을 '철학적 사유 작은 학교=철학학교'로 하자고 제안했습니다.

'작은' 학교. 이것은 철학의 작은 문제들을 다루는 것이어선 안 됩니다. 또한 철학적 사유를 준비하기 위해 단순히 초보적인 사항을 설명하는 것에 그쳐서도 안 됩니다. 저는 둘 중 무엇도 바라지 않습니다. 철학적으로 사유(思惟)하려는 이는 곧장 큰 문젯거리와 얽히게 되며, 철학 그 자체 속에 남게 됩니다. 만일 그렇지 않다면 아직 철학적 사유를 조금도 하지 않는 셈이 됩니다. '작은'이란 말은 단지 이런 간결함을 의미하며, 이는 철학적 사유 자체에 의해 쉽게 파악될 수 있을 것입니다.

작은 '학교'. 이것은 사람들이 다 아는 내용을 가르치는 것이 되어서는 안 됩니다. 단순한 학식만 전달하는 것 또한 아닙니다. 비록 이제까지 시청강자가 그저 무의식적으로 자기의 철학적 경험을 쌓아 왔다 하더라도, 사유의 헤아림은 오히려 시청강자를 어떤 충격으로 유도할 수 있을지 모른다는 희망에 따라 진행되어야 할 것입니다. 그 충격을 통해 우리는 본디 철학에서 중요한 문제가 무엇인지를 갑자기 깨닫게 될 것입니다.

'철학적' 사유 작은 학교. 이것은 경험적이며 합리적인 사유를 궁극적인 데까지 이끌고 가, 거기에서 근원(根源)이 드러나도록 하는 것이어야 합니다. 물론 형식논리학이나 기호논리학이나 언어분석의 조작(操作)을 훈련하기 때문에 여기에서 학교란 말을 쓴 것은 아닙니다. 그러한 조작은 그 나름대로 좋은 의미가 있지만 아직 어떤 철학적 의미를 지니진 못했습니다. 철학적 사유의 학교는 오히려, 우리들 속에 있고 우리를 넘어선 근거를 한층 더 분명하게 해 주는 사유를 보여 드리려 합니다. 의미와 인도는 바로 이 근거로부터 나오는 것입니다.

방송 사정상 매주 30분씩 연설하는 것으로 되어 있습니다. 강의는 각 회마다 제대로 완결돼야만 합니다. 그래서 저는 (그 밖에도 많은 것들이 있겠지만) 다음과 같이 열세 개의 테마를 선정합니다.

출발의 영역
- Ⅰ 우주와 생명
- Ⅱ 역사와 현대
- Ⅲ 근본 지식
- Ⅳ 인간

정치를 되돌아보며
- Ⅴ 정치적 토론
- Ⅵ 정치에서의 인간 생성
- Ⅶ 인식과 가치판단
- Ⅷ 심리학과 사회학
- Ⅸ 공개성(公開性)

영원에 닻을 내리고
- Ⅹ 암호
- Ⅺ 사랑
- Ⅻ 죽음

마무리로
- XIII 세계에서의 철학

하나하나의 강의에서 나는 명백한 경험, 자연의 사실, 인생의 현실, 그리고 전통으로부터 출발할 것입니다. 이것은 어떠한 과학도 대답해 주지 않는 물음들이 고개를 드는 한계점에 그때그때 도달하고자 하기 때문입니다. 그곳에서 우리는 존재의 놀라움을 경험합니다. 또한 그곳에서 우리는, 우리의 현존재(現存在)가 지닌 의의와 과제를 묻게 됩니다.

이 강의들은, 이어지는 강의가 언제나 앞 강의의 도움을 받는다는 식의 연관은 없습니다. 어떤 강의든지 처음부터 다른 방식으로 시작할 것입니다. 이들 강의는 오직 하나의 중심을 향하고 있습니다. 하지만 그 중심은 주제가 될 수 없습니다. 다만 한 방향이 강의들을 한데 묶고 있습니다.

철학은 보편적입니다. 철학이 관계하지 않는 것은 아무것도 없습니다. 철학적으로 사유하는 자는 모든 것에 관심을 기울입니다. 그렇다고 그가 모든 것을 다 알 수 있는 것은 아닙니다. 그렇다면 모든 것을 알려고 하는 헛된 길과, 모든 것을 포괄하는 것으로 향하는 철학적인 길을 구별하는 것은 무엇이겠습니까? 지식은 끝이 없고 저마다 흩어져 있습니다. 반면에 철학적 사유는 지식의 도움을 빌려 유일한 중심에 도달하고자 합니다. 단순한 지식은 하나의 퇴적(堆積)에 지나지 않습니다. 그러나 철학은 그때마다 하나의 전체가 됩니다. 지식은 합리적인 것이며, 누구의 오성(悟性)도 이를 똑같이 손에 넣을 수 있습니다. 철학은 전체를 이해함으로써 한 인간의 본질을 이루는 사유방식입니다.

이러한 사유방식 속에서 이 강의는 진행될 것입니다. 대상이 무엇이든, 우리 강의는 그 사실에 눈을 돌리고 그로부터 사물의 근거에 이르는 실마리를 찾아낼 것입니다. 또는 그 사실로부터 현실을 한층 더 명백하게 할 것입니다. 따라서 여기서는 이러한 전연 다른 사유로 비약하는 일이 중요합니다.

그러나 철학적 강의는 이처럼 드높은 것을 노리는 만큼 마땅히 겸허해야 합니다. 지식의 도움을 받는다 해도, 우리는 지식의 바다에서 지극히 보잘것없는 아주 작은 물을 퍼낼 뿐입니다. 철학적 사유에 관해서 말하더라도, 우리는 철학적 대기권의 무한한 공간에서 불과 한두 번의 공기를 호흡할 뿐입니다.

이러한 비교들이 동시에 뜻하는 바는 이렇습니다. 즉 다만 오성이 있을 뿐만 아니라, 사유함으로써 그 지식을 자기 것으로 만드는 사람이 있어야지만, 지식의 물도 비로소 정신의 영양이 된다는 말입니다. 그리고 철학적 사유의 순수한 공기도, 그 속에서 호흡하며 사는 실존(實存)의 작용이 있어야만 힘이 될 수 있다는 말입니다. 물론 사상은 이런 사실을 시청강자들에게 알려 줄 수는 있습니다. 하지만 단순한 사상은, 청강자가 실제로 그렇게 하는 일까지 대신 도맡아 주지는 않습니다. 어떠한 것을 논하고 이야기하는 일에서부터, 어떠한 것에 관계하는 일로 걸음을 옮기는 것은, 각자가 저마다 수행해야 할 과제입니다.

강의 도중에 우리는 그때마다 경험적인 것, 논리적인 것의 한계점에 부딪칩니다. 우리는 먼저 해답을 듣습니다. 그러나 어떠한 해답도 궁극적인 것은 아닙니다. 모든 해답은 다시 새로운 물음들을 낳습니다. 결국 궁극적 물음은 해답 없이 남게 되지만, 그렇다고 공허한 물음으로 남는 것은 아닙니다. 오히려 궁극적 물음은 충실한 고요를 가능하게 합니다. 이 고요 속에는 아무것도 없는 것이 아닙니다. 오히려 여기에서야말로 인간의 본질이 인간의 내적 상태, 즉 요구·이성(理性)·사랑을 통하여 직접 발언을 할 수 있는 것입니다.

1964년 10월 바젤에서
칼 야스퍼스

I 우주와 생명

1

두 사건=1919년과 1945년

우리는 우주와 물질에 대한 인식이 유례없이 진보한 시대의 증인입니다. 많은 사건들이 이 사실을 인류에게 거듭 깨닫도록 해 주는데, 우리는 바로 그러한 사건들의 증인입니다. 나는 두 가지 사건을 기억합니다.

제1차 세계대전 직후인 1919년, 전쟁의 참화 속에서 인간다운 인간에게 관계되는 일로까지 우리를 높여 주는 사건이 일어났습니다. 남반구에서 일식이 있었을 때 영국에서 보낸 탐험대가 기술적으로 어려운 관측을 해냈습니다. 그 결과 그때까지만 해도 황당무계하다고 여겨졌던 독일 과학자 아인슈타인의 예언이 증명되었습니다. 그와 동시에 우주는 3차원적 공간이 아니라 휘어진 공간이며 무한하지만 유한한 것이라는 견해에 이른 아인슈타인의 이론이, 부분적으로는 정당하다고 증명되었던 것입니다. 물론 전문가들은 상대성 이론에 대하여 익히 알고 있었고 일반 지식들은 마치 사상(思想)의 유희를 듣듯이 어쩌다 그 이론을 들었습니다. 하지만 하루 사이에 이제 그 이론은 더 이상 사변이 아니었습니다. 그것은 관측을 통해 증명된 것입니다. 온 세상은 심상치 않은 놀라움에 사로잡혀 버렸습니다. '우주란 무엇인가?' 하는 문제야말로 가장 자유로운 지식욕의 소유자들이 관심을 쏟을 만한 문제였으니까요. 예부터 자명하다고 인정되어 오던 것이 이제는 통용하지 못하게 되었음을 사람들은 깨닫게 되었던 것입니다. 과학에 대한 자부심은 사심(私心) 없는 모든 사람들의 즐거움이었습니다.

1945년, 히로시마와 나가사키에 원자폭탄이 투하되었습니다. 이미 오래전부터 사람들은 아인슈타인의 사상을 들어서 알고 있었습니다. 원자라는 물질은, 우리가 알고 또 기술적으로 처리할 수 있는 모든 에너지에 비해서 압도적으로 커다란 에너지를 품고 있다는 것을 말입니다. 아인슈타인은 질량과 에너지에 대한 유명한 방정식을 수립하였습니다. 하지만 우리는 이 에너지를 원자로부터 끄집어 낼 수가 없었습니다. 따라서 그것은 실제로는 아무 의미도 없는 사변처럼 보였습니다. 이 의견은, 마치 우리는 화산 위에 앉아 있지만 그 화산은 결코 폭발하지 않는다고 주장하는 것과 흡사하였습니다. 제2차 세계대전 때 어느 저명한 독일 물리학자는 원자폭탄을 제조하는 일이 불가능하다고 추정하였습니다. 그런데 한편 유럽에서 미국으로 이주한 사람들은 이미 그 일을 해냈던 것입니다. 갑자기 히로시마의 원자폭탄은 현실이 되어버렸습니다. 독일 물리학자들은 처음에는 이 소식을 믿지 않았습니다. 하지만 이윽고 그들은 깜짝 놀랐습니다. 그것은 내용을 이해할 수 있던 모든 사람들도 마찬가지였습니다. 과학의 위력에 대한 자부심은, 이제 막 시작된 이 사건에 대한 불안한 심정 앞에 무릎을 꿇고 말았습니다.

2

우주와 물질

이 두 가지 사건 이후로 우주와 물질에 대한 새로운 관념이 우리 마음속에 물밀듯이 침범하여 각인되었습니다.

새로운 우주상(宇宙像) 차츰 결실을 맺고 있는 천문대의 관측을 통해 뚜렷하게 눈앞에 그려진 우주는 이러합니다. 은하수는 수십억의 태양들로 가득 차 있고 수십억에 달하는 다른 은하나 성운(星雲)이 있습니다. 지구에 가장 가까이 있고 육안으로도 볼 수 있는 안드로메다 성운은, 육안으로 볼 수 없는 저 수십억 성운 가운데 하나에 불과합니다. 우리는 이 사실들을 알았던 것입니다.

이러한 우주상은 양적 수량의 질서로 보아 거대한 것처럼 보일 뿐이지 아직도 기존 관념과 같은 수준에 머물러 있습니다. 그러나 새로운 점, 이제까지의 모든 관념과 비교할 수 없는 점이 있다면 그것은 이처럼 뚜렷하게 그려진 우주가 우주실체의 앞모습에 지나지 않으며, 그 우주실체는 다만 사유될 수 있을 뿐 눈앞에 그려낼 수는 없다는 것입니다. 우주실체는 오직 수식으로써만 접근할 수 있는데, 그것마저도 결코 궁극적인 것은 못 됩니다. 처음에 아인슈타인은 세계가 휘어진 공간이며 그 크기를 계산해 낼 수 있는 유한한 것이라고 생각하였습니다. 그 뒤 세계는 부단히 팽창하는 세계, 끊임없이 커져 가는 세계로 인식되었습니다. 게다가 그것의 시간적 시작이 계산되었습니다. 이러한 수학적 구상은 관측을 통해 입증될 때에만 의미를 가집니다. 그렇지 않고 새로운 관측에 의하여 검증되지 못한다면 별 의미가 없는 것입니다. 과학자는 누구나 한 연구 분야를 발전시켜 놓은 다음에는, 극복할 수 없는 난점과 마주치게 마련입니다. 우주 전체에 대한 이러한 추상적인 수학적 구상은 어느 것이나 대개 과학적으로는 궁극적으로 증명될 수가 없습니다. 우주는 이른바 무한 속으로 들어선 탐구의 길을 위하여 열려 있는 것입니다.

새로운 물질관 우주처럼 물질 또한 이론의 여지가 없는 과학적 인식 덕분에 그 양상이 아주 바뀌어 버렸습니다. 1890년대의 방사능의 발견, 원자붕괴의 발견은, 그 사실에 정통한 사람들에게는 그즈음 이미 정신적으로 혁명적인 한 사건이었습니다. 원자의 존재는 오늘날 과거 어느 때보다 더 확실한 것으로 증명되고 있습니다. 원자는 물론 존재합니다. 그러나 이 원자는 궁극적인 소립자가 아니며 좀더 작은 것들, 즉 양성자·중성자·전자 등으로 구성된 것입니다. 물질은 이전과는 근본적으로 아주 다른 것으로 생각돼야만 합니다.

첫째, 뚜렷하게 규정될 수 있는 궁극적인 소립자란 일반적으로 이미 존재하지 않습니다. 분명 서로 모순되는 파동과 입자라고 하는 모형 표상(表象) 속에서는 오직 수학적으로만 파악될 수 있는 경과, 서로 보완적이며 자기모순이 없는 경과가 모습을 나타냅니다.

둘째, 항상 새로운 소립자가 발견되어 왔습니다. 그렇다고 우리가 물질의 가장 작은 궁극적인 부분에 도달한 것은 아닙니다. 몇 년 전 스탠퍼드 대학의 연구에 대하여 이러한 보고가 있었습니다.

'양성자는 소립자가 아니라, 오히려 고밀도의 핵과 그것을 둘러싼 중간자운(中間子雲)으로 이루어진 것이다.' 보고문은 다시 다음과 같이 계속됩니다. '몇몇 물리학자들은 추측한다. 자신들은 아마 어떤 궁극적인 물질 구조에 도달하는 일이 결코 없을 것이며, 소립자의 언제나 새로운 하부 구조를 발견할 뿐이라고.' 즉 물질에 대한 관념은 암흑의 관념과 같다는 뜻이 됩니다. 이 암흑이 모든 현존재의 기반이며, 현존재는 꿰뚫어 보지도 못하는 채로 암흑을 계속 바라보고 있다는 말이 됩니다. 차라리 물질이란 탐구 앞에 무한히 열려 있는 것이지, 하나의 원소가 존재한다는 것은 아닙니다. 일체의 원소는 현상이지, 근본적 실재는 아닙니다. 물질의 본질은 여전히 규정되지 않은 채 남아 있습니다.

3

생명 없는 우주의 사막과 지상 세계

우주와 물질은 세계에 대한 우리의 지식을 무한 속으로 끌어들입니다. 우주는 언제나 뒤로만 물러서는 무한대의 것으로, 물질은 언제나 숨어 버리기를 거듭하는 무한소(無限小)의 것으로 말입니다. 그러나 이 양쪽을 모두 구명(究明)한다 하더라도 우리는 아직 세계 일반을 손에 넣은 것이 아닙니다. 우주는 그 속에 우리의 지구를 품고 있습니다. 지구는 만유(萬有) 속에서 본다면 아주 작은 물질의 티끌이지만, 바로 이 티끌 위에서 우리가 생존하고 있는 것입니다. 여기 우리의 세계가 있습니다. 식물과 동물의 생명이 있습니다. 산과 물이 있고, 비와 바람이 있고, 둥글게 펼쳐진 하늘이 있습니다. 우리 인간이 인간과 더불어 현존하는 곳이 바로 여기인 것입니다. 물론 우주는 매우 크기 때문에 이들 모두는 우주와 견주어 볼 때는, 마치 존재하지 않는 것이나 다름이 없습니다. 그런데 우주는 우리의 지식으로 볼 때 거대한 물질 운동의 생명 없는 사막에 불과합니다.

하지만 이 훌륭하고도 비정한 우리의 세계가 물질에 얽매여 있는 것이 사실이라 하더라도, 이 세계는 물질 이상의 것이며 단순히 물질로부터 생겨난 것이라고 생각할 수는 없습니다.

이 세계에 관해서도 근대과학은 근본적으로 새로운 인식을 획득하였습니다. 예를 하나 들어 봅시다. 고대로부터 무기적 물질, 식물의 생명, 동물의 생명, 영혼의 내면성, 의식, 사유로 이어지는 동안, 뒷 단계가 저마다 앞 단계 속에 자기의 근거를 두는 웅대하고도 통일된 단계 계열이 중시되어 왔습니다. 전체의 이 아름다운 통일은 근대에 와서는 시간적 발전으로 이해됨으로써 하나의 우주적·지구적 자연사(自然史)라는 매혹적인 모습을 낳았는데, 이 자연사는 인간에 이르러 정점에 도달했습니다. 이러한 통일은 오늘날에는, 인식상으로는 해소되어 버렸습니다. 뒷 단계는 앞 단계로부터 나올 수 없고, 오히려 단절에 의하여 분리되어 있습니다. 하나하나의 단계는 따로 떼어서는 이해될 수 없으며, 또 어떠한 단계도 그것 하나만으로써는 이해될 수 없습니다. 모든 것을 하나로 묶어 놓는 것이 없어져 버린 것입니다.

그러나 통일이라는 막연한 관념을 파괴해 버린 과학적 연구는, 이러한 여러 단계 사이의 관계를 인식함으로써 이 통일을 다른 의미로 되찾았습니다. 그러한 관계는 오늘날 부단히 전진하는 사이에 저도 모르게 확실한 인식으로서 획득된 것입니다. 나는 이제 무기적 물질과 생명과의 관계로 문제를 한정해서 생각해 보겠습니다.

생명계 19세기에 이미 '자연계의 모든 생물은 오직 생명으로부터만 생긴다'—omne vivum ex ovo(모든 생명은 알로부터)는 것이 증명되었습니다. 그때까지만 해도 자명한 것으로 여겨졌던 물질로부터의 자연발생, 무생물과 생물 사이의 이행(移行)이 이제는 거짓임이 입증되었습니다. 그러나 이와 때를 같이하여 그 둘 사이에 새로운 다리가 놓이기 시작하였습니다. 그때까지는 다만 생명으로부터만 생겨난다고 여겨졌던 유기물이 화학자의 실험실에서 무기물로부터 합성 제조되었으며, 1828년에는 우선 요소(尿素)가 만들어진 것입니다. 그 뒤 현대 유기화학이 성장하였고, 고도로 복잡한 단백질 분자에 이르기까지 헤아릴 수 없는 유기물의 세계가 발견되었습니다. 그런데 이 모든 유기물들은 생명이 없는 것들입니다.

그럼에도 불구하고 많은 사람들은 언젠가는 물질로부터 생물체를, 그리고 생명 그 자체를 만들어 낼 수 있으리란 생각을 단념하지 못했습니다. 그러나 그것은 불가능한 일입니다. 생명은 최고로 복잡한 소재(素材)일 뿐만 아니라 살아 있는 몸이기도 합니다. 인체는 형태학적으로 보아 무한한 구조를 지녔고, 제아무리 극도로 복잡한 화학적·물리적 기계라 할지라도 그것에는 도저히 미치지 못합니다. 이러한 기계는 아무리 복잡하더라도 역시 유한한 것일 수밖에 없기 때문입니다. 게다가 생명은 단순히 살아 있는 몸일 뿐만 아니라, 생명 활동의 장(場)으로서의 외부 세계를 내부 세계와 함께 지닌 현존재입니다. 신체의 장치, 어떤 목적 아래 작용하는 화학 현상, 여러 감각기관 따위는, 생명을 통해 생겨난 것이라고는 하더라도 아직 생명 그 자체는 아닙니다. 과학자들은 예측하기 어려운 생물학적 구성물을 발견하고 또 제조해 내겠지만, 결코 하나의 생명을 만들어 낼 수는 없을 것입니다.

위대한 과학자는 오히려 겸허한 인식을 갖습니다. 아인슈타인은 우주나 원자에 대한 인식의 길을 걸어갈 때에도, 생명의 비밀에 대한 통찰을 잃지 않았습니다. 1947년 병석에 누웠을 때, 그는 자기의 몸에 관하여 골똘히 생각하다가 이러한 글을 썼습니다. '이 믿기 어려울 만큼 복잡한 기계 장치가 이렇게 언제나 똑같은 기능을 발휘할 수 있다는 것 자체가 새삼 신기하기만 하다.' 그는 이러한 기분을 느꼈습니다. '과학이란 얼마나 초라하고 얼마나 유치한가!' 1952년에는 다시 이렇게 쓰고 있습니다. '나의 서류 위를 날아다니는 아주 작은 곤충 한 마리를 헤아려 볼 때도 이러한 느낌이 든다. 알라신은 위대하시다. 그리고 우리들은 과학의 모든 영광을 가지고서도 여전히 불쌍하고 어리석은 자들이다.'

그러나 이러한 기분은 충분히 통찰되지 못한 채 남아 있습니다. 아인슈타인도 철학적 견지에서 볼 때 존재하는 모든 것은 수학적으로 질서가 잡혀 있고, 원칙에 따르면 궁극적인 것까지 수학적으로 설명될 수 있다는 전제(前提)에 사로잡혔던 것입니다. 아인슈타인 역시 생명은 원자 속에 예정되어 있으며, '전체의 비밀은 이미 최하위 단계 속에 포함되어 있다'고 주장했습니다. 그렇다면 어찌하여 우리는 거기에 도달하지 못하는 것일까요? 바로 우리의 사상이 좀더 깊은 심연으로 들어서면, 수학이 따라 주지 않기 때문입니다. 왜냐하면 지금까지 달성된 수학으로는 기초방정식 속에 포함되어 있는 것을 산출해 낼 수 없기 때문입니다. 따라서 이 비밀은 아인슈타인이 보기엔 현실 자체 속에 있는 것이 아니라, 다만 수학이 그것을 산출해 내기에 아직 불충분하다는 데서 생겨나는 것입니다.

그러나 이제 칸트와 함께 이렇게 말해 봅시다. "생명의 통일은 무생물로부터의 생명 출현을 설명해 주겠지만, 그러한 통일이 설령 존재한들 그것은 무한자(無限者) 속에나 있는 것이므로 우리가 파악할 수는 없다. 여러 가지 새로운 인식들은 특수한 것에 대한 놀라운 성과를 통해서 오히려 이 비밀을 전체적으로 깊게만 해 줄 따름이다."

4

자연과학에 의해 성립된 정신적 상황

과학적 연구는 그것 자체가 철학은 아니지만, 철학을 위한 하나의 상황을 형성해 줍니다. 다른 근원으로부터 태어난 철학은, 철학을 사로잡고 진보시키는 그때그때의 과학적 상황 속에서 모습을 나타냅니다.

현재 우리의 상황에서 새로운 점은 이것입니다. 과학적 연구의 순수성은 철학 자체의 근원이 지닌 명백성과 마찬가지로 가능하기도 하고, 또 필요하기도 합니다. 나는 자연을 파악함으로써 생기는 애매한 결과들을 한 번 가볍게 보는 것으로 만족하겠습니다.

찢긴 세계 첫째, 이전에는 존재자의 전체가 세계상(世界像)으로서 마치 명백한 것처럼 존재하였습니다. 그러나 오늘날 우리에게는 보편타당한 세계상은 없습니다. 세계는 갈기갈기 찢겨 버렸습니다.

이를테면 사람들이 이렇게 말한다고 합시다. "세계 그 자체는 물질이다. 물질 속에 이미 포함되어 있는 모든 것, 즉 생명·내면성·의식·사유 등은 이 물질로부터 생겨나는 것이다."—그러나 이 말은 이행이나 발전과 같은 관념으로 찢어진 부분을 숨기는, 겉만 반지르르한 공허한 말일 뿐입니다.

반대로 만일 세계를 생명으로부터, 정신으로부터, 사유로부터 이해하려고 해도 역시 이와 다를 바 없습니다. 일반적인 견해들은 어차피 세계의 총체를 이해하지 못합니다. 그것들이 부딪치는 것은 전체가 아니라 언제나 개별적인 것입니다. 세계를 전체적으로 묻는 물음 앞에서 과학은 무너집니다. 과학적 인식에 의하면 세계는 갈기갈기 찢긴 모습으로 우리 앞에 존재합니다. 과학적 인식이 순수하면 순수할수록 세계는 더욱더 깊게 찢겨질 뿐입니다.

그런데 낡은 세계상으로부터의 해방은, 분수를 모르는 과학을 또다시 과학적인 것이라고 착각될 만한 새로운 세계상으로 인도합니다. 더욱이 이 새로운 세계상은 낡은 세계상보다도 한층 더 우리를 숨막히게 합니다.

주술(呪術)로부터 해방된 세계 둘째, 세계는 이미 주술로부터 해방되었습니다. 과학과 기술이 우리를 주술로부터 해방시켜 준 것입니다. 과학과 기술은 우리가 자연 속에서 물질적인 생존을 주장하는 일을 지극히 수월하게 해주었습니다. 주술을 부리는 것은 오늘에 와서는 불법일 뿐만 아니라, 자기 오성을 배반하는 인간의 불성실한 행위이기도 합니다.

세계가 주술로부터 자유로워졌다고는 하지만 기술을 실행하는 마음가짐에서는 사정이 완전히 달라집니다. 이를테면 이런 현상이 있습니다. 전등을 켜거나 라디오를 틀거나 자동차를 몰거나 할 적에, 우리는 거기에서 어떠한 일이 일어나는지 알지 못합니다. 우리는 기술 조작법을 배워 둡니다. 그리고 별로 신기해 할 것도 없이 그저 과학적 지식에 의해서 그렇게 움직이게끔 되어 있다고 알 뿐입니다. 우리는 세상 모든 일이 그렇게 되기를 기대합니다. 그래서 이렇게 생각합니다. '우리는 모든 것은 아니지만 많은 것들을 이해했다. 원칙상으로는 모두를 빈틈없이 이해할 수 있을 것이다.' 예컨대 과학이 아직은 생명체나 인간을 만들어 낼 수는 없지만, 머지않아 그것들을 창조할 수 있을 것이라고 사람들은 믿고 있는 것입니다.

여기서 무슨 일이 일어나겠습니까? 과학적 사고방식을 지니지 못한 곳에서는, 사상이 없는 주술적 사고가 낡은 주술의 자리를 대신 차지하고 나선다는 것입니다. 물론 이론의 여지가 없는 과학과 기술적 능력이 주술로부터 완전히 해방된다는 것은 훌륭한 일이지만, 오히려 그것 때문에, 존재하는 모든 것을 절대화(絕對化)함으로써 일상의 충실한 현실을 파괴하는 일이 생긴다는 것입니다. 일찍이 우리는 지세(地勢)나 풍토에 의해 운명이 결정된다고 믿었습니다. 이 지세나 풍토가 낳는 분위기 속에서, 광대무변한 천지자연의 의식에 이르기까지의 한없이 풍요한 현상 속에서 우리는 무엇인가를 체험하지만, 이러한 체험은 결코 비현실적인 공상이나 단순한 주관적 감정은 아닙니다.

우리는 암호의 세계, 그리고 암호 서로 간의 투쟁의 세계라는 현실 속에 살고 있습니다. 우리의 과학적 인식은 현상을 주술로부터 해방시킴으로써 대조적으로 이 암호들을 한층 더 명확하게 하고, 더 풍부하게 하고, 더 근원적으로 작용하게 합니다. 이들 암호는 과학에 의하여 산출될 것도 아니며 과학에 의하여 말살될 것도 아닙니다.

신(神)이라는 암호 암호의 세계에서의 투쟁에 대한 예를 하나 들어 봅시다. '신'이라는 암호를 가지고 우리는 말합니다. "신은 세계를 창조하였다."

그러면 한 암호는 말합니다. "신은 수학자다." "신은 척도와 수에 따라서 세계를 창조하였다. 따라서 우리는 사유 속에서 신을 모방하여 세계를 창조할 수 있다."(아인슈타인 같으면 그렇게 말했을지도 모릅니다) 이에 한층 더 심오한 암호가 이렇게 맞대꾸합니다. "신은 우리가 이해할 수 없는 방식으로 세계 전체를 창조하였다." "신은 세계 속에 수학적인 것을, 인간 속에 수학자를 창조하였다. 수학적인 것이 세계의 모든 것은 아니다. 차라리 수학적인 것은 자연 속에 있는, 또 인간의 인식 방법 속에 있는 하나의 특징에 불과하다."(이렇게 쿠사누스는 생각하였습니다)

다른 예를 들어 봅시다. 인간은 다양한 세계상 속에서 살아왔습니다. 그러한 세계상의 영역은 과학적으로는 타당성이 없습니다. 하지만 이러한 세계상은 암호의 영역으로서는 영구히 의미가 있습니다. 위와 아래, 위쪽과 아래쪽, 하늘과 땅, 찬란한 에테르와 심연(深淵)의 암흑, 천상의 신들과 저승의 신들—이러한 모든 것들은 볼 적마다 그 의미가 달라집니다. 오늘날에도 역시 그렇습니다. 그런데 주술로부터의 잘못된 해방은 우리 영혼의 눈을 멀게 해 버렸습니다.

셋째, 세계의 여러 현상은 인식될 수 있습니다. 연구가 무엇을 목표로 삼고 있는가 하는 것은, 경이(驚異)로부터 생겨났고 또한 새로운 경이를 낳는 인식이 가능하다는 점에서 분명해집니다. 진정한 지식은 무한자 속으로 계속 나아가면서도 또한 자기에게 부과되는 한계 내에서 가능한 것을 경험하는 일에 만족할 수밖에 없는 것입니다.

과학적 미신 인간적 실존의 재앙은, 과학적으로 얻어진 지식이 존재 그 자체로 생각될 때와 과학적으로 알 수 없는 모든 것이 비존재로 인식될 때에 시작됩니다. 그러면 과학은 과학적 미신이 되며, 이 미신은 사이비 과학의 옷을 입고 수많은 어리석은 행위들을 저지릅니다. 그러한 우행 속에는 과학도, 철학도, 신앙도 존재하지 않습니다.

오늘날 과학과 철학은 일찍이 볼 수 없었던 만큼 뚜렷하게 구별되고 있습니다. 그리고 이 구별이 진리에 의하여 이토록 절실히 요구된 적도 없었습니다. 그런데 오늘날 과학적 미신의 회색 꽃은 만발하고 철학은 시들어 떨어지는 듯이 보이기만 합니다.

순수한 과학과 철학의 근원성으로부터 이렇게 잘못된 일탈을 함으로써 우리의 존재 의식은 나날이 황폐해지고 있습니다. 이리하여 우리의 존재 의식은 스스로를 추상적으로 파악하고 체험하는 현존재의 기능으로서 공허한 것이 돼 버립니다. 우리의 존재 의식은 우주만물이 다만 이러저러하다고 말해주는 세계상 속에서, 삶의 근본적으로 황폐한 기분을 일으키는 주술로부터의 해방 속에서, 더 나아가서는 사물과 교섭하면서도 결과적으로는 사물 자체를 보지 못하는 과학적 미신 속에서 변질되고 맙니다. 이러한 일탈이 철학에의 길을 차단합니다. 철학은 이러한 걸림돌을 헤치고 나가 인간을 자기 자신에게로 되돌려 주는 일을 과제로 삼는 것입니다.

5

세계를 알기 위한 테제

지금까지 말한 것을 요약해 봅시다.

우리는 세계 안에 존재하지만 결코 전체적인 세계를 대상으로 삼지는 않습니다.

여러 대상은 끝없이 연구되어야 합니다.

세계는 우리 인식에 대하여 하나로 묶여 있는 것이 아니라 오히려 갈기갈기 찢겨 있습니다. 과학적 연구는 세계의 일정한 영역에서만 타당한 통일 이념에 의해 인도되고 있습니다. 하지만 현재로서는, 과학적 성과를 거둘 수 있는 세계 전체에 대한 통일 이념이란 단 하나도 존재하지 않습니다.

세계는 그것 자체로 이해되는 것이 아닙니다. 또한 물질로부터, 생명으로부터, 정신으로부터 파악될 수 있는 것도 아닙니다. 알 수 없는 하나의 실재가 인식할 수 있는 것의 앞을 가로지르고 있습니다. 게다가 인식은 이 실재를 따라잡지 못합니다. 우리의 인식에 대하여 세계는 그 실체를 보여 주지 않습니다.

과학의 한계 이 모든 것들은 과학의 한계이긴 하지만, 우리의 실존 속에 철학적 바탕을 둔 사유의 한계는 아닙니다. 예컨대 우주 만물의 통일, 다시 말하면 자기 속에서 안주하는 전일자(全一者, All-Eines)의 통일은, 세계에 대한 외경의 체험이지 세계 지식은 아닙니다. 그런데 이 세계에 대한 외경의 눈에는 모든 것이 포괄적으로 보이며, 그 어떤 특수하거나 개별적인 것 속에서도 암호로서의 현실적 세계가 보입니다. 과학적 연구에서는 이러한 암호는 마치 무(無)와도 같은데, 과학적 연구로써 입증될 수도 반증될 수도 없는 것입니다.

Ⅱ 역사와 현대

1

오늘의 역사상

우주에 대한 지식과 마찬가지로 역사에 대한 지식도 오늘날 놀라운 발전을 이루었습니다. 묻혀 있던 세계가 발굴되어 우리 눈앞에 새롭게 되살아났습니다. 지금껏 알려지지 않았던 언어와 문자가 우리에게 말을 걸어 오고 있습니다. 동굴의 벽화, 조각, 도구들이 문자 없던 시대를 엿보게 하여 줍니다. 결국 10만 년도 더 전의 해골이 발견되어, 인간이 아주 오랜 옛날부터 생물학적으로 존재했다는 사실이 증명되었습니다. 이에 비하여 우리가 알고 있는 역사란 지극히 짧은 것입니다.

전체 역사는 경험상 이러한 모습으로 그려질 수 있습니다. 몇 만 년, 또는 그보다 훨씬 오랫동안 문자 없는 선사시대가 계속되었습니다. 그 뒤 약 6000년 전부터 기록이 남아 있는 역사시대가 뒤따랐습니다. 메소포타미아, 이집트, 인도, 중국에서 최초의 고도 문화가 발생했습니다. 그 문화는 황폐한 사막에 의해 격리된 지대, 지구 전체로 본다면 대서양에서 태평양에 이르는 지리적 영향을 적게 받는 지대에서 성장했습니다. 그리고 기원전 800년부터 200년에 걸쳐(메소포타미아와 이집트를 제외한) 중국, 인도, 이란, 팔레스티나, 그리스에서—거의 서로 무관하게—비로소 우리의 의식에 주춧돌을 놓은 정신적 사건들이 일어났습니다. 바로 이 의식이 오늘날까지 우리 삶의 토대가 되고 있습니다. 그 무렵 여러 가지 근본 문제들이 종교적, 철학적으로 제기되었고 그에 대한 여러 가지 해답들이 나왔습니다. 이 해답들은 아직도 우리에게 기준을 제공합니다.

세계사의 차축시대(車軸時代) 우리는 이 시기를 세계사의 차축시대라고 부릅니다. 이때부터 중국과 인도와 유럽에서, 세 갈래 병행하는 발전의 길이 열리게 됩니다.

서기 1400년 무렵까지도 이 세 개의 큰 문화권의 생활양식, 기술 수단, 노동양식은 아직 서로 비슷하였습니다.

기술시대(技術時代) 그 뒤에 와서야 겨우 우리에게서만, 오직 유럽의 우리의 손에서만 기술시대가 시작되었습니다. 모든 사물의 철저한 합리화, 이 합리화와 무관한 어떤 지식 형태에도 휩쓸리지 않는 순수 경험과학, 계획적으로 고안되며 끊임없이 진보하는 기술, 이러한 것들이 등장했던 것입니다. 이제까지는 경험하지 못했던 역사의 변혁이 자연지배와 상품생산을 촉진하고, 선박이나 비행기나 라디오를 통하여 지상의 곳곳을 이리저리 연결해 주는 교통을 낳았습니다. 유럽인들은 발견자가 되었고, 그 밖의 모든 이들은 발견된 사람들이 되었습니다. 이렇게 기술시대가 인류를 지배하고 이제 겨우 시작된 세계사의 토대를 놓아 주었던 것입니다.

우리는 놀랍니다. 지구상에 생명이 퍼지기 시작하여 유구한 시간이 흐르고, 인간이 생존하게 되어 짧은 시간이 흐른 뒤, 이제 6000년의 세계 역사를 1분이라고 한다면, 기술시대에 의해 시작된 인류사의 통일은 불과 몇 초에 지나지 않는 것입니다!

일찍이 세계사적 상황의 일회성이 오늘날처럼 과도하게 우리의 의식에 밀어닥쳤던 적은 없었습니다. 어디에서부터? 어디로? 왜? 오늘 우리의 이 순간은 모든 것의 종말인가, 아니면 전혀 새로운 또 하나의 출발인가?

2

역사의 경이

우주에서 본다면 우리 역사는 하나의 경이입니다. 수십억에 이르는 은하 중 한 은하의 멀고 먼 한구석에 위치한 우리의 행성 위에서 티끌 같은 한순간에 일어났던 일, 또 현재 일어나는 일, 이러한 일이 어딘가 다른 곳에서도 일어났었을까요? 아니면 우리야말로 유일한 이성적 존재일까요?

아직 우주 안에 다른 이성적 존재가 실재한다는 사실은 아주 작은 징후로도 드러나지 않았습니다. 매우 마땅하다고 우리가 이처럼 추정하는 것이 역시 충분한 근거를 토대로 의문시될 수도 있습니다. 첫째, 생명에 없어서는 안 될 지구상의 물리적·화학적 조건들이란, 가능한 물질 상태의 내부에서 이루어지는 놀랍도록 복잡한 조합입니다. 그나마 이러한 물질 상태를 가능케 하는 유효 범위도 아주 좁아서 일단 이 안을 벗어나면 생명은 당장 사라지고 말 것입니다. 이러한 물리적 조건들이 출현하기 위한 확률의 한도를 과연 계산해 낼 수 있는지는 나도 모릅니다. 혹시 생명은 딱 한 번만 출현할 수 있었던 것이 아닐까요? 둘째, 혹 생명이 몇 차례에 걸쳐 나타날 수 있다 하더라도 그 생명으로부터 반드시 이성적 존재가 생겨난다는 법이 있을까요? 5억 년 전 인류, 혹은 전 단계의 인류(겨우 50만 내지 100만 년 전의 일에 불과하지만)가 나타나기 전부터 지구에는 생명이 존재하였습니다. 이성적 존재, 다시 말해 우리 인간은 단 한 번밖에 우주에 출현한 적이 없는 것은 아닌지요? 그것은 우리가 알 길이 없습니다.

요컨대 원칙적으로는 알 수 있다고 말하더라도 오로지 경험을 통해서만 결정지을 수 있는 어떤 사실이 문제입니다. 우리는 단순한 짐작을 가지고 이리저리 흘러 다니고 있습니다. 우리는 이제까지 그러한 일을 경험할 기회를 가지지 못했습니다. 우주 곳곳에 흩어져 있는 이성적 존재들 사이에서 벌어지는 교통 따위는 장대해 보이긴 해도, 결국 허구에 불과한 우주적 환상일 따름입니다.

우리는 생명 없는 물질, 그것들의 변화·운동·폭발·형성이 있는 우주 속에 있으면서 고독합니다. 우주는 우리를 필요로 하지 않습니다. 우리가 티끌 같은 지구와 함께 사라져 없어진다 하더라도 거대한 우주는 지금처럼 존속할 것입니다. 우주는 우리를 위해서 존재하는 것이 아닙니다. 플라톤이, 쿠사누스가, 혹은 칸트가 알려 준 것처럼 우주를 그것 자체로 보십시오. 우리와 어떤 관계를 맺고 창조된 것으로 봐서는 안 됩니다. 우주는 우리의 지배 영역이 아니라 오히려 우리에게는 외경의 대상입니다.

그런데 우리는 우주에 관해서 다만 물질—존재라는 겉으로 보이는 것밖에 모르기 때문에 때로는 놀라고, 때로는 무관심해지고 하면서 그 사이를 헤맵니다. 거대한 우주와 보잘것없이 작은 지상 세계라는 관계가 우리에게서는 뒤집어질 수 있습니다. 다시 말하면 우리 인간세계는 우리의 역사가 지닌 내용으로 보아 과연 포괄적이며 위대합니다. 역사 속에서 우주에 대한 우리의 지식은 시시때때로 변하면서도 우리의 정신적 계기로서 나타납니다.

3

역사란 자연적인 사건의 연속이 아니다

우리 역사는 자연사(自然史)가 아닙니다. 우리 역사는 우주와 지구의 시간적 생성의 계속, 지구에서 일어나는 생명 형태의 전개의 계속으로 이해될 것이 아닙니다. 우리 역사는 그것과 근본적으로 다릅니다. 자연사는 의식이 없으며, 오랜 세월 동안 같은 일을 되풀이하는 것으로서, 수백만 또는 수십억 년에 걸쳐 그 일이 일어납니다. 이에 비해 우리 역사는 지극히 짧은 시간에 생겨났습니다. 언제까지나 변하지 않는 생물학적 토대에 발을 붙이고 있으면서도 세대마다 그들의 상태를 변화시켜 왔습니다. 우리 역사는 다양한 행위·전통·의식적인 기억들과 관련을 맺고 있습니다. 우주와 자연 속에서 우리는 우리에게 낯설고 상관없는 것들 곁에 있습니다. 역사 속에서는 우리 자신의 곁에 있습니다. 우리 선조들이 우리를 부르는 것 같고, 우리가 선조들에게 마치 응답하는 것 같습니다. 우리는 인간성이라는 불변한 자연성에 바탕을 둔 채, 결코 똑같이 되풀이되는 법이 없는 역사적 여러 현상을 실현시키는 것입니다.

4

역사과학과 한계

역사란 우리 선조들의 행위와 창조를 말합니다. 선조들은 우리에게 쉼 없이 전진하라고 일러 주었습니다. 태곳적부터 신화나 전설을 통하여 인간은 자기들의 역사를 알며, 문자가 발명된 뒤로는 자기들의 경험과 행적의 기록을 통하여 자기들의 역사를 압니다. 그것은 자기들의 역사를 잊지 않기 위한 것입니다. 달리 말하자면 그것은 역사과학입니다. 우리는 실제로 일어났던 일을 알고자 합니다. 그래서 우리는 아직도 현존하는 실재(實在), 즉 사료(史料)와 기록, 증인의 보고, 건축물이나 기술적 작품, 시나 예술적 창작물에 의존하게 됩니다. 이들은 모두 다 지각될 수 있는 종류이지만, 단 그것은 우리가 그것들 속에 의도되었던 의미를 이해할 수 있을 때에 한합니다. 우리가 진정한 전통을 올바로 이해하고 증인의 진술의 정당성을 검증할 수 있는 한, 과학으로 충분합니다.

사실과 성도전(聖徒傳) 과학이 가지는 내용의 순수성은 신화나 성도전의 내용과는 구별됩니다. 성도전의 증언은 사실이 아니라 '우리는 ……라고 믿었다'라는 뜻의 증언입니다. 만일 우리에게 신앙이 없다면 그때 그 자리에 함께 있었다 해도, 믿는 자가 증언하는 바를 사실로서 증언할 수 없을 것입니다.

모든 과학이 그렇듯이 역사과학도 한계에 부딪칩니다. 우리의 지식이 과거의 미지의 영역으로 거대하게 확대된 결과, 우리는 한계를 넘어서는 기대를 갖게 되었습니다. 우리는 역사의 시초에까지 도달하기를 기대하게 되었습니다. 그러나 과학은 비밀 앞에 겸허하라고 가르칩니다. 아직 아무도 들어가지 못한 시간 영역, 아주 작은 신호를 통해서 알려져 있을 뿐인 시간 영역은 활짝 열려 있으면서도 우리로선 예측할 수 없는 것이 사실입니다. 그런데 모든 시초는 역사 내부에서 일어나는 새로운 일의 시초와 마찬가지로 우리를 어둠 앞에 세웁니다. 이 어둠 속에서 근원은 지식에 대하여 끝내 닫힌 채 남는 것입니다.

인식될 수 없는 전체 역사과학의 한계는, 우리가 역사 전체를 의미 있는 하나의 전체로서 인식하지 않고 있다는 것이기도 합니다. 경험적 역사과학은 곳곳에서 우연과 마주칩니다. 이 우연이야말로 역사과학이 연구하는 대상의 근본 사실입니다.

5

현대 상황

오늘날 우리가 처한 역사적 상황으로 되돌아가 보겠습니다. 현재 일어난 정치적·사회적·과학적·기술적·정신적 변화는 너무도 철저해서 알프레드 웨버는 이제까지의 역사의 종말이라고 말했을 정도입니다.

지금 일어나고 있는 사태는 과연 과거와 같은 의미에서의 역사일까? 정신적 창조력은 아직 명맥을 유지할 것인가, 아니면 기술적인 것만으로 한정될 것인가? 신앙은 인간 생활에 의미를 줄 것인가, 아니면 숱한 미신이 인간 생활을 혼탁하게 할 것인가? 서로를 전연 이해하지 못하게 될 그러한 인간 존재 양식이 장차 나타날 것인가? 유럽, 중국, 인도의 정신적 창조물들이 이해되지 못하는 날이 올 것인가? 원자폭탄에 의한 자멸로 종말을 고하고 말 것인가?

아니면 반대로, 이제야 비로소 더 큰 기회가 인류 앞에 활짝 열리게 되는 것인가? 우리는 세계 평화에 다가가고 있는가? 세계 평화는 조약을 체결하여 상호 결합하는 독립 국가들을 통해 자유롭게 실현될 것인가, 아니면 지구를 지배하는 권력에 의하여 강압적으로 달성될 것인가? 이제까지의 역사에서처럼 놀라운 일, 창조적인 일, 기적적인 일들이 역사의 수천 년을 자기 속에 간직하고 있는 새로운 인간 존재로 우리를 이끌어 줄 것인가?

우리는 이러한 물음의 어느 하나에도 대답할 길이 없습니다.

6

자기 붕괴 과정의 의식

꼭 한 가지만 자세히 살펴보겠습니다. 바로 오늘날 널리 퍼져 있는 자기 붕괴 의식입니다. 모든 것은 불쾌할 정도로 뚜렷하게 인류의 몰락을 예언하고 있는 듯합니다.

결과적으로 점점 더 신속한 상품 교환을 낳는 생산과 소비의 과정 속으로 현존재가 변해 들어가고 있습니다. 모든 것이 견실함을 잃어 가고 있습니다. 주택이건 의류건 가구건 자산이건 할 것 없이 모두 그러합니다. 우리는 싫든 좋든 변해 가는 순간을 위하여 살 수밖에 없습니다. 절약한다는 일은 어리석어 보입니다. 경제학자라면 잠재적 인플레이션을 억제하기 위해서 별 소용없는 대책이 세워질 경우 이렇게 소리칠 법도 합니다. "대체 무엇이 어떻다는 것입니까? 일찍이—금리 생활자를 빼놓는다면—지금처럼 인간이 잘산 적은 없었습니다. 이러한 현상을 파괴한다는 것은 어리석은 일입니다."

정치적으로 자유로운 세상에서는 인간들의 실제 행동이 이 자유를 말살시키는 방향으로 줄달음질 치고 있습니다. 그런데도 사람들은 말합니다. "자유는 우리의 귀중한 재산이다. 이제껏 이렇게 찬란한 때는 없었다. 우리는 자기 맘대로 살아갈 수 있다."

어느새 싹튼 이 공공연한 기만 상태를 숨긴다 해서, 그것에 따르는 결과마저 피할 수는 없습니다. 물질세계에서의 항구성(恒久性)의 소멸은 인간적 환경을 파괴하고, 인간 존재 자체마저 엄습합니다. 결혼·우정·일에서의 성실함은 의심을 받습니다. 어디에서나 똑같습니다. 항구성이 자취를 감추고 무엇 하나 믿을 만한 것이 없어집니다.

전해 내려오는 역사적 실체는 지구에 만연한 기술적인 생활 형태 속에 삼켜져 버립니다. 환경은 압축되어 단순한 기계가 됩니다. 기술시대는 여러 가지 조건을 창출했지만, 그러한 조건 아래서는 이전의 것은 어느 하나도 이미 존속할 수가 없습니다.

근원적으로 충만해진 신앙은 아직도 감동을 줄 만한 언어를 찾아내지 못했습니다. 정신은 공허해지고, 세계는 삭막하고 재미없는 유흥의 무대가 되고 있습니다.

'신은 죽었다'라고들 말합니다. 그런데도 교회는 번창하고 있습니다. 교회는 자부심을 드러내고 있습니다. 교회를 통해 위안을 받으며 살아가는 사람들은 매우 만족스럽다는 태도를 유지하고 있기는 하지만, 그러나 이러한 태도는 역시 낡아서 썩어 버린 장엄한 무대 장치에 지나지 않습니다.

우리는 서로 신경을 곤두세우고 있습니다. 심층심리학은 매우 애매한 도피처가 되어 있습니다. 과학적 미신은 사이비 과학이 구제해 주기를 기대합니다. 사람들은 이렇게 생각합니다. '모든 허구나 이데올로기가 해소될 때에만 비로소 이제까지 병들고 자기 소외에 빠졌던 인간이 건강을 되찾게 될 것이다. 그리고 건강이야말로 인류 최고의 행복이며 목표이다.'

파멸의 과정과 정신생활 마치 파멸로 향하는 여정이 모조리 고삐에서 풀려나 움직이기 시작한 것만 같습니다. 이러한 파멸 과정과, 오늘날 풍부한 정신생활로서 의심할 나위 없이 존재하고 있는 것을 비교해 볼 때, 이것도 역시 이의적(二義的)입니다. 물론 과학은 위대한 발견을 하고 있습니다. 그러나 반면에 자기가 발견해 낸 것에 대해 전문화될 뿐만 아니라, 바로 그 전문화 속에서 과학으로는 이미 제어할 수 없는 무한성의 문제에 몸을 맡기게 됩니다. 물론 기술은 언제나 우리의 예상을 뛰어넘습니다. 또 바로 그것 때문에 기술은 인간을 붕괴의 손아귀에 넘겨줍니다. 물론 문학은 감명 깊은 형식으로 말합니다. 그중에서도 특히 문학은 절망적인 것, 반항적인 것, 허무적인 것을 가지고 말할 때, 가장 감동을 줍니다. 물론 예술은 다양한 능력과 완성된 재능이라는 점에서는 세련됐습니다. 그런데 예술은 인간의 얼굴을 알아보지 못하게 지워 놓았을 때 가장 효력을 발휘합니다.

이것이 바로 종말을 눈앞에 둔 생명의 모습이 아니겠습니까? 우리 시대가 보여 주는 이 창조력은 불길이 아닙니까? 한 번 이 불길 속에 휘말리면 우주 안에서도 더할 나위 없이 뛰어난 존재, 즉 인간 존재는 훨훨 타서 파멸할 것입니다. 오늘날 이 전대미문의 능력은 미래를 잃어버린 생명이 되고 있는지도 모릅니다. 이 생명은 그 사실을 의식하는 순간, 자신이 닫힌 문 앞에 서 있음을 깨닫게 됩니다.

몰락(沒落)의 의식은 현대의 몰락 신화를 일으키는 계기가 되었습니다. 예컨대 '역사는 맨 처음부터 이러한 종말을 그 안에 품고 있었다. 역사의 창조력이란 본디 역사와 함께 시작된 자기 붕괴의 길 위에서 잠깐 동안 반짝하는 섬광이었다'라는 것이 바로 그것입니다. 어찌하여 이제 와서 이런 일이 생긴 것일까요?

클라게스는 말합니다. "19세기 80년대에 지구의 영혼이 이 혹성을 떠나 버리고 말았다." H.G. 웰즈는 말합니다. "물질·생명·인식 과정, 이 모든 것들은 동시에 그 본성 때문에 필연적으로 파멸에 이르고 마는 것이다."

기분·직관·사상에 관한 이야기는 이것으로 충분합니다. 만일 이 이야기들이 이론의 여지가 없는 인식으로 수용된다면 그것은 정말 잘못된 일입니다. 거부의 법정(法廷)은 어디에나 존재합니다. 다만 그 법정도 마찬가지로 미래의 행복한 진전을 입증할 수는 없습니다.

현대를 비방하지 마십시오. 오늘도 인간은 저마다 온갖 거짓 위안을 물리치고, 최악의 사태와 마주하고도 고유한 성실성을 잃지 않으며, 무지(無知)의 신앙에 근거해서 꾸밈없이 하루하루의 일과를 다하며 태연하게 죽어 갑니다. 이들 인간에게는 얼마나 많은 자유와 소박한 존엄이 존재합니까! 자기 자신이 되는 것, 이것이야말로 얼마나 빛나는 인간됨이겠습니까!

만일 역사가 본디부터 그 속에서 계획되고 있는 인류의 자기 붕괴 과정으로 파악된다면 이러한 것은 잊혀집니다. 사랑, 진지성, 인간의 위대성, 인간이 창조한 작품의 우수성, 이 모든 가치는 그 상징적 존재에 의하여, 어떠한 몰락 과정에서도 그것을 버려 두지 않는 그 무엇이 있음을 입증하고 있습니다.

7

역사와 책임

미래의 역사가 나아갈 길은 전체로서는 아예 불확실합니다. 자유라는 작은 징표에서 벌써 미래의 가장 큰 가능성이 느껴지지 않습니까? 인간은 언제나 갈림길에 섰던 것이 아닙니까?

절망의 한복판에도 오히려, 재난을 이기는 새로운 인간 존재에 대한 예감이 숨어 있는 것 아니겠습니까?

철학적으로 사유할 때, 우리는 재앙의 예언에 결코 굴복할 수 없습니다. 내가 모르기 때문에 스스로 할 수 있는 일을 내 몫으로 해 나가는 한, 나는 그만큼의 희망을 가져야 합니다. 그리하여 사유에 있어서도, 실생활에 있어서도, 재앙에 맞서 근원의 확실성으로부터 솟아나는 징표들을 세워 놓아야 합니다.

이 말이 뜻하는 바는 이렇습니다. 역사와 현대를 바라다본다는 것, 그것은 단지 우리의 지식을 만족시키기 위함도 아니며, 또한 그저 인간의 위대함과 비천함, 인간 작품의 우수성에 대한 우리의 직관을 만족시키기 위함도 아닙니다. 그것의 본질은 바로 책임을 불러일으키는 것입니다.

있었던 일을 인식하는 것은 성실성을 요구합니다. 그러나 또한 역사는 우리의 판단 대상이기도 합니다. 우리는 누구를 따르고 무엇을 비난할지를 스스로 결정해야만 합니다. 우리가 우리 것으로 인정하는 우리 조상의 높은 요구가 마땅히 우리를 이끌어야 할 것입니다.

선조들이 저지른 죄의 책임을 우리는 몸소 떠맡아야 합니다. 바로 우리가 그들의 보증인이기 때문입니다. 우리는 우리가 유래한 것으로부터 벗어날 수 없습니다. 우리의 역사가 우리에게 준 것으로부터 출발하여 어떤 미래의 공동 결정으로 향하는 데에 우리의 자유가 있습니다.

역사라는 거울 속에서 우리는 현재의 협소한 공간을 넘어서서 바라다보며 그곳에서 갖가지 척도를 봅니다. 역사 없이는 정신이 호흡할 공기도 없습니다. 만일 역사로부터 우리의 눈을 가린다면, 우리는 이유도 모르는 채 역사의 습격을 받게 됩니다. 그때에는 지난날의 어리석은 망령들이 우리를 조종하게 될 것입니다.

어떠한 과제를 우리의 문제로 인정하느냐 하는 것은 우리의 책임입니다. 우리는 오늘날 자신의 운명이 인류의 운명 속에 함께 휩싸여 있음을 압니다. 우리가 맡은 과제는 모든 인간을 결속시켜 주는 것을 찾아내는 일입니다.

그렇다고 해서 모든 사람을 결속시키는 생활 내용의 유일한 의미, 신앙과 생활 형식의 유일한 의미는 기대할 수도, 바랄 수도 없습니다. 그런 유일한 의미는 시간적으로만 밝혀질 수 있는 영원자(永遠者)를 망쳐 놓게 될 것입니다. 모든 사람을 결속시켜 주는 공통적인 것은, 현존재의 문제에서의 부단한 타협에 기초를 둔 평화적인 정치 공동체일 수밖에 없습니다. 이러한 공동체는 평화에 대한 의지로써 서로 협력할 것을 요구합니다. 다시 말하면, 영원한 평화라는 절대 조건 아래에서 협력하기를 바라는 것입니다.

철학은 모름지기 미래가 열려 있음을 깨우쳐 줌과 동시에 제아무리 그 형태가 훌륭하다 할지라도 인간이 낳은 것에는 한계가 있음을 의식시켜 주어야 하며, 그럼으로써 새로운 구체적인 상황과 마주칠 때마다 책임감을 북돋워 주어야 합니다.

8

역사의 극복

하지만 근원과 목표는 여전히 애매모호한 채 남아 있습니다. 만일 역사가 우리를 압도한다면 우리는 그것으로부터 어떠한 안정감도 얻지 못합니다. 우리는 역사로부터 벗어난 곳에서 출발하여 인간의 역사를 살아갈 수 있으면 합니다. 그러면 우선 공동 운명체의 사람들과 함께 공통된 환경에서 저마다 자기 자신에게로, 자기의 실존에게로 되돌아가려는 충동이 생깁니다. 이 공동 운명체의 사람들이란 현존재로서는 물론 전적으로 종속적이지만, 그러나 허용된 공간에서는 독자적인 근원성이기도 합니다.

마지막으로 한 걸음 더 나아가서 우리가 우리 자신으로 되돌아오고 사물의 근원에 눈을 돌린다면, 역사는 이미 우리를 가두어 놓는 감옥이 아닙니다. 역사는 우리 자신의 행위와 경험을 통해서 우리가 본디의 것에 도달하는 데 반드시 필요한 기반입니다. 만일 역사 밖으로 뛰쳐나간다면 우리는 무(無) 속으로 빠지고 말 것입니다. 역사 안에 우리의 현존재가 없다면 우리는 본디의 것에 이르는 단서를 얻지 못합니다. 우리는 이 단서 없이는, 우리가 유래하고 우리를 지탱해 주는 근거에 관해서 간접적으로 들을 수 있는 어떠한 언어도 가질 수 없습니다.

우리는 역사의 영역에서 벗어날 수 없습니다. 하지만 우리는 이른바 역사를 격파함으로써, 역사의 다른 면을 발견하게 됩니다. 이는 마치 시간의 현상 속에서—시간을 횡단하여—영원한 현재를 체험하는 것 같습니다.

Ⅲ 근본 지식

1

회고와 새로운 질문

우주에 있어서나 역사에 있어서나, 우리는 부단히 우리 지식을 넓히고 있습니다. 마치 우주적·역사적으로 실재하는 것이 지닌 끝없는 무한성 속에서 넋을 잃고 만 듯한 느낌입니다. 이 두 가지 실재 앞에서는, 우리의 현존재는 아주 하찮은 것임을 깨닫게 됩니다.

그런데 우주는 어떠합니까? 우주는 침묵하고 있습니다. 우주는 우주 자신에 대하여 알고 있을까요? 침묵하는 우주 속에서, 우리는 우주가 자기 자신에 대해 알고 있는 듯한 기색조차 발견하지 못하고 있습니다. 그러나 우리는 우주에 관하여 알고 있습니다. 우리는 이 가장 거대한 것, 즉 우주에 관해서 알 수 있고 또 연구할 수 있는 특이한 존재입니다. 이로써 우리 인간 존재가 텅 빈 것이라는 의식은 정반대의 것으로 급변합니다.

만일 우리가 우주에 관해서 전혀 아는 바가 없다면 우주는 아예 존재하지 않는 것이나 다름없지 않겠습니까? 이는 이상한 말처럼 들립니다. 하지만 우리는 묻게 됩니다. 자신에 관하여 아는 바도 없고, 또 어느 누구에게도 알려지지 않는 그러한 존재란 과연 어떠한 존재일까요? 그것은 장차 알려지게 될 단순한 가능성일까요? 어떤 존재자 앞에서 스스로 현상이 되어 그의 정체를 드러내기를 기다리고 있는 어떤 것일까요? 우주 안에서 볼 땐 바로 이러한 무(無)로만 보이던 우리야말로, 본디의 존재, 즉 세계가 나타나는 눈이 아닐까요?

역사에의 물음 그러면 우리의 역사는 어떻습니까? 역사 앞에서 우리는 개인으로서의 나 자신이 보잘것없음을 의식하지만, 그것은 어떤 다른 의미에서입니다. 우리는 인간이 무엇이었고, 무슨 일을 했고, 또 무엇을 실현하였는가를 이해하고 있습니다. 이러한 일을 더 잘 이해하면 할수록 그만큼 더 분명하게, 우리는 자기가 어떤 무한성 앞에 서 있음을 깨닫게 됩니다. 이 무한성은 우리를 힘으로 압도하지 않습니다. 무한성은 우리를 맞이합니다. 우리의 이해는 우리를 가장 위대한 것의 곁으로 데려다 줍니다. 우리는 그 위대한 것을 위하여 제대로 하는 일은 아무것도 없지만, 작고 보잘것없는 모습 그대로 그 위대한 것의 곁에 머무르면서 응답을 얻습니다.

그렇다면 우리는 대체 무엇입니까? 세계 속에 있으면서 보고, 알고, 이해하는 이 눈은 무엇입니까? 우리는 이성적 존재로서 하나의 터전—우리가 아는 오직 하나의 터전—입니다. 그리고 바로 이 터전에서 우리의 대상적 사유 속에, 이해 속에, 행위와 창조 속에, 온갖 경험 속에 존재하는 것이 밝혀지는 것입니다.

그러나 일은 거기서 끝나지 않습니다. 우리는 단지 의식할 뿐만 아니라 자기의식(自己意識)이기도 합니다. 다만 존재하는 것만이 밝혀지는 것이 아니라, 이 밝혀진다는 일 자체가 밝혀집니다.

우리는 일종의 비약을 합니다. 즉, 대상을 오성(悟性)에 따라서 인식하는 일로부터, 우리가 그곳에서 수행하고 경험하는 것들의 비대상적(非對象的)인 자기의식으로 비약합니다.

새로운 문제 우리가 이러한 비약을 통해 도달하는 지반은 일반적 지식에서 본다면 아무것도 아닙니다. 그러나 철학적 물음에서 본다면 거기야말로 하나의 새로운 존재 의식의 기초를 놓을 가능성이 있는 곳입니다. 우리는 이것을 근본 지식이라고 부릅니다.

이 근본 지식을 전개시킨다는 것은, 자기 그림자를 뛰어넘는 것과 같은 일이며, 물구나무를 선 채 걸어가는 것과도 같은 일입니다. 어쨌든 그 일을 한번 해봅시다.

2

출발점=주관–객관–분열

사유하려고 할 때면 언제나 우리는 자아로서는 대상을, 주관으로서는 객관을 향합니다. 이 관계는 세계 안의 어떤 다른 관계와도 비교될 수 없는 유일하고 독자적인 관계입니다. 자아는 어떤 대상을 생각합니다. 생각하면서 방향이 정해지는 이 존재는 우리가 좀더 명확하게 생각하면 할수록 그만큼 더 결정적인 것이 됩니다. 이것은 각성하는 존재입니다.

이것은 어떠한 순간에도 우리에게 분명한 사실인데도, 우리는 좀처럼 숙고하려 들지 않습니다. 그것은 숙고할수록 새삼 더 놀라운 사실입니다.

대상 우리는 어떻게 해서 대상에 이릅니까? 바로 우리가 대상을 지향함으로써입니다. 대상을 지향하면서 이 대상과 관계함으로써입니다. 조작하면서 파악될 수 있는 대상과 관계하며, 사유하면서 사유되는 대상과 관계함으로써입니다.

그렇다면 대상은 어떻게 해서 우리에게 이릅니까? 우리가 물체적(物體的)으로 대상과 마주침으로써입니다. 우리에게 주어지는 그대로 대상을 받아들임으로써입니다. 바로 우리에게 부딪쳐 오는 사유 대상으로서 그 대상을 나타나게 함으로써입니다.

대상은 그 자체로서 존재하는 것일까요? 우리는 대상이 있고, 그 대상으로 우리가 다가간다고 생각합니다. 우리는 그것을 가리켜 어떤 것, 사물, 사태(事態), 객관이라고 합니다. 그렇더라도 역시 대상은 그것이 모습을 드러낸 그대로 우리에게 존재합니다. 우리가 존재하는 까닭에 대상은 있는 모습 그대로 존재하는 것입니다.

주관 그러면 우리는 어떨까요? 이를테면 주관 그 자체로서 존재하는 것일까요? 주관 앞에 나타나는 객관을, 또는 주관이 만나게 될 객관을, 그냥 멍하니 기다리고만 있는 주관으로서 우리는 존재하는 것일까요? 그러나 우리가 찾아내기 전에 대상은 언제든지 이미 우리 안에 존재하고 있는 것이어야만 합니다. 왜냐하면 우리가 자신을 의식하는 일마저도, 우리가 동시에 대상을 지향할 때에만 비로소 가능하기 때문입니다. 어떠한 나도 대상 없이는 존재하지 않고, 어떠한 대상도 나 없이는 존재하지 않습니다. 다시 말해 주관 없이 객관은 없고, 객관 없이 주관은 없습니다.

그런데 만일 양자가 서로 상대 없이는 존재할 수 없는 것이라면, 이 양자는 어떠한 방식으로 서로에게 속하고 있을까? 만일 그것들이 서로 분리될 수 없는 것이라고 한다면, 양자를 하나로 결합시키는 일자(一者)는 대체 무엇이겠습니까? 그런데 이 일자 속에서 양자는 역시 분리되어 있고, 그리하여 주관은 사념(思念)하는 것으로서 객관을 지향하고 있습니다.

우리는 이것을 포괄자(包括者)라고 부릅니다. 그것은 주관과 객관의 전체이며 그것 자신은 주관도 아니고 객관도 아닙니다.

주관—객관—분열과 포괄자 주관—객관—분열은 우리 의식의 근본 구조입니다. 이 구조 속에서 포괄자의 무한한 내부가 비로소 명백해집니다. 존재하는 모든 것은, 주관—객관—분열이라는 이 포괄자 속에서 모습을 나타내야만 합니다.

그러나 우리는 이 포괄자를 대상으로서 사유할 수는 없습니다. 그러면 포괄자가 객관이 되어 버리기 때문입니다. 만일 포괄자를 사유하려 한다면, 대상들 속에 우리가 가진 기반을 포기해야만 합니다. 우리는 대상을 지향하면서 이것을 우리 눈앞에 놓게 될 테니 말입니다. 이리하여 우리는 객관도 주관도 아닌 다른 하나의 기반을 찾게 됩니다.

그러한 기반에 도달할 때 비로소 우리는 철학적 기본 조작이라는 것을 하게 됩니다. 이 조작은 연구 방법 같은 것이 아닙니다. 이 조작과 함께 우리 내부에서 무엇인가가 일어나게 됩니다. 이 기본 조작을 사유라는 형식에 의해 언어로써 전달한다는 것은, 그저 단서를 제공하는 것에 불과합니다. 이 단서는 무엇인가를 인식하기 위해서 사용할 수 있는 것이 아닙니다. 차라리 이 단서를 가짐으로써 존재의 개시(開示) 양태가 우리에게 명백해집니다.

3

철학적 기본 조작=현상에 얽매여 있는 세계에 대하여

이를테면 이런 식입니다. 만일 존재하는 것이 객관도 주관도 아니고, 대상도 자아도 아니고 오히려 이런 분열 속에서 나타나게 되는 포괄자라 한다면, 이러한 분열 속에서 생겨나는 모든 것은 현상입니다.

현상과 포괄자 우리에게 있어 존재하는 것은 현상이며, 이 현상은 바로 주관—객관—분열 속에서 포괄자가 명백해지는 것입니다. 우리가 지각하는 것은 그것의 감성적 실재라는 양상을 띠며 공간과 시간 속에 존재합니다. 우리가 사유하는 것은 사유 가능성이라는 형식 속에 존재합니다. 이처럼 그것은 그 자체만으로 존재하는 것이 아니라, 분열 속에서 나에 대하여 존재합니다.

그렇다고 해서 우리의 이 세계가 하나의 참된 세계에 맞선 또 하나의 가상 세계라는 말은 아닙니다. 오직 하나의 세계만이 존재할 뿐입니다.

그러나 문제는, 과연 주관-객관-분열 속에서 우리가 경험하는 그대로의 이 세계가 반드시 존재 그 자체인가 하는 것이며, 또 과연 이 존재가 바로 인식될 수 있는 세계인가 하는 것입니다.

대답은 이렇습니다. 세계는 가상이 아니라 실재입니다. 단 이 실재는 현상입니다. 현상과 불가분의 관계인 실재는 참된 존재와 포괄자에 의하여 지탱되고 있습니다. 게다가 이 포괄자 자체는 세계 안의 실재, 즉 우리가 연구할 수 있는 대상으로서는 결코 나타나지 않습니다.

4

포괄자의 양태

주관-객관-분열을 포괄하는 것의 양태는 하나가 아닙니다. 그 다양한 양태를 간단하게나마 살펴보기로 합시다.

우리는 이러한 얘기를 듣습니다. "색깔은 객관적인 것이 아니라 전자파가 감각기관에 작용함으로써 주관적 현상으로서 나타나는 것이다. 객관적으로는 다만 파동이 있을 뿐이며 세계 자체는 색도 없고 빛도 없다." 하지만 그럴 리 없습니다! 혹시 물질, 즉 물리학의 대상이 존재 자체라면, 그리고 그것 자신이 현상의 한 양상에 불과한 것이 아니라면 또 모르겠습니다. 하지만 문제는 전혀 다른 것입니다. 인간이라는 감각적 생물의 주관에 있어 색은 어디까지나 객관적인 것입니다. 물리학적·생물학적 인식은 물론 색이 실재로서 나타나는 여러 조건을 보여줍니다. 그러나 색은 색이 없는 파동을 가지고서는 결코 설명될 수 없습니다. 이러한 사실을 잘 보여 주는 사례가 있습니다. 파장의 선(線) 스펙트럼 계열, 즉 전자파의 무수히 많은 스펙트럼 계열로부터 잘라 낸 작은 구간에는, 색의 선 스펙트럼 계열이 대응하는 것이 아니라 자체 내에서 완결되는 색의 범위가 대응하는 것입니다. 색이 생겨날 때의 물리적 조건들을 고려하지 않더라도 색은 객관성을 지니며, 그것은 그 자체로서 연구될 수 있습니다. 색의 객관성에는 주관성이 속해 있습니다. 그것도 양자를 포괄하는, 살아 있는 현존재에 있어서의 주관성이 속해 있습니다.

모든 생물의 사정도 똑같습니다. 첫 강의에서 말한 것처럼, 생물체라든가 살아 있는 몸이라는 것을 가지고서는 생명을 충분히 파악하였다고 할 수 없습니다. 생명은 차라리 내적 세계와 환경 세계로부터 이루어지는 하나의 전체이며, 그때그때 특수한 형태를 띠는 하나의 전체입니다. 따라서 생명을 만들어 내고자 하는 자는 그때마다 내적 세계와 환경 세계를 포함하는 하나의 포괄적인 세계를 창조해야만 할 것입니다.

현존재 우리는 이러한 생명을 현존재(現存在)라고 부릅니다. 이 살아 있는 현존재를 우리는 포괄자라고 부릅니다. 포괄자는 내적 세계와 환경 세계로 갈라져 있으면서도 양자의 관계를 서로 맺어 줍니다. 우리 인간은 이처럼 살아 있는 현존재의 한 양태이며, 여러 형태의 생명 중 한 형태입니다.

이러한 양태의 포괄자, 이 살아 있는 현존재는 자신에 관하여 아무것도 모릅니다. 우리는 그것을 알고 있습니다. 우리 인간도 또 다른 양태의 포괄자, 다시 말하면 사유함으로써 대상에 지향되고 또한 자신을 사유하는 사유이기 때문입니다. 포괄자는 비단 자기의 현존재가 지닌 다양성에 따른 의식일 뿐만 아니라, 때로는 정당할 수 있고 때로는 거짓일 수 있는 그러한 의식이기도 합니다. 한갓 주관적인 것에 불과한 잘못된 의식은 한없이 다양합니다. 하지만 정당한 객관적 의식은 오직 하나밖에 없습니다. 이러한 의식은 사유 가능하고 인식 가능한 모든 것을 자기 안에 포함하고 있으며, 그 어떤 개별적인 현존 의식을 통해서도 도달될 수 없습니다. 우리는 이것을 가리켜 의식일반(意識一般)이라 합니다.

의식일반 우리는 주관적 사유와 객관적 사유 대상 사이의 관계를, 현존재의 감성과 객관적인 색이나 소리 사이의 관계에 비교해 볼 수 있습니다. 사유는 카테고리에 따라 이루어지며 사유 대상과 만나게 됩니다. 우리는 말합니다. 어떠어떠한 것이 원인이다, 실체다, 실재다 하고. 이들 카테고리는 의식일반의 주관에 의해 산출되지만 동시에 객관적인 카테고리이기도 합니다. 우리가 인식할 수 있는 모든 사물은 이 객관적 카테고리 속에서 우리에 대해 존재합니다. 사유의 언표(言表) 형식에 대한 학설로서의 범주론(範疇論)은 동시에, 우리에게 나타나는 사물 자체의 형식에 대한 학설이기도 합니다. 의식일반이라는 포괄자는 그 자신은 주관도 객관도 아니면서, 객관적인 사유적(思惟的) 카테고리를 한데 묶어 줍니다.

정신 그런데 더 나아가서 우리는 살아 있는 현존재나 의식일반에 그치지 않습니다. 우리는 온갖 형상이나 형태를 창조해 내는 '정신'이기도 합니다. 우리의 주관적 상상력이 갖는 창조적 직관 속에 하나의 정신적 객관성이 모습을 드러냅니다. 한쪽은 다른 쪽 없이는 존재하지 못합니다.

자유 마지막으로, 그것도 본래적으로 우리는 가능적 실존(可能的實存)으로서 자유입니다. 자유 안의 실존은 자기가 초월자에 관계되어 있음을 알고, 그 초월자에 의하여 실존이 자기에게 주어져 있음을 압니다. 우리 실존의 진실은 시간적 생성 속에 있는 자기입니다. 이 진실은 우리의 사랑 안에 있으며, 양심으로 말하고 이성으로 결합합니다.

현존재로서의 우리는 자기 주장을 하는 개체의 다양성입니다. 의식일반으로서의 우리는 우리의 다양한 현존재적 주관성 속에 다소나마 현존하고 있는 사유일반의 주관입니다. 정신으로서의 우리는 창조를 통하여 우리의 뜻을 받아들이는 형태 영역에서의 상상력입니다. 실존으로서의 우리는 초월자와, 즉 사물의 근거와 관계하는 자기 생성입니다.

내가 "우리는 살아 있는 현존재이며, 의식일반이며, 정신이며, 실존이다"라고 말할 때, 나는 포괄자의 이러한 양상들의 한 집합체가 곧 우리라고 생각하는 것은 아닙니다. 우리 속에서 이 양상들은 서로 융합하고, 서로 봉사하고, 서로 투쟁하고 있습니다.

이 포괄자의 양태들이 어떻게 서로 협력해, 모든 양태들에게 비로소 무게를 주는 실존을 위해서 봉사하게 되는가, 또는 반대로 이들 양태가 어떻게, 이를테면 각각 빠져나가서 흐트러진 현존재적 요구의 횡포에, 이미 진리 그 자체가 되려고 하는 의식일반의 정당성에, 무턱대고 매혹시키는 정신 세계에 몸을 맡기게 되는가 하는 것은, 포괄자의 이런 양태들이 나타나는 데에 있어서 끊임없이 계속되는 투쟁인 것입니다.

철학적으로 발전된 이 근본 지식은 다만 우리가 그 단계의 이름을 언급할 수 있을 뿐, 전개시킬 수는 없습니다. 하지만 이 근본 지식은 그 속에서 스스로를 구성하는 우리의 자기의식의 명백성에 의하여 공간을 넓게 펼쳐 줍니다. 또한 그것은 구속으로부터 해방시켜 주고, 우리를 실존으로서 진실한 것이 되게 하기 위한 터전이 환히 파악될 수 있게끔 합니다.

5

근본 지식에 의한 내적 상태 변화

출발점으로 되돌아가겠습니다. 근본 지식은 철학적 기본 조작에 의하여, 우리의 시간적 실재가 현상에 얽매여 있다는 의식을 우리에게 심어줍니다. 이러한 일은 우리의 내적 상태에 영향을 미칩니다.

실재는 현상입니다. 그러나 진실 자체는 아닙니다. 우리는 이 실재적 세계 속에 내던져져 있습니다. 이 세계 속에서 우리는 보편타당한 과학적 인식을 수단으로 하여 뭐든지 파악합니다. 그러나 세계 너머 바깥쪽을 내다보지는 못합니다. 철학적 통찰이 비로소 이 세계 속에 감금당한 우리를 놓아줍니다.

이러한 철학적 통찰의 첫걸음은 분명한 것을 보고 새삼 놀라움을 느끼는 일입니다. 다시 말하면 '우리가 주관적으로 대상을 지향하면서 대상에게 지향되고 있다는 것, 그리고 우리에게 명백한 모든 것은 이 분열 속에 있다는 것, 이러한 사실이 무엇이며 또 무엇을 의미하는가?'라는 것에 대하여 놀라움을 느끼는 일입니다. 어떠한 순간에도 눈앞에 있는 것, 너무 분명하여 지금까지 누구도 의심하지 않았던 것, 예전에는 한 번도 의식적으로 파악해 본 일이 없던 것, 이러한 것들을 보고 놀라움을 느끼는 일에서부터 다음과 같은 물음들이 꼬리를 물고 일어납니다.

현상 세계에서의 이 생명은 더듬어 생각해 낼 수 없는 어둠으로부터 깨어나는 것과 같을까? 이 생명은 존재하는 오직 하나의 명백성일까? 아니면 주관—객관—분열 속에 있는 이 생명은, 마치 꿈속에서의 생명 같은 것일까? 이 명백성은 실은 본디의 존재와 나 자신을 애매하게 만드는 것이 아닐까? 이런 물음에 대해서는 어떠한 인식도 해답을 찾아내지 못합니다. 매우 이상하게 들릴지도 모르나, 해답은 결국 결단에 의해서만 주어질 수 있습니다.

나는 실재 세계가 나와 무관한 것이 되도록 버려두고 싶은가? 나는 실재 세계에 전혀 관여하지 않고 그저 이 세계를 수동적으로 견디어 나가고만 싶은가? 나는 어떠한 일에도 책임을 지고 싶지 않은가? 나는 마치 전혀 존재하지 않는 것처럼 살아가고 싶은가? 동양적인 사유는 이러한 길을 걷는 성향이 짙었습니다. '존재는 허상이고, 허상은 존재이다'라는 말은 도교적 설화에 빈번히 등장하는 관용어입니다. 이 도교적 설화는 우리를 당황케 만드는 주술(呪術), 아름다움, 비속함, 구원과 파멸, 기만과 폭로, 허망함, 이러한 것들 속에 둘러싸인 인간적 생명을 하나의 무상한 유희로 그려 놓고 있습니다. 그러한 글들은 인생 만사가 헛되고, 날아 흩어져 버리고, 소실되어 가는 일종의 내적 기분을 나타내고 있습니다.

이러한 일들이 싫다면, 그럼 나는 나의 생활 현실과 나의 책임과 인식을 통하여, 이 현상 세계 안에서 명백성에 도달하고 싶은가? 현상 세계의 이 명백성을 넘어선, 어느 다른 곳으로부터 유래하는 모든 가능한 명백성에 도달할 절대적인 길이 우리에게 있다고 기대하고 싶은가? 그렇다면 현상은 결코 허상이 아니며 인생은 절대 꿈이 아닙니다. 하지만 우리의 유한한 인식은 언제나 동시에 제한 받는 상태라는 통찰을 저버릴 순 없습니다. 이것이 문제입니다. 즉 우리는 사유함으로써, 우리의 인식 전체를 두루 바라다볼 수 있는 한 곳을 인식 밖에서 찾아낼 수 있는가 하는 것입니다. 물론 그 장소에서 내가 세계 안의 어떤 지식이나 새로운 목표를 얻는 것은 아니지만, 바로 그 곳에서 나의 존재 의식을 변화시키고 그리하여 나 자신을 바꾸게 되는 것입니다.

이러한 물음에 전념할 때, 우리는 오래전부터 진실로서 우리들 속에 지니고 있으면서도 현상의 실재에 마음을 빼앗겨 미처 생각하지 못했던 일을 새삼 깨닫게 됩니다.

6

주관—객관—분열 저쪽에서 제2의 실재를 찾는 헛된 탐구

현존재가 현상과 불가분의 관계임을 통찰했을 때, 이미 우리는 우리의 존재 의식에 의하여 주관—객관—분열 속에 감금되어 있는 존재를 격파했습니다. 하지만 우리는 그것을 알면서도 여전히 감금된 채 있습니다. 우리는 그에 사로잡힌 관점으로부터 벗어난 것이지 실제로 갇혀 있는 감금 상태로부터 자유로워진 것은 절대 아닙니다. 한 줄기 빛이 우리를 비추었습니다. 이 빛 속에서는 모두가 변화하지만 그렇다고 어떤 다른 실재가 나타나는 것은 아닙니다. 그런데 우리의 감성적 이해는 그러한 어떤 실재를 파악하기만 하면 된다고 생각합니다. 우리는 그저 주관—객관—분열을 두루 바라다볼 뿐만 아니라 이러한 분열을 넘어선 저쪽에 발을 붙였으면 합니다. 우리는 두 가지 길을 더듬어 가 보겠습니다. 그러나 둘 다 우리가 걸을 수 있는 길은 아닙니다.

두 가지 길 첫 번째 길은 우리를 세계 밖으로 인도합니다. 존재 그 자체와의 신비로운 일치(unio mystica)의 경험은 논박할 여지가 거의 없습니다. 그러한 경험을 거쳐 이 공동의 세계로 되돌아온 자에게는, 다른 사람들에게 전달할 수 없는 온갖 경험들이 있습니다. 이러한 경험은 다양하고도 애매모호하게 풀이됩니다. 비유로 가득 찬 표현이 넘친다 해도, 그러한 경험은 직접 경험하지 않은 사람으로서는 이해할 수 없습니다. 일치(unio)가 갖는 '의식이 없는 상태' 또는 '의식을 초월한 상태'에서는 대상도 나도 사라지고 맙니다. 어떤 것에 대한, 그리고 나 자신에 대한 의식 상태는 모조리 해소되어 버립니다. 이미 거기에는 주관—객관—분열이 존재하지 않습니다. 우리 편에서 볼 때 문제는 일종의 예외 상태입니다. 이 예외 상태를 경험한 사람이 되돌아올 때는 마치 지식과 같은 어떤 것을 함께 가지고 오는 듯 합니다. 이러한 사람은 마치 최후의 오의(奧義)를 전수받기라도 한 듯이 그것에 열중합니다. 하지만 우리 모두를 결합시키는 우리 의식의 언어의 영역에서는, 이 경험도 전부처럼 보일 뿐이지 실은 텅 빈 것과도 같이 허무합니다. 그러기에 우리는 이러한 경험을 예로 삼아선 안 됩니다.

참다운 신비적 경험을 해 보지 못한 사람은, 그러한 경험이 이 세계에서는 자신에게 어떠한 실제적 효과도 발휘하지 못한다는 점을 잘 알고 있습니다.

두 번째 길에서는 피안의 세계, 다른 세계, 실재처럼 잘못 생각되는 세계가 대상이 됩니다. 이러한 세계는 환상 속에서 생생하게 눈앞에 나타납니다. 이런 환상은 환상에 사로잡힌 이들을 굴복시킵니다. 이 환상은 합리적으로 꾸며진 형상이 됩니다. 이러한 초감성적(超感性的) 환상은 정신병 환자에게는 실재적이며 근원적인 경험으로서 존재합니다. 그렇지 않은 사람들은 자기의 '정상적 의식'으로 그들이 하는 말에 귀를 기울이고 상상력을 구사함으로써 그 환상을 모방할 수 있을 뿐입니다.

암호의 떠다니는 언어를 참아 낼 수 없는 자, 동요하는 운명을 견뎌내지 못하는 자는 이러한 초감성적 지식 속에서 자신의 자유에서 벗어나게 되고, 한계 상황으로부터 구출되고, 욥의 물음에서 해방됩니다. 이러한 사람은 손 안에 무엇인가를 가지고 있습니다.

하지만 그 결과 진리를 잃어버리는 대가를 치르게 됩니다. 우리는 여기에서 착각·자기기만·유혹을 봅니다. 신비나 환상은 우리에게 아무 도움도 주지 않습니다. 오직 주관—객관—분열에서만이 우리는 진실의 명백성을 통하여 한 지점에 이를 수 있습니다. 거기서 우리는 이 명백성에 있어서, 그리고 이 명백성에 의하여 포괄자를 확신하게 됩니다. 마침내 우리는 객관적으로도, 또 주관적으로도 타락하는 일 없이 포괄자 속에서 살게 되는 것입니다.

7

다양한 철학적 사유의 길

지금까지의 강의에서 본 것처럼 철학적 사유는 오직 한 가지만 있는 것이 아닙니다.

우리가 우주에 관해서, 또 역사에 관해서 이야기하였을 때 우리는 한계에 닿으려고 노력했습니다. 한계 자체가 지닌 매력 때문에, 지식은 이런 한계를 경험하기 위해서 생겨나는 것처럼 보이기만 합니다. 지식은 철학적 사유의 한 가지 방법입니다. 연구자가 스스로 철학적 사유의 충동으로 고무되고 이 충동에 이끌려 그만큼 더 엄밀하게 구체적인 지식 대상 속으로 파고 들어가는 한, 과학으로서의 철학이 중요시됩니다.

오늘 강의에서 우리는 아주 다른 방법을 사용했습니다. 즉 세계 안의 대상들로부터 출발하는 대신 바로 눈앞에 있는 것으로부터 출발했습니다. 우리는 우리가 어떠한 방식으로 세계 안에 존재하고 있는가를 확인했습니다. 포괄자는 다만 나와 대상과의 분열 속에 나타나고, 스스로를 자기 자신의 대상으로서 주관—객관—분열 속에서 의식하게 되는 경우에 한해 존재합니다. 이러한 확인은 대상에 묶여 있는 과학적 지식에게는 아무 의미도 없습니다.

그것은 어떠한 지식도 부여하지 못합니다. 다만 우리의 존재 의식을 밝게 열어 줄 뿐입니다. 이러한 포괄자에로의 비약은 오성에게는 불가능합니다. 이 비약은 오성으로 하면서도 오성을 잃어버리는 일 없이 오성을 앞질러 갑니다.

중요한 것은 또 다른 사유 경험입니다. 대상적인 사유 속에서는 파악될 수 없는 것이 바로 눈앞에 나타납니다. 우리는 하나의 공간을 획득합니다. 이 공간 속에서는 어떠한 것에 대한 인식이 생기는 것은 아닙니다. 우리는 지평에 도달합니다. 하지만 이 지평 속에서 우리가 움직인다고 해서, 이제까지 세계 안에서 이해되지 못했던 무언가가 보이는 것은 아닙니다.

한 가지 사유가 있습니다. 이 사유에서는 우리 세계가, 어떤 다른 곳에서 비춰 오는 빛 속에서 밝은 모습을 드러냅니다. 한갓된 세계 존재로서 깊이의 차원을 갖지 못하던 것이 바로 그곳에서부터 해명되는 것입니다.

Ⅳ 인간

1

인간이란 무엇인가라는 물음

처음 두 강의에서는 자연과 역사의 지식에 대한 물음이 그 한계까지 추구되었습니다. 세 번째 강의에서는 사유의 방향이 바뀌어, 아는 것과 알려진 것의 본질로 향하게 되었습니다. 우리는 우리에게 있어서 존재하는 모든 현상을 주관―객관―분열 속에서 의식하게 되었습니다. 포괄자는 분열이라는 현상 속에서 스스로 분명해지는데, 그 자체는 객관도 주관도 아닙니다. 우리는 포괄자를 앞에 나타나게 하는 일을 자연과 역사의 지식으로부터 구별하여 근본 지식이라고 이름 붙였습니다.

그런데 지금껏 우리가 이야기한 모든 것, 즉 자연도 역사도 포괄자도 모두 인간 속에서 함께 만나게 됩니다. 우선 우리는 물질로 이루어진 생물이라는 점에서 일종의 동물로서 자연에 속합니다. 둘째로 사유하는, 행위하는, 창조하는 존재로서 우리는 역사에 속합니다. 우리는 이 역사를 실현하면서 동시에 우리를 떠넘깁니다. 셋째로 우리는 자연과 역사를 자기 안에 포함하고 있는 포괄자입니다. 우리는 우리의 현상에 있어서는 자연과 역사를 통하여 현재와 같은 우리가 된 것이지만, 일단 그 뒤에는 마치 우리가 동시에 자연과 역사의 밖으로부터 온 것만 같으며, 자연과 역사 밖에 우리의 근원과 목표가 있는 것만 같습니다.

인간 본질에의 물음 인간의 이런 본질은 다른 것과 비교할 수 없습니다. 우리 인간은 명백해 보이면서도 가장 불가사의한 것이기도 합니다. 단지 세계의 다른 모든 것들 중 그렇다는 뜻만은 아닙니다. 기이하게도 언뜻 보면 극단적일 만큼, 이 일은 여러 가지 방식으로 표현되어 왔습니다. 예컨대 "인간은 이를테면 전부다, 영혼은 전부다"라고 아리스토텔레스는 말했습니다.

또 중세의 어느 사상가는 이렇게 말했습니다. "인간은 동물도 아니고 천사도 아니다. 인간은 그 둘 사이에 있으면서 동물에도 천사에도 관여한다." 하지만 인간은 모든 피조물의 중간자로서 동물에 대해서 뿐만 아니라 천사에 대해서도 탁월합니다. 단지 인간만이 신의 모습을 닮았기 때문입니다. "인간은 자기 안에 깊숙이 숨겨진 '창조에의 관지(關知)'를 간직하고 있다"고 셸링은 말했습니다. 왜냐하면 인간은 근원적으로 창조에 관여했기 때문입니다.

2

우리가 어디에서 왔든 우리는 여기 존재합니다. 우리는 세계 안에서 다른 인간들과 함께 우리를 발견합니다.

자연의 침묵 인간의 언어 자연은 말이 없습니다. 그 형태로써, 풍경으로써, 사나운 폭풍우로써, 화산 폭발로써, 조용한 바람으로써, 고요로써 무언가를 표현하는 듯이 보일 때라도 자연은 역시 대답해 주지 않습니다. 동물은 의미가 있는 듯이 반응합니다. 하지만 동물 또한 말하지 않습니다. 오직 인간만이 말합니다. 말하고 대답하는 사이에 부단히 서로를 이해하는 일은 오직 인간들 가운데서만 가능한 일입니다. 오직 인간만이 사유 속에서 자기 자신을 의식합니다.

그렇지만 인간은 끝없는 세계, 말이 없는 세계 속에 존재합니다. 인간은 우선 사물의 침묵에 대하여 자기 자신 쪽에서 언어를 빌려 줍니다. 자연의 침묵은 때로는 인간에게 무서울 만큼 낯설고 우리와 전혀 상관없는 것으로 작용할 수도 있고, 또 때로는 믿음을 불러일으키고 우리를 지탱해 주고 도와주는 침묵으로 작용할 수도 있습니다. 인간은 자연의 한 구성원이면서도 외롭습니다. 자신과 운명을 같이하는 자들과 교류할 때에야 비로소 인간은 자기 자신이 되고 외롭지 않게 되는 법입니다. 이때 자연은 인간에 대하여 말없이 말을 하는 암흑의 배경이 됩니다. 우리 자신은 세계 안에 있는 빛으로서, 사물들이 그 속에서 비로소 명백해지는 장소로서 우리 앞에 나타납니다. 사물은 우리의 사유를 통해서, 또 사람들과의 접촉을 통해서 파악되기 때문입니다.

3

우리는 세계와 역사, 우리 자신으로부터도 자기를 파악할 수 없다

우리는 이 신체를 가지고 살고 있는 현존재로서의 우리를 세계로부터 파악하며, 이러한 현존재 없이는 우리도 존재하지 않습니다. 우리는 이 현존재에 묶여 있으며, 이 현존재 속에서 움직입니다. 우리는 신체를 우리의 것으로서 경험하여 결국 우리를 신체와 동일시하는 데까지 이릅니다. 하지만 만일 우리가 자연적으로는 물질과 생명으로 구성돼 있다는 것만으로 만족한다면, 우리는 자기의식을 잃어버릴 것입니다. 왜냐하면 우리는 자기의 몸과 하나가 되었다는 것만으로는 아직 우리 자신이 아니기 때문입니다.

인간의 자기 이해

전통이라는 실재에 의하지 않고서는 우리는 우리를 역사로부터 이해할 수가 없습니다. 전통이 없다면 우리는 우리 자신이 되지 못할 것입니다. 그렇다고 해서 만일 우리가 지금 처해 있는 인식 가능한 역사적 과정에만 몸을 맡긴다면, 우리 자신의 근원적 책임 의식을 잃어버리게 됩니다. 아직 역사를 직관하지 않았다 하더라도 바로 이 책임을 통감해야만 비로소 우리는 우리 자신이 되기 때문입니다.

그렇다면 우리는 내적·외적 행위의 자유를 지닌 우리 자신으로부터 자기를 파악할 수 있을까요? 여기에서 우리는 자기의식의 깊이와 근원에 도달합니다. 하지만 우리가 가진 자유의 실존을 파악하지는 못합니다. 왜냐하면 우리는 자신을 직접 창조하지 않았기 때문입니다. 우리는 현존재로서 태어났지만 현존재로서 자기를 창조한 것은 아닙니다. 또한 우리는 자유 속에서 자기를 파악함으로써 자유 속에서 자신을 얻지만, 그렇다고 우리가 그러한 자유로서 자기를 창조한 것도 아닙니다.

4

인간 본질의 여러 규정

우리의 유래로부터 자기를 이해하지 못할 때에도, 우리는 최소한 자기가 무엇인가 하는 것을 알아낼 수 있을까요?

인간의 본질은 언어로 생각하는 생물(zoon logon echon), 행위에 의해서 국가, 즉 폴리스로서의 공동체를 법 아래 건립하는 생물(zoon politikon), 도구를 만드는 존재(homo faber), 도구를 가지고 일하는 존재(homo laborans), 그 현존재의 생계 수단을 공동경제로 조달하는 존재(homo oeconomicus) 등으로 규정되어 왔습니다.

이들 하나하나의 규정은 무언가 특징적인 것을 꿰뚫고 있습니다. 그러나 거기에는 결정적인 것이 빠져 있습니다. 즉, 인간이란 이러한 존재 유형 속으로 언제나 되돌아오는 것이지만 그렇다고 해서 고정된 하나의 존재로서 파악될 것은 아닙니다. 오히려 인간의 본질은 운동 속에 있습니다. 다시 말해 인간은 지금의 자기대로 머물러 있을 수가 없습니다. 인간은 그 공동 상황의 끊임없는 변화 속에 존재하고 있습니다. 인간은 동물처럼 아무 걱정 없이 세대로부터 세대로 자기를 반복하는 존재가 아닙니다. 인간은 자기에게 주어진 조건을 뛰어넘습니다. 인간은 그때그때마다 새로운 조건 아래에서 태어납니다. 새로 태어난 인간은 모두 예정된 궤도에 묶여 있을 뿐만 아니라, 하나의 새로운 시작이기도 합니다. 니체의 말에 의하면, 인간은 '고정되지 않는 동물'입니다. 동물은 그저 이미 있던 것을 거듭할 따름이지 그 이상은 아무것도 하지 못합니다. 반면에 인간은 본질상 타고난 대로 있을 수가 없습니다. 인간은 궁지·퇴화·전도(轉倒)·자기소외에 빠질 수 있습니다. 인간은 보호·구제·해방·자기 자신에로의 귀환을 필요로 합니다. 그러나 이런 일은, 오직 하나의 참된 인간 존재에 대해 보편적으로 인정되고 믿어지는 방향에서 일어나는 것은 아닙니다.

5

자기의 모든 현상에서 독립해 있음으로써 자신을 의식하는 인간은 누구인가

그런데 자기가 이러이러한 민족·인종·성(性)·시대·문화권·사회적 및 경제적 상황에 묶여 있다는 것을 알면서도 자기를 해방시킬 수 있는 인간, 즉 이러한 모든 것의 외부에다, 이러한 모든 것의 저편에다 자신을 세워 놓고, 이러한 모든 것 속에 역사적으로 파고 들어갈 수 있는 인간, 이런 인간은 대체 어떠한 사람이겠습니까?

우리는 인간에 관하여 알고, 개인은 자기에 관하여 압니다. 그러나 우리가 알고 있는 그 모두가 그대로 인간 자체는 아닙니다. 인간이 묶여 있고 관여하고 있는 것이 단적으로 인간과 똑같은 것은 아닙니다. 인간의 근원으로부터 물음이 생깁니다. 그리고 이 물음이 몰락으로부터 자기를 끌어올려 주는 원동력이 됩니다. 이러한 근원으로부터 인간은 자기에게 어떠한 휴식도 허용하지 않는 요구를 듣습니다. 인간이 자기 자신이 될 때, 이제껏 귀를 기울이고 있다고 믿으면서도 사실은 전혀 이해하지 못했던 그 무엇인가에 의하여 존재 의식이 충만해집니다.

인간은 자기 마음대로 움직일 수 없는 그러한 근거에 의하여 자기가 지탱되고 있다는 점을 알면, 본디 자기가 어떠한 자인가도 알게 됩니다. 그것은 결코 어떤 개인만이 알게 되는 문제는 아닙니다. 인간이란 무엇인가 하는 물음에 대한 모든 지식은 온갖 현상에 관계하며, 이 현상의 인간적인 전제와 가능성에 관계합니다. 인간은 그들 현상과 똑같지 않습니다. 오히려 인간은 자기 자신에게로 돌아가는 길 위에서 그 현상들을 받아들입니다.

6

인간상을 둘러싼 싸움

우리는 마음속에 인간상을 지니고 있으며, 역사상 유력했던 지도자들의 인간상에 대하여 압니다.

그러나 인간이란 본디 무엇이며, 무엇일 수 있으며, 또 무엇이어야 하는가 하는 것을 이상적인 인간상으로서 확립할 수는 없기 때문에, 우리를 이끌어 가는 인간상에 대해서 우리는 역시 일종의 책임을 맡게 됩니다.

살아가면서 인간은 반드시 자기가 선택한 인간상을 지니게 마련입니다. 다양한 인간상들의 투쟁을 겪으면서 우리는 자기 자신에게 도달합니다. 인간상은 언제나 인간을 둘러싸고 있었습니다. 영웅이라는 신화적 형태를 취할 때도 있었고, 또는 본질상 인간과 같으면서도 다만 죽지 않는다는 성향만으로 인간과 구별되던 그리스 신들의 형태를 취할 때도 있었습니다. 또 인간상은 현자·예언가·성자(聖者), 혹은 시의 형태로 인간을 둘러싸고 있습니다. 그러면 오늘날 인간상들은 어떻게 인간을 둘러싸고 있을까요? 연극계, 스포츠계, 혹은 영화계의 스타들 속에서, 정치가·작가·과학자들 속에서 나타나는 지도적 인간상이 아직도 존재합니까? 아니면 이젠 어떠한 본질적 인간상도 존재하지 않습니까?

인간상들의 투쟁은 우리에게 있어 우리 자신과 관련된 문제입니다. 우리는 낱낱의 인간들 속에서 만나게 되는 인간상에 대해서 때로는 반감을 갖고 때로는 호감을 갖기도 합니다. 그러한 인간상들이 마치 모범상(模範像)과 대립상(對立像)이라도 되듯이, 우리는 그것들을 단서로 자신이 나아갈 방향을 찾습니다. 우리는 이렇게 자문합니다. '이 사람은 지금 이러한 상황에 처한다면 무슨 일을 할까? 무슨 말을 할까?'

비속한 인간상 우리에겐 일부러 비속한 곳으로 눈을 돌림으로써 자기 자신의 비속함을 합리화하려는 얕은 경향이 있습니다. 그런가 하면 우리는 우리 자신에게로 좀더 가까이 돌아가기 위하여 존경할 만한 사람들을 찾습니다. 우리는 사랑하는 사람들 속에서 우리 자신이 됩니다. 그리고 우리가 더 우월하다고 생각하게 만드는 그러한 사람들 속에서는 자기 자신을 잃어버립니다.

높은 인간상 높은 인간상을 거부하는 사람들은 이렇게 말할 것입니다. "나는 그렇게 되고 싶지 않다. 나는 다른 사람들과 꼭 같고 싶다." "인간적 비루함을 함께 나누는 것, 더 잘나고 싶어 욕심을 부리지 않는 것, 이것이야말로 인간다운 일이다. 이것이 바로 인간의 본디 모습이다." "인격은 과거의 우상(偶像)이다. 오늘날에는 이미 그런 것은 존재하지 않는다." "나는 우리 시대에 알맞은 모습, 우리 시대가 요구하는 모습으로 있고 싶다." 반대로 우리가 어떠한 시대에도 만날 수 있는 고귀한 인간성에 대한 외경(畏敬)이라는 것도 있습니다. 이 고귀함은 우리를 끌어올려 줍니다. 고귀함에 대한 외경이야말로, 인간 속에 있는 높은 가능성에 대한 외경의 근원일 뿐만 아니라, 모든 개개의 인간에 대한 외경의 근원이기도 합니다. 개개의 인간이 바로 전체 인간이기 때문입니다. 이 외경은 또 나 자신에 대한 외경의 근원입니다. 이러한 외경을 지님으로써 나는, 나 자신을 경멸하게 될 어떠한 일을 행하거나 느끼거나 생각하는 일을 참지 못하는 것입니다. 하지만 모든 사랑, 모든 외경이 좌절하게 되는 절망적인 한계라는 것이 있습니다. 즉 셰익스피어가 회의적 번민으로 《템페스트》 속에서 칼리반을 통해 시적으로 드러내 준 것—독일의 광기가 비루한 복종으로써 히틀러를 통해 현실적으로 보여 준 것, 그러한 무언가가 인간 속에 숨어 있는 것입니다.

외경은 인간을 높여 주지만, 신의 영역까지 높여 주지는 못합니다. 아무리 위대한 인간이라도 가장 비천한 인간과 마찬가지로 어딘지 우리와 닮은 구석이 있습니다. '모두 우리와 다를 게 없는 인간들이다'라는 명제는 우리를 다 함께 고무시켜 주면서도 막연하나마 서열을 버리지는 않습니다. 그런데 이 명제로부터는, 자칫하다가는 인간을 비하하고 평준화하는 또 하나의 명제가 생겨납니다. '모두 그저 인간에 지나지 않으며, 우리와 꼭 같다'라는 명제가 바로 그것입니다.

7

만족하지 못하는 인간

앞서 말한 것처럼 인간은 세계로부터도, 역사로부터도, 자기 자신으로부터도 자신을 파악하지 못합니다.

인간은 자기의 현존재에 묶여 있으면서도 자기를 초월하려 합니다. 만일 인간이 언제까지나 자신 속에 틀어박혀서, 현존재가 그날그날 반복하는 일 이상의 어떤 것도 되지 못한다면, 인간은 결코 만족을 얻지 못합니다. 인간이 만일 지금 있는 그대로의 인간으로만 존재하고 싶다고 생각한다면, 진정으로 자기를 인간으로서 아는 것이 아닙니다.

인간은 단순한 감정에 의해서도, 신화적 인간상을 즐김으로써도, 심취에 의해서도, 우리를 고양시켜 주는 말로써도, 아직 자기 자신에게서 벗어나지 못합니다. 마치 그곳에 이미 진실이 있는 것처럼 생각하고 있습니다. 자기의 내적·외적 행위 속에서 자기를 실현시켜 나가는 가운데 비로소 인간은 자신을 인간으로서 의식하고, 생명보다 우월한 것이 되며 마침내 자기를 초월합니다. 이러한 일은 두 가지 방향에서 일어납니다. 하나는 세계 안에서의 무한한 진보에 의해서, 다른 하나는 초월자와의 관계에서 그의 앞에 나타나는 무한성에 의해서입니다.

8

자기 자신을 넘어서—세계 안에서의 진보

자연 지배의 진보는 인간 존재의 시작과 함께 비롯됩니다. 이를테면 불을 피우는 일과 도구의 발견이 바로 그것입니다. 그러나 절박한 위기가 닥치면 무언가 이와는 다른 것이 생깁니다. 예컨대 지식욕과 능력 속에 깃든 용기, 항해 모험, 억누르기 힘든 호기심, 결코 만족할 줄 모르고 어떠한 한계도 뛰어넘으려는 충동이 그것입니다.

프로메테우스 전설 그리스 신화를 보면 신에게 반항하는 거인 프로메테우스가 나옵니다. 우리는 아이스킬로스의 작품에서 다음과 같은 얘기를 읽습니다. 제우스가 가련한 인간을 멸망시키려고 하자 프로메테우스는 인간의 편이 되어서 이에 반항합니다. 프로메테우스는 인간이 자신들의 힘으로 살아갈 수 있도록 인간에게 불과 여러 가지 기술을 주었습니다. 그것을 가지고 인간은 현존재를 위해서 필요한 모든 것을 만들어 낼 수 있었습니다. 집을 짓고, 선박을 만들고, 금·은·철을 이용하고, 소를 길들여 경작에 쓰고, 말을 길들여 먼 지방까지 타고 가는 등 말입니다. 프로메테우스는 인간에게 숫자와 과학과 문자를 가르쳐 주었습니다. 그는 사유하면서 자기의 행위로 생활을 꾸려 나가는 가능성을 줌으로써 인간에게 인간다운 생활을 부여했습니다. 이러한 인간의 독립성은 제우스의 세계 질서의 계획 속에는 없었습니다. 인간이 이렇게까지 된 것은 거인족 프로메테우스의 덕이었고, 또 인간 자신의 덕이었습니다. '인간보다 더 강한 것은 없다.' 이것은 소포클레스의 작품에 나오는 말입니다.

단테의 《신곡》에서 그런데 인간이 할 수 있는 것은 또한 인간의 비운이기도 합니다. 단테는 오디세우스의 한 모험을 그리고 있습니다. 오디세우스는 헤라클레스의 기둥 사이에 설정된, 인간에 대한 경계인 지브롤터해협을 넘어서 동료들과 배를 타고 나갑니다. 무엇 때문입니까? "무엇 하나도 나로부터 숨겨진 것이 없도록 하기 위하여" 그는 동료들을 설득합니다. "그대들의 남은 생은 길지 않지만, 한 가지 더 경험하는 일을 거절하지 말라. 과연 인간이 살지 않는 대륙을 우리가 찾아낼 수 있을까. 그대들은 가축과 같이 살기 위해서가 아니라 오히려 명예와 지식을 얻기 위해서 생명을 받은 것이니라." 연옥(煉獄)의 산을 앞에 두고 불어 닥친 남해의 폭풍우 속에서 바다는 그들을 삼켜 버립니다. 지옥의 오디세우스가 단테에게 그것을 전하기까지 아무도 이 이야기를 들은 사람은 없었습니다.

단테의 이 환상은 우리로 하여금 현재의 일을 생각하게 만듭니다.

인공위성의 성공 이야기의 내용으로 본다면, 오늘날 남쪽 바다를 항해한다는 일쯤이야 그리 대수롭지 않은 것처럼 보입니다. 1957년 최초의 인공위성인 스푸트니크가 우주를 향해 발사되는 순간 사람들은 온통 감격의 도가니 속에서 들끓었습니다. 얼마 지나지 않아 우주선이 우주비행사를 무사히 지상으로 귀환시켰을 때는 그 감격이 더한층 컸습니다. 우주비행사는 분명히 탄생했으며, 그는 이제까지 인간이 한 번도 본 적이 없는 일에 관해서 보고하였습니다. "이제부터 인간은 우주를 소유하게 될 것이다." 사람들은 이렇게 생각할 수 있었습니다. 인간은 이미 지구에 묶여 있지 않습니다. 지구는 인간에게 다만 출발점에 불과합니다. 몇 천 년 전 인간은 최초의 뗏목을 타고 용감하게도 바다로 나섰습니다. 그리하여 마침내 지구를 배로 한 바퀴 돌았습니다. 이제 인간은 최초의 뗏목을 가지고 그러했듯이 우주 공간으로 나섰습니다. 언젠가는 우주도 지금의 지구처럼 인간의 소유가 될 것입니다.

하지만 이런 것은 믿을 수 없는 생각입니다. 혹시 인간이 이제까지보다 훨씬 더 발달한다고 하여도, 역시 인간의 결정적인 생리적 제한이 남습니다. 우주가 아니라 우리 태양계의 공간으로 인간은 진출할 것입니다. 인간은 우주로 나아가려 하지만 결코 우주에 도달하지는 못합니다. 우주의 척도로 따져 볼 때 여기서 가장 가까운 태양인 센타우루스 자리 α별까지의 거리도 4광년이나 됩니다. 인간의 현존재가 지닌 생리적 전제로 볼 때, 우주비행사가 이 거리를 극복한다는 것은 거의 불가능합니다. 이것은 결코 좌절이 아니라, 한계입니다.

단테가 그린 오디세우스의 대담무쌍한 지식욕에 대응하는 것은, 과학자나 발견자 속에서 볼 수 있는 근대의 시작이었습니다. 지구의 정복은 인간 역사 속에 새롭고도 거대한 장을 열어 주었습니다. 그러나 오늘날에 와서 스푸트니크와 함께 이 의미는 변해 버렸습니다. 오늘날에는 위험하기 짝이 없는 등산가의 모험이 우주비행사의 모험보다도 훨씬 내용이 풍성합니다. 이것은 우리를 실망시키는 우주비행사의 보고가 보여 주는 그대로입니다. 우주비행이 자랑하는 것은 겨우 기술의 완벽성뿐입니다. 이 완벽성은 공허한 위신을 낳으므로, 기술적인 스포츠의 최고 기록과 비교될 수 있습니다.

그러나 단테의 환상의 원리—교만한 지식욕과 재능에서 생기는 몰락—는 오늘날 새로운 형태를 띠고 현실적인 것이 되어 있습니다. 왜냐하면 기술적 실현은 인류의 자멸을 실제로 가능하게 할 수 있는 지점까지 이르고 있기 때문입니다.

9

자기 자신을 넘어서=초월자

인간은 자기 자신을 초월하여 전혀 다른 방향으로 나가고자 합니다. 이미 세계 안에서 내달리는 것이 아니라, 자기의 현재 상태 그대로 세계를 초월하려 합니다. 이미 자기의 시간적 현존재의 진정시킬 수 없는 불안, 항상 새로워지는 불안으로가 아니라, 시간을 거스르는 시간 속에서 영원한 안정으로 나가려 합니다.

시간 속에서 지속되는 안정은 인간에게 허용되지 않습니다. 안정은 시간의 끝이라고 해야 할 것입니다. 세계 안에서의 안정의 순간은 완성된 상태로 머무를 수 없습니다. 모든 것은 계속 움직여 갑니다. 만일 완성된 순간이 인간에게 허용된다면, 그 순간 영원한 안정의 빛이 발하게 될 것입니다. 이 순간은 시간 속으로 아주 흡수되지 않고 우리 마음속에 숨겨진 고요를 입증해 줍니다.

이러한 고요는 초월자 속에 보존되어 있습니다. 이 초월자로부터 우리는 우리의 공동 운명체와 함께 우리의 의미를 맞아들여야 합니다. 신의 불변성은 이러한 안정의 암호 중 하나입니다. 바로 그곳을 향하여 인간은 자기를 넘어 내달려 갑니다. 이미 세계 안에서 한 걸음 한 걸음 나가는 것이 아니라, 우리의 지식 앞에는 닫혀 있어서 거의 무엇이라고 명명조차 할 수 없는 초월자를 향하여 내닫는 것입니다.

만일 이러한 충격을 아직 경험하지 않았다면, 그리고 '그것을 뛰어넘어' 초월자에게로 가는 길이 막연하다면, 인간은 아직도 근원적으로 자기 자신이 아닙니다. 그는 단지 생명을 갖고 이성적으로 사유하는 현존재일 뿐이며, 이러한 현존재에 묶여 있는 것에 지나지 않습니다. 그러므로 인간을 비하시키는 이러한 인간상에 맞서 인간은 '신을 바라다보는 존재'라고 불렸던 것입니다. 초월자와의 관계에 의해서 비로소 인간은 자신을 자유롭고 생명적으로 우월한 존재로 의식합니다. 이 생명적 우월은 모든 민족, 모든 시대의 사람들에게서 찾아볼 수 있습니다.

10

용기와 희망

이러한 자각이 이루어지면 인간은 자기가 불확실하고 내던져진 상태에 있다는 것을 의식합니다. 사실을 숨기지 않고 사유하려면, 우리에겐 용기가 필요합니다. 눈을 또렷이 뜨고 분별심을 잃지 않으면서 어둠 속을 헤쳐 나가야 합니다.

용기는 희망을 낳습니다. 희망 없이는 생명이 존재하지 않습니다. 현존재가 계속되는 한, 최소한의 희망은 언제나 존재합니다. 그러나 이 희망은 용기의 힘을 통해서만 참되게 빛나는 것입니다.

현존재가 좌절할 때, 희망은 미덥지 않다는 것이 밝혀집니다. 이때 같은 용기에 의해서 각오가 희망과 하나가 됩니다. 그리고 이 각오를 통해 인간은 씩씩하게 결말로 나아가게 됩니다.

희망은 현존재 안에서만 의미를 갖습니다. 희망은 시간을 뛰어넘지 못합니다. 하지만 시간 속에서 모든 희망이 사라진다면 어찌 되겠습니까? 이미 말한 각오라는 것도 자기 존재 속에 뿌리를 둔 근거 없는 확신입니다. '모든 일은 때가 되기를 기다려라'라고 한 셰익스피어의 말은 누구에게나, 어떠한 순간에나 허용되는 것도 아니고 보증된 것도 아닙니다.

그러한 각오는 생기지 않을 수도 있습니다. 나는 벌거벗은 실재 앞에 그만 무릎을 꿇고 맙니다. 각오가 되어 있는 사람은 자기 확신을 갖지 않아도 됩니다. 그가 하나의 인간이라는 의식 속에서 사람들에 대한 의무를 지고 끝까지 성실하게 남고자 한다면, 그는 타인을 잊어서는 안 됩니다. 그가 이러한 일을 거절할 때 그는 타인의 자비심을 기대하고 있는 것입니다.

11

인간의 존엄

인간이란 어떠한 존재인가? 이 물음에 대한 대답은, 그 무엇도 결코 만족스러울 수 없다는 것을 우리는 보아 왔습니다. 왜냐하면 인간이 무엇일 수 있는가는, 그가 인간인 한 어디까지나 그의 자유 속에 숨겨져 있기 때문입니다. 이것은 인간의 자유의 결과에 의하여 끊임없이 밝혀질 것입니다. 인간이 살고 있는 한, 스스로 부단히 노력해서 획득해야만 할 일들이 있을 것입니다.

인간에 관하여 묻는 자는 하나의 참되고 가치 있는 인간상을, 그리고 그 인간 자체를 보고 싶어합니다. 하지만 그것을 볼 수는 없습니다. 인간의 존엄이란, 규정될 수 없는 것을 대표합니다. 인간이 인간인 것은 그가 자기 속에 이러한 존엄을 지니고 있고, 또 모든 타인 속에서 이 존엄을 인정하고 있기 때문입니다. 칸트는 이러한 사정을 매우 간략하게 다음과 같이 말해 주었습니다. "어떠한 인간도, 인간에 의하여 다만 수단으로서 사용되어서는 안 된다. 개인은 그 자신이 목적이다."

V 정치적 토론

"정치는 운명이다." 나폴레옹의 이 말은 기술시대에 전체주의적 지배가 존재하게 된 뒤로 그 어느 때보다도 더 무서운 말이 되었습니다.

철학은 비록 그것이 비정치적임을 스스로 인정했을 때조차도 언제나 정치적인 의미를 지녔습니다. 왜냐하면 철학적으로 사색할 때 인간은 자기 자신으로 돌아가기 때문입니다. 거기서부터 인간은 다른 모든 사람들과 함께 자기의 현존재를 정치적으로 형성하고 평가할 수 있는 원동력을 얻어 옵니다.

오늘 나는 정치에 대한 일련의 강의를 하나의 서곡으로부터 시작하겠습니다. 정치적 토론은 어떠한 양상으로 펼쳐질까요?

1

정치 문제에 대한 토론의 실례

토론에서 우리는 의도하는 목표를 설명하고 사실을 지적합니다. 우리는 반대자들과 부딪쳐 설득해 보려고 합니다. 이러한 토론에서 철학과 또 철학의 부재(不在)가 어떠한 영향을 미치는지를 실감할 수 있도록, 두 사람의 독일인 A와 B의 가상 대화를 예로 들겠습니다.

독일의 재건 A : 군사력이 따르는 지혜로운 정책을 통하여, 독일의 재건을 1937년의 국경 내에서 이루는 것이 우리의 최고 목표입니다.

정치적 자유의 실현 B : 우리의 첫 번째 목표는, 오히려 연방공화국 안에서 아직은 매우 약한 정치적 자유를 발전시키는 것이라고 생각합니다. 그것만이 우리 자신의 힘으로 할 수 있는 일입니다.

이것이 토대입니다. 이 토대 위에서 비로소 우리는 유럽 자유국가들과 연대하여 지구상에서의 자기 주장에 협력할 수 있습니다. 이 틀 속에서, 그리고 오직 이 틀을 통해서만 우리는 마침내 동쪽에서 억압받고 있는 우리 독일인의 자유를 지키게 될 것입니다.

A : 당신은 눈앞에 환영(幻影)을 보고 있습니다. 당신은 존재하지 않는 연대(連帶)를 보고 있습니다. 수에즈 전쟁 때 미국은 소련과 동맹하여 영국·프랑스·이스라엘 같은 여러 자유국가에게 굴복을 강요했습니다.

B : 그와 같이 두려운 사실들을 당신은 또 얼마든지 들 수 있을 것입니다. 그러나 당신이 원하는 바는 어쩌면 환영만도 못한 것입니다. 옛 독일 국경을 회복하는 일은 우리 자신의 힘으로는 어떠한 정치력에 의해서도 강행할 수 없는 것입니다. 그러나 세계 정세가 중국의 세력 때문에 이를테면 소련과 서방 측과의 동맹을 불가피하게 한다면, 그때에는 거의 저절로 위성국가들과 그중 오데르-나이세 선(Oder-Neisse 線)을 국경으로 하는 동쪽의 우리 독일인들은 자유를 얻게 될 것입니다.

문제는 다만 어느 환영이 더 좋으냐 하는 것입니다. 즉 어느 환영 쪽에 자기를 주장할 수 있는 좀더 큰 기회가 있느냐 하는 것입니다. 그러나 독일의 자기 주장은 결국 자유세계 안에서만 가능합니다. 그리고 거듭 말하자면, 그것을 위해서 우리가 할 수 있는 일은 연방공화국 안에서 내정상(內政上)의 자유를 실현하는 것입니다.

도대체 당신은 우리가 무엇을 해야 한다고 생각합니까?

A : 우리는 재통일을 끊임없이 요구해야만 합니다. 우리는 오직 우리의 당연한 권리를 지킬 뿐입니다. 역사는 불가능한 일의 실현을 증명해 주고 있습니다. 우리는 이미 세계가 무시할 수 없을 정도로 다시 강해졌습니다.

정치적 관심의 저하 B : 하지만 우리 자신의 국가 안에서 우리가 실제로 처한 정치적 상태는 지금 어떻습니까? 경제력 덕택에 넓은 범위에 걸쳐 발전이 이루어지고 있는 데 비해, 우리들의 정치적 관심은 놀랄 만큼 낮아지고 있습니다. 우리는 자신이 선출한 정당에 의한 과두정치(寡頭政治)의 지배를 받아들이고 있습니다. 이 과두정치는 선거 때에만 국민에게 의뢰합니다. 국민의 유일한 정치적 행위인 찬성 투표는, 어찌할 바 모르는 가운데 이루어집니다. 국민의 행위는 결국 정당에 의한 과두정치의 현존하는 지배에 보내는 갈채에 지나지 않습니다.

어떤 정당에도 정치적 이념이 없습니다. 어떤 정당도 내정상의 자유와 정신적 자유를 위해서 힘을 기울이지 않습니다. 어떤 정당도 국민의 정치적 자기 육성을 위해서 일하지 않습니다.

그러나 바이마르 공화국 때와는 사정이 전혀 다릅니다. 이러한 움직임은 오늘날 당분간은 위험이 없어 보입니다. 왜냐하면 국가는 밖으로는 공격에 대하여, 안으로는 폭동에 대하여 미국의 보호를 받고 있기 때문입니다. 이것은 강화조약으로 우리의 주권이 제한된 결과입니다. 따라서 정부는 밖으로도 안으로도 실제의 시련에 몸을 내맡긴 진정한 책임을 전혀 지지 않습니다. 아무 일도 일어날 수 없습니다. 이것은 조약의 결과입니다. 이 조약이 무기력한 안정을 조성한 것입니다.

A : 그래서 우리는 결국 안전하게 살고 있군요. 어쨌든 좋은 일입니다.

B : 그렇게 생각되지요. 그러나 이 상태는 전체로서 볼때, 우리가 다음에 닥칠 세계 위기에 어떤 태도로 대처해야 하는가에 대한 준비이기도 합니다. 그때에는 정치적 자유가 무엇인가를 우리가 아는지, 그때까지 1933년에 잃어버린 체면을 회복하는지, 우리가 자유를 살려 내는 데 필요한 명예로운 결단을 발견하는지, 아니면 수치와 정치적 무지의 해였던 저 1933년과 똑같은 태도를 취하는지 어떤지가 밝혀질 것입니다. 다만 모든 사정은 그때와 다르겠지만요.

A : 그러면 당신은 이미 위험을 내다보고 있다는 말입니까?

B : 그렇습니다. 이를테면 미국에 의한 원자력 방위의 확증은, 소련이 억지를 부리는 경우에는 벌써 전과 같이 그렇게 절대적일 수 없습니다. 이미 미국은 소련의 공격과 그에 대한 보복 폭격 사이에 간격을 두려 하고 있습니다. 미국은 원자력 전쟁이 초래할 멸망의 위험에 대해서 무엇보다도 먼저 자국의 안전을 생각하는 것 같습니다.

A : 그것은 할 수 없는 일입니다. 그나저나 오늘날에는 모든 사정이 큰 긴장 완화에 밀려 뒤지고 있습니다.

B : 긴장 완화에 대해서는 이야기하지 맙시다. 지금 당장은 사실상 평온한데다가 또 베를린도 위협받고 있지 않으므로, 사람들은 긴장이 완화되었다고 믿고 있습니다. 이것은 확실이 흐루시초프의 대성공입니다. 흐루시초프는 서방 측을 내적인 질투나 분쟁에 빠뜨려 힘을 약화시키고, 자기에게 필요

한 시간을 번 것입니다.

그러나 장기적으로 볼 때 우리 정치에서 중요한 것은 미국과의 동맹을 해소할 수 없는 것, 신뢰할 만한 것으로 만드는 큰 변화를 일으키는 일입니다. 아마도 이것은 가능할 것입니다.

A : 도대체 어떻게?

정치적 자유의 확립 B : 그것은 오직 완전한 연대를 통해서만 가능합니다. 우리는 우리의 국민적 주권의 요구에 두 번째 자리를 내줍니다. 그리고 미국이 첫 번째 자리에 있다는 사실을 인정합니다. 그러기 위해서는 우선 우리가 내적·현실적·정치적으로 자유로워지고 민주적이 되어야만 합니다. 다시 말하면 정치적으로 함께 사고하고, 함께 행동하고, 또 언제 어디서나 정치적 자유가 문제라는 점을 인식하는 그러한 국가로 성장해야 합니다. 우리는 이성적이고 설득력 있는 근거를 가지고 미국에 요구합니다. 그러나 만일 분쟁이 일어나면, 우리는 미국에 양보할 것입니다. 그렇게 해 나가면 시간이 흐름에 따라, 미국이 먼저 우리와의 완전한 연대를 요청해 올지도 모릅니다. 미국은 우리의 국경을 자기네들의 국경으로 생각하고 "나는 베를린 시민이다"라고 한 케네디의 말을 실행할지도 모릅니다. 미국은 우리를 신뢰할 수 있을 것이며, 우리는 미국에 의지할 수 있습니다. 물론 이것은 하나의 가능성에 지나지 않지만, 우리의 자기 주장을 위한 유일한 기회입니다.

A : 정말 어처구니가 없군요! 당신은 그야말로 우리를 미국의 위성국으로 예속시키려고 하는군요.

B : 옛날 프리슬란트는 7주(州) 동맹을 맺고 홀란드 주(네덜란드)에 따랐는데, 이것은 형식적인 예속이 아니고 사실상의 예속이었을까요? 마찬가지로 우리가 미국을 비롯한 그 밖의 다른 여러 나라들과 함께 정치적 자유를 위해 산다면 이것은 예속일까요? 자유를 몰랐던 세계, 자유를 아주 없애 버리려 하는 세계, 그러한 세계가 바야흐로 득세하려고 하는데, 우리가 그것에 맞서 운명을 같이하는 것이 예속일까요? 우리의 예속은 친근한 이들끼리의 공동체입니다. 이 공동체는 서로 이성적이 되고 자유로워질수록, 그만큼 더 신뢰하고 일치할 수 있는 것이 됩니다.

A : 당신의 말에서 내가 느낄 수 있는 것은 오직 한 가지입니다. 당신에겐

독일인의 마음이 없습니다. 독일 민족이라면 누구나 가지고 있는 당연한 것이 당신에게는 없습니다. 당신은 독일인이 아닙니다.

B : 나도 독일인이라는 사실을 당신은 부정하려고 하십니까? 누가 더 독일인답게 생각하는지 논쟁해야만 하겠습니까? 그뿐만이 아닙니다. 당신과 나 둘 중 어느 쪽이 우리의 위대한 조상의 요구를 더 잘 듣고 있느냐, 어느 쪽이 훨씬 더 독일의 운명을 잘 통찰하고 그것을 견디어 내며 정치적·정신적 변화에 대해서 협력하느냐 어쩌느냐 하는 것까지 문제 삼아야만 하겠습니까? 나는 그런 다툼을 원하지 않습니다.

A : 좋습니다. 그렇다면 우리는 이러한 세계의 상황 속에서 어떻게 해야 합니까? 우리에게 일어날 일을 그저 기다리고만 있어야 합니까? 아니요, 우리는 역시 소련처럼 군사력을 강화해야만 합니다. 그러나 정치적으로 우리가 고수해야만 할 것은, 포기할 수 없는 우리의 국민적 주권입니다.

B : 첫 번째 점에 관해서는 당신에게 동의합니다. 우리는 우리의 미래를 수동적으로 기다려서는 안 됩니다. 가능한 데까지 우리의 군사력을 보강해야만 합니다. 그러나 두 번째 점에 대해서는 당신의 의견과 다릅니다. 당신은 정치적 자유라는 공동의 자기 주장보다도 절대적 민족국가의 정치, 국가적 과대망상증의 정치에 우위를 두고 있습니다.

A : 만일 유럽의 다른 나라들이 저마다 국가적 이해에 따라 행동하고 또 공동 토의권이 아니라 자립과 거부권을 요구한다면, 우리도 그만큼 더 민족국가적으로 생각해야만 합니다.

B : 다른 여러 나라가 스스로를 죽이는 그릇된 길을 걷고 있으니 당신의 주장도 정당하다는 것입니까? 반대로 나는 언제나 똑같은 근본 사상을 가지고 있습니다. 우리는 오직 정치적 자유를 무엇보다도 중요한 것으로 내세우는 나라들과 무조건 결합할 때에만 우리 자신을 구할 수 있습니다. 자유의지에 의하여 우리는 내정적으로 국가를 건설하고, 모든 내정적 행위를 평가하는 것입니다. 오직 이러한 자유의지를 통해서만 우리는 우리의 정치적 현존재의 의의를 일정한 높이에서 발견할 수 있습니다. 이 높이는 우리를 덮쳐오는 위기 속에서도 변함이 없습니다. 이것은 이념이 없는 고집불통의, 인간으로서의 우리의 품위를 떨어뜨리는 나날의 계속이 아닙니다.

정치적 자유가 본디 무엇이었던가를 우리 모두 알았다면, 정당 과두정치가 손아귀에 넣은 현재의 권력은 정신의 힘과 민중의 봉기, 특히 청년들의 봉기를 통해 변화되었을 것입니다.

먼저 통일, 그리고 자유를 A : 우리 정치의 위대성은 19세기에 '먼저 통일, 그리고 자유를!' 하는 외침에 바탕을 둔 것이었습니다. 오늘날에도 우리의 첫째가는 최고 목표는 바로 이것입니다. 즉 적어도 1937년 국경에 따른 독일 국가의 통일입니다.

B : '먼저 통일, 그리고 자유를!' 하는 국민적 외침에 대항해서 그때도 이미 연방주의적인 자유사상이 있었습니다. 비스마르크의 중앙집권적 국가 사상이 승리한 뒤로는 정치적 자유까지 얻을 수 있는 기회는 생기지 않았습니다. 사람들은 허울뿐인 입헌제에, 법치국가에, 당시의 경제적 기적에 만족하고 말았습니다. 그 결과는 정치적 책임감의 상실이었습니다. 함께 생각하려 들지 않는 예속적인 민중의 게으름과, 되는 대로 맡겨 버리는 통치자들의 정치적 어리석음이, 대부분의 사람들이 원치 않았던 1914년의 전쟁을 일으켰던 것입니다.

A : 당신의 판단은 편향적입니다. 그것은 유럽의 여러 나라가 함께 겪은 운명이었습니다. 민족국가적 통일 사상은 그때도 오늘날도 모든 독일인에게는 당연히 규범적인 것입니다.

B : 우리 독일인은 갈림길 앞에 서 있습니다. 경제적인 실력과 연방군을 가졌으면서도 자기에게 일어나는 역사의 단순한 소재(素材)가 되느냐, 아니면 몸소 우리의 운명에 기여하느냐 하는 둘 중의 하나입니다.

A : 만일 민족국가를 단념하고 미국에 예속된다면, 우리에게 연방군은 필요치 않습니다. 그렇게 되면 우리 연방군은 다만 미국의 정책을 위해서만 출동하게 되는데, 이런 것은 당신도 원하지 않겠지요. 어쨌든 미국은 미국의 위험이 그렇게 크지 않을 때에만 우리를 지켜 줄 것입니다.

B : 거기에 대해서 우리는 이미 말하였습니다. 당신은 참으로 확신을 가지고 대답할 수 없는 질문을 하는군요. 마치 부부 사이의 정조 보증에 대해서 묻는 것처럼 말입니다.

두 개의 모험 근본적인 물음은 차라리 이런 것입니다. 즉 어떤 모험이 더 좋은 것이냐? 믿음에 맡기는 모험이냐 아니면 단독으로 머무는 모험이냐 하는 것입니다.

후자의 길은 확실히 몰락으로 이어집니다. 전자의 길은 고귀한 모험이며, 성공할 수도 있지만 확실히 성공한다고 장담할 수는 없습니다. 이 모험은 서로에게 믿음이 없으면 절대로 열매를 맺지 못합니다. 우리는 미국의 헤게모니 아래 모든 자유국가의 벗이 되어 살아가고 있습니다. 우리는 미국에 대해서 외정(外政)상의 주권은 희생하고 있지만, 이성적 근거에 따른 공동 토의권을 희생하고 있는 것은 아니며, 더구나 내정상의 주권을 박탈당하고 있는 것은 절대 아닙니다.

그런데 이러한 전망이 있습니다. 소련이 계속해서 강력한 군비를 갖추는 한, 또 소련의 배후에—아직은 그 시기를 예측할 수 없지만—강대한 중국이 나타나는 한, 역시 이에 대응하는 군사력을 가진 자만이 살아남을 수 있다는 것입니다. 이러한 군사력을 갖출 수 있는 것은 자유세계에서는 유일한 지휘 아래 있는 하나의 포괄적인 공동체뿐입니다. 동맹만으로는 충분치 않습니다. 여러 자유국가의 통일적 총사령관과 외교정책이 반드시 필요합니다. 이 세계는 전체주의 국가가 강제와 공포로 시행하는 것을 자유로써 행해야만 합니다. 이것을 할 수 없다고 하면 그것은 참 자유가 아니며, 자유는 사라지게 될 것입니다.

인도의 운명을 혹시 그럴듯한 운명으로서 우리도 겪기를 원하는 것일까요? 인도는 그의 중립과 스스로 일컫는 주권 및 간디가 주장한 도덕성으로써는 아마 존속하기 어려울 것입니다. 인도가 일단 중국에 정복당하면, 인도의 군중과 공포정치에 의하여 발전될 산업은 오랫동안 무력했던 중국의 군중과 함께 지구 정복을 위해 동원될 것입니다. 중국의 폭력배들이 지구 주인이 될 것입니다. 우리는 이를 방관하려고 합니까? 그리고 아직 절박하지 않은 것을 일부러 우리에게 다가오도록 하겠습니까? 아니면 우리는 유럽 내부에서 이렇게 하나로 집약된 자유의 힘에 기여하려 하겠습니까? 하나로 집약된 자유의 힘만이 강력한 군중의 공포정치에 따른 저 통일에 맞서 자기를 지킬 수 있을 것입니다.

그런데 무리지어 뛰어다니다가도 때때로 싸우는 자유로운 암탉들과, 가슴을 펴고 허세를 부리는 수탉들처럼, 결국 모두 도살되고야 마는 아무짝에도 쓸모없는 한 떼의 무리처럼 살기 위하여 우리는 이 대화극을 계속하려는 것입니까?

A : 당신은 환상에 사로잡혀 있습니다. 나는 현실 정치의 편입니다.

2

이 토론에서 깨달을 수 있는 것

A와 B의 대화를 듣고 무엇을 깨달았습니까?

토론이란 보통 철저한 논구(論究)가 되지 못합니다. 사람들은 서로 근거가 박약한 명제를 던지고 자주 주제를 바꿉니다. 명제들은 많이 등장하지만 하나의 중심을 싸고 돌지 않습니다. 사람들은 감정적으로 말합니다. 몇 번이고 서로 말이 어긋납니다. 결코 결말이 나지 않습니다. 공연히 그만두거나 갑자기 중단해 버립니다.

도대체 그 원인은 어디에 있을까요? 어떻게 하면 좀더 바람직한 토론을 벌일 수 있겠습니까? 여기서 몇 가지 관점을 들어 보고자 합니다.

사실의 확정과 가치판단의 혼동

(a) 첫째, 사실의 확정과 그의 가치 평가를 혼동하거나 실수로 동일시하는 데에 실패의 원인이 있습니다. 사실에 대한 것은 토론하는 가운데 공통으로 인식될 수 있습니다. 반면에 어떤 목표를 세우려는 의지는 어떠한 지식으로부터도 정당한 것으로서 도출되진 못합니다. 그러나 성실한 이성적 존재로서의 인간의 의지는 맹목적인 것이 아니므로, 이 의지는 토론에서의 사유를 통하여 한층 더 분명해질 수도 있습니다.

그리고 토론은 변화되어 갈 것입니다. 토론하는 두 사람은 자기들이 본디 무엇을 원하느냐에 대해서 더욱 분명해질 것입니다. 두 사람은 저마다 상대가 말한 것을 이른바 '궁극의 입장'으로 이끌어 가려고 하며, '그대는 그것을 진실로 원하느냐?'라는 물음으로써 결론을 끄집어 내려고 합니다. 그리하여 양자는 진리에 대한 공통의 의지에 있어서 회피할 수 없는 그들의 싸움터에 도달할 수 있습니다. 이 싸움터에 현실의 권력들이 그들을 통해서 서로 마주봅니다. 그때 그들은 같은 인간으로서 극단적인 적대관계 속에서도 서로 침입하는 교제라는 형태로 맺어질 수 있습니다. 왜냐하면 그들은, 그들을 서로 적과 같이 대하도록 강요하는 권력에 완전히 종속해 있는 것이 아니기 때문입니다. 그들은 이러한 싸움터에 있다는 점에서 일치합니다. 여기서 그들은 인간으로서 그들 자신의 싸움을 넘어서서, 서로 기사적(騎士的)으로 만납니다. 그들은 포괄자 속에서, 이러저러한 상황 아래에서 역사적으로 적대자로서 서로 만나게끔 정해져 있지만, 그래도 어떤 포괄자 속에 있다는 점에서 일치합니다.

이처럼 유익한 토론이 성립되기 위해서는 다음과 같은 전제가 필요합니다. 즉 '토론하는 두 사람이 다 알 것을 원한다. 양자는 명백한 사실을 인정하는 동시에 여러 가지 모순을 인정한다. 양자는 서로의 말을 듣는다. 양자는 서로 기피하지 않기를 원한다. 그리고 양자는 대립하는 가운데서 저마다 자기의 궁극적인 목표가 분명해질 것을 원한다'는 것입니다.

양쪽 의견에 동등한 권리를 주려는 요구

(b) 토론이 실패로 끝나는 둘째 원인은 양쪽 의견에 동등한 권리를 주는 데 있습니다.

토론의 전개 형식은 물론 그 형식이 마치 현존하는 것같이 되어야만 합니다. 이 점에 이성적 존재로서의 우리의 상호 승인이 뒤따라야 합니다. 그러나 한갓 의견에 그치는 임의의 의견에 동등한 권리를 주는 것은 아무 의미가 없습니다. 이런 동등한 권리가 어느 한도까지 인정되느냐 하는 것은 성공적 토론에서 그들의 의견을 전개하고 진전시킴으로써 비로소 명백해집니다.

우리는 상대의 논거에 시험 삼아 따라가 볼 마음의 준비가 되어 있어야 '성실하게' 의견을 달리할 수 있습니다. 좋은 상대는 자기의 반대자를 정신적으로 도와줍니다. 이것이 방해를 받는 까닭은 어쩔 수 없는 생활상의 이해관계 때문이며, 독선적인 고집과 시시한 말대꾸에 얽매이는 태도 때문입니다. 그렇게 되면 더 이상 아무도 귀를 기울이지 않으며 대답하지도 않습니다.

만일 그 저항이 참다운 신념이라면 이야기는 달라집니다. 왜냐하면 이러한 신념은 허심탄회하게 자기를 나타내고 의견을 발표하려 하기 때문입니다. 이러한 신념은 단순한 현존재의 무감각도 아니고, 현존재에의 봉사를 강요당해 궤변이 되어 버린 지성의 둔감함도 아닙니다. 오히려 이러한 신념은 그 자체가 진리를 향한 의지입니다. 이 진리에의 의지는 세계 안에서 여러 권력들이 서로 실존적으로 만나는 것을 경험해야만 합니다. 게다가 이들 권력은 단지 세계 안에서 효력을 발휘할 뿐만 아니라, 동일한 인간 속에서도 협력적으로 작용하지 않습니다. 이 권력들은 끊임없는 싸움을 통해 비로소 동등한 권리를 얻는 것입니다.

미래에 대한 통찰의 협소함, 또는 환영(幻影)

(c) 셋째로 정치적 토론은 미래에 대한 통찰의 협소함, 또는 환영 때문에 고통을 받습니다.

일어날지도 모르는 개연적인 것은 정확하게 결정될 수 없습니다. 가능한 것, 개연적인 것은 통찰을 허락하지 않습니다. 우리는 있을 수 있는 기회를 이것저것 저울질해 봅니다. 하나의 단순한 윤곽만이라도 보기를 원합니다. 그러한 윤곽은 끝없이 변하는 순간순간의 소동보다도 느리게 변합니다. 우리는 바람직하다고 여겨지는 영상에 사로잡힙니다.

본질적인 것은 이러한 것입니다. 즉 미래는 역사 전체의 필연적인 결과가 아닙니다. 우리가 미래를 인식하는 것은 미래를 우리에게 유리한 것으로 바꾸기 위해서입니다. 우리는 진실로 우리가 같이 만들어 내는 것을 예견하려고 합니다. 미래를 규정하는 갖가지 사실, 미래의 여러 가지 조건이나 가능성, 그것들에 대한 인식은 결코 완성될 수 없습니다. 우리의 책임은 이것을 통찰하는 데 있습니다. 그리고 그것은 다른 책임, 곧 우리의 목표를 설정하기 위한 책임을 가장 명석하게 떠맡을 수 있기 위해서입니다.

그러나 우리는 이러한 인식과 책임의 범위에서 미래의 결정적 사건, 그중에서도 증언적인, 윤리적인, 그리고 신앙적인 충동이 여전히 우리의 시야 밖에 있음을 알고 있습니다. 예견될 수 없는 것이 바로 역사의 요소입니다. 우리는 이 예견 불가능한 것을 우리의 기대나 계산 속에 포함시킬 수 없습니다.

미래의 불안과 불확실함과 직면하면 정치적 토론의 내용이 높아집니다. 정치적 토론은 현재 인식되는 여러 사실들에 눈을 돌릴 것을 강요합니다. 미래의 싹은 그 사실들 가운데서, 날카로운 눈으로 보는 사람에게 발견됩니다.

3
정치적 토론에서 철학적 숙고의 의의

이제 결론을 내리겠습니다. 무엇을 위한 정치적 토론입니까? 정치적 토론은 정치적 자기를 육성하는 데 쓰이며 행위를 준비합니다. 그러므로 정치적 토론은 국민의 정치생활의 한 밑바탕입니다. 그렇지 않다면 그것은 잡담이요, 한낱 심리학의 대상이며, 따라서 정치적 기술 면에서 본다면 그저 조작의 대상일 뿐입니다.

이러한 사정에서 철학적 숙고가 뜻하는 것은 무엇입니까? 철학적 숙고는 토론을 좀더 투명하게 만듭니다. 왜냐하면 철학적 숙고는 여러 원칙과 목표를 분명히 해 주며, 가장 큰 문제와 본질적인 것의 서열을 생생하게 그려 내고, 인류의 운명을 통찰하며, '우리는 무엇을 위하여 사는가?'라는 물음으로 정치적 문제를 다루기 때문입니다.

Ⅵ 정치에서의 인간 생성

1

정치의 두 극(極)

정치는 두 개의 극으로 나누어집니다. 한쪽의 극은 있을 수 있는 폭력이며, 다른 한쪽의 극은 자유로운 상호관계입니다.

폭력에는 폭력의 방위가 필요합니다. 무력하게 타인의 노예가 되고 멸망해 버릴 생각이 아니라면 말입니다. 자유로운 상호관계는 제도와 법률을 통하여 하나의 공동체를 이룹니다. 힘의 정치와 합의의 정치는 그 의미로 보아 서로 대립하고 있습니다. 양자가 어떻게 맺어지느냐 하는 것이 정치의 실제이며, 적어도 지금까지의 정치, 그리고 먼 미래에 대한 정치의 실제가 됩니다.

우리는 외교정책과 국내정책을 구별합니다. 그중 무엇이 우위를 차지하느냐 하는 것은 다른 나라에 대한 한 나라의 상황에 따라서 규정됩니다. 그러나 양자의 형태는 서로 융합될 때도 있습니다. 외교정책은 힘의 정치에서 생기지만, 힘의 정치에 대해서는 모든 논의가 책략(策略)이 됩니다. 그렇다고 해도 조약이나 국제법에 따라 외교정책은 스스로 자기를 바꾸고 폭력을 배제하기에 이릅니다. 한편 정략가가 투쟁에 있어서 책략, 기만, 유해한 비밀유지, 부정의 강제 따위에 호소하여 결국 내란이 일어나거나 또 한쪽이 다른 쪽에 예속되는 일이 생기면, 국내정책은 반대로 외교정책과 같은 성격을 띠게 됩니다.

정치적 권력이란 폭력에 의한 권력일 뿐이라고 생각하는 것은 하나의 착각입니다. 커다란 역사적 사건은 폭력을 수반하지 않은 행위와 힘을 우리에게 가르쳐 줍니다. 또 정치는 오직 자유로운 가운데 공동체를 이루며 폭력은 정치에 어긋나는 변칙이라고 생각하는 것도, 위와 상반되는 착각입니다. 이에 대하여 사실은, 폭력이 언제나 한계와 배경으로서 존속하고 있음을 말해 줍니다. 1914년 이전 유럽의 태평성대에 그랬던 것처럼 만일 이 사실이 공공의식 속에서 거의 잊혀진다면, 폭력은 곧 그만큼 더 과격하게 나타나서 그 암흑의 위엄을 보여 줄 것입니다.

2

정치에서의 인간의 현상

정치 역사의 여러 현상은 공포를 불러일으킵니다. 역사상 인물들은 악마 같은 인상을 줍니다. 지배하려는, 폭력을 쓰려는, 죽이려는, 고통을 주려는, 괴롭히려는 충동은 원시시대부터 지금까지 조금도 변함이 없습니다. 이 충동은 물론 얼마 동안은 베일에 가려져 유순해진 것같이 보일지도 모릅니다. 하지만 겉보기만 그럴 뿐입니다.

그러나 우리 인간은 어떻게 해서든지 더불어 살아가야만 합니다. 이것이 인간의 현존재에 대한 전제입니다. 그러므로 처음부터 인간은 공동체를 이루며 살아왔습니다. 이 공동체 안에서 그들은 서로 돕고, 밖으로부터 자기를 방어하고, 또는—전부는 아니지만 소수의 사람들은—침략이나 약탈을 하러 나갔습니다.

인간의 폭력 행위를, 그리고 그 완강하고 탐욕스러운 자기 고집을 보십시오. 그러면 '인간이 도적 떼만을 만들지 않은 것이 기적 같다'고 놀라실 것입니다. 그러나 인간은 질서정연한 정치체계와 법치국가, 그리고 시민들의 공동사회를 이룩할 수 있었습니다. 그렇다면 인간에게는 그런 것들을 가능하게 해준, 유래를 달리하는 힘찬 원동력이 있었다고 해야 할 것입니다.

인간의 질서는 저 폭력적인 힘에서 벗어날 수 없습니다. 따라서 그 질서는 언제나 바른 것은 아니기에 개선이 필요합니다. 뿐만 아니라 인간의 질서는 역사적 생존 조건의 부단한 변화에 따라 끊임없이 변해야만 합니다. 우리는 세계를 바르게 조직할 수 없습니다. 우리는 세계를 변함없는 지속으로 이끌 수 없습니다. 인간은 결코 완성의 경지에 도달할 수 없습니다. 칸트는 이것을 다음과 같이 완곡하게 표현했습니다. '구부러진 나무에서는 하나도 똑바른 것을 베어 낼 수 없다.'

한쪽에는 혼돈한 현존재의 여러 현상이 있고, 다른 쪽에는 기초를 닦고 세우고 질서를 잡는 근원이 있습니다. 이 양쪽이 서로 투쟁하면서 역사를 형성하는 것입니다.

3

정치에서의 인간의 위대함

그러므로 정치는 세계에서의 현존재 상호 간의 가장 큰 관심사입니다. 정치가들은 그들의 실제적인 권력 때문에, 또 그들이 현존재의 사회적 운명을 좌우하기 때문에 높은 명성을 얻습니다. 국민들은 그들에게 고마워하거나 또는 그들을 저주합니다. 정치가들은 점점 불쾌한 존재로 전락합니다. 그들이 재화(災禍)나 파괴를 일으킬 때도 그들은 잊히지 않습니다. 우리 인간과 우리의 정치적 사고는, 우리가 역사상 어떤 정치가에게 마음을 주고 어떤 정치가를 위대하게 보느냐는 데서 특징지어집니다.

우리는 자유에 대한 책임을 자각하고 있는 정치가에게서 정치가의 위대성을 봅니다.

이러한 위대성은 이를테면 시저와 같은 미친 호랑이의 강력하고 무시무시한 영광 속에는 아예 존재하지 않습니다. 더욱이 히틀러처럼 권력욕에 사로잡힌 교활한 벌레의 살인적 폭력 속에는 결코 존재하지 않습니다. 시저를 따르자, 다시 한 번 위대한 민족이 부흥했습니다. 그러나 동시에 이 민족 가운데서 적대자가 나타났고, 그는 자유를 위해서 시저를 죽였습니다. 히틀러는 우리 민족과 그 한 사람 한 사람의, 대개는 그에게 복종한 사람들의 품위를 떨어뜨렸습니다. 그런데 어느 누구도 정치적 자유를 향한 순수한 의지에 따라 그를 꺾지는 못했습니다.

그러나 이를테면 솔론이나 페리클레스와 같은 위대한 정치가의 저 책임은 앞에서 말한 두 가지 방향을, 곧 폭력에의 방향과 폭력을 수반하지 않는 이성에 의한 자유에의 방향을 지키고 있습니다. 폭력을 내세운 자기 주장에는 책략과 기만이 요구됩니다. 반면에 이성은 솔직함과 성실함과 믿을 만한 계약을 요구합니다. 자기 주장은 어떤 정치적 행위의 실제 결과에 대한 책임을, 자기 국가의 권력을 위해 요구합니다. 이성은 도덕적 신념을 요구합니다. 이 도덕적 신념은 결과·폭력·권력 따위가 정치를 넘어선 인간의 과제에 쓰일 수 있을 때에만 그들에게 동의합니다.

한 위대한 정치가가 결과나 권력을 얻은 대가로 굽신대야 하므로 곧바로 그런 신념을 포기해 버린다면, 그때 그는 단순한 정치적 자기 주장이란 의미에서는 책임을 벗을 수도 있습니다. 그러나 거기에는 근본적 해결이란 없습니다. 신념이 결과에 대해 책임을 지고 그 책임 자체가 신념이 된다는 것은, 언제나 한 번뿐인 역사적 결단이지 타협은 절대 아닙니다.

그러한 긴장이 없는 정략가는 저급합니다. 그러한 정략가는 저항이 가장 적은 일, 당장 효과가 나는 일을 행합니다. 그러나 이 긴장 속에서 자기 주장의 행위를 발견하고, 이러한 행위를 통하여 자국민과 자기를 인간 존재의 고귀함에까지 끌어올리는 정치가는 위대합니다. 이러한 정치가는 끝까지 책임질 각오가 되어 있는 일을 행합니다. 그는 이른바 현실적 정책이나 편의주의를 따를 수가 없습니다. 자기가 봉사하는 국가 공동체를, 당장 효과가 있어 보이는 혐오할 만한 행위로써 도덕적으로 파멸시키려 하지 않습니다. 그는 행위로써 동시에 국민들을 교육시킵니다. 만일 자신의 양심이 정치적으로나 도덕적으로나 자국민의 이익과 품위에 어긋나는 일에 가담하지 말라고 한다면, 그는 어떠한 대가를 치르더라도 권력의 자리에 머무르지 않을 것입니다.

4

정치적 자유의 길

정치 목표는 다음과 같은 하나의 명제로 나타낼 수 있습니다. 즉 '인간은 정치적 자유를 누림으로써 인간다운 인간이 된다. 자기 나라 안에서의 자유와 외부에 대한 자기 주장의 실현과 더불어 인간은 비로소 자기 자신이 된다'고 하는 것입니다.

정치보다 앞서는, 정치를 초월한 물음이 있습니다. '만일 우리가 바로 정치에서 완전히 우리 자신을 긍정할 수 있다면, 정치는 어떻게 돼 가야만 하느냐?' 하는 물음입니다. 해답은 앞에서 말한 그 명제입니다. 나는 그것을 되풀이합니다. '오직 정치적 자유만이 우리를 완전한 인간이 되게 한다.'

폭력과 자유 법의 힘과 개인의 자유를 위하여 정치는 폭력을 억제해야 합니다. 이 폭력에 대해서는 오직 한 가지, 곧 그것이 '다른 사람의 자유와 공존할 수 있는 일에 있어서'라는 제한이 붙습니다.

정치는 대화로써, 조약으로써, 공동 의지의 형성으로써, 합법적인 방법에 의해 폭력을 억제하려고 합니다. 이 상태는 그에 적합한 정치가를 요구합니다. 그러한 정치가는 독재자가 되기를 원하지 않습니다. 왜냐하면 그들은 노예의 마음을 지배할 생각이 없기 때문입니다. 그들은 그것을 위임받고 있는 동안에만 권력을 원합니다. 그것도 그들이 국민과 시민의 신임을 받는 한에서이지, 부하의 신임을 받는 한이 아닙니다. 이 신임을 잃는다면 그들은 곧 권력을 포기합니다.

참된 대중 지도자 그들은 폭력을 증오합니다. 그들은 참된 의미의 대중 지도자, 곧 국민의 정치적 교육자입니다. 그들은 국민이 본디 무엇을 원하는가를 구체적 상황에서 사실과 이유를 근거로 들어 국민에게 알려 줍니다. 그리하여 시민들은 스스로 음미하면서 그들을 통해 자신의 판단력을 재인식하고, 자기의 결단을 촉구합니다. 그들의 말과 행위는 수천 년이 지난 뒤까지도 여전히 남습니다.

5

정치적 자유의 역사성

그러나 정치적 자유는 무(無)에서 생겨난 것은 아닙니다. 역사적으로 볼 때, 최초의 것은 아직도 비정치적인 생생한 자유였습니다. 결합에 의하여 이루어진 자유의지는 공허하지 않았습니다. 오히려 공동생활 가운데서 예부터 내려오는 자산 내용을 유지하고 있었습니다. 자기 자신을 아직 전혀 의식하지 못하는 이러한 자유가 어디서 왔느냐 하는 것은, 이해할 수 없는 비밀입니다. 인종이나 민족의 타고난 재질에 대해서 말하는 것은 무의미한 일이며, 또한 문제의 위대함에 비하면 보잘것없는 짓입니다.

그리스적 폴리스의 자유는 호메로스와 이오니아 사람들 때부터의 그리스적 자유의지 속에 그 전제를 두었습니다. 그리고 이 자유가 처음 정점에 다다른 것은 탁월한 솔론 시대부터이며, 이 자유가 완성된 것은 페르시아 전쟁이 끝난 다음 시대에서였습니다. 스위스의 자유로운 농민생활은 스위스 연방을 위한 전제였습니다. 이 연방은 13세기에 단순하고 훌륭한 원칙으로 된 증서에서, 국내에서의 자유 제도를 확립함과 동시에 밖으로부터의 압박에 대한 방위에서 무제한적인 희생을 각오함으로써 실현되었습니다. 미국적 자유는 청교도들의 신념과, 여러 공동체 안에서 전개된 미국적 생활 신념에 바탕을 둔 것이었습니다. 영국에 대한 독립혁명에서 승리함과 동시에 국내에서는 헌법이 제정되었는데, 처음에는 각 주(州)의 헌법이, 그 다음에는 연방(聯邦)의 헌법이 제정되었습니다. 뒷날 비로소 곳곳에서 국가 전체의 의미에 대한 여러 학설이 생겨났습니다. 건국자들과 그 후계자들은 자기들이 보존하려고 했던 것을 이 학설들 속에서 확인하게 되었습니다.

칸트는 이렇게 말합니다. "근대 역사에서 가장 중대한 사건은 스위스, 네덜란드, 영국에서 발생한 자유를 위한 투쟁이었다." 그들의 정신으로부터 미국적 자유를 위한 투쟁이 새로운 근원 속에서 일어났던 것입니다. 이 모든 자유 전사들의 용기, 높은 기세, 절도(節度), 사려 깊음은 놀라운 것입니다. 그들 자유의 전사들은 한갓 폭력에 따르는 대중을 자신의 위력으로, 독창적인 면에서도 좀더 현명하고 헌신적으로 능가할 수 있는 힘을 가지고 있습니다.

짧은 동안이었지만 일찍이 이렇게 신뢰할 만한 정치적 자유가 있었다는 사실은 우리의 후손들에게 영원히 용기를 주며, 또 본보기가 됩니다.

6

불쾌한 사실은, 자유 그 자체 속에 파멸의 근거가 있다는 것입니다.

자유에는 파멸이 존재하는가

만일 위대한 정치가들이 없다면, 정치적 자유의 세계는 상실되고 말 것입니다. 위대한 정치가는 자유로운 사람들의 훈련에 의하여 틀림없이 이 세대에서 저 세대로 한층 새롭게 성장할 것입니다. 그들은 자유의 기회가 주어질 때마다 그들의 행위 전체로써 그것을 위해 싸웁니다. 그들은 위험을 알고 있습니다. 그러나 모험은 그들에게 보람 있는 일입니다. 왜냐하면 거기서는 인간 생존의 최고선(最高善)이 문제이기 때문입니다. 그들에게는 용기와 판단력과 인내가 있습니다. 페리클레스에 대한 사람들의 평가가 그들에게도 그대로 적용됩니다. 페리클레스가 아테네의 지도자가 된 뒤로 사람들은 그가 웃는 모습을 보지 못했다고 합니다.

정략가가 가져오는 파멸 정략가는 이와 다릅니다. 그들은 편의주의적인 현실주의자요 기업 경영자이며, 교활한 인간이고 협잡꾼입니다. 그들은 자유의 이름 아래 거리낌없이 자유의 여러 조건에 어긋나는 행위를 합니다. 그들은 가면이 벗겨지면 거짓말과 기지를 써서 피합니다. 그들은 의회를 무시합니다. 그러나 의회는 의회대로 그 사실을 전혀 깨닫지 못한 채, 정치의 정신을 모독하는 그 사람들을 말 안장에서 떨어뜨릴 생각도 안 합니다. 감상적인 문구로 그들은 엄숙함을 가장합니다. 그들은 자유의 파괴자들입니다.

이러한 정략가는 아무런 사명감도 없으면서, 자기의 임무를 하나의 직업으로 삼습니다. 그것도 여러모로 장래가 보장되며 좋은 수입과 연금의 권리가 보장된 직업으로서 말입니다. 그들은 그 직업이 결코 위험하다고 생각지 않습니다. 그들은 무책임하게 생각합니다. 따라서 위험에 처해 어찌할 바를 모르게 되면 자기를 안전하게 지켜 줄 것 같은, 또는 적어도 구해 줄 것 같은 권력에 앞뒤 가리지 않고 굴복하고 마는 것입니다. 마치 1933년 때와도 같이 말입니다. 그들에 대해선, 그리고 그들의 국가에 대해선 경멸보다 더한 굴욕은 없으며, 또 그보다 더 정당한 것도 없습니다. 히틀러나 괴벨스가 1933년에 정략가들을 완전히 무릎 꿇게 하려고 퍼부은 것은 다름 아닌 이 경멸이었습니다.

자유세계의 정신은 하나의 애매모호한 상(像)을 우리에게 줍니다. 우리 자유로운 국민은 아직도 정치적으로는 본래적인 자유를 누리지 못하고 있습니다. 경제적인 번영 가운데에는, 그대로 적당히 살아가는 데에는, 단순한 흥분 가운데에는 아무런 자유도 없습니다. 통찰력 있는 자가 이끄는 귀족정치는 막을 내리고 있습니다. 책임의 분담은 책임의 상실을 가져왔습니다. 민주주의는 당파적 과두정치가 되어 갑니다. 문화라는 것은 넓은 범위에 있어서 문단이라고 하는 비누거품이 되고 맙니다. 정신은 그 진지함을 잃어버립니다.

따라서 국민은 자기 위에 맴돌고 있는 무서운 위험에 내적으로 사로잡히는 일이 없습니다. 기껏해야 다시 한 번 사정이 호전된다면 곧 잊어버리게 될 불안을 지닐 뿐입니다. 대부분의 사람들은 자기 나라에서의, 또 지구상에서의 인간의 자유가 어디론지 가 버릴 것만 같은 위험을 알아차리지 못합니다.

7

자유의 자기 부정

만일 대중과 지식인이 똑같이 지반을 잃고 전체주의적 지배의 소재(素材)가 돼 버린다면, 번영 가운데서 겉으로는 확고한 것같이 보이는 이 상태가 갑자기 뒤집힐 수도 있습니다. 만일 우리가 이미 이해될 수 없는 외면적 자유의 상태에서 '스스로 나서서' 신앙 없는 세계의 허무 아래 있는 노예의 처지로 들어간다면, 마침내 그 외면적 자유마저 당연히 상실하게 될 것입니다. 이것은 마치 수십 년 전 독일에서, 정신과 정치적 움직임과의 극심한 혼란이 자기 스스로 자유의 무덤을 판 것과도 같습니다. 또 외부로부터의 힘에 의하여 다행히 구출된 서부 독일에서, 오늘날 내부로부터 똑같은 일이 다시 한 번 일어날 것 같기도 합니다. 그런데 서방 세계 전체를 위협하는 것도 똑같은 위험이 아닐까요?

8

자유에 대한 이의

자유에 관해 불길한 징조에 직면한 현대에, 자유의 가능성을 의심스럽게 하는 원칙상의 이의에는 어떤 유혹적인 무게가 있습니다. 정치적 자유는 하나의 유토피아가 아닐까요? 정치적 자유란, 한낱 그리스 사람들 때부터 유럽 내부의 소수 사람들만이 지녀 온 신념일 뿐이지 않을까요? 그리고 이러한 자유는 대개 유럽 사람들에 의하여, 또 이 자유에 대하여 맹목적인 모든 다른 민족에 의하여 실제로는 부정된 것이 아닐까요!

정치적 자유를 일찍이 알지도 못했고 또 실현하지도 못했던 사람들이 있다는 것을 나는 부인하고 싶지 않습니다. 그들은 형이상학적 사고에 있어서나 시나 예술에 있어서 놀라운 방식으로 우리에게 말을 거는 하나의 깊이를 체험한 사람들입니다. 나는 또 중국이나 인도나 수메르인 때부터 내려오는 고대 문화에서 지배자들이 지녔던 위대함을 부인하고 싶지는 않습니다. 그러나 우리가 그들에게 내면적으로 극히 가까이까지 육박해 갔다고 생각될 때조차 여전히 거기에는 언제나 우리가 이해할 수 없는 그 무엇이 얼마든지 있습니다. 종교적 시대인 중세에서도, 그들이 자각하지 않았던 만큼 더 강한 인상을 주는 위대한 인물들을 우리는 보게 됩니다. 그러나 그들과 우리 사이에는 생소한 느낌을 주는 하나의 섬뜩한 심연이 가로놓여 있습니다. 정치적 자유가 요구되고 발견되는 곳에서, 또는 정치적 자유가 고통스럽게도 결여되어 있는 곳에서 비로소 우리가 만나게 되는 인물들이 거기에는 한 명도 없습니다.

역사적 현실 우리는 자유의 진보 과정으로서 역사에 의지할 수는 없습니다. 서양에서는 유대 사람과 그리스 사람들 때부터, 폴리스와 로마 공화국 때부터, 도시와 자유농민의 중세 때부터, 그리고 거기에서 생긴 오늘날의 고풍스러운 자유 영역에 있어서 정치적 자유는 강력한 소질(素質)로서 존재해 왔습니다. 그것은 절대다수의 부자유한 인간 존재로부터 나타나는 것이기에 언제나 경이로우며 무한히 귀중하고, 항상 극도의 위험 앞에 드러나 있었습니다.

정치적 자유는 오직 작은 범위 안에서만 실현되었습니다. 그것은 고대 아이슬란드처럼 외진 곳에서도, 그리스인·네덜란드인·앵글로색슨인들에 비해 정신적으로는 확실히 빈약했지만 그래도 당당한 현실로 존재했습니다. 그러나 이윽고 곳곳에서 자유는 상실되고 말았습니다. 절대다수의 국민과 국가의 실재가 자유에게는 불리한 것입니다.

자유에 따르는 부당한 대가 이 여러 가지 사실들은 아주 맹렬한 이의를 뒷받침합니다. 즉 '자유는 불가능하다. 왜냐하면 인간은 지나친 자유의 대가를 요구받기 때문이다'라는 것입니다. 굽힐 줄 모르는 최고의 용기를 주기도 하지만 또 최악의 위험을 야기하는, 벗어날 수 없는 상황이 있습니다. 그 상황이란 '인간은 참된 인간이 되기 위하여 자유로워야 한다. 그러나 인간은 국민 대중 속에 있는 현실의 인간으로서는 사실상 그렇게 될 수 없다'는 것입니다.

9

이러한 이의에서 다음과 같은 귀결이 나옵니다. 그것은 의심할 여지가 없는 권위에 의한 지배가 존재해야만 한다는 것입니다. 이런 지배는 언제 어디서나 존재했습니다. 이러한 지배가 오늘날 세계에서 소련과 중국에 우위를 넘겨주고 있습니다.

양자택일 정치적 자유에 대한 양자택일은 사실상 권위의 폭력입니다. 그것은 만인의 승인을 받아야 할 권위의 이름 아래에서 다수 위에 군림하는 소수자의 지배입니다.

그러나 권위에 의한 지배 상태에 대해서는, '인간을 지배하는 것은 언제나 인간이다'라는 명제가 결정적으로 맞섭니다. 세상에는 결코 신이나 절대적 진리가 존재하지 않습니다. 신의 이름으로, 또는 절대적 진리의 이름으로 권위를 요구하는 것은 언제나 인간뿐이며, 신이나 진리 자체는 아닙니다. 권력을 얻기 위해 폭력을 사용하는 것은 인간뿐입니다. 그러한 권위는 믿을 만한 것이 못 됩니다. 그런 권위는 그 모든 형태에 있어서 부끄럽고, 비열하고, 악한 행위 때문에 신뢰를 잃고 있습니다.

10

우리는 마치 자유가 당연한 것인 양 경솔하게 처신해서는 안 됩니다.

결단 애초에 우리는 정치적 자유가 인간의 본질에 뿌리박고 있다는 명제를 고집할 수 있을까요?

여기에는 올바른 것에 대한 확실한 인식이란 있을 수 없습니다. 문제는 인간 전체의 사고방식, 정치적 운명 공동체의 사람들을 포함한 한 사람 한 사람의 사고방식에 있어서의 하나의 본질 결정입니다.

자유의 통찰과 결단 양자택일 앞에 서서 우리가 꼭 알아야만 하는 것은 '무엇을 위해 우리가 살고 있느냐, 우리에게 책임이 있는 한 우리는 미래를 무엇에 기초하려고 하느냐?' 하는 것입니다. 그것은 통찰과 결단이 결정합니다. 이 두 가지는 철학적 사색에 있어서 우리 자신의 것이 되었습니다.

자유에서는 과연 파멸도 큽니다. 또한 전체의 파멸도 있을 수 있습니다. 그러나 자유가 없다면 파멸은 확실합니다.

정치적 자유는 인간 본디의 고귀함에 따라서 희망을 안겨 줍니다. 다른 길에는 처음부터 희망이 없습니다. 만일 우리가 희망이 뿌리박고 있는 이성의 용기를 포기한다면, 그것은 우리 자신을 업신여기는 것이 됩니다.

비록 인간이 폭력의 입에 삼켜질지 모른다 해도, 인간의 진리는 역시 이러한 자유에 이르는 인간의 길이었습니다. 좌절은 자유를 부정할 수 없습니다. 그것은 마치 지구의 영광이, 그의 몰락으로 인해 부정되지 않는 것과 같습니다. 비록 지구가 그 어느 날 우주의 바다에서 마치 처음부터 존재하지 않았다는 듯이, 스스로 몰락해 사라져 버린다 해도 말입니다.

Ⅶ 인식과 가치판단

1

철학적 구별 행위

우리는 앞에서, 만일 인간이 완전한 인식에 다다랐다면 어떤 사람에게도 정치적 자유에 대한 의지가 있을 터라고 말했습니다. 우리는 오늘날 대다수의 인간이 처한 현실이 그와 모순됨을 지적했습니다. 또한 역사상 오늘날까지, 정치적 자유의 실현을 좌절시키려는 경향밖에는 없었음을 지적했습니다. 그리고 마지막으로 '인간은 자유에 대하여 지나친 대가를 치러야 하기 때문에 정치적 자유에 이를 수 있는 능력이 없다'라는 주장이 있음을 지적했습니다.

정치적 자유에 대한 토론에서 나타나는 불일치와 불분명함을 생각할 때, 우리는 참되다는 것 자체 안에 있는 근본적인 구별을 필요로 합니다. 모든 것에 보편타당한 정당성은 그때마다 우리의 진리가 되는 신념, 그것으로 말미암아 우리가 살고 있는 그러한 신념과는 전혀 다른 것입니다. 올바른 인식에 대해서 우리는 당연히 이렇게 기대합니다. '이 인식을 이해하는 사람이면 누구나 다 이 인식을 옳다 하리라.' 게다가 경험은 사실이 그렇다는 것을 우리에게 알려 줍니다. 그러나 신념에 대해서는 그와 같은 것을 기대할 수 없습니다. 왜냐하면 신념은 결코 모든 것에 대한 절대적 타당성을 갖추지 않았기 때문입니다—그리고 경험은 만일 우리가 그 반대를 기대한다면, 무자비하게 그것을 우리에게 알려 줍니다. 우리는 신념에 대해 보편타당성을 요구할 수 없습니다.

2

지식의 정당성과 신념의 진리를 구별하는 이 문제는, 오직 정치적 사유와 정치적 자유의 문제에 대해서만 있는 것이 아니라 모든 인생 문제에 대해서도 있습니다.

전투적 신념의 다양성은 언제든 몇 번이고 거듭하여 우리를 놀라게 할 수 있습니다. 낯선 적대자와 부딪칠 때, 우리는 근본 문제를 미리 결정해 놓아야만 합니다. 바로 우리가 모두 인간이라는 것을 인정하느냐 마느냐 하는 문제입니다. 우리가 이것을 인정한다면 우리는 신념을 달리하는 사람을 적으로 만들어서는 안 되며, 그들이 마치 존재하지 않는 것처럼 다루거나 그들의 파멸을 원해서도 안 됩니다. 우리는 그들과 같은 인간이므로, 오히려 그들에게 물음을 주거나 받아야만 합니다.

대화에서 그때 우리는 우리와는 다소 의견이 어긋나 보이는 것을 요구합니다. 나는 나에게 진리가 되는 진리를 사고에서 멈추어 봅니다. 그것은 짐짓 다른 사람의 가능성을 함께 생각하고 함께 느끼며, 이 가능성을 현실로 보는 인간을 느껴 알기 위해서입니다. 그때 우리는 우리를 서로 결합시켜 주는 것을 경험하게 됩니다. 다시 말하면 다른 사람에 대한 사고 속에서, 또 다른 사람과 함께 하는 사고 속에서 우리는 자신을 더욱 확신하게 되는 것입니다.

상황은 다음과 같습니다. 우리는 똑같은 것을 원하지는 않습니다. 그러나 이 대립되는 욕구에서 우리는 입을 굳게 다물고 폭력에 호소해야만 하는 것일까요? 생활에서 근육의 신체적 힘에 호소하듯이, 대화에서 우리는 지성의 궤변적 폭력에 호소해야만 하는 것일까요? 우리가 다 같은 인간이라는 사실이 우리에게 다른 것을 요구합니다. 진리가 다양하게 보일 때, 우리는 그 진리를 분명히 밝혀 보려고 합니다. 그러기 위해서는 정신적인 힘과 자기 훈련이 필요합니다. 우리는 '나는 이러기를 원한다', '이것이 나의 의견이다' 하며 고집하지 않고 오히려 그 근거를 찾습니다. 우리는 '그것이 나의 본바탕이다'라는 명제를 인정하지 않습니다. 오히려 자기가 본디 무엇인지 모른다는 사실, 우리가 변할 수도 있다는 사실을 깨닫게 됩니다.

고집쟁이들이 적의에 찬 논쟁을 벌일 때에는 한편이 다른 편에게 정신적 수단으로 자기의 의견과 의지를 강요하려고 합니다. 그러나 사랑하는 사람들의 결합하는 논쟁에서는, 그들은 서로 함께 진리를 확인하려고 합니다.

이러한 대화, 서로 맞서면서도 함께 길을 찾는 인간적인 방식은 몇 개의 근본적인 통찰을 요구합니다. 철학적으로 사색하는 자는 자신의 사유 속에 이 통찰을 깊이 새겨야만 합니다. 이 통찰 가운데 하나가 오늘 우리의 주제입니다. 처음에 이것을 말했습니다만, 다른 형식으로 되풀이하겠습니다. 즉 과학적 인식은 모든 권력의 사고적인 투쟁 상태에 있는 생활과 근본적으로 구별된다는 것입니다. 그러나 과학적 인식의 순수성과 권력투쟁의 명확성은 서로를 필요로 합니다.

3

막스 베버의 테제=가치판단에 대한 토론의 열정

과학에서 이 문제를 해명하는 일은 금세기 초에 시급해졌습니다. 막스 베버는 그즈음 가치판단에 대한 과학적 인식의 순수함을 일찍이 거의 볼 수 없었던 정열을 가지고 추구했습니다. 과학은 경험적으로나 논리적으로 보편타당하며 이론의 여지가 없이 인식될 수 있는 것, 즉 과학이 접근할 수 있는 것에 자기를 한정해야 한다는 것이었습니다. 과학의 진리가 진리의 전부는 아닙니다. 그러나 과학이 지닌 고유한 진리의 성격은 신앙이나 세계관, 당파나 이해(利害)를 떠나 모든 사람에게 타당해야 합니다.

이 근본 통찰은 여러 가지 말로 표현되지만 다음과 같이 요약될 수 있습니다. 즉 존재하는 것에 대한 인식은, 존재해야 하는 것에 대한 판단을 포함하지 않습니다. 내가 아는 것은 내가 바라는 것과 일치하지 않습니다. 경험적으로 확정될 수 있는 것은 신앙에 의해서만 파악될 수 있는 것이 아닙니다. 인식하는 것은 공동의 책임으로 관여하는 것이 아닙니다. 고찰은 행위가 아닙니다. 바라보는 것은 실존하는 것이 아닙니다.

한쪽은 다만 이론의 여지가 없는, 누구에게도 타당한 인식을 획득하는 오성(悟性)이기를 우리에게 요구합니다. 다른 쪽은 실존적인 다양성 속에서 다른 사람들과 견해를 같이하는 우리의 본질을 가지기를 우리 자신에게 요구합니다. 한쪽은 보편타당한 것에 대한 관여에 있어서 우리를 비인격적으로 맺어 줍니다. 다른 쪽은 역사적 상호성 가운데서 우리를 인격적으로 맺어 줍니다. 보편타당한 것에 대해서 우리는 지금 당장은 일치하지 않는다 해도 머지않아 일치할 수 있을 것입니다. 그리고 올바른 파악에 의하여 확실히 일치하게 될 것입니다. 우리가 만일 신앙과 의지에 대해서 일치하지 않을 때에는, 물론 점진적인 상호이해가 가능하긴 하지만, 거기에는 결론지을 수 없는 하나의 투쟁이 현실로 존재합니다.

이로써 과학의 한계는 분명합니다. 즉 사실로부터는 어떠한 구속적인 규범도 드러나지 않는다는 것입니다. 경험적인 과학은 사람에게 그가 무엇을 해야 할 것인가를 가르쳐 줄 수 없습니다. 그러나 과학은 그가 세운 목표에 비추어 표면적인 수단으로써 무엇을 달성할 수 있는가를 가르쳐 줍니다. 과학은 인생의 의미를 내게 가르쳐 주지는 못합니다. 그러나 과학은 내가 하려는 것의 의미를 나에게 펼쳐 보이고, 그렇게 함으로써 내 의지의 목표 자체를 바꾸어 줄 수 있습니다. 과학은 모든 행위는 물론 무위(無爲)까지도 결과를 수반함을 인식시켜 주며, 그 결과를 가르쳐 줍니다. 과학은 내가 살려고 하는 한, 만일 내가 혼란 속에서 하찮은 존재로 바쁘게 뛰어다니지 않으려면, 권력투쟁에서 사실상 당을 장악해야만 한다는 불가피한 필연성을 가르쳐 줄 수 있습니다.

문제는 가치판단의 토론이라는 제목으로 시작되었습니다. 그리고 이 문제는 그 무렵 연구자들에게는 매우 중요한 뜻을 지닌 것으로 생각되었습니다. 어떤 사람들에게는 이 과제를 위하여 일생을 바쳐야겠다 싶을 만큼 혁명적이고 박력 있는 과제로서, 또 자기들의 과학적 양심에 대한 공격으로서, 또 어떤 사람들에게는 연구자의 근본 태도가 지니는 과학성 그 자체의 새로운 머릿돌로서 나타났던 것입니다. 어떤 사람들은 불분명하고 제한이 없는 전통적인 과학의 요구에 만족하고 있었으므로 막스 베버에게 반대했습니다. 다른 사람들의 경우에는 순수한 지식욕이 불같이 타올랐습니다.

그때까지 이 문제는 역사가와 경제학자의 학문적 세계의 문제로 남아 있었습니다. 문제는 여러 가지 회의에서 토론되었습니다. 1914년에는 뛰어난 논적들이 거리낌없이 말을 꺼내고 또 세상의 센세이션을 피하기 위하여 비밀회의를 열었습니다. 이 회의는 참가자들이 미리 준비한 각서대로 베를린에서 열렸습니다. 토론은 지극히 격렬했을 것입니다. 막스 베버가 자리를 떠나면서 한 마지막 말은 유명해졌습니다. "그래도 여러분께서는 나를 이해하지 못했습니다." 곧 제1차 세계대전이 일어났고, 이 문제는 뒷전으로 밀려났습니다. 막스 베버는 1920년에 죽었습니다. 그러나 이 물음은 아직도 여전히 긴급한 것입니다.

의견의 일치는 오늘날에도 그때와 마찬가지로 거의 문제시되지 않습니다. 정열에 관해서는 그때 시작된 토론의 깊이마저 삭감된 것 같습니다. 여기서 발생한 약간의 물음은 논리적이며 따라서 과학적으로 결정될 수 있는 것입니다. 사유하는 인간 존재의 본질에 대한 다른 물음은 객관적 해결을 허용하지 않습니다. 진리의 결단은 과학 이상의 것이며, 과학으로서의 과학을 좀더 명백하게 하기 위한 표준이 됩니다.

4

자연과학과 정신과학

자연과학에서는 이러한 구별은 문제도 되지 않습니다. 이 구별은 오래전에 이루어졌습니다. 갈릴레이가 수학의 도형(圖形)을 보다 고귀한 것과 덜 고귀한 것으로 구별하지 않은 뒤로, 그리하여 원이 타원보다 더 고귀하다거나 원뿔이 다른 입체보다 더 고귀하다거나 하는 관점에서 그가 벗어났을 때, 하늘의 사물이나 지상의 사물을 연구하는 데는 다만 무엇이 경험적으로 확정될 수 있느냐 하는 것만이 문제가 되었습니다. 어떤 것이 좀더 고귀하다는 것은 자연과학의 문제가 아니며, 또 그것을 더욱 실재하는 것이라고 볼 이유도 없습니다.

정신과학의 경우 정신·역사·정치·경제·사회 상태·질서 등에 대한 과학에서는 사정이 다릅니다. 여기서 우리는 다만 단순히 자연과학에서처럼 물체적으로 현존하는 것, 감각에 의하여 직접 접할 수 있고 측정할 수 있는 것, 실험으로 확인될 수 있는 것을 참이라고 인정할 뿐만 아니라, 행위하는 자, 사유하는 자, 계획하는 자, 창조하는 자에 의하여 생각되는 의미도 이해합니다. 우리는 다만 단순히 외적인 사물뿐만 아니라, 인간이 경험하는 내적 의미도 인식하는 것입니다.

그런데 의미의 이해와 가치판단은 서로 나눌 수 없을 만큼 결부되어 있습니다. 이해될 수 있는 의미란 예컨대 아름답거나 추한 것, 고귀하거나 비천한 것, 선하거나 악한 것입니다. 정신의 역사에 있어서 모든 가치판단은 진리에 간섭하는 권력에 의존하는데, 이 진리는 하나의 진리가 아닙니다.

내가 어떤 진리의 힘을 느끼고 그것과 일치하느냐, 어떤 진리를 거부하느냐 하는 것은 자유에서 생깁니다.

5

어떤 의미에서 자유는 존재하는가

정신과학의 뿌리에 있는 어려움은 다음의 한 명제로 표명될 수 있습니다. 즉 정신과학은 인간의 자유와 관계하나, 과학에게는 아무런 자유도 없다는 것입니다. 정신과학은 경험적인 과학입니다. 그러나 자유는 경험적으로 증명될 수 없으므로, 정신과학이 과학인 한 그것에는 본래적인 것이 부족합니다. 이 본래적인 것 때문에 과학은 우리와 관계합니다. 이 본래적인 것은 다만 간접적이긴 하지만 본질적인 것으로서 현존하고 있습니다.

우리가 역사적인 인물, 단순히 자연적일 뿐만이 아닌 인간과 관계할 때에는, 우리는 언제나 자유와 관계를 맺습니다. 반면 우리가 과학적으로 인식하는 한 우리는 자유라는 개념을 사용할 수가 없습니다. 왜냐하면 이 개념은 어떠한 경험적인 사실에도 해당되지 않기 때문이며, 또 우리가 과학의 한계를 넘어서려는 뜻이 없는 한, 자유의 개념을 써서는 안 되기 때문입니다.

우리는 의미를 이해하는 데서 자유에 접촉합니다. 자유는 이해 가능성 안에서 자기를 알려 줍니다. 이러한 이해 가능성만을 우리는 역사과학에서 탐구합니다. 이러한 이해에서 무엇이 생겨날까요?

6

대립하는 가치평가의 가능성

하나의 행위, 하나의 사상, 하나의 시, 하나의 제도로부터 이해 가능한 의미는 다양할 수 있으며, 또 정반대로 평가될 수도 있습니다. 이를테면 똑같이 소크라테스가 사고한 합리적인 내용을 이해한다고 할 때에도, 그의 사고방식은 때로는 개념적 사고에 의하여 실질적인 인간 존재를 파괴하는 것으로서 이해되었는가 하면, 반대로 지극히 공개적인 동시에 자기의 한계를 분별하는 그 사유의 밝음에 의하여 인간을 자기 자신에게로 해방시켜주는 사상으로서 이해되기도 하였습니다.

의미 이해와 가치판단 가치판단은 언제나 의미 이해와 결부되어 있습니다. 순수한 의미 이해를 따로 떼어 놓을 수는 없습니다. 그러나 우리는 가치판단이 따르지 않는 순수한 의미라는 허구에 접근하기 위해, 판단을 멈출 수 있습니다.

그러나 이것은 우리가 우리의 가치판단 자체를 주제로 할 때에만 가능합니다. 선과 악, 고귀함과 비천함, 유익과 유해 따위의 가치판단은 그 자체가 이미 의미 존재인 것입니다. 우리는 왜 사람들이 저마다 이렇게 평가하기도 하고 저렇게 평가하기도 하는가를 이해합니다.

만일 우리가 자신의 가치판단을 이해한다면, 우리는 이들 가치판단에 대하여 스스로 좀더 자유로워집니다. 그러나 어떤 이해에 의하여도, 이해 가능한 의미를 낳는 힘은 파악되지 않습니다. 그러나 이 힘은 우리들 자신 속에 현전(現前)하고 있습니다.

7

'궁극적 입장'의 구조

그런데 우리는 탐구하면서 이 힘에 될 수 있는 한 가까이 가 보고자 합니다. 합리적인 방법은 넘어설 수 없는 '궁극적 입장'을 규정하는 것입니다. 이 입장은 전혀 파악될 수 없는 것이므로 그 이상 논의될 수 없는 공리입니다.

그러나 실천하는 과정에서 갈등이 일어날 때, 비로소 무엇이 인간에게 중요한가 하는 것이 수면 위에 떠오릅니다. 한 사람에게 있어서 무엇이 우위를 차지하느냐 하는 것, 더욱이 인간이 자기의 생명을, 그 생명에 구조(構造)를 주는 서열 가운데로 이끌어 가느냐, 아니면 갈팡질팡하면서 의미를 숨기는 혼란으로 이끌어 가느냐 하는 것은, 결단을 촉구하는 구체적 순간에만 드러날 뿐 그것에 대한 단순한 사색에서 드러나지는 않습니다.

궁극의 입장이라는 이론적 기도(企圖)는 오직 합리적 구성이라는 틀 속에만 존재합니다. 우리는 한 인간, 또는 하나의 사건이 그와 같은 방식으로 남김없이 이해된다는 데 대하여, 역사과학에 있어서나 현재의 우리로서나 용납할 수가 없습니다. 그런 '입장'들은 합리적인 객관화에 있어서만 우리가 무엇을 참으로 경험하고 행하는가를 해명해 줍니다. 그러나 결정적으로 분명히 해명해 주는 것은 절대 아닙니다. 우리의 가장 심각한 차이를 우리는 이들 입장 가운데서는 발견하지 못합니다.

8

권력과 양자택일

궁극의 입장을 지시함으로써 우리는 근원에 다다르기를 소망합니다. 그러나 헛일입니다. 그런 여러 입장이 단순한 전경(前景)으로 나타나는 배후의 것을 힘이라고 부른다면, 이 힘은 합리적으로 측정되거나 일반적인 사유 대상 속으로 넘겨질 순 없는 것입니다. 이 힘들을 우리는 내다볼 수가 없습니다. 이 힘들 가운데서는 선택할 수도 없습니다. 왜냐하면 선택하는 순간, 나는 이미 언제나 이들 힘 가운데에 있기 때문입니다. 이 힘들은 나와 함께 존재하고 있습니다. 내가 암호를 써서 말할 때, 나는 이미 나 자신과 함께 이 힘들을 선택하고 있었습니다. 그러나 비록 내가 이 힘들의 실재를 경험한다고 해도 나는 그것들을 증거로 삼을 수는 없습니다. 내가 합리적인 것으로서 다른 사람과 나 자신을 위하여 전달할 수 있는 것, 즉 세계 가운데서 분명해지는 것이야말로 내가 증거로 삼을 수 있는 것입니다. 그러나 내가 진지하기만 하다면, 나는 그 힘들과 함께 이 합리성 가운데 머무릅니다. 그럼으로써 그들 힘은 더욱 밝아지고, 그 밝아지는 정도에 따라서 현실적이 됩니다. 그 힘들은 밝음 그 자체에 의하여 내 안에서 변화하기도 합니다. 입장을 분명히 하는 것은 자기를 넘어서 그들 힘을 지시하는 표지가 됩니다.

이 같은 합리적 구성에 의하여 우리는 역시 양자택일에 이릅니다. 이 양자택일은 우리의 통찰에 대해서는 물론 그때그때 달성될 수 있는 궁극적인 것이지만, 결코 절대적인 양자택일은 아닙니다. 그러한 양자택일은 말하자면 다음과 같습니다.

첫째, 이 세계에서는 일반적으로 궁극적인 양자택일(상황이나 순간에 따르는 단순한 상대적 결의가 아니다)이 중요시되느냐, 아니면 근본적으로 알려진 진리의 전체가 양자택일 없이 요구되느냐 하는 것입니다.

전자에서 인간은 이 시대에 완성될 수 없는 이성의 길을 가지만, 후자에서는 공통적으로 알려진 하나의 진리의 보편성을 수용합니다.

둘째, 자신에 대하여 무한히 투명해지려고 하느냐, 아니면 숨기려는 충동에 따르느냐 하는 것입니다.

전자에서 나는 가장 사이가 먼 타인과도 친밀하게 교제하기를 원하지만, 후자에서는 구석에 틀어박혀 대화를 거부합니다.

셋째, 이 세계에서 정치적 자유를 가장 큰 공동의 보배로 보느냐, 아니면 전체주의적 지배를 받아들일 각오를 하느냐 하는 것입니다.

전자에서 나는 인간다운 생활의 가능성을 희생하지 않기 위해 생명을 걸 가치가 있다고 믿으며, 후자에서는 다만 나의 생활을 유지하려고 생명에 집착하고 복종하려 할 뿐입니다.

넷째, 나는 진리를 원하므로 무엇보다도 성실하고 자유로운 물음을 택하느냐, 아니면 진리 같은 것은 아무래도 좋으므로 궤변과 자유가 없는 사유의 가르침을 기꺼이 받아들이느냐 하는 것입니다.

다섯째, 초월적인 것은 사실 결코 신체적일 수 없지만 이러한 초월적인 것의 현신(現身)을 떠다니는 암호 속에서 해소시키느냐, 아니면 절대자, 신, 여러 신들의 현신과 함께 살며 신이 인간이 되었다는 것을 고집하느냐는 것입니다.

그런데 이러한 양자택일이 여기서 이야기된 것같이, 해답과 결의는 이미 이루어진 것입니다. 왜냐하면 이 밖의 다른 측면은 이들 정식(定式)에 있어서는 오해로 여겨지기 때문입니다.

내가 이러한 양자택일을 주장하는 것은, 어떠한 인간도 요구할 수 없는 상위(上位) 법정에서 일어나는 일이 아닙니다. 오히려 이들 양자택일은 내가 서 있는 장소에서 보이는 것으로, 이 장소를 어떤 공간 안에 규정할 수 없을 따름입니다.

9

요약

이제 요약하겠습니다. 과학의 순수성에 대한 의지는 그 자체가, 진실로 향하는 실존의 의지와 대응합니다. 과학은 자기가 수행할 수 없는 것은 단념해야만 합니다. 다시 말하면 가치판단이든, 신앙판단이든, 의지판단이든, 모든 평가를 단념해야만 합니다.

순수한 과학으로 향하는 의지와 실존의 순수성으로 향하는 의지는 모두 자유로운 결단에 호소합니다.

순수한 과학을 원하는 사람은 과학적으로 인정된 것에 있어서 모든 사색가와 일치하는 기회를 늘립니다.

자유 가운데서 살려는 사람은, 모순되며 실존하는 권력투쟁을 분명히 해야 합니다. 그럼으로써 서로 간섭하는 인간 존재 안에서의 이 투쟁 자체를 통하여 적(敵)과 자기를 결합시킬 기회를 얻습니다.

인식과 평가와의 구별 과학에서의 중대 문제와 실존에서의 중대 문제를 구별 짓는 것에는 하나의 열정이 얽혀 있습니다. 이 열정은 한낱 단순한 연구열이 아닙니다. 그것은 진리의 의미에 대한 신앙에서 오는 열정입니다.

진리에의 열정 순수한 과학에서 가치판단의 자유로 향하는 열정은 진리 안에 인간의 의미가 있다는 신앙과 결부하며, 이 열정은 진리를 부정하고 진리를 원하지 않는 모든 권력과 대립합니다.

이 진리를 향한 열정은 하나의 상태가 아니라, 진리 자체의 의미에 있어서 운동으로 머물러 있습니다. 왜냐하면 진리란 무엇인가, 진리는 얼마나 다양한 의미에서 존재하는가 하는 것은 언제나 변함없이 의문으로 남기 때문입니다.

얼핏 보기에 지극히 단순한 것 같은 사실인식과 가치판단의 구별도 마찬가지입니다. 이 구별은 인식의 방향을 지시합니다. 그리고 이 인식은 가치판단을 대상으로 함으로써, 인식 가운데 가치판단 그 자체를 함께 포함합니다. 일반적인 구별은 단순하며 그 방법은 구체적인 경우에 언제나 새롭습니다.

10

거리와 자유

사실인식과 가치판단에 대한 자각에서 우리는 비로소 비(非)반성적 사고 때문에 빠져 있는 편견으로부터 해방됩니다. 우리의 인식과 가치판단이 얼핏 보아 자연적으로 통일되어 있다는 무지한 순진성은, 의식되지 않는다 해도 자기에게 책임이 있습니다. 다시 말해 우리는 이러한 상태로부터 탈출할 수가 있습니다.

이리하여 우리는 세계와, 또 자기 자신과 거리를 둠으로써 자유가 됩니다.

이 거리는 우리의 과학성 및 생활태도의 근본 특징으로서 획득됩니다. 이 둘은 서로를 반영합니다.

이 거리는 철학적 사유에 있어서는 방법론적 의식이라고도 합니다. 나는 내가 사유하면서 무엇을 하는지 알고 있습니다. 나는 내가 가는 길을 보고 있습니다. 나는 모든 사고방식의 본디 의미와 한계를 경험합니다.

거리의 상실은 나로 하여금 나 자신에 이르지 못하게 합니다. 왜냐하면 사물의 경과에 있어서 나는, 나의 사상과 관념 속에서 나 자신이 되지 못하고 마음을 빼앗기기 때문입니다.

그런데 나는 이 거리 어느 곳에 서 있는 것입니까? 우리 자신의 현실 가운데입니다. 다시 말하면 거리를 둠으로써, 즉 내가 지금 비로소 자신을 의식과 완전히 일치시킴으로써 나는 본래의 나 자신에 이릅니다. 나는 그때 비로소 역사적 현실 가운데 잠겨 있음을 완전히 의식합니다.

이 거리는 나를 어디로 해방시켜 주는 것입니까? 초월자와의 관계에서 붙잡히지 않은 상태로, '나에게—주어진—존재' 가운데서 나의 전적인 의존성을 경험한다는 의미에서의 독립 상태로, 이 거리는 나를 해방시켜 줍니다.

Ⅷ 심리학과 사회학

1

사회학과 심리학의 견해—마르크스와 프로이트

심리학과 사회학은 100년 전에야 겨우 경험과학으로서 등장했습니다. 오늘날 이 양자는 강력한 타당성을 요구하고 있으며, 또 그만한 타당성을 갖추었습니다. 헤아릴 수 없이 많은 문헌들이 현대의 사고방식에 지대한 영향을 미치고 있습니다.

양자는 그 핵심에 참된 과학을 지니고 있습니다. 양자는 사실을 확정합니다. 분명히 규정되고 비판적으로 응용될 수 있는 방법(재료 수집, 실험, 관찰과 기술(記述), 보존, 질문표, 통계, 역사적 연구, 경력)을 이용합니다. 양자는 개념적 구별에 따라 의미 연관과 상황 연관의 구상에 의하여 분석을 합니다.

오늘 나는 심리학과 사회학의 위대한 과학적 업적에 대해서가 아니라, 이 양자의 과학적 전도(顚倒)에 대해서 말하고자 합니다. 오직 이 전도만이 우리 시대의 파괴적 힘입니다.

첫째, 그들의 실제적 인식은 일반적 소문이라는 구름으로 둘러싸여 있습니다. 이 소문은 인간의 눈을 어둡게 하고 판단력을 흐리게 하며, 현실을 가립니다. 번성하는 균의 조직처럼 그것은 인간의 실존적 가능성을 해소시켜 버리고 맙니다.

둘째, 누구보다도 두 사람의 사상가, 즉 사회학의 마르크스와 심리학의 프로이트가 현실의 인식과 더불어 관찰 및 구성의 놀랄 만한 정력으로, 파멸적인 그릇된 인간관을 만들어 냈습니다. 예언자처럼 신앙을 불러일으킨 것은 증오심을 품었던 이 두 사람이었습니다. 교회를 멀리하고 아직 철학에 이르지 못한 사람들이 이 두 사람을 따라갔습니다. 이 두 사람이 연구자로서 참된 과학적 인식을 가져왔다는 것, 그것이 특히 과학적 미신에 딱 맞는 그들의 사이비 과학적 예언에 하나의 위신을 세워 주었던 것입니다.

우선 나는 문제를 간단히 하여, 마르크스주의자와 정신분석학자가 우리와 어떻게 대화하게 되는가를 보여 드리겠습니다.

2

어느 마르크스주의자와의 토론

1920년대 어느 때, 나의 세미나에서 칸트의 자유사상에 대한 논구(論究)가 갑자기 중단되었습니다. 마르크스주의자인 한 학생이 말했습니다. "이 모든 것은 결국 부르주아 계급의 이데올로기에 지나지 않습니다. 우리는 칸트의 사상을 상부구조로 이해해야 합니다. 그렇게 해야만 이 사상을 참으로 이해할 수 있습니다."

나는 대답했습니다. "그러면 우리에게 보여 주기 바란다. 칸트의 자유사상은 인간으로서의 인간에게 호소하는 사고방식을 지녔는데, 이 사상이 사회적 질서를 이루는 한 계급과 어디서 관계하는가?"

마르크스주의자 : 자유라는 개념은 부르주아 계급의 자기기만입니다. 개인의 자유란 없습니다. 우리가 인정한 필연적 사회 발전에 따르는 자유만 있을 뿐입니다.

나 : 자네는 개인적인 자유를 부정하고 있네. 자네도 알듯이 칸트도 역시 경험적으로 나타나는 하나의 사실, 연구될 수 있는 사실로서의 자유를 부정하고 있지. 인과율이란 피할 수 없는 카테고리 안에서 연구되는 현실의 존재 속에선 자유는 나타나지 않아. 그러나 여기서 본질적인 것은, 우리 인간이 심리학이나 사회학의 연구 대상을 뛰어넘는 것이라는 사실이야. 스스로 자기를 경멸하지 않으려면, 우리는 자기 내부에서 들려오는 무조건적인 요구에 따라야 하네. 이것은 숭고한 철학적 사상을 통하여 명백해지지만 논증되지는 않지. 왜냐하면 철학은 방법적으로 엄밀한 사유이긴 하나, 결코 과학은 아니기 때문이야. 문제는 차라리 이런 것이 아니겠나? 자네는 내적 요구라는 실존적 체험을 부정하려는가?

마르크스주의자 : 저는 그런 것을 부정합니다. 저는 역사와 당의 노선이 요구하는 말에는 귀를 기울이지만, 개인적 교양의 말에는 귀를 기울이지 않

습니다. 선생님의 사고는 비합리적입니다. 저는 분명한 오성에 의지합니다.

나 : 자네는 역사가 거쳐 온 필연적인 경과를 어디서부터 전체적으로 아는가? 우리가 인식할 수 있는 모든 것은 사물의 무한히 얽힌 경과 속에서 그때그때마다 개개의 구성요소로서 존재할 뿐이네. 이 경과의 전체를 인간은 인식할 수 없어. 그것은 나중에 필연성으로서 파악되지도 않으며, 미래로서 미리 알려지지도 않네. 자네도 알겠지만, 마르크스의 예언도 대개는 잘못이었음이 밝혀지고 있잖나.

마르크스주의자 : 그것은 사소한 일입니다. 마르크스는 전체로서, 유물사관과 변증법을 통해 역사의 경과를 우리에게 보여 주었습니다.

나 : 정신적인 현실을 계급 이해(利害)의 상부구조로 보는 자네의 견해에 따르자면, 역사의 경과에 대한 자네의 견해도 상부구조 이론 자체도, 자네들 계급의 이데올로기이어야만 할 거야.

마르크스주의자 : 절대 그렇지 않습니다. 왜냐하면 프롤레타리아 계급에서야말로 마침내, 그리고 처음으로 인간은 인간으로서 가치를 얻기 때문입니다. 이러한 인간의 자기 실현은 모든 계급을 해소시킵니다. 우리는 이미 어떠한 이데올로기도 필요로 하지 않으며, 마르크스가 창조한 과학을 통하여 이제야말로 모든 것을 움직이는 인식에 도달합니다.

나 : 정신적인 것을 독립된 근원으로 보지 않고 상부구조로 보는 이러한 사고방식은, 그들의 권력 장악에 앞서서 현대의 많은 마르크스주의자에게 적용된다고 할 수 있을 것이네. 이를테면 그 시대의 프롤레타리아건, 몰락한 부르주아건 간에 인생의 패배자는 보상을 원하지. 즉 프롤레타리아는 비참한 생활 대신에 지상 천국을 꿈꾸는 미래의 신앙을 구한다네. 또한 부르주아는 잃어버린 품격 대신에 문필가, 혁명가로서 대중 사이에서 발견하는 명망으로 보상받고 싶어한다네.

마르크스주의자 : 저는 선생님의 심리학을 거부합니다. 문제는 참된 사회질서로 이끄는 커다란 역사적 과정입니다. 선생님은 문제 자체를 보지 못합니다. 그래서 개인적인 것을 심리학적으로 무자격하다고 선언하면서도 문제를 개인적인 것으로 빗나가게 합니다.

나 : 만일 자네가 칸트 철학에 대해서 의견을 말하고 있는 것이라면 그것이야말로 내가 자네를 비난하고 싶은 점이야. 자네는 사회학적 견해 때문에

큰 문제에서 눈을 돌리고 있어. 그러한 시야 속에서는 칸트 철학의 진리는 절대로 나타날 수 없네.

우리의 세미나를 위해서 자네에게 제안하겠네. 우리 모두 심리학적·사회학적 해석에서 눈을 돌리세. 이 두 해석은 어느 것이나 똑같이 부적당한 거야. 사상 그 자체 속에 있는 것을 체험하기 위해서, 칸트의 철학적 사색에 전념하세나.

과연 이 사상을 그 자체로 이해하고자 하느냐 안 하느냐 하는 것은 저마다의 결단이야. 그것은 아무에게도 요구될 수 없는 것이지. 그러나 자네는 이렇게 생각하지 않는가? 나의 칸트 세미나에 나오는 사람이라면 그러한 결단은 내렸을 거라 생각되는데? 우리는 지금 칸트와 관계 있지 마르크스와 관계가 있는 것은 아니야.

3

어느 정신분석학자와의 토론

1920년에 있었던 두 번째 토론을 간단히 소개하겠습니다.

정신분석학자는 말했습니다. "우리의 근본적 현실은 성적(性的) 리비도입니다. 그것이 억압되면 그 승화에 의하여 정신성이 생기는데, 승화가 잘 안 되면 노이로제 증세가 나타납니다."

나 : 나는 이렇게 생각합니다. 철학적 사상, 정신적 환상, 시인의 창작, 연구 이념 같은 것은 그 정당한 의미에서 근원적입니다. 사람들은 가치 있는 창작이 만들어질 때의 상태에 대해서 그 인과적 조건들을 종종 지적할 수 있습니다. 횔덜린의 만년의 찬가(讚歌)와 반 고흐의 만년의 그림은, 정신병이 없었다면 그만한 깊이와 형식을 갖출 수 없었을 것입니다. 이 사실은 그들 작품의 의미의 근원성을 해치지 않습니다. 억압으로써 무언가 정신적으로 위대한 것이 이루어졌다는 경험적 증거를 나는 하나도 발견하지 못했습니다. 설사 그러한 증거를 발견하였다 해도 그것만으로는 창작의 근원성에 대해서 아무것도 끄집어낼 수 없을 것입니다. 그러나 만일 누가 억압에 대해서 말한다면, 똑같이 정당하게 그리고 적지 않은 해석상의 성과를 가지고, 물음

을 이렇게 변경할 수 있습니다. 우리는 어쩌면 성적 리비도뿐만 아니라 실존적 정신의 힘도 억압할 수 있지 않을까?

그러나 억압 작용과 억압될 수 있는 힘과의 물음에 관해서 누가 옳으냐 하는 것을 우리는 어떠한 방법으로 결정해야 합니까?

정신분석학자 : 분석적 정신요법의 성과가 실증합니다. 억압이 해소되면 환자는 건강해집니다.

나 : 노이로제에 대한 것과 똑같은 처치가 정신적 창작에 대해서도 적용되겠지요. 기분이 맑아지면 정신적 창작은 이루어지지 않습니다.

그러나 보통 정신분석의 결과는 어떻습니까? 일정한 신체적 현상의 결과는 분명 다른 방법으로도 똑같이 달성됩니다. 그렇지만 심적 상태의 결과는 전혀 다른 성격을 보입니다. 심적 상태의 결과는 어디에 있습니까? 그 기준은 무엇입니까?

정신분석학자 : 환자의 동의가 결정적인 증명이 될 수 있습니다. 환자 자신이 이 학설의 참됨을 인정합니다. 우리는 무익한 토론을 벌이고 있습니다. 당신은 자기 자신을 분석에 맡겨야 합니다. 그래야 비로소 토론의 전제가 되는 체험을 얻을 수 있습니다.

나 : 내가 더 젊었을 때, 나는 심리학적 관찰의 모든 가능성을 알고 싶어서 얼마 동안 자기분석을 해 보았습니다. 그러나 정신분석학 방면에서 일하던 친구는 얼마 뒤 이렇게 말했습니다. "자네의 이론은 너무나 강한 편견이어서 나는 자네의 무의식에서 말을 잘 끄집어낼 수가 없네."

그래도 당신은 본질적인 점을 찌르셨습니다. 그것은 정신분석을 자기에게 받게 하는 사람의 동의입니다. 하지만 이 동의는 무엇을 증명합니까?

이러한 동의는 결코 누구에게나 생기는 법이 아닙니다. 이러한 동의는 오직 분석을 받는 사람 속에 이 설에 대한 신앙이 자라날 때에만 가능합니다.

그렇다면 우리는 정신분석학자의 진리와 철학적 신앙의 진리 사이에서 어떻게 결정해야 합니까?

정신분석학자 : 매우 간단한 일입니다. 거듭 말합니다만, 당신은 자기를 분석에 맡겨야 합니다. 그러면 당신은 자신을 통해서 진리를 경험합니다.

나 : 그렇군요. 그러면 이렇게 됩니다. 즉 다른 사람을 분석받을 수 있도록 이끄는 사람은 옳습니다. 그 결과 분석 받는 사람은, 정신분석학자에 의하여

사실상 무리론(無理論)으로 여겨지는 것을 승인하게 됩니다. 마치 정신분석학자 자신이 무리론으로 되어 있듯이. 분석학자는 오늘날 학설 분석을 요구하지만, 모든 사람이 그런 자격을 갖추지 않았다는 것은 시인하고 있습니다. 그 점은 늘 같습니다. 자기의 비판적 이성을 포기하지 않는 사람은 재능이 없는 사람으로 인정되어 물러나야만 합니다.

정신분석학자 : 그래도 이 방법은 나에게는 가장 이성적으로 보입니다. 이 경험을 이용하여 그것이 치료에 어떤 의미를 갖는지 아는 것은, 역시 자유로운 의지이며 결코 강제는 아닙니다. 왜 당신은 무리론에 대해 말씀하십니까? 그것은 전면적 지배 영역에서의 한 방법입니다. 당신은 자유에서 생겨나 자유로이 머무는 것을 강제, 그리고 부자유라고 해서 제외하고 맙니다.

나 : 어떠한 폭력도 협박도 없다는 점에서 당신은 옳습니다. 내가 이 방법을 무리론이라고 부르는 것은 다만 다음과 같은 뜻에서입니다. 다시 말해 그것이 숙련, 반복, 각인, 수도사의 수업(修業)과도 같은 지도 등을 본질로 하는 한에 있어서입니다. 이 무리론은—비판적 사고가 침묵하고, 신앙이 믿으려고 할 때—이미 정정할 수 없는 세계관과 자기 파악의 결과로 이어집니다.

문제는 무리론이지 과학적 체험이 아니라는 것, 이것은 환자로서 정신분석을 경멸하고 분개한 나머지 정신분석을 떠나는 사람들이 있다는 것으로 입증됩니다.

정신분석학자 : 당신은 어디까지나 학문적 논쟁의 영역을 무시하고 있습니다. 이미 비판은 아니 하고 당신의 마음에 들지 않은 것에 대한 역선전만 하고 있습니다. 당신은 그러한 것들의 이름을 더럽히고 싶은 것입니다. 당신은 정신이 좀 이상합니다.

4

이런 토론에 대하여

이런 단순한 토론으로는 마르크스주의에 대해서도 정신분석에 대해서도, 도저히 그 주제의 전체적인 상(像)을 보여 줄 수 없습니다. 이 두 가지는 전체로서의 신앙적 태도에도 불구하고 저마다 다른 길을 가고 있는데 그것에 대해서, 특히 마르크스에 대해서는 어떠한 상도 주지 못합니다. 그러나 이 토론은, 그 방식이 원칙상 빤히 들여다보이는 토론의 무익함을 명백히 보여줄지도 모릅니다.

과학적으로 논증될 수 있는 정당함이 문제가 될 때에는 토론자는 모든 사색가에게 공통으로 인정될 수 있는 것, 즉 한 가지 것을 지향합니다. 그러나 삶을 지탱하고, 삶을 이루고, 삶에 내용을 주는 진리가 문제가 될 때에는 단지 오성만이 아니라 토론자 자신의 본질이 진리의 근거가 됩니다.

5

보편과학과 철학

마르크스는 사회학이 아니며, 프로이트는 심리학이 아닙니다. 그러나 이 두 사람의 지대한 영향은 사회학과 심리학이 이중의 가능성을 자기 안에 간직하고 있음을 입증합니다. 즉 인간을 향한 참된 인식을 획득한다는 가능성과, 예언자처럼 나타나 타락한 철학이 된다는 가능성입니다. 그 이유는 어디에 있습니까?

전문적 기초의 부족 첫째, 심리학과 사회학에는 독자적이고 전문적인 과학적 기초가 결여되어 있습니다. 심리학이나 사회학을 연구하는 자에겐 언제나(그가 언어학자이든, 역사가이든, 법률가이든, 물리학자이든, 의사이든, 신학자이든) 그때그때 특수한 숙련을 통하여 발휘되는 과학성이 필요합니다. 이러한 기반이 없으면 사람은 일반적인 평판에 빠져 버립니다.

보편과학과 전체과학 둘째, 심리학과 사회학은 보편과학입니다. 심리학이나 사회학의 대상은 어느 것이나 어떤 한 면을 통해서이지만, 그러한 일면을 가지지 않은 것은 없습니다. 하지만 심리학이나 사회학이 보편과학에서 전체과학이 될 때, 즉 이 양자가 단순히 그때그때 획득된 방법의 관점에 따라서 인간적인 모든 현상을 자기의 시야에 끌어넣을 뿐만 아니라, 인간 존재의 전체를 자기의 독점적 대상으로 삼을 때, 이 양자의 의미는 틀린 것이 됩니다.

철학적 원동력의 전도(顚倒) 셋째, 대상적으로 인식하는 심리학은, 말을 걸면서 밝혀 가는 철학과 똑같은 것을 말하는 듯 보입니다. 그러나 모든 것은 거꾸로 됩니다. 이를테면 정신분석에서는 그렇습니다.

철학적 사유가 우리를 실존의 '스스로—투명하게—되는' 길로 인도하는 데 비해, 정신분석은 그 폭로 방법에 의하여 하나의 새로운, 그만큼 더 깊은 실존적 폐쇄성을 낳습니다. 철학적 사유가 구체적 상황 가운데서 밝혀 주는 데 비하여, 정신분석은 꿈의 해석이라는 실존적 무의미로 끌어들입니다. 철학적 사유는 한계 상황에서 운명을 드러내지만, 정신분석은 자신의 무의식 가운데 있는 천국과 지옥에 대한 사이비 지식으로 기만합니다. 요컨대 요구로서의, 선천적 고귀함에 대한 확신은, 내적인 추악과 야비에 대한 승인으로 뒤바뀝니다.

넷째, 정신분석의 가설은 하나의 존재 지식, 즉 세계의 심리화(心理化)라고도 할 하나의 존재론으로 변화합니다.

다섯째, 실존의 진지함은 정신분석적 태도의 가벼움으로 변합니다.

예언자적 사이비 과학으로서 심리학과 사회학 이리하여 정신분석과 마르크스주의는 가짜 철학이 됩니다.

양자는 제 나름의 방식으로 인간의 상실을 자기소외로 규정하고, 마르크스는 정치적으로, 정신분석은 정신요법적으로 스스로 구제의 수단으로 나섰습니다. 양자는 서로 결합할 수 있습니다. 1933년 뛰어난 정신분석학자 중 한 사람이 나에게 이렇게 말했습니다. "히틀러의 행위는 역사상 최대의 정신요법 대상이 될 만한 사건입니다"

1931년 나의 명제 1931년 나는 저서 《현대의 정신적 상황》에서 인간 존재에 대한 현대의 정신적인 적(敵) 세 가지를 밝혔습니다. 마르크스주의, 정신분석학, 민족이론, 즉 일반적으로 말한다면 사회학·심리학·생물학적 인류학인데, 이 셋이 세계관으로 변하여 그 과학성을 잃고 있기 때문입니다. 이들 적에 대해서 우리로서는 다만 철학적 사유를 통하여 자기 주장을 할 수 있을 뿐입니다. 이 철학적 사유는 각 사람 안에서 행해지지만, 명확하고 계획적인 철학적 사유를 통하여 비로소 분명해지는 것입니다.

6

전체과학의 여러 가지 결과

심리학과 사회학이 전체과학으로 바뀔 때, 그 대표자들 사이에 때때로 주목할 만한 현상이 나타납니다.

심리학과 사회학에서의 권력 의지 권력에의 의지는 진리에의 의지보다 윗자리를 차지합니다. 이 인간에 대한 지식을 말하자면, 그것은 인간보다 위에 솟아 있습니다. 사람들은 마치 자기가 깊고, 투철하고, 숭고한 지식을 지닌 듯이 때때로 놀랍게도 거만해집니다. 이 지식으로부터 그들은 인간의 편견을 내려다봅니다. 그들은 세계의 뛰어난 정신적 지배자라고 자부합니다. 만일 그들이 인격적으로 정말 보잘것없는 인간일 때는 그만큼 더 우스워집니다.

10여 년 전 나는 여행길에 어떤 유명한 정신요법의를 방문했습니다. 그는 결코 보잘것없는 인간이 아니며, 나는 학생 시절 그와 친분이 있었습니다. 내가 그의 면회 시간 중의 귀중한 시간을 빼앗아 미안하다고 말하자, 그는 이렇게 대답했습니다. "아닙니다. 잠시 동안이라도 맹수를 부리는 일을 쉴 수 있게 되어 기쁩니다." 물론 농담이지만 정곡을 찌른 말이었습니다. 왜냐하면 자유로운 교류의 형태로, 그곳에서 하나의 싸움이 행해지고 있었기 때문입니다.

인간을 변화시키려는 계획 어떤 이는 인간의 전체적 인식이 인간을 뜻대로 부릴 수 있는 힘을 가져다준다고 생각합니다. 그는 인간 존재를 인식에 따라 좌우할 수 있을 것을 요구합니다. 우리는 참된 인식을 바탕으로 현실의 생활 조건을 제한된 범위 안에서(노동기술, 심신 상태나 위생 상태의 관리로부터 여러 제도에 이르는 범위에서) 실제로 다루고, 변화시키고, 형성할 수 있습니다. 그런데 여기서는 반대로 인간 자체가 인간적 인식에 의하여 변화되고 사육되고, 조작되어야 한다는 견해가 성립합니다.

진리와 신앙의 붕괴 심리학과 사회학은 그 과학적 가능성의 한계를 넘어서자마자, 곧 인간을 끌어내리는 경향이 있습니다. 심리학과 사회학은 신앙과 진리를 단순한 심리적 사실로 치부해 버립니다. 심리학과 사회학은 신앙과 진리를 자기들의 과학의 경험적 대상으로서는 이미 다 깊이 연구된 것으로 보려는 경향이 있으며, 따라서 신앙과 진리를 파괴합니다. 결국 거기에는 본디 이 두 과학 속에 있던 산만한 사이비 신앙만이 남게 됩니다.

7

철학적으로 사유하는 인간의 근원성

그러한 사고방식은 인간 자신에게 위험합니다. 그것은 인간의 전체적 파악 아래 인간을 노예화하는 인간상(像)을 가지고 조작(操作)합니다. 이 인간상은 인간 자체를 과학적 미신의 복사판 속으로 사라지게 합니다. 만일 이러한 인간상을 따른다면, 우리는 우리 자신을 분열시키고 말 것입니다.

순수 과학성과 철학적 사유 심리학과 사회학에서 순수한 과학성을 이룩하는 것은 철학적 사유의 결과이며, 또 반대로 과학성의 달성은 철학적 사유에 자유로운 장소를 줍니다.

우리는 심신적 생활에의 의존, 우리 세계의 사회적·정치적 상태에의 의존, 우리 의식 일반과 그 카테고리의 사고 가능성에의 의존 속에서 우리 자신을 알게 됩니다—또 우리는 모든 것을 우리의 여러 과학, 즉 심리학·사회학·논리학 따위의 대상으로 삼습니다. 그러나 우리는 이 생활적·사고적 의존 가운데서 독립된 장소를 찾습니다—그리고 철학적으로 사유합니다. 그런 뒤에 우리는 우리 자신을, 또 우리가 구속되어 있는 세계를, 말하자면 다른 곳으로부터 바라볼 수 있게 됩니다.

우리가 우리 자신이 될 때의 장소는 바로 여기입니다. 어떠한 과학도, 물론 심리학이나 사회학도 이 장소에 이르지는 못합니다. 만약 이 장소에 이른다면 비로소 그들 과학도 참 원동력과 한정된 의미를 획득할 수 있을 것입니다.

Ⅸ 공개성(公開性)

1

몇 가지 보기

1962년, 슈피겔 사건(1962년 10월 독일 주간지 〈Spiegel〉에 실린 기사가 국가의 기밀에 저촉된다고 해서 일어난 일련의 사건)으로 신문·의회·정부가 한때 들끓었습니다. 납득될 만한 확고한 근거도 없이 반역으로 몰리고, 성급한 체포가 경찰 테러를 생각나게 했습니다. 그때, 신문의 자유란 도대체 무엇이냐, 라는 물음이 활발히 제기되었습니다.

헌법 옹호국(憲法擁護局)이 헌법에 위배되는 전화 도청을 계획하고, 책임을 진 장관까지도 자기의 부하 공무원에게 언제나 기본법을 들고 돌아다니도록 요구할 수는 없다고 비웃었습니다. 이 일이 〈Spiegel〉이라는 잡지를 통하여 폭로되었을 때, 헌법의 불가침성이 무엇을 뜻하는가를 새삼 느끼게 되었습니다.

헌법 옹호국에 근무했던 어떤 사람은 이 위헌 행위를 그 잡지사에 알려 주었으므로, 곧 이 사실을 사람들에게 알린 셈입니다. 그런데 그가 반역죄로 고발되었을 때, 사람들은 비밀 유지라는 무제한의 직책에 따라 공중의 이해(利害)가 손상받을 염려가 있다고 생각하였습니다.

어떤 회사의 수입 일부가 비밀수단을 통하여 얻어진 것이라고 할 때, 노동조합은 고용주와의 협상에서 이 비밀수단을 전혀 통찰하지 못하며, 또 회사의 수입이 어떻게 되는지도 모른다고 한탄합니다. 이럴 때 우리는 이렇게 자문해 볼 수 있습니다. '합리적인 협상은 서로간의 철저한 개방 없이도 과연 가능할 것인가?'

2

진리의지 권력의지

여기에 감추려는 권력과 공개적인 보도를 원하는 진리와의 투쟁을 보여

주는 예들이 있습니다.

이 투쟁은 우리 한 사람 한 사람에게 고유한 불가항력의 것입니다. 나는 먼저 우리의 개인생활에 대해서 얘기하겠습니다.

인간은 공상이 그려 낸 천사가 아닙니다. 천사는 (그의 낡은 구조에서) 서로 끝까지 투명하며, 성취한 감동의 무시간적 상태, 즉 순수한 진리의 밝음 속에 폭력 없이 살고 있습니다. 또한 인간은 야수가 아닙니다. 우리는 진리를 일깨워 주는 사랑의 싸움 속에서 더불어 살 수 있습니다.

우리 안에 있는 진리의 적(敵)은 이미 권력의지라는 가장 좁은 원둘레 안에 있습니다. 진리의지는 개방성을 촉구하고, 권력의지는 폐쇄성으로 몰아갑니다. 만일 우리가 권력의지를 해소해 버린다면 폐쇄성은 사라질 것입니다. 그러나 우리는 인간입니다. 왜냐하면 이 싸움이 우리 안에 숨어 있을 뿐만 아니라, 우리 안에 살아 있는 적대자와의 싸움에서 본래적 인간이 되어야만 한다는 요구가 우리 안에 있기 때문입니다.

권력의지는 진리의 가면으로 자기를 꾸밉니다. 그렇게 함으로써 권력의지는 진리에 대해 경의를 표하면서, 권력의 수단으로서 진리의 가면을 필요로 하는 것입니다. 권력의지는 거짓을 진리로 만듭니다. 허위는 권력의 생활 수단이며, 권력은 이것을 이용하여 우위를 차지합니다. 그러나 권력의지는 특히 그 배후에 폭력의지가 숨어 있을 때 이러한 형태를 취합니다. 지적인 우월에 의한 폭력, 거만한 도발에 의한 폭력, 위협에 의한 폭력, 교활한 기만에 의한 폭력이 바로 그것입니다. 그러나 권력의지 그 자체는 진실일 수 있습니다. 진리 자체가 하나의 권력이기 때문입니다.

우리는 우리의 폐쇄성과 거짓이 최후의 결정적인 것이 아니기를 바랍니다.

우리는 왜 진리를 원하며, 또 그 때문에 개방성을 원하는 것입니까? 왜 우리는 비밀에 침묵하길 원하지 않습니까?

진실 첫째, 우리에게 진실은 인간의 품위이기 때문입니다. 진실하지 않다면, 우리는 우리 자신과 모순됩니다.

둘째, 우리는 오직 서로 함께 할 때만 진리를 달성하기 때문입니다. 다시 말하면, 침묵할 때 우리는 자신에 대해 거짓되게 됩니다. 의견이 대립되더라도 사람은 그와 더불어 서로 자기의 마음을 완전히 내어 줄 수 있고 조금도 거리낄 필요도 없으며, 아주 진실된 상대를 곁에 두지 못한 것처럼 곤란한 일은 없습니다.

개인 생활에서도 그렇지만 우리 공동체에서도 공적으로 중요한 일에 대하여 침묵함으로써 모든 사태의 경과는 거짓이 됩니다. 공공의 허위는 개인적인 허위의 거울입니다. 우리는 암흑 속에 살고 있습니다. 누구나 다 원하듯, 우리가 공통의 운명과 행동에서 서로 투명했으면 좋겠습니다.

3

정치 영역

이리하여 우리는 정치의 영역으로 들어갑니다.

우리가 경제적·정치적인 결정과 발전에 자기를 내맡긴 채, 조금도 영향을 주지 못하고 있음을 생각할 때, 우리는 아마도 정치를 떠난 생활로 도피하고 싶어질 것입니다. 그러나 그렇더라도 이 발전은 역시 인간을 통하여 생겨납니다. 우리 인간은 숙고할 수 있고, 인식할 수 있으며, 자기의 행동을 바꿀 수 있고, 서로 생각하고 함께 행동할 수도 있습니다. 따라서 정치를 떠난 생활의 도피는 우리를 공범(共犯)으로 만들 뿐입니다.

인간의 실존에 뿌리박고 있으면서도 철학적으로 완전한 의식에 도달한 우리의 확신은 다음과 같습니다. 공개성에 있어서 진리로 가는 길목에서만 정치적·경제적인 생존 과정은 우리에 대하여 선의 방향으로 갈 수 있습니다. 최대의 공개성은 진리에 있어서 필요불가결한 것입니다.

정치에서는 불성실, 책략, 거짓이 오늘날까지 자명한 수단이 되어 있습니다. 그러나 불성실함은 언제나 미래를 희생함으로써 얻어지는 순간적인 생활의 이익을 취할 뿐입니다. 불성실함은 결국 현존재 자체에 해를 끼치는 결과를 가져옵니다. 진리는 거짓을 능가합니다. 거짓을 기반으로 세워진 국가가 비운(悲運)을 겪는 것은, 거짓의 전통에서 나온 국가정책 때문입니다.

폭력과 거짓이라는 압도적인 현실을 인정하려 들지 않는 것은 자기 자신을 기만하는 의지 때문입니다. 우리는 오늘날까지 사실상 불가피한 이 현실을 인정할 때에만 이 현실 가운데에서 자기를 주장하고, 이 현실을 억제하려고 시도해 볼 수 있습니다. 폭력과 거짓이 하루하루 서서히 번지다가 마침내 결정적인 순간에 압도적으로 확고한 자리를 차지한다면, 이것은 우리가 기만하지 않고 있다는 증거입니다. 즉 진리의 무제한적인 공개성을 그 전제로 하고 있다는 것입니다.

4

정치적 자유이념을 통한 공개성의 상정(想定)

공개성(公開性)은 자유로운 국민의 정치적 터전입니다. 공개성이란 척도는 그 국민의 자유 정도를 보여 주는 기준입니다. 우선 이상적인 상태를 그려 봅시다. 정치적 자유는 공동의 운명을 결정하는 것을 공개적으로 행하라고 요구합니다. 그러한 것은 공개적으로 숙고되어야 하며, 결단은 준비되어야만 합니다. 맹목적인 신뢰에 의거해서가 아니라 그러한 결단을 통하여 찬성의 결론이 나와야 합니다.

자유로운 정치 상황과 국민의 연대책임 조건으로서 공개성 자유로운 국민은 서로 알고 서로 생각하면서, 정부의 행동과 제도의 수립 또는 법률의 제정에 관여합니다. 자유로운 국민 사이에서 정치가들이 두각을 나타내는 기회는 아래에서부터입니다.

정치가들은 직업, 지역, 자유로운 정치 연구회 같은 작은 집단으로부터 나옵니다. 그들의 그룹 안에서 그들은 믿을 수 있고 판단력이 풍부하며 사정에 밝은 지도자로서 인정을 받습니다. 그런 데서부터 먼저 나오는 것이지 처음부터 정당 사무국을 통하여 직업 정치가로 선출되는 것은 아닙니다. 그들이 인정받는 것은 정치 의식이 국민에게 널리 퍼져 있기 때문입니다. 그들의 태도나 연설과 글은 넓은 계층에 공개적으로 알려집니다. 선거 때에 유권자들은 자기가 누구를, 그리고 무엇을 선출하는지 알고 있습니다. 자유로운 국민은 자기들의 정부와 정부의 행동에 대해서도 자기들에게 책임이 있음을 알고 있습니다. 이러한 국민의 한 사람이 된다는 것은 자유로운 인간이 되게 해 줍니다. 자유인은 시민이 될 수 있습니다.

정치적 이상 이와 같은 기술은 하나의 이상을 보여 줍니다. 가치판단의 척도로서, 또 이상에 가까이 가고자 하는 의욕으로서 의의가 있습니다. 현실은 아직도 다른 모습입니다.

정치적 자기 교육 우리의 현실적인 공개성은 단순히 국민의 거울이 되는 것은 아닙니다. 그것은 국민의 정치적인 자기 육성의 바탕이 되어야 합니다. 가능한 한 자유로운 국민은 자기의 갈등이나 운명과 마주할 때 결코 평온하지 못합니다.

유일한 절대적 관심 이러한 국민은 국민과 정부의 대립 속에서 스스로 자기 육성을 요구합니다. 어떠한 변화의 바람에도 변하지 않는 유일한 것은 정치적 자유가 보장된 생활의 확립과 유지라는 과제입니다.

정치적인 자기 육성은 나날이 여러 가지 현실과 마주치고, 또 커다란 결정적 순간에 사고방식을 끊임없이 훈련함으로써 생기는 것입니다. 우리는 구체적인 상황에서 비로소 경험을 쌓고 판단력을 확충하게 됩니다.

공개성은 무엇보다도 보도의 바탕이요, 그 다음에는 정치적인 투쟁의 터전입니다. 공개성은 결코 현존하는 여론이란 실체, 즉 어떤 표준적인 것으로 확정되어지는 것은 아닙니다.

공개성에서는 개별적인 이해가 나타납니다. 그 이해는 다른 이해와 서로 충돌합니다. 그러므로 하나의 이해를 공동의 이해로서 요구하는 것은 공공의 이해라는 틀 안에서만 정당한 것으로 인정됩니다. 어떠한 개인적 이해도 공공의 이해, 즉 공동의 선(bonum commune)과 동일시되어서는 안 됩니다.

공공의 것을 위한 싸움 오직 공공의 이해만이 절대적인 것입니다. 진리나 진실에 관한 저 싸움은 똑같은 기회로 가능합니다. 즉 이해의 서열을 싸고 도는 싸움인 동시에 공공의 이해에 대한 전반적인 공공 문제, 즉 자유, 공공의 것(res publica)을 싸고 도는 싸움이 가능한 것입니다.

5

저술가의 공개적 세계

우리는 오늘, 강연자와 저술가, 신문과 출판, 라디오와 텔레비전 세계를 공개성이라고 부릅니다. 이 공개성은 정해진 하나의 진리의 장소가 아니라 진리를 위한 싸움터입니다.

저술가들은 정부와 국민 사이, 정치가의 행위와 국민의 공공연한 침묵 사이에 있는 제3의 세력입니다. 그들은 모든 것을 결합시키는 언어를 만들어 냅니다. 그러나 이 제3의 세력은 독립성을 지닌 정도에 따라서만 고유의 뜻을 가집니다.

저술가들의 설득력 저술가들은 설득력 이외의 어떠한 힘도 없습니다. 그들은 그 무력함 때문에 때로 업신여김을 당하기도 합니다. 그러나 그들은 관념을 창조하고 사고방식을 훈련합니다. 그들이 하는 일은 쇠귀에 경 읽기일지도 모릅니다. 그러나 이 행위에서 세계를 움직일 수 있는 힘이 생깁니다.

플라톤과 칸트 만일 우리가 그 사람들을 철학자라고 부른다면, 플라톤은 이렇게 생각했을 것입니다. '충분한 학식과 견문이 있으니 그들도 통치자로 임명될 수 있다.' 여기에서 철학자가 국왕이 되든가, 아니면 국왕이 철학자가 될 때에 비로소 국가가 잘 된다는 그의 유명한 말이 나왔을 것입니다.

그런데 이것은 개별적인 인간의 가능성과 사색에 전념하는 철학자의 가능성을 너무 과도하게 평가한 듯합니다. 자유를 향한 우리의 의지에 알맞게 칸트는 플라톤의 요구 가운데 숨은 진리를 다른 형태로 표현했습니다. 칸트는 이렇게 말했습니다. "위정자는 철학자들로 하여금 자유롭게 말하도록 해야만 한다. 위정자는 철학자들의 사상에 귀를 기울이고, 그들에게 조언을 구해야 할 것이다." 이것은 철학자들의 사상을 공개적으로 전달하는 것과 그들의 공개적인 대화의 싸움을 통하여 이루어집니다. 반면에 칸트는 왕이 철학적 사색을 한다든지, 철학자들이 국왕이 되는 것을 기뻐하지 않았습니다. 물론 이것이 가능하다 해도 그것은 바람직한 일은 아닐 것입니다.

"왜냐하면 폭력을 행사하는 것은 이성의 자유로운 판단을 타락시키는 것이기 때문이다." 그는 계속해서 말합니다. "그러나 국왕 또는 왕이 된 국민(평등의 원칙에 따라, 자기 자신을 통치한다는 의미에서)이 철학자라는 계급을 없애 버리거나 침묵시키지 않고, 철학자들로 하여금 공개적으로 발언하게 하는 일은 그 자신과 국민의 계발을 위해서 반드시 필요하다." 이 철학자라는 계급에 대하여 칸트는 탁월한 의견을 가지고 있습니다. 즉 철학자들은 그 본성상 도당(徒黨), 클럽, 동족 같은 것을 형성할 능력이 없습니다. 사람들은 그들에게 고작 프로파간다(사상이나 교의 따위의 선전) 때문에 혐의를 둘 수는 없을 것입니다.

조언을 주는 철학자들의 공개적인 대화라는 칸트의 이념과, 철학들의 본성에 관한 그의 주장은 바로 저술가의 마그나카르타(대헌장)처럼 여겨집니다. 철학자들은 과연 하나의 계급이지만, 어떠한 기관도 연관되어 있지 않습니다. 철학자들의 자유로운 존재는 자유로운 국민 본질에 속합니다.

자유롭지 못한 국민의 정부는 제3의 세력, 즉 정신의 세력에 저항합니다. 만일 잘 된다면, 이 정부는 저술가들을 자기의 목적을 위해 이용합니다. 정부는 신문에 정보를 제공합니다.

이 정보는 공개적일 때는 제한되어 있으며, 아무리 중대한 경우에도 비밀에 싸여 있습니다. 또 그것이 비공식적인 상세한 정보일 때는, 그 대가로 정보를 제공받는 측이 재치있게 정부에 봉사하고, 결과적으로 정부에 대한 국민의 신뢰를 높이며, 또 단호하고 참된 주장의 진지함을 달래려고 합니다. 만일 저술가들이 정부 측의 이른바 사적(私的)인 견해를 매스미디어를 통하여 자기들의 견해로서 전파한다면, 이러한 정부는 즉시 분개합니다. 또한 신문을 중시하고 언론의 자유를 찬양하지만, 그런 태도는 어디까지나 정부에 필요한 신문을 두고 그러는 것입니다. 이러한 정부가 정신에 대해 모르는 까닭은, 정부 자신이 정신의 일에 거의 관여하지 않기 때문입니다.

6

공개성의 이념과 현실

따라서 공동체적 진리의 근원인 공개성의 이념에 대하여 현실은 언제나 부분적으로만 일치합니다. 그러나 이 이념은 이미 말했듯이 사실상의 공개성이나 그의 제한과 타락을 판단하는 척도입니다. 훌륭한 정책은 현실 상황에서는 의식적인 원칙주의를 씀으로써 정부, 행정 관청, 관료사회에 이념으로 접근하는 방법을 촉구할 것입니다.

내면적으로 자유로운 제왕다운 국민의 자기의식은—그것이 오래된 자유국가에 있어서 어느 정도 전통적으로 살려져 있듯이—그것을 요구합니다. 모두 그런 것은 아닙니다만 다른 나라의 정치가들은 대개 반대되는 것을 자명한 것, 당연한 것으로 보고 그렇게 함으로써 그 반대의 길을 더욱 강화합니다. 저 고대의 자유에 눈을 돌릴 때, 우리는 좀더 훌륭한 본래적인 정치력에 활기를 줄 수 있습니다.

자유로운 국민은 언제나 주민의 모든 계층에 뿌리내리고 있는 소수의 정신적 귀족에 의하여 규정됩니다. 이러한 정신적 귀족 사이에서 국민은 다시 자기를 인식하고, 이들과 더불어 자기의 민주주의를 실현합니다.

공개성을 제한하는 두 개의 현실, 즉 비밀 유지와 검열을 생각해 봅시다.

7

비밀 유지

정부·정당·관청·회사·신문 편집국 같은 모든 관료사회는 비밀 유지를 요구합니다. 비밀 유지는 명백한 것으로 여겨지며, 아주 사소한 일에까지 영향을 줍니다. 또한 직무상의 당연한 의무로 여겨져 이것을 어기면 처벌을 받습니다.

일정한 관계에 있어서 비밀 유지는 필요합니다. 이를테면 화폐를 변경하려는 의도는 마지막 순간까지 비밀에 붙여져야만 합니다. 또 일시적으로 한정된 직무상의 비밀이 있습니다. 이것은 행정사무상의 원활한 운영, 또는 전문위원회에서의 심의의 진행을 가능케 하는 비밀입니다. 어떤 일이 얼마 동안은 비밀에 붙여지지만, 이 때문에 아무도 기만당하지는 않습니다.

적과의 관계에서의 기밀 유지는 전혀 다릅니다. 적은 폭력 관계로 규정됩니다. 기만이나 책략과 마찬가지로, 여기서는 엄중한 비밀 유지가 원칙입니다. 다른 나라와의 관계에서 비밀의 전달은 반역, 기밀 누설, 스파이 행위를 의미합니다.

한 국가 안에서의 비밀 유지는 국가의 본질에 대해서 결정적인 것입니다. 그러나 공동의 자유를 세우고 이것을 개선하고, 지키는 시민들 사이에서는 어떠한 비밀도 있어서는 안 됩니다. 무언가 잘못하고 있으므로 비밀 유지가 필요한 것입니다. 얼마 동안 비밀로 붙이는 것은 부득이한 일로, 관계자들은 이런 상황을 마지못해 감수합니다. 왜냐하면 이 비밀 유지는 자유를 제한하는 것으로 판단되며, 최소한 제한되어야 하기 때문입니다. 공동의 자유로부터 공개성으로 향하는 의지는 그때에 오히려 비밀 유지를 곤란하게 만듭니다. 그런데 비밀 유지를 향한 권력의지의 충동은 사건의 공개성을 저해하고 시민들을 신민(臣民)으로 만듭니다. 그러나 현실에서는 은폐하려는 힘, 베일을 씌우려는 힘, 속이려는 힘이 매우 크기 때문에 국가의 자유는 부단히 그러한 힘과 싸울 것을 요구합니다. 이런 일에 관해서는 어떠한 입법조치가 취해져야 합니다. 즉 이 법에 따라 특히 모든 공무원은 자기의 직장에서 알게 된 헌법이나 법률에 위반되는 사건을 단지 직무상의 이유로 수행하고, 숨기고, 없애 버릴 것이 아니라, 일반에게 공개적으로 알려야 할 권리와 도덕적 의무를 져야 할 것입니다.

비밀 유지를 최대한 좁은 범위로 제한하려는 의지는 자유의 무조건적인 요구에 따릅니다. 왜냐하면 공명정대라는 정치적 신념은 자유의 조건이기 때문입니다.

8

검열

진정한 공개성은 검열을 금지합니다. 출판물은 명예훼손 등 형법에 의하여 처벌받아야 할 경우에만 형벌의 대상이 되어야 합니다. 이 명예훼손은 지금까지와는 달리, 최고의 벌금형을 내려 피고에게는 일신의 파멸이 될 만큼 무겁게 처벌되어야 할 것입니다.

그러나 출판 보도의 자유에 대해서는 견해가 다릅니다. 즉 이렇게 결론짓는 사람이 있습니다. '출판 보도의 자유는 계몽의 구실을 하지 않고 혼란을 일으킨다. 그것은 정부에 반대하고 현상에 반대하여 선동으로 기우는 경향을 조장한다. 또 그것은 불만과 불신을 부추긴다. 신앙과 권위에 대한 조소를 허용한다. 그것은 진리를 위한 기회를 줄 뿐만 아니라, 공통의 허위를 위한 기회도 준다. 공통의 타산적이고 알려고 하지 않는 의지는 공공연한 기만 상태를 낳는다. 그러므로 검열이 필요하다.' 국민은 파멸적인 영향으로부터 보호되어야만 합니다. 국민에게는 그의 복리(福利)를 위하여 순수한 진리를 숨겨야만 할 때가 있다는 것입니다.

이에 대한 나의 답변은 이렇습니다. 그러한 논거(論據)는 미숙한 국민을 전제로 합니다. 반면에 출판 보도의 자유로 향하는 의지는 성년이 된 능력 있는 국민을 전제로 합니다. 농민이건, 노동자이건, 장군이건, 총지배인이건, 운전기사이건, 교수이건 모든 계층에서 정도의 차이는 있으나 정치적으로 현명합니다. 우리는 모두 인간이며, 더욱이 성년이 되어 가는 과정에 있습니다. 사람이 어디까지 공공연하게 말할 수 있느냐 하는 것을 검열하는 것은 인간입니다. 검열관은 본디 신만이 할 수 있는 정신의 식별과 진리에의 통찰을 소유하고 있어야 하는데, 도대체 누가 그러한 검열관을 선출할 것입니까? 검열로는 아무것도 좋아지지 않고, 검열도 자유와 마찬가지로 악용됩니다. 문제는 어느 악용을 선택할 것이냐, 어느 쪽에 더 큰 기회가 있느냐 하는 것입니다.

검열은 진리를 전도(顚倒)시키고 그것을 억압하는 결과를 부릅니다. 자유는 다만 진리를 전도시킬 뿐입니다. 억압은 절대적이지만, 전도는 자유 자체에 의하여 포기될 수 있습니다. 좀더 큰 기회는 이렇게 찾아옵니다. 즉 여러 가지 견해가 소용돌이치는 가운데서, 이 소용돌이 자체를 통해서 인간이 가지고 태어난 진리애(眞理愛)와 비판적 공개성이라는 자기 정정(訂正)에 의하여 진리는 인간 안에 나타납니다.

이 밖에 어떠한 방법으로도 진리의 몰락은 확실합니다. 이 유일한 방법으로도 물론 절대로 확실하다고 할 수는 없으나, 그러나 희망은 있습니다. 검열과 마찬가지로 출판 보도의 자유도 진리를 위협합니다. 문제는 인간에게 좀더 적합한 수단이 어디에 있느냐 하는 것입니다. 오직 자유의 길만이 있을 뿐입니다.

9

공개성이라는 모험

공개성이라는 모험은 모든 개인에게 하나의 인격적인 모험입니다. 이에 대하여 한 마디 결론을 짓고자 합니다. 저마다 자기가 공개의 터전으로 들어서기를 원하느냐, 원하지 않느냐 하는 것을 스스로 결정해야 한다는 것입니다.

이렇다 할 학식과 견해를 가진 사람은 그것을 자기 혼자 간직하려 들지 않습니다. 무언가 만들어 낸 사람은 그것을 보이고 싶어합니다. 정치적으로 행동하는 사람은 사람들로부터 인정을 받고 싶어합니다. 이것은 커다란 공명심이며, 그것이 자기의 능력에 대한 기만에서 오거나 자만에 빠지지 않는 한 정당한 것입니다. 그러나 공개성은 하나의 모험입니다.

한 사람이 공개의 터전으로 끌려 들어가고, 객관적인 그의 행위가 아니라 주관적인 그의 인간성이 문제가 되었다고 한탄할 때, 다음과 같은 문제가 생깁니다. 즉 공인의 '사생활'은 부정에 대하여 어느 정도까지의 보호가 요구되느냐? 또 요구되어야 하느냐? 사람은 공개성을 원하는 동시에 그것을 거절하려고 하느냐?' 하는 것입니다.

권력자들에게는 국민 저마다의 의지를 초월하여 국민의 행복을 추구하지 않고 자기들의 싸움만을 관철하는 것이 비교적 쉬운 일입니다. 권력자들의 모험은 자국의 공개의 터전에 숨김없이 몸을 드러내는 것입니다. 권력자들은 이 공개성을 매개로 하여 그들의 국민을, 또 그들과 함께 자기 자신을 정치적인 자기 육성으로 데리고 갈 결심을 할 때, 그들은 인격적으로 어디까지나 투명해져야 합니다. 이러한 모험을 통해서 비로소 정치가들은 위대해집니다.

그러나 그 다음으로 말과 문서와 저술을 통하여 공개의 터전에 들어서는 것은 저마다의 모험입니다. 그는 한 개인으로 여기고 질문받는 것을 당연하게 생각하여야만 합니다. 그가 발을 내딛는다면, 그는 예전의 사람은 아닙니다.

이 문제는—순수한 자연과학과 개별적인 다른 과학들의 경우를 제외하고—인격의 본질을 요구하므로, 사람들은 문제와 인격의 양면을 보게 됩니다. 이 인격은 그의 전체 현실에 있어서 은밀한 곳까지 보이며 그 영향이 미치는 장소와 관련하여 정치가·저술가·정신과학자·시인·사상가들과는 달리 평가됩니다.

그러므로 공개성은 반발합니다. 정치가이건, 저술가이건, 시인이건, 철학자이건, 사람은 누구나 다 인격적으로는 숨어 있기를 원합니다. 그러나 그 누구도 이 개인으로서 공개적으로는 여러 사람의 귀에 들어가게 되는 동시에 인격적으로는 평가받지 않기를 요구할 권리는 없습니다. 그는 진리를 위한 투쟁의 불안 가운데로 들어갑니다. 이 투쟁에서 문제와 인격은 용서 없는 공개성에서 전도·오해·열광·비방에 끊임없이 자기를 드러내야만 합니다.

이 일을 감행하는 사람은 인간이 가장 작은 장소에서 경험해야만 하는 것을 공개성이라는 훨씬 넓은 장소에서 경험합니다. 그는 공개의 터전에서 성립하는 자아상(自我像)과 일치할 필요는 없습니다. 그는 이 자아상에 본의 아니게 동화되도록 유혹받지도 않지만, 또한 자기가 누군지 알지도 못하고 오히려 자기 자신이 자기 가능성의 밑바탕에서 자유롭기 위하여 이 공개성을 감수해야만 합니다.

X 암호

1

하나의 예 : 시나이 산

성서적 신앙의 큰 암호 가운데 하나는, 야훼가 모세와 이스라엘 백성에게 십계명을 주는 장면에 있습니다.

> 뭇 백성이 우레와 번개와 나팔 소리와 산의 연기를 본지라. 그들이 볼 때에 떨며 멀리 서서 모세에게 이르되, 당신이 우리에게 말씀하소서. 우리가 들으리이다. 하나님이 우리에게 말씀하시지 말게 하소서. 우리가 죽을까 하나이다. 모세가 백성에게 이르되, 두려워하지 말라. 하나님이 임하심은 너희를 시험하고 너희로 경외하여 범죄하지 않게 하려 하심이니라. 백성은 멀리 서 있고 모세는 하나님이 계신 흑암으로 가까이 가니라. (출애굽기 20장 18~21).

백성들은 모세에게 맡겼습니다. 백성들은 모세의 권위, 즉 모세에게 주어진 십계라고 하는 계시에 복종합니다. 이 복종은 노예가 하는 것이 아니었습니다.

유대인들은 애굽에서 노예생활을 하였습니다. 야훼는 이 유대인들을 강제 노역장에서 끌어내 해방시켰습니다. 지금 야훼는 이 해방된 백성들에게 내적으로도 자유로워지라고 요구합니다.

십계명

너는 나 외에는 다른 신들을 네게 두지 말라.

너를 위하여 새긴 우상을 만들지 말고, 어떠한 우상에도 엎드려 절하지 말라.

너는 네 하나님 야훼의 이름을 망령되게 부르지 말라.
안식일을 기억하여 거룩하게 지키라.
네 부모를 공경하라.
살인하지 말라.
간음하지 말라.
도둑질하지 말라.
네 이웃에 대하여 거짓 증거하지 말라.
네 이웃의 집을 탐내지 말라.

십계명 중에는 무엇이 포함되어 있습니까

유일신 하나님은 어디에 있든지, 우리의 생명을 하나로 묶어 주는 유일자의 힘을 나타내는 거울입니다. 자연적 인간으로서의 우리 모두에게는 다신교가 적합합니다. 신들은 서로 싸웁니다. 신들이 구하는 것은 일치하지 않습니다. 인간은 스스로 모순되는 존재입니다. 인간은 신들을 섬김으로써 다른 사람을 해칩니다. 그때 무엇인지 이상한 압력으로 유일자의 힘이 출현합니다. 이 유일자의 힘은 '한낱—자연적인 것'을 허용치 않습니다. 그것은 인간 안에서, 다른 데서 유래한 하나의 의지를 불러일으킵니다.

어떠한 형상도 모양도 만들어서는 안 된다 만일 초월자가 어떠한 형상으로 나타난다면, 그것은 이미 초월자가 아닙니다. 오직 암호에 의해서만 우리는 초월자의 말을 이해합니다. 초월자 자신은 모든 암호의 저편에 있습니다. 이것이 철학적 사색의 진리입니다.

하나님의 이름을 함부로 불러서는 안 된다 진지한 인간은 결코 하나님의 이름을 가지고 농담하지 않습니다. 진지한 인간은 이 세상에서 자기를 위해 무엇을 구할 때, 하나님을 증인으로 삼지 않습니다. '함부로'란 다른 사람에 적대해서 나를 위해 하나님을 이용하는 것입니다.

부모를 공경하라. 살인하지 말라. 간음하지 말라. 거짓 증거하지 말라.

이것은 충실한 공동 생활을 위한, 크고 단순하며 없어서는 안 될 조건입니다.

시나이 산에서 일어난 사건 중 놀라운 것은, 어떠한 형상이나 모양도 만들어서는 안 되며 신이 현재에 나타나서도 안 된다는 요구입니다. 물론 시나이

산에서는 화산이라는 자연 현상 속에서, 모세가 산 위의 짙은 구름 속으로 올라가 십계명을 전달받을 때, 하나님이 나타나는 사건이 일어났습니다. 그러나 하나님 자신이 현재에 나타난 것은 아닙니다. 하나님은 아무런 형상도 없습니다. 백성은 하나님을 보지 못하며, 하나님의 음성도 듣지 못합니다.

사람들은 십계명을 명백한 것이라는 듯이 쉽게 받아들였습니다. 그러나 십계명을 지키기란 매우 어렵습니다. 예외없이 모두들 지키기가 어렵습니다. 십계명이 지켜지기만 하면, 공적으로나 개인적으로나 기만이 당연한 것으로 생각되는 우리의 모든 상황은, 믿을 수 있는 공동체로서 참될 것입니다. "도덕적인 것은 명백한 것이다"라는 말은 기만적인 표현입니다. 명백한 것은 오히려 도덕적인 것이 침묵하게 된다는 사실입니다.

십계명은 그 즈음으로서는 단순성, 밝음, 깊이에 있어서 하나의 놀라움이며, 계시된 것인 동시에 인간다운 인간에 대해 설득력이 있습니다.

십계명은 인간 자신의 이성을 통하여, 인간의 양심에 의하여 인간에게 말합니다. 십계명은 정열, 자의, 충동, 변덕을 억압합니다. 실존의 자유는 십계명에 귀를 기울임으로써 이루어집니다.

칸트는 그의 정언적 명령(定言的 命令)에서 양심에 대한 요구의 핵심을 찔렀습니다. 즉 너는 너의 행위로써 하나의 세계를 창조하고, 그 세계에서는 너의 행동 원칙이 모든 사람에게 언제나 타당하도록 행위하라는 것입니다.

양심 양심은 주관의 독재가 마침표를 찍는 곳입니다. 그러나 그것은 자신이 잘 모르거나 이해하지 못하는 것에 종속함으로써가 아니라, 자기의 통찰에 따라 자유롭게 복종함으로써 그렇게 되는 것입니다.

그러나 만일 내가 결코 폭력을 쓰지 않고도 제압하는 어떤 힘에 따른다면, 나 자신에게서 생기는 이 힘은 너무나 은밀하여 실제로는 소멸되어 버린 것 같이 보입니다.

그래도 양심에 있어서 나를 포괄하는 것은 나 자신보다 더한 것입니다. 이 '보다 더한 것'이 일찍이 시나이 산의 하나님의 출현으로서, 인간에게 깊은 감명을 주었던 저 암호 속에서 말하고 있습니다. 사람이 성서에서 이 말을 들었다면, 어떻게 시나이 산을 잊을 수 있겠습니까! 엄숙한 양심이 사물의 근거에, 즉 암호로서의 신 그 자체에 근거하고 있음을 볼 때, 양심 자체는 암호에 의하여 더욱 강해집니다. 하나님의 시현(示現)이 우리에게서 떨어져 갈 때도 암호는 여전히 남아 있습니다.

2

그 밖의 예

시나이 산은 암호의 한 예시입니다. 종교나 신화에 관한 학문은 여러 암호를 수집합니다. 그리고 그 암호를 여러 가지 유형으로 나눕니다. 이 학문은 신들의 변천을 보여 줍니다. 드보라의 노래(사사기 5장)에 등장하는 군신(軍神)으로서의 야훼는, 욥이 고발하는 신이 아니며 예수가 기도드린 신이 아닙니다.

일반적으로 비교될 수 있는 것의 배후에서, 우리는 어떤 유일한 비교될 수 없는 역사적 형태를 봅니다. 성서의 역사적 형태와 나란히, 우선 무엇보다도 그리스 신화, 다음에 인도의 신화, 중국의 신화, 북유럽의 신화를 봅니다.

언어와 마찬가지로 암호도 전승(傳承)에서 나타납니다. 우리는 암호를 생각해 내는 것이 아니라, 그것을 내 것으로 만드는 것입니다. 몇 가지 예를 더 들어 보겠습니다.

우주의 법과 인간의 법

(a) 기원전 4000년대의 수메르인 이래 곳곳에 우주관이 있습니다. 변하지 않는 원(圓)을 그리며 영원한 운동을 하는 별들의 질서는 인간 생활의 질서를 통해 반영됩니다. 침범할 수 없는 우주의 법은, 항상 깨지고 다시 회복하기를 반복하는 인간 존재에 적합합니다. 인간적 사건은 우주적 사건입니다.

내 위에 있는 별 하늘과 내 안에 있는 도덕률

암호는 변화하면서 역사를 꿰뚫습니다. 칸트도 언제나 새로운 감탄과 경외심을 가지고 마음을 채우는 두 가지 것을 말하고 있습니다. 그것은 내 위에 있는 별 하늘과 내 안에 있는 도덕률입니다. "나는 이 두 가지를 직접 내 실존의 의식에 결합시킵니다."

카오스와 질서

(b) 이성에 의하여 관철된 신적(神的) 세계라는 하나의 표상은 오래 견디지 못합니다. 카오스가 세계의 근저에 있습니다. 처음 카오스에서 카오스를 한정하면서, 그러나 카오스를 극복하는 일 없이 신들과 세계가 생겼습니다. 카오스는 세계를 낳고 세계를 다시 삼킵니다.

고대 그노시스파는 악인에게나 선인에게나 똑같이 해를 비추는 이 무자비하고 불공평한 신이라는 암호로부터 악한 세계 창조자라는 암호를 만들어냈습니다. 우리는 사랑이 없는 반이성적(反理性的) 원리가 마치 카오스적 광채를 내뿜는 것처럼 믿게 하는 환멸의 세계에 살고 있습니다. 사랑하며 이성적인 영혼인 우리는 어떤 악한 운명에 의하여 이 세상에 뿌려진 불꽃들입니다. 우리는 이 세계로부터 나와 멀리 떨어져 있는 사랑의 신에게 다가갑니다. 그러나 그 신은 이 세계에 도움을 주지는 못합니다.

그리스 신들의 세계

(c) 그리스 신들의 세계는 역사적으로 보아 단 하나의 무한하고, 또 놀랄 만큼 형태가 밝은 세계입니다. 이 세계에서는 존재하는 모든 것, 인간에게 허용되고 정해진 모든 것, 인간이 있을 수 있는 곳의 모든 것이 신적 암호를 통해서 우리의 심금을 울립니다.

제우스 그는 절대자이며 신들의 왕입니다. 모든 신은 심지어 반란을 일으킬 때조차도, 제우스에게 복종해야만 합니다. 그러나 제우스 자신은 모이라(Moira), 즉 비인격적 운명에 기대고 있습니다. 모이라에게는 어떠한 제사도, 기도도 통하지 않습니다.

아폴로 천하고 불순한 모든 것, 병들고 참되지 않은 모든 것과는 인연이 없는 아폴로 신은 자연의 힘이 아닙니다. 정열에 흔들리지 않고, 순수와 위엄 속에 살고 있습니다. 신성한 젊은이로서 힘에 넘치고, 아름답고 순결한 그는 빛나는 밝은 신입니다. 그는 파괴하고, 방어하고, 보호합니다. 그는 한계와 형식을 찾습니다. 그의 계명은 분수를 지키고 자신이 인간이라는 것을 스스로 알라는 것입니다. 철인 소크라테스는 그의 말을 따랐습니다. 그는 결코 존재의 주(主)가 되는 유일신이 아닙니다. 오히려 그는 혼탁하고 괴롭고 어지러운 삶에 초연합니다. 그러한 생활에 영향을 주기는 하지만 그것과 관계를 맺지는 않습니다.

아프로디테 성적인 사랑을 고귀하게 여기는 다정한 여신. 그리고 아테네, 헤라, 아르테미스 같은 많은 다른 올림프스의 신들과 그 밖의 지하의 신들, 또 자연 속에서 활동하는 물의 요정 님프, 나무의 요정 등등 이들의 이름과 모양을 들자면 끝이 없습니다. 모든 인간적 가능성과 운명에, 모든 파멸에, 인간적 현실의 모든 특수한 영역에 저마다 고유한 신적 존재가 있었습니다. 그것을 통하여 모든 것은 긍정되고 한정되었으며, 그럼으로써 모든 것이 다시 문제가 되었습니다.

역사의 지극히 짧은 한동안만 이 신들은 현실이었습니다. 그 무렵 그리스인들은 인간으로서 절정에 있었습니다. 다시 말하면, 그리스인들은 인간으로서 이들 신들과 어울린 것이었습니다. 그때 그들이 신학자나 승려 없이 예언자적인 시인이나 철학자들을 통해서 신들의 형태를 밝게 드러냈을 때, 그들은 신들로부터 자유로웠습니다. 그들은 거울 속에서 자기 자신을 보았습니다. 그 뒤 곧 이 모든 것은 인간적 교양의 세계에서 심미적 즐거움을 주는 유희 이외에는 현전성(現前性)이 없는 단순한 추억으로 타락하고 말았습니다.

우리는 그리스인이 될 수는 없습니다. 그러나 만일 우리가 그리스의 신들을 모르고, 이 신들에 대해 통달하지 않는다면 우리는 빈곤함 속에 머물게 됩니다.

3

자유의 경험에서 오는 암호의 유래

오늘날 암호는 우리의 자유의 근원과 운명이 만나는 가장 절박한 상황 아래 놓여 있는 것 같습니다.

자기 증여와 주저함

(a) 자기를 자유로운 존재로서 자각하는 인간은 자기를 인간다운 인간으로서 느낍니다. 그는 결정적인 순간에 결심합니다. 그러나 주저하기도 합니다. 그때 그는 자기가 본디 원하는 것이 무엇인지 모르며, 제 맘대로 행동하고 어찌할 바를 모르게 됩니다. 주저함 속에 내버려질 때, 인간은 자기가 자기

의 자유에 있어서 증여(贈與)된 것임을 깨닫습니다.

그러나 인간은 초월자로 말미암아 자기가 증여되었음을 알게 되는데, 이 초월자는 추상적입니다. 인간이 자기의 자유에 있어서 초월자를 본래적인 현실로서 경험할 때, 인간은 이 초월자를 암호를 통해서 밝혀 보기를 원합니다.

자유, 운명, 신뢰

(b) 우리는 자유 현상의 결과를 세계 속에서 경험했습니다. 자유의 이념에 의해서 활기를 얻고, 우리의 이런 결과에 의하여 마침내 운명 앞에 세워진 자신을 봅니다.

자유의 길이 불가능한 듯 생각될 때에도, 막다른 골목같이 보이는 길이 우리의 과제이며 우리 인간 존재 자체라고 하는 확신은 여전히 남아 있습니다. 우리 사명이기도 한 이 확신은 과제를 붙잡으려는 용기를 우리에게 줍니다. 그것이 성취될 수 있는 것인지 아닌지를 우리는 모르기 때문에, 오히려 불가피한 모험을 향한 길이 열립니다.

그래서 암호는 우리에게 이렇게 말합니다. 우리는 아직 알려지지 않은, 따라서 아직 고려해 볼 여지가 없는 하나의 도움에 의지하고 있습니다. 우리가 자기 자신에게 의지할 때, 사실 우리는 그러한 도움에 의지하고 있는 것입니다. 우리는 우리가 할 수 있는 일을 사랑을 가지고 성실하게 행하는 것만큼, 우리가 우리의 자유에 합당하게 되는 것만큼, 이 도움이 우리의 힘이 되어 줄 것을 바랍니다. 우리는 그것을 신뢰할 수는 없습니다. 그러나 암호는 우리의 희망 속에서 우리에게 용기를 줍니다.

타향에서 타향으로

(c) 우리의 자기 존재는 두 가지 의미를 지닌 것으로 나타났습니다. 어떻게 우리는 자유 속에 맡겨져 있을까요? 어떻게 우리는 주저할 수 있을까요? 또한 우리 자유의 실현은 두 가지 의미가 있는 것으로 나타났습니다. 어떻게 자유는 비약과 운명으로서 나타나는 것일까요? 마찬가지로 세계에서의 우리 상황도 두 가지 의미가 있습니다. 우리는 세계 안에서 자기 집에 안주하고 있는 것일까요? 아니면 타향에 있는 것일까요?

우리는 다만 어떤 역할을 하고 있는 것에 지나지 않는 것처럼 보입니다. 그러나 역사적으로 보면 우리는 이 역할과 일치하고 있습니다. 우리는 역할인 동시에 또한 역할이 아닌 것입니다.

만일 우리가 그러한 역할에 있어서 우리 자신이 된다면, 이 세계는 말하자면 우리 집이 됩니다. 물론 우리는 어떤 다른 곳에서 온 것 같기도 하지만, 지금은 여기서 보호받고 있습니다.

그러나 만일 우리가 이 세계에서 우리 자신일 수 없다면, 이 세계는 우리의 세계가 아닙니다. 우리는 최악의 것을 세계에서 예상해야만 합니다. 그때는 우리가 아직 우리 자신 안에 근원을 확신하는 한, 마치 우리는 먼 고향으로부터 이 낯선 세계에 떨어진 것 같기도 합니다.

그러나 만일 우리에게 실재하는 이 세계가 영원한 유래를 갖는 우리 자신과 함께 낯설고 의심스러운 것이 되었다면, 우리는 현실을 잃어버리고 신앙을 잊으며 무(無)를 향하여 자신을 내맡기는 자신의 모습을 보게 될 것입니다.

무

이를테면 우리는 어딘지도 모르는 타향을 떠나와 이 세계라는 타향에 온 것으로, 본디 무(無)가 아닐까요? 우리가 이러한 암호로 말하는 위치에서 의심할 수 있다는 것, 이것 자체가 또 하나의 증표입니다. 다시 말하면 의심할 수 있는 자는 무가 아닙니다. 그는 그 자신입니다. 그는 다시 자기를 발견할 수 있습니다.

우리는 암호를 모든 사물의 말로서 듣습니다. 과연 암호는 여러 가지 뜻이 있고 변동이 심하지만 마지막이 절망이어서는 안 됨을 알려 주기에 우리는 암호에 귀를 기울이는 것입니다.

그러나 우리는 아무런 보증도 할 수 없습니다.

4

암호의 개념

우리는 지금 암호에 대해서 이야기하고 있습니다. 암호란 무엇입니까? 우리는 어떻게 이 개념을 얻을 수 있습니까?

우리는 주관-객관-분열에 대하여 표상, 사고 내용, 심상(心像)을 가지고 있습니다. 그러나 이들은 단지 그러한 것으로 거기에 존재하는 것은 아닙니다. 그것들은 의미합니다.

그 의미는 표징으로서의 것은 아닙니다. 대상성(對象性)의 내부에서는 어떤 것은 다른 것의 표징이 될 수 있습니다. 이를테면 어떤 상품의 상표, 길 안내판, 약어(略語) 따위입니다. 그러나 그것은 표징에 의해 지시되는 다른 대상이 없는데도 의미할 때가 있습니다.

그것이 의미하는 바를 지시하는 것으로써 풀 수 없는 의미를 우리는 암호라고 합니다. 암호 이외의 다른 것을 의미하지는 않습니다. '어떤 것'은 다만 암호 속에서만 존재하며, 암호 없이는 존재하지 않습니다.

우리는 암호의 세계에서 살고 있습니다. 이 암호의 세계에서 본래 존재하는, 그러나 자기를 나타내는 것이 아니라, 오히려 무한히 변화하는 의미 가운데 머물러 있는 것이 우리에게 그 모습을 드러낼 것입니다.

암호의 주관성과 객관성

암호는 말하자면, 초월자가 하는 하나의 말입니다. 이 말은 우리가 만든 것이지만, 그럼에도 불구하고 그쪽에서 우리에게 다가옵니다. 암호는 객관적입니다. 왜냐하면 암호에서는 인간의 뜻을 수용하는 무언가를 들을 수 있기 때문입니다. 또한 암호는 주관적입니다. 왜냐하면 인간은 자기의 표상방식, 사고방식 이해력에 따라서 암호를 만들어 내기 때문입니다. 암호는 주관-객관-분열에 있어서는 객관적인 동시에 주관적입니다.

5

초월자가 모습을 나타내는 것부터 암호로 말하는 것으로의 변화

여러 종교에 의해 신들은 이 세계에 모습을 나타냈습니다. 그리스도교적 신앙에서는 초월적인 신이 인간이 되었습니다. 그는 비참한 죽음과 영광의 부활을 통하여 자기를 증명하였습니다. 몸을 가진 실재의 인간 예수는 그리스도로서 죽음에서 부활했습니다. 이것은 공간과 시간 안에 국한될 수 있는 사건으로서, 육체를 구비한 현실의 사건으로서 믿어지고 있습니다.

우리는 놀라지 않을 수 없습니다. 육체를 갖추고 부활하다니요? 그럴 리 없습니다. 시체가 다시 살아날 수는 없는 것입니다. 그러나 이것은 사실로서 증언되고 있지 않습니까? 무덤은 비어 있었습니다. 부활한 예수는 제자들과 신앙심이 깊은 여인들 앞에 나타났습니다. 그러나 이 모든 증언은 제자들의 신앙을 증명할 뿐, 그 신앙 내용의 실재 여부를 증명하지는 않습니다.

여기에 결정적인 측면이 있습니다. 이 세계에서 초월자의 현화(現化)는 구할 길이 없습니다.

과학과 초월자의 현상화

과학은 초월자의 현상화(現像化)와 모순됩니다. 왜냐하면 현신(現身)은 실재이며, 실재는 지식의 대상이지 신앙의 대상이 아니기 때문입니다.

이론(異論)의 여지가 없는 과학에 우리가 빼앗긴 초월자의 현신은, 우리에게는 암호의 영역 안에 머물러 있습니다.

사실이란 모든 사람에게 보편 타당한 것입니다. 암호는 한 사람의 역사적 실존에 대해서 부동적입니다. 더욱이 암호는 이러한 실존에 대해서만 말을 합니다.

사실은 탐구되지만, 암호는 공상과 사변(思辯)에 의해 전개됩니다.

사실은 확고부동하지만 암호는 자유의 길을 해명합니다.

실재는 한 가지 의미를 지닙니다. 다시 말하면 있는 그대로입니다. 암호는 결코 우리에게 안정된 지반을 주지 않습니다. 왜냐하면 암호는 여러 가지 의미를 지니기 때문입니다. '신'이라는 암호를 한 가지 의미로 파악한다면, 보호라는 의식을 우리에게 줍니다. 그러나 이 '신'이라는 암호는 세계의 여러 경험에 의하여 다의적이 됩니다. 우리는 자기 기만에 빠지지 않고서는 이 세계의 모든 것을 말하거나 해명할 수 없습니다. 신과 아우슈비츠는 하나가 될 수 없습니다. 욥은 이것을 체험했습니다. 만일 신이 계시라든지 약속이라는 형태로 인간에게 언질을 던진다면, 신은 다른 신이 되고 인간으로부터 멀어져 간다는 것, 그러면서도 여전히 신은 신으로 머물러 있다는 것이 구약 성서 진리의 정점입니다. 그러나 이 신은 이미 앞서 말한 신이 아닙니다. 신이라는 이름은 우리가 단순하게 이해할 수 없는 것에 붙여지는 이름입니다. 구약 성서의 유대인은 이 이름의 뜻을 구하고자 싸움을 시작했으나 결국 그것을 발견하지 못했습니다. 그러나 그들은 신의 존재를 조금도 의심하지 않았습니다.

그러므로 우리 인간은 다만 암호의 말, 신이라는 암호를 여러 가지 의미를 지닌 말로서 듣는 수밖에 없습니다. 암호가 들리지 않게 되면, 우리 주위는 어둡고 황량해집니다. 그러나 우리가 암호를 들었다고 해서 평안에 다다를 수 있는 것 또한 아닙니다.

6

성서적 세계의 변화

성서적 세계는 그리스적인 세계와 나란히 우리의 역사적 전제에 속합니다. 우리는 이 전제를 내버릴 수 없습니다.

그러나 정확히 말해서, 이것은 성서와 전승에 관한 근본적인 변화에 있어서만 가능합니다. 하나의 전환이라고도 할 이 변화에는 다음과 같은 뜻이 내포되어 있습니다.

첫째, 신이든 어떠한 초월자든, 우리는 그 현신을 단념해야만 합니다. 이 현신은 반드시 시간과 공간 안에 있는 특정한 현상에 한한 것은 아닙니다. 현신은 내재적 초월자라는 비개념(非概念) 속에서 사라져 버렸습니다. 이 비개념에 대해서는 존재하는 모든 것이 신적입니다.

둘째, 현신 대신에 우리는 초월자의 암호를 듣습니다. 이 암호는 우리에게 말을 걸어—우리는 그것이 무엇을, 언제, 어떻게 말해 오느냐 하는 것을 미리 알 수 없습니다—우리를 동요하게 하고, 우리를 지탱할 수 있게 합니다. 암호의 말은 육체를 갖추고 있으며 초월자는 아닙니다.

셋째, 암호는 여러 가지 의미를 지니며 동화(同化)나 배척의 가능성, 접근과 이반(離反)의 가능성입니다. 암호와의 교제는 암호 사이의 투쟁을 부릅니다. 여기서는 여러 뜻이 담긴 암호의 부유(浮遊)가 여기서는 신앙 인식의 안정된 지반을 대신합니다.

7

암호 상호 간 투쟁에서 암호의 전개라는 이념

모든 것—모든 실재, 공상에 의한 표상, 사고 내용—은 암호화 할 수 있습니다. 암호는 비할 데 없이 탁월한 것에 이르기까지 다양합니다. 이를테면 자연의 아름다움, 자연의 생기라는 암호는 여전히 구김살 없는 것입니다. 여러 가지 힘을 가진 다신교는 수천 수만으로 갈라집니다. 유일신은 결합합니다. 모든 암호의 피안은 자유를 불러옵니다.

어떠한 합리적 체계도 암호를 이해할 수는 없습니다. 어떠한 변증법적 질서도 암호 사이의 투쟁을 꿰뚫어 보지 못합니다. 그러나 철학적 사색은 그 자신의 암호를 만들어 내면서 이 암호와의 실존적인 교제에 대해서 말할 수 있습니다. 그것은 플라톤 때부터 이루어졌습니다.

일찍이 신들의 현신은 암호가 되었습니다. 암호의 밝음 속에서 우리는 최대한 높은 자신의 길을 발견할 기회를 얻습니다. 신화에 대한 넓은 지식은 이 길을 가르쳐 주지 않습니다. 심리학적 해석은 오히려 해가 됩니다. 오직 실존적 체험만이 암호의 의미를 풀어 줍니다.

철학과 신학

오늘날 우리는 신학과 유사한 하나의 철학적 과제를 생각해 볼 수 있습니다. 그것은 암호와의 독자적인 교제의 철학적 전개라는 과제입니다. 이 과제는 암호 사이의 투쟁에 의하여 암호를 밝혀 줄 것입니다. 또한 과거에 있었던 것을 현재의 것으로 변화시킬 것입니다.

암호 형이상학

그러나 신학은 교의적(教義的)이며 신앙 고백을 근거로 합니다. 암호 형이상학은 부유하는 하나의 세계이며 포괄자 속에 근거를 둡니다. 신학은 교회적 교의학(教義學)이며, 암호 형이상학은 3000년에 걸쳐 이어져 온 철학 공간에서 철학자 그 누구에게도 전권을 위임할 수 없는 책임에 근거합니다. 신학은 신조를 믿는 자와 더불어 그 제도화된 공동체 안에서 살지만, 암호 형이상학은 인류와, 그리고 각 개인과 더불어 삽니다.

XI 사랑

1

바울을 기억함

바울의 사랑에 대한 찬미(《고린도 전서》 13장)는 이런 말로 시작됩니다. '내가 사람의 방언과 천사의 말을 할지라도 사랑이 없으면 소리나는 구리와 울리는 꽹과리가 되고, 내가 예언하는 능력이 있어 모든 비밀과 모든 지식을 알고 또 산을 옮길 만한 모든 믿음이 있을지라도 사랑이 없으면 내가 아무것도 아니요, 내가 내게 있는 모든 것으로 구제하고 또 내 몸을 불사르게 내어 줄지라도 사랑이 없으면 내게는 아무 유익이 없느니라.'

이 말은 잊을 수가 없습니다. 우리도 같은 생각입니다. 우리가 사랑할 때 우리는 본래의 우리인 것입니다. 우리에게 중요한 것은 모두 다 근원적으로는 사랑입니다. 하지만 사랑이 무엇인지 우리는 알고 있을까요? 이 말의 의미는 다양합니다. 우리는 하나님에 대한 사랑, 이성에 대한 사랑, 부모에 대한 사랑, 자식에 대한 사랑, 공동 운명체에 대한 사랑, 인간에 대한 사랑, 인류에 대한 사랑—그리스인에 대한—조국에 대한—칸트, 스피노자에 대한 사랑 따위에 대하여 이야기합니다. 우리는 사랑이 무엇인지 알고 싶고, 또 말로 표현하고 싶지만 잘 되지 않을 것입니다. 그러나 사랑의 둘레를 돌아보기로 합시다.

바울은 계속해서 말합니다. '사랑은 오래 참고, 사랑은 온유하며, 시기하지 아니하며, 사랑은 자랑하지 아니하며, 교만하지 아니하며, 무례히 행치 아니하며, 자기의 유익을 구하지 아니하며, 성내지 아니하며, 악한 것을 생각지 아니하며, 불의를 기뻐하지 아니하며…….' 이것은 사람들과의 일상적인 교제에서 당연하고 좋은 것입니다. 그러나 처음의 그 감격스런 문장 다음에, 이 얼마나 실망을 주는 표현입니까! 바울은 여기서 다만 사랑은 이러이러한 것을 하지 않는다고, 즉 잔잔하고 친절하고 너그러운 내적 상태에 대해서 말하고 있을 뿐입니다.

그러고는 다음과 같은 문장이 이어집니다. '사랑은 진리와 함께 기뻐하고, 모든 것을 참으며, 모든 것을 믿으며, 모든 것을 바라며…….' 여기서는 대상이 없는 것, 즉 초월자를 향한 넘쳐 흐르는 감정을 말하니, 곧 이 세상의 인간에 대한 사랑은 무한한 것으로 확대됩니다.

계속해서 바울은 말합니다. '그런즉 믿음·소망·사랑, 이 세 가지는 항상 있을 것인데, 그 중에 제일은 사랑이니라.' '그 중에도 제일'이라는 이 말은 바울이 생각하는 것 이상으로, 그리고 그와는 다른 형식으로 우리에게 말해 줍니다. 즉 고백으로서의 믿음은 의심스러워지고, 희망은 이 세상에서 한계에 부딪히다가 꺾이고 맙니다. 사랑만이 우리의 실존을 받쳐 줍니다. 우리는 사랑 속에서 우리를 채워 주고, 우리를 만족시켜 주는 유일한 확신을 알게 됩니다. 완전한 진리는 사랑에 대해서야 비로소 나타납니다. 사랑은 어떠한 객관적 신앙을 통해서도, 또 다른 세상에 대한 어떠한 희망에 의해서도 좀처럼 흐려지지 않습니다.

'사랑은 영원하다'는 바울의 이 말은 결국 하나의 위대하고 단순한 암호인 것입니다. 만일 이 말이 인간 사이에서 가능한 것 그 이상을 말하고자 한다면, 크리스찬이 아닌 사람들에게는 확실히 의아스럽게 들릴 것입니다. 영원한 것은 훗날 오는 것이 아니라 현재적인 것입니다. 미래의 것을 기대함은 영원한 것의 현재에 대한 암호인 것입니다.

2

역사적 사랑

내가 말한 것에 대하여 이렇게 반론할 사람이 있을 것입니다. 당신은 무엇을 말하려는 것입니까? 비현실적인 것에 대해서입니까? 아니면 무력한 것에 대해서입니까? 사랑이란 성적인 사랑〔性愛〕입니다. 이것이야말로 현실적이고 압도적인 폭력입니다. 사랑이라고 불리는 모든 것은 이 폭력 안에 근원을 두고 있습니다. 이것이 수천 년 전부터 정신의 유희가 되어 온 사랑에 대한 표상(表像)의 샘입니다. 이들 표상 모두에 대해서 성은 거울이요, 이 거울 속에서 이 표상은 자기의 사랑을 인식합니다. 에로스는 플라톤에게 철학적 사색의 원동력이었습니다. 구약성서의 《아가(雅歌)》에서는 감각적인 매력이 넘치는 사랑의 노래를 통하여 신에 대한 사랑이 표현됩니다. 신비문학(神秘文學)은 에로스적 발언이라는 흐름을 지닙니다. 우선 우리는 성적인 사랑의 현실에 눈을 돌려 봅시다.

3

처음부터의 대립

인간은 정신물리학적으로 일종의 동물입니다. 그러나 다른 동물처럼 의문 없이 생물학적으로만 살아가지는 못하는 존재입니다.

인간은 마치 성생활 속에 무엇인가 인간의 품위를 빼앗는 것이 있는 듯 느끼는, 자기 품위에 대한 의식을 지니고 있습니다. 여기에서 인간의 부끄러움이 생겨납니다.

인간에게는 부끄러움이 있지만, 동물에게는 없습니다. 인간은 '있는 그대로의 자연성'을 감춥니다.

인간은 생활 속에서 자기를 주장하기 위하여 사회적 질서를 요구합니다. 물론 성적인 질서도 요구합니다. 지금까지 제멋대로의 난혼(亂婚)이 행해진 적은 한 번도 없었습니다(때때로 거룩한 것으로서 이루어진 비밀제(秘密祭)를 제외하고는).

인간이 자기의 인간 존재를 완전히 자각하고부터는, 남편으로서건 아내로서건 인간을 단지 자신의 성의 도구로서 이용하는 경우, 그는 상대방을 범하는 셈이 됩니다.

4

성생활·연애·결혼이라는 도식

성적인 현상의 도식(圖式)은 성생활·연애·결혼의 셋으로 나뉩니다. 이 도식에 대해 자세히 설명을 해 두는 것이 이야기를 분명히 하는 데 반드시 필요합니다. 현실과 비교하면 빈약하지만, 그래도 그렇게 하는 편이 혼동을 막을 수 있을 것입니다.

성생활 성생활은 모든 생물에 공통되는 것입니다. 그것은 그 기능상 생물학적으로, 생리학적으로, 그리고 심리학적으로 연구됩니다. 인간에 대해서는 의학적·위생적 위치에서 계획적으로 다뤄집니다.

연애 연애는 정신 형성의 무한한 보물창고입니다. 여기에서 성행위는 지극히 예술적인 것이 됩니다. 성행위 그 자체나, 그것으로 이끄는 것도 하나의 아름다움〔美〕이 됩니다. 인도의 《카마수트라(Kamasutra)》는 여러 형태의 성적 향락을 가르쳐 주며, 오비디우스의 《사랑의 기술》은 자극적인 유희를 가르쳐 줍니다.

결혼 결혼이란, 성적 현실과 에로스적 현실이 가정이라는 하나의 세계를 창조하기 위한 질서입니다. 이 가정이라는 세계에서 아이가 태어납니다. 아이들은 이 세계에서 자라나고 자기에 눈뜹니다. 결혼은 영속(永續)하기를 원합니다. 결혼은 사회의 한 요인입니다.

연인들은 가족 공동체 안에서 하나가 되어 일상생활을 형성하려고 합니다. 상황이 달라지거나 새로운 경험에 부딪쳤다고 해서 헤어지려고 하지는 않습니다. 그들은 인간 사회에서 부부로서 인정받고 싶어 합니다.

이리하여 국가가 보호하는 올바른 제도가 생깁니다. 결혼이라는 이 귀중한 재산은 역사의 기적 가운데 하나입니다. 그것은 거칠고 천한 성에 질서를 부여하며 부부 사이의 의무나 자식에 대한 의무를 설정합니다.

5

형이상학적인 사랑

지금까지 우리는 여러 가지 현실에 대하여 말했습니다. 즉 생명체의 현실로서는 성생활, 성에 관한 정신적 유희의 현실로서는 연애, 올바른 도덕적 질서의 현실로서는 결혼에 대하여 이야기했습니다. 만일 우리가 여기서 현실에 대해서가 아니라 사랑 그 자체에 대해서 말한다면, 그것은 하나의 비약이 될 것입니다. 사랑의 근원은 세상에 있지 않습니다. 사랑은 인간에게 갑자기 찾아오는 알 수 없는 것으로서 경험하게 됩니다. 그렇게 해서 인간은 비로소 사랑 안에서 자기 자신이 됩니다. 사랑은 경험적인 현실로서는 확증될 수 없는 것이므로, 현실주의자 중에는 사랑을 부정하는 사람도 있습니다. 사랑은 어떠한 연구 대상도 아닙니다. 사랑은 어딘가 다른 곳에서 찾아오는 것이라고 의식되기 때문에, 우리는 사랑을 형이상학적이라고 부릅니다. 사랑이란 것이 있는지 없는지, 또 사랑이 지금 여기 두 사람의 남녀 사이에 참으로 있는지 없는지는 아무도 모릅니다.

사랑은 시간의 현상 가운데서 아무에게도 보이지 않는 번개처럼 떨어집니다. 그러나 이 번개에 맞은 사람에게는 그로 말미암아 오래 전부터 이미 존재했던 것이 드러납니다. 사랑은 역사적으로는 현상으로서 존재하지만, 시간 안에서는 결코 그 이상의 본질적인 역사를 가지지 못합니다. 왜냐하면 새로운 근원성에 있어서 무한히 반복하는 사랑이기 때문입니다. 사랑은 젊디젊은 정열 속에서나 노년의 잔잔함 속에서나 똑같이 강력합니다. 사랑은 추억으로서, 기대로서 어디까지나 현재적인 것입니다.

사랑은 영원한 현재로서 의식될 때, 그 자체로서는 그대로 머무르지만 사랑의 현실 현상은 나이를 먹어감에 따라 변화합니다.

청년시대에는 수줍음이 에로스보다 앞섭니다. 오직 하나뿐인 것은 그 순간이 오기 전에 낭비해서는 안 됩니다. 오래 전부터 서로의 것이었음을 인식하는 두 사람의 만남의 순간이 찾아왔을 때, 처음이자 마지막인 사랑의 단 한 번의 역사로서 이 유일한 것의 진가가 발휘되는 것입니다. 그들은 이것을 확신하지만 알지는 못합니다. 그들은 자기들이 완전한 자유 속에서 절대적으로 맺어졌음을 깨닫습니다. 왜냐하면 그들은 시간 이전의 근원에서부터 서로 재인식하기 때문입니다.

사랑은 결코 소유하는 것이 아닙니다. 사랑은 사랑하는 두 사람을 낳지만, 그들의 뜻대로 되지는 않습니다. 사람은 사랑을 바라지 않을 수도 있습니다. 사랑을 의심한다면, 그것을 자기 자신에게 나타내지 않을 수도 있습니다. 사랑은 그것을 보편타당하게 증명해 주는 아무런 특징도 없습니다. 그리고 특별한 명예를 구하는 일도 없습니다. 사랑을 선물로 받은 자에게 그만한 공로가 있는 것도 아닙니다.

겉에서 본다면, 사랑은 틀림없이 구속처럼 보입니다. 확실한 절대적 속박을 통하여 사랑하는 두 사람에게서 시간의 자유를 빼앗아가는 듯이 보입니다. 두 사람의 생활은 언제나 똑같기 때문에 그 역사를 빼앗깁니다. 사랑하는 사람들은—만일 그런 두 사람이 있다면—다른 사람에게는 그야말로 기묘하기도 하고 지루하기도 할 것입니다. 언제나 같은 두 사람의 근본적 태도는 이제 막 청년이 된 사람도 노인처럼 말하게 할 것입니다. 즉 똑같이 비현실적인 말, 똑같이 어이없는 말, 똑같이 어리석은 말을 주고받을 것입니다. 여기서 생각되는 것은 심리적으로는 존재하지 않습니다. 그러므로 믿을 만한 것이 못 됩니다.

6

형이상학적 사랑 출현의 문제성

이 형이상학적인 사랑은 세계에서는 어떻게 나타날까요? 사랑은 현실로서는 제시될 수 없으므로, 다만 애매하게 그 둘레를 돌 수 있을 뿐입니다. 몇 가지 예를 들겠습니다.

(a) 에로스적 정열과 형이상학적 사랑, 이 두 가지는 청년시절에 타오릅니다. 어떤 희생이라도 치르겠다는 결심을 하며, 오직 한 사람에게만 바칩니다. 그러나 정열 속에는 도취라는 환상적이고 영원한 의식이 있으며, 사랑 속에는 시간 안에서 지속을 구하는 의지가 있습니다. 정열은 체험과 얽혀 나타났다간 사라지곤 합니다. 사랑은 '언제까지나'와 '먼 옛날부터'라는 깊은 의미를 지니고 있습니다. 사랑은 오직 한 번만 생명에 이릅니다. 정열은 결정적인 점에 대해서 맹목적이며, 사랑은 전체를 꿰뚫어 봅니다.

이러한 구별에 바탕을 두고, 우리는 답이 없는 물음을 던집니다. 형이상학적인 사랑의 확신은 정열의 오류일까? 진심으로 사랑하는 자가 부정한 배우자 때문에 사랑의 근원을 소모해 버렸을 때, 이 부정한 배우자는 사랑의 근원을 파괴할 수 있는가? 에로스적 좌절을 경험한 뒤에도 근원부터 서로의 것이 되어 사랑하게 될 두 사람의 만남은 일어날 수 있는가? 이 두 사람은 서로를 인정하고, 돌이켜 자기들의 감정적 엇갈림을 간파하고, 이것을 수용함과 동시에 버리는 것입니다.

사랑하는 두 사람 중 한 사람이 형이상학적 사랑을 알고, 다른 한 사람이 이러한 사랑을 현실이라고 생각하는 일이 있을 수 있습니까? 즉 지금까지는 불성실한 가운데 이러한 형이상학적 사랑이 단순한 허구로서 본모습을 드러내고 있는데, 이번에는 속이 빈 시적인 몽상(夢想)과 믿기 어려운 현실과의 분열 가운데 이러한 사랑이 아직도 굳세게 지켜지는 일이 있을 수 있습니까?

이것은 섬뜩한 물음입니다. 이 물음은 일반적인 이야기에서도, 구체적인 운명에서도 똑같이 답이 없는 채로 남을 수밖에 없습니다.

(b) 만남의 우연은 운명입니다. 영원한 것은 시간 안에서는 운명의 지배아래 있습니다. 우연은 변하기 쉬운 것이지만, 단 한 번의 우연으로서 바꿀 수가 없는 것입니다. 영원한 배우자와의 만남 정도의 '우연'은 주어지지 않았지만, 적당한 우연으로서는 만족할 수 없다며 독신으로 머무르는 사람이 있습니까? 그러한 사람은 실행을 하지 않으므로, 이 세계의 올가미 속에서 자기 자신을 통찰할 수 없게 되지 않겠습니까?

(c) 만일 세상의 권력이 사랑의 실행을 반대한다면, 형이상학적인 사랑은 생활을 파괴해 버릴까요? 세계는 사랑하고 있는 사람의 눈을 멀게 만들까요?

7
형이상학적 사랑은 세계 질서 속으로 들어설 수 있는가

기만과 파괴의 이러한 구조는 다음 같은 물음으로 이어집니다. 즉 형이상학적인 사랑은 이 세계에서는 소멸되도록 선고받은 것인가? 형이상학적인 사랑은 단순한 가능성으로서 세계와는 무관한 것으로 위축되어야만 하는가? 아니면 이 사랑은 실현될 수 있을 것인가?

신체적 아름다움과 마주하여 불타올라 청년시대에 이미 완성된, 그러면서 시간 속에서 비로소 실현되는 형이상학적인 사랑은 여기서 선택의 갈림길에 서게 됩니다. 즉 생활의 파괴, 실행 불가, 본래적인 삶이 되지 않는 생활 등은 사랑에 대한 결과로서 이미 정해진 것인가? 아니면 이 세계에서 형이상학적인 사랑의 실행이 허용되는가? 그렇게 되면, 시간과 질서는 그 권리를 요구합니다. 사랑은 결심을 통하여 영원히 결혼에 들어갑니다. 이 결심은 도덕이나 결혼법이 요구하는 것 이상의 것입니다. 그러고는 세계의 현실 속에서 사랑의 투쟁이 시작됩니다. 다시 말하면 여러 가지 상황의 연대적 극복이 시작됩니다.

이리하여 이 길은 나이를 먹어감에 따라서 앞으로 나아갑니다. 청년의 생생한 아름다움은 서서히 사라집니다. 이제 생애의 현상 가운데서 실존적으로 새겨진 노년의 아름다움 속에는 한갓 청년시대를 회상하게 만드는 것 이상의 그 무엇이 숨겨져 있습니다. '여자는 나이가 들면서 아름다워진다'라는 키에르케고르의 말이 그대로 들어맞습니다. 그러나 오직 사랑하는 자만이 그것을 깨닫습니다.

8

사랑의 여러 계기

우리의 도식의 뜻은 이러합니다. 성욕, 연애의 유희, 정열, 결혼의 질서, 두 사람의 결혼에서의 영원한 유래(由來), 이 모든 것은 '사랑'이란 말 속에 포함되어 있는 것입니다. 그러나 이 도식은 나누어질 수 없는 것을 구별하고 있습니다. 사랑의 여러 계기는 그것들이 하나로 맺어질 때 완성되고, 그것들이 흩어질 때 파멸합니다. 그렇더라도 형이상학적 유래, 결심, 약속, 법률적 계약, 에로스적 정열, 충실한 성(性) 따위—이들 계기는 진정으로 하나가 될 수 있을까요?

지속되는 시간 속에는 이러한 완성된 모습이 하나도 없습니다. 이 모습은 마음에 그려 볼 수도 사고할 수도 없습니다. 지속되는 시간 속에는 불순한 것이 침입합니다. 이 도식의 여러 계기는 서로 투쟁을 벌입니다. 이들 여러 계기의 독립을 물고 늘어지는 형이상학적 사랑은 자기의 지위를 확고히 차지하지 못합니다.

서로 투쟁하는 이 힘들은 인간의 자연성 가운데 통일에 대립합니다. 그리스 사람들은 성적인 것을 아름다움으로 승화시키는 여신 아프로디테를 숭배하였습니다. 동시에 모든 성적인 것을 멀리하는 아르테미스, 결혼의 수호신인 헤라, 또 무한한 생산력과 파괴력을 상징하는 어머니 여신〔母神〕 데메테르를 숭배하였습니다.

아테네 사람들의 생활에 대해서 데모스테네스는 이렇게 말했습니다. "창기(娼妓)가 있으니, 우리는 그녀들과 더불어 즐길 수 있다. 그리고 돈으로 창녀를 살 수 있으니, 우리의 육체적 욕망을 채울 수 있다. 마지막으로 아내가 있다. 아내는 합법적인 자식을 낳아 주고, 살림살이도 모두 꾸려나간다."

이것은 남자들을 위한 하나의 해결책인 것입니다. 여자는 여기서 여러 가지 목적에 따라 남자의 뜻대로 이용됩니다. 이것은 여성을 멸시하는 것이고, 남성의 인간성에 위배되는 동시에 양성(兩性)의 품위를 추락시킵니다. 남성과 여성의 질서와 분위기는 인간 존재의 타락에까지 이르게 됩니다.

인간 존재는 자기가 성적 존재보다 우위에 설 것을 원합니다. 남자와 여자는 먼저 인간이고, 그 다음에 비로소 성의 구별이 있는 것입니다.

양성의 대립 인간적인 것이 된 양성의 본래 대립은 통일이 이루어져도 해소되지 않습니다. 상대적인 성공을 해도, 그것은 부당한 행복처럼 보입니다. 그 모습은 번번이 다르게 보입니다. 성생활은 그 기능에 있어서 병이 들고 자의식을 괴롭힙니다. 지속되지 않는 에로스적 정열은 인간의 핵심을 앗아갈 위험이 있습니다. 간통은 그러한 불신을 폭로합니다. 형이상학적 유래(由來)가 호소하는 소리는 귀에 들어오지 않고, 결국 유치한 수준으로 떨어지고 맙니다. 곧 사랑의 생활은 혼란에 빠지고, 평범함과 도취, 쾌적한 생활양식과 조심스러운 탐닉, 의존과 도피가 생깁니다. 어떻게 자신을 이해할지 모르게 되든가, 또는 허위 속에서 자기를 확신하게 됩니다. 인간은 조화 속으로 받아들여지는 대신에 서로 다투는 여러 힘의 싸움터에 놓이게 됩니다. 조화로운 모습은 이 여러 힘과 마주하여 천한 것과 혼돈을 보고 기뻐하는 잘못된 자유의 욕망과 마찬가지로 사람을 분노케 합니다.

인간 존재는 그 과제의 크기에 따라서 다시 높은 가능성으로서, 동시에 자기 자신의 하나의 발병(發病)으로 나타날 수 있습니다. 전 생애에 걸쳐 비로소 확실해지는 사랑은, 그 길의 도중인 현실에서는 결코 본보기가 되지 않습니다. 왜냐하면 사랑하는 사람은 천국과 지옥 사이의 자유와 운명에 의하여 언제나 단 한 번 마음을 빼앗기기 때문입니다.

9

가장 넓은 의미의 사랑

사랑이 무엇이냐 하는 처음의 물음으로 돌아갑시다. 앞서 말한 성애(性愛)에서 사랑은 성애 이상의 것이었습니다. 사랑의 의미는 범주가 넓습니다. 한 가지만 예를 들어보겠습니다.

하나님에 대한 사랑을 봅시다. 인간에 대한 사랑은 비록 이 사랑이 형이상학적인 사랑의 형태로 시간을 뚫고 나온다 해도, 사랑하는 이를 몸을 가진 사람으로 봅니다. 그러나 하나님에 대한 사랑은 이 세계에서는 그 대상을 발견하지 못합니다.

스피노자는 하나님에 대한 지적(知的) 사랑(amor intellectualis dei)의 의미에 대하여 이렇게 말합니다. 순수이성(純粹理性), 즉 오성 위에서 이 최고의 인식 방법은 그것에 의하여 인간이 자기의 자유를 달성하므로 하나님을 향한 사랑과 일치한다는 것입니다. 그러나 스피노자는 하나님이 이 사랑에 보답할 것을 기대하지 않습니다. 왜냐하면 하나님은 사랑을 품는 인간과 같은 존재가 아니기 때문입니다. 또한 스피노자의 사랑은 이기적이지 않습니다. 이것은 하나님을 향한 예레미야의 태도와 일치합니다. 하나님이 계시는 것만으로 그는 만족합니다. 하나님을 향한 그의 사랑은 흔들리지 않는 버팀목입니다. 설사 하나님의 지배를 볼 수 없게 되었다 해도 유대인들은 믿음을 가지고 죽을 수 있었습니다. 또 유대인들은 하나님에게 그들의 생각에 있어서 일찍이 볼 수 없었던 강한 호소를 했습니다. 과연 그들은 하나님의 약속·보호·인도에 의지했습니다. 그러나 이런 것들이 없어져도 그들은 하나님이 계시다는 확신을 굳게 지켰습니다. '사고될 수 있는 신'으로서의 하나님, 율법을 주는 존재로서의 하나님, 자비를 베푸는 존재로서의 하나님, 사랑으로서의 하나님 등은 사라질 수도 있습니다. 이들은 모두 신성(神性)을 낮추는 것이기 때문입니다. 오직 인간만이 타인에 대하여 한 사람의 당신입니다. 하나님을 당신으로 삼는 것은 기도에서 하나의 암호일 수 있습니다. 스피노자와 예레미야는 하나님이 자기를 사랑하시기 때문에 사는 것이 아니라, 하나님이 계시기 때문에 사는 것이라고 합니다.

철학적 이성에서 밝혀지는 사랑은 사물의 근거에 대한 신뢰와 결부되어 있지만, 이러한 신뢰는 근거지을 수 없는 것, 대상이 없는 것이며, 오성에 대해서는 존재하지 않습니다.

사랑이라고 불리는 모든 것을 하나하나 드는 일은 이제 그만하겠습니다. 마지막으로 남는 물음은 우리가 그 다양한 현상에서 포착하는 절대자가 사랑에 바탕을 두고 있는가 아닌가 하는 것입니다.

하나의 사랑 그러나 우리는 모든 사랑을 자기 안에 포함하는 하나의 사랑, 성적인 가운데도 나타나지만 성적인 것으로부터는 생기지 않으며, 성적인 것에 속박되지도 않은 이 하나의 사랑이 무엇인지는 말할 수 없습니다.

10

사랑과 양심

그러나 만일 우리가 사랑이 무엇인지 아는 것처럼 사랑에 대해서 말한다면, 모든 것을 포괄하는 이 하나의 사랑은 비로소 우리가 본래의 우리로 존재하게 될 터전입니다.

만일 이 사랑이 완성되고 순수하게 행해진다면, 아마도 우리 삶의 유일하고도 충분한 근거가 될 것입니다. 완전한 사랑은 어떠한 도덕률도, 어떠한 공동의 질서도 요구하지 않을 것입니다. 왜냐하면 사랑은 도덕률이나 질서를 언제나 오직 하나의 구체적 상황 속에서 자기 자신으로부터 낳으며, 따라서 복종을 자기 안에 포함하기 때문입니다. 그러나 인간은 감각적인 오성존재(悟性存在)로서 완전한 사랑을 할 수 없으며, 자기의 사랑에서는 언제나 오해를 거듭하거나 사랑에 상처를 입히고 사랑을 약하게 만들 수도 있습니다. 그러므로 인간은 역시 자기의 사랑에 의식 또는 양심의 감독을 요구합니다. 훤히 꿰뚫어 보는 사랑에 의지하여 살 수 있는 자에게는 '사랑하라, 그리고 그대의 구하는 바를 행하라(dilige et fac quod vis)'는 아우구스티누스의 말이 옳을 것입니다. 그러나 우리는 인간으로서 자기기만과 속임에 대해서 책임이 있고 무자비한 힘에 내맡겨져 있으므로, 감독 없이는 존재할 수 없습니다. 이를테면 십계(十戒)를 범하는 사랑은 이미 사랑이 아니며, 당치도 않은 정열에 사로잡혀 사랑의 이름으로 거짓말을 하는 것입니다. 그러므로 우리는 태도나 행위나 가치판단이 정당하다고 내세우려고 할 때 사랑에 의지해서는 안 됩니다. 우리는 사랑을 잘 모르기 때문에 사랑을 합리적으로 조작할 수 없습니다. 그러나 모든 합리적인 근거를 내세울 때나 도덕률에 따르는 생활은—비록 우리의 밝음에 대해서 본질적이긴 하지만—사랑에 충실하지 않거나 사랑에 기대지 않고서는 아무것도 아닙니다.

사랑은 자기에 관해서는 어떠한 법정(法廷)도 두지 않습니다. 사랑 그 자체가 엄한, 그러나 사랑이 깃들인 양심으로 사랑의 나타남을 판정하기 때문입니다.

XIII 죽음

1

사람만이 죽음을 안다

모든 생물은 탄생과 죽음 사이에 갇혀 있습니다. 그러나 사람만이 그 사실을 압니다.

자기의 탄생은 무의식적 사건입니다. 태어난 본인이 이 사건을 깨달았을 때에는, 마치 자기가 처음부터 존재했고 돌이켜보아도 확실치 않은 잠에서 깨어난 것 같은 느낌이 듭니다. 자기의 탄생에 대한 이야기를 들어도 태어난 본인은 어떠한 기억도 불러일으키지 못합니다. 그는 자기의 현존재의 시초에 대해서는 아무것도 모릅니다.

죽음 죽음은 모든 사람 앞에 놓여 있습니다. 우리는 죽음이 언제 찾아올지 모르므로 마치 죽음이 결코 오지 않을 것처럼 살아갑니다. 비록 죽음이 우리에게 더없이 확실한 것이라 할지라도, 산 자로서의 우리는 도대체 죽음을 믿으려 들지 않습니다.

한낱 생명의식은 죽음을 모릅니다. 죽음에 대한 지식이 비로소 죽음을 우리에게 현실적인 것이 되게 해줍니다. 그때 죽음은 한계상황입니다. 다시 말하면 나와 가장 친한 사람들이나 나 자신이나, 모두 현존재로서는 끝이 날 것입니다. 한계상황에 대한 답은 내 실존의 존재의식에서 요구됩니다.

2

죽음은 왜 존재하는가

태어나는 것은 반드시 죽게 마련이라고 우리는 말합니다. 생물학적인 인식은 이것만으로 만족하지 않습니다. 생물학적인 인식은 그 이유를 알고 싶어합니다. 죽음이라는 필연성은 생명의 어떠한 경과에 기인하는가? 사람들은 나이드는 것을 늦추고자 합니다. 뿐만 아니라 예전에는 일단 태어나면 언젠가 반드시 죽음에 이른다고 알려졌던 생명 경과를 제어함으로써, 어쩌면 의도한 시간만큼 살 수 있다고 생각합니다. 하지만 제아무리 인위적으로 생명을 연장한다 해도 결국 죽음을 피할 도리가 없음을 의심하는 사람은 아무도 없습니다. 죽음은 성(性)과 마찬가지로 생명에 속해 있습니다. 죽음과 성은 우리 현존재의 근원에서는 여전히 비밀입니다.

3

임종의 불안과 죽음의 불안

우리는 죽음을 불안해합니다. 그러나 이미 존재하지 않는다는 뜻에서의 죽음과, 죽음에서 끝나는 임종은 전혀 다른 두 가지 불안을 낳습니다.

임종에 대한 불안은 육체적 고통에 대한 불안입니다. 임종 자체는 결코 죽음이 아닙니다. 이 상태는 모든 고통과 함께 일어날 수도 있으며 삶은 다시 회복됩니다. 어떤 병자는 이렇게 말할 수도 있습니다. "나는 벌써 몇 번이나 죽을 뻔했었지요." 우리가 그때 경험하는 것은 결코 죽음 자체는 아닙니다. 여기서 그것을 당하는 것은 언제나 산 자일 뿐입니다. 죽음 자체는 경험을 허용하지 않습니다.

임종이라는 자연적 사건은 고통 없이 지나갈 수도 있습니다. 순간적인 죽음도 가능합니다. 더욱이 죽음은 죽음으로서 의식되는 일 없이 갑자기 일어나기도 합니다. 또한 몸과 마음이 쇠약해졌을 때, 혹은 잠자는 동안에 깨닫지 못하고 일어날 수도 있습니다. 죽음에 이르는 병은 의약품에 의해 고통을 경감시킬 수 있습니다. 임종은 정신적—물리학적 경과이므로, 생물학적—약학적 진보에 따라서 아마도 언젠가는 고통 없이 이루어질 날이 올 것입니다.

죽음에 대한 불안 그러나 죽음이 자기 생명이 소멸된 뒤에 계속되는 하나의 상태라고 이해된다면, 죽음에 대한 불안은 임종에 대한 불안과는 아주 다른 것입니다. 어떠한 의학적 치료도 이러한 죽음에 대한 불안을 없앨 수는 없습니다. 그것이 가능한 것은 오직 철학적 사안뿐입니다.

4

죽은 상태에 대한 표상

죽은 상태를 표상하는 것은 쓸데없는 일입니다. 거기로부터는 어떠한 경험도, 어떠한 징조도 나오지 않습니다. 누구도 다시 돌아오지 않습니다. 그래서 죽음은 비존재요, 무(無)라는 생각이 듭니다.

무(無)에 대한 불안 죽음에 대한 불안은 무(無)에 대한 불안입니다. 그럼에도 불구하고 사후의 상태는 하나의 다른 존재라는 생각을 쉽게 지울 수 없습니다. 종말 뒤에 따라오는 무는 사실은 무가 아닙니다. 미래의 현존재가 나를 기다리고 있습니다. 죽음에 대한 불안은 죽음 뒤에 따라오는 것에 대한 불안입니다.

이 두 개의 불안—무에 대한 불안과 죽은 상태에 대한 불안—은 측정할 수가 없습니다. 무는 다만 시간—공간적 실재에 대해서만 무입니다. 그리고 우리는 하나의 다른 현존재에 대해 불안 해하고 있습니다만, 그러한 현존재는 사실 존재하지 않습니다. 그렇다고 하면 불사(不死)의 의식도 박약한 것이 되는 걸까요?

5

영원에의 충동

가장 사랑하는 사람의 죽음, 그의 몸이 더이상 현실에 존재하지 않는다는 것, '두 번 다시 돌아오지 않는다'는 어쩔 수 없는 고통, 그것은 엄숙한 순간처럼 생명을 영원한 현재라는 의식으로 변화시키는 일도 있습니다.

다른 사람의 추억 속에 계속 존재한다는 위안도, 가족 가운데 살아남아 있다는 위안도, 창작품이 불멸한다는 위안도, 시대를 초월한 명성이라는 위안도 모두 소용이 없습니다. 내가 그것이며 다른 사람들 역시 그것인 인류도, 또 이 인류가 창조하고 실현하는 모든 것도 언젠가는 반드시 종말을 맞이합니다. 그뿐 아닙니다. 마치 언제 존재했느냐는 듯이 그것은 망각의 심연 속으로 가라앉고 맙니다.

부활의 약속은 그것을 믿지 않는 사람에게는 쓸데없는 교의입니다. 부활의 신앙이 말하는 것도 죽음은 실재라는 것입니다. 인간의 종말은 그의 시체요, 시체의 부패입니다. 아무것도 남지 않습니다. 만일 불사(不死)가 있다면 인간은 육체를 입고 다시 태어나야만 합니다. 이 일은 일어날 것입니다. 죽은 자들은 그 육체와 함께 그들을 다시 살리시는 신의 행위에 의하여 부활합니다. 하나님은 죽은 자들을 마지막 심판날에 심판하시기 위해 무덤으로부터 일으키십니다. 이 몸의 부활을 믿지 않는 사람의 존재의식에서는 부활은 아무 의미가 없습니다. 그러나 영원에의 충동은 무의미한 것이 아닙니다. 우리 중에는 멸망한다는 것을 믿지 못하는 무엇이 있습니다. 그것이 무엇인가를 좀더 명백하게 하는 것이 철학의 과제입니다.

이 사고의 시작은 이렇게 나누어집니다. 곧 시간적 존속으로 향하는 충동은 현존재의 것이며—영원으로 향하는 의지는 그것과는 전혀 다른 무엇이라는 점입니다. 이 영원을 나는 내가 시간을 생각하는 방식으로밖에는 달리 바라볼 수가 없습니다. 이제 그것을 차근차근 살펴보도록 합시다.

6

원환적(圓環的) 시간과 직선적 시간

우리는 원환 시간과 직선적 시간을 구별합니다. '왜 죽음이 있느냐?'라는 물음에 대해서 피타고라스 학파 사람들과 의사 알크매온(BC 6세기)은 이렇게 대답합니다. '인간이 파멸하는 것은 처음과 끝을 연결하는 힘이 없기 때문이다.' 이 일을 할 수 있는 사람이 있다면 그는 불사일 것입니다. 이 말은 무엇을 뜻합니까?

원환으로서의 시간 시간의 원환은 돌아옴〔回歸〕으로서, 이 원환 가운데서 일어난 것이 불사를 뜻합니다. 그러나 이것은 저절로 일어나는 일이 아니라 알크매온이 말한 것 같은 힘에 의하여 일어납니다. 니체도 똑같이 생각했습니다. 영겁회귀에 대한 신앙은 생에 대한 가장 긍정적 행위입니다. 이 신앙은 어떤 순간에도 끝을 처음에다 연결시킵니다. 이 신앙은 영겁회귀의 둥근 고리 가운데서 살아 있습니다. 죽음의 종말과 탄생 사이의 시간은 아마 헤아릴 수 없을 것입니다. 그렇다고 해도 인생이 또 한 번, 아니 무한히 자주 그런 뜻으로 불멸할 수 있다면, 이 시간은 무와도 같을 것입니다.

이를테면 낮과 밤의 바뀜이라든가 사계절의 순환에서 보게 되는 세계에서의 낱낱의 회귀 과정은, 이 전체적인 영겁회귀의 영상(影像)입니다. 시간은 절대적입니다. 모든 것은 시간적이지만, 시간적인 그대로 회귀함으로써 영원한 것입니다.

직선적 시간 직선적 시간은 그것과 전혀 다릅니다. 직선적 시간은 시간적인 한에서의 모든 시간적인 것에 대하여 결정적인 종말을 가져옵니다. 시간적인 것의 덧없음, 우리에게 경험적 실재인 것의 덧없음은 비애를 낳습니다. 그리고 이 비애를 우리는 행복한 생의 한가운데에서 경험하고, 사물 그 자체 속에서 지각할 수 있다고 생각합니다. 이 덧없음은 불멸한 것 속에서는 버려질 뿐입니다. 불멸의 것은 불변하기 때문에 그 자신은 시간적이 아니지만, 얼핏 보아 시간적인 것같이 보이기도 합니다.

원환적 시간과 직선적 시간은 모두 순간에 중점을 두지만, 이는 서로 전혀 다른 의미에서 그러합니다. 원환적 시간에서 이루어지는 것은 무한히 자주 반복될 수 있는 것들입니다. 따라서 그것은 여전히 시간적입니다. 직선적 시간에서는 영원한 것이 시간적으로 결정됩니다. 따라서 시간이란 것을 뛰어넘어설 수 있습니다. 양자의 공통점은 모든 것이 지나감에도 불구하고 하나가 남는다는 사실입니다. 즉 시간적인 회귀이든, 무시간적인 실재이든 하나는 남습니다.

원환적 시간과 직선적 시간은 하나로 맺어질 수 없는 암호입니다. 원환적 시간은 무한한 회귀 속에서 '그렇다면 한 번 더'란 생각을 가능케 합니다. 그러나 추억 또는 지식이 그때마다 침투하는 것은 아닙니다. 직선적 시간은 영원한 것의 일회적인 역사적 표상에 있어서 결단의 진지함을 가능케 합니다. 그러나 시간적 현상과 영원이 공통의 실재 개념 아래 놓인 것은 아닙니다.

다음과 같은 여정이 우리를 시간성 너머로 인도해 줄 것입니다.

원환적 시간에서의 시간은 절대적인 것으로 머무릅니다. 시간은 넘어설 수 없는 궁극의 것입니다. 직선적인 시간과 마주하여 비로소 시간을 넘어선다고 하는 사상이 가능해집니다. 이 사상이 말하는 바는 다음과 같습니다. 우리 자신도, 모든 사물도 우리에 대해서 나타나 있습니다. 이 현상은 어디까지나 시간적입니다. 그런데 사실 우리는 세계의 시간으로부터 벗어날 수가 없습니다. 다른 실재적이며 탐구 가능한 세계가 있는 것은 아닙니다. 그 자신이, 다시 시간적인 것이, 시간의 앞뒤에 존재하는 것이 아닙니다. 그러나 경험에 대해서, 사상에 대해서 말하자면 하나의 다른 차원이 열립니다.

7

시간성·무시간성·영원성

우리는 시간성·무시간정·영원성을 구별합니다.

시간성이란 실재의 생성(生成)을 뜻합니다. 생성은 처음도 끝도, 근원도 목적도, 그리고 바닥도 없습니다. 시간성의 경험은 우리가 현존재로서 움직이고 있는, 이 감정적인 현재에서 완성합니다.

반면 무시간성은 모든 시간으로부터의 자유로운 존재를 의미합니다. 이를테면 논리학적 인식이나 수학적 인식에서 생각되는 뜻입니다. 피타고라스의 명제는 그가 이 명제를 발견하기 전에도 타당했으며, 또 아무도 이 명제를 생각하는 사람이 없다 해도 타당하다고 할 수 있습니다. 명제의 의의가 시간적인 것이 아니라, 명제의 발견과 명제의 의미에 대한 사고가 시간적인 것입니다. 무시간성의 경험은 무시간적 의미를 생각함으로써 이루어집니다.

마지막으로 영원성이란 시간적으로 현존하는 것과 무시간적인 존재, 즉 시간 속에서 시간을 거스르며 시간적인 동시에 무시간적인 것과의 통일을 말합니다. 영원성은 무시간적인 비현실에도, 시간적인 실재에도 대립한다는 뜻에서의 영원한 현실입니다. 이 영원성의 경험은 오직 실존에만 귀속됩니다. 경험적으로도 논리적으로도 영원성은 하나의 부조리입니다.

이 부조리—시간 안에서의 영원성 경험—를 알기 위해 철학적 존재의식의 '방향 전환'을 기억합시다. 그것에 대해서는 세 번째 강의에서 이야기한 바 있습니다.

8

자기의식의 철학적 방향전환

우리는 주관—객관—분열을 넘어서 포괄자에게까지 들어섰습니다. 이 포괄자를 밝힘으로써 방향 전환도 분명해질 것입니다.

나는 이미 자체적인 그 어떤 대상에 묶여 있지 않습니다. 차라리 포괄자가 갖는, 언제나 독자적인 방식에 의해서 의식 일반으로서는 지향된 대상에 묶이며, 현존재로서는 환경에 묶이고 실존으로서는 초월자에게 묶여 있습니다. 그러나 나는 주관도 객관도 아니며, 그때그때 포괄자이지만 나 자신으로서는 모든 포괄자의 포괄자라는 의미에서의 실존의 포괄자입니다.

초월자에 대해서 내 실존의 현실을 확신할 때, 나는 얼핏 보기에 대립된 두 가지 상태 가운데 있다는 것을 알게 됩니다.

첫째, 나는 인식하는 자로서 세계 가운데 능동적으로 자리를 잡고 현상하는 현존재라는 것이 나에게 명백해집니다. 그와 함께 세계 자체도 내게 밝혀집니다. 그리하여 밝혀지면 밝혀질수록 진리에 이르는 기회도 그만큼 커집니다.

둘째, 이렇게 밝혀지는 것 자체는 동시에, 말하자면 감옥 속에서, 바꾸어 말하면 대상적이 되는 세계 존재의 감옥 속에 있다는 것을 나에게 의식하게 합니다.

이 두 가지 상태는 세계 가운데 최대한 능동적으로 자리를 잡으려는 의지와 이러한 의욕을 넘어가는 것과 서로 연관되어 있습니다. 감옥 속에서 이것을 인정함으로써 나는 동시에 감옥 밖에 있습니다. 그 결과는 다음과 같습니다.

내가 현상으로서의 세계를 확신한다면, 그때 나는 동시에 영원한 것을 확신하게 됩니다. 이 영원한 것은 암호의 말 속에 현재적일 수 있습니다.

나는 사물의 절대성으로부터 자유로워집니다. 나는 현존재로서는 사물에 내맡겨져 있지만, 이러한 사물 전체에 대해서 나 자신을, 말하자면 사물에 앞서는 존재로서 의식합니다.

9

영원성의 실존적 경험

이 방향 전환과 함께 죽음에 대한 내적 태도는 변화합니다. 탄생이 시간적 현상의 처음인 것처럼 죽음은 진정 끝입니다.

순간의 영원성 그러나 불사성(不死性)이란 영원성을 뜻하며, 이 영원성에서는 과거와 미래가 지양됩니다. 순간은 시간적이지만 그것이 실존적으로 채워질 때, 이 순간은 모든 시간을 덮는 영원에 관여합니다. '순간의 영원성'은 그 자체가 모순되는 사상입니다. 이 사상은 무시간적 이상성과 함께 현실적인 것의 영원성이라는 하나의 진리를 나타내려고 하는 것입니다.

우리 현존재의 생명 의식은 여기서 이미 우리 자신이 갖는 실존의식이 아닙니다. 죽음을 생각함으로써 현존재가 동요하게 될 때 비로소 실존은 눈을 뜹니다. 실존은 무에 대한 절망 속에서 머뭇거리든가 아니면 영원성의 확신 속에서 자기에게 증여됩니다.

세계에서의 실현은 비록 무가치한 것이라도 영원성으로(구석구석까지) 가득 차 있습니다. 그래서 현존재가 좌절한다 해도 영원성은 상실되지 않습니다.

우리는 단순한 현존재로서는 죽어야 하지만, 영원한 것으로서 시간적으로 나타나는 한 죽지 않습니다. 우리는 사랑 없는 자로서는 죽어야 하지만, 사랑하는 자로서는 죽지 않습니다. 우리는 결정되지 않은 상태에서는 죽어야 하지만, 결단에 있어서는 죽지 않습니다. 우리는 자연의 변화로서는 죽어야 하지만, 자신의 자유 가운데 맡겨져 있는 한 죽지 않습니다.

10

사색의 말과 실존의 말

사색—시간·회귀·영원성 따위에 대한—은 어떤 것에 대한 지식이 아니라, 우리에게 말을 걸기도 하고 막기도 하는 하나의 암호입니다.

실존을 조명하는 사상—포괄자, 불사성의 경험 따위에 대한—은 영원한 현재 의식을 낳지는 않지만, 그것의 옳음을 입증합니다. 불사성의 경험은 하나하나의 실존에 대신할 수 없는 유일성 가운데 있는 것으로, 어떤 것에 대한 인식 속에 있는 것도, 어떤 약속 가운데 있는 것도 아닙니다.

참된 것은 철학적 사상 속에 이미 있는 것이 아니라, 철학적 사상과 함께 스스로 자기를 의식하게 되는 역사적 실존 속에 처음으로 존재합니다.

11

성실

철학적 사상, 사색적 실존, 실존 조명의 사상은 자칫 그 뜻을 잃어버릴 수도 있습니다. 우리는 이 사상들을 철학적으로 아는 것같이 여김으로써 사랑하는 것의 영원성과 우리 자신의 영원성을 마치 몸체를 잡듯이 꼭 손으로 잡기를 원합니다. 그러나 지식의 대상으로서의 불사성은 우리 손에서 미끄러 떨어져 버립니다. 불사성은 실존과 하나가 될 때에만 확신 가능합니다.

죽음에 대한 실존적 성실 철학은 쉽게 위로하거나 재빨리 안심시킬 수도 없으며 지식을 제공할 수도 없습니다. 성실과 철학은 떨어질 수 없는 것입니다. 죽음과 불사성이 문제가 될 때—우리는 아무것도 모릅니다. 그러나 죽음에 대한 태도에 관해서 불성실한 태도와 실존적인 성실한 태도를 비교해서 말할 수는 있습니다.

첫째, 죽음을 베일로 덮어두고 우리는 죽음을 잊어버리려고 합니다. 혹은 반대로 우리는 생명을 소홀히 하면서 항상 죽음을 생각합니다—이 두 가지의 불성실에서 우리를 자유롭게 해 주는 것은 다음과 같은 자세입니다. 곧 내가 하는 것, 내가 경험하는 것은 '과연 죽음을 이겨 낼 수 있을까?' 하는 척도에 의하여 확실히 판정된다는 마음의 자세입니다.

둘째, 죽음을 생각하는 사상은 본디 우리는 전혀 사는 것이 아닐지도 모른다는 불안을 낳을 때도 있습니다. 자기 안에 있거나 자기 바깥에 있는 공허에 눈을 돌릴 때, 우리는 끊임없는 활동에로 도망쳐 생각에 잠기는 것을 피할 수밖에 없습니다. 그러나 불안은 여전히 가리워진 채 남아 있습니다. 생명적인 힘이 이 불안으로부터 우리를 자유롭게 해 주는 듯이 보이는 것은 그저 겉보기에 지나지 않습니다. 참으로 이 불안에서 우리를 해방시켜 주는 것은 죽음을 생각하는 사상의 힘뿐입니다. 이 사상은 다른 사람을 인간의 한갓 생명적인 의미로서, 인간 사랑의 영원한 무게로서 확인합니다. 죽음에 대한 평온은 죽음이 결코 앗아갈 수 없는 것에 대한 의식에 상응합니다.

셋째, 현존재는 죽음이 이를 때까지 안일하게 세월을 보냅니다. 그러나 인간은 이 속박을 끊습니다. 삶에 대해서는 생각하지만 죽음에 대해서는 생각하지 않는 인생에, 죽음의 지식을 집어넣는 것은 인간입니다.

넷째, 죽음의 지식은 나락으로 떨어집니다. 이 나락 속에서는 모든 것이 아무 상관도 없습니다. 모든 것이 무(無)가 되어버리기 때문입니다. 무(無)의 절망은, 죽음은 본래적인 것이 아니라는 실존적 경험을 낳습니다. 우리는 떨어짐에는 소심하고 실존의 비약에는 담대합니다. 한쪽에서 다른 쪽으로 정처없이 걸어가면서 우리는 우리 자신에게 다다릅니다.

지금까지 말한 것을 한 번 요약해 봅시다.

우리는 누구나 자기가 죽으리라는 사실을 압니다. 그러면서도 죽은 상태에 대해서는 아무것도 모릅니다.

우리는 지식 또는 신앙에 의하여 규정된 지식이라는 무엇엔가 매달려 있지만, 이 무엇인가는 내 손에서 떨어져 나가 버립니다.

인간의 과제는 주어진 상황 속에서 자기에 대해 분명하게 되어지는 최고의 척도를 들고 모험과 위험 속에 사는 것입니다. 자기의 불사성을 사실로서 아는 것은 인간으로부터 그 본질을 앗아버리는 결과를 가져올 것입니다. 어디까지나 무지를 견디는 것, 이것이 인간으로 하여금 자기 자신에 다다르게 하며 인간을 앞으로 전진시킵니다.

레싱의 말 레싱은 이렇게 말했습니다. "왜 사람들은 미래의 삶을, 미래의 나날을 기다리듯 조용히 기다리지 못하는가? ……종교가 미래의 삶에 대해 의심할 여지가 없을 만큼 확실한 것을 가르쳐 준다 해도, 우리는 오히려 그러한 종교의 말에 귀를 기울여서는 안 된다."

12

죽음과 마주쳤을 때의 암호

그러나 무지는 공허한 무지로서 역시 레싱을 만족시키지 못했습니다. 불사성은 사상과 상징 사이를 떠돌면서 말을 겁니다. 그것들은 현실적인 것으로서 타당할 것, 인식이어야 할 것을 이미 요구하지 않습니다.

우리는 신화에서 우리에게 도달되지 않는 것을 암호로써 포착할 수 있을까요? 우리는 우리가 자기의 실존의 확실성에 있어서 경험할지도 모르는 것을 개념에 대한 사고를 통하여 알 수 있을까요? 그러나 만일 지식으로써 이것을 잡으려 한다면, 우리에게는 그것이 보이지 않게 됩니다.

무수히 많은 사람을 고무시켜 온 플라톤의 《파이돈》에는 소크라테스가 어떻게 죽었는지가 나옵니다. 플라톤은 소크라테스로 하여금 그가 죽는 날 그 사상을 말하게 했는데, 이 사상의 진리는 소크라테스 자신의 죽음을 통하여 실증되었습니다.

불사성의 증명은 소크라테스가 볼 때에는 설득력이 있었으나, 그래도 그 자신에게는 충분히 만족할 만한 것이 못 되었습니다. 그는 두 친구에게 말했습니다. "자네들은 어린아이같이 두려워하는군. 바람이 몸에서 떨어져 나오는 영혼을 산산이 흩어 버리지나 않을까 하고 말이야." 우리는 이 어린아이가 도깨비와 마찬가지로 죽음을 두려워하지 않도록 해 주었으면 합니다. 이 어린이는—우리 인간은 모두 이러한 어린아이입니다만—날마다 주문을 외움으로써 고침을 받아야 할 것입니다. 주문이란 곧 신화입니다.

어떻게 살았느냐, 무엇을 했느냐에 따라서 영혼은 지옥 혹은 밝은 하늘에 보내진다는 신화를 가지고 소크라테스가 사후의 운명을 이야기할 때, 그는 이렇게 말하고 있습니다. "지금 내가 말한 것을 절대 진리라고 주장함은, 이러한 물음에서 이성적으로 사고하는 사람들에게는 물론 어울리지 않네. 하지만 이러한 신앙에 감히 몸을 맡기려는 것은 충분히 이유가 있는 신앙이라고 해도 좋을 것일세. 왜냐하면 모험은 아름다운 것이기 때문이라네. 또 정신은 주문과 마찬가지로 작용하는 그러한 표상에 안심하기 위해서 요구하기 때문이라네."

우리는 세계의 현실과는 다른 말을 듣습니다. 엄숙함을 알려 주는 표상의 유희가 있습니다. 이 엄숙함은 이러한 유희에서만 말로 표현될 수 있습니다.

이러하기에 소크라테스는 그가 이 세계에서 진리에 참여하기 위하여 행한 것 같은 대화를, 그의 사후에도 인간 중 최대의 현인들과 함께 계속한다고 생각했습니다.

스키피오의 말 또 스키피오(키케로의 《스키피오의 꿈》에서)는 저승에서 정치가들, 공적인 일에서 견식과 희생심을 발휘한 자유의 창조자들을 만날 것을 생각하고 있습니다.

우리는 죽어서 사랑하는 사자(死者)들 속에 들어갑니다. 사자들은 그들의 친구 가운데로 우리를 맞아들입니다. 무의 공허함이 우리를 받아들이는 것이 아니라, 참되게 살아간 생명의 충실(充實)이 우리를 받아들이는 것입니다. 우리는 사랑으로 충만하고 진리 때문에 빛나는 공간 속으로 들어갑니다.

《크리돈》에서 소크라테스는 생애 마지막 순간에도 여전히 영원성의 확신을 말합니다. "당신을 어떻게 장사지냈으면 좋겠느냐?'는 크리톤의 물음에 소크라테스는 미소지으며 대답했습니다.

"크리톤은 지금 자네들과 이야기하고 있는 이 소크라테스가 진정한 나라고 하는 내 말을 믿으려 하지 않는다네. 크리톤은 오히려, 곧 시체로 보게 될 그것을 나라고 생각하고 있지. 그래서 나를 어디다 묻었으면 좋겠느냐고 묻는 것일세." 소크라테스는 계속 말합니다. "그러나 명심하게. 내 시체가 불태워지거나 묻히는 것을 볼 때, 내가 무슨 못된 일이라도 당하는 것같이 생각하고 침착을 잃어서는 안 되네. 또 자네들이 밖으로 끌어내어 묻은 사람을 소크라테스라고 말하지 말게. 자네들이 장사 지내는 것은 단지 내 육체일 뿐이니 말일세. 장사 지내는 것은 자네들 좋을 대로 하게. 풍습에 맞도록 하는 것이 가장 좋을 테지. 나는 이미 오래 전 세상을 떠나가 버렸다네."

XIII 세계의 철학

1

세계에 대한 철학의 관계

철학이 비록 무엇이든 간에, 철학은 우리 세계 안에 있고 세계와 관계를 맺지 않으면 안 됩니다.

물론 철학은 무한 속으로 운동해 들어가기 위하여, 세계라는 껍질을 깨고 나옵니다. 하지만 철학은 유한 속에서 그때마다 유일한 역사적 기반을 찾아내기 위하여 세계로 되돌아옵니다.

물론 철학은 영원 속에서 현재적인 것을 경험하기 위하여, 세계 존재를 넘어선 가장 넓은 지평으로 내닫습니다. 하지만 가장 깊은 명상은 지금 여기에 있는 인간의 실존으로 되돌아와 관계함으로써 그 의미를 얻습니다.

철학의 눈은 최고의 척도, 여러 가지 가능성의 별이 총총한 밤하늘을 바라보면서도, 얼핏 불가능한 것처럼만 보이는 빛 속에서 현존재의 현상 안에 깃들인 인간의 고귀(高貴)한 길을 찾습니다.

철학은 하나하나의 사람에게 물음을 던집니다. 철학은 진리의지(眞理意志) 속에서 서로 신뢰하는 사람들의 자유로운 공동체를 이룩합니다. 철학하는 사람은 이 공동체 안으로 들어오도록 허용될 것입니다. 이 공동체는 언제나 세계 안에 존재하지만, 세계 안에서 제도화되는 날에는 반드시 그 진리의 자유가 상실되고 맙니다. 철학하는 사람은 자기가 이 공동체에 소속되는가의 여부를 알지 못합니다. 어떠한 법정도 그의 가입을 판결하지 못합니다. 그는 그 공동체에 가입될 수 있도록 사유하면서 살아가기를 바랍니다.

2

세계와 철학의 관계

그런데 세계는 철학과 어떠한 관계를 가집니까? 대학에는 철학 강좌가 있습니다. 철학은 오늘날 대학에서 곤궁한 처지에 놓여 있습니다. 철학은 전통에 따라 정중하게 존경을 받으면서도, 내심 경멸당하고 있습니다. 철학은 꼭 말해야 하는 중요한 것을 아무것도 지니지 못했다는 견해들이 퍼지고 있습니다. 또 철학은 하등의 실천적 의의도 없습니다. 그러기에 철학이라는 명칭이 공공연하게 입에 오르내리기는 하지만 철학은 존재하지 않는 것이나 다름 없지 않습니까? 철학의 존재는 겨우 철학에 대한 기피를 통하여 입증되고 있습니다.

이러한 일은 다음 말투에서 느껴질 수 있습니다. "철학은 너무나 복잡하다. 나는 철학을 알아들을 수 없다. 나에게는 철학이 너무도 고답적이다. 그것은 전문가들의 문제거리이다. 나에게는 철학을 할 재주가 없다. 결국 철학은 나와 아무 상관도 없다"—하지만 이러한 말투는 꼭 다음과 같이 말하고 싶어하는 것처럼 들립니다. '우리는 인생의 근본 문제에 관하여 근심할 필요가 없다. 우리는 사상을 전연 모른 채, 실천이나 학문의 어떤 특수 문제에 몰두하며, 유익한 일을 하면서 그런 문제의 의미를 생각할 경우도 있다. 게다가 자신의 의견을 가지고, 거기에 만족할 경우도 있다.'

이렇게 피하는 것은 화를 돋우는 일이 됩니다. 철학은 자기 자신에게 불투명한 생활본능을 미워합니다. 철학은 위험한 것입니다. 철학을 이해하려면, 나의 생활을 바꾸어야 할 것입니다. 나는 이제까지와는 다른 어떤 분위기에 도달할 것입니다. 나는 이제껏 낯설기만 하던 빛에 비추어 모든 일을 보고, 그것을 새롭게 판단해야만 할 것입니다. 차라리 철학적으로 생각하지 않는 쪽이 낫겠습니다!

그런가 하면 진부해진 철학을 무엇인가 새로운 것, 아주 색다른 것을 가지고 대체하고 싶어하는 고발자들이 나타납니다. 그들은 철학을 파괴된 신학의 아주 불성실한 말파(末派)라고 경멸합니다. 철학적 명제의 무의미함을 비웃습니다. 철학이 정치적 또는 그 밖의 권력에 영합하는 하녀라고 밀고합니다. 그러나 만일 철학이라는 것이 전연 존재하지 않는다면, 무도한 정치 운영은 많은 정치가들에게 한결 쉬워집니다. 대중과 공무원이 만일 사유(思惟)하지 않고 다만 주입된 지성만을 지닐 때, 그들을 다루기는 한결 쉬워집니다. 인간이 진지해지는 것을 사람들은 막아야 합니다. 그러기에 철학은 지루하다고 하는 편이 더 낫습니다. 철학 강좌는 감축시키는 것이 좋습니다.

비본질적인 것을 많이 배우면 배울수록, 인간은 그만큼 더 철학의 광력(光力)에 비추어지는 일로부터 멀어집니다.

이리하여 철학은 적들에게 포위되어 있습니다. 그런데 그러한 적들 대부분은 실정도 제대로 모르는 자들입니다. 부르주아적인 자기 만족, 인습적 생활, 경제적 번영에 대한 만족, 오직 기술적 유용성 하나만을 따지는 과학의 평가, 무제약적인 권력의지, 정치가들의 당파 근성, 이데올로기의 광신, 유능한 저술가들의 문학적 명성을 향한 의지, 이들 모든 것은 비철학 속에서 자신을 내세웁니다. 그들은 그것을 이해하지 못하므로 그렇다는 사실을 깨닫지도 못합니다. 그들의 비철학은 그런 대로 철학이기는 하지만 전도된 철학이라는 것, 그리고 이 비철학은 일단 밝음 속에 내놓으면 저절로 분리되고 말리라는 것, 이러한 일을 그들은 의식하지 못하고 있는 것입니다.

3

철학은 진리를 원한다

결정적인 것은 이렇습니다. 철학은 전체 진리를 원하는데, 세계는 그것을 원하지 않습니다. 철학은 평화의 훼방꾼입니다. 그러나 진리란 무엇인가 하는 것 자체부터가 문제입니다. 철학은 포괄자의 여러 양상이 지닌 진리존재의 다양한 의미 속에서 진리를 확인합니다. 철학은 오직 하나의 진리의 의미와 내실을 구하지만, 그것을 지니고 있지는 않습니다. 왜냐하면 진리는 우리에게 움직이지 않는 고정존재(固定存在)가 아니라, 완결될 수 없는 무한한 운동이기 때문입니다.

세계에서의 진리는 투쟁 속에 있습니다. 철학은 이 투쟁을 극단으로까지 몰고 가지만, 여기서 일체의 폭력을 배제합니다. 존재하는 모든 것과 관계함에 있어서 철학하는 자에게는 사유하는 자들의 교통과 자기투철의 도상에서 진리가 모습을 드러냅니다.

철학하는 자는 하나하나의 인간을 살피고, 이 사람이 말하는 소리에 귀를 기울이며, 이 사람이 행하는 것을 보고, 그리하여 인간존재의 운명 공동체에의 의지 속에서 이것을 자기와 연관되게 합니다. 그러므로 철학은 어떠한 신조로도 이루어지지 않습니다. 철학은 자기 자신 속에서 끊임없는 투쟁을 수행해 나가는 것입니다.

4

성실성은 인간의 모험이다

진리로부터 눈길을 떼지 않는 것은 인간의 품위입니다. 진리를 통해서만 우리는 자유로워지며, 자유만이 우리로 하여금 아무런 제약 없이 진리를 받아들일 마음가짐을 가다듬게 합니다.

진리가 이 세계의 인간에게 궁극적 의미일까요? 성실성이 궁극적 요구일까요? 우리는 그렇게 믿습니다. 서슴없이 활짝 개방되어 있으면서도 이런저런 의견 속에 소실되어 버리는 일이 없는 성실성은 사랑과 꼭 같은 것이기 때문입니다. 진리를 우리에게 대주는 실마리를 붙잡는 것, 그 속에 우리의 힘이 있습니다. 하지만 진리는 오직 전체의 진리일 뿐입니다. 다양한 진리는 절대자 속에서 맺어지는 것이어야 합니다. 우리는 결코 이 전체의 진리를 가지지 못합니다. 만일 자기 주장에 열을 올린 나머지 자신의 지식을 절대적인 것으로 해 버린다면, 진리는 빗나가고 맙니다. 또한 진리는 진리 전체를 하나의 체계로 만들어 놓음으로써 빗나가 버립니다. 이러한 체계란 인간에게는 존재하지 않으며, 이러한 기만은 인간을 마비시키기 때문입니다.

철학하는 자는 진리를 위해 살고자 합니다. 그는 어디로 가는가, 자신이 경험하는 것이 무엇인가, 자기가 만나는 사람은 누구인가? 곳곳에서 그리고 특히 그가 몸소 생각하고, 느끼고, 행동하는 바에 대하여 그는 물음을 던집니다. 사물도, 인간도, 그리고 자기 자신도 밝혀져야 마땅합니다. 그는 이러한 것들로부터 물러서지 않습니다. 그는 이것들 앞에 자신을 그냥 드러냅니다. 그는 망상(妄想) 속에서 행복을 얻기보다는, 차라리 진리와 가까워져서 좌절하기를 바랍니다.

존재하는 것은 마땅히 드러나야 합니다.

신뢰는 가능하지만 확신은 그렇지 않습니다. 극단적 진리가 비록 우리를 때려 눕힌다 하더라도, 그것이 진정한 진리라면 우리를 숨기고 있는 것이 드러납니다. 그리고 철학이 놀랍다는 점은 이런 데 있습니다. 만일 우리가 모든 기만을 피하기만 한다면, 모든 가식물(假飾物)을 깨뜨려 버리고 모든 불성실성을 간파한다면, 그리고 만일 우리가 굳건하게 맑은 눈을 가지고 앞으로 나아가며, 우리의 비판까지도 비판에 내맡긴다면, 결국 그러한 비판은 파괴적인 것이 아닙니다. 오히려 마치 저절로인 양 근거가 모습을 드러냅니다.

이 근거는 렘브란트의 그림이 수복자(修復者)에 의해서 그렇게 된 것처럼 우리에게 빛을 발합니다. 수복자는 알아볼 수 없게 채색해 놓은 그림을 살려 냅니다. 하지만 만일 그것이 드러나지 않는다면? 만일 결국 인간이 고르곤(그리스 신화에 나오는 괴물 세 자매로, 그중 하나가 메두사이다. 이들을 바라보는 사람은 돌로 변했다)의 얼굴을 보고 몸이 굳어져 버리고 만다면? 그러한 일이 일어날 수 있다는 사실을 우리는 꼭 기억해야 합니다. 철학은 심연(深淵) 앞에 서 있습니다. 철학은 이 심연으로부터 눈을 가려도 안 되고, 그렇다고 이 심연을 치워 버릴 수도 없습니다.

처음부터 인간에게 문제가 되었던 것이, 이제까지보다 더 한층 명백해집니다. 현존재는 진리와 사랑과 이성이 실현되는 터전이기 때문입니다. 하지만 자살이라고 하는 현존재의 부정도 인간의 현실이며, 이러한 인간의 비밀 앞에서 우리는 침묵합니다. 우리는 이 한계를 잊지 말아야 합니다.

5

철학적 귀족과 대중

철학은 인간다운 인간을 위하여 존재하는 것입니까? 아니면 따로 떨어진 엘리트끼리만을 위하여 존재하는 것입니까? 플라톤의 말에 따르면 철학 능력을 갖춘 자는 극히 소수이고, 그것도 오랫동안의 훈련을 거치고 난 다음 얘기입니다. 플로티노스의 말에 의하면, 지상에는 두 가지 생활이 있는데, 하나는 현자의 생활이요, 다른 하나는 인간 대중의 생활이라는 것입니다. 스피노자 또한 지극히 희귀한 사람들에게서만 철학을 기대하였습니다. 칸트에 와서야 비로소 그가 닦은 오솔길이 큰길로 될 수 있으리란 생각이 나옵니다. 철학은 만인을 위한 것입니다. 만일 그렇지 않다면 그것은 잘못된 것입니다. 이를테면 철학자들은 근거가 면밀한 문서만을 맡아 관리하고 공급할 뿐입니다.

플라톤, 플로티노스를 비롯한 거의 모든 전통에 맞서 우리는 칸트에 따릅니다. 문제는 철학하는 자의 내적인 마음가짐에 대해서 크게 영향을 미치는 결단이며, 그 결단은 그 자체가 철학적인 것입니다. 이러한 결단은 현실과 지극히 모순됩니다. 결단은 말합니다. "이제까지도 그랬고, 오늘에 와서도 그렇다. 하지만 이대로 두어서는 안 되고, 결코 이대로 둘 것도 아니다." 인간다운 인간의 요구는 때때로 은폐되고, 흐려지고, 겉으로 밀려날 때가 있지만, 여전히 사람들의 귀에 들려지기를 바랍니다. 결단은 하나하나의 각자 속에 있습니다.

이를테면 우리는 우리 시대에 독창적인 철학이 없다는 사실을 전화위복(轉禍爲福)으로 삼자는 것입니까? 아니, 그렇지는 않습니다. 자신이 평범한 사람이라는 경험, 그럼에도 불구하고 지난날 위인들을 이해하고 이것을 내 것으로 하고, 외경에 가득 찬 마음으로, 그렇다고 신격화(神格化)하는 일 없이 이들에게 접근해 가는 인간다운 인간의 경험, 이 경험이 용기를 불러모아 줍니다. 누구나 원하기만 한다면, 우리에게 가능한 일은 거의 모든 사람에게 가능한 일입니다.

역사에는 하나의 큰 예외가 있습니다. 그리스도교의 교부(教父)들은 구제의 알림과 사랑의 의무라는 과제 의식을 가지고 만인을 향하여 호소하였습니다. 그리스 철학자들이 선택된 몇몇 사람들만을 향하여 호소하였다는 것, 그것이 교부들에게는 이들 철학자의 진리에 반대하는 하나의 논거였습니다. 교회의 의미는 이러하였습니다. 즉 '믿고자 하는 자는 한 사람도 제외되지 않는다. 가장 단순한 그 신앙 속에는 선택된 사람들의 숭고한 사고 속에서 가장 명백한 충실로까지 발전하는 것이 포함되어 있다'는 것이었습니다. 그러나 대중을 위한 이러한 배려는 다음과 같은 두 가지 뜻을 지닙니다. 즉 교회는 대중을 지배하고자 하는 동시에, 이 지배로 말미암아 비진리와 미신을 감수하고 정치로 내닫습니다. 이러한 큰 역사적 실례는 우리에게 어떠한 모범도 될 수 없습니다.

자립적인 철학적 사색에 대한, 그러기에 인간의 자유에 대한 또 다른 적(敵)은 민주적이라고 자칭하는 사고입니다. 대중에게 맞지 않는 것은 결국 사라져야 한다는 말은 물론 옳습니다. 일반적으로 아무런 반향(反響)도 일으키지 않는 것은 처음부터 현실성이 없는 것입니다. 그렇다고 해서 다음과 같이 생각한다면 그것은 잘못입니다. '우리는 이 현실이 무엇인가를 안다. 지금 존재하는 것은 언제나 존재할 것이다. 지금 작용하지 않는 것은 결코 작용하는 일이 없을 것이다. 인간은 변하는 존재가 아니다.' 이러한 생각에 대하여서는 차라리 이렇게 말하는 편이 마땅할 것입니다. '아직 군데군데 떨어져 있는 것이 널리 전파될 수도 있다. 아직까지는 반향을 얻지 못한 것이 반향을 불러일으킬 수도 있다.' 무엇보다도 이렇게 말해야 마땅할 것입니다. '가장 작은 모임 안에서 현실적인 것이 어느 시대 최고의 현실일 수도 있고,

또 그렇다는 것이 결과적으로 밝혀질 수도 있다. 아직 대중에게까지 미치지 못하였다 하더라도 훗날 언젠가는 그들에게까지 침투해 들어갈 수 있는 것이다.'

공개성이라는 시끄럽고 어수선한 상태에 놓여 있으면서도 대중에게로 향하는 길은 진리의 자유를 위하여 불가결한 것입니다. 이것과 상반되는 길은 대중 지배, 검열, 평준화된 교육입니다. 여기서 인간은 폭력적 지배자를 위한 소재(素材)가 됩니다.

다만 한 가지 일만이 불확실한 채 남겨집니다. 바로 인간의 자유의 가능성을 믿는다는 것, 그리고 이 가능성 속에서 초월자와 관계한다는 것입니다. 초월자 없이는 자유의 가능성에 대한 신앙도 진지하게 버티어 나가지 못하는 것입니다.

6

철학자의 독립성

철학이 세계 안에서 자신의 무력함을 의식하는 것은 여전히 사실입니다. 반항이라고 해봤자 미미하기만 하고, 세계를 이루는데 보탬이 되는 힘도 없고, 역사의 한 요인도 못 됩니다! 이제까지는 그렇게만 보입니다. 하지만 철학이 하나하나의 인간에게 어떤 것일 수 있는가 하는 점에서 볼 때, 철학은 결코 무력하지 않습니다. 오히려 철학이야말로 인간이 자유 속에서 자기의 길을 찾는 크고도 유일한 힘인 것입니다. 이 힘만이 내적인 독립성을 가능케 해줍니다.

나의 자유, 나의 사랑, 나의 이성(理性) 속에서 내가 나에게 증여된다는 사실 속에 유일하고도 완전한 의존성이 있는데, 이 의존성이 있는 바로 그곳에 독립성도 자리잡고 있습니다. 나는 자유·사랑·이성을 독립적으로 산출할 수 없습니다. 오히려 이것들로부터 출발해야만 산출할 수 있을 뿐입니다.

내가 나에게 맡겨진 그곳에 도달할 때, 나는 모든 사물과 나 자신에 대한 거리를 획득합니다. 아무리 해도 실제로는 도저히 받아들일 수 없는 밖에 있는 관점으로부터, 나는 일어나는 일과 나 자신이 행하는 일을 주시합니다. 그것은 마치 내가 그곳으로부터 비로소 역사적 현실 속으로 파고 들어가기라도 하는 것만 같습니다. 그곳으로부터 나의 내적 자유를 성장시키는 빛이

나옵니다. 그 빛 속에서 사물들을 보는 바로 그 정도만큼, 나는 독립적이 됩니다.

이 독립성은 비폭력적이고 반항도 없으며 고요합니다. 그리고 그것이 자기 자신을 확신하면 할수록 그만큼 더 요구하는 바는 적어집니다. 독립성은 은폐된 채 버티어 나감으로써 자기를 확인합니다.

독립성에 있어서 자유는 공허하게 머물러 있지 않습니다. 자기를 자기에게만 제한하는 일은 결코 독립성이 아닐 것입니다. 이 독립성은 오히려 세계 안에서 관여하고자 합니다. 독립성은 손을 내밉니다. 만일 좋은 기회, 즉 찬스가 부른다면, 독립성은 따라갑니다. 독립성은 나날의 요구를 단념하지 않습니다. 만일 운명이 이끄는 것처럼 여겨질 때는, 이 독립성은 위험한 상황 속으로 굳이 개입하여 그러한 상황을 극복하려는 희망을 품습니다.

하지만 독립성은 그것이 배반할 수 없는 척도의 조건 밑에 언제나 서 있습니다. 왜냐하면 이들 척도는 독립성, 그것의 근원이 존재하는 곳으로부터 유래하기 때문입니다. 배반은 자기 부정인 것입니다.

7

무력의 의식

만일 거기에 한 가닥 교만이라도 숨어 있다면, 철학자의 독립성은 거짓된 것이 됩니다. 왜냐하면 철학자의 자주성의 의식에는, 성실한 인간이라면 끊임없이 자기가 무력하다는 의식이 수반되고, 유능하다는 감격에는 무능하다는 체념이, 희망에는 종말에의 응시(凝視)가 뒤따르기 때문입니다. 철학적 사색은 의존성을 완전히 의식시켜 줍니다. 그러나 그 경우 우리는 무력하지만 그 독립성으로부터 출발하여 굴복하지 않고 회복을 위한 하나의 기회를 얻게 되는 것입니다. 두 가지 실례를 들어, 이러한 일이 사유 속에서 어떻게 생겨나는지 보겠습니다.

(a) 양적인 것은 질적인 것보다 우월합니다. 우주 안에서 지구는 지상에 사는 인간 모두를 포함하더라도 한낱 먼지보다 작으며, 우주전체는 지구에 대하여 우위를 차지합니다. 이러한 종류의 우위는 물질·생명·심령·정신이라는 서열에 따르고, 앞단계는 뒤따르는 단계보다 우월합니다. 결국 집단이 우위를 차지합니다. 이에 대하여 개체는 전혀 문제가 되지 않습니다. 여기에서

문제되는 것은 우주·물질·질량이라는 양적으로 우세한 것들입니다. 그러나 우리는 평가를 역전시킵니다. 가장 귀중한 것은 우주에서는 인간이며, 실재(實在)의 서열에서는 정신이며, 집단에서는 개별 인간 자체이며, 자연의 형성물에서는 인간이 창조한 예술작품과 문학작품입니다. 만일 우리가 이와 달리 판단한다면, 우리는 양적인 것의 암시에 걸려든 것이고 인간 존재의 의미를 포기한 것입니다.

(b) 아무도 모르는 역사의 전체는 사고가 가능하다는 의미로 볼 때, 결코 하나의 전체일 수 없지만, 그래도 압도적입니다. 개인은 자기의 무방비를 느낍니다. 자신이 무엇이든 모두 이 전체가 규정합니다. 개인은 순응해야만 합니다.

하지만 인류에 관계되는 사건은 역시 몇 십억이라는 개인의 미미한 하나하나의 힘에 의해서 생겨납니다. 저마다 자기가 한 일과 생활방식을 통해서 하나의 공동책임을 집니다. 역사가 무의미한 것이라는 기분이 들더라도 역시 역사에는 이성이 있습니다. 우리에게는 바로 이것이 중요합니다. 그러나 다시 우리의 작은 환경은 직접적인 현실입니다. 이 세계에 순응하는 것이 우리의 최초 과제입니다. 만일 우리가 사물의 진행을 손바닥 보듯이 훤히 알 수 없다고 해서 미래에 대하여 절망한다면, 또 실속 없는 시위운동에 열중하여 마치 전체를 우리가 곧장 움직일 수 있게라도 된 것처럼 생각한다면, 우리는 신변의 문제를 등한시 한 것이 됩니다. 우리의 자기 주장은 이 작은 주위 세계의 현실 속에 있습니다. 또 이러한 자기 주장을 통해서 우리는 전체에 작용하고 있는 것입니다.

8

현대의 종말과 직면하여

우리의 무력은 우리의 시대를 통해서 새로운 방식으로 의식됩니다. 우리는 모두 다음 일을 알고 있습니다.

민주주의는 사실상 타락하고 있지만, 자유를 가능하게 하는 오직 하나의 길이라는 점에는 변함이 없습니다. 민주주의는 고유한 역사적 기원을 바탕으로 하지 않는 국민들에게는 아직도 불안정합니다.

경제적 기적에 만족함으로써 자유 세계는 마비되고 있습니다. 그 밖의 세계는 이러한 기적을 갈망하지만, 그것에 따르는 제약을 받아들일 각오 없이 자국의 실패에 대한 책임을 자유 세계에 전가하고 있습니다.

서방 세계에서는 경제가 정치보다 우선합니다. 그렇게 서방 세계는 스스로 무덤을 파고 있습니다. 그들의 정치적 자유는 날이 갈수록 위축되고 있습니다. 정치적 자유가 때로는 이해조차 되지 않고 있습니다. 자유의식과 희생정신은 차츰 모습을 감추고 있습니다.

우리는 온 세계에서 군사독재정치와 전체주의적 지배의 경향을 봅니다. 바로 자유가 이젠 소용없게 되고 말았기 때문입니다. 국민은 폭력적 인간들의 제물로 바쳐지고 있습니다.

인구증가는 이대로 계속되다가 인류집단을 말살시킬 폭발점까지 가고 말 것입니다.

전체 인류의 3분의 2가 넘는 유색인종의 백인에 대한 의식은 점점 더 날카롭고 난폭해져 가고 있습니다.

원자폭탄이 만인의 머리 위에 있습니다. 얼마 동안은 그것이 세계대전을 막아 줄 것입니다. 그러나 언제라고는 말할 수 없지만, 인간이 오늘날과 같은 상태로 계속해 나간다면, 세계대전의 전면적 파괴 과정이 개시될 날이 올 것입니다.

지금까지만 해도 국가·민족·문화가 멸망했을 때는 또 다른 것들이 등장하곤 했습니다. 인류는 영속적인 것이었습니다. 그러나 오늘날 문제는 과연 인류가 절멸되느냐 아니냐 하는 것입니다.

우리는 우리에게 허용된 짧은 순간 동안 현존재의 행복을 향락할 수 있습니다. 그러나 이것은 최후의 유예(猶豫)입니다. 그것이 죽음의 위험을 극복하기 위한 것이든, 파국으로 가는 준비를 위한 것이든 간에 유예는 우리에게 주어져 있습니다.

유럽의 평화는 마치 그 향락적 존재가 언제까지나 지속될 것처럼 방자해 보입니다. 하지만 1914년 이전의 자기 기만의 결과는, 이러한 윤리적—정치적 책임상실이 어떠한 결말로 이어지는가를 되풀이하여 보여 주었습니다.

오늘 순간이야말로 위기일발의 처지입니다. 우리는 어느 쪽인가를 선택해야만 합니다. 인간의 상실, 인간 세계의 상실이라는 나락으로 굴러 떨어지느냐, 그리하여 결국 인간의 현존재 일반의 중지를 선택하느냐—아니면 본래적 인간으로 스스로 변화해서, 그리고 인간의 예견될 수 없는 요행을 통해서 비약하느냐 하는 어느 쪽인가를 선택해야 합니다.

철학이란 무엇이어야 하는가

그렇다면 철학이란 무엇이어야 하겠습니까?

철학은 적어도 기만당하지 않도록 가르쳐 줍니다. 어떠한 사실, 어떠한 가능성도 철학은 곁으로 밀어 놓지 못하게 합니다. 철학은 얼핏 재난으로 보이는 것을 정면으로 바라보라고 가르칩니다. 철학은 세계의 평온을 교란시킵니다. 하지만 철학은 재난을 불가피하다고 생각하는 경박함을 거부합니다. 왜냐하면 장차 생겨날 것이 우리에게는 아직도 중요하기 때문입니다.

만일 철학이 그 사유로써 힘차게 인간들을 설득할 수 있게 되고, 또 인간이 말하는 철학이 인간에게 신뢰받을 만한 것이 된다면, 그때는 철학이 구제의 한 요인이 될 수 있을 것입니다. 오로지 철학만이 사고 방식을 바꾸게 할 수 있는 것입니다.

그러나 다시 생길 전체적 좌절과 마주쳐, 철학은 몰락 속에 존재하면서도 아직 인간의 품위를 지켜볼 것입니다. 진리에 바탕을 두고 운명을 같이하는 사람들이 모인 공동체 속에서 인간은 다가올 사태에 분명히 맞섭니다.

왜냐하면 몰락에는 무(無)만 있는 것이 아니기 때문입니다. 궁극적인 것은 인간은 좌절 속에서도 사랑을 잃지 않고, 사물의 근거에 대한 불가사의한 신뢰를 보존하기 때문입니다.

암호를 가지고 말해 봅시다. 우주도, 지구도, 인생도, 인간도 그리고 역사도 모두 한 근원으로부터 생겨났습니다. 이 근원은 우리가 접근하기 어려운 가능성을 지닙니다. 좌절하면서도 정신을 바짝 차릴 때, 그 근원을 확인할 수 있습니다.

수많은 사람들이 따라 나설 하나의 움직임이 있었습니다. 그러나 그러한 움직임 속에서는 사랑과 진리가 일정한 시기 동안 현전(現前)하는 것이며, 사랑과 진리는 하나의 움직임 이상의 것이 문제임을 입증해 줍니다. 즉, 영원이라는 한 마디 말이 언급되었던 것입니다.

성취될 수 있는 어떠한 사고도, 어떠한 지식도, 생생하게 이해될 수 있는 그 어떤 것도, 금방 말한 그 암호들 중 어느 것도, 거기까지는 이르지 못합니다.

모든 암호 저편에서 사고(思考)는 무수한 근거에 의하여 충만한 침묵에 다다르는 것입니다.

Über das Tragische
비극론

서론
종교 예술 문학, 이 세 가지 근원적 직관에 대하여

진리의 뿌리를 통찰하려는 것은 인간의 본성에 속하는 일이다. 비록 언어가 거칠고 모호하더라도 진리는 언제나 사람과 사람의 마음속에 언어를 통해서 존재한다.

방법적으로 철학적 사색을 하면 비약이 생긴다. 그러나 그 비약 때문에 인간이 품고 있던 진리의식이 거짓이 되는 것은 아니다. 진리의식에는 태곳적부터 전승되어 형상(形象), 행위, 역사 등의 형태로 인간에게 진리를 전하는 근원적인 직관이 담겨 있다. 신화의 위력, 계시의 권위, 생활 태도의 엄격함 등은 틀림 없는 현실인 것이다.

왜 인간은 오늘 같은 상황에 놓인 것인가(원죄로 인한 인간의 타락과 프로메테우스 신화는 이에 답하며, 또한 인간의 과제를 정한다), 나는 어떻게 내 본능의 순수함을 발휘하고 구제되어 참모습에 안주할 수 있는가(비밀 의식에 의한 예배와 제사의식과 생활 태도가 답을 알려 주고 길을 제시한다) 하는 근원적 물음—아직 합리적인 의식을 통해 제기된 물음은 아니지만—에 대한 답은 반성의 형태가 아닌 분명한 사실의 형태로 우리에게 주어진다.

철학이 방법적 사유로 시작되던 시대에 근원적 직관을 나타내는 언어도 최고의 명료성, 성숙, 힘에 이른다—기원전 600년부터 300년에 이르기까지 철학적 사색은 직관을 자극하고 북돋는 반면에, 이런 직관 때문에 그 뿌리가 흔들려, 직관과 투쟁하여 이를 극복하거나, 직관을 동화시켜 이용하지만, 결국 철학적 사색은 이런 직관과는 나누어질 수가 없다. 철학적 사색은 이런 직관을 타자(他者)로 이해하고 저항하거나, 또는 직관을 흡수하여 보증한다. 결국 철학적 사색은 직관 중 몇몇을 이해할 수 없는 것으로 생각하고 대립하지만, 이것을 자신과는 별개의 것으로 인정한다. 이런 직관과의 지속적인 교섭—어떤 의미로든 이런 교섭이 생길 수 있다—은 직관을 철학적 사색의 도구로 만들어준다.

이러한 진리의 언어로서의 직관은 근원적으로 포괄적인 전체이며, 인간 생활의 외형과 내용을 만드는 분리될 수 없는 유일자이다. 그것은 사태의 발전과정을 거치면서 종교·예술·문학으로 나누어진다. 이로 인해 궁극적인 진리의 언어는 저마다 분산되지만, 이런 분리에는 일관된 유일자가 존재하고, 이를 통해서 근원적인 비분리성이 종교·예술·문학과 상호 관련을 맺으며 끊임없이 작용한다.

종교

종교에 있어 근원 및 한계로서 분명한 것, 훌륭하게 제 역할을 다하는 공동체의 힘이나 개인의 기반 등은 모두 철학적 사색의 예정된 범위이며 철학적 내용의 담당자이다. 그것은 양극성에 있어서 철학적 사색의 적대자의 형태를 취하지만 또한 반드시 침투해야 할 적절한 목표이기도 하다. 인간존재의 뿌리로서 종교는 영혼을 이루는데, 그 영혼이 종교의 특정한 역사적 형태를 버리고, 따라서 언뜻 보기에 종교 자체를 버린 것 같은 경우에도 마찬가지이다.

종교를 포기하고 잊어버리면 건실한 철학적 사색 역시 멈출 것이다. 절망했다는 사실조차 의식 못 하는 막연한 절망, 단순하고 순간적인 생활, 허무주의가 생겨날 것이고, 그리고 허무주의 가운데 혼란된 미신이 생겨나 결국 과학조차 이에 덮여 모습을 감출 것이다. 인간은 무엇인가, 어떤 가능성을 지녔는가, 또 무엇이 될 것인가 하는 근본적 물음은 이제 진지하게 체험되거나 제기되지 않을 것이다. 오히려 인간이 더 이상 인간이 아니게 되어, 동물계에 새로운 변태를 가져오는 것이 이 물음에 대한 답이 될 테지만, 그것은 이미 인간이 이해할 수 없는 답일 것이다.

조형예술

조형예술은 우리 눈에 보이는 가시성(可視性)을 언어화한 것이다. 우리는 예술이 가르치는 관점대로 사물을 보고, 건축가가 공간에 부여하는 형상을 통해 공간을 체험하며, 종교적 건축물에 집약되거나 인공적으로 이루어져 인간이 이용하는 방식에 따라 얻어지는 형태로 풍경을 체험한다. 우리는 조각이나 회화에 본격적인 나타난 본질대로 자연과 인간을 체험한다. 이리하여 모든 것이 비로소 본격적인 형태를 갖추고 숨겨왔던 가시성과 영혼을 드러내는 것이다.

특정한 아름다움에 대한 이상을 나타내는 예술과 형이상학적인 암호문자로서의 예술은 구별되어야만 한다. 아름다움이 곧 초월적 존재이고, 초월적 존재가 곧 아름다움이며, 무엇이든지 결국 그것이 존재하기 때문에 아름답다는 경우에만 둘은 일치한다. 우리는 예술에 의한 가시성을 통해서 존재를 나타내는 형이상학적 예술을 '위대한 예술'이라 부른다. 감각적인 매력이 있는 대상을 초월자와 아무 상관도 없는 방식으로 묘사하여 장식하거나 제작하는 것은 형이상학적인 것에 포함되는 계기가 되기는커녕 오히려 형이상학적인 것으로부터 동떨어진 것이므로, 근본적으로 말하여 그저 단순히 예술일 뿐이며 따라서 철학과는 아무 상관도 없는, 재주는 있으나 품위가 없는 기능에 지나지 않는다.

문학

문학이란, 모든 내용을 상징으로 이해하는 언어를 구사하여 우리에게 표현된 것을 매우 포괄적으로 전달하는 것이다. 문학은 제물을 바치는 의식에서 언어의 마력, 찬송가와 기도로 여러 신에게 간구하는 행위, 인간 운명을 표현하는데 이르기까지 인간존재의 모든 감정 표현에 일관되어 작용하고 있다. 문학은 언어 자체가 싹트는 곳이며, 서술·인식·실현의 최초 활동이다. 최초의 철학은 문학의 형태로 등장한다.

문학은 가장 자연스럽고 분명한 방식으로, 세계공간과 인간 본성의 모든 내용을 파악하는 도구이다. 언어에 의해 무심결에 그것에 빠져들게 되면 우리는 우리 자신을 변화시킨다. 문학이 일으킨 환상은 어느샌가 우리의 마음속에 상징의 세계를 펼치고, 상징의 세계로 인해 우리는 비로소 우리의 현실을 정확하고 바르게 파악할 수가 있다.

1장 비극적 지식

근원적 직관에 의해 종교와 예술과 문학이 통일된 가운데 나타나는 것이 우리 의식의 실질적인 내용이다. 이 헤아릴 수 없을 만큼 광대한 분야 가운데 하나의 예로서, 우리는 '비극적인 것'과 '구제'를 들고자 한다. 비극적인 것의 다양한 형태 가운데에는 공통점이 있다. 한계에서의 존재와 사건은 무섭게 직관되고, 인간에게 남겨진 가능성은 안식이라는 궁극적 목적에서 약속받고 이루어진다.

이런 직관 속에는 철학이 숨어 있다. 이런 직관은 처음에는 무의미하게 여겨지던 재난을 해석하고 판단하기 때문이다. 이런 철학을 사상적인 구조로 완전하게 정리하여 나타낼 수는 없으나, 해석을 통해 철학적으로 더 분명하게 할 수는 있다. 우리는 근원적인 직관을 거듭 경험함으로써 이런 철학을 익힌다. 이 근원적 직관의 세계를 대신할 수 있는 것은 없다. 이 세계는 철학의 도구로서, 말하자면 철학에 삽입되어 그 일부가 되어 있다. 한편, 이 세계는 고유한 충실성을 띤 것으로 보면 철학의 영역에서 벗어나 있어, 철학과는 다시 별개의 것으로 파악되는 것이다.

비극적 지식이 드러나 있는 위대한 작품은 역사적으로 제약된 형태를 지닌다. 이런 작품은 그 양식이나 소재가 되는 내용이나 재료가 되는 풍조로서, 그 작품이 속한 시대의 특색을 나타낸다. 어떠한 지식도 구체적인 형태로 볼 때 시대를 초월하여 보편적일 수는 없다. 인간은 지식의 진리성을 언제나 자기 입장에서 새로이 획득해야만 한다. 이런 지식을 나타낸 작품의 차별된 모습은 우리에게 역사적으로 주어진 것이다.

이런 차이와 역사적으로 제약된 형태의 대비에는 서로를 비추어 정체를 밝히는 작용을 하고, 또한 우리에게 지식을 얻을 수 있는 가능성의 근거와 우리를 다시 인식하게 하는 거울을 마련해 준다.

이런 차이와 대비에 의하여, 우리는 비극적 의식의 여러 단계와 비극적인 것을 통한 존재 해석의 다양한 가능성, 비극적인 것 속에서 이루어지는 구제의 근거가 되는 근원적이고 실질적인 내용을 알게 된다. 비극적 지식의 역사적으로 제약된 표현에 의해 해석 가능한 여러 종류의 체계가 펼쳐진다.

1 역사적 개관

직관이나 작업에 있어서, 비극적 지식을 나타낸 위대한 작품을 들자면 다음과 같다.

1. 호메로스. 《에다》*1와 아이슬란드의 《사가》.*2 서양으로부터 중국에 이르는 모든 민족의 영웅전설.

2. 그리스 비극—아이스킬로스, 소포클레스, 에우리피데스. 오직 그리스에서만 비극이 문학으로 성립하였으며, 후세의 비극은 모두 (세네카를 거쳐서) 그리스 비극에 의존하거나, 또는 그리스 비극을 통해 일깨워진 것이다.

3. 국민적인 인물 세 명이 이룬 근대 비극. 즉 셰익스피어와 칼데론과 라신.

4. 레싱. 독일 교양인들의 비극—실러, 그리고 19세기.

5. 존재에 대한 물음을 내재한 기타의 공포 문학—욥. 인도극의 일부(이것은 작품 전체가 비극은 아니다.)

6. 키에르케고르, 도스토예프스키, 니체의 비극적 지식.

영웅전설은 비극적 세계관을 당연하다는 듯이 드러낸다. 아직 사상의 투쟁도 발생하지 않고, 해방을 갈망하는 충동도 일어나지 않는다. 적나라한 재난, 죽음과 파멸, 인내력과 명예가 대상이 된다.

위대한 비극은 (고대 그리스나 근대처럼) 시대의 과도기에 저마다 한 번씩 이른바 연소과정에서 태어난다. 그리고 결국 탐미적인 교양의 대상으로 막을 내린다.

그리스 비극은 예배 행사의 일부이다. 여러 신들과 사물의 본질적인 의미와 정의를 둘러싼 투쟁이다. 처음 그리스 비극은 (아이스킬로스와 소포클레스도 이 부류에 속한다) 질서와 신성을 향한 신앙, 기초적이며 타당한 사회제도를 향한 신앙, 도시국가(폴리스)를 향한 신앙에 뿌리를 두고 있었으나, 마지막에는 이렇게 역사적으로 생성된 모든 것에 대한 회의로 변했다. 그러나 정의 자체의 이념, 그리고 선과 악에 대해서는 의심하지 않았다(에우리피데스).

이에 비해 셰익스피어는 세속적인 무대에 등장한다. 자유로운 사회가 작품 속의 향상된 인물을 자신의 모습으로 인식하는 것이다. 인간은 그 발전 가능성과 그것을 막는 위험으로부터, 그 위대함과 하찮음으로부터, 그 인간다움과 악마적인 본성으로부터, 그 고상함과 저열함으로부터, 그 행복한 삶에 대한 환희와 불가해의 비운과 파멸에 대한 전율로부터, 그 사랑과 헌신과 솔직함으로부터, 그리고 그 증오와 편협함과 맹목성으로부터—요컨대 인간에게 주어진 과제의 불가해성, 타당한 질서와 의심할 바 없이 대립하는 선악의 배후에서 자신을 파악한다.

칼데론과 라신은 그리스도교적 비극의 정점이다. 두 사람의 경우, 비극은 독특하고 새로운 긴장을 낳는다. 섭리와 은총, 또는 영겁의 형벌이 운명과 악마 대신 힘을 발휘한다. 한계에서의 물음과 침묵 대신, 피안과 모든 것을 자신의 사랑 안에 포용하는 신이 확실한 근거가 되어 모든 것을 지킨다. (시인이 일련의 작품들 속에서 행하는) 진실을 둘러싼 끊임없는 투쟁 대신, 그리고 암호문자를 구사하는 유희 대신, 진실의 완성은 원죄에 빠진 세계와 신성이 대립하는 현실을 연구하는 지식에 명백하게 나타난다. 그러나 이러한 긴장과 더불어 비극적인 것은 그리스도교적 진리와 마주쳐 사실상 소멸된다. 이 비극은 형이상학적으로는 그리스도교적 신앙의 기초에 뿌리를 내리고 확대되지만, 셰익스피어와 비교하면 그 대상과 물음, 인물의 박력과 풍부함, 시야의 넓이와 자유로움이라는 측면에서 한정되어 있다.

탈출구가 없다는 점에서 볼 때, 절체절명의 비극성이 작품의 태도에 전체적으로 나타난 것은 에우리피데스의 일부 비극이나 19세기의 현대극 정도이다. 여기에서 비로소 비극은 탐미적인 무책임과 더불어 그 기반을 상실하기에 이른다.

2 비극적 지식의 존재의식과 비극성 없는 안전성

비극적 지식이 없는, 따라서 비극적 지식이 드러나는 비극과 서사시와 소설이 없는 문화와, 비극적인 것이 드러나 생활 태도를 결정짓는 존재의식 사이에는 큰 차이가 있다.

우리가 비극적 지식이라는 입장에서 인간을 볼 때, 우리의 역사적 회상에 대해서 비극적 지식은 마치 시대 사이의 분열처럼 작용한다. 비극적 지식은 수준 높은 문화의 산물이 아니라 원시적인 경우도 있을 수 있다. 그런데 인간은 이러한 지식을 통해 비로소 진실된 깨달음을 얻는 듯 보인다. 사실 인간은, 인간을 나아가게 하는 불안으로부터 한계상황과 마주치기 때문이다. 인간은 안정된 상태에 만족하지 못하므로 안정 상태는 계속될 수 없는 것이다. 비극적 지식과 더불어 외부적 사건일 뿐 아니라, 인간존재 자체의 깊이에서 발생하는 역사적 운동이 시작된다.

비극 이전의 지식은 완성되어 있으며, 그것은 인간의 고뇌와 재난, 죽음을 직시한다. 이 지식에는 깊고 원대한 환희처럼 심각한 슬픔도 존재한다. 삶과 죽음, 죽음과 부활의 영원한 순환과 영원한 변화에 대한 지식을 통해 슬픔은 저절로 받아들여진다. 죽어서 다시 돌아오는 신, 그리고 이러한 죽음과 부활이 나타나는 계절의 축제가 근본적 현실이다. 만물을 낳고 기르고 사랑하고 성숙시키며, 한편 만물을 그 품안에 다시 받아들여 잔인하게 짓밟고 무시무시한 재난 가운데서 파멸시키는, 생명을 주는 자인 동시에, 죽음의 신이기도 한 모신(母神)에 대한 신비적 직관은 지구상에 널리 퍼져 있다. 이러한 직관은 아직 비극적 지식은 아니며, 오히려 무언가에 의해 보호받는 무상함에 대한 위안의 지식이다. 그것은 본질적으로는 비역사적 지식이다. 그것은 언제나 똑같은 현실에 불과하다. 특별한 것은 없고 모든 것이 동등한 중요성을 갖고, 저마다 현존하며, 전적으로 거리낌없이 존재하는 것으로서 여기에 있는 것이다.

비극적 지식 속에는 역사성이 포함되어 있어야 한다. 순환은 밑바탕에 불과하다. 본래의 것은 일회성을 띠고 끊임 없이 앞으로 나아가며, 결정된 뒤에는 다시 되풀이되지 않는다.

그러나 비극 이전의 지식은 비극적인 지식에 의해 완전히 대체되는 것은 아니다. 비극적 지식의 앞 단계라고 여겨지던 것이 독자적 진리를 지닌 것으로서, 비극적이고 근원적 직관에 대해 독자성을 내세울 수도 있다. 세계에 대한 조화로운 해석과 이 해석에 따라 행해지는 생활 현실이 훌륭하게 완성된 곳에서는, 재난에 대한 지식을 아무리 갖고 있더라도 비극적이고 근원적 직관은 결여되어 있다. 이런 해석과 생활 현실은 불교가 수입되기 이전의 고대 중국에서 가장 순수하게 완성되어 있었다. 모든 빈곤과 재난과 악은 존재할 가치가 없는 일시적 장애에 불과하다. 세계에 대한 전율, 영원한 배격, 정당화도 없었고, 존재와 신에 대한 고발도 없었으며 오직 탄식만이 존재했을 뿐이다. 절망이 불러온 염세는 없고 태연한 인내와 죽음이 있을 뿐이다. 해결할 수 없는 갈등이나 어두운 전도(顚倒)도 없고 근본적으로 워낙 모든 것이 밝고 아름답고 진실되다. 무섭고 놀라운 경험이 이루어지고, 비극적 의식을 통해 밝혀진 (서양의) 다양한 문화에 속하는 사람들과 마찬가지로 두려운 것과 놀라운 것을 알고는 있다. 그러나 생활 감정은 역시 밝고, 어떠한 투쟁이나 반항도 일어나지 않는다. 깊은 역사 의식에 의해 태고 이래 만물의 근거와 결합이 유지되지만, 추구되는 것은 어떤 역사적 운동이 아니라 오로지 질서정연하고 훌륭하며 영원한 현실을 끊임없이 재정립하는 것 뿐이다. 따라서 비극적 의식이 발생한 곳에서는 중국에서 볼 수 있었던 것 같은 비극이 없는 안전감, 자연스럽고 숭고한 인간성, 세계에 안주하는 마음, 구체적 직관의 풍요로움 등은 사라지므로 그 손실은 막대하다. 이제 평범한 것이 된 보편적 인상에는 무뚝뚝하고 소심한 서양인과 더불어 밝고 활달한 중국인의 모습이 있다.

3 서사시와 비극에 나타난 비극적 지식

신화적인 의식으로는, 세계의 근원적 부조화를 신들의 다양성에서 찾아볼 수 있다. 모든 신들을 똑같이 만족시킬 수는 없고, 한 신을 섬기면 어느 면에서든 다른 신에 대한 봉사가 소홀해지기 마련이다. 신들은 서로 투쟁하며, 이러한 투쟁의 결말이 인간의 운명에 나타난다. 신들 자체는 전능하지 못하며, 인간처럼 정체를 알 수 없는 운명(Moira) *3의 지배를 받는다. "왜?" "어째서?"라는 물음에는 상황에 따라 여러 가지 대답이 나올 수 있다. 그러나 만족할 만한 대답은 하나도 없다. 세계의 풍요와 인간 본연의 모습의 다양성이 파악되고, 극단적인 것을 경험한다. 그러나 반드시 전체의 통일이 추구되지는 않으며, 근본 문제를 반드시 알려고 하는 집중력도 생기지 않는다.

이런 형태의 비극적 지식은—호메로스에 있어서는—직관의 즐거움, 신들을 향한 예배, 절대적 인내와 저항으로 이루어진다.

똑같은 인내력과 운명을 상대로 한 태연한 저항이 호메로스의 경우보다 풍부하지는 않지만, 좀더 정열적이고 극단적으로 《에다》와 《사가》에 분명히 나타나 있다.

이것은 아직은 어중간한 비극적 지식이라고 할 수 있다. 곧 이러한 비극적 지식은 아직 좌절의 다양한 양상과 비극적 파멸이 궁극적으로는 근거를 찾을 수 없음을 구별하지 못하고 있는 것이다. 인간의 영혼은 순수한 인내로 만족하므로, 이러한 비극적 지식은 영혼의 자유를 갈망하지 않는다. 이것은 섣불리 물음을 멈추고, 세계와 종말을 의심할 바 없는 당연한 것처럼 파악하는 것이다. 다시 말하면, 이러한 명백함에는 세계의 근원적 부조화를 덮어주는 어떠한 조화도 없다는 점에서 비극 이전의 단계와 구별되는 것이다.

그리스 비극에는 이러한 신화적 세계가 여전히 소재로 남아 있다. 단지 새로운 사실은 이제 비극적 지식에서 안식은 사라지고 물음이 지속된다는 점이다. 물음과 대답이 신화의 변형으로 나타난다. 이때 그 신화는 비로소 충분히 성숙하여 깊어지지만, 더 이상 어떤 형태로도 지속될 수는 없다. 사색적인 시인은 차례로 신화를 변형시킨다. 신화가 진리를 추구하는 열정적인 투쟁의 숭고한 연소과정에서, 시인과 신의 대화라는 형태로 소진되어 여전히 매력적이지만 더 이상 구속력이 없는 시적 형상이라는 재로 남게 될 때까지.

"왜 이러한가?" "인간은 무엇인가?" "인간은 무엇의 인도를 받는가?" "죄는 무엇이며 운명은 무엇인가?" "인간 세계의 질서는 무엇이며, 어디에서 말미암는가?" "신들이란 무엇인가?"라는 물음—이미 철학적이지만 아직 매우 구체적인 형태를 취하므로 방법적인 혹은 합리적인 의미에서 철학이라 볼 수 없다—이 신들에게서 제기된다.

정당하고 선량한 신들에게 이르는 길, 아니 유일신에 이르는 길이 요구된다. 그러나 모든 전승적인 것은 이 길 위에서 차례로 무너져 버린다. 전승적인 것은 정의·자애·전능 등에 관한 합리화된 사상을 척도로 하면 유지될 수 없는 것이다. 이러한 의기양양한 탐구는, 그 도중에는 여전히 전승의 가장 아름답게 순화된 내실을 바탕으로 삼지만 결국 회의에 이르고 만다.

그러나 시인의 눈으로 본 이러한 탐구에 의한 확인—디오니소스의 신성한 제전에서 행해지는—은 그 자체로서는 일찍이 세계와 인간과 신을 영원한 모습으로 이야기한 기쁨보다 더 많은 것을 요구하고 더 큰 역할을 수행한다. 헤시오도스는 뮤즈(그리스 신화에서 시·극·음악·미술을 지배하는 아홉 여신)를 찬양하면서(《신통기(神統記)》)에서

이 기쁨에 대해 이렇게 말했다.

> 모든 사람들이 마음속 새로운 비애를 견디고
> 슬픔으로 북받치는 마음 누를 길 없어도
> 뮤즈의 신하인 가수들이
> 인간의 행위, 옛날의 영웅
> 넓은 올림푸스에 사는 축복의 신들에 대해 노래 부르면
> 금세 고뇌를 잊고 비애도 사라져 버린다.
> 여신의 은총은 재빨리 사람을 바꾸어 놓는구나.

비극은 이러한 기쁨보다 더 많은 것을 요구한다. 곧 영혼의 카타르시스이다. 카타르시스가 무엇인지에 대해서는 아리스토텔레스도 분명하게 설명하지 못했으나, 어쨌든 인간이 자기존재와 접촉하는 사건이 카타르시스이다. 이것은 단지 구경하는 것이 아니라, 강렬한 체험으로부터 나타나는 존재에 대한 현시이다. 또한 우리의 시야를 좁고 맹목적인 것으로 만드는 현존재적 경험을 가로막아 혼탁하게 만드는 표면적인 것을 없앰으로써 진실을 얻는 것이다.

4 철학적 세계 해석과 계시종교에서의 비극성 극복

비극적 지식은 두 가지 형태로 나타난다. 하나는(서사시의 경우에 보이는) 기존의 직관세계를 있는 그대로 받아들여서 생긴 신화적으로 확실한 지식이며, 다른 하나는(비극의 경우에 보이는) 신성의 본질에 파고드는, 신화적으로 회의적인 지식이다.

이러한 두 가지 형태로부터 비극성을 극복하는 두 방향, 즉 계몽주의 철학적 세계 해석과 종교적 계시가 생기지만 이것들 모두 불충분하다.

소크라테스 이전의 철학자들 및 플라톤의 사변적 존재 확인—이것은 비극과 대립되는 동시에 비극의 본질을 이룬다—이 아니라, 아리스토텔레스 시대 이후 계몽주의로부터 생겨난 합리적인 보편철학이, 거짓으로 전승되어 온 모든 신에 대한 관념을 해체하면서 비극은 창작하고 이 과정에서 획득한 무지로부터 결론을 도출해 내는 것이다. 보편철학은 우주 전체의 조화를 구

상하고 이러한 조화에 바탕을 두어, 모든 모순은 상대적 부조화에 불과하다고 이해한다. 또한 개인적 운명의 중요성을 상대화하여 개별적인 인간의 자기존재에는 무언가 확고한 것이 있어서, 이것이 세계의 운명을 마치 주어진 역할처럼 이해하고 행동하는데 불과할 뿐, 세계의 운명과 일체가 되지는 못한다고 본다. 비극적 지식은 이제 그 비중을 빼앗겨, 거기서 볼 수 있는 궁극적인 근본태도는 자기를 주장하는 영웅의 항거도 아니며 인간세계에 사로잡힌 마음의 카타르시스도 아니고, 무감정이며 철저한 무관심이다.

비극적 지식에서 해방되는데는, 철학적 무감정으로는 불충분하다. 우선 철학적 무감정은 단순한 인내—신화시대의 영웅적 항거와 서로 비슷하긴 하지만 그 시대의 정열이 없는—이며, 실질적인 내용이 빈약하여 결국 자기주장이라는 한 점으로 무너지고 만다. 또한 철학적 무감정은, 그것이 제아무리 위대하더라도 대부분의 사람들이 실천에 옮길 수 없는 이론에 불과하다. 그러므로 인간은 비극적 지식과 철학적 허무함으로 말미암아 더욱 근본적인 해방을 갈망한다. 계시종교는 바로 이러한 해방을 약속한다.

인간은 누구나 구원을 바라며 또 실제로 구원될 것이다. 그러나 인간은 자신의 힘만으로는 구원 받을 수 없다. 결코 다할 수 없는 무거운 임무가 인간에게 부과되어 있기 때문이다. 그리스도의 희생적 죽음, 불타의 가르침은 인간에게 도움의 손길을 뻗은 것이다. 인간이 진정으로 해방되려면, 이들의 죽음과 가르침이 인간을 대신해 준 일에 참가하기만 하면 된다.

유대적·그리스도교적 계시종교에서 현존재와 인간에게서 볼 수 있는 부조화, 곧 모든 비극적 현상은 인간의 근원에 놓여 있다. 다시 말하면 원죄는 아담의 죄에 그 바탕을 둔다. 구원은 그리스도가 십자가에 못박혀 죽음으로써 가능해진다. 세계의 사물 자체는 타락하였고 인간은 극복할 수 없는 죄 가운데 놓여 있다. 그것도 인간이 개인으로서 죄를 짊어지기 이전부터 그러하다. 인간은 모든 것의 근거가 되는 죄와 구원이라는 단 하나의 과정 속으로 끌려들어 간다. 인간은 스스로 죄와 구원에 참여하고 있다. 그러나 오로지 혼자서만 참여하는 것은 아니다. 이미 원죄로 인해 죄를 짓고 있으며, 은총으로 말미암아 구원받도록 되어 있다. 인간은 현존재의 고뇌·부조화·분열 등을 감당할 뿐 아니라 스스로 선택할 때 십자가를 짊어지는 것이다. 그러면 이제 비극성은 사라지고, 어떠한 공포 가운데에서도 뚫고 나오는 은총의 맑고도 복된 광휘가 있다.

이렇게 본다면 그리스도교적 구원은 비극적 지식과 대립한다. 독자적 구원 가능성이 피할 길 없는 비극성을 소멸시킨다. 따라서 그리스도교의 연극에서는 구원의 신비가 사건의 기초와 공간이 되고, 은총에 의한 완성과 구조라는 경험을 통해서 이미 비극적 지식을 벗어나 있기 때문에 진실된 그리스도교적 비극이라는 것은 존재하지 않는다.

따라서 비극적인 것 자체는 구속력을 지니지 않으며 인간은 비극적인 것으로부터 자극은 받지만 감동하지는 않는다. 그리스도교도에게는 비극의 본질적인 것이 나타날 수 없다. 진실된 그리스도교적인 신앙에는 문학이 결여되어 있다. 그러한 신앙은 오로지 실존적으로 실현될 뿐, 심미적으로 바라볼 수 있는 것은 아니기 때문이다. 이러한 의미로 볼 때, 그리스도교도는 틀림없이 셰익스피어를 제대로 이해하지 못할 것이다. 셰익스피어는 모든 것을 묘사하고, 온갖 가능성을 동원해 인간이란 무엇인가를 보여 준다. 그러나 오직 종교적인 것만은 셰익스피어에게 없다. 그리스도교도는 아무리 인간 세계의 경험을 쌓았어도 셰익스피어의 작품을 대하면, 신앙이 그에게 준 것을 셰익스피어는 말하지 않을 뿐 아니라 결코 다루지도 않음을 알게 된다. 셰익스피어는 그의 작품의 균열된 면을 통해서, 미해결인 채 남아 있는 것을 통해서, 무의식 중에 구원의 가능성을 갈구함을 통해서 오직 간접적으로만 종교적인 것으로 인도한다고 생각한다.

그리스도교도는 이러한 비극적 지식의 실체를 보지 못하고 있다. 그러나 비극적 지식은—그것이 철학적인 성격을 잃지 않고 철학적으로 순수하게 진행된다면—그 자체가 초월작용의 한 양식이며 초월작용의 부수적인 해방 작용이라 하겠다. 다만 이러한 해방 작용은 그리스도교적인 관점에서는 오해받으며, 철학적인 무감정에서는 실질적인 내용을 잃어버리고 만다.

인간의 모든 근본적 그것이 경험은 그리스도교적인 이상, 결코 비극적인 것은 아니다. 죄는 구원을 가능하게 하는 행복한 죄(felix culpa)이다. 유다의 배반은 모든 신자의 지복(至福)의 근원인 그리스도의 순교를 가능하게 만들었다. 그리스도는 이 세계에서 가장 심각한 좌절의 상징이라 하더라도, 역시 전혀 비극적이지 않으며, 오히려 좌절 가운데에서도 지성적이고 충족적이며 완성적이다.

5 비극적인 것의 근본성격

비극적인 것은 현존재, 그것도 인간 현존재의 무시무시한 공포를, 인간존재라는 포괄자에 바탕을 둔 분규의 공포를 보여 주는 사건으로 등장한다. 하지만 비극적인 것의 직관은 그 자체로서 비극적인 것으로부터의 해방, 곧 정화와 구원을 달성한다.

인간의 존재는 '좌절' 속에 나타난다. 좌절 속에서 존재는 사라지는 것이 아니라 완전하고 결정적으로 감지된다. '초월하지 않는 비극성'은 없다. 몰락하는 가운데 신들과 운명에 맞서서 부질없이 자기를 주장하는 항거에서조차도 초월작용이 존재한다. 이것은 인간 본연의 모습인 존재에 대한, 몰락의 한가운데에서 인간이 이것이야말로 자신의 모습이라고 경험하는 존재에 대한 초월이다. 비극적인 것에 대한 의식이 존재의식의 기초가 되면 '비극적 태도'라 불린다. 우주 만물은 항상 변하여 한 모양으로 머물지 않는다는 제행무상의 의식과 진실된 비극적 의식은 구별되어야 한다.

몰락을 향한 객관적인 사건의 움직임이나 시간적으로 덧없는 삶의 성격을 인간은, 생성되었다가 소멸하고 그리고 다시 생성되는 순환으로 간주한다. 인간은 자연 속에서 자신을 자연과 일체된 것으로 본다. 여기에서 인간은 그를 전율하게 만드는 신비를 본다. 영혼은 현존재의 유한성에 깃들어 있고 죽음의 과정에서 어이없이 소멸하건만, 시간의 축을 가로지르며 스스로 영원함을 인식한다. 이 영혼이란 과연 무엇인가? 그러나 이러한 사실과 신비를 우리는 비극적이라고 하지는 않는다.

비극적인 것에 대한 진실된 의식—이 의식을 통해서 비극적인 것은 동시에 현실적인 것이 된다—은 단순히 고뇌와 죽음, 유한성과 무상함을 의식하는 것이 아니다. 이러한 모든 것이 비극적인 것이 되기 위해서는 인간이 행동해야만 한다. 인간은 자신의 행위로써 비로소 분규를 일으키고, 이 피할 수 없는 필연성을 통하여 파멸을 불러온다. 현존재로서의 삶이 파멸할 뿐 아니라 완성된 모든 현상이 좌절된다. 그것은 수없이 많은 가능성 속에서 좌절하는—이러한 모든 가능성은 그것을 실현하려는 독자적인 노력 때문에 좌절을 일으키고, 또한 좌절을 마지막까지 수행시킨다—인간의 정신적 본성이다.

비극적인 것에 대한 지식은 처음부터 '구원'에의 욕망과 얽혀 있다. 비극적인 것의 가혹함은 한계이지만, 그러나 (주인공인) 인간이 이 한계에 도달했을 때, 만인에게 공통된 구원의 상태에 저절로 포섭되는 것은 아니다. 오히려 인간은 현존재로서 소멸함으로써 자기 존재의 행위 가운데에서 구원의 해방을 발견한다. 이러한 해방은 무지한 상태로 아무 불평 없이 견디어 가는 힘을 기초로 하여 순수한 인내심과 확고한 의기로써 이루어진다. 이것은 맹아적(萌芽的)이며 가장 볼품없는 구원이다. 둘째, 해방은 인간이 비극적인 것을 비극적인 것 그대로 직시하는 경지에 이르러, 비극적인 것이 낱낱이 밝혀져 그대로 정화작용을 하는 데서 이루어진다. 셋째, 비극적인 사건의 움직임을 직시하기 전에 이미 구원이 이루어진 경우도 있다. 그것은 인간의 삶이 신앙을 통해서 이미 구원의 길에 들어섰고, 그리하여 비극적인 것이 초감각적인 것의 초월작용으로부터, 곧 모든 포괄적인 것들의 포괄자에게서 이미 극복된 것으로서 직시되는 경우이다.

6 비극적 지식의 해석 방향

문학작품에 등장하는 비극적인 것의 의미와 내용은 결코 하나의 공식으로 나타낼 수 없다. 이러한 문학 작품들은 비극적 지식을 다룬 걸작이다. 상황·사건·사회세력·신앙관념·성격 등은 비극적인 것을 현상으로서 드러내는 수단이다.

위대한 문학작품 중 해석적 입장에서 철저히 통찰할 수 있는 것은 하나도 없다. 다만 대략적인 해석 가능성이 있을 뿐이다. 사상을 통해 남김없이 해석할 수 있는 문학작품은 이미 문학이 아닌 것이다. 해석이 분명한 윤곽을 드러낼 때, 이 해석은 어떤 해석도 파악하지 못하는, 해석되지 않은 작가의 직관의 깊이를 통해 이 작품을 파악할 수 있는 가능성을 증대시킨 것이 된다.

문학에서는 작가의 사상적 구성이 중요하다. 그러나 사상이 인물 속에서 구체화되지 못한 채 그대로 드러나면, 그만큼 문학은 힘을 잃는다. 이때 작품을 생산하는 것은 비극적인 것의 환영적 직관력이 아니라 철학적 경향이다. 그러나 문학이 지닌 사상이 철학적으로는 본질적인 중요성을 가질 수도 있다.

우리는 앞에서 비극적인 지식을 전반적으로 고찰하였으므로 이제 우리의 해석에 따라 다음과 같은 세 가지 물음에 자세히 대답해야만 한다.

①비극적인 것의 객관성은 어떻게 성립하는가? 비극적인 존재와 사건은 어떤 형태를 취하는가? 비극적인 것은 어떻게 생각되는가? 이에 대해서는 문학에서의 비극적인 대상에 대한 해석에서 답을 찾게 될 것이다.

②비극적인 것의 주관성은 어떻게 이루어지는가? 비극적인 것은 어떻게 의식되며, 비극적인 지식으로부터의 해방과 구원은 어떻게 생기는가?

③비극적인 것의 원리적 해석은 무슨 의미가 있는가?

〈주〉

*1 에다(Edda) : 북유럽의 신화 전설집. 산문과 운문 두 가지가 있다.

*2 사가(Saga) : 고대 게르만의 신화·전설.

*3 모이라(Moira) : 그리스 신화의 운명의 여신.

2장 문학에서의 비극적 대상

비극적인 것을 정의하는 일은 이 정도로 하고, 문학에 묘사되고 형상화되어 직접 등장하는 비극적인 것의 현상을 살펴보자.

우리는 작가의 환영적 직관에 여실히 드러난 것, 즉 문학에 표현되고 이미 해석된 것에 의거하여 해석한다. 또한 작가가 분명하게 생각하지는 않았더라도 문학작품에 담겨 있거나 또는 담길 수 있는 의미를 덧붙인다.

문학 속에서 비극적 의식은 그 사고를 보충한다. 곧 비극적 분위기에 의해 현재의 사건 또는 존재 일반으로부터 긴장과 재난을 느낀다. 비극적인 것은 투쟁, 승리와 패배, 그리고 죄 속에서 나타난다. 그것은 좌절 가운데 선 인간의 위대함이다. 그것은 존재자의 가장 근본적인 부조화로서 진리를 추구하는 무조건적 의지 속에 나타난다.

1 비극적 분위기

비극적 분위기는 무상함, 삶과 죽음, 영고성쇠의 순환 속에는 아직 없다. 보는 사람 자신이 포섭되어 안주하며 차분히 이 사건을 지켜볼 수 있다. 비극적 분위기는 소름끼치도록 으스스한 형태로 나타난다. 그것은 이질적인 것으로서 우리를 끊임없이 위협한다. 어디로 가든, 무엇을 보고 듣든 대기 중에는 무슨 짓을 하더라도 우리를 멸망시키는 그 무엇이 도사리고 있다.

이러한 분위기는 인도의 극(劇)에서 볼 수 있는데, 거기서는 우리의 현존재가 있는 곳이지만, 결코 안주할 땅은 되지 않으며 우리를 노예로 삼은 듯한 세계가 환영적으로 나타나 있다. 예를 들어 《카우시카의 분노》에는 다음과 같은 구절이 나온다.

세계는 마치 시간이라는
시바 신의 하인의 매장지 같다.

붉은 저녁 노을은 처형된 자의 붉은 피
창백한 햇무리는
화형(火刑) 장작의 가물거리는 빛
사람의 뼈 대신 별들이 흩어져 있구나.
하얀 백골과 같은
밝은 달—.

공포감이 브뢰겔*1이나 히에로니무스 보슈*2의 작품과 단테의 지옥을 지배하고 있다. 그러나 이러한 기분은 눈 앞의 경치에 불과하다. 좀더 깊은 것을 탐구해야 하지만 그것은 이러한 공포를 거쳐야만 찾아낼 수 있다.

그리스 비극에서 비극적 분위기는 세계의 전반적 무드가 아니라, 특정한 행동이나 각별한 결과에 앞서 모든 것에 가득한, 아직 간파할 수 없는 재난을 암시하는 긴장으로서 현재의 사건과 그것에 관련된 인물에 연관되어 있다. 예를 들면 그것은 아이스킬로스의 《아가멤논》에 아주 웅대하게 나타나 있다.

비극적인 기분은 불교나 그리스도교에서, 쇼펜하우어나 니체에서, 에다나 니벨룽겐에서, 이른바 염세주의와 염세주의적 세계 묘사에서 볼 수 있는 여러 형태를 띠고 있다.

2 투쟁과 알력

진리도 현실도 분열되어 있다. 그 결과, 분열된 것이 협력하면 유무상통(有無相通)이 일어나고 충돌하면 투쟁이 벌어진다. 비극적 지식은 불가피한 투쟁을 직시한다. 작가의 비극적 의식에서 문제가 되는 것은 누가 누구와 싸우는가, 도대체 무엇이 알력을 일으키는가 하는 것이다.

문학에 그려진 투쟁은 직접적으로 보면 인간들 사이의 투쟁이거나 인간의 자신과의 투쟁이다. 배타적 현존재적 이해관계, 의무, 성격, 동기 등이 서로 다툰다. 심리학적·사회학적 분석은 이러한 투쟁을 현실로 알아보고 설명한다. 그러나 비극적 지식을 구상화하는 작가에게 이러한 현실은 소재일 뿐이다. 이러한 소재를 통해 무엇과 무엇이 투쟁하는지가 드러난다. 또한 이 투쟁은 행동하는 인물이나 작가 또는 작가를 통해 구경하는 자들의 해석에 의해 이해된다. 이러한 투쟁에 관한 해석이 바로 현실이다. 왜냐하면 이러한 의미 내용이 가장 강력한 동력이 되기 때문이다. 비극의 성립과정은 이러한 의미 내용이 나타나는 과정이라 할 수 있다.

이처럼 문학 자체 안에서 내려지는 해석은 내재적이거나 초월적이다. 예컨대 비극적인 것은, (1)개인과 사회의 투쟁, (2)시대적으로 교호작용을 하는 역사적 생존원리 상호 간의 투쟁일 경우에는 내재적이다. 또 (3)인간과 신들 사이의 투쟁, (4)신들 사이의 투쟁일 경우에는 초월적이다.

①개인과 전체의 투쟁—개인은 보편적인 법률·규범·필연 등과 대립하는데, 이때 개인이 방자한 마음 때문에 법률과 대립하면 비극적이 아니며, 진실된 예외자로서 그 자신의 규범과 맞선다면 비극적이다.

전체는 신분·지위·관직 등 사회적 힘에 의해 집약된다(사회적 비극). 또한 개인 안에 내재되어, 그 개인의 재능과 소질에 위배되는 영원한 계율의 요구로서 인간 성격의 내면에 집약되기도 한다(성격적 비극).

이러한 해석은 무릇 문학적으로는 큰 힘을 발휘하지 못한다. 오로지 현실적인 현존재의 힘과 추상적인 타당성만이 합리적으로 전개될 수 있는 문제를 제기하지만, 구체적인 형태로서 본래적인 존재의 숨막힐 듯 깊은 환영 안에 나타나지는 않는다. 결국 현존재의 힘과 타당성의 분명함이 문제를 매듭짓는다. 파악할 수 없는 것이 지니는 무한성이 없다면, 결국 비극성이 아니라 비참함만이 묘사될 뿐이다. 이것은 계몽주의 이후 근대 비극에만 존재하는 독특한 기법이다.

②역사적 생존원리 상호 간의 투쟁—역사철학적 전체관은 인간의 상태변화를 그때그때의 전체적 생활 상태, 행동방식, 사고방식에 기준을 제공하는 역사적 생존원리의 의미 있는 연쇄로 본다. 생존원리는 느닷없이 교체되지는 않는다. 새로운 것이 전개되는 동안에는 옛 것이 남아 있다. 새로운 것이 느닷없이 강하게 나타나려 해도, 처음에는 옛 것의 지속성과 아직 작용하는 응집력 때문에 좌절할 수밖에 없다. 이러한 과도기가 비극적인 것의 장소가 된다. 헤겔에 따르면, 역사상 위대한 영웅은 새로운 이념을 순수하게 무조건적으로 구체화하는 비극적 인물이다. 그들은 화려한 빛 가운데에서 등장한다. 그들이 마침내 어떠한 일을 성취할 것인가는 처음에는 분명하지 않으나, 옛 것이 어렴풋하게나마 위험을 깨닫고 힘을 모으면 비로소 새로운 것

에 대한 강력한 대표자를 파멸시킴과 동시에 새로운 것을 파멸시키고자 한다. 소크라테스이든 카이사르이든, 새로운 원리를 처음으로 구현한 영광스런 인물은 또한 시대와 시대의 경계선에서 희생된 인물들이다. 비록 파멸의 씨앗이 옛 것의 사멸을 유인하더라도, 옛 것은 아직도 현존하고 생명을 유지하며 풍부하고 뚜렷한 전승적 생활형태를 실증하기 때문에 그 정당성을 갖는 것이다. 새로운 것도 정당성이 있으나, 사회상태와 교양이 실현된 질서로부터 보호를 받지 못하는 동안은 마치 공허한 공간에 있는 것과 같다. 그러나 옛 것의 죽을 힘을 다한 마지막 전투에서 파멸되는 것은 새로운 것을 맨 처음 구현했던 영웅뿐이다. 결국 두 번째 돌파는 비극적인 것은 아니지만 성공하기는 한다. 플라톤이나 아우구스투스는 빛나는 승리자이며 실현자이고, 저술을 통해 새 기원을 열며 미래를 만든 자들이다. 그들은 최초의 영웅이 희생당하는 것을 보면서 살아 남은 것이다.

여기서는 역사철학적 해석이 중요하다. 곧 역사철학적 해석은 한결같이 내재적인 사변이기는 하지만, 악마(daimon)적인 실체화와 같은 방식을 취하여 실제로 인식할 수 없는 전체성을 마침내 실체화하는 것이다.

③인간과 신들의 투쟁—투쟁은 개별 인간과 '신의 힘', 인간과 악마, 인간과 신들 사이에서 벌어진다. 이 힘은 파악할 수 없다. 인간이 이 힘을 파악하기는커녕, 단지 이해하려고 할 때에도 그것은 사라져 버린다. 이 힘은 실제로 존재하면서도 존재하지 않는다. 똑같은 신이 도움을 주기도 하고 재앙을 내리기도 한다.

인간은 아는 것이 없다. 그래서 이 힘으로부터 벗어나려고 하면서도 어느 사이에 이 힘에 사로잡힌다.

인간은 신들에게 항거한다. 예를 들어 아르테미스*3를 받드는 순결한 청년 히폴리토스*4는 아프로디테*5에게 항거한다. 히폴리토스는 압도적 힘에 맞서 투쟁하다가 쓰러진다. (이상이 그리스 신화이다. 에우리피데스가 이것을 비극으로 만든다.)

④신들 사이의 투쟁—이 투쟁은 신들과 신들의 힘 사이의 알력이다. 인간은 단지 이 투쟁의 노리갯감, 무대, 또는 매개물에 불과하다. 이러한 매개물이 된다는 것이 오히려 인간의 위대함이다. 이러한 매개물로서 인간은 활력을 찾고 신의 힘과 일체를 형성한다.

소포클레스의 《안티고네》에서는 본디 지하세계와 정치세계에 속하는 숨겨진 신들이 지하에서 서로 싸우는 힘이 된다. 그러나 아이스킬로스의 《에우메니데스》에서는 인간의 행동에 의해 신들의 투쟁이 결정적인 요소라는 것이 매우 분명하여 그것이 전경에 나와 있다. 심지어 《프로메테우스(아이스킬로스의 작품)》에서는 인간이 등장하지 않고도 이러한 투쟁이 그대로 묘사된다.

비극적 직관에는 언제나 이러한 투쟁이 나타나 있다. 그러나 이 투쟁은 투쟁이기 때문에 비극적인가? 그게 아니라면 투쟁은 왜 비극적인가? 비극적 직관의 계기로서 그 밖의 다른 계기가 꼭 필요하다.

3 승리와 복종

비극에서는 무엇이 승리하는가? 또는 누가 승리하는가? 인간과 신의 힘은 알력을 일으킨다. 결말은 승리자에게 유리한 입장을 취하며, 좌절하는 자의 변명은 틀린 것 같은 생각이 든다. 하지만 결코 그렇지 않다. 오히려 비극에는 다음과 같은 양상이 나타난다.

①살아남는 자가 아니라 패배한 자의 마음속에 승리가 있다. 패배자는 좌절하면서 승리를 얻는 것이다. 승리자는 하루살이같이 겉보기로만 승리하므로 오히려 열등한 존재가 된다.

②세계 질서·도덕적 질서·보편적 삶·시간적 제약이 없는 것, 곧 전체가 승리한다. 그러나 이러한 전체를 인정하는 마음속에는 동시에 이것을 배격하는 마음이 있다. 곧 전체에 항거하는 인간의 위대성의 좌절은 필연적인 것이 되는데 대한 배격이다.

③결국 승리자는 없다. 오히려 모든 것이 의심스럽다. 영웅도 전체도, 초월자 앞에서는 모두 유한하고 상대적이며, 따라서 개인과 전체, 예외와 질서는 모두 파멸해야 할 것이다. 비범한 인간이나 숭고한 질서나 모두 피할 수 없는 좌절의 한계를 안고 있다. 비극에서는 초월자가 승리하거나, 또는 초월자조차 승리하지 못한다. 초월자는 요컨대 전체를 통하여 말하지만, 현실에 생존하는지 여부를 떠나 그저 무조건적으로 존재할 뿐이므로 지배하지도 복종하지도 않기 때문이다.

④승리와 패배 중에서, 해결 과정에서 '새로운', 그 나름대로 비극적 지식

에 대하여 타당성을 갖는 '역사적 질서'가 발생한다. 비극시인의 서열은 그가 승리와 패배, 그리고 그 해결로부터 발생시키는 실질적인 내용에 따라 정해진다.

4 죄

비극은 죄의 결과, 또는 죄 자체로서 여겨질 때 이해된다. 파멸은 죄의 대가이다.

사실 세상에서는 죄를 짓지 않고도 파멸하는 일이 얼마든지 있다. 은폐된 악이 남몰래 사람을 파멸시키며, 누구도 이러한 악이 하는 일을 듣지 못한다. 세계의 어떠한 심판기관도 이것을 알지 못한다(예를 들어 어떤 사람이 성의 지하 감옥에서 아무도 모르게 고문당하다 죽은 경우). 그의 증언을 아무도 듣지 못하고 알지 못하는 한, 인간은 순교자로서 죽어도 순교자가 되지 못한다. 자신을 방어할 힘이 없는 자들을 괴롭히고 죽이는 일은 지구상에서 날마다 벌어지고 있다. 이반 카라마조프는 터키인이 전쟁에서 재미삼아 젖먹이를 죽이는 장면을 보고 몹시 분노한다. 재난이 죄의 대가가 아니고 인생의 의의와 아무 연관이 없는 이상, 가슴을 찢는 듯한 이러한 무서운 현실도 비극성이 없다.

그러나 죄에 대한 물음은 개별 인간의 행위와 삶에 한정되지 않고 우리 모두가 속한 인간존재 전체와 관계된다. 이처럼 죄없는 파멸은 그 죄가 어디에 있는가? 죄를 짓지 않은 자를 불운하게 만드는 힘은 어디에 있는가?

이 물음에 분명하게 대답할 때, 인간에게는 공범의 사상이 생긴다. 모든 인간은 연대적이다. 그것은 인간이 유래한 근원이 만인에게 공통되기 때문이며, 인간의 목표 때문이기도 하다. 이에 대한 증거(근거는 아니다)는 유한한 오성으로 볼 때 불합리한 죄라는 사고방식, 곧 세상에서 악이 행해질 때 목숨을 바쳐서라도 악을 막기 위해 할 수 있는 모든 일을 하지 않는다면 나에게 그 죄가 있다는 사고방식에 놀라는 것이다. 한편에서는 악이 행해지고 있는데, 다른 편에서는 내가 살아 있고, 또한 계속 살아갈 수 있으므로 나는 유죄인 것이다. 그렇다면 인간은 누구라도 세상에서 일어나는 모든 일에 대해서 공범임을 피할 수 없다.

그리하여 죄에 대하여, 넓은 의미에서 현존재 자체의 죄와, 좁은 의미에서 특정 행동에 대한 죄를 말할 수 있을 것이다. 자신의 죄가 하나하나의 구체적인 부정 행위에 한정되지 않고, 좀더 깊이 들어가 현존재의 뿌리에서 발견되는 경우에 죄에 대한 사고방식은 좀더 포괄적이 된다.

그러므로 비극적인 지식에 대하여 나타나는 죄의 양식은 다음과 같다.

첫째, 현존재가 죄이다. 넓은 의미에서 죄는 현존재 자체이다. 이미 아낙시만드로스*6가 생각했던 일을 전혀 다른 의미에서이기는 하지만, 칼데론이 되풀이한다. 곧 인간 최대의 죄는, 탄생했다는 사실이라는 것이다.

이것은 내가 현존한다는 사실만으로 재난을 일으킨다는 점에서도 나타난다. 이를 구체화한 것이 인도의 사상, 곧 걸을 때마다, 숨쉴 때마다 미세한 생물을 죽이고 있다는 사상이다. 내가 어떤 행위를 하든, 하지 않든 나는 나의 현존재 때문에 다른 현존재를 제한하는 결과를 낳는다. 내가 어떤 일을 하든 또는 남이 남에게 어떤 일을 하든 나는 현존재의 죄에 물들어 있다.

① 특정한 현존재는 그 혈통 때문에 유죄이다. 사실 나는 현존재를 바라지 않았고, 나의 지금과 같은 현존재도 바라지는 않았다. 그렇다 하더라도 나는 이러한 혈통을 지닌 내가 되었으므로 유죄이다. 나의 선조들이 대대로 죄로 물들인 혈통의 오욕에 죄가 있는 것이다.

안티고네는 율법을 어기고(오이디푸스와 오이디푸스의 어머니 사이에서) 태어났다. 안티고네에게는 혈통의 저주가 작용한다. 그러나 안티고네가 이와 같이 타당한 혈통의 규범 밖에 있다는 사실은 또한 각별한 깊이와 인간성의 근거가 된다. 즉 안티고네는 신의 율법에 대해 확고한 지식을 갖고 있다. 안티고네는 다른 사람과 다르기 때문에, 그녀의 예외적인 현존재가 진실이기 때문에 죽는다. 안티고네는 후회없이 죽음을 맞이한다. 안티고네에게는 죽음 가운데 구원이 있다. 안티고네는 행위의 전과정을 통해 동일성을 유지한다.

② 저마다의 특정한 성격은 '상재(相在 : Sosein)'의 죄이다. 마치 자신의 성격에 대립하는 것처럼 나 자신을 신의 성격으로부터 떨어뜨리는 한, 성격 자체가 숙명이다.

내가 성품이 비천하며 나쁜 욕망의 근원이고, 됨됨이가 악하기 때문에 생기는 고집스러운 반발의 근원일 때, 이러한 나의 모습은 내가 원한 것도 아니며 만든 것도 아니다. 그러나 이 점에 나의 죄가 있다. 내가 구원받지 못하고 마지못해 죽든, 또는 훨씬 깊은 근원으로부터 나의 천성을 뛰어넘으려는 방향전환에 실패하고 그로 인해 과거의 나를 버렸으나 내가 되고자 하던 바를 이루지 못했든, 나의 운명은 나의 죄로부터 생기는 것이다.

둘째, 행동이 죄이다. 좁은 의미로서의 죄는 내가 특정한 행위로서 수행하는 행동에 있으나, 사실 그것은 자유로운 행동이어서 꼭 해야 할 필요도 없으며 다른 방식으로 할 수도 있는 행동이다.

①죄 많은 행동은 방자한 마음으로 인한 율법의 침해이다. 요컨대 고집밖에 다른 근거가 없는데도 전체에 항거하는 의식적인 고집이다. 죄 많은 무지의 결과이며, 동기의 반의식적 변경과 은폐의 결과이다. 이것은 비열함과 사악함의 비참함일 뿐이다.

②같은 행동의 죄라도 비극적 지식에 나타나는 행동의 죄는 다르다. 좌절은 도덕적으로 필연적이고 진실된 것으로서 자유의 근원으로부터 발생하는 행동에 수반된다. 인간은 바르고 진실되게 행동하면서도 죄로부터 자유로워질 수 없다. 죄 자체는 면죄의 성격을 지닌다. 인간은 이것을 스스로 받아들여 죄를 피하지 않으며, 고집으로부터 일어나는 저항이 아니라, 희생 가운데에서 좌절되어야 하는 진실된 마음에서 그의 죄를 참아낸다.

5 좌절에 있어서 인간의 위대함

비극적 지식이 깊어지면 반드시 인간을 더욱 위대하게 보게 된다.

인간이 신이 아니라는 사실은 인간을 왜소하게 만들어 몰락시켜 버린다. 인간으로서의 가능성을 극한까지 추구하고 그로 인해 스스로 그것을 알면서도 몰락할 수 있다는 것이 인간의 위대함이다.

그러므로 비극적 지식에서는, 인간은 무엇 때문에 괴로워하고 좌절하는가, 무엇을 떠맡는가, 어떠한 현실과 마주하여 어떠한 형태로 자기 현존재를 포기하는가, 이러한 문제가 본질적으로 중요하다.

매우 뛰어난 인간인 비극적 영웅은 선한 면에서든 악한 면에서든 결코 자기 본연의 모습을 잃지 않는다. 선(善)의 경우에는 자신을 충실하게 하고, 악(惡)의 경우에는 자신을 파괴함으로써 자기를 지킨다. 두 경우 모두 현존재로서는 좌절한다. 그것이 제약이 없는 것이든, 또는 단지 제약이 없는 것으로 생각한 데 지나지 않는 것이든 간에 제약이 없는 것의 당연한 귀결을 통해서 좌절하게 된다.

영웅의 저항, 대담성, 오만은 영웅을 악한 '위대성'으로 끌고 간다. 영웅의 인내력, 의기, 사랑이 영웅을 향상시키는 데 선이 있다. 그는 언제나 한계상황을 경험함으로써 북돋워진다. 영웅은 개인의 현존재를 넘어선 것, 곧 어떤 힘이나 원리, 성격, 악마적인 것의 담당자라고 시인은 생각한다.

비극은 선악의 피안에 있는 인간의 위대성을 보여 준다. 시인은 플라톤처럼 이렇게 통찰한다. "너는 중대범죄와 극도의 불안은 비천한 천성에서 나오는 것이지 재능이 풍부한 천성에서 나오는 것은 아니라고 생각하는가? ……어찌 생각이나 했겠느냐만, 나약한 천성은 선한 일에서든 악한 일에서든 위대한 일의 창시자는 될 수 없다." ……가장 재능이 풍부한 천성으로부터 "국가와 개인에게 최대의 재난을 가져오거나 최대의 은혜를 입히는 사람이 나온다. ……반면 왜소한 천성으로부터는 개인을 위해서나 국가를 위해서나 위대한 사람은 나오지 않는다."

6 진실성의 문제

알력을 일으키는 여러 힘들이 저마다 진실된 경우에 비극성은 성립한다. 진실된 모습의 분열, 또는 진실성의 불일치는 비극적 지식의 근본이다.

그러므로 비극에서는 무엇이 진실인가 하는 물음이 뚜렷이 드러나고, 그 결과로서, 누가 옳은가, 정의는 세계에서 성공을 거두었는가, 진실된 것은 승리하는가 하는 물음이 중요하다. 활동하는 모든 것에 진리가 여실히 나타나고, 또한 이러한 진실이 제약을 받으며, 그에 따라 전체에서 부정이 드러나는 것이 비극의 과정이다.

그런데 몇몇 비극은 주인공 스스로 진리를 문제로 삼는다(《오이디푸스》, 《햄릿》 등). 진실의 가능성, 그에 따른 지식의 가능성과 의미 그리고 지식이 가져오는 결과에 대한 물음이 테마가 된다.

오이디푸스

오이디푸스는 지식을 추구하는 인간유형이다. 그는 수수께끼 풀이의 명수로, 스핑크스를 굴복시킨 탁월한 사고능력의 소유자이다. 그 결과 그는 테베의 지배자가 된다. 그는 어떠한 기만도 용납하지 않으며, 무의식중에 저지른 끔찍한 악행도 백일하에 드러내는 사람이다. 그 때문에 그는 자신의 파멸을 초래한다. 그는 자신의 지적 탐구가 축복이기도 하고 재난이기도 하다는 사실을 알고 있으며, 진리를 갈구하기 때문에 축복도 재난도 포착해 가는 것이다.

오이디푸스는 무죄이다. 그는 신탁이 예언한 악행(아버지 살해와 어머니와의 결혼)을 저지르지 않기 위해 가능한 모든 일을 했다. 그는 부모라고 생각한 사람들이 사는 나라에서 도망친다. 그 뒤 다른 나라에서 실제 아버지를 죽이고 어머니와 결혼하지만, 그들이 아버지요 어머니임을 알지 못한다. "나는 결코 그러한 일을 저지르기를 원하지 않았다." "나는 모르고 그러한 일을 했고, 법률로 따져 보아도 무죄이다."

오이디푸스가 테베의 지배자로서 위험천만한 페스트가 나라 안에 퍼지는 것을 막기 위해, 처음에는 아무 두려움도 없이 탐구하고, 다음에는 두려움을 느껴 피하고, 그 다음에는 망설임없이 백일하에 드러내는 모습을 보인다.

오이디푸스는 그의 아버지를 살해한 자가 아직 나라 안에 있으므로 페스트를 피하기 위해서는 살인자를 추방해야 한다는 신탁을 듣는다. 그러면 살인자는 누구인가? 예언자 테이레시아스는 물음을 듣고도 대답하려 들지 않는다.

> 슬프구나! 현자가 된다는 것은 무서운 일,
> 현자라고 해서 보수가 있는 것도 아니건만!
> 당신들은 모두 어리석다, 나는 아무것도 폭로하지 않는다.
> 당신의 파멸을 폭로하지 않기 위해서……

오이디푸스는 예언자를 몰아세우고 치욕을 가함으로써 강제로 예언자가 입을 열도록 한다. 그래서 그 자신이 나라의 신성을 모독한 범법자라는 말을 듣는다. 이 터무니 없는 일에 놀란 오이디푸스는 교활하기만 하여 믿을 수 없는 예언자의 지식을 비웃는다. 그리고 이성에 바탕을 둔 자신의 지식, 예언자가 아닌 자신이 스핑크스를 굴복시키도록 한 지식에 의지하기로 한다. 그는 '나는 새를 보고 터득한 것이 아니라 지성에 집중함으로써' 이러한 승리를 얻었던 것이다.

그러나 심한 모욕을 느낀 예언자는 질문의 형식을 빌려 무시무시한 진실을 암시한다.

당신이 나를 장님이라고 비웃었으니 말하겠다.
당신은 눈이 있건만 보지 못한다. 당신이 얼마나 깊이 전락했는가를…….
자신이 누구의 피를 이어받았는지 아는가?

그래서 오이디푸스는 샅샅이 조사하기 시작한다. 어머니를 힐문한 결과 사실이 분명해진다. 지식을 추구하여 탐구와 인식에 뛰어났지만, 모르는 사이에 가장 악한 행위를 저지르고, 이러한 행위를 통해 행복한 생활에 이르지만 이윽고 지식 때문에 행복한 생활이 완전히 파괴돼 버리는 것이 풀리지 않는 진리와 생활의 뒤엉킴인 것이다.

이것이 원한을 품은 악마가 내게 한 짓이라고 했던
그 남자의 말이 사실이었구나.

모든 진실을 알고 두려워진 그는 진실이 낱낱이 드러나기 전에 죽고자 한다.

……사람들의 눈앞에서 사라질 수만 있다면!
재난의 무서운 치욕으로 산 채로 명이 줄어들기 전에.

이오카스테는 오이디푸스를 의문을 품지 않고 살아가는 무지(無知)의 상태로 돌이키려 했으나 헛수고였다.

우연의 지배를 받으며, 미래를 내다보는 또렷한 눈을 갖지 못한
인간이 무엇을 두려워하리.
세상 돌아가는 대로 비탄을 잊고 사는 것이 가장 좋은 법!
그러니 어머니와의 결혼을 그대는 두려워 말라.
수많은 사람들이 꿈속에서 이미 어머니의 짝이 됨을 보지 않았는가.
이러한 모든 일을 괘념치 않는 자는 삶의 짐이 가벼워지리라.

……그러한 탐구는 부질없는 일!

그러나 일단 단서를 찾자 오이디푸스는 진실을 숨기려는 어떠한 유혹에도 흔들리지 않았다.

하나하나 들추어내어 내 눈으로 직접 보리라.

모든 일이 밝혀지자, 그는 자신의 눈을 뽑아 버린다. 이제 눈은 볼 수 없으므로, 이후로는 어둠만을 보게 될 것이다.

내가 아무렇지 않게 여겼던 무시무시한 일도, 내가 이루었던 일도.

볼 수 없었던 것이다.
그러나 합창단은 인간생활 전체에서 삶은 환상이며, 환상을 파괴하는 것은 몰락이라고 단정을 짓는다.

너희 인류여, 불쌍하구나!
빛 가운데 사는 너희를
영(零)인 것처럼 나는 헤아린다!
인간은 누구든
환상이 주는 것보다
더 큰 행복은 갖지 못하며
이윽고 환상으로부터도 버림 받을 것이기에.

가련한 오이디푸스여,
무서운 그대의 운명
그대의 불행을 거울삼아
나는 지상의 그 무엇도
행복하다 찬양하지 않으리.

오이디푸스는 지식을 추구하고 지성이 탁월했음에도 불구하고 항상 원하지 않는 길을 걸었다. 그는 전혀 예기치 않았던 지식의 재난에 휩쓸린 것이다.

그대, 의식 때문에, 운명 때문에 불행한 자여!

그러나 이렇듯 제약 받지 않는 지식욕과, 무조건적으로 일을 떠맡는 것은 좌절에 있어서는 또 하나의 진리이다. 지식과 운명 때문에 불행해진 오이디푸스는 신의 뜻에 따라서 새로운 가치를 부여 받는다. 오이디푸스의 주검은 그가 묻힌 땅에 축복을 불러온다. 인간은 죽은 자를 위해 힘쓰고 죽은 자의 무덤을 공경한다. 죽은 자의 내부에서 내면적 화해가 이루어지고 세상이 변해가는 과정에서 그의 무덤은 신성시되며 이로써 화해가 성립된다.

햄릿*7

증거를 찾을 길 없는 범죄가 일어났다. 덴마크 왕이 아우에게 살해당하고 뒤이어 동생이 왕위에 올라 형의 아내와 결혼했다. 망령이 이 사실을 살해된 왕의 아들 햄릿에게 증인이 없는 자리에서 알려 주었다. 범인인 현재의 왕을 제외하고는 아무도 이 범죄 사실을 알지 못한다. 지금처럼 평온한 덴마크에서 사람들은 살인사건 이야기를 곧이듣지 않을 것이다. 망령이 망령인 이상, 햄릿조차 결코 절대적으로 정당한 증인이라고는 생각하지 않는다. 가장 중요한 점은 그것을 증명할 어떠한 증거도 없다는 사실이다. 그럼에도 불구하고 햄릿은 거의 확실한 사실로 인정한다. 햄릿의 삶은 이러한 제약에 의해 증명할 수 없는 일을 증명하고, 증명된 뒤에는 행동해야 할 과제를 떠맡는다.

극 전체가 햄릿의 진리 탐구로 이루어져 있다. 그러나 진실은 범죄사실 여하만을 묻는 단독적인 물음에 대한 답이 될 뿐 아니라 더 나아가 온 세계가 이러한 사건이 일어날 수 있었고, 또 은폐되어, 지금에 와서는 밝힐 수도 없는 상태라는 점에 있다. 햄릿은 자신의 임무가 분명해지는 순간, 이렇게 말한다.

이 시대는 온통 아수라장이다. 치욕적이고 통탄할 일이로구나.

세상을 바로잡기 위해서 내가 태어났다는 사실은!

(1막 5장)

햄릿에게 일어난 것과 똑같은 일을 겪은 사람에게는—곧 아무도 모르는 일을 혼자 알고 있음에도 확실히는 알지 못하는 자에게는—세상이 모두 새롭고 달라 보인다. 그는 그 누구에게도 말할 수 없는 일을 마음속에 간직하고 있다. 모든 인간과 상황과 질서는 그 자체가 저항이 됨으로써, 다시 말해 진리를 숨기는 수단이 됨으로써 진실되지 못한 것이 된다. 모든 일이 뒤틀어졌다. 가장 우호적이고 착한 사람들(오필리어, 레어티즈)조차 바람직한 태도나 행동을 보여주지 않는다. "이러한 세상에서 정직하다는 것은 수만 명 중에서 선택된 사람에 틀림없다."(2막 2장)

햄릿은 지식과 지식욕 때문에 세상으로부터 격리된다. 그는 세계 안에 거주하면서 세계에 적응할 수 없다. 햄릿은 미치광이처럼 행동한다. 거짓으로 가득 찬 세계에서 광기는, 마음에 없는 아첨을 하거나 존경을 나타내지 않아도 되는 가면인 것이다. 햄릿은 아이러니를 통해서만 진실할 수 있다. 참말을 하든 거짓말을 하든, 그는 미치광이 짓을 통해—누가 듣든 애매모호하니까—이를 숨길 수 있다. 광기는 그가 선택한 가장 적당한 역할이다. 진실은 다른 역할을 그에게 허용하지 않기 때문이다.

제외되어 있다는 사실로부터 예외자의 운명을 의식하고 경악하며 자신에게 일어난 일을 아는 순간, 햄릿은 무사태평한 인간생활로부터 단절되었으며, 이러한 단절조차 은폐하려는 것처럼 친구들에게 다음과 같이 말한다.

그대들은 직업이나 기호가 시키는 대로 행동한다.
인간은 누구나 기호와 직업을 갖기 마련이다.
어리석어 보일지라도
나는 기도나 하러 가련다.

(1막 5장)

그러나 그가 쓴 가면은 사람을 대할 때의 역할에 불과했다. 햄릿은 사실상 극단적으로 진실되지 못한 세계에서 진리를 추구하는 역할과, 발생한 범죄에 대해 복수하는 역할을 맡아야 했다. 이러한 역할은 분명하고 순수하며 직선적으로 수행될 수는 없다. 햄릿은 그의 본성과 그가 맡은 역할의 긴장갈등으로부터 발생하는 고통을 자진해서 받아들일 수밖에 없었고, 따라서 자신을 순수하게 보지 않고 오히려 광란 상태에서 볼 수 있는 것처럼 자신을 부인할 필요도 있었다.

햄릿에게는 우유부단한 자, 신경쇠약 환자, 잔뜩 벼르기만 하고 호기를 놓치는 사람, 몽상가이자 비행동적인 사람이라는 여러 가지 해석이 내려졌다. 그의 숱한 자기 비난이 그것이 사실임을 입증하는 듯하다.

> 그런데 나는
> 겁 많고 소심하고 비열한 나는
> 몽상가 한스처럼 남 모르게……
>
> (2막 2장)

> 이처럼 의식은 우리 모두를 겁쟁이로 만든다.
> 혈색좋게 태어난 결심은, 창백한 사상에 감염된다.
> 그리하여 옆길로 벗어나
> 활기차고 중요한 계획은
> 행동이라는 이름을 잃어버린다…….
>
> (3막 1장)

> 온갖 기회가 나를 꾸짖고 게으른 복수심에 채찍질을 한다…….
> 일의 경과를 세심하게 숙고하는 소심한 회의인가.
> 그렇지 않으면 분석해 보면 오로지 4분의 1만이 지혜이고, 4분의 3은 언제나 비겁이라는 사상인가.
> 대체 왜 나는 뻔뻔스럽게 살아 있으면서
> "이 일만은 반드시 해야 한다"고 말하는 것인가. 이 일을 해낼 만한 이유와 의지와 힘과 수단도 지니고 있건만.
>
> (4막 4장)

사실 햄릿은 뻔뻔스러워 보일 것이 분명하다. 햄릿에게는 어떤 경우에든 행동에 나설 수 없는 이유가 있다. 뿐만 아니라, 자기 눈에도 자기가 비겁하게 보이는 것이다. 그는 자신을 행동으로 이끌고자 위와 같이 말한 것이다.

그러나 햄릿이 끊임없이 진리와 진리에 일치하는 행동을 목표로 삼고 능동적으로 활동한다는 것, 그가 머뭇거리는 이유는 진실성이라는 본래 척도에 비추어 보면 모두 정당화된다는 것, 이것이 바로 비극의 근본 특성이다. 운명이 강요한 상황 때문에 그는 너무나 깊은 사색에 잠겨 행동력이 약한 겁쟁이처럼 보이는 것이다.

햄릿은 결코 비겁하지도 우유부단하지도 않다. 오히려 반대라는 사실이 거듭 밝혀진다.

> 내 목숨쯤은 손톱만큼도 아까울 것이 없다.
>
> (1막 4장)

사실 햄릿은 어디에서든 대담한 모험을 감행한다. 그는 침착하고 냉정해서 순간적으로 적절한 결단을 내린다. (예컨대 로즌크렌츠와 길던스턴과의 교제처럼) 그는 누구보다도 탁월하고 용감하며, 칼을 들고 싸우든 기지로 싸우든 잘 싸운다. 그의 성격이 그의 행동력을 약화시키지는 않았다. 오로지 지(知)와 무지를 깨달은 사람이 처하게 마련인 상황이 그를 머뭇거리게 만든다. 그의 기질이 순간 그를 극도의 흥분 상태로 몰아넣었을 때, 그는 왕을 찌르려다가 폴로니어스를 죽이지만 이것을 결코 잘한 일이라고 생각하지는 않는다. 그것은 왕을 죽였다 하더라도 마찬가지였으리라. 왜냐하면 햄릿의 임무는 복수하기 위해 왕을 죽이는 데 그치지 않고, 왕이 저지른 일을 그 시대 사람들이 납득하도록 분명히 알리는 데 의의가 있기 때문이다. 이른바 결단력 있는 사람이 흔히 나타내는 맹목적 행동의 격렬함과 비교하면 햄릿은 행동을 하지 않은 것이 된다. 그러나 그것은 섣부른 단도직입적 행동은 하지 않는다는 것이다. 이를테면 햄릿은 지와 무지의 경지에 빠져 있는 셈이다. 한편 단순히 결단력만을 지닌 사람은 그 환상의 폭이 좁으므로 강력한 주장, 섣부른 복종, 맹목적 행동, 야수적 폭력에 현실적으로 사로잡혀 있다. 수동적 인간이 하기 쉬운 극적인 단도직입적 행동을 보고 막연한 감격을 느끼는 자만이, 햄릿을 뻔뻔스럽다고 비난할 수 있을 것이다.

진실은 오히려 그 반대이다. 자기의 임무가 분명해지는 순간 햄릿은 말한다.

나의 운명이 부르는구나.
운명은 내 몸의 가장 미세한 혈관까지도
네메아의 사자*8의 힘줄처럼 팽팽하게 잡아당기는구나.

(1막 4장)

그는 마지막까지, 곧 그가 죽게 되는 레어티즈와의 싸움에서 그의 기민한 결단이 시시각각 변할 때까지 이런 생각을 버리지 않았다. 어떠한 뉘앙스에도 가장 명민한 통찰과 능동적 행동의 갈등이 목표를 향한 움직임으로 나타난다. 꼭 한 번 폴로니어스를 찔러 죽였을 때, 충분한 명민함이 따르지 않는 격정적이고 맹목적인 행동 때문에 이러한 갈등이 사라졌을 뿐이다. 행동이나 가면 자체가 곧 진실은 아니고, 그것이 동시대인에게 분명히 알려지는 것을 본인도 바라고, 또한 그렇게 알려지는 것과 더불어 비로소 행동과 가면이 진실 그 자체가 된다는 것은, 임종의 자리에서 햄릿이 같이 죽으려 하는 호레이쇼에게 마지막으로 한 말에 역력히 나타난다.

벗이여, 이대로 모든 일이 묻혀 버린다면
내가 죽은 뒤 당치도 않은 오명이 남지 않겠는가!
그대 진정 나를 사랑했다면,
이번에도 죽음의 행복을 물리쳐 다오.
이 쓸쓸한 세상에 오래도록 살아 남아
내가 걸은 운명을 세상 사람들에게 이야기해 다오.

(5막 2장)

진리를 향한 무제한의 의욕을 본질로 하는, 햄릿의 풀리지 않는 운명에는 정의와 진실과 선(善) 자체를 알려 줄 힘은 없다. 운명은 침묵으로 막을 내린다. 그렇지만 고정된 점 같은 것이 암시되고 있다. 진실 그 자체는 아니지만 운명이 펼쳐지는 과정에서 햄릿이 수긍하는 점이다. 수긍이라고 해도 햄릿 자신을 위해서가 아니라 다른 사람을 위해서 그가 억지로 하는 수긍이다. 그것은 그가 어떤 인물들을 수긍한다는 뜻으로 볼 때 현실 세계에서의 수긍이다. 그들은 비극 내에서 그를 둘러싼 대조적 인물들로서 그의 예외적 성격과 운명을 닿을 수도 없는 높이까지 북돋운다.

호레이쇼는 하나뿐인 친구로서 햄릿과 관계를 맺고 있다. 호레이쇼가 진실하고 성실하며 인내심이 강하고 죽음을 두려워하지 않는 인물이기 때문에, 햄릿은 그에게 이렇게 말할 수 있었다.

> 나의 영혼이 뜻대로 물건을 고르고
> 사람을 가려 볼 수 있게 된 다음에 선택한 것이 그대이다.
> 그대는 갖은 고난을 겪으면서도
> 얼굴색하나 바꾸지를 않았다.
> 운명의 질책도 선물도
> 모두 감사한 마음으로 받아들인 그대였다.
> 혈기와 분별력이 알맞게 조화를 이뤄
> 운명의 여신의 피리도 되지 않고
> 운명의 여신이 퉁기는 음을 연주하지도 않는 사람을 축복해보고 싶구나.
> 번뇌의 노예가 되지 않는 사람이 있다면
> 나는 그를 만나 가슴 속 깊이
> 품고 소중히 기르고 싶다.
> 내가 그대를 품듯이. —너무나도 말이 많았구나.
>
> (3막 2장)

호레이쇼는 그 본성과 성격이 햄릿과 비슷하다. 그러나 사명과 운명은 햄릿을 누구와도 함께 할 수 없는 근본적 경험이라는 고독한 길을 걷게 했다.

포틴브래스는 세계의 현실을 아무 근심 없는 환상과 이 환상을 염두에 둔 적극적인 행동 속에 불평없이 사는 남자이다. 그는 태평하게 행동한다. 그는 명예를 존중한다. 햄릿이 죽은 뒤, 그는 시원스레 이렇게 말한다.

나는 조의를 표하면서 나의 행복은 지키기로 하겠다.
나는 오래 전부터 이 나라에 대해 청구권을 갖고 있다.
나의 유리한 입장이 이 권리를 요구하라고 명령한다.

(5막 2장)

그는 사건을 즉시 이용하기는 하지만 조금 놀란 얼굴로 죽은 자인 햄릿의 운명에 경의를 표하고, 햄릿에게 최고의 경례를 바치도록 명령한다. 그러면서 햄릿이 덴마크의 왕좌에 올랐더라면 보여 주었을 품위에 대해서 단언한다.

왕좌에 올랐더라면
가장 임금다운 품위를
보였을 분이셨다……

(5막 2장)

현실주의자 포틴브래스는 무지한데다가 무지하다는 사실조차 깨닫지 못하기 때문에 살아갈 수 있다. 그는 그의 지위에 수반하는 당연한 목적에 매달리고, 또 유한한 현존재의 보잘 것 없음을 전혀 느끼지 못하기에 유한한 힘을 갖는다. 현실 세계의 유한한 목적에 대해서도 포틴브래스는 지식이 풍부한 햄릿의 동의를 얻는다. "죽음에 즈음하여 나는 그를 지지한다."(5막 2장)

그러나 포틴브래스가 아무리 귀족이라 할지라도 이렇게 명예에만 매달리는 삶이 얼마나 옹졸하고 거짓된 것인지에 대해서는 일찍이 햄릿이 포틴브래스와 자기를 비교하며 언급한 적이 있다.

진실로 위대하다는 것은
마땅한 이유 없이는 행동하지 않는 것
그런데 명예가 문제가 될 때에는
지푸라기 하나를 두고도 큰 싸움을 벌이다니……
환상 같은 명성을 꿈꾸느라

순순히 무덤을 향해 출발하는
죽음을 눈앞에 둔 2만 명을 보노라니
나의 무기력함이 부끄러울 뿐이구나.

(4막 4장)

햄릿은 호레이쇼일 수도, 포틴브래스일 수도 없다. 햄릿에게는 어떤 일을 성취할 수 있는 가능성이 없는가? 햄릿에게 있어 갑자기 제기된 이 무시무시한 진실성의 문제는 그것을 부정하는 방법 외에는 실현될 가능성이 없어 보인다. 그러나 작자는 단 한 순간 햄릿의 마음에 자기 생각의 독자적 실현 가능성을 똑똑히 떠올리게 한다. 그것은 햄릿이 확신에 차서 오필리어에게 다음과 같은 편지를 썼을 때이다.

빛나는 태양도
별빛도 의심하세요.
진리도 거짓말이 아닌지 의심하세요.
오직 나의 사랑만은 의심하지 말아 주세요.

(2막 2장)

하나의 절대적 기준으로 볼 때 햄릿은 진실보다 더 확고한 것이 마음속에 있음—모든 진실은 사람을 기만하며, 이 비극의 비극적인 면은 여기에 있다—을 경험한다. 그러나 상대인 오필리어가 미치고 만다. 햄릿의 생각이 실현될 가능성은 그 영혼의 무서운 분열 속에서 사라진다.

햄릿이 걷는 진리의 길에는 구원의 손길이 뻗치지 않는다. 이러한 운명을 맞이하는 것은 무지의 공간과도 같은, 끊임없이 한계를 느끼는 햄릿의 마음이다. 그 한계에서 보이는 것은 허무일까? 이 한계가 알려 주는 무언가는 작품 전편에 흐르는 희미한 암시를 통해 엿볼 수 있다.

햄릿은 미신을 부정한다. 그것은 그의 지식의 명료성 때문이 아니라, 불확정적이지만 모든 것을 포괄하는 자에 대한 믿음 때문이다.

"나는 모든 예언적 징후에 저항하리.

참새가 떨어져 죽는다면 그것도 특별한 섭리의 탓이다.
지금 죽으면 더 이상 죽는 일은 없겠지…….
마음의 준비만 되어 있다면 무서울 것이 무어랴.
이 세상이 어떤 것인지는 모두 모르고 떠나므로
일찍 떠난다 해서 무슨 미련이 남을 것인가?"

(5막 2장)

그리고 구체적 행동에 대해 더욱 분명히 말한다.

진지한 계획이 좌절될 때
무모함이 도움이 된다는 사실을 깨닫자.
그리고 이러한 사실로부터
우리가 그리는 모든 목적은
신이 이루어 준다는 것을 배우자.

(5막 2장)

햄릿이 그의 무지를 나타내는 태도로부터 우리는 허무가 아니라 초월자를 느낀다.

호레이쇼여, 하늘과 땅 사이에는
우리 철학으로는 상상할 수도 없는 일이 얼마든지 있다네.

(1막 5장)

햄릿에게 나타난 망령이 말한다.

그렇지만 이 영원한 계시는
피와 살을 가진 자의 귀에는 결코 들리지 않으리.

(1막 5장)

그러고는 더 이상 말하려 하지 않는다.

나머지는 침묵뿐이다.

(1막 5장)

햄릿의 이 마지막 말을 보아도, 무지라는 태도는 이상할 만큼 충실한 태도인 듯하다.

조심스러운 태도로 간접적인 표현을 쓰던 호레이쇼가 죽은 사람에 대해 감동적인 말을 남김으로써 대단원의 막은 내린다.

이로써 고결한 마음이 사라진다—왕자님, 편히 잠드소서!
천사의 무리가 그대의 안식을 위해 노래 부르리이다!

(5막 2장)

셰익스피어가 주인공이 죽었을 때 이렇게까지 조의를 표한 작품은 없다. 햄릿은 스토아적인 현자나, 그리스도교의 성인이나, 인도의 은자와 비교하면, 일상적인 삶을 표현하는 유형은 아니다. 그러나 진실과 인간적 품위를 추구하는 확고한 의지를 지닌 고귀한 인물이라는 점과, 세계 속으로 몸을 던져 현실세계를 피하지 않고 오히려 현실세계로부터 배척당한 사람이라는 점, 자신을 전적으로 운명에 내맡기고 침착하게 영웅적 태도를 지킨 인간이라는 점에서는 매우 독보적인 존재였다.

햄릿 극은 여러 비유를 통해 인간의 상황을 여실히 표현하였다. 진실은 발견될 수 있는가? 진실과 더불어 살 수 있는가? 인간의 상황은 이러한 물음에 대답한다. 곧 신화나 자만에 찬 지식으로부터 발생하는 신화의 대용품을 믿으며 아무런 회의도 없는 언동을 하고, 비진리의 제약을 수용하는 데에서 볼 수 있듯 삶의 원동력은 맹목으로부터 나온다. 인간의 상황에서 겪는 진실성의 문제는 풀리지 않는 과제를 제시할 뿐이다.

오롯이 드러난 진실은 인간을 무력하게 만든다. 햄릿의 경우처럼 비길 데 없는 영웅 정신이 아무것도 숨기지 않은 채, 부단히 감동하는 영혼의 움직임을 따라 나아갈 수 없다면 더욱 그렇다. 본성의 확고한 추진력이 매사에 분명하게 전개되지 않는 때에는 반성은 약화된다. 그러나 삶의 힘은 아무 것도 실현하지 못한 채 소모되고, 좌절에 직면한 초인적이지만 인간미 있는 위대성을 지닌 인간상을 남긴다. 그것은 다른 관점에서 볼 때와 똑같은 상(像)이다. 곧 니체가 진실은 자신과 동화되는 것이 아니고 오히려 필연적으로 오류가 따른다고 본 경우나, 엠페도클레스는 진리 전체를 민중에게 남기려 했으므로 신을 모독했다고 한 횔덜린의 경우나 모두 마찬가지이다. 이런 것들은 그때그때 삶의 조건이 되는 근본적 진리에 대해서만 따르는 것이다. 거기서 제기되는 물음은 "인간은 진리를 위해 죽어야만 하는가? 진리는 죽음인가?"하는 것이다.

햄릿은 인간의 한계에 직면하여 전율하는 지식에 그 비극성이 있다. 이 비극에는 어떠한 경고도 없고, 특권도 부여되지 않는다. 진리를 추구하는 의지로 인하여 현존재가 좌절하고, 그 의지가 가진, '나머지는 침묵뿐'이라는 무지의 경지에서 드러나는 본연의 존재에 대한 지식이 있을 뿐이다.

〈주〉

*1 브뢰겔(Breughel, 1564~1638) : 네덜란드의 부자(父子) 화가. 여기서는 아들을 말함.

*2 히에로니무스 보슈(Hieronymus Bosch, 1450? ~1516) : 네덜란드의 화가. 브뢰겔과 보슈는 지옥을 묘사하길 좋아했다.

*3 아르테미스 : 동물계를 지배하는 수렵과 죽음의 여신.

*4 히폴리토스 : 테세우스의 아들로 계모 파이드라의 사랑을 거절해서 해신(海神)에게 살해되었다.

*5 아프로디테 : 사랑과 미와 풍요의 여신. 바다의 거품에서 태어났다.

*6 아낙시만드로스(Anaximandros, BC 611? ~546) : 고대 그리스의 자연철학자. 탈레스의 제자이자 후계자. 그는 우주의 근본 존재는 무한자(無限者 : Spermata)라고 했다.

*7 햄릿 : 이하의 해석에서 중요한 부분은 칼 베르더의 《셰익스피어의 햄릿 강의(Karl Werder, Vorlesungen über Shakespeare Hamlet 1859~1860, 2. auf. Berlin, 1893)》를 바탕으로 했다.

*8 네메아의 사자 : 그리스 신화에서 코린토스 서남쪽의 네메아 계곡에 살다가 헤라클레스에게 살해된 사자를 말한다.

3장 비극적인 것의 주관성

비극적인 지식은 무감동하거나 인식에 목적을 두는 방관은 아니다. 비극적 지식은 내가 어떻게 인식했다고 생각하는가, 무엇을 바라보고, 어떻게 느끼는가 하는 그 방식을 통해 나 자신을 찾는 인식작용이다. 이런 지식에 의해 인간은 변화한다. 그리고 이 변화를 통해 구원을 얻어 비극적인 것을 극복하고 본연의 존재로 비약하는 길을 걷는다. 그렇지 않으면 인간을 방심 상태로 몰아넣고 진지하지 못하게 만들어, 의지할 기반을 잃게 만드는 심미적이고 무책임한 관조(觀照)로 추락하는 길을 걷게 된다.

1 구원일반의 개념

인간은 이 세상에 던져져 갖가지 고초를 겪고 눈앞에 다가오는 파멸을 피할 길이 없게 되면 구조를 간절히 바라게 된다. 그 구조는 현재 세계로부터의 도움이든, 영원한 세계로부터의 구제이든, 또는 순간적인 고난으로부터의 해방이든, 고난 일반으로부터의 구원이든 가리지 않는다.

구조는 인간이 저마다 자신이 처한 상황 속에서 동료들과 하는 실제 활동을 통해 이루어진다. 뿐만 아니라 태곳적부터 특수하고 뛰어난 사람 또는 신들린 사람이 마술사, 무당, 성직자가 되어 그들만이 구사할 수 있는 방법으로 도움을 준다.

의식이 고난의 보편성을 생각하고, 인간 일반에 대해 보편적 요구를 제시하며 만인을 구제하고자 하는 예언자와 메시아를 통해 고통으로부터 구원받는 길을 찾았을 때, 인류 역사는(기원전 1세기 무렵) 크나큰 전환을 맞이한다. 고난은 이미 현존재의 일상적인 고난이나 질병·노쇠·죽음이 아니라, 인류와 현실 세계의 무지와 죄악과 무질서에 의한 근본적 타락이다. 이때 메시아, 즉 세계 질서를 주장하는 평화의 사도는 세계에서 지금 이 순간을 위한 부분적 도움을 줄 뿐 아니라, 이러한 도움과 더불어 또는 이러한 도움 없이 그 이상의 일을 한다. 곧 전반적인 구원을 보여 준다.

전반적인 구원은 객관적 사건에 나타나며, 이 사건은 계시로써 인간에게 알려진다. 따라서 인간은 이제 전반적으로 올바른 길을 깨닫고, 자신을 위한 올바른 길도 발견하게 된다. 세계의 움직임은 비역사적인 견해에서 볼 때 언제나 되풀이되는 사건으로서 순환하고 있다고 여겨진다. 또한 전락과 회복의 거대한 결정적 사건들 그리고 계시의 여러 단계를 가진 일회적 사건으로서 역사적으로 파악되기도 한다. 어느 경우에나 보편적인 것과 포괄적인 계기가 있다. 그것은 보편적인 여러 법칙들에서이든, 하나의 보편적인 역사의 과정에서이든, 이렇게 의식된 포괄자로부터 모든 고난은 인식되고 극복된다. 개인은 연습과 고행, 의식의 신비로운 과정을 통하여 포괄자와 관계한다. 개인은 은총과 변신에서 얻은 본성의 재탄생을 통하여 상승한다.

2 비극성과 구원

비극적 직관은 인간의 불행을 형이상학적 토대 위에서 바라보는 견해이다. 형이상학적 토대가 없다면 단지 고난과 고뇌와 불운과 잘못과 실패가 있을 뿐이다. 비극적인 것은 초월적인 지식에서 비로소 모습을 나타낸다.

약탈·살인·음모 등 참혹한 사건들, 요컨대 무서운 일에 대한 모든 감각들을 서술하는 데 불과한 문학작품은 비극이 아니다. 문학작품이 비극이 되려면, 주인공이 철저한 비극적 지식을 지니고 관객을 그 속으로 끌어들여야 한다. 그리하여 비극적인 것으로부터의 구원이라는 문제, 또는 본연의 존재에 대한 문제가 제기된다.

이 문제는 경우에 따라 달라진다. 즉 현실적으로 한계상황에 놓인 비극적 주인공과, 다만 한계상황을 가능성으로서 경험할 뿐인 관객의 경우에 따라 달라진다. 그런데 주인공과 일체를 이룰 때에만 관객은 한계상황에 관계한다. 관객도 본디 인간으로서 모든 사람과 하나가 되어 있으므로 이 경우에는 자신의 자아를 포기하고 인간의 자아에 융해되어서, 자기에게는 단지 가능한 일에 불과한 일도 마치 그것이 현실적인 것처럼 경험한다. 스스로가 비극에서 묘사되고 있는 인간에 녹아든다. 그리고 비통한 심정으로 "이것은 바로 너야!"라고 자신에게 말하게 된다. 감상적인 연민이 아니라 자신도 함께 겪고 있다는 뜻에서의 '동정'이 인간을 인간답게 만든다. 그렇기에 위대한 비극 속에는 인간성이 고스란히 드러난 분위기가 있는 것이다. 그렇지만 관객은 사실 안전하므로 위기에 처했을 때의 인간 존재의 진지함을 잃어버리고 무책임하게 체험을 즐기는 심미적 태도로 전락하고, 나아가서는 그 체험을 망치기 쉽다. 따라서 이 체험은 참혹하고 소름끼치는 일을 즐기는 비인간적 쾌락으로 변하거나, 품격있는 주인공과 일체화함으로써 일어나는 자아의 비현실적 가치에 대한 값싼 감정이 만들어 내는 도덕적인 자기 합리화나 자기 기만으로 타락한다.

비극적 지식은 문학작품 속에서 주인공에 의해 구체화된다. 주인공은 고난과 파멸과 몰락을 경험할 뿐만 아니라, 이것들의 본질을 알게 된다. 더욱이 그의 영혼은 극단적 분열을 일으킨다. 비극은 한계상황을 통해 변화하는 인간을 그려낸다. 주인공은 예를 들면 카산드라처럼*1 비극적 분위기를 파악한다. 주인공은 사물의 섭리에 호소하면서 이를 의심한다. 그는 투쟁 가운데에서 그에게 속한 힘을 의식하지만, 그 힘이 모든 것을 해결해 주는 것은 아니다. 그는 자신의 죄를 알고 이를 문제 삼으며, 진실성에 관해 문제를 제기한다. 그는 의식적으로 승리의 의미와 패배의 의미를 구체화한다.

비극적인 것의 직관은 초월하는 것과 일체이며, 또한 일종의 해방작용이라 할 수 있다. 비극적 지식에서, 구원을 향한 욕망은 이미 고난과 역경으로부터 구조되기를 바라는 욕망이 아니라, 초월작용을 통해 비극적인 존재파악으로부터 구원받으려는 욕망이다. 그러나 이 점에서는 구원이 비극적인 것 안에서 이루어지는가, 또는 비극적인 것으로부터 이루어지는가에 따라 근본적인 차이가 생긴다. 전자의 경우 비극적인 것은 여전히 지속하며, 인간은 비극적인 것을 참고 그 안에서 변화된다. 후자의 경우는 비극성 자체가 구제를 받으며, 비극성은 사라져 결국 과거의 것이 되어 버린다. 비극성을 통해 가는 길은 반드시 가야 할 길이었지만 이 길은 이미 다 지나쳐서 지양되었고, 아직 보존되고 있지만 이제는 비극적인 것이 아닌 본래적 삶을 위한 토대가 되었다. 비극적인 것 안에서든, 또는 비극적인 것을 초월해서든, 인간은 엄청난 혼란을 겪은 뒤에야 구원을 얻는다. 인간은 어둠 속으로 가라앉거나 혼돈 속으로 침몰하지 않고, 본연적인 존재의 확신과 이를 통해 얻는 만족 가운데에서 어떤 기반에 도달한다. 그러나 이러한 확신이나 만족은 한 가지 뜻으로 규정되는 것은 아니다. 그것은 근본적인 절망의 위험을 통해서만 획득된다. 이 위험은 여전히 임박해 있으며 언제 다시 발생할지도 모른다.

3 비극적인 것 안에서의 구원

관객은 작품을 접하면서 무엇이 자신을 구원해 주는가를 경험한다. 본질적인 것은 호기심이나 파괴적 욕망이나 자극이나 흥분을 원하는 충동이 아니다. 이런 것들 속에는 더욱 진지한 계기가 있다. 이 계기가 관객을 비극적인 것에 압도당하게 하는 것이다. 곧 관람하는 동안 점차 증대되는 지식을 주도적인 계기로 하는 흥분 과정을 통해 관객은 존재 자체와 접촉하며, 이때부터 현실적 삶에서의 그의 에토스는 의미와 동기를 지니게 된다. 보편적인 것에 대한 이러한 직관에 의해 일어나는 일은 비극적인 것 자체에 대한 감동의 절정에서 비롯되는 해방이다. 그러나 이 감동을 어떻게 해석할 것인가에 따라 여러 대답들이 나오게 될 것이다. 이 대답은 각각 중요한 점을 지적하고는 있지만, 그 모두를 모아도 비극적 지식에서 볼 수 있는 충실한 근본적 직관의 현실성을 만족스럽게 나타내지는 못한다.

①인간은 비극의 주인공으로부터 어떠한 일이 발생하더라도 지켜야 할 자신의 가능성을 본다.

몰락의 순간까지 영웅적으로 행동한다는 것은 인간의 존엄성과 위대함의 증거이다. 그는 용감하며, 살아 있는 동안 어떤 변화를 겪더라도 흔들림 없이 자신을 회복할 수 있다. 그는 자신을 희생할 수도 있다.

모든 실질적인 의미와 가능성이 남김없이 사라지는 때에도 인간에게는 마음속 깊은 곳으로부터 떠오르는 무엇이 있다. 그것은 "나는 묵묵히 나의 운명을 받아들여야만 한다"는 말처럼 인내를 통해 이루어지는 자기 주장이며, 삶의 용기, 그리고 자아 파멸의 한계점에서 당당히 죽음을 선택하는 용기를 통해 이루어지는 본연적 존재의 자기 주장이다. 언제, 어떤 것이 진실된 것인가는 객관적으로 결론 내릴 수 없다. 감각적이고 직접적인 인상에서 본다면, 어떠한 희생을 치르더라도 살아 남는다는 것은 생명의 고집으로 보일 것이다. 그러나 내가 놓인 자리를 아무런 조건도, 의심도 없이 확고하게 지킨다는 것은 복종심으로 인해 가능해진 일일 것이다. 한편 감각적이고 직접적인 인상에서 본다면, 삶으로부터 벗어나려는 것은 불안처럼 보일 수도 있다. 그러나 수치스러운 삶이 강요되고, 죽음에 대한 공포가 이러한 삶에라도 집착하게 할 때는 죽음도 큰 용기가 필요한 일일 것이다.

그러나 용기란 무엇인가? 생명력 자체도 아니고 노골적인 고집의 원동력도 아니다. 현존재에 대한 집착으로부터 해방된다는 것, 곧 죽을 수 있다는 것이 용기다. 영혼이 끝없이 인내하면, 이러한 인내 속에서, 죽을 수 있다는 것을 통해 영혼에 본연적인 존재가 나타난다. 용기는 비록 그 신앙 내용이 다르다 하더라도 위대한 인간에게 공통된 것이다. 그것은 자유의 경지에서 추락하는 비극적 인간에게 깃들어 자유의지에 따라 자신을 포기하게 하는 근원적 계기이며, 이 계기야말로 자신의 본래적 존재의 가능성이 발현된 것으로 볼 수 있다.

비극을 보면서 관객은 비극적 지식으로부터 해명된 자신의 가능성을 주인공보다 먼저 얻고, 주인공에게도 그런 가능성이 있다고 생각하거나, 단정할 수 있다.

② 유한자(有限者)의 추락을 지켜보며 인간은 무한자의 현실성과 진실성을 본다. 본연적인 존재 자체는 그 앞에서는 모든 형태가 절망하지 않을 수 없는, 모든 포괄자 중 포괄자이다. 주인공과 그가 지닌 생활 신조인 이념이 위대하면 위대할수록 사건은 더욱 비극적이며 나타나는 존재는 더욱 깊고 원대하다.

반드시 죄를 범해야 하는 것도 아니건만, 죄를 저지르고 몰락하는 자에게서 볼 수 있는 정의의 도덕적 평가가 비극적인 것은 아니다. 죄와 속죄는 그 둘 사이의 공간이 매우 좁을뿐더러 도덕성에 한정된 관계를 맺고 있다. 인간의 도덕적 실체가 서로 충돌하는 여러 힘으로 나뉘어질 때, 비로소 인간은 영웅적 위대성을 지니게 되고, 인간의 죄는 성장하여 면책된 성격적 필연성이 되며, 몰락은 회복된다. 이러한 회복에 있어서 사건은 지양된다. 모든 유한자가 절대자가 보기에는 이미 단죄되었다는 사실은, 우연적이고 무의미한 것으로 보이는 몰락을 필연성으로 높이 북돋운다. 개인이 위대해야만, 자아를 희생해서까지도 옹호하려 했던 전체라는 본연적 존재가 여실히 나타나기 때문이다. 비극적 영웅은 주인공 스스로가 본연적 존재와 연관된 채 몰락에 빠지는 것이다.

특히 헤겔은 이런 해석을 비극의 핵심 내용으로 생각했다. 그래서 비극의 본질적인 의미를 단순화시킨 결과 비극으로부터 비극성을 박탈하려고 했다.

그가 통찰한 방향은 사실 존재하기는 하지만, 화해할 줄 모르는 자기 주장과 대극적(對極的)인 불가분리성을 지닐 때에 비로소 타당성을 얻는다. 이런 관계가 없으면 헤겔이 통찰한 방향은 조화만을 노린 시시한 것, 엉성한 만족이 된다.*2

③비극의 직관에 의한 비극적 지식에서는, 니체가 해석한 것과 같이 디오니소스적 생명감이 발생한다. 관객은 재난을 통해, 어떠한 파괴도 영원히 침해할 수 없고 또 소멸과 파괴, 모험과 몰락 중에서도 자신의 절대적인 권력을 깨닫는 본연적인 존재의 환희를 보게 된다.

④아리스토텔레스에 따르면 비극적 직관은 카타르시스, 곧 영혼을 정화하는 작용을 한다. 관객의 마음 속엔 주인공을 향한 동정과 자신에게 일어날 일에 대한 공포로 가득 차 있다. 그러나 관객은 이러한 격정을 절절히 느끼며 동시에 그것으로부터 자유로워진다. 심장을 뒤흔드는 감동으로부터 초월과 상승작용이 발생한다. 정의(情意 : Gemüt)로부터의 자유는 정돈된 격정으로부터 맺어진 열매이다.

모든 해석의 공통점은 이렇다. 좌절 가운데 여실히 드러나는 본연적인 존재는 비극적인 것에 직면해서야 비로소 경험할 수 있는 것이다. 비극적인 것 가운데에서 고난과 공포를 뛰어넘어 사물의 근거로 가는 초월작용이 발생한다.

4 비극적인 것으로부터의 구원

작품의 중점을 존재에 대한 지식을 통해 비극적인 것을 이겨내는 것에 두면, 문학작품은 비극적인 것으로부터의 구원을 나타내게 된다. 이때 이것을 존재에 대한 지식으로부터 본다면, 비극적인 것은 화해를 이룬 기반이거나 또는 현상적 전경이 된다.

①**그리스 비극** 《에우메니데스》에서 아이스킬로스는 비극적 사건을 과거에 귀속시키고 있다. 아테네의 최고법원(아레오파고스 : Areopagus)과 에우메니데스 예배의 제도를 통해 신들 및 악마와 화해함으로써 비극적 사건은 폴리스에서 인간존재의 안정된 질서로 변했던 것이다. 비극적 영웅의 시대는 법과 질서의 시대, 신들을 받들면서 믿음을 지니고 폴리스에 헌신하는 시대가 된다. 비극성에서는 어두운 밤이었던 것이 밝은 생활의 토대가 된다.

《에우메니데스》는 우리에게 전해 내려온 유일한 3부작의 마지막 편이다.

지금까지 전해지는 아이스킬로스의 다른 극들은 모두 중간편이며, 이 중간편에 이어 결말편에서 어떤 해결이 시도되었는지는 알 수 없다. 《프로메테우스》도 3부작 중 중간편인데, 그 결말편에서 신들의 비극성은 신들의 질서로 지양되었을 것이다. 아이스킬로스가 가장 분명하게 나타낸 바에 의하면, 그리스의 신앙을 지배한 것은 비극이었다.

소포클레스 역시 신앙의 입장에 서 있다. 그의 《콜로노스의 오이디푸스》는 아이스킬로스의 작품과 비교할 수 있는데, 서로 용서하고 사이좋게 지내는 건설로써 끝을 맺는다. 인간과 신, 인위적인 것과 신의 힘 사이에는 항상 의미심장한 관계가 이어진다. 이런 관계 속에서 (이것이 비극의 테마이긴 하지만) 이상하게도 안티고네와 같은 비극의 주인공이 죄에 대한 아무런 지식 없이, 또는 오이디푸스처럼 파멸적인 죄의식을 갖고 좌절할 때, 알지는 못하지만 이 주인공들이 믿고 있는 신적인 존재는, 그들을 자신의 의지와 현존재를 희생하게 하여 신의 의지에 복종하도록 만든다. 잠시 동안은 비난이 빗발치지만 결국 비탄으로 침잠한다.

비극적인 것으로부터의 구원은 에우리피데스에 이르러 자취를 감추고 그 본질적인 의미는 해체된다. 영혼의 갈등, 우연적 상황의 배치, 신들의 간섭(deus ex machina : 기계장치로부터 튀어나오는 신) 등은 비극적인 것을 아주 적나라하게 남겨 놓는다. 개인은 자신으로 돌아간다. 절망, 의미와 목적에 대한 절망적 물음 그리고 신들의 본성에 대한 절망적 물음이 나타난다. 이미 불평을 넘어선 비난이 모든 면에 드러난다. 때로는 기도와 신의 이성 속에서 안식이 깨어나는 것처럼 보이지만, 곧 다시 새로운 절망 속에서 잃어버린다. 그것은 이미 구원이 아니다. 신들의 자리에 티케(Tyche : 운명의 여신)가 나타난다. 인간의 한계와 파멸이 무섭도록 드러난다.

②**그리스도교적 비극** 진정한 믿음을 지닌 그리스도교도는 본래적인 비극성을 아예 인정하지 않는다. 구원이 이루어졌고 지금도 끊임없이 은총을 통해 구원이 발생한다면, 이 비비극적(非悲劇的)인 신앙에 따라 세계라는 현존재의 고난과 불행은 아마 세계의 비관주의적 측면으로 강조되면서, 인간의 시련의 장소로 바뀐다. 인간은 이런 시련을 통해 영혼이 영원히 구원된다. 세계라는 현존재는 섭리에 인도된 하나의 사건이다. 여기서는 모든 것이 도중이지, 궁극적 존재는 아니다.

사실 초월작용을 통해 파악한다면 모든 비극성은 일관된 것이다. 곧 허무(그리스도교에서 본 현실 세계)를 참아내고 허무 속에서 죽을 수 있다는 것도 '구원'을 이루지만, 이것은 비극적인 것 안에서 비극적인 것 자체에 의해 실현된다. 순수한 내재성(이 세계에 태어나 이 세계에서 죽음으로, 초월자 즉 본연의 존재와 만나지 않은 삶의 태도) 외에 다른 것이 없다면 좌절하면서 지킨 위치와 자기 주장도 아무 의미가 없으리라. 그러나 내재성은 자기 주장에 있어서 어떤 다른 세계를 통해 극복되는 것이 아니라 다만 초월작용 자체로서, 한계에 대한 지식으로서, 한계로부터 주어지는 지식으로서 극복된다. 내재적 존재 이외의 다른 존재를 향한 신앙에 의하여 비로소 비극적인 것으로부터 구원받는다. 단테나 칼데론의 경우도 똑같다. 비극적 지식, 비극적 상황, 비극적 영웅정신, 이런 모든 것은 그 묘사에 있어서 섭리라는 의미를 띤다. 또한 세계의 가공할 만한 허무성과 자아 파괴로부터 구원하는 은총으로 수용되기 때문에 철저히 변화한다.

③ **철학적 비극** 철학적 근본 태도에 따른 비극적인 것으로부터의 구원은 비극적인 것에 머물러 있을 수만은 없다. 인간이 묵묵히 참아낸다는 것만으로는 불충분하다. 또한 인간이 다른 일에 대비해 준비했다 하더라도 그것을 환상적인 꿈속에서 상징으로 파악하는 것만으로는 부족하다. 그보다는 오히려 비극적 지식의 기반 위에서 가능하지만, 비극적 지식에 머물지 않는 실현활동에 의해 행해져야 할 것이다. 이런 실현은 꼭 한 번, 작품 속에 표현되었다. 《파우스트》와 더불어 가장 깊은 의미를 지닌 독일의 희곡작품인 레싱의 《현자 나탄》이 바로 그것이다. 그러나 괴테는 레싱보다 훨씬 직관력이 풍요하고 뛰어난 만큼 그리스도교적 상징의 위력을 간과하지 않는다. 한편 레싱은 착각할 여지가 없는 인간 자체만을 다루며, 그리하여 작자가 매우 분명하게 표현한 것을 독자가 자신의 표현에 따라 보충하지 않는다면, 형상이나 비유 또는 형태나 인물이 빈약하다는 오해를 살 수 있다.

레싱은 (아내와 아들이 죽은 뒤) 그의 생애에서 가장 절망적이었던 때, 더욱이 비열한 주임목사 괴체와의 싸움 때문에 몹시 화가 났을 때, 그의 말을 빌리면, 이 '극시(劇詩)'를 썼다. 이와 같이 절망적인 때 사람들은 세계의 현실을 잊고 싶어한다. 그러나 레싱은 "천만에! 내가 생각하는 세계는 현실 세계와 똑같은 자연 세계이며, 이 세계가 현실 세계와 똑같이 현실적인 것은 아니라 하더라도 그것을 오로지 섭리의 탓으로 돌릴 수는 없다"고 말한다. 확실하게 존재하는 것은 아니지만 그렇다고 해서 비현실적인 것도 아닌 이런 자연적 세계를 레싱은 《현자 나탄》에서 보여 준다.

《현자 나탄》은 비극이 아니다. 극의 처음에 나탄이 등장할 때 그 비극성은 과거에 있다. 비극성은 나탄의 배후에 놓여 있다. 그의 욥과 같은 운명 곧 아사드*3의 파멸에 있다. 비극과 비극적 지식 안에서, 먼저 나탄에게 이 작품이 묘사하는 것이 생긴다. 비극은 아이스킬로스의 경우처럼 제우스와 디케,*4 그리고 신들에 의해 인도된 세계의 직관에 의해서도, 칼데론의 경우처럼 모든 것이 해결된 그리스도교적 신앙에 의해서도 아니고, 인도의 극처럼 의심할 바 없는 존재의 질서에 의해서도 아니며, 본연적인 인간존재의 이념에 의해 극복되는 것이다. 이 이념은 상재(相在)로서가 아니라 생성중인 것으로서 전개된다. 이 이념은 하나의 완전한 세계를 향한 직관에 존재하지 않고 내적인 행위를 바탕으로 하는 인간의 교제를 통해 이루어지는 포괄적인 노력에 존재한다.

무거운 고뇌를 극복하고 자아를 회복한 나탄의 이성적인 영혼의 성숙으로 인해, 분산되고 서로 모르게 된 사람들이 이제 서로를 알아보는 가족으로 다시 합치는 것처럼 보인다. (작품 속에서는 상징적으로 사실상 혈연관계인 가족이 된다.) 그리고 그는 포괄적인 지식을 기반으로 목적에 맞는 계획에 따라 가족을 모이게 하는 것이 아니라, 그때그때 상황으로부터 얻는 지식과 추측 그리고 항상 품고 있는 인간애를 통해 모으는 것이다. 인간이 걷는 길은 합리적이고 목적적인 것은 아니며, 오히려 가장 예민한 이성을 이용하는 마음의 힘을 기반으로 해서만 가능하기 때문이다.

그러므로 작품은 어떻게 모든 일이 분규를 극복하여 해결점을 찾는가를 묘사하고 있다. 인간의 본성이 밝혀지면 불신·혐의·적의에서 비롯된 행동은 해소된다. 사랑의 다각적인 원동력에 의해 이성의 공간에서 이루어지는 일은 결국 인간을 구제한다. 자유는 자유를 낳는다. 이러한 영혼의 깊이로부터 처음에는 영리하게 조심하나 이윽고 갑작스레 분명한 이해에 다다르고, 처음에는 빈틈없는 계획을 세우지만 이윽고 갑작스레 거리낌 없는 과정을 매개로 하여 확고한 연대성을 구축하는 만남이 이루어진다. 한편 인간의 본연적인 모습의 가족이 되지 못하는 비열한 자들은 어느샌가 힘을 잃게 된다.

하지만 인간은 정의롭고 유일한 인간모습의 여러 예가 아니라, 근원적으로는 특수한 개체이며 개별화된 인물이라는 성질을 띤다. 이러한 개별화된 인물들은 공통적인 본질의 특성을 근거로 모이는 것이 아니라, (회교의 탁발수도승이나 노동수도사나 신전기사나 레햐나 살라딘*[5]이나 나탄—이상 모두 《현자 나탄》의 등장인물—처럼 매우 이질적인 인물들이므로,) 진실된 것을 추구하는 같은 방향을 기반으로 만난다. 그들은 모두 그들대로 만나는 것이다. 그들은 모두 저마다 특유한 혼선에 빠지고 이러한 혼선에 의해 차이점이 생겨난다. 그들은 자기 상재(相在)의 모든 독특한 특색을 잃어버리지 않은 채, 이러한 특성을 이겨낼 수 있다. 왜냐하면 그들은 그들에게 공통된 하나의 깊은 근거를 기반으로 살아가기 때문이다. 그들은 능력에 따라 자유로울 수 있고, 또 자유롭고도 특수한 인물이다.

이 작품은 인간의 여러 인격 속에 이성을 구현한 것이다. 작품 전체에 흐르는 정신으로서 우리를 감동시키는 것은 개별 행동이나 말, 감격이나 진실성이 아니라 시(詩) 자체가 지니는 분위기이다. 우리는 소재에 매달리고 집착해서는 안 된다. 모든 민족, 모든 인간이 모여 서로 영향을 미치는 십자군 전쟁 시대 성지(聖地)에서의 낭만적인 상황이나, 독일 계몽주의 이념이나, 주역을 맡은 유대인에 대한 경멸 등은 모두 본질적인 것은 아니다. 이러한 배경들은 작품에서는 근본적으로 이해될 수 없는 것을 묘사하기 위해 쓰인 시대의 제약을 받는 자료들이며, 불가결한 구상성이다. 마치 레싱은 불가능한 일을 하려고 했고, 또 성공에 다다른 것처럼 보인다. 비문학적 추상성, 곧 계몽주의적 사상과 경향을 문제시하는 반대는 개별적인 사실이나 소재에만 집착하는 것이다. 가장 쉬운 듯 보이는 것이 사실 가장 이해하기 어려운 것이다. 물론 우리의 오성이나 눈에는 그렇지 않겠지만, 우리의 영혼에 있어서는 그러하다. 이 작품에 담긴 철학의 정열, 이 철학의 구명하기 힘든 슬픔, 그 차분하고 자유로운 명랑성을, 다시 말해 레싱의 독창성을 느끼기 위해서는 영혼이 그 깊이를 다하여 수용하지 않으면 안 된다.

"조절이 가능한 범위에서는, 비극적인 것은 사라진다."(괴테) 이런 조절은 모든 것이 저절로 조화에 이르는 세계와 초월자의 과정이라고 생각되면, 그것은 비극적인 것을 잃을지언정 이겨내지 못하게 만드는 환상일 뿐이다. 그러나 조절이 '사랑이 담긴 싸움'의 깊은 뿌리에서 이루어진 인간 사이의 교통이며 이를 통해 생긴 결합이라면, 그것은 환상이 아니라 비극적인 것을 이겨내는 인간존재의 실존 과제이다. 오로지 이런 토대 위에서만 비극적인 것의 형이상학적 초극이 기만당하지 않고 이해될 수 있다.

5 비극적인 것으로부터의 탐미적 무책임성으로의 변화

그리스 비극은 디오니소스 제전에서 상연되는 예배행사였다. 중세의 신비극도 예배와 연관되었고, 이를 계승한 칼데론도 비극을 신비극으로 창작하였다. 그러나 셰익스피어 당시 영국에서는 강력한 세계의 자기 인식이 바로 비극이었다. 그 전성기에 비극은 내적인 해방을 이룬 것이 확실하며, 이런 해방은 세계의 내재성으로 볼 때 예배 행사와 비슷하게 비약했고 인간은 이러한 비약에 의해 예배행사를 경험했다. 위대한 문학가는 민족의 교육자요, 그들의 에토스적 예언자이다. 청중은 감동할 뿐만 아니라 재탄생을 통해, 참된 자신으로 되돌아간다.

그러나 언제나 작품과 관객은 당장 단순한 구경거리로 전락하기 마련이다. 이는 구속력이 없는 무책임이 된다. 근원적 진지성은 비극적 지식에서 '구원'의 형식이며, 연극을 보는 사람들의 마음 속에서는 어떤 일이 일어났던 것이다. 하지만 인간에게 공통적인 쾌락추구로 전락하면 근원적 진지성은, 즐겨 흥분하는 기분이 되어 사라져 버리고 만다.

오로지 바라보면서 '탐미적으로' 즐기는 데 머물지 않고 내가 나 자신으로서 참여하고, 묘사에 의해 나타나는 지식을 나 자신과 관련된 것으로 수용하는 것이 본질적으로 중요하다. 나는 안전하다고 믿으며 타인을 바라보듯이, 또는 나에게도 생길 수 있었던 일이지만 이제는 완전히 벗어난 일을 구경하듯이 관람한다면 내용은 상실된다. 이때 나는 마치 위태로운 배를 타고 내 재주로 목적지를 찾아야 할 필요는 없듯이, 안전한 항구에서 세계를 바라본다. 나는 여러 위대한 비극에 어울릴만한 해석을 내리면서 세계를 바라본다. 곧 위대한 자는 몰락하도록 되어 있으며, 위인의 몰락은 이런 일에 아무 관련 없는 관객에게 즐거움을 선사하기 때문이다.

결과적으로 실존적 능동성은 마비된다. 세계에서 일어나는 재난은 인간의 마음을 일깨우는 것이 아니라 "결국 이렇게 되었구나. 이를 바꿀 수는 없으니, 내가 이 일에 휩쓸리지 않았음을 기뻐해야 한다"는 내면적 감동을 일으킨다. 나는 어느 정도 떨어져서 이 재난을 구경하려 한다. 나 자신만 편안하다면, 다른 곳에서 어떤 재난이 일어나더라도 상관없지 않은가. 나는 관람하면서 충격을 터득하고, 나의 감정이 위대하다고 억측하며 거기서 수양을 성취, 주인공의 편이 되기도 하고 비판하기도 하지만, 자기 자신은 현실로부터 멀찌감치 떨어져 있다.

비극적 지식이 탐미적인 교양 대상으로 변화한 것은, 이미 고대 후기에도, 근대 여러 시기에도 존재했다. 관객뿐만 아니라 작가도 근원적 진지성을 버렸던 것이다. 19세기 새로운 비극은 무릇 사고의 힘을 빌린 명장의 솜씨로 그 비장미를 더했다. 과거에 비극적인 것에서의 구원은 말로 표현되지 않은, 그리고 말로 표현될 수도 없는 근거까지 투시함으로써 얻어지는 해방이었다면, 이제는 등장인물로 가장한 비극적인 것에 대한 철학적 이론을 인식하는 것이다. 여기에는 아름다움을 추구하는 상연의 화려함에 의해 그려진 비현실이 존재할 뿐이다.

이런 2차적인 교양 세계에서는 인간과 작품 사이에 부조화가 일어나기 때문에 대부분 내용이 아주 공허한 작품이 탄생하며, 이러한 작품에서는 강렬한 감정적 흥분, 극적인 사건, 정교한 무대효과가 보장된다 하더라도 그리스 극과 셰익스피어 극의 무한한 깊이에서 표현된 것을 대신하지 못한다. 이제는 다만 사고된 것, 감상적인 것, 비장한 것, 또는 어쩌면 진실된 통찰일지도 모르나 아직 형상화되지 못한 것이 남아 있을 뿐이다. 실존의 진지성 대신 교양의 진지성을 통해 헤벨, 그릴파르처 등 시인은 등장 인물을 형상화했지만, 진리에 근거를 두고 살펴보면 이러한 인물들은 결국 공허한 소리만 내고 있을 뿐이다.

〈주〉

*1 카산드라 : 아폴로 신으로부터 예언 능력을 얻지만, 아폴로 신의 구혼을 거절해 사람들은 그녀의 예언을 믿지 않게 되었다.

*2 헤겔이 본 방향은 전체를 위해 개인은 필연적으로 희생한다는 전체주의적 입장을 말한다.

*3 아사드 : 《현자 나탄》에 나오는 살라딘 황제의 동생으로 적에게 암살된다. 독일 부인과의 사이에서 태어난 아들은 성전기사가 되고, 딸 레햐는 나탄의 양녀로 자란다.

*4 디케 : 정의의 여신. 제우스와 정의의 여신 테미스 사이에서 태어난 세 자매 중 한 명.

*5 살라딘 : 회교의 왕.

4장 비극적인 것의 원리적 해석

비극의 주인공들은 그들에게 놓인 한계상황 속에서 비극적 현실을 수행·실천한다. 문학 작품 속에서 이런 현실이 그려진다. 주인공들은 이 현실을 무릇 본연의 존재라 말하지만, 비극성에 관한 일반적인 명제의 형태로 표현한다. 비극적 지식은 비극적 현실의 근본적 특색이다. 그러나 비극적 세계 해석, 곧 비극적 형이상학의 체계적 전개는 이러한 문학, 따라서 세계에 대한 관조적 이해를 통해 처음 시도되는 사상적인 문제이다. 모든 비극적인 것을 하나의 원리로부터 파악되어야 하며, 이러한 원리 분지(分枝)로부터 도출되어 나와야 한다.

비극적 작품에 등장하는 작중인물의 자기 해석은, 이를 방법적으로 총괄하면 비극적인 것의 원리적인 해석이 얻어진다. 이 해석은 신화적인 해석이거나, 그렇지 않으면 개념적·철학적인 해석이다. 지금껏 기회가 닿을 때마다 접해 온 것들은 총괄하여 고찰해 보자.

1 신화적 해석

신화적 해석은 현실로서의 비유를 통한 사고이다. 이런 해석은 그리스 비극에서 지배적이다. 결정적 권력으로서의 신들과 마신들에 대한 지식으로 비극적인 것을 묘사하면, 그것은 그러한 신들을 향한 신앙의 신앙이 이뤄지고 있는 단위 안이 아니라면 의미없다. 그리스 신화가 우리에게 생소한 것은 이 때문이다. 우리는 그리스 비극에 등장하는 신들의 제단에 제물을 바치지도 않고, 또 마신들을 믿지도 않는다. 그러나 우리는 그리스 비극에서 어떠한 내용이 살아 움직이고 있는가를 파악할 수 있다. 이곳에서 신들과 마신들의 모습을 빌려 사고하고 깊이 연구하고 대답한 것이 지니는 진지함에 압도적으로 마음을 빼앗긴다. 이에 반해 셰익스피어가 우리에게 친숙하다는 사실은 실체화된 신앙 내용(신들과 마신들)을 빌리지 않아도 세속 간을 무대로서 암호문자로 이야기할 수 있었던 셰익스피어의 생활 분위기가 우리에게 근접해서다. 셰익스피어에게는 에우메니데스, 모리아, 아폴로, 제우스는 없으나 마녀나 유령의 출현, 동화적인 마력이 있으며, 프로메테우스는 없으나 프로스페로우*1와 아리엘*2이 있으며, 배우의 연기의 제약이 되는 예배는 없으나, 인간 세계에 대하여 인간 세계가 무엇인가를 거울에 비춰 보이며, 현실을 뒷바침하는 증언을 실행하여 대의·질서·계율·진리·신성이라는 배경에 접하게 하려는 숭고한 임무가 있는거다. 그러므로 셰익스피어의 비극에 대해 신화적 해석을 내리는 것은 무력할 따름이다.

무엇보다도 신화적 해석은 사물의 인도와 관계된다.

계획을 세우고, 스스로 사물의 지도자로 자처하는 인간은 아무리 계획을 세우더라도 타자, 곧 좀더 포괄적인 자에게 복종할 수밖에 없다는 사실을 경험한다. 그런 인간의 무지한 심경이 무엇인지 말하면, 사상(事象)의 비극적인 움직임, 혹은 가차없이 인도에 따른 것이라는, 자신이 간파하지 못한 사실을 솔직하게 수용하는 비극적 지식을 위한 개방성이다.

비극적 지식은 이러한 인도를 '운명'으로 이해한다. 그러나 운명이란 무엇인가 하는 물음은 신화적으로 매우 다양한 형태를 취한다. 마신적(魔神的)인 존재, 예컨대 에리뉴스가 수행하고 신들이 미리 알아서 신탁을 통해 예언하고 독특하게 간섭함으로써 부추기거나 막으면서 새로운 악행을 통해 악업을 대대로 이어가게 하는 것, 아이스킬로스와 소포클레스에서 볼 수 있는 종족의 저주는 범죄의 결과로서의 비인격적이고 익명적인 저주이다. 그것은 결코 인간의 죄는 아니며 무릇 인간의 죄 때문이라고 볼 수도 없다. 오히려 주인공이 이처럼 말하는 것은 정당하다.

> 내가 저지른 행동일지라도
> 내가 저지른 행위라기보다는 오히려 어쩔 수 없이 한 행위이다……
> 결코 고의적으로 그러한 행동을 한 것은 아니다……
> 의도치 않게 저지른 행동은
> 무의식적으로 한 행동이며 따라서 계율에 비추어 보아도 결코 죄가 되지 않는다……

오직 분별만이 필요하다.

누가 닥쳐온 재난을 피할 수 있는가!

저주와 동시에 약속된 축복도 존재한다. 저주가 가차없다면 마찬가지로 약속은 신뢰할 만하다. 오이디푸스는 에우메니데스의 신성한 숲속에서 약속된 대로 행복하게 최후를 맞이했다.

특히 '모이라'는 비인격적이고 익명적이다. 모이라는 최고의 신 제우스와 일체를 이루며 여러 신들을 지배하고, 신들은 모이라에게 복종해야 한다.(아이스킬로스)

또한 '튜케'도 우연하게도 비인격적이고 익명적이다. 이 우연은 의미가 없거나 신들과 무관한 경우에도 유리피데스의 작품에 나와 있듯이 제멋대로 지배하고, 후에 헬레니즘 시대에는 튜케로, 또는 운명의 신(Fortuna)으로 신격화 또는 마신화된다.

인도는 '섭리'이다. 칼데론에게서 볼 수 있는 것처럼 섭리는 투시할 수 없는 신의 의지로서 영혼 구제를 지배한다.

인간의 행위는, 인간이 생각지도 원하지도 않았던 결과를 가져오는 인간의 행동을 매개로 인도는 행해진다.

세계는 신화적인 견해로 볼 때 신과 마신의 힘들이 작용하는 공간이다. 인간과 사건과 행동에 나타나는 것처럼, 이 힘들은 익명적이 되어가는 여러 과정에서 서로 얽히고설킨다. 인간은 이러한 작용의 근원인 신들과 마신들을 봄으로써 이러한 작용을 이해하게 된다.

2 철학적 해석

사상은 비유가 아닌 개념으로 비극적인 것이 무엇인가를 파악하려고 한다. 따라서 여러 가지 보편적 해석이 이루어진다.

비극성은 '존재' 자체에 있다. 존재하는 것은 부정, 즉 모든 존재자의 변증법에 의하여 존재하며, 부정에 의해 움직이고 비극적인 것이 된다. 근원에서의 신은 비극적이다. 고뇌하는 신은 존재의 근거가 된다. '범비극주의(汎悲劇主義)'는 보편적인 비극성의 형이상학이다. 근원에서의 비극성은 세계의 비극성을 낳는다. 존재는 쉽게 무너질 수 있는 것이다.

그러나 존재의 근거를 두고 비극적이라고 일컫는 것은 불합리하다고 여겨진다. 이러한 한정된 가상(假象)적 진리에 있어서는 진정한 초월작용 대신 세계에 속한 것을(즉, 세계에 대해 상대적인 관계에 있는 계기를) 절대화시킨다(즉, 세계를 벗어나 절대화하고 그 존재 자체에 맞춰 생각한다). 비극성은 이제 현상에서 나타나고, 비극적인 것은 존재를 두루 비추어 주면서 비극성을 통해 이미 비극적이 아닌 타자를 말한다.

비극성은 '세계' 안에 있다. 이때 세계의 비극성은 현상에 일반적인 부정이다. 곧 모든 사물의 유한함, 분열의 다양함, 존립과 우월을 위한 모든 현존재의 다른 현존재와의 투쟁, 우연성 등이다. 따라서 이루어진 모든 것이 모조리 파괴된다는 세계의 움직임은 비극적이다.

하지만 비극적인 것은 살아 있는 자의 내적 경험을 전제로 하는 모든 악이나 불행, 고뇌를 보편화할 뿐만 아니라 부정 일반에까지 이른다. 그러나 우리는 인간의 경우에서만 본래의 비극성에 대해 이야기할 수 있다.

'인간'의 비극성은 두 단계를 통해 볼 수 있다.

①인간의 생활·행위·업적·성공은 결국 좌절될 수밖에 없다. 죽음·고뇌·병·무상함은 숨길 수는 있으나 포괄적으로는 궁극적인 것이다. 삶은 현존재로서는 유한하다. 서로 간에 배타적이고, 서로 간에 투쟁하는 다양성 가운데에서 성립하기 때문이다. 삶은 파멸되고 있다. 이를 안다는 것이 이미 비극성이다. 곧 포괄적인 현존재의 뿌리로부터 멸망과 멸망에 이르기까지의 고뇌의 길의 모든 특수한 형태들이 나온다는 것을 아는 것 자체가 비극성이다.

②그러나 좀더 깊고 오묘하며 본래적인 비극성은 진실된 것과 선한 것 자체에 있으며, 비극적 지식이 피할 수 없는 파멸을 이해할 때에 비로소 나타난다.

분열은 진리의 다양한 분열을 가리킨다. 진리는 진리와 대립하고, 자기의 정의의 입장에 서서 불의와 맞서 싸울 뿐 아니라, 다른 진리에 입각한 다른 정의에 맞서서 투쟁해야 한다. 조절 불가능한 대립이 존재하기 때문에 비극성이 있다. 이것이 신화적으로는 여러 신들을 향한 섬김이라고 표현되는데, 하나의 신을 받드는 것은 다른 신을 향한 섬김을 해치거나 배척하는 것으로 되든, 또는 보편적이며 구체적인 해석 없이 실존과 실존의 투쟁으로 나타나든, 인간의 현존재적 특성·정신·실존은 연대적인 공동성을 지닐 뿐 아니라, 또한 서로 배척하는 투쟁 관계에 있다는 점에서 결국 이 둘은 일치한다. 도덕적으로 반드시 일어날 일은 역시 도덕적으로 불가피한 다른 일을 파괴하기 때문에 그 안에 죄가 배어 있다.

여기에서 본래 비극적인 것을 좀 더 부각시키는 차이점이 생긴다. 곧 일반적 좌절은 예외가 있을 수 없는 현존재의 근본적 특징이며, 이 근본적 특징은 우연히 찾아온 불행이나 일시적으로 회피할 수 있는 죄, 그리고 부질없는 고뇌의 참담함 따위를 포괄한다. 시기가 무르익기 전에, 가능한 전개나 성공을 이루기 전에, 불시에 찾아오는 것이 아니라 성공 자체로부터 발생하는 좌절이야말로 참으로 비극적이다. 보편적으로 애매모호한 상태에서 현존재가 무한한 위험 앞에 드러나 있음을 아는 지식은 아직 비극적인 것이 아니다. 진실된 것과 선한 것에 궁극적 파멸의 싹이 자라고 있다는 것을 아는 지식, 궁극적이고 가장 내면적인 확고함에 이르는 데 성공했고, 그리하여 지속하리라고 생각되던 것도 기반을 잃어버릴 위기에 놓이게 된다는 것을 아는 지식이야말로 비극적이다.

따라서 좌절과 고뇌를 갈망하는 충동에는 비극적 지식이란 없다. 진실된 행위를 이해하고 무언가를 이루어 가는 과정에서 위험을 떠맡아 죄를 피할 수 없고, 죄에 따라오는 파멸로부터 벗어날 수 없음을 수용할 때 비로소 비극적 지식은 성립한다.

'성공이냐 좌절이냐' 하는 양자택일적 사고가 아니다. 최고의 성공을 거두고도 본래의 좌절을 볼 줄 아는 투철한 사고야말로 바로 비극적인 것을 파악한 것이다. 그 뒤 비극적인 것은 실패라 불리는 순수하지 못한 좌절, 우연한 불행, 성공 대신 좌절을 요구하는 도착된 충동, 결코 필연이 아닌 파멸 등을 이해하도록 만든다.

3 해석의 한계

비극적 지식이라는 이름 아래 존재의 근원적 직관이 이루어진다. 그렇지만 비극적인 것에 관한 해석은 모두 불충분하다. 신화적 해석은 그리스 비극에만 두루 쓰이는 비극적 직관의 양식일 따름이다. 그러나 비극적 직관을 개념적인 공통분모로 통분한다는 것은 아무 의미가 없다. 비극적 직관은 직관인 이상 언제나 개념 이상의 것, 또는 그 이하의 것을 표현할 수 있기 때문이다. 비극적 지식의 개별적인 방향에 대한, 곧 작품의 비극적 대상에 있어서 특별한 의미 해석은 전체에 적중하지 못한다. 비극적인 것의 일반적 해석이라 주장하는 해석은, 비극적인 것을 구속하고 압박하거나 비극적인 것과 전혀 다른 것을 말한다.

첫째 비극적 현실, 둘째 이 현실을 의식하는 과정에서의 비극적 지식, 셋째 비극적인 것의 철학을 구별해야만 한다. 비극적 현실은 인간을 변화시키는 비극적 지식에 의하여 비로소 살아 움직인다. 그러나 비극적인 것의 철학 즉, 해석은 (1)비극적 지식을 전도시키거나, (2)독자적 근원적 직관을 그대로 공백상태로 두게 된다.

① 비극적 지식에서 비극적 세계관으로 가는 전도

비극적인 것을 존재의 지배적 양상이라 보며 배타적으로 연역하고자 하는 시도는 모두 전도된 철학이다. 존재와 세계를 연역하고 존재 또는 신이 무엇인가를 말하려는 모든 형태의 형이상학을 반대하는 것도 전도된 철학이다. 곧 절대화와 유한화(有限化)를 하고 있는 것이다. 비극적인 것의 뿌리로서 존재의 근거에 설립된 깊고 오묘한 이원성(二元性), 예컨대 신 안에 있으면서 신 자체가 아닌 것은, 철학의 사고작용에서는 단지 상대적인 타당성을 지닌 암호에 불과하며 지식을 이끌어 내는 출발점은 되지 못한다. 비극적인 지식은 그 자체, 공백의 지식, 부지의 지식이다. 어떠한 종류로든 비극적 지식이 범비극주의로 굳어진다면 그것은 본말이 전도되는 것이다.

비극적 철학의 축소와 전도가 어떤 모양으로 생기는가. 이것은 헤겔을 예로 들어 검토할 수 있다. 그의 체계적인 해석은 불합리하고 단조롭고 환상적이다. 그러므로 그는 사변적 구성을 바탕으로 창작하고 심리적 측면에서, 사변적으로 높이 북돋워진 위대성의 측면에서 원래의 영혼적 깊이를 상실한다. 이때 그는 지적인 면에서는 과녁의 한복판을 찌른 통찰과 측면에 성공하고 있다. 그러나 그의 비극적 의식은 철학적인 옷으로 꾸민 고난의 의식이다.

비극적인 것은, 미학적 개념으로는 세계 법칙(바안젠)이라 말하거나 비극적인 생명감(우나무노*3)이라고 말하는 것처럼, 비극적인 것이 전도된 철학에 어울리는 색채를 얻는다.

(a)진실로 비극적인 것을 절대화하고, 인간존재의 가치와 본질로 볼 때, 비극적 세계관의 가장 숭고한 일탈이 행해진다.

비극적인 것은 불행·고뇌·몰락과 구별되며, 병·죽음과도 구별되고, 악과도 구별된다. 개별적이 아니라 원리적이며, 수용적이 아니라 회의적이고, 또한 불평하는 것이 아니라 고발하는 이러한 비극적인 것은, 지식의 양식에 의해 구별된다. 다음에는 진리와 파멸 사이가 밀접하게 관련되고, 그리하여 여러 힘의 순서와 필연성의 깊이에 따라 발생하는 비극성의 확대를 통해 구별된다. 모든 불행은 불행의 배경을 이루거나, 또는 서로 관련된 관계에 의하여, 또 고뇌하는 자와 사랑하는 자의 의식과 지식에 의하여, 또 비극적 지식에서의 의미라고 할 수 있는 해석에 의하여 비로소 비극적인 것이 된다. 그러나 그 자체로 볼 때 불행은 비극이 아니며 오히려 모든 사람에게 폐를 끼치는 무거운 짐이 된다. 비극적 지식은 뚫고 들어가 관통해 나가는 힘은 있지만 아무것도 이겨내지는 못한다. 비극적 지식이 접촉하지 않고 잊어버렸거나 풀이하지 않은 것은 얼마든지 남아 있다. 비극적 지식은 빛나는 위대성의 공간으로 잘못 이끌기도 하며, 어떠한 착각도 하지 않은 정직한 지식임에도 불구하고 숨길 수 있는 힘이 있다.

비극적인 것은 신분이 높은 사람의 특권이다. 다른 사람들은 재난으로 인해 무차별적으로 파멸당하더라도 이에 만족해야만 한다. 비극적인 것은 인간 귀족의 본질적 특성이다. 인간의 본질적 특성이 아닌 것이다. 이러한 세계관을 나타내는 특권층의 태도는 불손하고 무자비하다. 이러한 세계관은 자존심을 높이 북돋움으로써 위안을 준다.

그리하여 비극적 지식은 한계를 지닌다. 비극적 지식은 결코 전체적으로 세계를 해석하지 않는다. 해석을 내림으로써 보편적 고뇌를 지배하고자 하지 않는다. 또한 인간존재의 두려워할 만한 불가해성 전체를 파악하지도 못한다. 이는 병·죽음·우연·고난 및 악의 등 현존재의 현실은 비극적인 것의 현상화 수단은 될 수 있을지언정, 현존재의 현실은 비극적인 것이 아니므로 그 자체가 비극적인 것은 될 수 없다는 사실을 통해 알 수 있다. 비극적 세계관은 장엄할 뿐만 아니라 현실성을 초월하는 수행을 통해 북돋워지지만, 이 수행이란 이를테면 좌절이 올바르게 성취되었다는 행운에 불과하다. 그러나 이렇게 되면 비극적 세계관은 우리의 의식을 좁아지게 만든다. 이때 이러한 의식이 인간을 구원하는 한, 이 구원은 오로지 근원적으로는 소름끼치는 현실을 숨김으로써 이루어지기 때문이다. 위안도 없고 뜻도 없고 마치 가슴을 찢는 듯하며, 곤경으로 내모는 절망적 재난은 간절하게 도움을 바란다. 위대성이 결여된 이런 모든 고난의 현실성은 숭고성이라는 맹목적인 점에서 보면 고려할 가치조차 없는 것으로 제외된다. 인간은 비극적 비약이 없는 무시무시한 현실로부터 구원받기를 열망한다.

무자비한 어리석음에 대응되는 비극적인 것에는 삶 자체의, 그리고 개별적이고 유한한 현존재의 무가치함이 나타나 있다. 또는 위대한 자의 몰락은 바로 위인의 성격을 표현한다. 또는 세계는 특별한 사람이 상처를 입고 파멸하도록 되어 있다는 따위의 유행되는 말에서 볼 수 있듯이 탐미적으로 희박화(稀薄化)되어 있다. 이러한 말은 진실을 외면하여 현실을 멀리하고 사실로 존재하는 세계의 재난에 대한 통찰에서 쉽게 해방되므로 비극적인 것을 나타내기는 하지만 이를 전도시킨다. 막연하면서도 매우 구체적인 영향력을 가진 이러한 희박한 보편성을 가진 공식적인 표현에는, 사람에게 상처입히기 쉬운 있는 그대로의 사실을 가상(假象)으로 숨긴 허언적 태도가 보인다.

(b)모든 비극적 세계관에서는 비극적 지식의 양극성이 상실된다. 근원적 직관에서, 비극적인 것은 비극적인 것으로부터의 해방과 관계된다. 비극적인 것으로서 고립된다면 기반을 상실하게 된다. 위대한 비극작품 중 그 어느 것도 이러한 기반 상실에 기조를 두지 않았다.

무신앙에 어떤 형태를 주고자 하는 경우, 허무를 숨기는 데에는 전적으로 비극적인 것이 꼭 들어맞는다. 허무주의적 인간의 오만은 비극적 위대성을 핑계로 영웅적 자기의식의 비장미로 높이 북돋워진다. 진지성이 상실된 경우, 비극적인 것의 격렬한 자극제는 사이비 진지성을 체험하게 한다. 모두들 게르만 정신, 자가, 그리스 비극을 인용할 것이다. 그러나 여기서 현실적으로 믿는 것은 허무에 대한 무신앙적 대용물이다. 그것은 비영웅적으로 침몰하는 자신의 현존재를 영웅적으로 풀이하거나, 안전에 익숙한 삶 속에서 영웅적 감정을 통해 자신에게 너무나도 쉽게 사이비 가치를 부여하거나 하는 그러한 언사를 요구한다.

그리하여 비극적 세계관의 이러한 전도에서는 어두운 충동, 곧 무의미한 것, 가학(加虐)과 피학(被虐), 파괴 그 자체를 통한 쾌감과 자신의 존재에 대한 분노가 밴 세계 및 인간을 향한 분노가 솟구치게 된다.

② 비극적 지식의 본질

비극적 지식을 사변적 연역에 의해 체계화하거나 양극성이 없는 하나의 비극적 세계관으로 절대화하지 않고, 오히려 비극적 지식을 근원적 직관으로서 보존하는 해석이 바람직하다.

사물을 비극적으로 본다는 것은 근원적인 철학적 직관작용은 형태에 의해 묻고 사색하는 것이다. 또한 이런 비극적 지식 속에는 항상 비극적인 것을 이겨내는 힘이 포함되어 있다. 그러나 이는 학설과 계시에 의한 극복이 아니라 질서와 법과 인간애를 향한 직시에 있어서, 신뢰에 있어서, 개방성에 있어서, 대답 없는 물음 자체에 있어서의 극복이다.

비극적인 것은 모순 속에서 높이 북돋워지지만 모순을 해결하지는 못하며, 모순을 해결될 수 없는 것이라 확정짓지도 않는다. 비극적 지식은 본디 미완성적이며 오로지 직관 자체, 다시 말해서 물음의 운동만이 완전할 뿐이다.

근원적인 비극적 직관작용은 유지되어야 한다. 비극적 직관작용을 일으키고 충실하게 하는 본래적 역사성에는 자유롭게 활동할 틈이 남아 있어야 한다. 무엇이 존재했으며, 또 무엇이 존재하게 될 것인가, 그리고 한결같이 존재하는 것은 무엇인가를 설명하려 들지 말고, 우리에게 무엇을 말하고자 하는지를 알아들어야만 한다. 철학적 사유의 과제는 유한한 세계지(世界知)에 미루어 보아 존재에 대한 전체지(全體知)에 비극적 카테고리를 적용하는 것이 아니라, 암호의 소리를 경청함으로써 언어를 발견하는 것이다. 그러므로 비극적 직관에서의 신화·비유·이야기는 진리의 부동적(浮動的)인 성격을 저버리지 않아도 진리를 보존할 수 있는 것이다.

근원적인 비극적 직관이 순수하게 유지되면, 이미 본래의 철학이 무엇인가 하는 것이 드러난다. 곧 운동이고 물음이며, 공백이고 감동이다. 또 경이로움이며, 진실성이고 환상을 갖지 않는 것이다.

비극적 지식은 마르지 않는 근원적 직관의 생을 나타내므로, 철학은 비극적 지식과 관계한다. 철학은 철학의 고유한 내용이, 예컨대 셰익스피어의 경우처럼 비극적 지식과 맞아떨어진다는 것을 감지한다. 비록 이 내용을 똑같이 표현할 수는 없지만, 철학은 비극적 세계관에서 합리적인 고정화는 거부한다.

포괄자의 다양한 양식, 분열의 다면성, 통일 이념, 이런 우리의 구상은 동시에 비극적 지식을 풀이하는 장소이기도 하다. 비극적인 것은 현상에서는 통일이 이루어지지 않는다는 것, 그리고 그 결과로부터 생긴다. 그러나 비극적인 것은 결코 연역의 결과는 아니며, 다만 현상의 해명일 따름이다. 통일된 것들의 부조화 속에는 나타나는 현살들마다 파멸의 근본적인 원인이 숨어 있다. 유일자는 시간적 현존재 안에서 좌절하므로 항상 비극적 형태로 나타난다.

그렇다면 비극적인 것은 절대적인 것이 아니라 전경적(前景的)인 것이다. 초월자나 존재의 근거 안에 있는 것이 아니라, 시간의 현상 속에 있는 것이다.

〈주〉

*1 프로스페로우 : 셰익스피어의 《템페스트》의 등장인물. 폭풍을 일으키는 마력을 지녔다.

*2 아리엘 : 프로스페로우를 받드는 자유자재로 변하는 유령.

*3 우나무노(Unamuno, 1864~1936) : 스페인의 철학자.

Einführung in die Philosophie

철학입문

철학입문

1 철학이란 무엇인가

철학이란 무엇이며 어떤 가치가 있는가. 이 문제에 대해서는 의견이 모아지지 않고 있다. 철학은 굉장한 진리를 열어 보이는 것으로 여겨질 때도 있고, 반대로 공허한 사유로서 차가운 시선을 받을 때도 있다. 철학은 특이한 사람의 의미 있는 노력으로서 외경의 대상이 되기도 하고, 몽상가의 도를 넘는 탐색으로서 경멸의 대상이 되기도 한다. 철학은 온갖 사람들과 관련되어 있으므로 근본적으로는 단순하고 이해하기 쉬운 것이어야 한다고 생각하는 사람이 있는가 하면, 매우 난해하므로 그것에 관계하기란 어렵다고 생각하는 사람도 있다. 철학이라는 이름으로 알려진 것에 대해서는, 상반된 평가를 보이는 실례가 이 정도로 숱하다.

과학을 믿는 사람의 입장에서는 철학에 보편타당한 성과가 없다는 점, 즉 우리에게 알려지고 또 지식으로서 소유될 수 있는 무엇인가가 없다는 점이 가장 큰 문제이다. 과학은 그 자신의 영역에서 이론의 여지 없이 확실하게 보편적으로 승인되는 인식을 획득해 왔다. 한편 철학은 수천 년에 걸친 노력에도 불구하고 그런 인식에는 아직 도달하지 못했다. 철학에 궁극적인 지식의 일치가 없다는 것은 부정하기 어려운 사실이다. 이론의 여지가 없는 근거를 토대로 모든 사람들이 승인하는 대상은, 이 승인을 통해 과학적 인식이 된다. 그것은 더 이상 철학이 아니라 '인식 가능한 것'이라는 특별한 영역에 관련된 것이 된다.

게다가 철학적 사유에는 과학과는 달리, 진보의 과정이라는 성격이 없다. 우리는 분명 고대 그리스의 의사 히포크라테스보다 훨씬 많은 '의학적' 지식을 갖추고 있지만, 우리가 플라톤보다 뛰어나다고는 말할 수 없다. 단지 이용하는 학문적 지식의 소재라는 점에서만 우리는 플라톤보다 우월할 뿐, 철학 그 자체에 관해서는 플라톤의 경지에 이르지 못했다.

과학과는 달리 철학은, 어떤 형태이든 간에 만인의 일치된 승인을 얻을 순 없다. 이런 사정은 철학이라는 것의 본성상 어쩔 수 없는 일이다. 철학에서 얻어지는 확신은, 과학적 확신, 즉 온갖 사람들의 오성(悟性)에 있어 똑같은 확신이 아니다. 철학적 확신이란 그것이 성취될 때 인간의 본질 전체가 동시에 표현되는 확신이다. 과학적 인식은 각각의 대상에 관련되며 모든 사람이 그것을 꼭 알아야 할 필요는 없다. 반면 철학에서 문제가 되는 것은 인간 그 자체에 관련된 존재 전체의 문제이며, 그것이 환히 밝혀질 때에는 그 어떤 과학적 인식보다도 더 우리를 감동시킬 진리의 문제이다.

물론 완성된 철학은 과학과 연결되어 있으며, 각 세대에 달성된 가장 진보적인 과학의 모습을 전제로 하고 있다. 그러나 철학의 의의에는 과학과는 다른 근원이 존재하며, 인간이 각성하는 곳에서는 모든 과학에 앞서 철학이 등장하고 있다.

이처럼 과학을 동반하지 않는 철학의 모습을, 몇몇 특징적인 현상을 단서 삼아 살펴보자.

첫째—철학적인 것에 관해서는 대부분의 사람이 스스로 판단할 수 있다고 생각한다. 사람들은 과학에 관해서는 학습, 훈련, 방법이 그것을 이해하기 위한 조건임을 인정한다. 그런데 철학에 대해서는, 바로 관여해서 의견을 낼 수 있으리라 주장한다. 자신의 인간 존재와 자신의 운명과 자신의 경험만 있다면, 철학을 위한 조건은 충분히 채운 셈이라는 것이다.

모든 사람이 철학에 접근할 수 있어야 한다는 요청은 승인되어야 한다. 철학의 전문가가 밟아 나가는 매우 번거로운 연구 과정에 의의가 있는 것은, 철학 속에서 존재와 자기 자신을 확실히 밝혀 나가는 방법을 통해 규정되어 있는 인간 존재의 문제에, 그런 연구 과정이 집약되는 경우뿐이다.

둘째—철학적 사유는 항상 근원적이어야 한다. 인간 각자는 자기 스스로 철학적 사유를 수행해 나가야 한다.

인간은 인간인 한 근원적으로 철학을 한다. 이 사실을 보여 주는 놀라운 증거 중 하나가 바로 어린아이의 의문이다. 의미상 철학적인 사고의 깊이에 직결될 만한 의문이 어린아이의 입에서 튀어나오는 일은 결코 드물지 않다. 그런 예를 몇 개 들어 보자.

한 아이가 "난 말이야. 항상 내가 나와 다른 인간이라고 생각하려고 해 보거든. 하지만 결국 나는 언제나 나야"라고 말하며 신기하게 여긴다. 이 아이는 모든 확실함의 근원 중 하나에, 즉 자기의식의 내적 존재 의식에 접근해 있다. 그는 자기 존재의 수수께끼라는, 다른 것으로부터는 이해할 수 없는 것을 눈앞에 두고 놀라워한다. 그리고 의문을 표하면서 이 수수께끼의 한계에 직면한다.

또 다른 아이는 "신이 태초에 천지를 창조하셨다"라는 창조 신화를 듣자마자 "그러면 처음 이전에는 뭐가 있었어?" 하고 물었다. 차례차례 질문을 낳는 질문에는 제한이 없으며 우리는 오성의 작용을 멈출 수는 없다는 점을, 또한 완결된 답을 얻을 수 없다는 점을, 이 아이는 경험적으로 안 것이다.

한 여자 아이는 산책을 하다가 숲속 묘지 앞에서, 밤마다 거기에서 둥글게 손을 잡고 춤추며 노는 요정의 이야기를 듣고는 "그런데 요정이라는 게 정말 있을까요?" 하고 말한다. 또 이번에는 어른이 실제로 존재하는 이것저것에 대해 이야기를 한다. 그는 태양의 움직임을 보면서 "태양이 스스로 움직이고 있는가, 아니면 지구가 회전하고 있는가?" 하는 문제를 설명하고, 지구가 둥글며 또 자전하고 있다는 사실을 증명하는 여러 가지 근거를 든다. 하지만 그 소녀는 "그런 거짓말을 누가 믿어요?" 하고 발로 다시 지면을 밟으면서 이렇게 말한다. "봐요. 역시 땅은 안 움직이잖아요. 눈에 보이는 게 아니면 믿을 수 없다고요." 이에 대해 어른이 "그럼 넌 눈에 보이지 않는 사랑의 신(神)도 못 믿는 거니?" 하고 반론하자, 그 소녀는 깜짝 놀라더니 이내 딱 잘라서 "신이 안 계시면 우리도 절대 존재할 수 없어요" 하고 말한다. 여기서 소녀는, 실제로 존재하는 것은 그 자체에 의해 존재하는 게 아니라는 현존재의 존재 방식에 대해서 충격을 느꼈던 것이다. 또한 소녀는 다음과 같은 문제의 차이를 이해했다. 그것은 세계 내부의 대상에 관한 것이 문제인가, 아니면 존재와 우리 현존재의 전체에 관한 것이 문제인가 하는 차이다.

또 다른 소녀는 남의 집을 방문하여 계단을 올라갈 때 다음 사실을 생생하게 느낀다. 즉 모든 것이 항상 다른 것이 되며, 흘러가고 지나가 버려서 마치 이전에는 존재하지 않았던 것처럼 되어 버린다는 사실을. 그리고 그녀는 이렇게 생각한다. '그래도 뭔가 확실한 것이 있으면 좋을 텐데. ……지금 내가 계단을 올라 아주머니를 만나러 가고 있다는 사실, 이것 하나만큼은 꼭 확실한 거였으면 좋겠어.' 이때 소녀는 모든 것이 소멸하면서 변화해 간다는 사실에 놀라움과 두려움을 느끼고, 헛되이 달아날 길을 찾고 있는 것이다.

이런 갖가지 예를 모으는 사람이 있다면, 아동철학에 대해 풍부한 보고를 할 수 있을 것이다. "그 아이들은 이전에 부모님이나 다른 사람들에게서 그런 말을 들었을 것이다"라는 의견은 제대로 된 반론이 아니다. "이런 아이들도 그 이상으로 철학을 하진 않는다. 따라서 그런 말은 우연히 한 것에 불과하다"라는 반론은, 어린아이들은 독창성을 지닌 경우가 많지만 성장함에 따라 그것을 잃어버린다는 사실을 간과한 주장이다. 우리는 나이를 먹을수록 마치 인습과 은폐라는 감옥에, 또 우리가 자명하다고 믿는 것들의 감옥에 갇혀 어린아이의 자유로운 태도를 잃어 가는 듯하다. 어린아이는 아직 자기—창조적인 생명 속에서 자신의 몸을 활짝 열어 둔 채 느끼고, 보고, 물음을 던진다. 그러나 이런 것은 머지않아 소멸해 버린다. 어린아이는 어느 순간에 깨달았던 것을 잊어버린다. 그리고 나중에 가서, 자신이 한 말을 기록해 뒀던 어른에게서 그 이야기를 듣고는 깜짝 놀라는 것이다.

셋째—근원적인 철학적 사고는, 어린아이의 경우처럼 정신병 환자에게서도 발견된다. 때때로 정신병자에게서는—매우 드물긴 해도—마치 그를 온통 휘감았던 베일의 속박이 풀려 감동적인 진리가 드러나는 듯한 경우를 볼 수 있다. 정신병 초기에는 마음을 뒤흔드는 형이상학적 계시가 흔히 생겨난다. 물론 이런 정신병자가 알리는 계시는 시인 횔덜린이나 화가 반 고흐 같은 경우를 제외한다면, 그 형식으로 보나 언어로 보나 객관적인 의미가 있는 수준은 아니다. 그러나 그들을 만난 사람은 우리의 일반적인 생활을 뒤덮고 있는 베일이 거기서는 찢겨 나간 듯한 인상을 지우기 어렵다. 사실 수많은 건강한 사람들도, 자다가 깨는 순간 의미심장한 것을 은밀히 경험하는 사례를 인정한다. 다만 완전히 잠에서 깨면 그런 의미심장한 것은 다시 어둠 속으로 사라지고, 이제는 더 이상 거기까지 파고들 수 없다는 감각만이 남는다. "어린아이와 바보는 진리를 말한다"라는 명제에는 깊은 의미가 있는 것이다. 그러나 위대한 철학 사상의 원천이 되고 있는 창조적 근원성이라는 것은, 역시 어린아이나 바보에게 있는 것이 아니라, 소수의 위대한 정신으로서 독립적이고 자유로운 모습으로 수천 년 동안 출현해 온 개개인에게 있다.

넷째—철학은 인간에게 불가피한 것인 이상, 여론이나 전통적 격언이나 널리 알려진 철학적 은유 속에 언제나 현존하고 있다. 예를 들면 그것은 계몽된 현대인의 말이나 정치적 신념이라는 지배적 확신 속에, 특히 역사가 시작된 이래 신화 속에 현존하고 있다. 철학을 피할 순 없다. 문제는 철학이 의식되는지 안 되는지, 뛰어났는지 보잘것없는지, 혼돈한지 명확한지 하는 것뿐이다. 철학을 거부하는 자도 무의식 중에 스스로 철학을 수행하고 있다.

이만큼 보편적으로, 또 이만큼 특이한 형태로 우리에게 알려진 철학이란 대체 무엇일까.

그리스어로 철학자(필로소포스)라는 말은 지자(知者)라는 단어와 대립하여 형성된 것이다. 이 단어는 지식을 소유하고 스스로 지자임을 자처하는 사람이 아니라, 인식〔知〕을 사랑하는 사람을 뜻한다. 그리고 이 단어의 의미는 오늘날에도 유지되고 있어서, 진리의 소유가 아니라 진리의 탐구에 바로 철학의 본질이 있다. 물론 명제로 표현된 궁극적이고 완전하고 가르칠 수 있는 지식으로서의 도그마에서는, 철학의 이 본질이 배신당하는 일이 매우 많긴 하지만 말이다. 철학이란 도상(途上)에 있는 것이다. 철학의 질문은 그에 대한 해답보다도 중요하며, 철학에서는 온갖 해답이 새로운 질문으로 변한다.

그런데 이처럼 도상에 있다는 것—이는 시간 속에서 살아가는 인간의 숙명인데—에는 깊은 만족의 가능성이, 아니, 고양된 순간에는 철학적 사유의 완결 가능성까지도 숨겨져 있다. 이런 완결은 말로 표현할 수 있는 지식 내용이나 갖가지 명제나 신앙고백에서가 아니라, 존재 그 자체가 나타나는 것을 받아들이는 인간 존재가 역사적으로 현실화한다는 점에서 이루어진다. 인간이 그때그때 놓여 있는 상황 속에서 이런 현실성을 획득한다는 점에, 철학하는 행위의 의의가 있다.

그러나 탐구하면서 도상에 있는 것이든, 아니면 순간적인 평화와 완결을 발견하는 것이든—그런 것은 철학의 정의가 아니다. 철학보다 높은 곳에 놓이거나 철학과 나란한 위치에 놓일 만한 것은 존재하지 않는다. 그러므로 철학의 [정의]를 다른 것으로부터 이끌어 낼 수는 없다. 모든 철학은 그 현실화를 통해 정의되며, 무엇이 철학인가 하는 정의는 사람들 각자가 시도해야 할 일이다. 이리하여 철학은 살아 있는 사고를 수행하는 것이기도 하고, 이 사고에 대한 숙려(반성)이기도 하며, 자신의 내적 행위 및 그 행위에 대해 말하는 것이기도 하다. 이 세계에서 우리에게 "이것이야말로 철학이다"라고 생각될 만한 것, 그것은 각 개인이 고유의 철학을 하려는 시도 속에서 비로소 나타난다.

한편 우리는 철학의 의미를 보여 주는 다른 몇 가지 공식을 말로써 표현할 수 있다. 하지만 그 어떤 공식적인 표현도 철학의 의미를 완전히 나타내지는 못하며, 또 이것이야말로 유일한 표현이라고 증명되지도 않는다. 고대 이후로 철학이란 (그때그때의 대상으로 볼 때) 신적(神的) 또는 인간적인 것에 대한 인식이자 존재자 그 자체에 대한 인식이라든가, (그 목표로 볼 때) 죽음을 배우는 것이자 사유에 의한 행복을 바라는 것, 즉 신적인 것과 동화되는 것이라고 여겨지기도 하며, 마지막으로 또 (그 포괄적인 의미로 볼 때) 모든 지식에 대한 지식, 모든 기술에 관한 기술이며, 각 영역을 대상으로 하지 않는 학문 일반이라고 생각되고 있다.

오늘날에는 아마 철학을 다음과 같은 공식적 표현으로 나타낼 수 있을 것이다.

철학의 의미는 현실을 근원적으로 파악하는 것이라든가—

내가 사유하면서 나 자신과 관련되는 그 방식을 통해, 내적으로 행동하면서 현실을 포착하는 것이라든가—

광범위한 포월자(包越者)에 대해 나를 활짝 여는 일이라든가—

온갖 의미의 진리를 매개로 하는 인간과 인간 사이의 사랑싸움이라는 형태의 교제를 용감하게 수행하는 것이라든가—

가장 소원(疎遠)한 것이나 나를 거부하는 자 앞에서도 인내하면서 끊임없이 이성을 깨워 두는 것이라든가.

요컨대 철학이란, 인간이 현실에 관여함으로써 자기 자신이 되는 일을 가능하게 해 주는 집중적인 것이다.

철학은 '사람을 움직이는 간결한 사상'이라는 형태로 온갖 사람을, 심지어 어린아이마저 감동시킬 수 있다. 그러나 철학을 의식적으로 완성하는 것은 결코 완결되지 않는 과제, 어느 시대에나 반복되면서 항상 현재의 전체적인 것으로서 성취되어 가는 과제이다. 이런 철학의 완성은 대철학자(大哲學者)

의 저작 속에 나타나 있으며, 보다 평범한 철학자의 경우에는 그 대철학자의 반향으로서 나타나 있다. 이런 과제의 의식은 그것이 어떤 형태로 나타나든지, 인간이 인간인 한 잠들어 버리는 일은 없다.

철학이 철저히 공격받아 필요 이상의 유해한 것으로서 전면적으로 부정되는 일은, 딱히 현대에 시작된 것은 아니다. 철학은 무엇을 위해 존재하는가, 곤란한 상황에서는 제구실을 못하지 않는가, 하는 식이다.

권위에 바탕을 둔 교회의 사고방식에서는, 독립된 철학은 신에게서 떨어져 나와 인간을 세속적인 것으로 유혹하고 무의미한 것으로써 영혼을 타락시킨다는 이유로 거부해 왔다. 한편 정치적인 색채를 띤 전체주의 사고방식에서는, 세계를 변혁하는 일이 중요한데 철학자는 그저 세계를 여러 가지로 해석했을 뿐이라는 이유로 철학을 비난했다. 이 두 가지 사고방식에서 철학은 위험 대상으로 간주됐던 것이다. 철학은 질서를 파괴하고 독립된 정신을 촉구함과 동시에 폭동과 반항의 정신을 촉진함으로써 사람을 속여, 그 현실적 과제로부터 일탈하게 만들기 때문에 위험하다는 것이다. 계시의 하느님이 밝히는 피안 세계의 매력으로 보아도, 또 모든 것을 자력으로 요구해 가는 신앙 없는 차안(此岸)의 권력으로 보아도, 철학을 말소하는 것은 바람직한 일이었다.

게다가 일상적인 인간의 상식이라는 관점에선 유용성이라는 단순한 가치기준이 나오는데, 이 기준에 따라도 철학은 쓸모없는 것이 된다. 그리스 최초의 철학자 탈레스는 밤하늘의 별을 관찰하다가 발 밑의 웅덩이에 빠지는 바람에 하녀에게조차 비웃음을 샀다. 가장 가까운 곳의 일조차 모르면서 어찌 가장 먼 하늘의 별을 탐구하느냐는 것이었다.

이런 부정과 비난에 대해 철학은 당연히 자기변호를 해야 할 테지만, 이는 불가능한 일이다. 철학이 유용함을 정당화해 줄 만한 무엇인가를 근거로 철학을 변호하는 일은 불가능하다. 철학이 할 수 있는 일은, 사람들 각자의 마음속에서 실제로 철학을 하도록 촉구하는 힘에 호소하는 것뿐이다. 또한 철학자가 스스로 알 수 있는 것은, 철학이란 세간의 이해(利害) 문제와는 동떨어져 있으며 목적에 구속되지 않고 인간 그 자체에 대해 추구하는 것이라는 점, 그리고 인간이 살아 있는 한 철학은 수행된다는 점이다. 철학을 적대하는 세력들이라 해도 자기 자신의 고유한 의미를 생각하지 않을 순 없고,

따라서—마르크시즘이나 파시즘처럼—특정 목적에 구속된 사상 형성체를 낳을 수밖에 없다. 이것은 철학의 대용물이지만, 무엇인가를 의도적으로 달성한다는 제약을 가지고 있다. 그리고 이런 사상 형성체 역시 철학이 인간에게 불가결한 것이라는 사실을 입증하고 있다. 철학은 항상 존재하는 것이다.

철학은 자신을 거부하는 자와 싸울 수 없고 자신의 진리성을 증명할 수도 없지만, 자신을 전달할 수는 있다. 철학은 자신이 비난받을 때 맞대꾸하지 않고, 자신이 받아들여질 때 승리를 자랑하지도 않는다. 철학은 인간성의 근저에서 만인과 만인을 이어 주는 인간의 상호 일치 속에서 명맥을 유지하는 것이다.

위대한 양식과 체계적 관련을 갖춘 철학이 2500년 그 이전부터 서양과 중국과 인도에 존재했으며, 그 위대한 전통이 우리에게 말을 걸고 있다. 철학적 사고는 다양하며 거기에는 모순이 있고 서로를 배척하는 진리 요구가 있다. 하지만 이런 것은 근본적으로는 어느 첫째가는 것—누구도 소유하지 않으며, 어떤 시대에나 모든 진지한 노력의 대상이 되어 온 첫째가는 것—이, 즉 영원한 으뜸 철학인 구원(久遠)의 철학(philosophia perrennis)이 작용하고 있다는 점을 부정하지 못한다. 우리가 가장 밝은 의식으로 본질적인 사고를 해 나가고자 할 때, 우리는 인간적 사유의 이런 역사적 근거에 의지할 수 있을 것이다.

2 철학의 근원

철학의 역사는 일정한 방법을 통한 사유로서는 2500년 그 이전에 그 발단을 두고 있으나, 신비적 사유로서는 그보다 훨씬 오래전에 시작되었다.

그러나 발단이라는 것은 근원과 어느 정도 다르게 마련이다. 발단이란 역사학적인 개념으로, 이미 지금까지 이루어져 온 사고(思考) 작업으로 증대된 많은 전제를 후세 사람들에게 제공한다. 그런데 근원은, 모든 시대의 철학하려는 충동이 유래된 원천을 가리킨다. 이 근원을 통해 비로소 그때그때의 철학이 본질적인 것이 되고, 그 전의 철학이 이해되는 것이다.

철학의 이런 근원은 다양하다. 즉 대상에 대한 놀라움에서 의문과 인식이 생겨나고, 인식된 것에 대한 회의(懷疑)에서 비판적 검증과 뚜렷한 확실성이 생겨나고, 인간이 받는 충격과 자신이 버림받은 상태라는 의식에서 자기 자신에 대한 물음이 생겨난다. 먼저 이 세 가지 동기에 대해 설명하겠다.

첫 번째 동기—철학의 근원은 경이 속에 있다고 플라톤은 말한다. 우리는 자신의 눈을 통해 "별과 태양과 하늘의 광경에 관심을 갖게끔" 유도되었다. 이 광경이 우리에게 "만물을 탐구하려는 충동을 부여하고, 거기에서 유한한 종족인 인간에게 신들이 주신 최선의 것 곧 철학이 발생했던" 것이다. 또한 "이 경이가 인간을 철학적 사색 쪽으로 내몰았다. 사람들은 처음엔 자기들이 만나는 전혀 색다른 것을 보고 놀라고, 이어서 점점 더 나아가 달과 태양과 성운의 변화라든가 만물의 발생에 의문을 품게 되었다"라고 아리스토텔레스는 말했다.

인간은 놀람을 통해 인식으로 유도된다. 놀람 속에서 나는 자신의 무지(無知)를 자각한다. 이리하여 나는 지식을 추구하게 되는데, 이것은 지식 자체를 위한 것이지 "그 어떤 통상적인 필요에 쫓겼기 때문"은 아니다.

철학을 한다는 것은, 삶의 필요에 얽매인 상태로부터 각성하는 것과도 비슷하다. 이 각성은 목적에 얽매이지 않고 사물이나 천공(天空)이나 세계를 바라보는 행위 속에서, 즉 그 모든 것이 무엇이고 또 무엇에서 유래했는가 하는 질문—그 해답이 무슨 이익을 낳진 않지만 그 자체로 만족을 주는 질문—속에서 성취된다.

두 번째 동기—존재자를 인식하는 데서 자신의 놀라움과 경탄에 대한 만족이 발견될 때, 즉시 회의가 시작된다. 물론 인식의 양은 누적된다. 그러나 이를 비판적으로 검증해 보면 확실한 것은 무엇 하나 없다. 감각에 의한 지각은 인간의 감각기관으로 제약되고 있어서 우리를 속이기도 한다. 또한 어쨌든 그것은, 지각되든 안 되든 아무 상관없이 우리의 바깥에서 그 자체로서 존재하는 것과 일치하지는 않는다. 우리의 사유 형식은 인간의 오성의 사유 형식이며, 해결할 수 없는 온갖 모순에 휩싸여 있다. 곳곳에서 주장과 주장이 서로 대립한다. 따라서 철학적으로 사고할 때, 나는 회의의 길을 선택하고 그 회의를 끝까지 밀고 나가기 위해 노력하게 된다. 그리고 여기에는 다음의 두 경우가 있다. 하나는 더 이상 아무것도 승인하지 않지만 스스로도 한 발자국도 전진할 수 없는 회의에 의해, 모든 것을 부정하는 일에 기쁨을 느끼면서 회의하는 것이다. 다른 하나는 모든 회의에서 벗어나 있어서 어떤 비판에도 공정하게 버틸 수 있는 확실한 것이 대체 어디에 있는가 하고 물으면서 회의하는 것이다.

"나는 생각한다, 고로 나는 존재한다"라는 데카르트의 유명한 명제는, 다른 모든 것을 의심할 때에도 그로서는 의심할 여지가 없는 확실한 것이었다. 왜냐하면 나의 인식에서의, 아마 스스로는 꿰뚫어 볼 수 없는 완전한 착오조차, 자신의 사유 속에서 속임을 당하는 상황에서도 역시, 나는 존재하고 있다는 사실에 관해서는 나를 속일 수 없기 때문이다.

회의는 [확실성에 도달하기 위한] 방법상의 회의로서는, 온갖 인식을 비판적으로 검증해 가는 원천이 된다. 그러므로 철저한 회의 없이는 참으로 철학적인 사고도 있을 수 없다. 결정적인 문제는, 이 회의 자체를 통해서 언제 어떤 식으로 확실한 것의 지반이 획득되겠는가 하는 것이다.

그러면 세 번째 동기를 문제삼아 보자. 세계 내 대상의 인식에 몰두하면서 확실한 것에 도달하는 과정으로서의 회의를 수행할 때에는, 나는 객관적인 것에 관련되어 있다. 이때 나는 자신의 일, 즉 내 목적이나 내 행복이나 내 구원에 대해서는 생각하지 않는다. 오히려 나는 그런 인식을 실현해 가는 과정에선 자신을 잊고서 만족한다.

자신의 상황 속에서의 자기 자신이 자각된다면 이런 사정은 변하게 된다.

스토아학파의 에픽테토스는 "철학의 근원은 자신의 약함과 무력함을 깨닫는 것이다"라고 말했다. 무력한 자신을 어떻게 도우면 좋을까. 에픽테토스의 대답은 이렇다. "자신의 힘이 미치지 않는 온갖 것은 필연적인 것이므로 나 자신에게는 아무래도 좋은 것이라고 간주하라. 반대로 자신의 힘으로 좌우할 수 있는 것, 즉 나의 표상 방식이나 표상 내용은, 모두 사유를 통해 분명하고 자유로운 것으로 만들라."

[철학의 근원에 대한 물음을 더 살펴보는 데에서] 우리 인간의 상태를 확인해 두자.

우리는 항상 갖가지 상황 속에 있다. 그리고 그 상황은 변화하고 여러 가지 기회가 나타난다. 이 기회는 한번 놓치면 다시 돌아오지 않는다. 나는 상황이 변화하도록 스스로 작용할 수 있다. 그런데 상황 속에는, 설령 그 순간적인 발현 모습이 다르고 그 압도적인 위력이 베일에 싸여 있다 해도, 본질적으로는 항상 불변하는 상황이 있다. 나는 죽음에서 벗어나지 못하고 괴로워하면서 싸워야 한다는 상황, 또 나는 우연의 수중에 놓여 있으며 불가피하게 죄를 저지른다는 상황이 바로 그것이다. 우리 실생활의 이런 기본적인 상황을 여기선 한계상황이라고 부르겠다. 이것은 곧 우리가 뛰어넘을 수 없고 변경할 수도 없는 상황이 존재함을 뜻한다. 이런 한계상황이 의식되는 것이, 놀람과 회의에 뒤이은 철학의 보다 깊은 근원이다. 단순한 현존재적 생활에서는 우리는 한계상황을, 마치 그런 것은 존재하지 않는다는 듯이 외면하고 살아감으로써 회피할 때가 많다. 우리는 자신이 죽음에서 벗어날 수 없다는 사실을 잊고, 죄를 짊어지고 있다는 것이나 우연에 좌우되고 있다는 사실을 잊는다. 이때 우리는 구체적인 상황에만 관여한다. 즉 자신을 위해 구체적인 상황을 지배하거나, 자기 실생활의 이해(利害)에 따라 이 세계 속에서 계획과 행동을 통해 구체적인 상황에 대처하거나 하는 것이다. 반면에 우리가 한계상황에 대처하는 방식은 다음의 둘 중 하나이다. 하나는 이 한계상황을 덮어 감추는 것이고, 또는 실제로 이 한계상황을 파악했을 때 절망하고 재기하는 것이다. 후자의 경우 우리는 자신의 존재 의식을 변혁하면서 자기 자신이 된다.

우리 인간의 이런 상황을 이와는 다른 방식으로, 즉 모든 세계 존재의 불확실성이라는 형태로 분명히 나타내 보자.

사물을 의심하지 않는 내적 태도는 세계를 존재 그 자체로 생각한다. 이 경우 우리는, 행복한 상황에서는 힘으로 충만해져서 환호를 올리고, 반성하지 않고 신뢰를 보내며, 자기 눈앞에 있는 것밖에 모르는 채로 살아간다. 반대로 이때 고통을 느끼거나 약해지거나 무력해졌다면 우리는 절망에 빠지고, 이 상태에서 벗어나 계속 살아가는 경우에는 다시 자신을 잊고 행복한 삶 속에 빠져든다.

그러나 인간은 그런 경험을 축적하면서 점점 더 현명해졌다. 인간은 위협을 당함으로써 자기 몸을 보호하게 된 것이다. 그리고 자연 지배와 인간 공동체의 형성이 실생활을 보증하게 된다.

인간은 자연의 호의를 자기 뜻대로 움직이기 위해 자연을 지배하고, 자연은 인식과 기술에 의해 신뢰하는 데 부족함 없는 것이 될 터이다.

하지만 자연을 지배할 때에도 계량할 수 없는 것이나 부단한 위협은 남아 있으므로, 이 지배는 전체로서는 좌절로 끝나게 된다. 우리는 힘들고 어려운 노동이나 노화나 병이나 죽음이라는 것을 없애지는 못한다. 인간이 지배함으로써 자연이 의지할 만한 대상이 된다는 것은, 자연이 총체적으로는 의지할 대상이 못 된다는 것 속의 하나의 특수한 경우에 지나지 않는다.

한편 인간은 만인의 만인에 대한 싸움이라는 사태를 국한하고 마침내 배제하기 위해서 결속하여 공동체를 만들고, 서로 도우면서 자신의 안전을 확보하려 한다.

그러나 여기에도 한계가 있다. 만약 절대적인 연대 이념의 요청대로 각 시민들이 타인을 돕는 상황이 모든 국가에서 유지된다면, 정의와 자유가 전체적으로 보증될 수도 있을 것이다. 왜냐하면 오직 이런 상황에서만 누가 부정을 저질렀을 때 다른 사람들이 일치단결하여 그에 대항할 수 있기 때문이다. 그러나 실제로는 그런 상태는 존재하지 않았다. 최악의 상황에서 무력한 몸으로나마 서로를 위해 실제로 그 자리에 머무르는 것은, 언제나 한정된 범위의 사람들 또는 몇몇 개인들뿐이다. 국가도 교회도 사회도 절대적으로 보호해 주진 않는다. 그런 보호가 존재한다는 생각은, 인간의 한계가 은폐되어 있던 안정된 시대의 아름다운 환상이었던 것이다.*1

세계가 전면적으로 의지할 만한 대상이 못 된다는 이 같은 견해와 대립하는 다른 견해도 있다. 즉 이 세계에는 신뢰할 만한 것이나 믿음직한 것이 있으며, 고향과 그 풍토—부모님과 선조—형제자매와 친구—아내 등, 우리를 지탱해 주는 근거가 존재하며, 또한 국어나 신앙이나 사상가·시인·예술가의 작품 속에는 전통이라는 역사적 근거가 존재한다는 의견이다. 그러나 이런 전통 전체도 우리를 비호해 주지는 않으며, 절대적으로 의지할 만한 대상도 못 된다. 왜냐하면 우리 앞에 나타나는 그런 것은 모두 인간이 낳은 산물이며, 인간은 항상 그런 전통을 보면서 자신에게 확실하고 또 존재하는 것, 신뢰할 수 있는 것을 자기 자신의 근원에서 발견해 나갈 수밖에 없기 때문이다. 그러나 모든 세계 존재가 의지할 대상이 못 된다는 이 사태 속에, 우리가 나아가야 할 길의 지침이 있다. 그것은 세계 내의 존재에 만족하지 않고 다른 초월적인 타자(他者)를 향하도록 지시한다.

한계상황—죽음, 우연, 죄, 세계의 불확실성—은 우리의 좌절이 불가피하다는 것을 보여 준다. 한계상황을 성실하게 생각하는 한, 나는 이 절대적 좌절을 발견할 수밖에 없다. 이런 사태에 직면하면 대체 어찌해야 좋을까.

사유의 독립성이라는 인간 고유의 자유로 되돌아와야 한다는 스토아학파의 충고에 우린 만족할 수 없다. 스토아학파는 인간의 무력함을 충분히 근본적으로 통찰하지 않았기 때문에 오류를 범했던 것이다. 사유도 역시 그 자체로서는 무의미하며, 자신에게 주어진 것에 의지하고 있다. 그런데 스토아학파는 이런 사유의 비독립성(非獨立性)과, 사유가 망상에 빠질 수 있다는 점을 간과했던 것이다. 단순한 사유의 독립성이라는 것에는 내실이 없으므로, 사유의 독립성만을 권하는 스토아학파는 우리를 공허한 상태에 방치하게 된다. 또한 스토아학파의 가르침에 따르면, 내면적 자기 극복을 자발적으로 하려는 시도가 이루어지지 않고 사랑에 있어 자신이 초월적인 것으로부터 선물 받은 것에 의한 충실이나, 가능한 것을 희망적으로 기다리는 감정이 생겨나지 않는다. 따라서 스토아학파는 희망을 품을 수 없는 상태에 우리를 방치해 버린다.

그러나 스토아학파가 바라는 것은 진정한 철학이다. 그리고 한계상황에서 접할 수 있는 근원은, 존재에 다다르는 길을 좌절에서 획득하려는 근본적 충동을 낳는다.

인간에게 있어서 결정적인 것은, 좌절을 어떤 식으로 경험하느냐에 달려 있다. 좌절이 계속 은폐되어 마지막에는 단지 사실로서 인간을 압도하게 되는가, 아니면 인간이 좌절을 외면하지 않고 직시해서 자신의 현존재의 부단한 한계로서 지금 현재 이 좌절을 소유하는가. 또 공상적인 해결과 안식을 얻으려 하는가, 아니면 설명하기 어려운 이 상황을 마주하고는 묵묵히 성실하게 그것을 받아들이는가. 이런 것에 달려 있다. 인간이 자신의 좌절을 경험하는 방식은, 인간이 무엇이 되어 가는가의 토대가 된다.

한계상황의 경험에서는 무(無)가 지시되든가, 아니면 모든 세계 존재가 소멸함에도 불구하고 그 세계 존재를 뛰어넘어 본래적으로 존재하는 것이 느껴지게 되든가 둘 중의 하나이다. 절망조차도 그것이 세계 내에서 가능하다는 사실에 따라, 세계를 초월한 것을 가리키는 지침이 된다.

달리 표현하자면 다음과 같이 말할 수도 있다. 인간은 구원을 원하는데 그 구원은 위대하고 보편적인 구원 종교가 제시했다. 이 종교는 구원의 진리와 구원의 현실을 보여 주는 객관적인 보증을 갖추었다는 점이 특징이며, 이 구원의 길은 개개인의 회심(回心) 작용으로 통하고 있다. 철학은 이런 것을 제공할 순 없다. 그러나 철학을 한다는 것은 모두 일종의 세계 극복이며, 구원과도 비교될 만한 것이다.

지금까지의 논술을 요약하자면 철학적 사고의 근원은 경이, 회의, 자신이 어찌할 수 없다는 의식에 존재한다. 어느 경우에든 사람의 마음을 사로잡는 감동을 타고 철학적 사고가 시작되며, 곤혹스러운 상태 속에서 각각의 목표가 추구되는 것이다.

플라톤과 아리스토텔레스는 경이에서 출발하여 존재의 본질을 추구했다.

데카르트는 제한 없는 불확실성 속에서 이론의 여지가 없는 확실함을 추구했다.

스토아학파 사람들은 실생활의 고뇌 속에서 영혼의 안정을 추구했다.

이런 곤혹의 경험은 각기 그 개념과 언어라는 역사적인 옷을 두르고 있지만, 그 나름대로 진리성을 지닌다. 우리는 이 진리를 역사적으로 자기 것으로 만들어 가면서, 현대의 우리 내면 앞에 나타나 있는 철학의 모든 근원으로 접근해 가는 것이다.

이런 충동을 통해 우리는 의지할 만한 지반과 깊은 차원의 존재와 영원해지는 것을 향해 앞으로 나아간다.

그러나 위에 열거한 철학의 근원들은, 아마도 우리 눈에는 가장 근원적인 것, 무조건적인 것은 아닌 듯 보일 터이다. 경이에 대해서 존재가 열려 드러나는 것은 우리에게 한숨 돌릴 여유를 주긴 하지만, 그러나 인간에게서 유리되어 완전히 마술적인 형이상학 속으로 떨어지는 방향으로 인간을 유혹하기도 한다. 회의로써 이론을 제기할 여지가 없는 확실성은, 과학적 지식이 세운 한 세계 정위(定位)밖에 적응하지 못한다. 그리고 스토아학파에서 말하는 부동한 영혼의 자세는 오로지 곤궁할 때의 임시방편으로서, 또 완전한 몰락으로부터의 구원으로서만 유효할 뿐 그 자체는 내실과 생명을 동반하지 않는 것에 불과하다.

3가지 유력한 동기—경이와 인식, 회의와 확실성, 절망적 상태와 자기 생성이라는 것—만 가지고는 현대의 철학적 사고에서 우리를 움직이는 것을 충분히 이해할 수 없다.

역사의 가장 근본적인 한 단락에 해당하는 현대, 유례없는 붕괴의 시대이면서 모호한 호기(好機)의 예감만이 존재하는 이 현대에는, 지금까지 생각되어 온 세 가지 동기는 물론 의의가 있지만 충분하지는 못하다. 그런 동기는 하나의 조건, 즉 인간의 상호 교제라는 조건 아래에 놓여 있는 것이다.

오늘까지의 역사에서는 인간과 인간과의 자명한 결합이, 의지할 만한 공동체나 제도나 보편적 정신 속에 존재하고 있었다. 고독한 사람조차 자신의 고독 한가운데에서 타자의 지지를 받고 있었다. 그러나 오늘날에는, 인간은 점점 서로를 이해하지 않게 되어 서로에게 무관심한 태도로 그저 만났다가 헤어지고 있으며, 충실함과 공동체는 더 이상 확실한 것, 의지할 만한 것이 아니게 되었다. 그리고 이런 사실들 속에서 우리 인간 존재의 붕괴가 가장 강렬하게 느껴지고 있다.

실은 언제나 존재하고 있던 다음과 같은 일반적인 상황이 이제는 결정적으로 중대한 의미를 지니게 되었다. 즉 나는 진리에서 타자와 하나가 될 수 있는 것이면서도 그렇게 되지 못하는 상황이며, 내가 자신을 확신하는 바로 그 순간의 신념이 타자의 신념과 충돌하는 상황이며, 또 어떤 극단적인 경우를 생각한다면, 통일 가능성이 없는 싸움—굴복이나 절멸로만 끝나는 싸움—밖에 남지 않은 듯한 상황이며, 신념이 없는 사람들이 유약함과 저항할 수 없는 약함 때문에 맹목적으로 한데 모이든지 아니면 억지로 반대하는 상황인데—이 같은 상황은 모두 우연적인 것도 비본질적(非本質的)인 것도 아니다.

나를 만족시킬 수 있는 진리가 만약 나의 고립된 태도 속에 존재한다면, 그런 상황도 나쁘지 않다고 말할 수 있을지 모른다. 또 만약 내가 절대적인 고립 속에서 나 혼자 진리를 확신할 수 있다고 주장한다면, 교제의 결여에 따른 고뇌나 진정한 교제에서의 독특한 만족 등을 통해서 철학적으로 그렇게 강한 감명을 받지는 않을 것이다. 그러나 나는 타자와 함께해야만 존재할 수 있고 혼자서는 무(無)에 불과하다.

단순한 오성(悟性)과 오성과의 교제 또는 정신과 정신과의 교제가 아니라 실존에서 실존에 이르고자 하는 교제에서는, 비인격적인 사물이나 유효한 것은 모두 교제의 단순한 매개물로서 존재할 뿐이다. 이 경우 변호하거나 공격하거나 하는 행위는, 권력을 얻기 위한 것이 아니라 서로에게 다가가기 위한 수단이 된다. 이 싸움은 사랑의 싸움이며, 여기서는 쌍방이 모든 무기를 상대에게 건넨다. 자유로운 자와 자유로운 자가 공동(共同)을 통해 서슴없이 서로 대립하는 교제, 또한 타자와의 교섭은 모두 그 예비 단계에 지나지 않으며, 결정적인 점에서는 모든 것을 서로 요구하며 근본적으로 의문을 품는 교제, 이런 교제에서만 우리는 본래적인 존재의 확신을 얻을 수 있다. 교제 이외의 진리는 모두 이러한 교제 속에서 비로소 현실화되고, 나는 이 교제에서만 나 자신일 수 있다. 그리고 이런 교제 속에서의 나는 그저 삶을 이어 나가고 있을 뿐만 아니라 삶을 충실하게 만들고 있는 것이다. 신은 간접적으로만 나타나고 인간에 대한 인간의 사랑 없이는 있을 수 없으며, 또 이론의 여지가 없는 데카르트식 확실성은 특수적·상대적인 것으로 어느 전체자(全體者)에 종속된 것이고, 스토아학파의 사고방식은 공허하고 경직된 태도에 빠지는 것이다.

나는 지금 여러분에게 철학적 근본 태도의 사상적 표현에 대해 설명하고 있는데, 이 철학적 근본 태도는 깊은 교제의 결여에서 생겨나는 곤혹에, 진정한 교제를 추구하는 충동에, 자기 존재와 자기 존재를 마음속 깊은 곳에서 서로 연결해 주는 사랑싸움의 가능성에, 그 근저를 두고 있다.

그런데 이런 철학적 사고는 앞서 설명한 세 가지 철학적 곤혹에도 동시에 그 뿌리를 두고 있다. 다만 경이 등등의 그 세 가지 곤혹은, 교제를 촉진하든 저해하든 그것들이 인간과 인간과의 교제에 대해 어떤 의미를 지니는가에 제약된다.

고로 우리는 다음과 같이 말할 수 있다. 철학의 근원은 분명 경이나 회의나 한계상황의 경험 속에 있지만, 최종적으로는 그 모든 것을 포괄한 본래적 교제에의 의지 속에 있다고. 그리고 이것은 처음부터, 모든 철학이 자신을 전달하길 원하며 스스로를 말로써 표현하고 사람들에게 들려주고 싶어한다는 사실에서, 또 철학의 본질은 전달 가능성 자체이고 이 전달 가능성은 진리 존재와 불가분의 관계라는 사실에서 이미 드러나고 있다.

모든 목적의 의미에 최종적 근거를 부여하는 철학의 목적, 즉 존재를 내적으로 깨닫고 사랑을 밝히고 안정을 완성한다는 목적은 바로 교제 속에서 비로소 달성된다.

3 포월자(包越者)

여기에서는 철학의 가장 어려운 근본사상 한 가지를 다루려 한다. 이 사상은 본래적인 철학적 사유의식에 기초를 부여하는 것이므로 언급할 수밖에 없다. 이 사상은 충분히 그려내기 번거로운 사상이지만, 분명 매우 간결한 형태로도 이해할 수 있을 것이다. 다음에서 그 윤곽을 그려보도록 하자.

철학은 무엇이 존재하느냐는 물음으로 시작한다. 물론 당장은, 세계 내 사물이나 여러 형태의 무생물이나 생물 등 다양한 존재자가 존재하고, 모든 것이 도래했다가는 지나쳐가면서 많은 것이 제한 없이 존재하고 있다. 그러나 본래적인 존재, 즉 모든 것을 총괄하고 모든 것의 근저에 있는 존재, 존재하는 모든 것이 그로부터 발생하는 것과 같은 존재는 무엇일까?

이 물음에 대해서는 이상하리만큼 많은 답이 있다. 가장 오래된 철학자의 가장 오래되고 영예로운 답은, 모든 것은 물이며 물로부터 이루어진다는 탈레스의 견해이다. 계속해서 이를 대신하여, 근원적으로 모든 것은 불이라거나 공기라거나 무한정한 것이라거나 물질이라거나 원자라거나 또는 모든 것은 첫 번째 존재인 생명이며, 생명이 없는 것은 모두 이 생명으로부터의 퇴락을 의미한다거나 또는 모든 것은 정신이며 사물은 이 정신에 대하여 나타나는 현상이고, 이 정신을 통하여 이른바 꿈과 마찬가지로 만들어지는 표상이라고 여겨졌다. 우리는 다양한 명칭으로 불리는 세계관의 거대한 계열을 본다. 즉, 유물론(모든 것은 물질이며 자연적이고 기계적인 발생이라는 것)이나 유심론(모든 것은 정신이라는 것)이나 물활론(모든 것은 영혼을 갖고 살아 있는 물질이라는 것) 등의 세계관이나 그 밖의 여러 가지 관점에 바탕을 둔 세계관이다. 그 어느 쪽도 존재란 본래 무엇인가라는 물음에 대한 답은 하나의 존재자를 지시함으로써 주어진 것이었다. 그것은 즉, 성격이 특별하면서 다른 모든 것의 근원으로 보이는 세계 내에 나타나 있는 존재자이다.

대체 어느 답이 옳은 것일까? 여러 학파 간의 다툼 속에서 이루어진 논증은 수천 년 동안 이들 가운데 하나의 입장을 진실한 것이라고 증명할 수가 없었다. 어느 입장에서든 어느 정도의 진실, 즉 이 세계에서 무엇을 간파하는 것을 가르치는 관점과 연구방법이 나타나 있다. 그러나 스스로를 유일한 입장으로 여기고 자신의 기본적인 견해로 모든 존재자를 설명하려 한다면 어떠한 입장이건 실수를 범하게 된다.

이러한 사정은 어떻게 발생하는 것일까? 이들 여러 가지 견해에는 하나의 공통점이 있다. 존재를 대상으로서, 나에게 대립하는 무언가로서, 즉 자신에게 대립하는 객체로서 내가 그것을 생각하며, 그것에 주의를 기울이는 무언가로서 파악한다는 점에서이다. 의식을 수반하는 우리 인간 현존재의 이러한 원현상(原現象)은 완전히 자명한 것이며 의문시되는 일이 없기 때문에 그 불가해함이 거의 느껴지지 않는 것이다. 우리가 생각하거나 이야기하는 행위는 언제나 우리와는 다른, 주체인 우리가 우리에게 대립하는 것, 즉 객체로서의 그것에 주의를 기울이는 것과 같은 것이다. 우리는 나 자신을 나의 사유의 대상으로 하는 경우에는 스스로 이른바 타자와 같아지면서도 언제나 동시에 자기 자신의 사유를 수행하고 사유하는 자아로서 존재하는 것이다. 단, 이 사유하는 자아는 언제나 대상화라는 것이 가능해지기 위한 전제이며 객체로서는 잘 사유되지 않는 것이다. 사유하는 우리의 현존재가 지니고 있는 이 근본사실을 주객분열(主客分裂)이라고 부르기로 하자. 우리는 깨어나서 의식하는 이상, 언제나 이 분열 안에 있다. 우리는 사유할 때, 자신이 바라는 대로 사유의 방향을 돌리거나 바꿀 수는 있으나 언제나 이 분열 안에서 대상적인 것에 주의를 기울이며, 그 대상이 감각 지각이 향하는 실재이든 숫자가 도형이라는 관념적 대상인 사고물이든 간에, 어떤 공상적 내용의 것이든 또한 무언가 있을 수 없는 사상물이든 간에 그 사실에 변함은 없다. 우리 의식의 내용으로서의 여러 가지 대상이 우리 바깥쪽이나 안쪽에서 언제나 우리에게 대립하고 있는 것이며, 쇼펜하우어의 표현을 빌리자면 주관 없는 객관은 없으며 객관 없는 주관은 없는 것이다.

모든 순간에 현전(現前)하는 이 주객분열이라는 비밀은 무엇을 뜻할까? 어쨌든 전체로서의 존재가 주관일 수도 객관일 수도 없으며 [주관을 포괄하는] '포월자(包越者)'여야 한다는 것은 분명하며, 그러한 존재가 주객분열에서 우리에게 현상(現象)이 되어 나타나는 것이다.

그렇다면 존재 자체는 분명히 대상(객체)일 수 없다. 나의 대상이 되는 것은 모두 포월자로부터 나에게 나타나며, 주체로서의 나도 이 포월자로부터 나타난다. 대상이란 이 [주체로서의] 나에 대한 특정 존재이며, 한편 포월자는 나의 의식에서는 모호한 상태 그대로이다. 무언가가 분명해져 가는 것은 오로지 여러 가지 대상을 통해서이며, 대상이 의식되고 명석해짐에 따라서 그것은 한층 분명해져 간다. 그런데 포월자 자신은 대상이 되지는 않으며 나와 대상과의 분열에서 현상하는 것이다. 포월자 자체는 배경이 되는 데 그치며, 현상하는 것에서 이 배경으로부터 한없이 개명(開明)되기는 하지만 역시 언제나 [나와 현상과의] 포월자가 되는 데 그친다.

모든 사고에는 또 한 가지 분열이 있다. 한정된 것으로서의 각각의 대상은 명석하게 사유되는 한, 언제나 다른 대상과 관련을 맺고 있다. 대상이 한정됨은 그것이 다른 것으로부터 구별됨을 의미한다. 존재 일반을 생각할 때조차 그 대립물로서 무(無)를 생각하는 것이다.

이렇게 모든 대상과 사유내용과 객체는 이중의미에서 분열하고 있다. 대상은 첫째로 사유하는 주체인 나와 관련을 맺고, 둘째로 다른 대상과 관련을 맺고 있다. 모든 대상은 사유된 내용일 뿐이므로 결코 모든 것이 아니며 존재 전체도, 존재 자체일 수도 없다. 사유된다는 것은 모두 포월자 내부로부터 떨어져 나오는 것을 의미한다. 사유된 존재는 나에게 대립하는 것과 함께 다른 대상에도 대립하고 있는 저마다의 특수한 존재인 것이다.

그러므로 포월자는 사유된 것으로서는 언제나 단지 알려질 뿐이다. 포월자는 그 자신이 우리에게 나타나는 것이 아니며, 다른 모든 존재가 그것 안에서 우리에게 나타나는 것이다.

이러한 것을 확인한 데에 어떤 의미가 있을까?

포월자의 사상은 사물에 관련된 우리의 통상의 오성을 기준으로 보면 부자연스러운 것이다. 세계 내부의 실천적인 것에 주의하는 우리의 오성은 이러한 사상에 저항을 느낀다.

사유하면서 모든 사유된 사물을 넘어 비상해 가는 것을 가능케 하는 [사유의] 이러한 근본조작은 그것을 통해 파악이 가능해지는 새로운 대상의 인식이라는 의미를 지니지 않고, 사고를 통해 우리 존재의식의 변혁을 불러일으키려 하는 것이기 때문이다.

포월자의 사상은 새로운 대상을 제시하는 것이 아니므로 통상의 세계지식이라는 의미에서는 공허한 것이다. 그러나 이 사상은 그 형식을 통하여 우리에게 존재하는 존재자의 무한한 현상 가능성을 여는 동시에 모든 존재자를 투명하게 만들어 준다. 그것은 본래적으로 존재하는 것의 목소리를 여러 가지 현상 속에서 알아듣는 능력을 우리의 내면에 되살아나게 함으로써 우리에 대한 대상성(對相性)의 의미를 변혁하는 것이다.

포월자를 개명하기 위하여 한 걸음 더 나아가보자.

포월자에 대하여 철학한다는 것은 존재 자체에 침입함을 의미하겠지만, 그것은 간접적인 방법으로밖에 할 수 없다. 우리는 무언가를 이야기할 때 여러 가지 대상을 놓고 사유하기 때문이다. 우리는 대상적인 사유를 통하여 포월자라는 비대상적인 것을 지시하는 지표를 획득해야 한다.

우리가 바로 지금 사유하면서 수행해 온 것이 그 한 예이다. 즉 우리는, 우리가 언제나 그 안에 놓여 있어서 밖으로부터는 볼 수 없는 주객분열이라는 것을 말로 나타내면서 대상으로 삼고 있다. 그러나 그것은 적절하다고 할 수 없는 방식이다. 일반적으로 분열이란 객체로서 나에게 대립하고 있는 세계 안의 여러 사물이 관계하는 모습으로, 여기서는 그 관계가 전혀 눈에 보이지 않고 그 자체는 결코 대상적이지 않은 것을 표현하기 위한 하나의 비유가 되어 있기 때문이다.

근원적으로 우리에게 현전하는 사태에서 출발하여 구체적으로 사유를 진행하면서 이 주객분열 자체가 다층적인 의미라는 것을 확인해두자. 주객분열은 내가 오성으로서 대상에 주의를 기울이느냐, 살아 있는 현존재로서 나의 환경에 주의를 기울이느냐, 실존으로서 신에게 주의를 기울이느냐에 따라 근원적으로 다른 것이 된다.

오성적 존재자로서의 우리는 파악할 수 있는 사물에 대립하고 그 사물에 대하여 가능한 한 이론 없이 보편타당하게 인식하는데, 이것은 각각의 특정 대상에 관한 인식이다.

현존재에 생존하고 있는 생명체로서의 우리는 환경계에서 감성적 직관으로 경험되는 것에 접하고 있으며 또한 나에게 현전하고 있는 것—보편적인 지식으로는 해소할 수 없는 것—으로서 나의 체험 안에서 현실이 되는 것에 접하고 있다.

실존으로서의 우리는 초월자인 신에 관계하며 실존이 암호와 상징이라는 의미를 부여하는 사물의 언어를 통하여 이 관계를 지키고 있다. 우리의 오성도 생명적인 감성도 이 암호적인 존재의 현실 모습을 포착하지는 않는다. 신의 대상적인 모습은 실존으로서의 우리에게만 가능한 현실이며, 경험적으로 실재하고 있어 이론 없이 사유되어 감각적 자극을 우리에게 미치는 대상이란 완전히 다른 차원에 속하는 것이다.

이처럼 포월자를 확인하려고 하면 그것은 곧바로 포월적 존재의 몇 가지 양태로 분절화(分節化)된다. 이 분절화는 [이상과 같이] 주객분열의 세 가지 양태를 인도하는 줄로서 이루어졌다. 첫째로는 우리 모두가 동일한 의식일반으로서의 오성, 둘째로는 우리가 저마다 특수한 개체인 살아 있는 현존재, 셋째로는 우리의 역사성에 있어서 본래적으로 우리 자신인 실존, 이 세 가지 양태로의 분절화가 이루어지는 것이다.

이러한 [포월자의] 확인을 완전히 끝내는 절차를 간단하게 나타내기는 불가능하다. 여기에서는 존재 그 자체로 생각할 수 있는 포월자는 초월자(신) 및 세계라는 이름으로 불린다는 것 또한 우리 자신이 그것이라고 생각할 수 있는 포월자는 현존재, 의식 일반, 정신, 실존이라고 불림을 말하는 것만으로 만족해야 한다.

위와 같은 철학적 근본조작으로 억측에 따른 존재 자체인 객체에 우리를 속박하고 있는 질곡(桎梏)으로부터 해방된다면 우리는 신비주의의 의미를 이해할 수 있을 것이다. 수천 년 전부터 중국이나 인도나 유럽의 철학자들은, 전달양식은 여러 가지로 다르지만 모든 장소에서 또한 모든 시대를 통해 동일한 내용에 대하여 말로 표현해 왔다. 그것은 인간은 모든 대상적인 것이 소멸하고 자아가 해소되어 가는 과정에서 주객분열을 뛰어넘어 주체와 객체가 완전히 일체화하는 경지에 도달할 수 있다는 것이다. 그 경지에서는 본래적 존재가 열려 있으며, 그러한 상태에서 눈을 떴을 때에는 이루 말할 수 없는 매우 깊은 의미를 지닌 의식이 뒤에 남는다. 이 경지를 경험한 사람 입장에서는 주객일체화야말로 진정으로 눈을 뜬 상태이며, 주객분열을 지닌 의식에 눈을 뜨는 것은 오히려 잠드는 것을 의미했다. 예를 들어 서양 최대의 신비주의 철학자인 플로티노스는 다음과 같이 적었다.

'육신의 선잠에서 깨어날 때, 나는 종종 신기한 아름다움을 직관한다. 그

때의 나는 한층 더 훌륭하고 수준 높은 세계에 내가 귀속된 것을 더 없이 굳게 믿고, 나의 내면에 가장 훌륭한 생명을 강력하게 창출하며 신과 하나가 되어 있다.'

신비적인 경험에 의심을 끼워 넣을 여지는 없으며, 또한 신비가가 자신의 체험을 언어로 전하려고 할 때에는 본질적인 것은 표현할 수 없다는 점에 대해서도 마찬가지이다. 그 신비가는 포월자 안에서 자기 자신을 잊어버린 상태에 있는 것이다. 말로 할 수 있는 것은 주객분열 상태에 빠지고, 또한 제한 없이 나아가는 의식 내에서의 개명화(開明化) 과정도 포월자라는 충실한 원천에 도달하지는 않는다. 우리는 대상적인 형태를 취하는 것에 대해서만 말할 수 있으며 그렇지 않은 것은 전달할 수 없다. 그러나 그러한 전달할 수 없는 것이 그 배경에 기다리고 있다는 것이 사변적 사고라고 불리는 철학 사상의 내실과 의의를 결정한다.

이러한 포월자의 철학적 확인을 기초로 한 경우, 우리는 불이나 물질이나 정신이나 세계 과정 등에 대한 수천 년에 걸친 위대한 존재론이나 형이상학을 더욱 잘 이해할 수 있게 된다. 이러한 존재론이나 형이상학은 실제로 대상지(對象知)—존재론이나 형이상학은 종종 대상지라고 이해되지만, 대상지로서 그것들은 완전히 오류이다—가 되기에 족한 것이 아니라, 오히려 현전하는 포월자에 근거하여 신학자들이 자기개명과 존재개명을 위하여 상상한 존재의 암호 문서였기 때문이다.—그런데 이윽고 이 암호문서는 실수로 본래적 존재로서의 특정한 객체적 존재로 여겨졌던 것이다.

세계의 여러 현상 안에서 활동하는 한, 존재 자체를 소유하는 것이 우리에게 의식되는 것은 언제나 좁은 대상에 있어서도 아니며, 여러 현상의 전체로서 언제나 국한된 우리의 세계라는 지평에 있어서도 아니고, 오로지 모든 대상과 지평을 넘어서고 주객분열을 넘어선 포월자에 있어서이다.

철학적 기본조작을 통해 포월자를 깨달은 이상, 처음에 열거한 형이상학, 즉 잘못해서 자신을 존재인식이라고 굳게 믿는 모든 철학은 아무리 거대하고 본질적인 존재자라 해도 세계 내 존재자를 존재 그 자체로 생각하려는 순간 붕괴되기 시작한다. 그러나 우리가 존재 자체를 간파하기 위해서 대상이나 사유한 것이나 이 세계의 지평이라는 형태의 모든 존재자, 즉 모든 현상을 넘어서서 밀고 나가는 경우 이러한 형이상학은 우리에게 허용된 유일한 언어이다.

존재 자체를 간파한다는 이 목표는 뒤섞일 수 없는 신비주의의 경우를 제외하면 세계를 방기(放棄)하는 것으로서는 달성될 수 없기 때문이다. 우리의 의식이 밝기를 유지할 수 있는 것은 오로지 분명한 대상지라는 형태에서이다. 우리의 의식은 그러한 대상지에서만, 이 지식의 한계가 경험되는 가운데 그 한계점에서 터득되는 것을 통하여 자기의 내실을 받아들일 수 있는 것이다. 무언가를=넘어서=사유하는 경우에도, 우리는 언제나 동시에 그것 안에 머물러 있다. 현상을 투시할 수 있게 되는 경우에도 우리는 언제나 바로 그 현상에 묶여 있는 것이다.

형이상학을 통하여 우리는 초월자라는 포월자의 목소리를 알아들으며, 그러한 형이상학을 암호문서로 해석하는 것이다.

그러나 이 형이상학의 사상을 무책임하게 미적으로 음미하는 태도에 빠진다면 우리는 이 사상의 의미를 간과하게 된다. 우리가 암호의 형태로 [본격적] 현실의 목소리를 알아들을 때에만 형이상학의 내실이 모습을 나타내기 때문이다. 그리고 그 목소리는 우리 실존의 현실성에 근거해서만 들을 수 있으며, 처음부터 거기서 어떤 의미를 간파하려 하지는 않는 단순한 오성에 근거하여 듣는 것이 아니다.

그러나 이 [본래적] 현실의 암호(상징)를 우리가 손에 들고 처리하고 소비해버리는 사물과 같은 구체적인 실재라고 생각하면 안 된다. 객체 자체를 본래적인 존재로 생각하는 것은 모든 독단론의 본질이며, 또한 상징을 물질적이고 구체적인 것으로서 실재라고 생각하는 것은 특히 미신의 본성이다. 미신이란 객체에 구속되는 것이며 신앙이란 포월자 안에 근거를 두는 것이기 때문이다.

그렇다면 포월자의 이러한 확인이 초래할 방법론상의 최종 귀결이 문제인데, 그 귀결이란 우리의 철학적 사유가 파괴될 수밖에 없다는 의식이다.

우리는 철학적으로 완성해가면서 포월자를 구상한다. 여기서도 우리는 본질상 대상이 아닌 것을 또다시 대상으로 하고 있는 것이다. 그러므로 [포월자에 대한] 진술을 통하여 포월자를 깨닫기 위해서는, 대상적 내용을 내포한 진술을 끊임없이 유보하는 자세가 필요하다. 포월자를 깨닫는다는 것은 지금 여기서 내용을 진술할 수 있는 연구 성과가 아니라 우리 의식의 한 자세를 의미하기 때문이다. 그 깨달음에서는 우리의 지식이 아니라 존재의식이 변한다.

존재의식의 이러한 변화야말로 모든 본래적인 철학적 사고의 근본특징이다. 대상에 한정된 사유를 매개로 하고 또한 그러한 사유 속에서만 포월자에 대한 인간의 비상이 발생한다. 그리고 이 비상을 통하여 존재 자체의 내부인 우리 현실 존재의 근거가 의식 안에서 유효한 활동을 하게 되며, 또한 이 존재 자체에 의한 인도나 근본적인 기분이나 우리의 삶이나 행동과의 의미부여가 유효성을 갖게 된다. 그리고 포월자에 대한 이 비상은 한정된 사유를 방기하는 것이 아니라 그 극한까지 밀고 나감으로써 그 사유의 질곡으로부터 우리를 해방해 주는 것이며, 일반적인 철학 사상 속 사상이 우리의 눈앞에서 실제로 성취되기 위한 문을 열어주는 것이다.

존재가 우리 인간의 존재이기 위한 조건은 그것이 주객의 분열 속에서 우리의 마음에 대해서도 경험을 통하여 현전한다는 것이다. 바로 그렇기에 우리의 내면에는 명석함을 추구하는 충동이 있는 것이다. 모호한 형태로밖에 현전하지 않은 모든 것이 대상적인 형태로, 나아가 충실해져 가는 자아의 본질에 근거하여 파악되어야만 한다. 모든 것에 근거를 부여하는 무제약자인 존재 자체 또한 대상성이라는 형식을 취하여 우리 인간의 눈앞에 서게 될 것이다. 이 형식은 대상성으로서 부적절하기 때문에 또다시 붕괴되고, 이 붕괴 안에 포월자의 현전이라는 순수한 명석함이 남는다는 형식인 것이다.

사유하는 우리 인간의 현존재의 근본사실인 주객분열이 의식되고, 이 근본사실 속에 현전해오는 포월자가 의식됨으로써 비로소 우리의 철학적 사고의 자유가 가능해진다.

이 포월자의 사상은 모든 존재자로부터 우리를 해방시켜준다. 그것은 [특정한 존재자에게 집착하여] 고정화된다는 모든 막다른 처지로부터의 전환을 우리에게 강요하는 사상이며, 이른바 우리를 혁명시키는 사상이다.

사물이나 대상적인 인식이론의 절대성을 잃는다는 것은 그러한 절대성에 자신의 터전을 두고 있는 사람에게는 허무주의에 빠지는 것을 의미한다. 거기에서는 언어와 상대성을 통하여 규정되어 있으며 유한한 것이 된 모든 것에서 스스로를 현실이며 진리라고 하는 배타적인 요구는 소멸된다.

우리의 철학적 사유는 오히려 본래적 존재에 대한 해방인, 이러한 허무주의를 가로질러 나아가게 된다. 철학적 사고에서 우리의 본질이 재생하는 것을 통해 모든 유한한 사물의 저마다 국한된 의미와 가치를 발견하게 되며, 유한한 사물을 가로질러 나아가는 길이 불가피하다는 것이 확실해진다. 그것은 동시에 유한한 사물과의 자유로운 교섭을 가능하게 하는 근거가 되기도 한다.

이 경우, 역시 위선적이었던 [유한한 것에 대한] 고정화로부터 추락하는 것은 우리가 자유롭게 부동(浮動)할 수 있다는 가능성이 되고, 무(無)의 심연이라고 생각한 것은 자유의 공간이 되며, 표면적으로 무라고 보였던 것은 본래적 존재가 거기서부터 우리에게 말을 걸어오는 것으로 변한다.

4 신(神)의 사상

우리 서양에서 신의 관념은 역사적으로 성서와 그리스철학이라는 두 가지 기초를 바탕으로 한다.

예레미야는 자신이 오랜 생애에 걸쳐 심혈을 기울여온 모든 것이 몰락하는 모습을 목격했을 때, 자신의 나라와 민중이 파멸하고 그의 백성으로 남은 마지막 사람들까지 야훼인 신에 대한 믿음을 저버리고 [이집트의 여신] 이시스에게 제물을 바쳤을 때, 그리고 그 제자 바룩이 절망하여 "나는 나의 탄식으로 피곤하여 평안을 찾지 못하도다" 하고 말했을 때 이렇게 대답한다. "여호와께서 이와 같이 말씀하시기를 보라 나는 내가 세운 것을 헐기도 하며 내가 심은 것을 뽑기도 하나니…… 네가 너를 위하여 큰 일을 찾느냐 그것을 찾지 말라"[예레미야 45장].

이런 상황에서 나오게 된 이 말은 신이 존재하며 그것만으로 충분하다는 의미를 지닌다. 거기에서는 '영혼의 불사성(不死性)'이라는 것이 있는지 없는지는 문제가 되지 않으며, 신이 '용서해주실지'의 여부는 더 이상 별 의미가 없다. 인간의 일은 이제 아무런 문제가 아니며 인간의 고집은 자신의 소박한 행복과 영생에 관한 염려나 마찬가지로 소멸한다. 또한 전체로서의 세계가 자기완결적인 의미를 지닌다거나 어떤 형태로 세계가 항구적으로 존속한다는 것은 있을 수 없는 일이라고 이해하게 된다. 모든 것은 신이 무로부터 창조하였으며 신의 손 안에 있기 때문이다. 모든 것이 파멸해가는 가운데 신이 존재한다는 것만이 남는다. 자신이 믿는 신의 인도에 따라 이 세상에서 최선을 다해 살았으나 결국 좌절했다고 하더라도 신이 존재한다는 터무니없는 현실은 남아 있다. 인간이 자신의 일이나 자신의 목적을 완전히 단념할 때에는 신이 존재한다는 이 현실이 유일한 현실로서 인간에게 나타날 수 있는 것이다. 그러나 이 현실은 사전에 추상적으로 나타나는 것이 아니라 이 세계의 실제 모습에 몰두해 갈 때만, 이 세계의 한계에서만 비로소 나타나는 것이다. 예레미야의 말은 엄격하다. 이 말은 더 이상 세계 안에서 역사적인 활동을 하려는 의지에 구속된 것이 아니다. 오히려 이러한 의지는 예레미야의 생애를 통하여 그의 말에 앞서 존재하고 있었으며 완전한 좌절 속에서 비로소 이러한 의미의 말을 가능하게 한 것이었다. 예레미야는 환상적인 요소 없이 단순하게 말하면서 거기에 헤아릴 수 없는 진리를 담고 있다. 거기에서는 그야말로 말로 표현되는 온갖 내용, 즉 이 세계에서의 온갖 집착이 단념되어 있기 때문이다.

그리스 철학의 신관(神觀)이라는 표현은 이것과는 다르면서도 동일한 울림을 낸다.

기원전 500년 무렵의 사람인 크세노파네스는 '죽어야 할 인간이란 외관으로나 사상으로나 닮을 방도가 없는 유일신의 지배를 받는 자'라고 말했다. 플라톤은 신성—그가 선이라고 이름붙인 것—을 모든 인식의 근원이라고 생각했다. 우리가 인식할 수 있는 것이 이 신성한 빛 안에서 인식된다는 것뿐만 아니라 그러한 것의 존재도 존엄 및 힘이라는 점에서 이러한 존재를 능가하는 신성으로 유지되는 것이다.

그리스의 철학자들은 다음과 같이 해석했다. 즉, 여러 신들이 있다는 것은 오로지 관습에 따른 이해로 본질에서 본다면 유일한 신이 있을 뿐이고, 신은 우리의 눈에 보이지 않으며 누구와도 닮지 않았고, 어떠한 형상으로도 인식되지 않는다고 말이다.

그리스에서의 신성은 세계 이성 또는 세계 법칙 또는 운명이나 섭리 또는 세계의 건설자로 여겨진다.

그리스의 사상가에게 문제는 사고된 신이지, 예레미야가 설명하는 살아 있는 신이 아니다. 그러나 이 두 가지 신관념의 의미는 일치한다. 서양의 신학과 철학은 신이 존재한다는 것과 신이 무엇인가 하는 것을 한없이 변용해 가는 이 두 가지 기초에 근거하여 사유되어 온 것이다.

현대의 철학자는 신이 존재하는지 아닌지 문제를 피하여 지나가고 싶어 하는 것 같다. 그들은 신의 존재를 긍정하지도 부정하지도 않는다. 그러나 적어도 철학을 하는 자라면 이 문제에 관하여 답변해야 할 것이다. 신의 존재가 의심될 때 철학자는 어떠한 대답을 부여해야 하며, 그렇지 않다면 그 철학자의 철학은 본디 아무 것도 주장하지 않는 회의적 철학, 즉 무엇에 대해서든 긍정도 부정도 하지 않는 회의적 철학이 될 수밖에 없다. 또는 그러한 철학자는 대상적으로 한정된 지식, 즉 과학적 인식에 자신의 문제를 국한하고, 알 수 없는 일에 대해서는 침묵해야 한다는 명제를 세움으로써 철학하는 것을 그만두게 된다.

신에 대한 문제는 서로 모순되는 여러 명제에 기초하여 논의되고 있다. 다음으로 우리는 이러한 명제들을 차례차례 음미해가도록 하자.

신학의 명제는, 예수에 이르기까지의 여러 예언자들이 신을 계시해 놓았기 때문에 우리가 신을 알 수 있다는 것이다. 즉 계시가 없으면 인간에게 신은 현실성 없는 존재이며, 신이 인간에게 다가갈 수 있는 것은 인간의 사유를 통해서가 아니라 신앙과 복종을 통해서라는 것이다.

그러나 성서 속에 있는 계시의 세계, 그보다 아득히 먼 옛날에도 또한 그 외부에도 신성의 현실성에 대한 확신은 존재했다. 그리고 그리스도교적 서양 세계의 내부에서도 많은 사람들이 계시의 보증 없이 신의 확실성을 승인해 온 것이다.

위에서 보인 신학의 명제는, 신의 존재 증명이 가능하기 때문에 신의 존재를 알 수 있다는 예로부터 내려온 철학의 명제와 대립한다. 고대 그리스 이후로 신의 존재증명은 전체적으로 방대한 문서가 되어 있다.

그러나 신의 존재증명이 수학 또는 경험과학의 의미에서, 과학적으로 이론이 없는 증명이라고 해석된다면 이는 잘못이다. 칸트는 이론의 여지 없이 타당한 이러한 증명을 가장 철저하게 부정하고 있다.

그 결과 이번에는 신의 존재증명이 모두 부정된다는 것은 신이 존재하지 않는 것을 의미한다는 전도(轉倒)가 일어났다. 그러나 이 추론 역시 잘못이다. 왜냐하면 신의 존재를 증명할 수 없는 것처럼 신의 비존재 또한 증명할 수 없기 때문이다. 이러한 증명과 그 부정으로 볼 때 증명된 신은, 신이 아니라 단지 세계 속의 하나의 사물에 불과하다는 것을 나타낼 뿐이다.

신 존재의 억측적인 증명과 신 존재의 부정에 대항하여 [신의 존재증명에 관한] 진리를 다음과 같이 말할 수 있을 것이다. 즉, 이른바 신의 존재증명은 근원적으로는 결코 증명이 아니며 사고하면서 신을 확실하게 만들어가는 과정이라고. 수천 년에 걸쳐서 고안되고 형태를 바꾸면서 반복되어 온 신의 존재증명은 실제로는 과학적 증명과는 다른 의미가 있다. 즉 그러한 증명은 인간이 신으로까지 비상하는 것을 경험하는 가운데 사유로써 신을 확실히 해간다는 것이다. 인간은 사상의 다양한 길을 걷게 된다. 그러한 길을 통하여 우리는 신의 의식이 비약에 의하여 저절로 현전해 오는 장소로서의 여러 가지 한계에 도달하는 것이다.

다음으로 신의 존재증명의 두세 가지 예를 들어두자.

가장 오래된 증명은 우주론적 증명이라고 불린다. 이 증명에서는 우주로부터 신이 추론된다. 즉 그것은 언제나 세계의 사상이라는 야기된 사태로부터 그것이 야기된 궁극원인을 추론하고, 운동으로부터 그 운동의 근원을, 개체의 우연성으로부터 전체의 필연성을 추론하는 증명이다.

이 추론이 우리에게 보이는 달의 표면으로부터 보이지 않는 반대편을 추론하는 것처럼 어떤 사상의 현존재로부터 다른 사상을 추론하는 것을 의미하는 것이라면 [신에 관한 추론으로서의] 효력이 없다. 이러한 추론에서는 오히려 세계 내의 사물로부터 다른 사물이 추론될 뿐이다. 우리는 언제나 세계 안에 있으며, 전체로서 우리와 마주보는 것으로서 세계를 소유하는 일은 없으므로 전체로서의 세계는 우리의 대상이 되지는 않는다. 그러므로 전체로서의 세계로부터 세계와는 다른 무언가[신]를 추론하는 것은 불가능하다.

그러나 위의 추론의 사상은 이미 증명이라고는 볼 수 없다면 그 의의가 달라진다. 그 경우 이 사상은 어떤 것에서부터 다른 것으로의 추론이라는 비유의 형태로 본디 세계와 그 내부인 우리가 존재한다는 사실에 담겨 있는 비밀을 의식시키는 것이 된다. 아무것도 존재하는 않을 수 있다는 사고를 수행하려고 하여, 셸링과 마찬가지로 어째서 일반적으로 무언가가 존재하며 무가 아닌지를 묻는 경우, [세계와 우리가] 실제로 존재하는 것의 확신은 이 존재의 근거에 대한 우리의 물음에 답하는 것은 아니지만 우리를 포월자에게로 인도할 수 있는 확신이다. 그리고 이때의 포월자란 그 본질상 단적으로 존재하는 것, 존재하지 않고는 있을 수 없는 것, 다른 모든 것의 존재 통로가 되는 것이다.

[다음으로 목적론적 증명을 검토하자.] 사람은 분명히 세계를 영원한 것으로 생각하고, 그것 자신에 근거하여 존재하며 따라서 신과 동일하다는 성격을 세계 자신에게 부여해 왔다. 그러나 이러한 견해는 다음과 같은 이유로 잘 성립할 수는 없다.

세계 안에서 아름답고 목적에 맞으며 순서대로 배열되어 있고 어떤 종류의 완성된 질서를 갖고 있는 모든 것. 또한 우리의 직접적인 자연관상(自然觀想) 속에서 완전히 받아들일 수 없을 정도로 충실한 감동을 수반하여 경험되는 모든 것, 이러한 것을 예를 들어, 물질 등이라는 근본적으로 인식 가능한 세계존재에 근거하여 개념적으로 이해할 수는 없다. 생물이 합목적적으로 만들어져 있는 것, 모든 형태의 자연의 아름다움, 세계일반의 질서 등은 실제상의 인식이 진보하는 정도에 따라 점점 비밀스러운 것이 되었다.

그런데 이 사실에서부터 신의 존재를, 즉 솜씨 좋은 창조주인 신의 존재를 추론하려고 한다면, 이 [목적론적 증명의] 추론에 대해서는 즉시, 이 세계 속의 미워해야 할 것이나 혼란스런 것이나 무질서한 것 모두가 대립하게 된다. 세계를 으스스하고 소원하고 무서운 전율할 만한 것으로 느끼는 기본적인 기분은 그에 대응한 것이다. 이러한 기분에서 악마를 도출하려는 추론은 신을 도출하려는 [앞에서 말한] 추론만큼이나 거절하기 힘든 것이라고 생각한다. 초월자의 비밀은 이 목적론적 추론으로써 해소되는 것이 아니라 오히려 심화되는 것이다.

그러나 세계의 비완결성이라고 불리는 사태는 결정적으로 중요하다. 세계는 종결되어 있는 것이 아니라 끊임없이 변용하고 있으며—우리의 세계인식은 결론을 찾아낼 수 없으며—세계는 세계 자체로부터 이해될 수 없는 것이다.

이른바 이러한 신의 존재증명은 단순히 신의 존재를 증명하는 것이 아닐 뿐만 아니라, 신을 이 세계의 경계에서 확정되는 하나의 세계적 실재자로 변용하여 이 경계에서 만날 수 있는 두 번째 세계와 연관을 갖는 방향으로 잘못 이끄는 것이기도 하다. 이 경우 신의 증명은 신의 관념을 모호하게 만든다.

그러나 이들 존재증명은 구체적인 세계의 여러 현상을 통하여 사람을 무(無)에, [세계의] 완결불가능성이라는 사태에 직면시킬수록 그만큼 인상 깊은 것이 된다. 이리하여 이들 증명은 우리가 이 세계를 유일한 존재로 보고 이 세계 속에서 그것에 만족하지 않도록 하는 충격을 우리가 얻도록 하는 것이다.

언제나 반복되어 나타나는 것은 신은 지식의 대상이 아니며 이론 없는 방식으로 개시될 수 있는 존재가 아니라는 점이다. 신은 감각적 경험의 대상이 아니다. 신은 눈에 보이지 않고 직관될 수 없으며 그저 믿을 수밖에 없는 존재이다.

그러나 이러한 신앙은 어디서 생기는 것일까? 이 신앙은 근원적으로는 세계경험의 한계에서가 아니라 인간의 자유에서 생기는 것이다. 현실에서 자신의 자유를 의식하는 인간은 동시에 신을 확신하는 자이기도 하다. 자유와 신이 불가분한 것은 어째서일까?

나는 나의 자유에 있어서 나 자신을 통하여 존재하는 것이 아니라 그저 이 자유의 내부에 있으며 [초월적인 것으로부터] 증여된 것이라는 점, 이것은 나에게 있어 확실한 사실이다. 왜냐하면, 나는 나에게 도래하지 않을 수도 있고 나의 자유를 나에게 강제할 수가 없기 때문이다. 내가 본래적으로 나 자신인 한 나에게는, 나는 나 스스로 그러한 것이 아님이 확신된다. 최고의 자유는, 그저 세계로부터 자유의 내부에 있는 동시에 가장 깊은 곳에서 초월자와 연관되어 있는 것임을 명백하게 알게 되는 것이다.

인간의 자유로운 모습을 우리는 그 인간의 실존이라고도 부른다. 신은 내가 실존하는 장소인 결의성(決意性)과 함께 나에게 확신된다. 지식 내용으로서가 아니라 실존에 대하여 현전해오는 것으로서 신이 확신되는 것이다.

자유의 확신이 신의 존재의 확신을 포함하는 이상, 자유의 부정과 신의 부정 사이에는 관련이 있다. 자기존재의 불가사의함을 경험하는 일이 없으면, 나에게 있어 신과의 관계는 불필요해지며 오히려 자연이나 다수의 신들이나 여러 가지 악마가 현존함으로써 만족할 수 있게 된다.

한편, 신 없는 자유의 주장과 인간의 자기신화(自己神化) 사이에도 어떤 관련이 있다. 그러한 주장은 자의에 따른 겉치레의 자유이며, 이는 자신이 '의지하는' 것의 절대적 독립성을 가지고 있다고 생각해버리는 것이다. 이 경우의 나는 '아무튼 나는 이렇게 의지한다'고 주장하는 자신의 힘에 의지하여, 스스로 죽을 수 있는 능력에 오만하게 기댄다. 나는 오로지 나의 힘으로만 나 자신이라고 하는 자기 자신에 대한 이 착각은 이 자유를 전도하여 공허한 구제가 없는 것으로 만든다. 나를 지나치려 하는 거친 태도는 절망으로 변한다. 거기서는 키르케고르의 말을 빌리자면, 절망하여 자기로 있기를 바람과 절망하여 자기로 있기를 바라지 않음이 일치하는 것이다.

내가 자유에서 실제로 나 자신이 되는 정도에 따라서, 신은 나에 대해 존재하게 된다. 신은 결코 지식으로서가 아니라 실존에 대하여 노출되어 가는 과정으로서만 존재하는 것이다.

그러나 자유로서의 우리의 실존 개명(開明)에 의해서는 역시 신의 존재를 증명할 수 없으며, 단지 신의 확신이 생길 수 있는 장소 같은 것이 보일 뿐이다.

신의 사상은, 거기서 이론의 여지없는 확실성이 제시되어야 한다면, 신의 존재증명 안에서 자신의 목표를 달성할 수는 없다. 그렇다고 해서 이 사상이 좌절한 뒤에 아무것도 남지 않는다는 뜻은 아니다. 이 좌절은 끊임없이 의문이 되는 포괄적이고 완전히 받아들일 수 없는 신에 대한 의식 속에서 떠오르는 것을 우리에게 시사해주는 것이다.

신은 세계 내에서 포착할 수 있게 되지는 않지만, 그것은 동시에 다음을 의미한다. 즉, 인간은 세계 내에 나타나는 이해 가능한 것이나 권위나 폭력 때문에 자신의 자유를 방기해서는 안 된다는 것, 오히려 인간은 그릇된 자유에 근거하여 자유를 방기하며 자기로부터 도피하는 것이 허용되지 않는 당사자 자신에 대하여 책임을 지고 있다는 것이다. 인간은 어떻게 결의하고 자신의 길을 발견해 가느냐 하는 방법을 자기 자신에게 맡겨야 한다. 칸트도 '신비로운 예지는 우리가 자유롭기를 바랐다'고 말하지 않았는가.

도달할 수 없는 신에 대한 지식 대신, 여기서는 포월적 신의식(包越的神意識)을 철학적인 방법으로 확인해 두자.

'신이 존재한다'라는 명제에는 이 명제를 제시하고 있는 현실성이 결정적으로 중요하다. 이 현실성은 위의 명제를 사유하기만 하면 붙잡을 수 있는 것이 아니라, 단순히 사유되어서는 오히려 공허함을 남기게 되는 것이다. 오성이나 감각적 경험의 측면에서 본다면 이 명제에 포함되어 있는 내용은 무(無)와 마찬가지이기 때문이다. 이 명제에서 진지하게 고찰되고 있는 것은 실재세계를 극복하는 과정으로, 그 세계 그 자체를 통해서 처음으로 본래적 현실성으로 납득될 수 있는 것이다. 그러므로 우리 삶의 목표이며 의의가 되는 것은 본래적 현실성인 신을 확실한 존재로 만드는 것이다.

이 본래적 현실성은 신과의 관련이라는 근원성을 지닌 실존에 있어서 가까워질 수 있는 것이다. 그러므로 신을 신앙하는 근원적인 방법에 따라 모든 중보자(中保者)가 거부된다. 신은 만인에 대해 언표(言表)되는 것처럼 특정한 신앙 내용 속에서 현실적인 것이 되지 않으며, 신의 매개가 되는 것처럼 만인에게 동일한 역사적 현실에서 현실적인 것이 되지도 않는다. 오히려 각각의 역사성이 있고 중보자를 필요로 하지 않는 독립적인 것처럼, 신에 대한 단독자의 관계가 생겨나는 것이다.

언표되어 서술될 수 있는 것이 된 이 역사성은, 그러한 형태로는 만인에 대한 절대적 진리가 아니지만, 그러나 또한 (언표에 앞서) 그 근원에 있어서는 무제약적이고 진실한 것이다.

현실적으로 무엇으로 있으려 하더라도 신은 절대적인 것이어야만 하고, 그 말의 역사적 결과의 하나가 되거나 인간의 말 속에 있어서는 안 된다. 그러므로 신이 존재하는 경우, 신은 독단자로서의 인간을 우회로 없이 직접적으로 깨닫게 해야만 한다.

신의 현실성과 역사적인 신(神) 관련의 직접성이란 것을 위해서, 보편타당적인 신의 인식은 배척되는 것이므로, 신의 인식 대신 신에 대한 우리의 올바른 태도가 요구된다. 예로부터 신은 인간과의 비교에 따른 인격화라는 형태에 이르기까지 여러 가지 많은 세계존재의 형태로 생각되어 왔다. 그러나 그러한 여러 가지 표상은, 동시에 신을 숨기는 베일과 같은 것도 있었다. 신은 우리가 눈앞에 그려 내는 어떠한 것에도 해당하지 않는다.

신에 대한 우리의 관계 방법에서 가장 깊이 있는 표현은, 다음과 같은 성서의 명제 속에서 볼 수 있다.

그것은 [첫째로] 너희는 너희가 섬기려고 위로 하늘에 있는 것이나, 아래로 땅에 있는 것이나, 땅 아래 물속에 있는 어떤 것이든지, 그 모양을 본떠서 우상을 만들지 못한다[출애굽기 20장 4절 참조]는 것이다. 이것은 우선 신은 불가시적 존재이며, 신상이나 우상을 조각 형태로 숭배하는 것이 금지되어 있다는 의미이다. 이 명확한 금지는, 신은 눈에 보이지 않을 뿐만 아니라 상상하거나 생각해내는 것도 할 수 없다는 경지에까지 심화된다. 어떤 초상도 신과 일치하지 않고, 신을 대신하는 것은 허락되지 않는다. 초상으로 표현한 모든 비유는 예외 없이 신화이다. 즉 그것은 소멸성을 지닌 단순한 비유라는 점에서는 의의가 있지만, 신의 실재 그 자체로 받아들인다면 미신이 된다.

그려진 상으로서의 신을 직관하는 방법은 모두 신을 가리키면서 오히려 은폐하는 것이므로, 신과의 결정적인 가까움은 형상을 사용하지 않는 방법 속에 있게 된다. 그러나 구약성경에서 이러한 진실의 요청은, 이 구약성경 안에서조차 충족될 수 없었다. 즉 [구약성경에도] 형상을 가진 신의 성격, 신의 분노나 사랑, 신의 풍요로움이나 은총이라는 것이 남아 있기 때문이다. 위에서 언급한 요청이란 원래 충족되지 않는 것이다. 확실히 순수하게 현실적인 신의 올바른 모습인 초인격적인 것은, 파르메니데스나 플라톤의 사변적인 존재사상이나 인도의 범아(梵我) 사상이나 중국의 도(道) 등을 통해 파악하기 어려운 채로 형상 없이 개념적으로 이해되려고 했다. 그러나 이러한 여러 가지 사상도 그 수행과정에서 자신이 추구했던 바를 손에 넣기란 불가능했다. 인간의 사유능력이나 직관능력에 대해서는 자주 형상이 모습을 나타낸다. 그리고 철학사상에서 직관과 대상이 거의 소멸하는 경우에도, 결국에는 틀림없이 그 작용을 통해 삶의 기초가 될 수 있는 의식이 극히 은밀하긴 하지만 계속 현전할 것이다.

이렇게 해서 일체의 자연숭배, 단순한 마신적인 것, 일체의 미적인 것, 미신 같은 것들이나 이성을 매개로 하는 특수하고 성스러운 것이 전부 해명된 뒤에도 가장 깊은 비밀은 역시 잃을 수 없다.

철학하는 것의 궁극적인 경우에서는 앞에서 언급한 비밀스런 의식을 둘러싼 문제를 고찰해둬야 할 것이다.

이 의식은 존재를 앞선 침묵이다. 대상이 되면 우리로부터 잃어버리기 전에 말은 지양된다.

이런 [존재로서의] 근거는, 모든 사유된 존재자를 극복해가는 가운데 손에 넣을 수 있지만, 이 근거 그 자체는 극복할 수 없다. 이 근거 전에는 겸허한 태도와 모든 요구의 소멸이 있을 뿐이다.

거기에는 우리를 비호하는 것이 있지만, 그러나 거기가 특정한 장소는 아니다. 거기에는 세계 속 우리 길의 거부하기 어려운 불안의 한가운데에서 우리를 지탱할 수 있는 평온함이 있다.

거기에서 사유는 매듭이 풀려 느슨해지고 밝은 경지가 펼쳐진다. 이미 의문이 존재하지 않는 것에는 대답도 없다. 철학하는 것에 있어서 극한까지 밀고 나가는 것, 즉 물으면 대답한다를 극복해가는 가운데 우리는 존재의 침묵에 도달할 수 있게 된다.

성경에서 지금 하나 결정적인 명제는 다음과 같은 것이다.

너희는 내 앞에서 다른 신들을 섬기지 못한다[출애굽기 20장 3절]. 이 명령의 의미는 최초는 이교의 신만을 부인하는 것이었지만, 오직 하나의 신만이 존재한다는 단순하게 설명하기 어려운 사상에까지 심화되어 있다. 많은 신들을 섬기는 삶에 대립해서 하나 된 유일신을 믿는 인간의 삶이 근본적인 새로운 지반 위에 세워진 것이다. 하나의 존재에 집중한다는 것이, 실존의 결단을 시작으로 그 현실적인 근거를 부여한다. 무한의 풍부함이라는 것은 결국에는 역시 산만한 태도이며, 훌륭한 것도 하나의 존재에 있어서 근거가 결여되면 무제약성을 잃게 된다. 인간이 자신의 삶의 근거로서 하나의 존재를 획득하는가의 여부는 수천 년 전 옛날과 마찬가지로 현재에도 인간의 항상적인 문제이다.

성경의 세 번째 결정적인 명제는 다음과 같다.

뜻하시는 대로 행하도록. 신에 대한 이 근본적인 태도는, 이해 불가능한 것은 이해 가능한 것 이상에 있으므로 그 앞에 무릎 꿇는 것을 의미한다. 이는 '나의 생각은 너희의 생각과 다르며, 너희의 길은 나의 길과 다르다' [이사야서 55장 8절 참조]고 한 데서 비롯된다.

이 근본적 태도에 포함되는 신뢰를 통해, 포월적인 감사의 마음을 품을 수 있게 되며, 무언의 사랑과 함께 비개인적인 사랑과도 같은 사랑이 가능해진다.

인간은 숨겨진 신으로서의 신성 앞에 서서, 가장 전율할 만한 것을 신의 섭리로서 수용할 수 있다. 하지만 단지 그 경우에 특정한 어떤 방법으로 신의 섭리가 표현되려 하는지는 이미 인간적인 이해의 범위 내에서는 언표되기 어려우므로 그것은 오류임을 알 수 있다.

요컨대 우리가 신성과 관계되는 것은 '너희는 내 앞에서 다른 신들을 섬기지 못한다'는—또는 '하나 된 신을 믿자'는—요청에 따르면서 '뜻하시는 대로 행하도록'이라는 태도로 헌신함으로써 가능해진다.

신을 고찰해가는 것은 신앙을 고양시키는 일이다. 그러나 신앙이란 이성으로 신의 실재를 인식하는 것이 아니다. 신에 대한 신앙에는 때때로 차이라는 의심이 남아 있다. 신앙인으로서 살아간다는 것, 이는 계량 가능한 지식에 의지함이 아닌, 신이 존재한다는 것을 향해서 자신을 거는 삶의 방식을 택하는 결단이다.

신을 믿는다는 것, 그것은 우리가 초월자의 암호라든가 상징이라고 이름붙인 현상의 다의적인 언표라는 형태로써, 내적으로 이 세계 안에서 어떠한 존재의 방법도 없는 무언가에 기초를 두지 않고 살아간다는 의미이다.

여기서 믿을 수 있는 신은 아득히 먼 신이고, 숨겨진 신이며, 증명할 수 없는 신이다.

그러므로 나는 신을 알지 못한다는 것뿐만 아니라, 나는 믿는지 안 믿는지 모르겠다는 것조차 인정해야만 한다. 신앙은 소유물이 아니다. 신앙은 지식이라는 안전한 것이 없고, 삶의 실천 속에서 확인할 수 있을 뿐이다.

그러므로 신앙을 가진 자는 객관적인 것의 모호함이 남는 가운데, [초월적인 것에] 순종한다는 끊임없는 각오로 살아가게 된다. 그는 순종할 수 있는 것에 헌신한다는 점에서 온유하며, 동시에 망설이지도 않는다. 그는 약함이라는 옷을 두른 강력함이며, 자신의 현실생활에서는 단호한 삶의 방식을 취하면서 자신을 타자에게 개방하고 있다.

신을 고찰해가는 것은 동시에, 모든 본질적인 철학적 사유의 수행의 한 가지 예가 된다. 왜냐하면 신을 고찰하는 것은 안전한 지식을 제공하는 것이 아니라, 본래적인 자기존재에 대해 자기 결단의 자유로운 공간을 제공하는 것이다. 또한 이에 대해 철학하는 자는 세계 안에서 사랑과 초월자의 암호

문자의 해독을, 또한 이성에서 나타나는 광범위한 것을 가장 중요시하기 때문이다.

따라서 [신에 대해서] 철학의 입장에서 표현되는 것은 모두 빈곤한 것이다. 왜냐하면 그것은 경청하는 것이 지닌 고유의 올바른 태도에 기초한 보완을 필요로 하기 때문이다.

철학은 신앙을 부여하는 것이 아니라 단지 신앙하는 듯 각성시키는 것일 뿐이며, 그리하여 우리가 [신적인 것을] 상기하고 확정하고 유지하는 것을 돕는다.

사람은 각각 사실은 이미 알고 있던 것을 철학에서 이해하는 것이다.

5 무제약적인 요청

무제약적인 행위는 사랑하거나 싸움하는 과정에서, 또는 고상하고 원대한 과제를 선택할 때 생겨난다. 그리고 그때 무제약적인 것의 징표는 삶 전체를 제약해서 삶을 궁극적인 것으로 한정하지 않는 무언가에, 무제약적인 행위가 근거를 둔다는 점에 있다.

무제약적인 것이 현실화되는 때, 있는 그대로의 현존재는 이념이나 사랑이나 충실함의 소재 같은 것이 된다. 여기서 현존재는 말하자면 초췌한 상태이며, 단순한 생명의 자의성에 위임하지 않고 영원한 의의를 가지는 가운데서 거두어들이는 것이다. 제약된 태도는 항상 무언가를 희생해서라도 현실의 삶에 남으려 하지만, 이에 대해 무제약적인 태도에서 발하는 단호한 태도는, [인간의] 한계점의 예외적 상황 안에서 시작해 현실의 삶을 상실하고 불가피한 죽음을 스스로 받아들이는 경지에 도달하는 것이다.

예를 들어 인간은 이 세계 안에서 함께 살아가기 위해 연대하여 싸우는 데 목숨을 걸어왔다. 여기서 연대란, 이 연대가 제약하는 생명에 무제한적인 것에 앞서는 것이다.

이런 것은 원래 상호신뢰의 공동체에서 행해졌지만, 믿었던 권위가 열광시키는 명령 아래에 생겨나는 경우도 많고, 이 경우에는 권위에 대한 신앙이 무제약적인 것의 원천이 된다. 이 신앙이 사람의 불안한 기분을 제거하고, 스스로 음미한다는 수고를 덜어주는 것이다. 그러나 이런 형태의 무제약적인 것에는 한 가지 숨겨진 제약이, 즉 권위의 효과라는 제약이 있다. 신앙을 가진 자는 [신앙의 권위에 대해] 복종함에 따라 살아가고 싶다고 생각한다. 그런데도 그 권위가 이미 권력으로서의 효과를 잃게 됨에 따라 이 권위에 대한 신앙이 파괴되거나, 일체를 무의미한 것으로 만드는 공허함이 생기게 된다.

이런 공허함에서 구제할 가능성이 있는 것은, 지금 개인으로서의 인간 그 자체에 대한 요청, 즉 진정한 의미에서 존재하는 자신의 결단의 근거인 것을 자신의 자유에서 획득해야 한다는 요청 외에는 있을 수 없다.

개개인이 이러한 무제약적 요청에 따라 자신의 생명을 무리하게 건다는 부분에서는 현실의 역사에서 이런 길을 걸어왔던 것이다. 그 경우 당사자는 충실함을 잃어버렸기 때문에 일체가 파멸되어버리고, 거짓된 태도에서 도움받은 생명이라면 해를 끼친 것과 같은 모습으로, 또 영원의 존재에 대한 이 배신에 지금까지 살아남은 현실생활이 꺼림칙한 것으로 생각되는 모습으로, 충실함을 획득한 것이다.

이를 나타내는 가장 순수한 인간상은 아마도 소크라테스일 것이다. 소크라테스는 분명한 이성 속에서 무지라는 포월적(包越的)인 것에 기반을 두고 살아갔지만, 격앙이나 증오나 독선이라는 격정에 방해를 받았고, 자신의 신앙을 향해 나아가는 청랑(晴朗)한 마음으로 죽어갔다.

[확실히] 토머스 무어처럼 자신의 신앙에 대한 충실함이라는 점에서 극히 순수한 윤리적 에너지를 가진 순교자가 존재하기는 했다. 그러나 그 외에 수많은 순교자들에게는 의문이 있다. 어떤 것을 입증하기 위해서 거기에 몸을 바치고 죽는 것은, 죽음 속에 어떤 종류의 목적을 가지고 들어오는, 그리하여 불순함을 가지고 들어오게 된 것이다. 예를 들어 순교자가 그리스도의 제자라고 굳게 믿고 죽음의 충동에 빠졌을 때, 즉 그 히스테릭한 광경이 사람의 영혼을 혼란스럽게 만드는 일이 적지 않듯, 죽음의 충동에 빠질 때 이 불순한 것이 발생한다.

이 세상 신앙공동체에 본질적으로 귀속하지 않고서는, 즉 신앙 앞에서의 자신의 신상에만 계속 서 있는, 철학하는 것은 죽음을 배우는 것이라는 명제를 현실의 것으로 만든 듯한 철학적인 인물은 극히 드물다. 오랫동안 죽음의 판결을 기다렸던 세네카는 자신의 몸을 구하려는 교묘한 노력을 이겨냈으며, 네로에게 죽음을 구했을 때 최후에 품위 없는 행동으로 자신을 방치하는 일도 없었고 평정을 잃지도 않았다. 이방인의 죽음을 선고받은 보이티우스는 분명한 의식으로 철학을 계속하며 본래적 존재를 향해, 죄책감 없는 죽음을 맞이했다. 브루노는 회의와 중도 포기한 양보를 극복하고, 현실적인 목적 없이 자신이 고집하는 고귀한 결단을 굳히고, 마침내는 화형의 장작더미에 올라섰다.

세나카와 보이티우스와 브루노는 우리와 마찬가지로 약함과 결함을 지닌 인간들이었다. 그들은 우선적으로 자기 자신을 이겨냈고, 그로써 우리 인생의 지침이 되었다. 왜냐하면 성자라는 이들은 우리들에겐 역시, 어슴푸레함 속 또는 신화적 표상이라는 비현실적인 빛 속에밖에 포착할 수 없으며, 현실주의적인 눈으로 보면 참을 수 없는 인물이기 때문이다. [성자의 경우] 상상의 것이 효력 없는 신앙심을 가능하게 만드는 데 지나지 않는 데 대해서, [세네카의 경우처럼] 인간인 한 인간에게 가능성이었던 무제약성은 현실에서 우리의 정신을 고무시키는 것이다.

우리는, 인간은 죽음의 능력이 있다는 역사상의 실례를 떠올려 보았다. 이번에는 이러한 무제약성 요청의 본질을 밝혀보자.

무엇을 해야 할까, 라는 의문에 대한 해답을, 나는 [보통] 유한한 목적과 그를 위한 수단을 나타내는 것에서 얻는다. 나는 음식물을 얻어야만 하며, 그를 위해서는 노동이 요구된다. 또 나는 공동체 속에서 사람들과 사이좋게 살아가야 하며, 그를 위해 생활의 지혜에 기반을 둔 여러 가지 규칙의 여러 가지 지도를 받는다. 언제나 하나의 목적이 그에 걸맞는 수단을 사용하는 것에 제약이 되고 있다.

그런데 그 목적은 어째서 중요한가를 근거로 하면, 그것은 첫째로 자명(自明)의 현존재적 이해, 즉 공리라는 것에 있다고 보인다. 그러나 현존재란 어떠한 것인가—무엇을 위한 것인가, 라는 의문이 남기 때문에 현존재 그 자체는 궁극적인 목적이 아니다.

다음으로 그러한 요청의 근거는 다른 사람이 '나는 저것을 원한다'고 말하며 내리는 명령 혹은 '[성서에] 이렇게 기록되어 있으므로' 내가 따를 수밖에 없는 권위에 있다고 보인다. 그러한 권위는 항상 의문시될 수 없고, 그 때문에 음미할 수 없는 것이다.

이러한 여러 가지 요청은 이미 제약된 것이다. 왜냐하면 그것은 현존재목적 혹은 권위라는 다른 것에 나를 종속시키기 때문이다. 이에 반해 무제약적 요청은 나 자신 안에 그 근거를 둔다. 제약된 요청은 내가 그로써 육체를 지지해갈 수 있게 만드는 각각의 한정된 요청으로서, 나에 대해 나타난다. 그런데 무제약적 요청은 나의 안에 있어서 단순한 내가 아닌 것으로써 내면적으로 나를 지탱하면서 나의 내면에서부터 도래하는 것이다.

이 무제한적인 요청은 단순한 현존재로서의 나에 대한 본래적 자기의 요청으로서 나에게 나타난다. 나에게는 내가 그래야만 하기 때문에 나 자신이 그런다는 것으로서, 이 [본래의] 나를 깨달아 알게 된다. 이 깨달음은 당초에는 모호했으나, 나의 무제약적 행동의 궁극적인 장면에서는 명백해진다. 무제약적인 것 가운데에 이 깨달음이 성취되면 [나의] 존재의의가 확신되면서 의문은 지양된다—그렇다고는 하지만 현실의 시간 내에서는 즉시 또 의문이 생겨나고, 확신은 변용하는 상황 속에서 항상 새롭게 얻어야만 한다.

이 무제약적인 것은 여러 가지 목적을 설정하는 근거이므로 목적이 이루어진 일체의 것에 선행한다. 따라서 무제약적인 것은 의욕이 생기고서 획득된 것이 아니라, 의욕이 발생하는 근원을 이루는 것이다.

행위의 근거로서 무제약적인 것은 그 때문에 또 인식에 관계될 수 있는 사항이 아니라, 신앙의 내실을 행하는 것이다. 자기 행위의 근거와 목표를 인식하는 한, 나는 유한한 것과 제약된 것의 틀 안에 남아 있다. 이미 대상적으로는 근거를 붙일 수 없는 것에 기반을 두고 살아가는 것을 시작으로, 나는 무제약적인 것에 입각해서 살아가게 된다.

다음으로 이 무제약성이라는 것의 의의를, 약간의 특징적 명제를 통해 서술해 두자.

첫째—무제약성이란 사실상의 존재상태가 아니라, 이해하기 어려운 깊이에서 반성을 통해 분명해지는 결단, 나 자신이 그것과 동일한 것과 같은 결단이다.

무제약적이라는 것은, 영원한 것과 존재에 관여하는 것을 의미한다. 그 때문에 이 무제약성에서 절대적인 신뢰와 충실함이 발생한다. 무제약성은 자연적인 것이 아니라 앞에서 이야기했듯이 결단을 통한 것이다. 그리고 이 결단은 반성에서 나오는 명확한 의식을 통할 수밖에 없다. 심리학적으로 표현하면 무제약성은 어느 사람의 순간적 상태 안에 있는 것이 아니다. 이 사실상의 순간적인 이런저런 상태는 순간적으로 작용하는 압도적인 에너지를 가짐에도 불구하고 갑자기 마비되어 버리고 잊혀지기 쉬워 믿을 수 없는 것이라고 밝혀지게 된다. 또 이 무제약성은 천성적인 성격 안에 있는 것이 아니다. 왜냐하면 성격은 재생을 통해 모습을 바꿀 수 있기 때문이다. 게다가 무제약성은 신화적 표현으로 인간의 데몬이라고 불리는 것 안에 있지도 않다. 데몬은 충실한 것이 아니기 때문이다. 여러 종류의 정열이라든가 현존재의지(現存在意志)라든가 자기주장이라고 하는 것은, 압도적으로 강력한 것이지만 역시 순간적이고 무제약적인 것이 아니라 오히려 제약된 것이며, 그러므로 덧없는 것이다.

이리하여 반성이 관철시킨 실존의 결단 안에 있음으로써 처음으로 무제약성이 있는 것이 된다. 즉 무제약성은 사실상의 존재상태가 아닌 자유에서 유래하는 것이다. 다만 이 경우의 자유란 자연의 필연적인 법칙성에 의한 것은 아니지만 그 자유의 초월적인 근거에 의해 결코 다른 것처럼은 있을 수 없는 자유이다.

무제약적인 것은, 한 사람의 생활은 최종적으로 무엇에 기반을 두는가, 그 삶은 가치가 있는가, 아니면 무의미한가를 결정한다. 이 무제약적인 것은 숨겨져 있으므로 극한적인 경우에만 침묵의 결의를 통해 당사자의 생애를 이끌지, 직접적으로 그것이라고 지시할 수는 없다. 무엇보다도 그것은 역시 항상 실존에 기반을 두고 영위하는 삶을 실제로 지탱하고 있으며, 제한 없이 발달 가능한 것이지만 말이다.

나무가 높이 솟아오를 때 땅 속에서도 깊은 뿌리를 내리는 것과 마찬가지로, 전체로서 인간적인 사람은 무제약적인 것 속에서도 깊은 뿌리를 내리고 있다. 그렇지 않은 사람은 뽑혀지고 옮겨 심어져서 균일화되어 절멸하지 않도록 모여 있는 관목과도 같다. 무엇보다도 무제약적인 것 안에 있는 근거를 포착하는 것은 상승해가는 것에 의해서와는 다른 차원으로의 비약에 의한 것이므로, 그 한에서의 이 비유는 부적절하다.

두 번째—무제약적인 것을 특징짓기 위한 두 번째의 명제는, 무제약성의 성취를 가능하게 하는 근원에 이르는 신앙 속에서만, 그리고 무제약성을 간파하는 신앙으로써만 무제약성은 현실이 된다는 것이다.

무제약적인 것을 증명하지 못하고, 세계 안의 현존재로서 내보이는 것은 불가능하며—역사상의 여러 가지 증거는 단순히 그것을 암시하는 데 지나지 않는다. 우리가 알고 있는 것은 항상 제약된 것이다. 무제약적인 것에 있어서 우리를 충실하게 만드는 것은, 증명 가능한 것을 기준으로 하면 현존하지 않는 것과 마찬가지이다. 증명된 무제약성이 되는 것은 그 자체가 강제적인 폭력이요 광신에 지나지 않으며, 조잡한 것 아니면 광기일 것이다. 본래적인 무제약성이란 것의 존재여부에 관한 문제에 대해서는, 이 세계에서는 회의적인 의론 쪽이 일반적인 설득력을 지닌다.

예를 들어 무제약적인 것이라는 의미의 사랑, 즉 영원에서 기인하는 것으로 단순한 인간의 애호, 매혹, 습관, 계약에의 충실함이라는 것이 아닌 사랑이 존재하는지의 여부는 의심스럽다. 또 사랑의 싸움이라는 형태로 본래적 교제가 가능한지 여부의 문제가 되면, 그에 대한 부정의 대답을 할 수 있다. 제시할 수 있는 것, 그것은 확실히 제시될 수 있다는 점에서 무제약적인 것이 아니다.

세 번째—무제약적인 것의 특징을 나타내는 세 번째 명제는, 무제약적인 것은 시간 안에 계속 존재하며 무시간적이라는 것이다.

인간의 무제약성은 그의 현존재와는 달리, 부여받은 것이 아니다. 무제약성은 시간 안에 사는 인간에 대해서 생성해 가는 것이다. 인간의 내면에 자기 초극(超克)이 행해져, 무제약적 판단이 확실히 되었다고 할 수 있는 부분까지 그가 자신의 길을 걸어가는 경우를 시작으로 무제약성은 진실한 것이 된다. 이에 반해 처음부터 존재하는 궁극적인 것이라든가, 영혼이 추상적으로 확고부동하다는 것이라든가, 단순히 지속적인 것은 믿을 만한 무제약성을 가진 인간을 알아차리게 만들 수 있는 것이 아니다.

무제약성은 한계상황을 경험하는 것으로써, 또 자신에 대해 거짓된 위험을 느끼는 것으로써 시간 속에서 나타나는 것이다.

그러나 무제약적인 것 그 자체는 결코 시간적인 것이 아니다. 무제약적인 것은 동시에 시간을 단절시키며 존재한다. 무제약적인 것이 획득되면, 그것은 역시 새로운 각 순간에서 본질적 존재의 영원성으로서, 마치 항상 반복되어 재생하는 근원적인 것처럼 된다. 그러므로 다음과 같은 결과가 발생한다.

즉 시간적인 발전으로 어떤 무제약적인 것을 소유하게 되었다고 생각되는 경우 역시 한 순간에 모든 것이 배신당할 수 있으며, 반대로 제한 없는 제약을 짊어진 단순한 사실상의 존재로서의 인간이 자신의 과거를 위해 파멸에 이를 정도의 죄를 짊어진다고 생각되는 경우, 역시 그 사람이 무제약적인 것을 갑자기 깨달아 앎으로써 모든 순간에, 처음부터 모든 것을 다시 시작해야 할 수도 있다는 것이다.

이상의 의론를 통해 무제약적인 것의 의의를 소묘해 보았지만, 무제약적인 것의 실제를 알아맞힌 것은 아니다. 무제약적인 것의 실제는 선악의 대립에서 처음으로 나타나게 되는 것이다.

무제약적인 것에서 하나의 선택이 행해진다. 거기서는 결단이 인간의 실체를 이루는 것이 되어 있다. [무제약적인 것에 접촉하는] 인간이 선과 악 사이에서 결의하는 사이, 선이라고 이해한 쪽을 선택하는 것이다.

선악은 다음의 세 단계로 구별된다.

첫 번째, 악이라고 간주되는 것은 경향성과 감성적 충동이나, 이 세상의 쾌락과 행복, 현존재 그 자체로 직접적으로 제한 없이 투입하는 것이다. 요컨대 제약된 것 안에 남아 있음으로써 자신의 삶을 되도록 좋게 만들 것인가 나쁘게 만들 것인가라는, 자신이 다른 것이 되려는 데 불안을 계속해서 느끼는 동물의 삶과 마찬가지로 그저 산만하게 보내게 되는 인간의 삶, 즉 결의한 적이 없는 인간의 삶이 악이다.

이에 반해 앞에서 이야기했듯이 현존재의 행복을 단념하는 것은 아니지만, 이 행복을 도덕적인 가치가 있는 사항의 제약을 기반으로 하는 삶은 선이다. 도덕적인 가치가 있는 것이란, 도덕적으로 바른 행위의 보편적인 법칙으로 이해된다. 그리고 그때의 도덕적 가치는 무제약적인 것이다.

두 번째, 경향성에 굴복한다는 것은 위의 단순한 약함에 대해 칸트가 이해했다시피 다음과 같은 도착(倒錯)이야말로 본래의 악이라고 간주된다. 그것은 선이 나에게 어떤 실질적인 해를 끼치지 않는, 혹은 나에게 역시 그다지 큰 부담이 되지 않는 경우에만 나는 선을 행한다는 도착이다.

즉 그러한 조건에 기반을 두었을 때만 선을 원하는, 즉 무제약적인 방법에 기반하지 않는 선을 원하는 경우이다. 이 겉치레의 선은 내가 선한 일을 자신의 이익을 위해 사용하는 것이 가능한 적절한 사태라는, 이른바 일종의 사치이다. 도덕적 요청과 나의 현존재관계 사이의 갈등이 있는 경우, 나는 그때마다 이 현존재관심의 크기에 따라, 대개 모호한 채로 어떠한 수치스러운 행위도 할 수 있게 된다. 내가 죽지 않고 살아가기 위해서는 나는 명령에 따라 살인을 할 수 있다. 그리고 이러한 갈등 없이 살 수 있는 행복한 환경 덕분에 나의 악한 태도는 베일에 가려질 수도 있다.

이에 반해 제약관계의 이 도착, 즉 무제약적인 것을 현존재적 행복의 제약을 기초로 종속시키는 것을 본질로 하는 이 도착에서 원점으로 돌아오는 것, 따라서 본래의 무제약성으로 환속하는 것이 선이다. 그것은 동기의 불순함이라는 점에서의 부단한 자기기만에서 무제약적인 것의 진지함으로의 변혁이다.

세 번째, 악으로의 의지, 즉 파괴 그 자체를 원하는 의지, 다른 이의 고통이나 잔인함이나 부정으로 향하는 의지, 존재하며 가치 있는 일체의 것의 타락을 원하는 허무적 의지야말로 처음으로 악이라고 간주되는 것이다.

이것에 비해서 현실성에 대한 사랑이며 따라서 현실성으로 향하는 의지와 같은 무제약적인 것이 선이 된다.

이상의 세 단계의 선악을 비교해 보자.

첫 번째 단계의 선악의 관계는 도덕적인 것이다. 즉 윤리적 법칙에 따르려하는 의지로써 직접적인 충동을 지배하는 것이 도덕적인 것이다. 칸트의 말에 따르면 여기에서는 경향성에 대한 의무가 대립한다.

두 번째 단계의 선악의 관계는 윤리적인 것이다. 거기서는 동기의 진실성이라는 것이 문제가 된다. 또한 실제의 무제약적인 것이 제약되는 것에 종속하게 되는 제약관계의 도착이라는 형태의 불순함에 무제약적인 것의 순수함이 대립된다.

세 번째 단계는 형이상학적인 것으로, 거기에서는 동기의 본질이라는 것이 문제가 된다. 거기에서는 사랑이 증오에 대립한다. 사랑이 존재를 향해 나아가는 것에 비해 증오는 비존재를 향해 나아간다. 또 사랑이 초월자에 대한 관계에서 발생하는 것에 비해, 증오는 초월자로부터 유리(遊離)해서 이기적인 것으로 잠겨든다. 게다가 사랑이 세계 안에 조용히 건설되어 활동하는 것에 비해, 증오는 현존재의 안에 있는 존재를 근절하고 이 현존재 그 자체도 부정(否定)하도록 목소리를 높여 파국으로 이끈다.

세 단계 중 무엇에서든, 어떤 선택이 나타나고 따라서 결의해야 한다는 요청이 나타나고 있다. 인간은 본질적인 한 선인가 악인가 한 쪽만을 바랄 수 있다. 즉 경향성에 따를 것인가 아니면 의무에 따를 것인가, 또 자기 동기의 도착상태에 빠질 것인가 그 동기의 순수한 상태를 유지할 것인가, 게다가 증오로 살아갈 것인가 사랑으로 살아갈 것인가를 결정해야 하는 것이다. 무엇보다도 인간은 이 결의를 중단하는 것이 가능하다. 그때 우리는 결의하는 대신 선악 사이에서 흔들리고 비틀거리며 살아가고, 선악의 한 편과 다른 편을 엮어 이 사태를 그칠 수 없는 모순으로서 승인하게 된다. 이러한 비결의성이라는 것이 이미 악이며, 인간은 선악을 구별할 때 이것에 처음으로 눈뜨게 된다. 또한 인간은 자신이 어떤 결의성의 상태에서 항상 새로이 자신을 재획득해가야만 한다. 우리는 자신을 선으로 완성시키는 능력이 전혀 없으므로, 그 때문에 의무를 명백히 하기 위해서는 현존재에 있어서 매혹적인 경향성의 힘조차도 빠뜨릴 수 없으며, 또 현실에서 우리가 사랑하고 있는 바로 그때에 증오할 수밖에 없다. 즉 내가 사랑하는 것을 위협한다면 나는 증오할 수밖에 없으며, 게다가 자신의 동기가 확실히 순수하다고 생각하는 바로 그때에 불순함이라는 도착에 빠져버린다.

선악의 세 단계에서 이러한 결의에는 각각 고유의 성격이 있다. 도덕적 단계에서, 인간은 사고를 통해 자기의 결단을 바른 것이라고 근거를 붙이려 한다. 윤리적 단계에서, 인간은 자신의 선의지를 재생시키는 것으로써 도착상태에서 자기를 재건한다. 형이상학적 단계의 인간에게는 사랑하는 것이 가능한 점에서 자기 자신이 증여된 것이라는 점이 의식된다. 인간은 [도덕적으로는] 바른 것을 선택하고, [윤리적으로는] 자신의 운동의 근거에서 진실한 것이 되며, [형이상학적으로는] 사랑으로 살아가게 된다. 이 세 종류의 것이 통일을 유지하는 가운데에서 시작해 무제약적인 것이 실현될 수 있다.

사랑으로 살아가는 것, 이것이 다른 모든 단계를 포함하는 것이리라. 현실의 사랑은 동시에 그 행위의 윤리적인 진리성을 확실한 것으로 만들었고, 그리하여 아우구스티누스는 "사랑하라, 그리고 그대 하고 싶은 것을 행하여라" 라고 말했던 것이다. 그러나 우리 인간은 세 번째 단계의 힘인 사랑으로만 살아갈 수 없다. 왜냐하면 우리는 끊임없이 일탈과 착오에 빠지기 때문이다. 그러므로 자신의 사랑을 맹목적으로, 게다가 여러 순간에 의지하지 않고 오히려 사랑을 계발시켜야만 한다. 그리고 또 그 때문에 우리의 유한한 존재자에 있어서 자신의 정열을 뜻대로 할 수 있는 것만큼은 억제의 훈련이 불가피하며, 또 자기 동기의 불순함에 기인하는 자기 불신감을 회피하기란 불가능하다. 자신을 확실한 것으로서 느낄 때, 우리는 바로 오류에 빠지는 것이다.

선의 무제약성에 따라 처음으로 단순한 [형식적] 의무가 실제화되고, 충분한 윤리적 동기가 순수한 것으로 순화될 수 있으며, 증오의 파괴의지를 해소할 수 있다.

그러나 무제약적인 것을 기초로 하는 애정의 근거는, 본래적 현실성에 이르려 하는 의지와 일체된 것이다. 나는 사랑하는 것이 존재하기를 원한다. 그리고 한편 나는 본래적인 것을, 그것을 사랑 없이는 간파할 수 없다.

6 인간

인간이란 무엇일까. 인간은 신체적으로는 생리학의, 영혼적으로는 심리학의, 공동체적 존재로서는 사회학의 연구 대상이 된다. 우리는 자연적인 존재자로서의 인간에 대해서 알고 있으며, 인간의 그러한 자연적인 태도를 다른 생물의 경우와 마찬가지로 인식해간다. 또 한편 우리는 역사적 존재자로서의 인간에 대해서도 안다. 하지만 이 경우의 역사란 우리가 전승을 비판적으로 순화함으로써 인식하는 것이고, 또 행동하고 사유하는 [과거의] 인간이 고찰했던 의미를 이해하는 것으로써, 게다가 여러 가지 동기나 상황이나 자연적 실재에서 역사적 사상을 설명하는 것으로써 인식하는 것이다. 인간의 연구로 여러 가지 지식을 꽃피웠지만, 전체로서의 인간에 대한 지식은 여전히 얻을 수 없다.

문제는 인간에 대해서 알려진 것으로 인간이라는 존재를 도대체 완전히 이해할 수 있는지의 여부이다. 혹은 인간이란 알려진 것 이상의 무언가가 아닌가, 즉 인간이란 여러 가지 대상적 인식에서 멀어져가지만, 피하기 어려운 가능성은 그가 실제로 자유를 지닌 것은 아닌가, 라는 것이 문제이다.

실제로 우리는 이중의 기능을 통해서—연구대상으로서의 인간과, 일체의 연구에 가까이 할 수 없는 자유 즉 실존으로서의 인간이라는 두 가지 모습을 통해서—인간이란 것에 접근할 수 있다. 전자에서는 대상으로서의 인간이 문제가 되지만, 후자에서는 [인간에 있어서] 비대상적인 것이 문제가 되며, 이 비대상적인 것은 인간이 자기 자신을 본래적으로 의식할 때 인간의 올바른 자세이며, 그때 깨달아 알게 되는 것이다. 인간이란 무엇인가라는 것은 인간에게 알려진 것으로 설명하기란 불가능하며, 우리의 사유와 행동의 근원에서 경험될 수 있을 뿐이다. 원칙적으로 말해서 인간이란 자신에 대해서 아는 것 이상의 것이다.

우리에 대한 여러 가지 요구가 있음을 깨달을 때 우리는 자신이 자유라는 것을 의식한다. 왜냐하면 그러한 요구를 성취할 것인가, 아니면 회피할 것인가 하는 문제가 우리의 태도에 달렸기 때문이다. 우리는 자신이 무엇을 결정하는 것과 함께 자기 자신의 일을 결정하고 있다는 것, 우리에게는 책임이 있다는 것에 대해 제대로 된 이론(異論)을 주장할 수 없다.

대체적으로 이것을 거부하려고 생각하는 자는 필연적으로 타인에게 무언가를 요구할 수 없게 된다. 어느 피고가 법정에서 자신은 이렇게 태어나서 다른 것은 할 수 없으므로 책임을 지지 않겠다고 하면서 자신의 무죄 이유를 주장했을 때, 재판관은 신이 나서 다음처럼 답할 것이다. 만약 당신이 말하는 것이 사실이라면, 당신을 벌하는 재판관—부여된 법률에 따라 필연적으로 이러한 행위를 할 수밖에 없는, 다른 수가 없는 인간—의 행위를 바르게 이해할 것이라고.

자유가 우리에게 확실한 것이라면 당장 자기이해에 도달하는 두 번째 걸음을 옮기게 된다. 그 걸음이란 인간은 신과 관련된 존재라는 것이다. 이는 과연 무엇을 의미하는가.

우리는 자신을 스스로 창조한 것이 아니다. 사람은 누구나 자신이 존재하지 않을 수도 있었다고 생각할 수 있다. 존재하지 않을 수도 있었다는 점에서는, 우리는 동물과 마찬가지이다. 그러나 우리 인간은 스스로 결의하고 자연법칙에 자동적으로 따르지 않을 자유를 가지면서도, 자기 스스로 존재하는 것은 아니다. 오히려 우리는 자신의 자유를[초월적인 것으로부터] 선물로 받은 것이다. 우리는 사랑하지 않고 또 무엇을 해야 하는지 모를 때 자유를 억지로 작용시킬 수는 없다. 자유롭게 결의하고 의미 있는 삶을 선택할 때 우리는 그것을 자신의 힘으로 하지 않음을 의식하고 있다. 자유의 고양에서 자신의 행위를 필연적인 것이라고 느낀다고 해도, 이는 자연법칙에 따라 불가피하게 일어나는 외적 강제에 의해서가 아니라 적극적으로 하려는 내적 승인으로서이다. 그리고 이러한 자유의 고양에서 우리는 자신의 자유에 있어서 초월자로부터 받은 것으로서 자신을 의식한다. 인간이 본래 자유로우면 자유로울수록 신은 그만큼 확실한 것이 된다. 본래 자유로운 점에서의 나는 나 자신에 의해 그렇지 않다는 것을 확신하는 것이다. 우리 인간은 그 자체로 충분한 존재는 아니다. 우리는 자신 이상의 것으로 나아가고, 우리의 무의미함조차 동시에 보여주는 깊은 신의식(神意識)과 함께 스스로 성장해 간다.

인간이 신과 관련이 있다는 것은 저절로 갖추어진 성질의 것이 아니다. 신과의 관련은 오로지 자유와의 일체이기 때문으로, 각자 단순한 생명적인 현존재 유지에서 자기 자신을 향해 비약하는 경우를 비롯하여 그 관계가 각자에게 빛나는 것이다. 그래서 자신으로의 이 비약은, 인간이 세계에서 정말로 자유로우면서 이제야 비로소 세계에 대해 자신을 열게 되는 것으로의 비약이다. 또 신과 결합하여 살아가기 때문에 그가 세계에서 독립적일 수 있는 것으로의 비약이다. 내가 본래 실재하는 정도에 따라 나에게 신이 존재하게 된다.

위의 설명을 다시 살펴보자. 세계 속의 현존재로서 인간은 인식 가능한 하나의 대상이다. 예를 들면 인간은 종족론에서는 특수한 종으로 파악되고, 정신분석에서는 의식하는 것과 그 작용으로서 파악되며, 마르크시즘에서는 노동을 통해 생산하는 생물로서 즉 자신의 생산으로 자연의 지배와 공동체를 얻는, 게다가 완전하다고 자칭하는 방법으로 이 두 가지를 얻는 생명체로서 파악된다. 그렇지만 이러한 인식과정은 모두 인간에 관한 무언가를, 즉 사실상 일어나고 있는 무언가를 파악하기는 하지만, 결코 전체로서의 인간을 파악하는 것은 아니다. 그러한 학문연구의 이론은 전체적 인간의 절대적 인식으로까지 높아짐으로써—위에서 말한 모든 이론은 모두 실제로 그렇게 되어 왔다—본래의 인간을 잃게 되는 것이고, 또 이 이론을 믿는 사람의 마음속에서 인간의 의식과 결국은 인간성 그 자체를, 즉 자유의 인간과 그 신의 관계를 소멸해버리는 한계에까지 이르는 것이다.

인간에 대한 여러 가지 인식을 추구하는 것은 매우 흥미로운 문제이며, 학문적 비판을 수반하고 결부되는 한 추구할 만한 것이다. 그때 다음과 같은 것을 방법적으로 알 수 있다. 즉 사람은 무엇을 어떻게 알고 무언가를 어떠한 한계 안에서 아는가 하는 것이고, 또 가능한 것이지만 전체를 기준으로 하면 그러한 지식이 얼마나 사소한 것에 불과하며, 나아가서는 본래의 인간 존재는 이러한 인식에서 얼마나 다가가기 어려운 것인가 하는 것이다. 그리고 이 경우에는 인간에 대한 겉핥기식 지식에 따른 여러 은폐 속에서 생기는 위험을 회피할 수 있다.

이러한 지식의 한계를 알 수 있는 경우에는 그만큼 분명하게 우리는 신과 관련되어 있는 자유에 따라, 그 자유 자체를 가지고 발견해 가는 것에 자신을 맡기게 된다.

이러한 인도를 어디서 얻느냐 하는 것은 인간존재의 큰 문제이다. 이는 다음의 것이 확실하기 때문이다. 즉 인간의 삶은 세대가 잇달아 일어날 때 자연법칙의 동일한 반복을 하는 것에 지나지 않는 동물의 삶과 마찬가지로 지나가는 것이 아니며, 오히려 인간의 자유는 인간 존재의 미확정성과 함께 인간이 아직 본래 있을 수 있는 것이 되는 좋은 기회를 열어서 보여준다는 것이다. 말하자면 자유롭게 물질에 관여하는 것과 마찬가지로 자유에 근거하여 자신의 현존재에 관여하는 것이 인간의 자질로서 주어진 것이다. 따라서 인간에게만 역사가 있다. 즉 인간은 단순히 자신의 생물학적 유전에 근거하여 살아갈 뿐만 아니라 전통에 근거해 살아가기도 하는 것이다. 인간의 현실적인 삶은 자연현상이 일어나는 것과 마찬가지로 변화하는 것만은 아니다. 오히려 인간의 자유가 인도(引導)를 요청하는 것이다.

이 인도가 인간에 대한 인간의 폭력으로 대치될 수 있다는 점에 대해서는 논하지 않기로 하고 여기서는 인간의 궁극적인 인도 문제를 생각하자. 철학적 신앙이 주장하는 명제는 인간은 신의 인도 속에서 살아갈 수 있다는 것이다. 이 명제가 어떠한 것을 의미하는지를 명확히 밝혀야 한다.

우리는 무제약적인 것 중에서는 신의 인도를 감지할 수 있다고 믿는다. 하지만 신이 구체적인 것이 아니라 신 그 자체로서 명확한 모습으로 현존하는 일이 결코 없다면 왜 그러한 일이 있을 수 있을까? 신이 우리를 이끄는 경우에 신이 바라는 것을 우리는 무엇을 통해 들을 수 있을까? 신과 인간의 만남이라는 것은 과연 있을까? [있다면] 그 만남은 어떻게 이루어지는 것일까?

살아가면서 무언가를 결정할 때 오랜 회의 뒤에 갑자기 확신이 드는 모습이 여러 가지 자전적인 서술을 통해 보고되고 있다. 이 확신은 목표가 없는 동요 뒤에 도달한, 자신이 행동할 수 있는 자유이다. 그러나 인간이 이 확신을 명석하게 유지하면서 더욱 결정적으로 자신의 자유를 자각하면 할수록, 자기 존재의 기반이 되는 초월자 또한 그만큼 명백해진다.

키르케고르는 자신이 신의 손 안에 있다고 자각할 정도로 신의 인도에 대해 매일 자기반성을 했다. 즉 그는 그가 한 행위나 세계 속에서 그의 몸에 일어난 사건을 통해 신의 목소리를 들었으나, 그렇게 들은 것은 모두 다의적(多義的)인 형태로 경험한 것이다. 명확하게 파악할 수 있는 인도나 가장 중요한 명령이 그를 이끈 것이 아니다. 그 인도는 초월적 근거에서 구속되어 있음을 알 수 있기 때문에 결단을 자각한 자유 그 자체를 통한 인도였다.

초월자의 이 인도는 세계 속에서의 어떠한 인도와도 다른 것이다. 신의 인도에는 단 하나의 방법밖에 없기 때문이다. 즉 그 인도는 [인간의] 자유 그 자체를 거쳐 가는 과정에서 이루어진다. 전통과 환경에서 개개인에게 찾아오는 모든 것에 대해 개인이 몸을 열고 있는 경우에 자신을 확신할 수 있는 그 개인에 대해서 나타나는 것, 이러한 것 속에 신의 목소리가 있는 것이다.

인간은 자신의 행동에 대한 자신의 판단을 매개로 하여 이끌려 간다. 이 판단은 그의 행동을 저지하거나 추진하고, 또 그 행동을 수정하거나 진실하다고 증명한다. 인간의 행위에 대한 판단으로서의 신의 목소리에는, 현실의 시간 속 표현으로서는 자신의 모든 감정과 동기와 행동에 대한 인간 판단에 따른 표현 이상의 것은 포함되어 있지 않다. 자유롭게 성실한 방법으로 판단하면서 자신을 인지함으로써, 또 자기를 고발하고 자기를 긍정함에서 인간은 결코 마지막이 아니라 항상 모호한 방법을 통해 간접적으로 신의 판단을 발견해 나가는 것이다.

따라서 인간의 판단에는 신의 목소리 자체가 최종적으로 발견되거나 자신의 판단에서 자신을 의지할 수 있다고 생각된다고 하면, 그러한 인간의 판단은 처음부터 잘못됐다. 우리의 도덕적 행위의 자기만족 속에, 하물며 올바르다고 잘못 생각하는 자기만족 속에 우리는 자신의 독단적 태도를 가책 없이 간파해야 한다.

실제로 인간은 전체적이거나 결정적으로 자신에게 만족한다는 것은 불가능하므로 자신에 대해 판단할 때 자신에게만 의지할 수 없다. 따라서 자신의 행위에 관한 주위 사람의 판단을 구하게 되어 있다. 그때 인간은 자기의 판단을 부채질하는 사람의 지위에 민감하다. 평범한 사람이나 대중, 추락한 자, 추락한 기관의 말에—이들의 말이 아무래도 좋다는 뜻은 아니지만—그가 좌우될 일은 없다. 또 결국 가장 결정적인 판단이 되는 것은 당사자에게 본질적인 의미가 있는 사람의 판단—그 판단이 세계에서 가장 소중한 것이어도—도 아니다. 신의 판단이야말로 결정적인 것이다.

자신을 판단하는 개인이 완전히 자주적이라는 것은 실제로는 지금까지 거의 없었다. 인간에게는 항상 다른 사람이 어떻게 판단하느냐가 본질적으로 중요한 것이다. 용감하게 죽음에 맞서는 원시 민족의 영웅적 태도 역시 다른 사람들 눈을 고려한 삶의 방식이며, 사지로 향하는 에다[고대 아이슬란드 신화·영웅 전설집]의 영웅의 위로가 되는 것은 자신의 명예가 영원토록 빛나는 것이다.

정말 고독한 영웅의 정신은 이와는 다른 것으로 공동체의 지지를 바라지 않으며 사후의 명성은 고려조차 하지 않는다. 단순히 '자기 위에 선다'는 삶의 방식을 지탱하는 것은 어쩌면 그렇게 타고난 자에게 부합되는 것일 터이다. 그러한 삶의 방법도 틀림없이 무의식적으로 회상되는 공동체로서의 역사적 전통을 바탕으로 한 실체적인 것이기 때문에 길러질 테지만, 그렇게 살아가는 당사자의 의식에는 세계 속에 자신의 삶을 지탱하고 있는 것은 눈에 띄지 않는다. 하지만 이 영웅적 정신은 허무적인 것에 빠지지 않는 한 본래의 것, 말하자면 인간의 판단이 아니라 신의 판단이어야 하는 것, 이러한 것 가운데 어떤 깊은 결합을 시사하고 있다.

인간을 이끌어 가는 판단의 진정성은 자기 확신을 매개로 하는 과정에 있는 이상, 두 개의 형식에서 즉 보편타당한 요청과 역사적인 호소로서 나타난다.

보편타당한 윤리적 요청은 사람의 통찰력을 통해 확신되는 것이다. 모세의 십계 이래 이러한 요청은 신이 눈앞에 나타나는 형식의 하나이다. 인간이 자력으로 얻을 수 있는 것만으로 엄격하게 제한받는 경우에는 그러한 요청이 물론 신에 대한 신앙 없이도 승인되고 복종될 수 있다. 하지만 자유를 따르면서 통찰되는 윤리적 명령에 복종하고자 하는 진정성은 그 자유 속에서 초월자의 목소리를 듣는 것과 연결된 것이 보통이다.

그렇지만 이러한 보편적인 명령과 금지령으로부터 구체적인 상황 속에서 이뤄야만 하는 행위를 충분히 이끌어 낼 수는 없다. 오히려 역사적으로 그때마다 앞에 나타난 상황에는 이렇게 행동할 수밖에 없는 직접적이고 다른 것에서 이끌어 낼 수 없는 요청에 따른 인도가 포함되어 있다. 하지만 개인 그 자신이 이뤄야만 하는 것으로서 그 인도 가운데 들었다고 생각하는 것은 확신이 들어도 의문이 남기 쉽다. 신의 인도를 듣는다는 것 자체의 본질에는 잘못을 저지르는 위험이 포함되어 있고, 따라서 겸허함이 필요하다. 그래서 이 겸허함은 확신에서 확정성을 배제하고, 자신의 행위를 만인에 대한 요청으로까지 보편화하는 것을 금지하고, 이리하여 광신을 막아준다. 따라서 신의 인도 아래에서 보이는 길이 더할 나위 없이 확실한 때에도 이것이야말로 만인에게 유일한 진실의 길이라고 스스로 확신이 서야 한다.

그 까닭은 모든 것이 나중에 더더욱 다른 양상을 보이는 것은 항상 있을 수 있는 일이기 때문이다. 또 분명히 다른 길을 나아가는 경우도 있을 수 있다. 결단이 이 세계의 현상인 한 그것의 확실함 가운데에서도 어떤 동요가 남을 수밖에 없다. 자신을 절대적 진실이라고 하는 거만함은 이 세계에서 진리를 정말로 파괴하는 위험이다. 어느 한순간도 확신에는 의문이 남는다는 겸허함을 빠뜨려선 안 된다.

돌이켜 생각해 보면 이해하기 어려운 인도로 크게 놀란 적도 있을 것이다. 하지만 이 경우 또한 확실한 것이 있을 리 없고, 신의 인도를 소유물로 하기란 불가능하다.

심리적으로 보면 신의 목소리는 고양된 순간에만 들리는 것이다. 우리는 이러한 순간에 뿌리를 내리고, 또 이러한 순간을 목표로 살고 있다.

인간이 초월자의 인도를 경험한다면, 초월자는 그 사람에게 현실이 될 것인가? 그때 인간은 초월자와 어떤 관계를 맺을까?

초월자에 대한 우리 관계의 본질은 직관할 수 있는 것이 없는 빈약한 것이면서도, 무엇이든 결정짓는 엄숙한 것일 수 있다. 하지만 자신의 세계에 사는 인간인 우리는 자신의 확신을 지탱하는 지점을 직관할 수 있는 것에서 찾아간다. 이때 세계 안에서 최고의 직관이 가능한 모습은 인격과 인격의 교차이다. 따라서 초월자와의 관계는—부적절한 말투이지만—인격신(人格神)과의 만남 안에서 직관적으로 앞에 나타나게 된다. 인격이라는 국면에서 신성(神性)이 우리와 관계를 맺고, 그것과 동시에 우리는 이 신과 말할 수 있는 존재자로 높아진다.

이 세계에는 우리를 때려눕히려는 여러 힘이 우리를 지배하려고 한다. 미래에 대한 공포나 현재의 소유물에 대한 불안감으로 가득 찬 집착이나 일어날 법한 공포를 앞에 둔 우려 등이 바로 그것이다. 그러한 힘에 대항하여 최악의 사태나 설명하기 어려운 것이나 무의미한 것까지 죽음에 직면하여 편하게 죽어 가는 것을 가능하게 한 어떤 신뢰라는 것을 인간은 얻을 수 있다.

우리는 존재의 근거에 대한 이러한 신뢰를 현실의 목적에 관계가 없는 감사나 신의 존재에 대한 신앙에서의 평안함이라 표현할 수 있다. 인생에서 우리의 자유를 보면 우리는 마치 이러한 존재의 근거에서 원조를 받게 되는 것처럼 생각된다.

다신론에서는 신들과 악마들이 아군과 적군으로 나뉜다. '어느 신이 그런 것이다'라는 것은 여러 사건이나 자신의 여러 행동에 대응한 의식이다. 이 의식은 그러한 사건이나 행동을 고양하고 신성시하지만, 또 그것들을 다양한 생명적 현실생활과 정신적 현실생활과의 모든 가능성 속에서 산만한 것으로 만든다.

이에 반해 기본적으로 신의 원조에 의존하는 것을 자각한 미래적 자기존재에서 신의 원조는 가장 으뜸이다. 신이 존재한다면 악마는 존재하지 않을 것이다.

이러한 신의 원조는 어느 특정 의미에 국한되어 그 의미를 잃는 일이 종종 있다. 예를 들면 눈에 보이지 않는 신과의 만남인 기도가 가장 은밀한 침묵의 망상에서 벗어나고, 인격신의 구제의 손을 구하는 정열을 거쳐 현존재적 욕망이라는 목적을 위해 이 신을 구하게 되는 경우가 그렇다.

인생을 투시할 수 있게 된 인간에 대해서는 모든 가능성, 즉 빠져나갈 수 없는 절멸이라는 상황을 포함한 가능성을 신에게서 받는다. 이렇게 각각의 상황이 그 안에 놓이고 생성하고 좌절하는 인간 자유에 대해 부과된 과제가 된다. 하지만 이 과제는 내재적인 행복 목표로서는 충분히 규정되지 않고, 초월자라는 더할 나위 없이 소중한 유일한 현실성을 통해, 또 이 초월자 속에 나타나는 사랑의 제약이 없는 특성을 통해 비로소 분명해진다. 그래서 이 제약이 없는 사랑은 이 사랑의 이성에 근거하여 무한으로 자신을 열고 존재를 보고, 실재적인 것이지만 세계 안에서 초월자의 암호를 읽을 수 있다.

성직자들은 자주 철학을 하면서 신과 관계된 개인의 자긍심 높은 독립성에 비난을 퍼붓는다. 그들은 계시의 신에 대한 복종을 요구하는 것이다. 이러한 성직자에 대해서는 다음과 같이 대답해야 한다. 즉 철학을 하는 개인은 객관적으로 보증된 형태로 신의 의지를 아는 것이 아니라 오히려 끊임없는 모험을 무릅쓰면서 자신의 마음 깊은 곳에서부터 신을 따르겠다고 결심할 때 신앙을 가지게 되는 것이라고. 그때 개인의 자유로운 결단을 통해 신이 움직이는 것이다.

성직자들은 신에 대한 복종을 교회나 성전이나 법률—신의 직접적 계시로 보이는 것—등, 이 세계에 나타난 법정에 대한 복종과 혼동하고 있다.

확실히 이 세계에서 이러한 객관적 법정에 대한 복종과 근원적으로 경험된 신의 의지에 대한 복종과의 사이에는 최종적으로 진정한 일치가 존재한다. 그렇지만 그러한 일치는 싸워서 얻어내야 한다.

개인이 경험한 신의 의지를 객관적인 법정에 대항시켜 중시하려고 한다면 그것은 보편적인 것이나 공동체적인 것의 검증을 회피하고자 하는 자의를 통한 유혹이다. 그래서 이것과는 반대로 객관적인 법정을 개인이 경험한 신의 의지에 대항시켜 중시하고자 한다면 그것은 현실 그 자체에서 신의 의지를 들으면서 객관적 법정에 반해서도 신에 따르고자 하는 단호한 모험을 회피하고자 하는 유혹이다.

신뢰할 만한 법률이나 어느 권위의 명령 중에 자신의 입지를 잡으려고 할 때 어떤 당혹감이 생긴다. 이에 반해 현실성 전체에서 초월자의 목소리를 듣는 태도에는 개인의 책임이라는 사람을 비상시키는 에너지가 있다.

인간 존재의 지위는 초월자의 목소리를 들으면서 자신의 길을 찾아가는 그 근원과 깊게 관계를 맺고 있다.
인간이라는 것은 인간이 되는 것이다.

7 세계

우리가 실천할 때 눈앞에 존재하는 것이나 사물이나 생명체나 인간과의 협상에서 우리에게 방해가 되거나 무언가 재료가 되는 것, 이러한 것을 우리는 실재(實在)라 부른다. 우리 인간은 이러한 실재를 그것과의 일상적인 협상을 통해 또 의식적인 기능을 통해, 기술적인 준비를 통해, 나아가서는 다른 사람들과의 관습적인 협상이나 일정한 방법에 따른 질서 확립이나 관리를 통해 숙지하고 있다.

생활 실천 속에서 우리가 만나는 것은 과학적 인식을 통해 밝혀지고, 실재에 대한 지식으로서 새로운 실천을 위해 다시 도움을 받는다.

하지만 실재에 대한 과학은 원래 현존재의 직접적 이해를 넘는 것이다. 항상 동시에 싸움이기도 한 생활 실천이나 저항을 극복해 가는 경험 등은 과학의 여러 근원 중 그 하나에 지나지 않는다. 인간은, 모든 생활 실천상의 이해란 관계가 없고 현실적인 것을 알고 싶다고 생각한다. 모든 과학의 근원으로서 보다 심층적인 것은 순수하게 망상에 빠지는 것이고, 통찰하면서 깊이 몰두하는 것이고, 세계에서 줄 수 있는 여러 답을 듣는 것이다.

안다는 것은 그 방법을 통해 또 그때마다 알게 된 모든 것의 조직적인 통일을 통해, 즉 뿔뿔이 흩어져 있는 지식을 넘어 그것과 관련된 원리로 나아가 학문적인 것이 되는 것이다.

실재에 대한 이러한 지식은 세계상(世界像)이라는 모습에서 완결된 것처럼 보인다. 실재 전체가 모든 차원을 자신 속에 차지하고 있는 유일한 세계로서, 즉 세계상이라는 형태에서의 세계 전체로서 눈앞에 나타나는 것이다. 항상 불안전하고 수정을 필요로 한다 해도 역시 이 세계상은 항상 인식의 성과라고 생각되고, 실제 전체로서의 존재로 다가갈 수 있는 형태로서 원리적으로 얻을 수 있는 것이라 생각된다. 이 세계상은 어떤 것이든 관련이 있는 지식의 총체를 포괄해야 한다. 인간이 인식을 시작한 그 최초에 이러한 여러 세계상이 성립했지만, 인식하는 사람은 항상 첫째가는 전체를 확실한 것으로 하기 위해 최상의 세계상을 구하는 것이다.

한편 세계를 하나의 전체로서 자신 속에서 완결시키려는 포괄적인 세계상을 구하는 것, 즉 하나의 전체적 세계관을 자명한 것으로서 갈망함이 원칙적인 잘못—근대에 이르러 완전히 명백해진 잘못—에 근거한 것, 이것은 특기할 만한 점이고, 그 안에는 많은 귀결이 포함되어 있다.

이것은 비판적인 과학이 그 진보의 과정에서 모든 세계상이 오류로서 붕괴했다는 것만이 아니라 사실상 모든 과학의 과제인 인식의 체계적 통일이 그 근거에서 몇 번이나 원칙적으로 다른 것이 된다는 점도 가르치고 있기 때문이다. 이 사실은 인식의 결실이 있으면 있을수록 그만큼 명료해진다. 인식의 여러 통일이—특히 물리학에서—보편적인 것이 되면 될수록 그 통일 상호간의 단절, 즉 물리적 세계, 생명의 세계, 영혼의 세계, 정신의 세계 등 모든 통일 간의 단절은 그만큼 결정적인 형태로 나타난다. 물론 여러 세계는 관련을 맺고 있고, 다음과 같은 단계적 계열을 이루는 질서를 세우고 있다. 즉 앞 단계의 실제가 뒷단계의 실재 없이도 존립할 수 있다고 보이는 것에 대해 뒷단계의 실재가 현존재하기 위해서는 앞 단계의 실재가 전제로 되어 있다. 예를 들면 물질 내지 생명은 없지만, 생명이 없어도 물질은 있다는 질서이다. 뒷단계의 것을 앞 단계의 것에서 도출하고자 하는 무의미한 시도가 있었으나, 그 모든 경우에도 결국은 그 모든 단계 사이의 단절이 더더욱 명백해질 뿐이다. 인식이라는 방법으로 탐구 가능한 여러 통일이 모두 귀속하는 세계의 유일한 전체라는 것은 그 자신, 예를 들면 어떤 포괄적 이론에 예속되고, 연구가 나아가야 하는 길을 연구의 이념으로서 비추어 보는 통일은 아니다. [연구라는 장에서는] 세계상은 존재하지 않고 모든 과학의 체계적 구분이 있을 뿐이다.

여러 세계상은 항상 특수한 방법으로 인식된 세계이고, 그것이 잘못되어 세계 존재의 일반으로까지 절대화된 것이다. 여러 근본적 연구이념에서 각각의 특별한 시점이 생성된다. 세계상은 각각 세계에서 그 일부를 잘라 낸 것이고, 세계 그 자체가 형상화된 것은 아니다. 신화적 세계상과는 다른 '과학적 세계상'이 되는 것은, 그 자체로 과학적 수단을 갖추고는 있지만 그 내실은 부족해서 신화적인, 새로운 신화적 세계상이다.

세계 그 자체는 인식의 대상은 아니다. 즉 우리는 항상 세계 속에 있고 세계 속에서 여러 대상을 소유하지만, 세계 그 자체를 대상으로서 가진 것은 아니다. 특히 수십억 태양을 가진 은하를 수백만 개 우주의 하나로서 품은 여러 성운이라는 천문학의 세계상과, 보편물질이라는 수학에서의 세계상에서 일정한 방법으로 연구 지평을 어느 정도 넓힌 것은 사실이다. 그러나 어느 정도 보이는가 하면, 그것은 역시 현상이 보여주는 광경일 뿐 사물의 근거도 아니고 전체로서의 세계도 아니다.

세계는 닫을 수 있는 것이 아니다. 세계를 세계로부터 설명할 수는 없고, 오히려 세계 속에서 어떤 것이 다른 것에서 제한 없이 설명된다. 앞으로의 연구가 어떠한 한계를 향해 갈지, 어떠한 심연이 앞으로의 연구 앞에 나타날지는 누구도 모른다.

유일한 세계상의 획득을 단념하는 것은 이미 과학적 비판의 요청이긴 하지만, 그것은 나아가 철학적으로 존재를 깨닫기 위한 전제의 하나이기도 하다. 철학적인 존재의식을 심기 위한 전제가 되는 것은 확실히 과학적 세계연구의 모든 방향을 숙지하는 것이다. 하지만 과학적인 세계지(世界知)의 숨겨진 의의는 가장 현명한 지에 대해 열린 무지라는 공간의 연구를 통해 도달한 것이라 여겨진다. 이것은 완결된 지를 통해서만 본래의 무지가 되살아나기 때문이다. 그 경우에는 지로써 얻은 세계상에서가 아니라 오히려 충실한 무지에서 본래 존재하는 것이 나타난다. 게다가 그것은 과학적 인식이라는 과정 없이는 아니고, 또 이 과정에 앞서서도 아니며, 오로지 과학적 인식 과정에서만 나타난다. 인식의 정열은 자신의 최고 고양을 통해 바로 인식이 좌절하는 지점에 이른다. 무지라고 해도 충실하게 싸워 얻은 무지 안에서만 우리 인간의 존재의식의 더할 나위 없이 소중한 원천이 있는 것이다.

세계라는 실재가 무엇인가를 또 다른 방법으로 밝혀보자. 과학적 방법에 따른 인식을, 모든 인식은 해석이라는 보편적 명제 아래에서 총괄할 수 있다. 원전(原典)을 이해할 때의 절차는 존재에 대한 모든 이해 방법을 보이는 비유이다. 그래서 이 비유는 우연한 것이 아니다.

이것은 모든 존재가 우리의 의미해석을 통해서만 우리에게 존재하기 때문이다. 존재자를 표현할 때, 우리는 들은 것의 의미를 해석하는 것에서 그 존재자를 소유하고, 또 우리가 말로 알아맞힌 것에서 비로소 알 수 있는 것이라는 지평(地平)으로 파악될 수 있다. 게다가 또 이미 우리가 말로 하기 전에도 사물과의 실천적인 관계라는 말에서, 존재가 우리에게 존재하는 것은 의미해석이라는 형태에서이다. 존재는 각각 무언가 다른 사람을 지시하기 때문에 규정된다. 존재는 우리에게 존재의 의미해석과의 관련 속에 있다. 따라서 존재와 거기에 관계하는 지(知), 존재자와 거기에 대한 우리의 말은 다양한 의미해석의 복잡한 관계이다. 우리에게 존재는 모두 해석된 존재이다.

의미를 해석한다는 것에는 존재하는 무언가와 그것이 의미하는 것과의 분리가 포함되어 있고, 그것은 지시된 것과 지시하는 것과의 분리와 똑같은 모양의 분리이다. 존재가 해석된 존재로서 파악되는 경우에도 이것과 같은 방법으로 분리가 이루어져야 할 듯이 보인다. 즉 해석은 무언가를 해석하는 것이지만, 이러한 우리의 해석에 대해 해석된 것의 존재 그 자체가 대립할 것처럼 보인다. 그렇지만 이러한 분리는 잘 되지 않는다. 이것은 우리에게는 해석될 뿐 그 자체가 이미 해석은 아닌 항상적 존재자나 단적으로 알려질 수 있는 것이 존립을 보존하는 것은 아니기 때문이다. 우리가 무엇을 알려고 하든, 알려진 것은 존재 안에 들어간 우리 해석의 빛의 원추(圓錐)라고도 할 만한 것 혹은 하나의 해석 가능성을 고르는 것에 지나지 않는다. 전체로서의 존재는 이러한 모든 해석을 제한 없이 우리에게 가능하도록 할 수 있는 것임에 틀림없다.

그래도 이러한 해석이 자의적이라는 뜻은 아니다. 올바른 해석으로서의 해석은 객관적인 성격을 띤다. 바로 존재가 이 해석을 강요하는 것이다. 우리에게 모든 존재양상은 확실히 의미해석의 모든 양상이지만, 동시에 필연적인 의미해석의 모든 양상이기도 하다. 따라서 존재의 구조에 관한 교설(敎說)로서의 범주론에서는 존재의 모든 양상이 의미해석의 모든 양상으로서 예를 들면 동일성, 관계성, 근거, 결과 등의 '대상적인 것'의 모든 범주로서 아니면 자유나 표현 등으로서 구성된다.

의미가 해석되는 모든 존재는 우리에게 모든 방향으로 넓혀가는 존재의 반영인 것이다.

실재의 모든 양상 또한 해석된 존재의 모든 양상이다. 해석이라는 것은, 해석된 것은 존재의 현실성 그 자체가 아니라 존재가 우리에게 제공하고 있는 그 하나의 양상임을 의미한다. 절대적인 현실성을 하나의 해석을 통해 단적으로 알아맞힐 수는 없다. 하나의 해석 내용을 현실 그 자체라고 생각하는 모든 견해는 우리가 가진 지(知)의 착오인 것이다.

세계라는 실재의 성격은 원칙적으로 현존재의 현상성(現象性)이라고 표현할 수 있다. 우리가 지금까지 논해온 것, 즉 실재의 모든 양상의 부동적(浮動的)인 것, 여러 상대적 원근법에 지나지 않는 세계상의 성격, 해석이라는 인식의 성격, 우리에게는 존재가 주객분열 속에서 주어진다는 사실—우리가 가질 수 있는 지의 이러한 기본적 특징은 모든 대상은 현상에 지나지 않고, 인식된 존재는 존재 자체도 전체로서의 존재도 아니라는 것을 의미한다. 현존재의 성격이 현상이라는 것을 칸트는 분명히 밝혔다. 현존재의 현상성은 그 자체가 대상적으로 통찰할 수 있는 것이 아니라 대상을 초월하면서 통찰할 수 있는 것에 지나지 않는다는 이상, 이론이 없는 사실은 아니지만 애당초 초월하는 것이 가능한 이성이 이 현존재의 현상성을 저지할 수는 없다. 그리고 그렇다면 현존재의 현상성은 지금까지의 지(知)에 개별적인 하나의 지를 새롭게 덧붙이는 것이 아니라, 존재의식 전체에 있는 충격을 주게 된다. 따라서 이 현상성을 깨닫는 것은 세계를 철학적으로 사유할 때, 갑작스럽기는 하지만 사라지는 일 없이 빛이 우리 자신에게 비추어지는 것이다. 이 빛이 죽는다면 여기서 말할 수 있는 모든 명제는 충실함이 없기 때문에 근본적으로는 이해되지 않은 채 남을 수밖에 없다.

이렇게 보면 절대적인 세계상이 존재하지 않게 되는 것만은 아니다. 세계는 단지 하나의 원리로 정리될 수 없는 이상, 인식에서는 여러 원근법 속에서 나눠지게 된다. 세계 존재 전체는 인식의 대상이 아니다.

세계 존재에 대한 이러한 우리의 확인을 신과 실존과 관련된 이미 말한 확인과의 관계로 심화하면 다음과 같은 명제가 된다. 세계 안의 실제는 신과 실존 사이에서 존재가 희미한 현존을 유지하고 있다.

우리의 일상생활은 이 명제와는 반대의 것을 즉, 우리 인간에게는 세계 혹은 세계 안의 무언가가 절대적인 것으로만 보임을 일러준다. 게다가 또 수많은 것을 자기 본질의 궁극적 내용으로 해 온 사람들에 대해서는 루터와 함께 그가 자신의 의지로서 지탱해 온 것, 그것은 원래 그의 신이라고 말할 수 있다. 인간은 무언가를 절대적이라고 생각할 수밖에 없다. 그렇게 생각하는 것을 바라고 자각하는지 그 여부에 관계없이, 또 우연적이고 주기적으로 그렇게 생각할 것이라고 단연코 계속적으로 그렇게 생각할 것이라고. 인간에게는 이른바 절대적인 것으로서 장소라고도 할 만한 것이 존재한다. 인간은 이 장소를 피해 통과할 수 없고, 오히려 그것에 충실해야만 한다.

인간의 수천 년 역사 속에는 인간의 세계를 극복한 대단한 인물들이 있다. 인도의 고행자나 중국과 서양의 여러 성직자 등은 끝없는 망상 속에서 절대자를 깨닫고자 이 세계를 버렸다. 그들에게 세계는 소멸한 것과 마찬가지이며, 존재—세계에서 보면 아무것도 아닌 것—가 그 전부이다.

중국의 신비가들은 세계 안의 사물에 얽매이는 욕망에서 벗어나 순수하게 바라보는 경지에 이르지만, 거기에서 모든 현존재는 언어화되고, 투명해지고, 영원하지만 사라져 가는 현상이요 법칙의 무한에 편재하는 모습이 되었다. 이러한 신비가에게 시간은 영원함 속에서 소멸하여 이 세계라는 언어의 현전태(現前態)가 된 것이다.

서양의 연구자나 철학자나 시인, 드물게는 행위자조차 정말로 이 세계에 구속되면서도 마치 끊임없이 세계 밖에서 온 사람처럼 이 세계를 관철하고 자신의 길을 걸었다. 아득히 먼 고향에 자신의 내력을 둔 자로서 그들은 이 세계 속에서 자신과 사물을 찾으면서 이 사물과 매우 밀접한 친근성을 가지면서 영원한 것을 상기함으로써 시간적인 형상을 극복했다.

이러한 신비가(神秘家)와는 다른 우리 즉, 생활실천과 지(知), 게다가 명확한 확신을 가지고 존재하는 삶의 기반을 찾은 일이 없는 우리는 세계에 구속되면서 세계를 다음과 같이 평가하는 경향이 있다.

그것은 [우선] 세계를 존재의 조화라고 보는 평가로, 풍족한 상황에 있는 우리는 이러한 평가를 하도록 세상의 충족감이라는 마력에 유혹당한다. 하지만 이 평가에 대해서는 무시무시한 불행이나 이 현실을 직시해가는 절망 등 경험에서 반발이 일어난다. 이러한 경험에 따른 반역에 의해 존재의 조화라는 사고방식과는 반대로 모두 무의미하다는 명제를 가진 허무주의가 성립된다.

편견 없이 진실을 보려고 하는 태도에서는 이러한 존재의 조화라는 평가도, 허무적인 파멸상태라는 평가도 비진리라는 사실을 알 수밖에 없다. 이 두 개의 평가에는 전체적 판단이 가려져 있지만, 세계나 사물에 관한 전체적 판단이라는 것은 모두 불충분한 지(知)에 근거한 것이다. 우리 인간에게는 이 상반된 전체적 판단에 따른 고정화에 반대하여 삶의 시간적 경과 속에서의 사건이나 운명이나 자신의 소행[의 의미]을 끊임없이 경청해야 하는 마음의 준비를 해두는 과제가 주어진다. 이러한 각오에는 다음과 같은 두 개의 근본경험이 포함되어 있다.

첫째로 신은 세계에 대한 절대적인 초월자라는 경험이다. 즉 숨겨진 신을 일반적이고 항상적으로 파악하고 이해하고 싶어해도 이 신은 점점 뒤로 멀리 가지만, 그러나 한편으로 각각 한 번뿐인 상황에서 나타나는 신(神)의 말이라는 절대적으로 역사적인 형태를 통해서는 헤아릴 수 없을 정도로 가까운 것이기도 하다.

둘째로 세계 안에서 신의 말이 들리는 경험이다. 즉 세계 존재 자체가 신의 말은 아니지만 이 세계 존재 속에서 항상 다의적(多義的)인 방법으로 신의 말이 들리는 것이고, 보편화될 수 없는 이 말은 실존에 대해 역사적인 방법으로만 순간적으로 명확해질 수 있다.

존재에 대한 [우리의] 자유는 세계 그 자체를 궁극적인 것으로서가 아니라 있는 그대로 보는 것이다. 세계에서는 영원한 것과 시간적으로 현상하는 것이 만나는 것이다.

하지만 영원한 존재를 우리가 경험하는 것은 오로지 현실의 시간적 형상으로 보는 것에 있다. 우리에 대해 존재하는 것은 세계 존재의 시간성 속에서 현상하는 것이기 때문에 우리는 신과 실존을 직접 알 수는 없다. 거기에는 단지 신앙만이 있을 뿐이다.

신앙의 근본 명제—신이 존재한다, 무제약적인 요청이 있다, 인간은 유한하고 미완성이다, 인간은 신의 인도 아래에서 살 수 있다 등의 모든 명제—는 신의 말로서 이 세계 속에서 그 충실한 태도가 함께 영향을 주는 한해서만 그 진정성이 우리에게 느껴진다. 이른바 신이 세계를 피하면서 실존에 직접 가까워지려면 거기서 일어나는 사건은 뒤섞이기 불가능한 것이다. 이러한 보편적인 근본명제의 진리는 모두 전통이라는 형태에서 또 생활과정에서 얻게 되는 특수화된 형태에서 말할 수 있다. 즉 개개인의 의식은 전통이라는 모든 형태 속에서 이 진리에 눈떠 부모가 [아이에게] 그것을 말하고 있는 것이다. '신의 성스러운 이름으로'라든지 '불사성(不死性)'이라든지 '사랑'…… 등 정식적인 표현으로는 역사적으로 아주 깊은 유래가 보인다.

이러한 신앙의 모든 명제는 보편적이면 보편적일수록 역사적으로는 사라진다. [보편화된] 신앙의 모든 명제는 순수하게 추상화된 고도의 요구를 내건다. 하지만 인간은 그러한 추상적인 것으로만은 살 수 없고, 구체적인 충족감을 막는 추상적인 요구는 [우리의] 회상과 희망이 그에 따라 인도된다는 최소한의 것에 지나지 않게 된다. 하지만 그러한 추상적 요구는 동시에 어떤 정화력(淨化力)이 있다. 즉 그것은 위대한 전통을 지금 실현함으로 자신의 것으로 하기 위해 단순히 구체적인 것이지만 속박이나 미신의 협소함에서 우리를 해방시켜 주는 것이다.

신이란 나 자신을 남김없이 바치는 실존의 본래 대상이다. 내가 이 세계에서 나 자신의 생명을 걸 정도로 헌신하는 대상은 신과 관련되어 있고, 신의 의지의 제약 아래에 있으며 끊임없이 신의 문초를 받는다. 이것은 맹목적으로 헌신하는 경우에는, 인간은 개명되지 않은 채 단순히 사실상의 자신을 지배하는 것에 지나지 않는 힘에 대해 무분별하게 봉사하게 되고(보고 묻고 사고하는 것을 뺀 결과) 아마도 '악마'에게 봉사를 하게 된다고 여겨지기 때문이다.

세계 안의 실재에 대한 헌신—신에 헌신하는 데 꼭 필요한 매개가 되는 것—인 경우에는 나 자신이 헌신하는 것 가운데 동시에 자신을 주장하기도 하는 자기 존재가 형성된다. 하지만 모든 현존재가 가족, 민족, 직업, 국가 등 실재 즉 세계에 스며들어갈 때 이 세계라는 실재가 무의미해져 버리는 경우, 이 허무의 절망을 이겨 낸다는 것은 모든 특정한 세계존재에 반항하여 단독으로 신 앞에 서서 신에 근거하는 결정적 자기주장이 수행되어야만 이루어진다. 세계에 대한 헌신이 아니라 신에 대한 헌신이야말로 그 자신을 바치면서 동시에 이 세계에서 자신을 주장하는 자유로서 받아들여지는 것이다.

신과 실존 사이에서 일어나는 희미한 이 세계 존재에는 하나의 신화가 들어 있다. 그것은 즉—성서의 범주에서 말하면—세계를 초월적 역사의 현상[장]이라고 생각하는 신화로 즉, 세계 창조로 시작되고, 추락을 겪고 구제의 사건을 통해 세계의 종말과 모든 사물의 재생에 이르는 것이다. 이 신화에서 세계는 그 자신에 근거하여 존재하는 것이 아니라 초세계적인 사건의 진행 과정에서 과도적인 현존재인 것이다. 세계가 사라져야만 하는 것에 대해 사라져 가는 이 세계에서 현실성일 수 있는 것이 신과 실존인 것이다.

영원하지만 세계의 시간 속에서 현상(現象)한다. 개인으로서의 인간도 또 자신이 그러한 [영원하면서 시간적인] 현상이라는 것을 알고 있다. 이 현상은 다음과 같은 역설적인 성격을 지닌다. 즉 이 현상에서는 그 자체는 영원하지만 이 현상에서 결정적으로 중요하다는 성격이다.

8 신앙과 계몽

우리는 철학적인 신앙의 명제들을 〔앞 단락에서〕 다음과 같이 표현했다. 즉 신이 존재한다, 제약 없는 요청이 있다, 인간은 유한하며 미완성이다, 인간은 신의 인도 속에서 살아갈 수 있다, 이 세계라는 실재는 신과 실존의 중간에서 희미한 현존을 유지하고 있다. 이 다섯 가지 명제는 서로 강화하고 부추기는 것이다. 그러나 이러한 명제는 모두 실존이 경험하는 근본경험에 각각 고유한 근원을 두고 있다.

위의 다섯 가지 근본명제는 이 세계 속의 대상에 대한 유한한 지식과는 다르며, 증명할 수 있는 것이 아니다. 이 명제의 진리성은 주의를 환기시킴으로써 '시사'될 수 있거나, 어떤 사고의 수행을 통해 '개명'될 수 있고, 또는 호소함으로써 '상기'될 수 있을 뿐이다. 이러한 명제는 어떤 신앙고백으로서 타당한 것이 아니라 믿음으로 인한 힘을 갖고 있음에도 불구하고, 알려져 있지 않다는 부동상태(浮動狀態)에 머문다. 내가 이러한 명제에 따르는 것은 신앙을 고백하고 권위에 복종함으로써가 아니라, 나의 본질 자체에 관한 그 진리성을 거부할 수 없기 때문이다.

이러한 명제를 단조롭게 이야기하기에는 일종의 두려움이 느껴진다. 그것들은 하나의 지식인양 너무나 간단히 다루어지면서 그 의미를 잃어 왔다. 또 간단하게 신앙을 고백으로써 현실의 장(場)에 놓기 쉽다. 그것들은 당연히 타자에게 전달되기를 원한다. 그 이유는 사람들이 그것들로 인해 서로 이해하고, 그것이 인간 상호 관계 속에서 확신을 얻도록 하기 위함이며, 나타나는 존재가 원하는 경우에 사람들을 각성시키기 위해서이다. 그러나 〔이 전달을 위한〕 언어표현이 일의적으로 이루어진다면, 그러한 명제는 그릇된 겉치레의 지식에 빠진다.

언표(言表)에는 으레 의논이 따른다. 왜냐하면 우리가 사유할 때 거기에는 즉시 우리가 진실을 제대로 생각하는가 아니면 간과하는가라는 두 가지 가능성이 있기 때문이다. 그러므로 적극적인 언표에는 모두 오류 방지가 빠질 수 없으며, 사고한 것의 질서 정연한 구성에는 그것의 도착(倒錯)이 병행하여 생긴다. 따라서 적극적으로 펼쳐 보이는 서술에는 그것을 부정하는 판단이나 제한, 방어 같은 것이 침투해 있어야만 한다. 그러나 철학적 사고의 경우, 이러한 논의의 투쟁은 권력을 얻으려는 것이 아니라, 의문 속에서 밝혀가는 과정으로서의 싸움이자, 진실을 명확하게 밝히기 위한 싸움이다. 또 이 싸움에서 지성의 무기는 모두 자신의 신앙을 표현하기 위해 자유롭게 사용되는 것과 마찬가지로 상대에게도 그 자유로운 사용을 허락하는 것이다.

철학할 때의 나는 직접적인 언표를 하게 되는데, 거기서는 다음과 같은 단적인 물음이 생긴다. 즉 신은 존재하는가, 이 현실세계에 제약 없는 요청이 존재할 것인가, 인간은 미완성인가, 신의 인도는 존재하는가, 이 세계 존재는 떠다니고 있으며 모습이 희미한 것인가 하는 물음이다. 신앙 없는 태도에서 나오는 이 물음에 관한 언표가 나에게 나타날 때, 나는 〔내 나름의〕 해답을 요구받게 된다. 그 언표는 다음과 같다.

첫째—신은 존재하지 않는다. 왜냐하면 존재하는 것은 세계와 그것이 일어나는 법칙뿐이기 때문이다. 〔만약 신이 존재한다면〕 세계가 바로 신이다.

둘째—제약이 없는 것은 존재하지 않는다. 내가 따르는 요청은 생성된 것이고 변용하기 때문이다. 그러한 요청은 습관과 훈련과 전통과 복종에 제약받으며, 모든 것이 제한 없는 많은 제약을 받고 있다.

셋째—완성된 인간이 존재한다. 왜냐하면 인간은 동물과 마찬가지로 완성도 높은 존재자일 수 있고, 인간의 교육은 훈육이 가능하다고 여겨지기 때문이다. 인간에게는 원칙적인 미완성이나 근본적인 파탄은 존재하지 않는다.

인간은 중간적 존재자가 아니라 완성되어 있으며 전체적이다. 물론 세상의 모든 것과 마찬가지로 인간도 덧없는 존재이지만, 자기 안에 근거를 지닌 독립된 존재이며 자기 세계 속에서 자족하는 존재이다.

넷째—신의 인도는 없다. 신의 인도라는 것은 하나의 환상이며 자기기만이다. 인간에게는 자기 자신을 따르는 힘이 있으며, 그러한 자신의 힘에 의지할 수 있다.

다섯째—세계가 전부이며, 세계라는 실재가 바로 유일하게 본래적인 현실이다. 초월자는 존재하지 않으므로 세상의 모든 것은 덧없는 존재이지만, 세계 그 자체는 절대적이고 영원히 소멸하지 않으며, 공중에 떠 있는 과도기적 존재가 아니다.

신앙 없는 태도로 이루어지는 이러한 언표에 대한 철학의 과제는, 이러한 무신앙의 유래를 이해하는 것과 신앙의 진리의 의미를 밝히는 이중의 것이 된다.

신앙 없는 태도는 계몽의 결과로 여겨진다. 그런데 계몽이란 무엇인가?

계몽이 제시하는 여러 요구는, 의심의 여지없는 견해가 맹목적으로 참이라고 여겨지는 것에 반대하는 것이며—마술 같은 행동처럼—명백히 잘못된 전제를 바탕으로 하고 있기 때문에 의도한 성과를 실현하지 못하는 행동에, 또한 제한 없는 물음과 탐구를 금하는 명령에, 그리고 전통적 편견에 반대하는 것이다. 계몽의 입장은 통찰하고자 하는 제한 없는 노력을 요구하고, 온갖 통찰의 종류와 한계에 대한 비판 의식을 요청한다.

인간은 자신이 생각하고 의욕하고 행동하는 내용이 명백하기를 요구한다. 인간은 스스로 사유하기를 원한다. 인간은 진실을 오성으로 파악하고, 그것을 되도록 증명하고자 한다. 원칙적으로 모든 사람들이 할 수 있는 경험과의 결합을 요구한다. 인간은 수용할 수 있는 완성된 성과로서 지식을 눈앞에 유지하기를 원하는 것이 아니라, 그러한 지식의 근원에 이르는 길을 탐구한다. 그는 어떤 증명이 어떠한 의미에서 타당한가, 오성이 어떠한 한계에 부닥쳐 좌절하는가를 통찰하고자 한다. 인간은 결국 논증할 수 없는 전제를 자신의 생의 근거로 삼을 수밖에 없는 것까지, 즉 자신이 따르는 권위와 자신이 느끼는 외경, 자신이 위대한 인물의 사상과 행동에 바치는 존경까지 논증하기를 원한다. 또 그 일이 당면한 이 상황 속의 것이건 처음부터 이해되지도 이해할 수도 없는 것이건, 인간이 그 일에 보내는 신뢰를 논증하고 싶어한다. 복종할 때조차 인간은 자신이 왜 복종하는지를 알고 싶어한다. 인간은 스스로 참이라 생각하고 올바르다고 여겨 행동으로 옮기는 모든 것을 예외 없이 자신이 내면적으로 관여할 수 있는 조건 아래 둔다. 그리고 자기 확신을 가진 자신의 동의에서 진실이라는 보증을 찾아낼 수 있는 경우에만 위와 같은 일에 관여하는 것이다. 요컨대 계몽은—칸트가 말한 것처럼—'자신에게 책임이 있는 자기 자신의 미숙함에서 인간이 빠져나오는 것'이다. 계몽은 인간을 자기 자신에게 도달하게 하는 과정으로 풀이된다.

그러나 이러한 요구는 매우 오해받기 쉽기 때문에 계몽의 의의가 모호해지게 된다. 참된 계몽도 그릇된 계몽도 있을 수 있다. 따라서 계몽에 대한 투쟁도 모호한 것이 된다. 그 투쟁은—정당하게—그릇된 계몽에 대한 투쟁일 때도 있지만—부당하게도—참된 계몽에 대한 투쟁일 수도 있다. 그리고 이 두 가지 투쟁이 하나로 섞이는 일도 가끔 있다.

계몽과의 투쟁에서, 계몽은 모든 생활의 기초가 되는 전통을 파괴한다든가, 신앙을 해소하여 니힐리즘으로 이끈다든가, 모든 사람에게 제멋대로의 자유를 주어 무질서와 무정부 상태의 출발점이 된다든가, 거기에는 지반이 없어서 인간을 불행하게 만든다는 말을 흔히 한다.

이러한 비난은 그 자신이 더 이상 참된 계몽의 의의를 이해하지 못하는 그릇된 계몽에 적용되는 것이다. '그릇된' 계몽은 (우리의 오성에 부여될 수밖에 없는 것을 밝히기 위한 불가피한 방법으로서 오성을 이용할 뿐 아니라) 지식과 의욕과 행동은 모두 단순한 오성 위에 기초를 부여할 수 있다고 생각하고, 또(언제나 특수한 오성 인식을 그것에 적합한 영역에서만 의미있게 사용하는 것이 아니라) 그러한 오성 인식을 절대화한다. 그릇된 계몽은 (타자와의 공동 속에서 질문을 던지며 앞으로 나아가는 지식의 살아 있는 연관을 바탕으로 하는 것이 아니라) 마치 개인이 전부인 것처럼 자력으로 알고 또 그 지식만을 바탕으로 행동할 수 있다고 생각하도록 개개인을 유혹한다. 이러한 계몽에는 모든 인간의 삶이 배울 수밖에 없는 예외자와 권위를 인정하는 감각이 결여되어 있다. 요컨대 그릇된 계몽은 모든 참된 것과 자기에게 본질적인 것을 오성적 통찰로 손에 넣을 수 있다고 생각할 만큼, 인간을 자기 자신 위에 두려고 한다. 그릇된 계몽은 알기만을 바라고 믿음은 바라지 않는다.

반면 '참된' 계몽은 사유와 질문을 던지는 능력에 대하여 의도적이자 외부에서 강제적으로 어떤 한계를 나타내는 것은 아니나, 사실상 자신의 한계를 자각하고 있다. 왜냐하면 참된 계몽은 이제까지 의문시되지 않았던 것이나 편견, 실수로 자명하다고 믿는 것을 계몽할 뿐 아니라, 자기 자신까지도 계몽하기 때문이다. 참된 계몽에서는 이해력의 길과 인간 존재의 내실이 혼동되지 않는다. 인간 존재의 내실을 이루는 것은 이성에 이끌린 이해력을 통해 명백해질 수 있는 것으로서 계몽에 나타나기는 하지만, 이해력에 근거를 두지는 않는다.

계몽에 대한 약간의 특수한 공격이라는 문제를 논하고자 한다. 계몽에는 오로지 은총으로만 받을 수 있는 것을 자력으로 얻는다는 인간의 '자력주의'라는 비난이 쏟아졌다.

신은 다른 사람의 명령과 계시를 통하여 인간에게 말하는 것이 아니라, 인간의 자기 존재가 지닌 그 자유를 통하여 이야기한다. 외부에서가 아니라 내부에서 말을 거는 것인데, 위의 비난은 이를 착각하고 있다. 신이 창조하고 신과 관련되어 있는 인간의 자유가 손상되면, 신이 간접적으로 알려질 때 매개가 되는 것 자체가 나타난다. 자유에 대한 배격과 함께, 즉 계몽에 반대하는 이 투쟁과 함께 실제로는 신에 대한 반란이 일어나게 된다. 이 반란은 처음부터 신적이라고 잘못 생각하고 인간이 고안해 낸 신앙 내용과 명령과 금령이나, 인간이 마련한 질서나 행동양식—인간적 사물이 모두 그러하듯이 아둔함과 현명함이 구분 없이 혼재되어 있는 사항—을 위해 일어난 것이다. 이러한 신앙 내용과 명령과 금령은 더 이상 의문시되지 않으며 동시에 인간의 과제를 포기하도록 요구한다. 왜냐하면 계몽을 포기하는 것은 인간에 대한 배신과 같기 때문이다.

계몽의 주요 요인은 '과학', 그것도 '전제가 없는' 과학이다. 전제가 없는 과학이란, 사전에 확정된 목표나 진리에 그 물음이나 연구가—예를 들어 인간에 관한 실험이 인간성의 요청에서 추가되는 윤리적인 제한을 받아들이는 경우 외에는—제한받지 않는 과학이다.

과학은 신앙을 파괴한다는 주장이 있다. 즉 그리스의 학문은 아직 신앙에 포함되어 있어서 신앙의 개명에 도움이 되었으나, 근대과학은 단적으로 신앙을 황폐시키고 있다, 근대과학은 숙명적인 세계적 위기를 나타내는 역사적 현상에 불과하다, 근대과학의 종말을 기대해야 하며 힘닿는 대로 그것을 앞당겨야 한다는 것이다. 여기서는 근대과학 속에서 영원히 빛나는 진리가 의심받으며, 과학적 태도 없이는 오늘날 더 이상 생각할 수 없는 인간의 존엄성이 거부된다. 또한 계몽에 대하여 반대를 부르짖고, 계몽은 폭넓은 이성을 지닌 것으로 생각되지 못한 채 평범한 이해력을 갖춘 것으로만 여겨진다. 〔이러한 태도의〕 사람들은 자유주의에 반대한다. 자유주의의 방임과 표면적인 진보신앙을 믿고 경직되어 있는 모습만 보고 자유라는 것의 깊은 힘을 보려 하지 않는다. 그들은 또한 관용을 신앙 없는 사람의 성의 없는 무관심으로 여기고 반대하며, 보편적인 인간의 전반적 관계에 대한 각오를 〔그 관용을〕 인정하려 하지 않는다. 요컨대 그들은 인간의 존엄성과 인식능력과 자유 같은 우리의 근거를 버리고, 철학적 실존의 정신적인 자살로 빠져드는 것이다.

이에 반해 우리는 다음과 같이 확신한다. 사람은 진정한 학문적 태도를 전통과 상황을 통해 익히는데, 이 진정한 학문적 태도 없이는 성실함도 이성도 인간의 존엄성도 있을 수 없다. 과학을 잃으면 어스름과 황혼이 생기고, 불명료한 교화적 감정과 스스로 추구한 맹목 속에서의 광신적 결단이 고개를 든다. 〔그렇게 되면〕 여러 가지 제약이 만들어져 인간은 새로운 감옥에 갇히고 만다.

계몽에 대한 이러한 투쟁이 생기는 것은 어째서인가?

이 투쟁은 부당한 것에 맞서려는 충동에서, 즉 신의 대변자라고 여겨지는 사람에게 복종하려는 충동에서 생기는 경우가 드물지 않다. 그것은 이미 낮의 법칙에 따르지 않는 밤의 열정, 발판이 없음을 경험하면서 구원받는다고 착각한 가식뿐인 질서를 근거 없이 세우려는 밤을 향한 열정에서 생기는 것이다. 신앙을 원하고, 또 스스로 신앙이 있다고 믿는 신앙 없는 태도의 충동이 있다. 그리고 권력의지의 수단이 되는 권위에 대하여 인간이 맹목적으로 복종하고 따를수록, 권력의지는 그만큼 인간을 예종(隷從)시킬 수 있다고 생각한다.

여기서 그리스도와 신약성서를 증거로 내세운다면, 그것은 많은 교회나 신학의 수천 년 동안에 걸친 현상에 관한 한은 정당하다. 그러나 성서 종교 그 자체의 근원과 진리에 관한 것으로 여겨지는 것은 부당하다. 성서 종교의 근원과 진리는 참된 계몽 속에도 살아서 작용하고 있으며, 철학—아마도 새로운 기술 세계의 인간에 대하여 이 성서 종교의 내실을 유지할 수 있도록 함께 작용한다고 생각되는 철학—을 통해 개명되는 것이다.

그건 그렇더라도, 계몽에 대한 여러 가지 공격이 언제나 되풀이되고 뜻있는 것으로 나타난다는 것은 계몽의 도착이라는 사실에 근거하며, 실제로 이 도착에 대한 그 공격은 정당성을 지닌다. 〔계몽의〕 과제가 곤란한 것이기 때문에 여러 가지 도착이 생길 수 있다. 확실히 계몽과 함께 자유가 되어 가는 인간의 감격이 생기기는 한다. 그것은 자기의 자유를 통하여 신성에 더욱 마음이 열린다고 느끼는 감격이며, 새로이 눈뜨는 인간이 각각 거듭 경험하는 감격이다. 그러나 계몽은 그 뒤에 곧 참기 힘든 정도의 요구가 되기도 한다. 왜냐하면 신의 목소리는 결코 자유에 근거하여 명확하게 들을 수 있는 것이 아니라, 생각해 낼 수 없는 것이 인간에게 증여되는 순간을 통하여 일생 동안 계속되는 노력 과정에서 들을 수 있는 것이기 때문이다. 인간은 주어진 순간에 〔신의 목소리를〕 들을 마음의 준비를 해 두는 것만으로는 비판적인 무지라는 무거운 짐을 견딜 수 없다. 인간은 궁극적인 것을 확정적으로 알고 싶어한다.

신앙을 포기한 인간은 오성의 사고 자체에 몸을 맡기고, 인생에서 결정적으로 중요한 일에 관한 확신을 거기서 얻고자 하는 잘못된 기대를 품는다. 그러나 이 오성적 사고로는 그러한 확신을 줄 수 없으므로, 이 요구는 착오를 통해서만 교묘하게 충족되게 된다. 즉 어떤 때는 이것, 어떤 때는 저것이라는 제한 없는 다양성을 지닌 유한하고 한정된 것이 절대화되어 전체적인 것이 되고, 그때마다 사유형식이 참된 인식 그 자체라고 여겨지는 것이다. 끊임없는 자기검증의 계속은 이루어지지 않게 되며, 겉치레의 최종적 확신에 따라 그러한 자기검증은 제거되고 만다. 우연과 상황에 따른 자의적인 억측이 진리성을 요구하지만, 명백히 겉치레에 불과하며 그 억측은 오히려 새로운 미망이 된다. 이러한 〔도착된〕 계몽은 자기의 통찰에 근거하여 모든 것을 알고 사고할 수 있다고 주장하므로 실제로는 자의에 불과할 뿐이다. 이러한 계몽은 어중간하고 방자한 사고로 그러한 불가결한 요구를 실제로 제안한다.

계몽의 이러한 도착에 대항하려면 사고를 멈추는 것만으로는 도움이 되지 않으며, 모든 가능성과 비판적인 한계의식을 겸비한 사유, 그리고 인식이라는 관련에서도 유지될 수 있는 유효한 충실을 갖춘 사유를 실시하는 것만이 유익하다. 전체로서의 인간의 자기교육을 통하여 성취되는 사유의 육성을 통해서만 자의적인 사고가 독이 되는 것을, 그리고 계몽의 명백함이 파괴적 분위기가 되는 것을 막을 수 있는 것이다.

다름 아닌 가장 순수한 계몽에 대해서야말로 신앙의 불가피성이 명백해진다. 철학적 신앙의 다섯 가지 근본 명제는 과학 명제처럼 증명할 수 있는 것도 아니다. 신앙을 합리적으로 강제하는 것은 과학으로는 물론 철학으로도 불가능한 일이다.

오성(悟性)이 오성에만 근거하여 진리와 존재를 인식할 수 있다고 생각하는 것은 그릇된 계몽의 오류이다. 오성은 남에게 의지한다. 과학적 인식으로 나타나는 오성은 경험에서의 직관을, 철학으로 나타나는 오성은 신앙의 내실(內實)을 의지한다.

오성은 사물을 사유함으로써 눈앞에 그려내고 순화하고 전개할 수는 있다. 그러나 이 오성에는, 오성의 사념에 대상으로서의 의의를 부여하고, 오성의 사유에 충실을, 오성의 행동에 의의를, 오성의 철학적 사고에 존재 내실을 부여하는 것이 주어져야만 한다.

오성적 사유가 언제나 의지하고 있는 이러한 전제가 어디서 왔는지는 결국 인식할 수 없다. 이러한 전제는 우리가 살아가는 원천인 포월자(包越者)에 뿌리내리고 있다. 우리의 내면에 이 포월자의 힘이 생기지 않으면, 무신앙에서 나오는 앞의 다섯 가지 신앙 부정에 빠지기 쉽다.

표면적으로 파악되는 형태로 볼 때, 눈에 보이는 경험의 전제는 세계에서 오며, 신앙의 전제는 역사적 전통에서 온다. 그러나 이러한 표면적 형태에서의 전제는 그것에 이르러야 비로소 본디 전제가 발견되는 인도의 끈에 불과하다. 왜냐하면 이러한 표면적인 전제는 더욱 끊임없이 검증되어야 하며, 무엇이 참인지를 자기 자신에 근거하여 알고 있다는 재판자로서의 오성이 아니라, 수단으로서의 오성으로 검증되어야 하기 때문이다. 즉 오성은 다른 경험을 기준으로 경험을 검증하고, 전통적 신앙을 기준으로 전통적 신앙까지 검증하며, 그러한 과정에서 자기 존재의 근원에서 근원적으로 각성되는 내실을 기준으로 하여 모든 전통을 검증한다. 과학에서는 경험을 중시한다는 피할 수 없는 견해, 즉 과학적이라는 길을 걷는 자라면 누구도 피할 수 없는 견해가 세워지지만, 한편 철학에서는 전통을 이해하여 현재의 것으로 함으로써 신앙을 깨달을 수 있다.

그러나 무신앙을 막는 것은 무신앙을 직접 극복함으로써가 아니라, 억측에 따른 앎에서 나오는 잘못된 명확하고 합리적인 요구에 대항함으로써만, 또한 잘못되어 나타나는 합리화된 신앙요구에 대항함으로써만 가능한 일이다.

철학적 신앙 명제의 언표가 어떤 내용을 전달하는 것으로 풀이되면 그러한 언표 때문에 오류가 생기게 된다. 왜냐하면 이러한 명제의 의미가 내포하는 것은 어떠한 절대적인 대상이 아니라, 구체화되어 가는 어떤 무한한 것을 나타내는 표시에 지나지 않기 때문이다. 신앙의 내적인 이 무한한 것이 눈앞에 나타날 때, 세계 존재라는 무한히 다양한 것은 이 〔무한한 것이라는〕 근거의 다의적인 현상의 하나가 된다.

철학하는 자가 앞에 나온 신앙 명제들을 이야기할 경우 그것은 신앙고백에 비유할 수 있다. 철학자는 모든 해답을 회피하기 위하여 자기의 무지를 이용해서는 안 된다. 물론 철학적으로는 신중하므로, 자기는 신앙에 대해서는 모르며 자기가 신앙하고 있는지 어떤지도 모른다고 되풀이하기만 할 것이다. 그러나 역시 이렇게 말할 것이다. 곧 이러한 신앙명제로 표현되는 신앙을 나는 뜻있다고 생각하며, 감히 그러한 신앙을 갖기를 원하며, 신앙을 목표로 살아갈 수 있는 힘을 바란다고. 그러므로 철학하는 것 가운데는 부동(浮動)하는 언표(言表)의 표면적인 비결정성과 결의(決意)한 자기 태도의 현실 사이의 긴장이 언제나 존재할 것이다.

9 인류의 역사*2

우리 인간의 자기 확인에서 역사만큼 중요한 의미를 지닌 실재는 없다. 역사는 우리에게 인류의 가장 넓은 지평을 나타내고, 우리 생의 기초가 되는 전통의 내실을 제시하며, 현재의 일을 판단하는 기준을 보여 준다.

그것은 또한 무의식적으로 자신의 시대에 구속되어 있는 우리를 해방시켜 주고, 더 나아가 최고의 가능성을 가지고 불멸의 창조를 해 나가는 인간을 알아채는 법을 가르쳐 준다.

과거의 훌륭한 것을 숙지하고 보지(保持)함과 동시에 일체를 몰락시키는 불행을 깨닫는 데 그것을 활용하는 것, 이것이야말로 우리의 여가를 가장 유효하게 이용하는 길이다. 우리가 현재 경험하는 것은 역사의 거울에 비춰 볼 때에 더욱 잘 이해되며, 역사가 전하는 것은 우리의 이 현대에서 보았을 때 살아나게 된다. 이처럼 우리의 삶은 과거와 현재가 서로 밝혀지면서 전진해 간다.

역사는 우리 주변에서 구체적으로 나타나며 개인에게 적용되는 경우에만 현실적으로 우리와 관계하게 된다. 그러나 철학하는 자리에 있는 여기서의 우리는 오로지 추상적인 약간의 논의에만 전념하도록 한다.

세계사는 우연한 사건이 뒤섞인 혼돈으로 생각되는 경우가 있으며, 거기서는 역사 전체가 홍수의 소용돌이처럼 혼란스럽게 보인다. 언제나 하나의 혼란에서 다른 혼란으로, 하나의 불행에서 다른 불행으로 사태가 차례차례 넘어가며, 순간적인 행복의 빛이나 아주 잠깐 이 격류에서 벗어난 외딴섬이 있지만 결국 그러한 빛이나 외딴섬도 휩쓸려버리고 만다. 요컨대 역사는—M. 베버가 묘사한 〔역사〕상을 빌려 말하면—악마가 파괴된 가치로 포장한 도로라는 것이다.

확실히, 인식하려는 태도에 대해서는 사건 사이의 여러 가지 연관이 모습을 드러낸다. 예를 들면 기술의 발명이 노동양식에, 노동양식이 사회구조에, 정복이 민족의 계급화에, 전쟁기술이 군대조직에, 군대조직이 국가 구조에 제한 없이 영향을 주는 개개의 인과적 연관이 그러하다. 이러한 인과적 연관을 넘어, 예를 들어 일련의 시대를 통하여 나타나는 정신적인 양식이 잇달아 일어나는 데는, 어떤 전체적 광경이 각자 따로 떨어져서 생긴 문화의 시대로서, 또한 발전해 가는 거대한 폐쇄적 문화집단으로서 나타나 있다. 슈펭글러와 그의 후계자들은, 꽃을 피우고 죽어 가는 식물이 대지에서 자라난 것처럼 하는 일 없이 오직 살아갈 뿐인 인간대중 속에서 그러한 여러 문화가 생성된다고 인정했다. 그러나 그러한 문화의 수는 한정할 수 없는 것으로 간주하고—슈펭글러는 현재까지 8개, 토인비는 21개의 문화를 열거했다—그것들은 거의 또는 전혀 서로 관여하지 않는다고 보았다.

그렇게 보면 역사에는 어떤 의미도 통일도 구조도 사라지게 되며, 단지 분간하기 어려울 정도로 다양한 인과적인 결합과 형태론상의 여러 문화형태를 지닌 구조가 있을 뿐이다. 그러한 것은 자연 현상에도 나타나며, 단지 역사에서는 정확하게 확정하기가 자연의 경우보다 훨씬 어려울 뿐이다.

이에 대하여 역사철학은 그러한 역사의 의미와 통일과 세계사 구조를 추구하는 것을 뜻한다. 이 세계사의 구조는 전체로서의 인간에게만 적용된다.

세계사의 도식을 그려 보자.

인간은 이미 수십만 년 전부터 생존해 왔으며, 그것은 연대구분이 이루어진 지질학상의 지층 속에 있던 골격의 발견으로 증명되었다. 수만 년 전부터는 해부학적으로 우리와 매우 유사한 인간이 생활했으며, 도구뿐 아니라 그림 유물도 남아 있다. 5000 내지 6000년 전에 이르러 비로소 우리 인간은 문서로 기록된 연결된 역사를 갖게 된다.

역사에는 네 개의 깊은 흔적을 낼 수 있다.

첫 번째 흔적. 언어의 발생, 도구 발명, 불의 점화와 사용이라는 최초의 큰 역사적 행보는 단지 추정할 수밖에 없다. 이 시대는 모든 역사의 기초인 프로메테우스 시대로서, 이 시대의 인간은 비로소 우리가 상상할 수 없는 단순한 생물학적 인간과는 다른 의미의 인간이 되었다. 그것이 언제였는지, 얼마만큼 오랜 기간에 걸쳐 그 한 걸음 한 걸음이 이루어졌는지는 우리로서는 알 수 없다. 이 시대는 매우 오랜 옛날로 거의 눈에 보이지 않을 만큼 긴, 기록된 역사시대의 몇 배에 이를 것임이 틀림없다.

두 번째 흔적. 기원전 5000년부터 3000년 사이에 이집트, 메소포타미아, 인더스 강 유역, 약간 늦게 중국의 황하 유역에서 고대문명이 성립되었다. 이러한 문명은 이미 이 지구 전체에 널리 퍼져 있던 방대한 인간 속의 빛나는 외딴 섬이었다.

세 번째 흔적. 기원전 500년 무렵—기원전 800년부터 200년까지의 시대—에 인류가 오늘까지 양식으로 삼으며 살아온 정신적 기초가 생겨났다. 게다가 그것은 중국, 인도, 페르시아, 팔레스타인, 그리스에서 때를 같이할 뿐

서로 관계없이 생겨났다.

네 번째 흔적. 그 이후에는 유일하고 완전히 새로운, 정신적 물질적으로 역사를 구분하는 사건, 이제까지와 같은 정도로 세계사적 영향을 끼친 사건은 오직 하나밖에 생겨나지 않았다. 그것은 곧 과학=기술의 시대로, 중세 말기 이후의 유럽에서 준비되어 17세기에 정신적으로 확립되고, 18세기 말 이후 널리 발전하여 최근 수십 년에 이르러 비로소 놀랍도록 급속한 발전을 이루었다.

세계사의 세 번째 흔적인 기원전 500년 무렵을 주목해 보자. 헤겔은 '모든 역사는 그리스도를 향하고 그리스도에서 유래한다. 신의 아들의 출현이 세계사의 축이다'라고 했다. 우리가 〔서력〕 연대를 헤아리는 방식은 이 기독교적인 세계사 구조의 일반성을 일상생활로 입증하고 있다. 그러나 일반역사를 이렇게 보는 견해는 기독교도에게만 적용된다는 결점이 있다. 게다가 서양에서조차 기독교도의 경험적 역사 파악은 기독교 신앙에 구속되어 있지 않다. 기독교도에게는 성스러운 역사와 세속 역사가 의미를 달리하는 것으로 분리되어 있었다.

세계사의 축이 있다면, 그 축은 오직 세속 역사에서의 축이며, 기독교인을 포함한 인간 모두에게 통용될 수 있는 사실로서, 경험적으로 이 세속 역사 속에서 발견되어야 한다. 그러한 사실은 특정한 신앙내용을 기준으로 하지 않으며 서양과 아시아와 전 인류가 납득할 수 있어야 한다. 〔그러한 축이 있다면〕 모든 민족이 역사적으로 자기를 이해할 때 어떤 공통된 틀이 생길 것이다. 그리고 세계사의 이러한 축은 기원전 800년부터 200년 사이에 생긴 정신적 과정 속에 있다고 여겨진다. 우리가 오늘에 이르기까지 함께 살아온 인간이 여기서 발생한 것이다. 이 시대는 간략하게 '추축시대(axial age)'라 부를 수 있다.

이 시대에는 특별한 사건이 집중적으로 일어났다. 중국에서는 공자와 노자가 살았으며 중국철학의 모든 방향이 생겨났고, 묵자와 장자와 열자 등 수많은 사람들의 사상이 전개되었다. 인도에는 우파니샤드 철학이 성립되고 붓다가 살았으며, 중국과 마찬가지로 가능한 온갖 철학의 형태가 회의주의나 유물론, 궤변론이나 니힐리즘에 이르기까지 전개되었다. 이란에서는 차라투스트라가 모든 것은 선과 악 사이의 투쟁이라는 요청적인 세계관을 주장했고, 팔레스타인에서는 엘리야를 비롯한 이사야와 예레미아를 거쳐 제2 이사야에 이르는 예언자들이 등장했다. 그리스에서는 호메로스나 파르메니데스, 헤라클레이토스, 플라톤 같은 철학자와 비극작가, 투키디데스와 아르키메데스 같은 사람들이 있었다. 이러한 이름은 거기서 생겨난 일을 암시할 뿐이지만, 그러한 사건은 모두 중국과 인도와 서양에서 서로 알지 못하면서도 이 2, 300년 사이에 거의 동시에 생겨났다.

이 시대에 나타난 새로운 일은, 위의 어느 지역에서든 인간이 전체로서의 존재와 자기 자신과 자기의 한계를 자각하게 되었다는 것이다. 인간은 세계의 무서움과 자신의 무력함을 경험한다. 인간은 근본적인 물음을 던지고, 심연을 향해 해방과 구제를 바라며 똑바로 나아간다. 자기의 한계를 의식적으로 파악하면서 인간은 스스로 최고의 목표를 세운다. 인간은 자기 존재의 깊은 곳에 숨어 있는 무제약성과 초월자의 명석한 자각에 포함된 무제약성을 경험한다.

이 시대에는 서로 모순된 여러 가지 가능성이 시도된다. 논의, 당파 형성, 대립하면서도 서로 연결되어 있는 정신적인 것의 분열로 불안과 운동이 일어나고, 정신적인 혼돈상태에 빠지는 고빗사위에까지 이르렀다.

이 시대에는 이제까지 우리의 사유가 이용해 온 기본적 범주가 제시되고, 오늘에 이르기까지 우리 삶의 기초가 되어 온 여러 가지 세계 종교가 창시되었다.

이러한 과정을 통하여 이제까지는 무의식적으로 통용되던 관념과 풍습과 사태가 의심받게 되었다. 모든 것이 일종의 혼돈상태에 빠졌다.

용이함과 자명함을 갖추었던 신화의 시대는 끝났다. 합리성과 현실 경험의 신화에 대한 투쟁이 개시되고, 유일신인 초월자를 위한 마신과의 싸움이, 또한 진실하지 않은 신들과의 윤리적인 격분에 근거한 싸움이 시작되었다. 신화가 전체로서 파괴된 순간, 새롭고 깊은 의미로 신화가 포착되고 개조되었다.

여기서의 인간은 더 이상 자신 속에 갇혀 있지 않다. 그는 그 자신이 불확실한 것이 됨과 동시에, 끝없이 새로운 여러 가능성에 몸을 펼치게 되었다.

여기서 처음으로 철학자가 출현했다. 인간은 감히 개인으로서 자기 자신

위에 서려고 했던 것이다. 중국의 은자와 방랑 사상가, 인도의 고행자, 그리스의 철학자, 이스라엘의 예언자 같은 사람들은 신앙과 사상내용과 내적 태세라는 점에서는 서로 완전히 다르면서도 공통된 것에 속하게 된다. 인간은 전 세계에 대하여 내면적으로 자기를 대립시킬 수 있게 되었다. 그는 자기 자신이나 세계를 뛰어넘어 자기를 높이는 기초가 되는 근원을 자기 내면에서 발견한 것이다.

이 무렵 역사라는 것을 자각하게 되었다. 특별한 일이 시작되었으나, 인간은 무한한 과거가 선행하고 있음을 느끼고 알게 된다. 본디의 인간적 정신이 이처럼 눈뜬 시점에서 이미 인간은 회상으로써 유지되고 있었으며, 자신이 나중에 온 존재자이며 타락한 존재자라는 의식을 갖게 되었다.

사람들은 사건의 진행을 계획적으로 손에 넣기를 바라고, 올바른 상황을 재건하거나 처음부터 다시 만들어내길 원한다. 인간은 어떠한 방식으로 가장 잘 공동생활을 꾸리고 가장 잘 지배되고 통치되는지, 그 방식이 고안된다. 개혁사상이 인간의 행동을 지배하게 된다.

사회 상태에서도 앞에서 말한 세 지역은 모두 유사한 양상을 띠고 있다. 많은 소국가와 소도시가 있고, 그 모두가 모두와 싸우는 전쟁이 이루어졌다. 그러나 전쟁이 벌어져도 경이로운 번영이 가능했다.

그러나 그러한 것이 수백 년에 걸쳐 이루어진 시대는 직선적으로 향상되어 가는 발전의 시대가 아니었다. 그곳에는 파괴와 새로운 산출이 공존해 있었다. 또한 완성된 상태에 도달하지 못했으며, 개개의 경우에 실현된 최고의 가능성이 공동의 것이 되는 일도 없었다. 처음에는 활동의 자유를 의미하던 것이 마지막에는 무질서를 의미하게 되었다. 이 시대가 창조적 정신을 잃게 되자 세 문화권에서는 학설 이해의 고정화와 평균화가 생겼다. 무질서를 견딜 수 없었기 때문에 영속적 상태를 재건하여 새로운 구속을 받고 싶다는 충동을 느꼈다.

이러한 과정은 먼저 정치적인 면에서 생겼다. 중국(진시황제)과 인도(마우리아 왕조)와 서양(헬레니즘 국가와 로마 제국) 세 지역에서 거의 동시에 전역을 지배하는 대제국이 제각기 성립되었다. 세 지역은 모든 면에서 일체의 붕괴가 한창이었으며, 곧바로 계획된 질서가 기술적 조직적으로 형성되었다.

오늘에 이르기까지의 인류의 정신생활은 과거 추축시대와 관련되어 있다. 중국에서도 인도에서도 서양에서도 고대를 향한 의식적 소급인 르네상스가 발생하고 있다. 〔추축시대 이후에도〕 새롭고 위대한 정신적 창조가 다시 생기기는 했지만, 그것도 추축시대에 획득한 내실을 앎으로써 상기된 것이다.

이리하여 역사의 큰 물줄기는 최초의 인간 생성에서 시작하여 고대문명을 거쳐 추축시대에 이르고 그것을 잇는 시대, 즉 그 창조력을 갖추었던 현대 직전의 시대에 이른다.

그리고 그 이후에 역사의 두 번째 물줄기가 시작되었다. 현대의 과학=기술 시대는 제2의 발단과도 비슷하며, 이에 필적하는 것은 도구와 불의 제조라는 최초의 문명뿐이라고 생각한다.

비유로 굳이 미래를 추측해 보면 다음과 같이 말할 수 있다. 즉 우리는 이집트—고대 유대인이 새로운 국토를 건설할 때 거기서 이주했으며 강제노동소로 혐오하던 곳인 이집트—에 나타난 고대문명의 조직과 계획에 비유할 수 있는 형성과정을 더듬어가게 될 것이다. 아마도 인류는 이 거대한 문명의 조직화를 거쳐 아직 멀어서 눈에 보이지 않고 상상할 수도 없는 근원적 인간화의 시대인 새로운 추축시대를 향해 나아갈 것이다.

그러나 현재 우리는 가장 우려할 만한 파국(破局)의 시대를 살고 있다. 전승되어 온 모든 것이 용해될 운명에 처한 듯이 보이고, 새로운 건설의 기초는 아직 분명하지 않다.

현대에 이르러 비로소 역사가 세계사가 되었다는 것은 새로운 사실이다. 현재 지구상의 교통의 통일 상태와 비교하면 과거의 모든 역사는 지방사를 긁어모은 것에 불과하다.

우리가 역사라고 부르는 것은 종전의 의미로는 이미 끝났다. 종래의 역사는, 선사 시대 수십만 년 동안 퍼져 나간 지상으로의 인간 정주 시기와 오늘날 본래적 세계사가 시작된 시기 사이의, 5000년이라는 순간적인 기간이었다고 생각된다. 이 수천 년은 선사 시대의 인간 존재 시대와 앞으로의 여러 가능성을 기준으로 보면 정말 짧은 기간이었다. 이제까지의 역사는 세계사가 활동을 시작하기 위하여 인간이 만나서 모인 것이며, 세계사라는 여행을 떠나기 위한 장비를 정신적, 기술적으로 손에 넣는 수단이었다. 우리는 지금 바로 세계사를 시작하는 것이다.

우리의 이 시대의 현실을 비관적으로 보고 인간의 역사 전체를 파멸적인 것으로 생각하고자 하는 이상, 우리는 앞에서 서술한 [세계사의] 지평에 스스로를 위치시켜야만 한다. 그렇게 함으로써 우리는 인류의 다가올 여러 가능성을 믿을 수 있게 된다. 단기적으로 볼 때 오늘날의 모든 사태는 비관할 만한 것이기는 하지만 장기적으로는 그렇지 않다. 이를 확신하려면 전체로서의 세계사라는 기준이 필요하다.

현재의 우리가 현실적이 되어 진리를 추구하고 인간 존재의 기준을 간파한다면, 우리는 그만큼 확실하게 미래를 믿어도 좋다.

그러나 전체를 계획적으로 분담하고자 하면, 우리는 자신의 무력함을 경험하게 된다. 역사에 대하여 권력자는 억측에 따른 전체지(全體知)에 근거하여 오만하게 계획을 세우지만, 이러한 계획은 곧 좌절되고 파국으로 치닫고 만다. 또 좁은 범위에서의 개인의 계획은 실패로 돌아가거나, 계획에 없었던 다른 의미와 연관된 요인으로 변해버리기도 한다. 역사의 진행은 한편으로는 누구도 그것을 견뎌낼 수 없는 압연기(壓延機 : rolling mill)처럼 보이거나, 그렇지 않으면 끝없이 다양한 해석이 가능한 의미, 새로운 사건에 의해 기대와는 반대로 알려지고 항상 애매한 채 남아 있는 의미, 즉 우리가 우리 몸을 맡겨도 알 수 없는 의미를 가진 것으로 보일 것이다.

이 역사의 의미를 지상에서 달성해야 하는 행복의 궁극적 상태에 있다고 할 때, 그러한 상태는 우리가 사고할 수 있는 표상 속에서도 지금까지의 역사의 어떤 징후 속에서도 찾아낼 수 없다. 오히려 혼돈 속에 나아가는 인류의 역사와, 성공이 드물고 총체적으로 붕괴의 길인 이 진행의 과정은 앞에서 말한 역사의 의미가 거짓이라는 것을 증명하고 있다. 역사의 의미를 찾으려는 물음은 그 의미를 하나의 목표로 나타내려는 대답으로는 해결될 수가 없다.

목표란 모두 특수하고 잠정적인 것이고 뛰어넘을 수 있는 것이다. 전체의 일회적이고 결정적인 역사로서 전체 역사를 구성하는 것은 본질적인 사항을 소홀히 여기는 희생을 치름으로써만 가능하다.

신은 인간에게 무엇을 원하는가? 이 의문에 대해서는 아마도 너무 넓고 규정할 수 없는 의미표상이 가능할 것이다. 결국 역사란, 인간은 무엇이며 무엇일 수 있는지, 인간은 어떻게 되는 것인지, 인간은 무엇을 할 수 있는지가 밝혀지는 장(場)이라고 할 수 있다. 거기서는 인간에 대한 최대의 위협조차 인간존재에 주어진 과제의 하나이다. 고도의 인간존재의 현실에서는, 안전의 보장이라는 척도만이 존중되는 것은 아니다.

그러나 역사에는 좀 더 큰 의미가, 즉 신성한 존재가 개현(開顯)되는 장이라는 의미가 있다. 존재는 다른 인간과 함께 인간의 내면에 개현된다. 이는 신은 역사 속에 유일하고 독점적인 방법으로 모습을 나타내는 것이 아니기 때문이다. 가능성의 측면에서 말하자면, 각각의 인간이 신과 직접 대면하고 있다. 역사의 다양한 모습 중에는 결코 대치될 수 없는 것과 도출될 수 없는 것의 고유한 권리가 있는 것이다.

이와 같이 명확하게 규정하지 않고 역사의 의미를 생각할 때는 다음과 같이 말할 수 있다. 즉 실현가능한 행복을 지상에서의 완성이나 인간적 상태의 낙원으로 예견하고 싶다면 역사로부터는 아무것도 기대할 수 없지만, 반대로 신성에 대한 신앙과 함께 열리는 인간존재의 깊이가 중요하다면 역사로부터 모든 것을 기대할 수 있다. 그것은 또, 만약 내가 바깥 쪽에서만 무언가를 기대한다면 아무것도 바랄 여지가 없지만, 반대로 초월자의 근원에 있어서 나 자신을 맡긴다면 모든 것을 바랄 수 있는 것이다.

역사의 궁극목표라고는 할 수 없지만, 그것 자체가 인간존재의 최고의 가능성에 도달하기 위한 조건으로 생각되는 목표를, 형식적으로 인류의 통일이라고 규정할 수 있다.

이 통일은, 과학을 통한 합리적이고 보편적인 것으로만 달성될 수 있는 것은 아니다. 왜냐하면 과학은 오성에 따른 통일을 낳는 데 지나지 않고, 전체적 인간의 통일을 낳지는 않기 때문이다. 그것은 또 예를 들면 종교회의에서의 협의에 의한 합의로 결정되기도 한다고 보는 보편적인 종교에서 설정될 수 있는 것도 아니다. 더욱이 그것은, 인간의 건전한 상식에 따른 계몽적 언어를 서로 협정함으로써 현실이 되는 것도 아니다. 인류의 통일은 오로지 역사성의 깊이로부터 획득된 것이고, 누구나 알 수 있는 공통의 내용이 담긴 통일이 아니라, 역사적으로 상이한 사람들이 그 정점에서는 순수한 사랑의 싸움이 되는 교제, 완결되지 않는 대화를 통한 무제한의 교제를 밀고 나아가는 과정에서만 획득될 수 있는 통일이다.

인간에게 어울리는 이러한 상호 대화를 위한 전제가 되는 것은 폭력 없는 장면이다. 이러한 장면을 획득하기 위하여, 현존재의 기반 질서에 기초한 인류의 통일을 생각할 수 있고, 이런 통일이 많은 사람에게 노력목표가 되고 있다. 이 통일목표는 현존재라는 기반에만 적용되는 것으로, 공통의 보편타당한 신앙의 통일을 요구하는 것은 아니지만, 이러한 통일의 획득은, 피할 수 없는 상황의 강제에 도움을 받아 사실상의 권력관계를 매개로 하여 정신적으로 끈질기게 그것을 쟁취하려는 자에게는 전혀 유토피아적 공상이 아니다.

이와 같은 통일의 전제가 되는 것은, 어떤 종류의 정치적인 현존재의 형태, 즉 만인에 대한 자유의 최고의 기회로 제공하기 때문에 거기서 서로 협조할 수 있는 정치적인 현존재의 형태이다. 서양에서만 부분적으로 실현되어 원칙적으로 숙고되기도 하는 이 형태는 법치국가, 선거와 법률에 기초한 통치의 정통성, 법적인 과정만이 바탕이 되는 법률개정의 가능성이라는 형태이다. 거기서는 여러 가지 정신적 존재자가 올바른 사항의 인식과 공공의 의견을 얻으려고 서로 싸우고, 또 되도록 많은 사람들로 하여금 가장 명석한 의견에 도달하게 하고, 정보를 통해 완전히 자신의 위치를 획득하게 하기 위하여 싸우게 된다.

법적인 세계질서 안에서 투쟁을 끝낼 수 있다고 생각되지만, 그러한 질서는 어떠한 국가도 거기서 절대적 주권을 가질 수 없는 질서이고, 법질서와 그 기능 속에서 움직이는 인류에게만 어울리는 질서이다.

인간의 인간성은 교류를 원하고, 언제나 오히려 부정한 것이더라도 더욱 바르게 변해가는 법질서를 위하여 폭력을 단념하려고 하는 것이지만, 그 경우 그러한 기분에 근거하여 장래를 일의적(一義的)으로 구하는 것으로 보는 낙관주의는 우리에게 도움이 되지 않는다. 오히려 우리에게는 그것과는 반대의 상태에 빠지게 되는 원인이 있다.

우리는 누구나 우리 자신 속에 다음과 같은 것이 존재한다는 사실을 알고 있다. 그것은 자의라든가, 자기를 조명하는 것에 대한 저항, 사태를 호도하기 위하여 철학까지 이용하는 궤변 같은 것이고, 또 교류가 아니라 타인에 대한 혐오이거나, 권력과 폭력에 대한 욕구, 맹목적으로 이득을 얻으려고 일으키는 전쟁의 기회, 모든 것을 희생시키는 광포한 결사의 모험으로 대중의 마음을 빼앗는 열광 같은 것이다. 그리고 우리는, 단념하고 절약하고 인내하여 견고한 상태를 순수하게 구축하려는 마음가짐이 대중에게는 거의 없다는 사실을 알고 있다. 또한 정신의 온갖 무대장치를 관철하면서 거의 아무런 제어도 없이 자기의 길을 무리하게 나아가려는 격정을 찾아내는 것이다.

더욱이 우리는 인간의 성격적 특징과는 전혀 관계없이 피하기 힘든 부정(不正)이 모든 제도 속에 존재하는 것을 알고 있고, 또한 이를테면 인구의 증가와 그 분포에 따라, 또는 모두가 갈망하지만 분할할 수 없는 것이 독점적으로 사유됨으로써, 정의로는 해결할 수 없는 상황들이 생겨나는 것을 알고 있다.

그런 까닭으로 폭력이 어떤 형태로 다시 돌발하는 한계를 우리는 거의 지양할 수 없는 듯이 보인다. 이렇게 해서 세계를 통치하는 것은 신(神)인가 악마인가 하는 문제가 반복하여 생겨난다. 그리고 악마는 역시 신에게 봉사하는 것이라고 생각하는 것은, 이치를 따질 수 없는 하나의 신앙인 것이다.

개인으로서의 우리가 종말에 도달하여 혼돈밖에 남지 않았다고 느껴지는 역사에 직면하여, 아무 관련이 없는 우연이나 압도적인 사건에 자신의 삶이 끌려들어가 단순한 찰나적인 것에 몰두하다가 붕괴해가는 것을 볼 때, 우리는 우리 몸을 비상시켜서 모든 역사를 극복하려고 할 것이다.

확실히 우리는 우리의 시대와 상황을 계속 의식할 수밖에 없고, 현대의 철학은 우리가 이 특정한 장소에서 이 시대에 놓인 것을 개명(開明)하지 않고는 생성할 수 없다. 그렇지만 우리는 시대의 제약을 받는 경우라 하더라도 제약을 바탕으로 철학을 하는 것이 아니라 어떠한 시대에서도 그럴 수 있도록 포월자(包越者)를 바탕으로 철학하는 것이다. 우리 자신이 그렇게 될 수 있는 모습을 우리 자신의 시대에 전가해서는 안 되며, 우리 자신의 시대에 예속해서도 안 된다. 오히려 우리는 우리 자신이 시대의 개명을 통해서 우리가 깊은 근원을 바탕으로 살아갈 수 있는 데까지 노력해야만 한다.

우리는 또 역사를 신적인 영역에까지 드높여야 하는 것은 아니다. 세계역사는 세계 심판이라는 [헤겔의], 신을 무시하는 말을 승인할 필요는 없다. 세계역사는 최종 법정이 아니다. 우리가 좌절한다는 것은 초월적인 근거를 가진 것으로서 발견되는 진리를 부정하는 반론은 되지 않는다. 역사를 단절시키면서까지 자신의 것으로 삼음으로써 우리는 영원성 속에 닻을 내리게 된다.

10 철학하는 인간의 독립성

모든 전체주의는 인간의 독립성을 부정한다. 예를 들어 종교 신앙으로서의 전체주의가 모든 사람에게 자신의 유일한 진리를 인정하라고 요구하든, 국가로서의 전체주의가 여가 활동마저 전체주의의 방식에 맞추라고 하든, 모든 인간적인 것을 권력기구를 구축하는 것에 쏟아부어 개성이 남을 여지를 전혀 주지 않든 사정은 같다. 거기서는 모든 현실생활에 전형적인 것과 관습적인 것, 너무나도 자명한 것 등이 범람하는 가운데 독립성은 소리도 없이 몰락해가는 듯 보인다.

그런데 철학함이란 어떠한 조건 속에서도 자신의 내적인 독립성을 쟁취한다는 것이다. 그렇다면 이 내적인 독립성이란 무엇일까.

고대 말기 이래, 독립적 인간으로서의 철학자의 모습을 언제나 볼 수 있다. 그 모습에는 몇 가지 특징이 있다. 이 철학자가 독립적인 까닭은 다음과 같다. 첫째로 그가 세계와 재물로부터 자유로우면서 충동의 지배를 벗어나 있고, 욕망을 갖지 않으며, 생활이 금욕적이기 때문이다. 둘째로 그는, 종교가 가르치는 공포스러운 광경이 거짓인 것을 꿰뚫고 있어서 불안을 느끼지 않기 때문이다. 셋째로 그가 국가와 정치에 관여하지 않은 채 세계시민으로서 구속받지 않고 편안하게 은거하고 있기 때문이다. 어느 경우에도 이 철학자는 당황하거나 동요하지 않는 마음에 도달할 수 있도록 하나의 절대적으로 독립적인 점을, 즉 모든 사물의 밖에서는 태도를 믿는 것이다.

이러한 철학자는 찬탄의 대상인 동시에 불신의 대상도 되었다. 그의 현실의 모습은 확실히 빈곤과 독신과 무식과 반정치적인 생활방식 속에 있는 대단한 독립성을 다양한 형태로 보여주고, 또 외부로부터 오는 것에 제약되는 일 없는 행복, 오히려 방랑의 의식 속에서, 또 운명의 타격에 대한 무관심함 속에서 성취되는 행복의 형태를 보여준다. 더욱이 많은 경우, 이들 철학자의 강한 자기감정이 영향욕(影響欲), 오만과 허영심, 인간 문제에 대한 냉담함과 다른 철학자에 대한 적의의 증오를 드러내기도 한다. 또 그들은 모두 교설(教說)에 대해 독단적이다.

이 경우의 독립성은 전혀 순수하지 않아서, 종종 가소로운 무의식의 종속성이 되어 나타날 정도이다.

그렇다 해도 여기 그리스철학에는 성서 종교의 경우와 나란히, 우리에게 가능한 독립성의 역사적 원천이 있다. 이러한 철학자와의 교섭은 독립적이고자 하는 인간의 의지를 고무한다. 아마도 거기서는 타자로부터 유리(遊離)되어 있다는 고립된 점 위에서는 몸을 지탱할 수 없음을 깨달음으로써, 오히려 인간의 독립성이 고무될 것이다. 그러나 절대적 자유로 잘못 간주되는 이 자유는 곧 그 반대인 종속성으로 전환된다. 즉 외면적으로는 세상의 승인을 구하는 바로 그 세상에 대한 종속성으로 변하고, 내면적으로는 불명료한 정열에 대한 종속성으로 변한다. 우리는 고대 말기의 철학자가 걸어온 이러한 길을 나아갈 수는 없다. 고대 말기의 철학자는 부분적으로는 훌륭한 외관을 보여주었음에도 자유에 대한 싸움에서 경직된 모습과 배경이 없는 가면을 낳고 있었던 것이다.

독립성은 절대적인 것이라고 생각되는 경우에는 그 반대의 것으로 전도됨이 명백하다. 어떠한 의미에서 독립성을 쟁취할 수 있는지는 결코 쉽게 답할 수 없는 문제이다.

독립성은 거의 어떻게 할 도리가 없을 정도로 모호하다. 예를 몇 가지 들어보자.

철학, 특히 형이상학이라는 철학은 이른바 사유의 영상이라고 할 만한 사상유희를 그려내려고 한다. 그 경우 영상을 낳는 사유자는 자신의 무한한 가능성으로써 그 영상에 대해 우위를 계속 유지한다. 그러나 이 점에 관해서 다음과 같은 의문이 생긴다. 즉 인간이 자신의 사상의 주인인 까닭은, 그가 신을 세우지 않고 각각 스스로 정한 사유 활동의 규칙에 따라 자신의 사유형식에 스스로 도취하여, 무언가의 근거에 상관없이 멋대로 창조적인 사유 활동을 진행할 수 있기 때문인가, 아니면 인간이 신과 관계를 맺고 자신의 말—인간은 외피와 도형인 이 말 속에 무한히 변용할 수밖에 없는 것을 가두어둬야만 한다. 절대적 존재가 말에서는 항상 부적절하게 나타나기 때문이다—에 대해 우위를 유지하기 때문인가? 여기서 철학하는 사람의 독립성은 그가 도그마(dogma)로서의 자기 사상에 예속되고 굴복하는 것이 아니라, 자기 사상의 주인이 된다는 점에 존재한다. 그런데 자기 사상의 주인이라는 것이—즉 자의적인 구속이 없는 상태인지, 아니면 초월자에게 구속된 것인지—항상 애매모호하다.

또 하나의 예로서 다음과 같은 경우가 있다. 우리는 자신의 독립성을 획득하기 위해 세계의 바깥에 있는 아르키메데스의 점을 구한다. 그것은 진실의 탐구이긴 하지만, 거기에서는 다음과 같은 의문이 발생한다. 그 아르키메데스의 점은 전체적으로 독립적인 인간을 이른바 신의 위치에까지 격상시키는 바깥쪽의 존재인가, 아니면 인간이 정말로 신을 만나서 신에 대한 유일하고 완전한 의존—이로써 처음으로 그는 세계 안에서 독립된 것이 된다—을 경험하는 장소인 바깥쪽의 점인가?

독립성이란 이러한 모호함을 내포하기 때문에, 역사적으로 충실한 본래적 자기존재에 이르는 길이 되는 게 아니라, 오히려 언제라도 다른 것이 될 수 있다는 무책임한 태도로 나타나기 쉽다. 이 경우 자기존재는 그때그때 여러 가지 단순한 역할이 되어 사라져 간다. 모든 기만적인 것과 마찬가지로, 이러한 겉치레의 독립성에는 무수한 형태가 있다. 거기에는 예를 들어 다음과 같은 것들이 있다.

인간이든 동물이든 돌멩이든 모든 것을 미적인 태도에서 보는 자세가 가능하며, 그것은 마치 신화적 지각이 반복되는 듯한 환상의 힘 덕분이리라. 그러나 이 태도는 이른바 '눈 뜬 채로 죽은' 것 같은 관찰태도이다. 왜냐하면 거기에는 온갖 생명의 위험을 무릅쓸 각오는 하더라도, 자신의 기초를 제약이 없는 것에 두려는 각오는 없으며, 자신의 삶에 토대를 세우는 결단에 따른 결정이 수반되지 않기 때문이다. 거기서는 모순된 것이나 이치에 어긋나는 것은 신경 쓰지 않고 사물을 인지하려고 한없이 갈망하며, 시대의 속박을 받으면서도 될 수 있는 한 이 속박에서 벗어나 자신의 의지와 경험의 독립성을 계속 유지하며 살아가려는 생활이 영위된다. 그러나 이러한 생활은 그러한 속박에 곤란해하면서도 내적인 냉정함을 유지하고, 자신이 본 것을 형식화하는 데서 현실생활의 정점을 발견해내며 언어를 존재로 만든다.

이처럼 세계에 구속받지 않는 독립성 측면에서는 자기 자신을 무시하는 것이 선호된다. 보는 것에 만족하는 것은 존재에 마음을 빼앗기는 감동이 된다. 그리고 일종의 사변의 시작(詩作)인 이 신화적 사고 속에서 마치 존재가 나타나는 듯 생각되는 것이다.

그러나 존재는 보는 것에만 몰두하는 태도에 대해서는 나타나지 않는다.

[존재가 나타나려면] 아무리 진지한 것이더라도 고독한 환상으로는 불충분하며, 언어표현이나 감동적인 형상을 통한, 교제를 수반하지 않는 전달—지식이나 예언을 나타내는 명령조의 말투로 내뱉는, 교제를 수반하지 않는 전달—로도 충분하지 않다.

예를 들어 존재 그 자체를 소유하고 있다고 착각하는 경우에는, 사람들에게 자기 자신을 잊게 하려는 노력이 이루어지는 일이 있다. 여러 가지 존재의 가설에서 인간은 소멸해버린다. 그러나 그 존재의 가설에는 역시 항상, 반대쪽으로 전환하려는 싹이 내포되어 있으며, 거기에 숨겨진 불만은 본래의 진지함—실존이 현전하는 경우에만 현실적인 것이 되는 진지함, 있는 그대로의 것을 보고 좋아하는 일을 한다는 파괴적인 태도에서 벗어난 진지함—을 되찾기 위한 성과를 올릴 수 있다.

세계에 구속되지 않는 독립성은 또한 자의적인 사유에도 나타난다. 대립했던 것이 서로 무책임하게 희롱하는 경우에는, 필요에 따라 어떠한 자세를 취하더라도 허락된다. 우리는 어느 하나의 방법을 순수하게 밀고 나가는 일 없이 모든 방법에 통달하게 되며, 마음 속으로는 비과학적이면서도 과학적이라는 듯이 행동할 수 있다. 이러니저러니 늘어놓는 사람은 끊임없이 변용하고 있고 [자신의 모습을 마음대로 바꾸는 해신(海神)] 프로테우스처럼 변덕스러워서 종잡을 수 없으며, 사실은 아무것도 말하지 않으면서 대단한 것을 약속하는 것처럼 보인다. 그러한 사람은, 무언가를 예감하게 하는 암시라든가 은밀한 속삭임, 또는 비밀스러운 것을 느끼게 함으로써 사람의 마음을 끌어당긴다. 그러나 거기에는 진정한 논의는 있을 수 없으며, 흥미로운 것에 몇 번이고 기분이 들떠서 이것저것 늘어놓는 방식이 있을 뿐이다. 거기에는 착각에 마음을 빼앗긴 사람들이, 목표 없이 함께 녹아들어갈 수 있게 될 뿐이다.

세계에 구속되지 않는 독립성은 다음과 같이, 견딜 수 없게 된 이 세계에는 관여하지 않겠다는 형태로 나타날 수도 있다.

예를 들어 죽음은 아무래도 상관없다, 죽음이 찾아오면 오는 거지 왜 그런 것에 흥분하는가, 이런 태도가 그것이다.

또 인간은 생명력이 요구하는 쾌락에 따라 살아가는 경우도 있고, 이 쾌락이 사라지는 것에 괴로워하면서 살아가는 경우도 있다. 자연적으로 긍정하는 태도를 통해, 그야말로 있는 그대로 그때그때 느끼면서 살아가는 삶의 방식이 허용되는 것이다. 논쟁은 일어나지 않게 된다. 논쟁 같은 것은 이제 아무런 도움도 되지 않는다. 온기를 가진 사랑이 가능하지만, 그것은 시간이라고 하는 흘러가버리는 것에, 즉 완전히 불안정한 것에 맡겨져 버린다. 여기서 제약이 없는 것은 아무것도 없다.

게다가 또 붙잡을 수 없는 삶의 방식을 원하고, 특별한 것을 하거나 특별한 것이 되려고 하지 않는 사람들도 있다. 거기서는 요구되지 않으며 적당하다고 생각되는 것이 이루어질 뿐이며, 격정을 유치한 것으로 보고 일상적인 일을 공동으로 할 때는 서로 도우려 한다.

더 이상 아무런 기대도 없이 지금 여기서 살고 있다는 것만의 현실생활은 무언가의 지평이나 아득히 먼 곳, 과거와 미래 등에 받아들여지는 법이 없다.

우리가 빠질 가능성이 있는 이러한 수많은 형태의 기만적 독립성 때문에, 독립성 그 자체가 의심스러운 것이 된다. 진정한 독립성을 획득하려면, 앞에서 말한 애매모호한 사태를 개명할 뿐만 아니라 모든 독립성의 한계를 의식해야 한다는 것, 이것은 확실하다.

절대적 독립성이란 있을 수 없다. 우리는 사유할 때 우리에게 필연적으로 주어진 직관에 의지한다. 게다가 실생활에서는 타자에게 의지하고, 이 타자와 협력함으로써 비로소 서로의 생활이 가능해진다. 더욱이 자기 존재로서의 우리는 다른 자기존재에게 의지하고, 이 다른 자기 존재와의 교제 속에서 비로소 함께 진정으로 자기 자신에게 도달한다. 또한 고립된 자유는 존재하지 않는다. 자유가 존재하는 곳에서는 자유와 부자유의 싸움이 일어나는데, 부자유가 완전히 극복되는 일이 있다면 [자유에 대한] 모든 저항이 제거된 결과로서 자유 그 자체가 지양될 것이다.

그러므로 우리가 독립적인 것은, 동시에 이 세계 속에 휘말려 들어가 있을 때뿐이다. 세계를 버림으로써 독립성이 실현되는 것은 아니다. 이 세계에서 독립적이라는 것은, 오히려 독특한 방식으로 이 세계와 관련되어 있음을 뜻한다. 그것은 세계에 관여하는 동시에 관여하지 않고, 세계 속에 있는 동시에 밖에 있는 식의 관여 방식이다. 다음과 같은 위대한 사상가들의 말은 전혀 다른 의미를 지니면서도 그 점에선 공통적이다.

아리스티포스는 모든 경험과 향락과 행불행(幸不幸)에 관해 "나는 [그런 것을] 가지고 있지만 가지지 않는다"고 말했고, 바울로는 지상 생활에 대한 불가결한 관여 방식에 대해 "마치 관여하지 않는 듯 관여하라"고 요청했다. 바가바드기타에서는 "일하라, 대신 그 성과를 바라선 안 된다"고 명하고 있다. 노자는 무위(無爲)의 위(爲)를 요구했다.

이런 불후의 철학적 명제가 가리키는 내용에는 해석이 필요한데, 이 해석에는 한계가 없다. 그러나 지금 우리에게는 이들 명제는 자신의 내면적 독립성을 나타내는 양식이라는 해석만으로 충분하다. 세계로부터 독립적이라는 것은, 이 세계 안에서의 일종의 종속성과 떼어 놓을 수 없는 것이다.

독립성에 따라붙는 두 번째 한계는, 독립성은 그 자체만으로는 다음과 같이 무의미한 것이 된다는 점에 있다.

독립성은 소극적으로는 불안으로부터의 자유라든가, 행불행에 대한 무관심함이라든가, 단순한 방관적 사고의 무류성이라든가, 감정이나 충동에 좌우되지 않는 항상심(恒常心) 등으로 표현되어 왔다. 그러나 이 경우에 독립성을 얻은 것은, 자아 일반이라는 단순한 점과 같은 자기 자신에 지나지 않는다.

독립성의 실질 내용은 독립성 그 자체에서는 나오지 않는다. 그것은 소질과 생명과 종족 같은 것의 힘이 아니며, 또한 권력의지나 자기창조도 아니다.

철학적 사고는 초월자가 베푸는 절대적 구속과 동일한 세계 속에서의 독립성으로부터 생겨난다. 세속적인 구속을 동반하지 않는 잘못된 독립성은 곧 공허한 사유로, 즉 내용이 있는 곳에 나타나지 않고 이념에 관여하지 않으며 실존에 근거하지 않는 형식적 사유로 변한다. 특히 이 잘못된 독립성은 모든 것을 부인하는 자의적인 태도가 된다. 물음을 이끌어가는 그 어떤 구속력 없이 모든 것을 의문시하는 것은, 독립성이라는 이름에 결코 어울리지 않는다.

이런 견해는, 신이 존재하지 않는 경우에야말로 비로소 인간은 자유로워진다고 한 니체의 철저한 명제와 대립한다. 신이 존재한다면 인간은 어떠한 힘도 없이 그저 흘러가는 물과 마찬가지로 언제나 신에 귀착해 버리는 존재인 이상, 생성하는 일이 없기 때문이다. 그러나 이러한 니체의 견해에 대해,

우리는 같은 비유를 써서 정반대의 주장을 다음처럼 펼쳐야 할 것이다. 즉 신을 바라보는 시선 속에서야말로, 인간은 삶의 단순한 생기(生起)라는 무의미한 곳에 쉴 새 없이 귀착해 버리지 않고 자신을 높여 나간다고.

우리에게 가능한 독립성의 세 번째 한계는 우리 인간 존재의 근본 태세에 있다. 우리는 인간인 한 온갖 근본적인 도착(倒錯)에 빠져 있으며 거기서 헤어나지 못한다. 우리 의식의 첫 번째 각성과 동시에, 우리는 이미 착각에 빠져 있다.

이러한 도착이 성서에서는 원죄에 의해 신화적으로 설명되어 있다. 그리고 헤겔 철학에서는 인간의 자기소외가 대대적으로 밝혀져 있으며, 키르케고르는 절망하여 폐쇄성 속에 틀어박혀 버린다는 인간 내부의 악마적인 요소를 감동적으로 보여 주었다. 그보다 대략적이긴 하지만 사회학에서는 우리를 지배하고 있는 갖가지 이데올로기가, 심리학에서는 그것과 같은 심적 복합체가 문제시되고 있다.

자신의 독립성에 정말로 도달하기 위해 [우리 내부의] 이런 억압, 망각, 은폐, 피복(被覆), 도착을 제어하는 일이 과연 우리에게 가능할까. 우리는 진정한 선일 수는 없다고 바울로는 말했다. 왜냐하면 나는 선하다는 자각 없이는 선한 행위를 할 수 없지만, 자신의 행위가 선하다는 것을 알 때 나는 이미 오만에 빠져 스스로 안심해 버리기 때문이다. 칸트는 우리가 선한 행위를 할 때, 거기엔 그 일이 자신의 행복을 심하게 해치진 않는다는 숨은 동기가 조건으로 깔려 있으며, 따라서 그 선한 행위는 불순해진다고 했다. 우리는 이 근본악을 극복하지 못한다.

우리의 독립성 그 자체가 타자의 도움을 필요로 한다. 우리는 우리를 도착된 상태에서 구해 줄 만한 도움에—세계 속에서의 명백한 형태 없이—마음속으로, 이해하지 못한 채 도달하려고 노력할 수 있을 뿐이고, 또 도달할 수 있기를 희망해야만 한다. 우리가 얻을 수 있는 독립성은 언제나 초월자에 대한 의존성이다.

오늘날에도 가능한 철학적 사고의 독립성이라는 것에 관해서는 어떻게 말할 수 있을까.

철학의 어느 학파에도 몸을 맡기지 않고, 말로 표현된 진리 자체를 독립적이고 유일한 진리라고는 생각하지 않는 것, 자신의 사고를 제어하는 것.

소유물로서의 철학을 모아서 쌓는 것이 아니라 운동으로서의 철학적 사고를 심화하는 것.

제한 없는 교제를 수행하는 가운데 진리와 인간성을 위해 싸우는 것.

과거의 것을 모두 자기 것으로 만들면서 거기서 배우고, 동시대의 것을 듣고, 앞으로 일어날 수 있는 모든 것에 대해 자신을 열어 둘 수 있도록 하는 것.

더 나아가 저마다 이 특정한 개인으로서, 자신의 유래인 자신의 고유한 역사성에, 또 자기 행동의 성과 속에 침잠하여 과거 자신의 모습과, 자기 생성, 증여되어 있는 자신을 떠맡는 것.

자신의 역사성을 통해 인류 전체의 역사성으로, 동시에 세계 시민이라는 모습으로 성장해 가는 것.

우리는 공격받지 않는 철학자를 믿지 못하고, 스토아학파가 말하는 마음의 안정을 불신한다. 우리는 부동심이라는 것조차 갈망하려 하지 않는다. 왜냐하면 우리를 정열과 불안으로 몰아넣는 것은 우리 인간 존재 자신이고, 눈물과 환호 속에서 존재를 우리에게 경험하게 하는 것도 인간 존재 자신이기 때문이다. 이리하여 우리는 정서의 움직임을 말살하는 것이 아니라, 정서의 움직임에 얽매인 상태에서 비약할 때에만 자기 자신에게 도달할 수 있다. 그러므로 우리는 인간이라는 사실 속에 용감하게 뛰어들어, 그 안에서 충실한 자신의 독립성을 향해 나아가기 위해서 자신이 할 수 있는 일을 해야 한다. 그러면 고뇌할지언정 한탄하거나 슬퍼하지는 않을 것이고, 절망할지언정 몰락하지는 않을 것이며, 내적 독립성으로서 우리에게 생성되어 오는 것에 수용되어 있는 한, 동요할지언정 완전히 전복돼 버리지는 않을 것이다.

다만 철학한다는 것은 이러한 독립성을 배우는 것이며, 그 독립성을 소유하는 것은 아니다.

11 철학적 생활태도

우리의 인생은 산만한 생활 속에서 무너져서는 안 되므로, 어떠한 질서 속에서 영위되어야 한다. 그런 인생은 일상적으로 포월자(包越者)에게 지탱되어야 하고, 노동의 구조 속에서도 서로 관련을 맺고 충실과 고양된 순간을 누려야 하며, 이런 것들을 되풀이하면서 심화해 나아가야 한다. 이런 일들이 이루어지면 이 인생에는 항상 같은 동작을 반복하는 노동을 하더라도 어떤 의미와의 관련을 자각한 것 같은 기분에 젖게 된다. 그러면 우리는 어떤 종류의 세계의식과 자기의식 속에 보호받는 셈이고, 우리가 귀속되어 있는 역사 속에, 또 회상과 충실을 통한 고유한 삶의 방식 속에 우리 삶의 기반을 두게 된다.

개개인은 자신이 태어난 세계에서, 또 태어나서 죽을 때까지의 커다란 행보나 일상의 작은 행보에 형식을 부여하고 생명을 부여하는 교회에서 그러한 질서를 손에 넣을 수 있다. 이 경우 개개인은 자신의 눈으로 볼 수 있고 자신이 속한 환경 속에 현전(現前)하는 것을 자발적 능력으로 손에 넣는다. 전통적인 것을 점점 믿을 수 없게 되는, 붕괴해가는 이 세상에서 살아가는 방법은 위에서 말한 것과는 다르다. 또한 표면적인 질서로서 존립할 뿐인 상징과 초월자가 없는 세계, 사람의 마음을 공허하게 하고 사람을 만족시키지 않으며 인간을 자유롭게 하는 경우에도 욕망과 지루함, 불안과 무관심 상태에서 인간을 그 자신에게만 맡기는 세계에서 살아가는 방법도 처음에 제시한 삶의 방식과는 다른 것이다. 이렇게 해서 개인은 자신을 의지하게 된다. 그리고 철학적인 생활을 할 때의 개인은 환경이 더 이상 제공할 수 없는 것을 자신의 힘으로 구축하려고 노력한다.

철학적인 생활을 하려는 의지는 개개인이 놓여 있는 암묵적 상태에서, 사랑할 수 없는 채로 허공을 응시할 때의 파국적 상태에서, 또 일에 지쳐 자기를 망각한 상태에서 생긴다. 이 마지막의 경우는 그 사람이 갑자기 깨닫고 놀라서 자신이 무엇이고 무엇을 간과하고 있는지, 또 무엇을 해야 하는지 스스로 묻는 경우이다.

그런 자기망각의 상태는 기술적 세계를 통해 촉진된다. 시계가 질서를 부여하고, 정력을 소모하든지 아니면 무의미한 노동—인간다운 인간을 충족시키는 일이 점점 줄어드는 노동—에 세분되어 이 자기망각의 상태가 그 극에 달했기 때문에, 인간은 자신을 여기저기에 교대로 끼워 넣어져 그냥 내버려두면 아무것도 할 수 없는 기계의 일부로 느낄 정도이다. 이 거대한 (기술적) 세계는 개인이 자기 자신에게 도달하기 시작한 경우에도 무의미한 노동과 자유시간의 무의미한 향락을 모두 삼켜버리는 기계 속에 그 사람을 다시 끌어넣으려고 한다.

하지만 자기를 망각하고 싶어하는 경향은 이미 인간 자신 속에 내재해 있다. 세상일이나 인습, 무분별하게 파헤쳐진 일, 고정된 궤도에 몰두하여 우리 자신을 잃어버리지 않기 위해서는 그런 것에서 탈출해야 한다.

철학한다는 것은, 근원을 깨닫고 우리 자신으로 되돌아가 내적 행위로써 있는 힘껏 우리 자신을 구하려는 결단을 내리는 일이다.

물론 현실생활에서 먼저 해야 할 일은 실제 직무인 매일의 요청에 따르는 일이다. 그러나 그것만으로 만족할 수 없다는 것, 오히려 단순하게 노동을 하고 여러 가지 목적에 몰두하는 것이 이미 자기망각에 이르는 길이고 따라서 태만이고 죄책임을 깨닫는 것, 바로 여기에 철학적 생활에 이르고자 하는 의지가 있다. 나아가 행복과 고민, 성취와 단념, 암흑과 혼란이라는 인간에 관한 경험을 진지하게 받아들여야 한다. 이런 것들을 망각하는 것이 아니라 내면에서 자기 것으로 만들고, 이런 것들에게서 눈길을 돌리는 것이 아니라 내면적으로 그것을 극복하며, 결말이 난 것으로 치부해버리지 않고 끝까지 밝히는 것, 이런 삶의 방식이 철학적 생활이다.

철학적 생활에는 두 가지 길이 있다. 하나는 고독한 길, 모든 종류의 반성을 통해 명상하는 길이고, 다른 하나는 다른 사람들과 함께 걸어가는 길, 함께 행동하고, 말하고, 침묵하면서 모든 종류의 상호이해를 통해 교제해 나가는 길이다.

우리 인간에게는 그날그날 깊은 숙고의 순간이 반드시 있다. 피하기 힘든 산만한 일상적 생활에서도 (삶의) 근원이 현전하는 사태가 완전히 소멸하는 일이 없는 것처럼, 우리는 (그런 숙고를 통해) 자기를 확인한다.

종교가 예배나 기도의 형식으로 성취하는 것과 비슷한 철학상의 유사물은 존재 그 자체에 대한 단호한 심화와 내성이다. 그 심화와 내성은 우리가 이 세계에서 세계의 목적에 관여하지는 않지만 내용이 없는 것도 아니고, 다름 아닌 본질적인 것에 닿는 시간과 순간에—그날의 시작이건 끝이건, 또는 하루 중의 어떤 순간이건 상관없이—생긴다.

예배에서의 명상과는 달리 철학적인 명상에는 성스러운 대상도 성스러운 장소도, 고정된 형식도 없다. 철학적 명상을 하기 위해 우리가 만들어내는 질서는 규칙이 되지 않고 자유롭게 움직일 수 있는 가능성이다. 예배에 공동체가 있는 것과는 달리 철학적 명상은 고독한 사색이다.

그러면 철학적인 명상의 내용에는 어떤 것들이 있을까.

첫째로 자기반성이 있다. 나는 자신이 그날 한 것, 생각한 것, 느낀 것을 스스로 떠올린다. 잘못한 일이나 자기 자신에 대해 성실하지 못했던 장면, 도피하고 싶었거나 정직하지 못했던 장면을 스스로 음미하는 것이다. 나는 자신과 조화되고 자신을 드높였다고 생각되는 장면을 스스로 알아챈다. 나는 자기 자신에 대한 제어, 하루 동안 견지되는 제어를 의식적으로 행한다. 나는 나에 관하여—나의 개개의 행동에 관한 것으로, 내가 다가갈 수 없는 전체로서의 나에 관한 것이기는 하지만—판단을 내리고, 또한 내 몸을 순응시키고 싶은 원칙을 발견한다. 나아가 나는 화나거나 절망하거나 지루해서 자기를 잃어버렸을 때 스스로 자신에게 해주고 싶은 말, 즉 자신을 상기시켜 줄 주문같은 것(예를 들어 절제하라, 다른 사람을 생각하라, 기다려라, 신께서 보고 계시다 등의 말)을 아마 스스로 정할 것이다. 나는 피타고라스학파에서 스토아학파와 그리스도교 신자를 거쳐 키르케고르와 니체에 이르는 전통 속에서 배워나간다. 그것은 이런 전통이 자기반성을 하라는 요청을 포함하며, 자기반성은 완결되지 않았을뿐더러 한없는 착오의 가능성을 내포한다고 알려주기 때문이다.

둘째는 초월해가는 명상이다. 철학적 사고의 행보에 이끌려가면서 나는 본래의 존재인 신성을 확신할 수 있다. 나는 시와 예술의 도움을 빌려 존재의 암호를 해독하고, 이 암호를 철학적으로 그려냄으로써 이해할 수 있게 한다. 나는 시간과는 관계가 없는 것과 영원한 것을 시간 속에서 확인하고 나의 자유의 근원에, 나가가서는 이 자유를 통해 존재 자체에 닿을 수 있도록 힘써, 이른바 창조에 관여하는 근거까지 파고들 수 있도록 노력한다.

셋째로 지금 현재 무엇을 해야 하는가가 숙고된다. 목적을 지향하는 사고가 강해지는 것을 피할 수 없기 때문에 나의 삶의 방식에서 포월적인 의미를 잃어버릴 경우, 공동체 속에서의 자신에게 고유한 삶의 방식을 상기하는 것은 일상의 매우 사소한 일에까지 이르는 현재의 과제가 명백한 것이 되기 위한 배경이 된다.

이런 명상 속에서 나 혼자서 얻는 것은—만약 그것이 전부라면—얻지 않은 것과 마찬가지이다.

다른 사람과의 교제 속에서 현실화되지 않는 것은 아직 존재하지 않는 것이고, 최종적으로 교제 속에 근거를 두지 않는 것에는 충분한 근거가 없다. 진리는 두 사람 사이에서 시작되는 것이다.

그래서 철학은 끊임없이 교제를 철저하게 추진하기를, 항상 다른 옷을 걸치고 자신의 생각을 강요하려는 우리의 오만한 자기주장을 포기하기를, 또 이 자기 포기를 바탕으로 내가 나에게 셀 수 없을 만큼 되풀이하여 증여될 것이라고 희망하며 살기를 요청한다.

그러므로 나는 자신을 끊임없이 의심하며, 안심해서는 안 된다. 또한 자신을 신뢰할 수 있는 것으로서 조명하고 진실이라고 평가하는, 내 안의 억측 위의 움직이지 않는 지점에 의지해서도 안 된다. 그런 자기 확신은 성실함이 결여된 자기주장의 유혹으로 가득찬 모습이다.

자기반성, 초월해가는 명상, 과제를 상상하는 세 가지 형태의 명상을 수행하고, 제한이 없는 교제에 대해 자신의 몸을 열 때 그러한 나에게 그 도래를 결코 강요할 수 없는 것이—즉 내 사랑의 명석함, 숨어 있어 항상 불확실한 신성의 요청, 존재의 개현성(開顯性)이 나의 생각을 넘어서 눈앞에 나타나게 된다. 그와 동시에 우리 생활의 끊임없는 불안 속에서의 마음의 평안, 두려운 불행의 존재에도 불구하고 느낄 수 있는 사물의 근거에 대한 신뢰, 동요하는 자신의 격정 한복판에서 내리는 결단의 확실성, 이 세상의 유혹에 가득 찬 찰나적인 사항 속에서의 충실함의 신뢰성도 내 눈앞에 나타나게 될 것이다.

이런 명상의 과정에서 내가 살아가는 근거, 나아가 더욱 잘 살 수 있는 근거인 포월자를 깨달을 수 있다면, 이 명상은 끝없이 작용하다가 기술적 장치 속에 끌려들어갔을 때조차 나를 하루 종일 지탱해주는 근본적 기분이 되어 확대된다. 왜냐하면 그날그날의 모든 기분과 운동의 배후에서 항상 눈앞에 나타나 있으면서 내 마음을 다잡고, 내가 길을 벗어나 혼란에 빠져서 정욕에 사로잡혀 움직일 때도 나를 지반이 없는 곳으로 몰락시키지 않는 근본에 설 수 있다는 것, 그것이 바로 내가 나 자신에게 돌아가는 순간의 의미이기 때문이다. 그것은 이런 순간을 통해서만 현재의 것 속에 회상과 미래가 동시에 존재하게 되고, 서로 관계를 가지면서 계속 지속하는 것이 존재하게 되기 때문이다.

이런 경우에 철학하는 것은 사는 것을 배우거나 죽을 수 있는 것과 같다. 또한 시간 속에서의 현실 생활은 불확실하며, 그로 인해 인생은 항상 하나의 시험이다.

이 시험에서는 단호하게 인생에 밀고들어가는 것, 최악의 사태에서도 우리 자신을 드러내고 자신을 호도하지 않는 것, 무엇을 보거나 묻거나 대답할 때는 제한 없이 성실함을 지배하는 것, 이런 태도가 중요하다. 그리고 전체를 모르고 본래의 것을 확실히 소유하지 않은 채 자신의 길을 걸어가는 삶의 방식, 또 거짓 논의나 기만적 경험을 통해, 이 세상에서 직접 객관적으로 초월자를 볼 수 있는 창문과 같은 것을 찾아내거나, 직접 명확하게 우리에게 말하는 신의 말을 듣는 것이 아니라 언제나 사물의 모호한 말인 암호를 들으면서 초월자를 확신하며 사는 삶의 방식, 이런 삶의 방식이야말로 중요한 것이다.

이런 태도에 의해서만 의심스러운 현실 생활에서 인생은 좋은 것이 되고, 세계는 멋진 것이 되며, 현실 생활 그 자체가 충실한 것이 된다.

철학하는 것이 죽음을 배우는 것이라면 이 경우, 죽을 수 있는 능력은 바르게 살기 위한 조건임이 틀림없다. 사는 것을 배우는 것과 죽을 수 있다는 것은 같은 것이다.

명상은 사고의 힘을 가르친다.

사유하는 것은 인간이라는 증거이다. 대상을 올바르게 인식함으로써 합리적인 것의 힘을 알게 되고, 계산 순서나 자연에 대한 경험적 지식, 기술적 계획 같은 것은 모두 합리적인 것의 힘을 보여준다. 추론에서의 논리의 강제력, 인과관계가 있는 것의 통찰, 경험의 명확함은 그러한 것을 수행할 때의 방법이 순수해질수록 강대해진다.

그러나 철학하는 것은 이러한 오성지(悟性知)의 한계에서 시작된다. 우리에게 진실로 중요한 것, 즉 목표와 궁극적인 목적의 설정, 최고선의 인식, 신과 인간의 자유의 인식과 같은 것에서는 합리적인 것은 무력하지만, 이 무력함 때문에 오성이라는 수단을 사용하면서 오성 이상의 사유를 일깨우게 된다. 그러므로 철학적 사고는 스스로 불타오르기 위해 오성 인식의 한계를 향해 뻗어 나간다.

모든 것을 내다보고 있다고 생각하는 사람은 철학을 하지 않는 것이다. 과학을 통해 알게 된 지식을 존재 그 자체나 전체로서의 존재 인식으로 생각하는 사람은 과학적 미신에 예속된 사람이다. 더 이상 놀랄 일이 없는 사람은 질문을 하는 일도 없다. 비밀이 있음을 깨닫지 못하는 사람은 더 이상 탐구하지 않는다. 철학적 사고는 앎의 가능성의 한계에서 얻어지는 근본적 겸허함으로 인해 앎의 한계에서 앎으로써는 파악할 수 없는 형태로 모습을 드러내는 것에 대한 완전히 열린 태도를 숙지하고 있다.

이런 앎의 한계에서 인식은 멈추지만 사유는 멈추지 않는다. 나는 앎을 기술적으로 응용하면서 앎으로써 외적인 행동을 하지만, 이에 비해 자신의 변혁이 이루어지는 내적 행위라는 것은 무지에서 가능한 것이다. 이 후자의 경우, 오성적 사유보다 더욱 깊은 다른 사고의 힘이 나타난다. 이 사고는 자신과 동떨어진 하나의 대상을 향하는 것이 아니라 나의 본질의 가장 깊은 내면에서 이루어지는 실천이다. 이 실천에서 사유와 존재는 같은 것이다. 내적 행위로서의 이 사유는 기술적인 것인 외적인 힘을 기준으로 볼 때 무(無)와 같은 것으로, 어떤 종류의 앎을 응용함으로써 얻어지는 것이 아니며 의도적이고 계획적으로 이루어지는 것도 아니다. 그러나 그것은 내가 본래적으로 밝혀지는 방법인 동시에 내가 본질적이게 되는 방법이다.

오성(지성 ratio)은 우리의 시야를 크게 넓힌다. 여러 가지 대상을 고정하고 존재자들 사이의 긴장을 전개시켜, 그 오성이 파악할 수 없는 모든 것도 비로소 그 자체로서 강력하고도 명석한 것으로 만들어 간다. 오성의 명석함은 여러 가지 한계를 밝힐 수 있으며, 그리하여 사유인 동시에 행동이며 내적 행동인 동시에 외적 행동이기도 한 본래의 충동을 불러일으키게 된다.

철학자는 자신의 교설에 따라 살기를 요구받는다. 그러나 이 요구의 명제는 그 자체가 지닐 수 있는 의미를 정확하게 표현한 것은 아니다. 왜냐하면 철학자의 교설은, 사물을 경험적으로 알게 되는 종류 아래 포섭하거나 여러 가지 사태를 법의 규범 아래 포섭하는 경우와 완전히 똑같이, 실제의 현실 생활을 그 아래에 포섭할 수 있는 규칙이라는 의미에서의 교설은 아니기 때문이다. 철학적 사상은 여러 가지에 응용할 수 있는 것이 아니라 (그 자체가)현실성이고, 이 사상을 성취하면서 인간 자신이 사는 것이며, 인간의 삶은 이 사상으로 관철되어 있다고 할 수 있는 현실성이다. 그러므로 (인간과 그 과학적 인식 사이의 분리가 가능한 것에 반해)인간인 것과 철학하는 것은 뗄 수 없는 관계에 있게 되며, 또 단순히 어떤 철학사상을 추상하는 것만이 필요한 것이 아니라 이 사상과 함께 그것을 사유한 철학적인 인간의 모습도 동시에 깨달아야 한다.

철학적인 생활은 항상 여러 가지 도착(倒錯) 속에서 무너져 갈 위험이 있는데, 그런 도착을 정당화하는 데 철학적 명제 자체가 이용된다. 현존재적인 의지의 요구가 다음과 같이 실존개명(實存開明)의 정식적인 표현을 씀으로써 호도된다.

(실존개명에서의) 평안은 수동적인 태도로 바뀌고, 신뢰는 모든 사물의 조화를 기만적으로 믿는 신앙으로, 죽을 수 있는 능력은 이 세계로부터의 도피로, 이성은 모든 것을 되는 대로 내버려두는 무관심으로 변해 버린다. 최선의 것이 최악의 것으로 전도되는 것이다.

또한 교제에 대한 의지는 다음과 같은 모순된 속임수 속에서 기만에 빠진다. 즉, 보호받기를 원하면서 자기 자신을 조명함에서의 절대적 자기 확실성의 요구를 고집하는 속임수이고, 자신의 약한 신경을 핑계로 용서를 구하면서 동시에 자유로운 것으로서의 자기 승인을 요구하는 속임수이며, 철저한 교제의 각오가 생겼다고 하면서 조심하고 침묵하며 은밀한 혐오감을 품는다거나, 다른 일을 문제시하면서 실제로는 자신을 생각하는 속임수이다.

자기 속의 이런 도착을 꿰뚫어보고 극복하려는 철학적 생활은 스스로가 불안정한 상태에 있음을 자각하고 있고, 그런 불안정함 때문에 적대자를 원하고 의문을 갈망하는 비판을 끊임없이 기다리며, 복종하기 위해서가 아니라 스스로 자기를 조명하면서 전진하기 위해 무언가를 알아 듣고자 한다. 이런 철학적 생활에서 진리를 찾아낼 수 있고, 또한 완전히 열린 자세와 철저한 자세가 그 교제에 존재하는 경우에는 자신을 바치면서 타자와 서로 일치하는 가운데 예기치 못한 확증을 발견하게 된다.

철학적 사고에서는 교제에 대한 믿음에 바탕을 둔 생활, 교제에 대한 단호한 전진이 이루어진다 해도 완전한 교제라는 것은 그 가능성조차 불확실할 수밖에 없다. 교제를 믿을 수는 있지만, 그 교제를 지식으로서 소유할 수는 없다. 만약 사람이 교제를 소유물로 가지고 있다고 생각하게 된다면, 그때 이미 교제는 상실된 것이다.

왜냐하면 철학하는 것으로도 결코 궁극적인 것으로서 승인되지 않는 무서운 한계가 있기 때문이다. 그것은 완전히 밝힐 수 없는 것을 망각의 저편으로 가라앉게 하거나, 허용하고 승인한다는 한계이다. 또한 우리는 너무 많은 말을 하고 있다—중대한 사항은 보편적 명제가 아니라 구체적 상황을 나타내는 표식이라는 형태로 지극히 단순하게 알아맞힐 수 있는데도 말이다.

여러 가지 도착이 생겨 분규나 혼란이 일어났을 때, 현대인은 신경과의사에게 의지한다. 실제로 우리의 심적 태세와 관계가 있는 신체의 질병이나 신경증이 있다. 그런 질병을 파악하고 숙지하며 그것에 관여하는 것은 현실주의적 행동의 하나이다. 의사가 비판적 경험을 바탕으로 어떤 일을 현실적으로 알거나 할 수 있다면, 그런 의사라는 인간적 법정은 무시되어서는 안 된다. 그러나 오늘날 정신요법의 기초에서는 이제 의학에 기초한 의사의 문제가 아니라, 철학적인, 따라서 모든 철학적 노력과 마찬가지로 윤리적 형이상학적 검토를 요하는 문제가 생기고 있다.

철학적 생활의 목표를, 도달 가능하며 게다가 완결된 것 같은 일정한 상태로 정식화할 수는 없다. 우리의 여러 가지 상태는 자신의 실존이 끊임없이 노력하거나 힘을 잃는 것의 현상에 지나지 않는다. 우리 인간의 본질은 과정에 있다는 말이다. 우리는 시간을 꿰뚫고 나아가고 싶어하는데, 그것은 단지 다음과 같은 양극성 속에서만 가능하다.

우리 역사성의 이 시간 속에 전면적으로 실존하는 것에서만 우리는 영원한 현존에 대한 어떤 것을 경험한다.

우리에게는 일정한 형태를 가진 각각의 특정한 인간으로서만 인간존재 자체가 확실해진다.

우리는 자기 자신의 시대를 우리의 포괄적 현실로서 경험할 때에만 이 시대를 역사의 일자(一者)로 파악하고 그 역사 속에서 영원한 것을 파악할 수 있다.

우리는 우리의 여러 가지 상태의 배후에서, (본래적인 것을 향한) 비상에서 한층 더 명백해지는 근원에 닿을 수 있다. 이 근원은 언제라도 애매모호해질 위험성이 있다.

철학적 생활의 이러한 비상은 각각 이 인간의 이 비상이다. 이러한 비상은 타자에게 책임을 전가하지 않는 교제 속에서 개인의 비상으로서 성취되어야 한다.

이 비상은 오로지 우리 삶의 역사적으로 구체적인 선택작용에 따른 것이기는 하지만, 명제라는 형태로 전달되는 모든 세계관 가운데 하나를 선택함으로써 획득되는 것이 아니다.

마지막으로 현대의 철학적 상황의 성격을 비유적으로 부여해 보자.

철학자는 지금까지—현실주의적 경험이나 개별과학, 범주론 및 방법론이라는 형태에서의—우리를 대지의 확실한 지반 위에 두고, 이 대지의 경계에서 안정된 궤도에 올라 이념의 세계를 통과해 왔다. 그러나 현대의 철학자는 자신의 실존에 있어서 초월자로서 눈앞에 나타나는 일자(一者)를 탐구하기 위한 발견의 여행에, 필요한 배를 찾아 물을 동경하여 날아오르는 나비처럼 결국은 대양의 해변을 두둥실 날아다니게 된다. 그는 눈으로 보고는 있지만 최종적으로 손에 넣지는 않은 이 배를—즉 철학적 사유와 철학적 생활의 방법을—찾는 것이고, 이런 신고를 겪으면서 아마도 매우 기묘하게 비틀거리며 걷게 될 것이다.

우리는 그런 나비와 같은 것으로, 만약 고정된 대지에 방위를 부여하는 것을 포기한다면 몰락해버릴 것이다. 하지만 우리는 그 대지에 머무르는 것만으로는 만족할 수 없다. 그래서 두둥실 날아다니는 우리의 움직임은 매우 불안정하고, 고정된 대지에 안전하게 자리잡아 만족하고 있는 사람의 입장에서는 아주 가소롭게 보일 것이다. 그것은 불안에 사로잡혀 본 적이 있는 사람만이 이해할 수 있다. 이런 사람들에게 이 세계는 모든 것이 그것에 귀속되는, 또 각자가 자기 자신이 있는 곳에서 걸어나와 타자와 함께 감행해야만 하는 비상을, 그리고 그 자신은 본래의 교설의 대상이 될 수 없는 비상을 시작하기 위한 출발점이 된다.

12 철학의 역사

철학은 종교만큼이나 오래 되었고, 어떠한 교회보다 역사가 깊다. 각 철학의 인간적인 현상이 고귀하고 순수하며 그 정신이 진실하므로 철학은 늘 그랬다고는 할 수 없지만, 대체로 스스로 자신의 타자로서 긍정하는 교회세계에 비교해도 손색이 없었다. 그러나 철학은 사회적 조직형태가 없어 교회세계에 비교하면 무력하다. 철학은 교회권력을 포함한 이 세상의 권력을 통해 간혹 보호받으면서 명맥을 유지하고 있으며, 객관적으로 저술이라는 형태로 나타나기 위해서는 사회 정세의 혜택을 누려야 한다. 그러나 철학 본래의 현실적인 자세는 언제나 모든 사람에 대해 열려 있고, 일반적으로 인간이 살아가는 곳에는 어떠한 형태로든 철학이 존재한다.

교회는 만인을 위해 존재하지만, 철학은 개개인을 위해 존재한다. 교회는 이 세상 인간대중의 눈에 보이는 권력조직이다. 그에 비해 철학은 배제하거나 수용하며 이 세상의 법 없이도 모든 민족과 세대를 통해 서로 연결되어 있는 정신의 왕국을 표현하는 것이다.

교회가 영원한 것에 결부되어 있는 한, 그 외적권력은 동시에 영혼의 가장 깊은 내면에서의 충실감을 갖추고 있다. 그러나 이 영원한 것을 이 세상에서의 자기 권력에 봉사하게 하면 할수록 교회권력은 그만큼 위험해지며, 다른 모든 권력과 마찬가지로 악하게 변한다.

한편 철학은 영원한 진리에 접하는 한, 폭력을 동반하지 않고도 사람을 고무하며, 가장 내적인 근원에 바탕을 둔 질서를 영혼에 제공한다. 그러나 철학은 자신의 진리를 그 시대의 권력에 봉사하게 하면 할수록 현실생활의 이해를 따지는 자기기만과 영혼의 무정부상태로 이끈다. 또한 철학은 최종적으로 과학 이상의 것이 되길 포기하면 할수록 과학도 철학도 아닌 하나의 농지거리, 속 빈 강정이 될 것이다.

독립 철학은 어떤 사람도 저절로 얻을 수 있는 것이 아니며, 누구나 나면서부터 철학을 하게끔 만들어진 것도 아니다. 철학은 항상 새롭게 획득되어야 하며, 자기 자신의 근원에서 철학을 깨닫는 사람만이 철학을 붙잡을 수 있다. 아직 어슴푸레하기는 해도 철학을 깨닫는 최초의 시선이 있다면 개인의 마음에 철학의 불씨를 당길 수 있다. 철학에 의한 마음의 점화에 이어서 철학 연구가 이뤄지게 된다.

이 연구에는 세 가지 방법이 있다. 즉 실천적으로는 내적행동이라는 형태로 매일 이뤄지고, 객관적으로는 여러 가지 학문, 범주, 방법, 체계적인 것을 연구하여 전체적으로 그 내실을 경험하는 방법으로 이뤄지며, 역사적으로는 철학의 전통을 자기 것으로 만들어감에 따라 이뤄진다. 철학을 하는 사람에게 교회에서의 권위에 해당하는 것은 철학의 역사 속에서 그에게 말을 건네는 현실이다.

현재 철학에 관심을 가지고 철학사에 다가선다면, 우리의 시야를 아무리 넓혀도 지나친 일은 아닐 것이다.

철학의 현상 형태는 더없이 다양하다. 우파니샤드 철학은 인도 촌락이나 숲에서 세상과 떨어져 홀로, 또는 스승과 제자의 친밀한 공동생활 속에서 사색된 것이고, 카우틸리아는 한 왕국을 창시한 재상으로서 자신의 사색을 발전시켰으며, 공자는 자신의 민중을 위해 교양과 참된 정치적 현실을 회복하고자 하는 교사로서 사색하였다. 또한 플라톤은 귀족으로서, 즉 태어날 때부터 정해져 있는 자신의 국가적 활동을 도덕적 방종 때문에 달성하지 못할 것으로 보였던 귀족으로서 사색하였고, 브루노와 데카르트, 스피노자는 고독한 사색을 통해 홀로 진리의 베일을 벗기려 하는 독립된 인간으로서, 안셀무스는 교회적=귀족적인 현실체제의 공동창시자로서, 토마스는 교회의 구성원으로서 사색하였다. 나아가서 추기경 니콜라우스 쿠사누스는 교회적 생활과 철학적 생활을 통일하면서 사색하였고, 마키아벨리는 정치가로서는 좌절하면서, 칸트와 헤겔, 셸링은 교육활동과 관련된 교수로서 사색하였다.

우리는 철학하는 것이 그 자체로서 또는 본질적으로 대학교수가 하는 일이라는 사고방식에서 해방되어야 한다. 그것은 온갖 조건과 환경에 놓인 인간이 해야 할 일이고, 지배자가 해야 할 일인 것과 마찬가지로 노예가 해야 할 일이기도 하다. 우리는 진실한 것의 역사적인 현상을, 그것이 생성된 장소인 이 세계나 그것을 사고한 인간의 운명과 관련지음으로써 비로소 이해하게 된다. 이러한 진리의 현상이 현대의 진리와 멀리 동떨어진 것이라면 바로 그것을 통해 앞에서 언급된 현상들은 우리를 계발하는 요소가 된다. 철학사상과 사상가는 그 구체적인 현실의 모습에서 탐구해야 한다. 진실한 것은 현실에서 추상된 공허함 속에서 자기 스스로 지탱하면서 홀로 따로 떨어져 떠다니는 것이 아니다.

철학사와의 상호접촉은 어느 작가가 태어난 세계와 함께 그 작품을 철저하게 연구할 수 있는 만큼 철학사에 밀접하게 관여하는 데서 확보된다.

그러나 이러한 접촉 장면에서 더욱 우리는 분절된 철학적 사고의 역사적 전체가 눈앞에 펼쳐지는 광경을 추구한다. 그런 전체에 대해서는 물론 의문은 있지만 드넓은 공간 속에 자신을 자리매김하는 안내자로서 그러한 광경을 추구하는 것이다.

2500년에 걸친 철학사 전체는 인간이 자신을 자각해 가는 더할 나위 없이 위대한 순간처럼 여겨진다. 그러나 동시에 이 순간은 무한한 논의의 시간으로 그곳에는 서로 충돌하는 모든 힘〔諸力〕과 해결할 수 없는 것처럼 보이는 문제가 나타나며, 또한 수준 높은 작품이나 일탈한 것이라든지, 심원한 진리나 오류의 소용돌이 같은 것이 나타난다.

철학사의 지식이 있을 경우, 우리는 많은 철학사상이 마땅히 역사적 장소를 차지할 수 있는 어떤 틀을 가진 도식을 세우려 한다. 철학의 세계사를 구성함으로써만 전혀 다른 사회적=정치적 상태와 개인적 상황 속에서 철학이 어떻게 나타났는지를 보여줄 수 있다.

서로 독립한 사상의 발전이 중국과 인도, 서양에서 일어났다. 때로는 결합되는 부분도 있었지만, 그리스도 탄생 즈음까지 이 3개 사상세계 사이의 분리는 더없이 철저했고, 그 때문에 그들 세계는 본질적으로는 각기 그 자체로 이해되어야 할 정도였다. 인도에서 발생한 불교가 중국에 미친 영향이 그리스도교가 서유럽 세계에 미친 영향과 마찬가지로 매우 강한 영향력으로서 발생한 것은 후세의 일이다.

이들 3개 세계에서의 발전은 유사한 곡선을 그리고 있다. 역사학적으로는 해명하기 힘든 선사시대 다음의 추축시대(기원전 800~200)에, 이러한 여러 지역에서 근본적 사상이 발생하였다. 뒤이어 어떤 종류의 해소와 위대한 구제종교의 고정화가 발생하고, 몇 차례나 반복된 혁신이 뒤를 이었으며, 나아가서는 조직적 구상에 따른 총괄적인 체계(스콜라철학)와 고도의 형이상학적 의의를 지닌 철저한 논리적 사변(思辨)이 뒤를 이었다.

3개의 역사적 발전은 이처럼 동시적으로 유형적 분절화를 이루었지만, 서양에서의 분절화에는 특수성이 있었다. 그것은 첫째, 정신적 위기와 발전의 과정에서 다른 지역보다 훨씬 강력한 자기 혁신적 운동이 존재함에 따른 것이고 둘째, 사상을 표현하는 언어와 민족의 다양성에 따른 것이며, 셋째는 과학이 서양에서만 발전한 것에 따른 것이다.

서양철학은 역사적으로 서로 연속된 다음 4개의 영역으로 나뉜다.

제1의 영역은 그리스 철학이다. 이는 미토스(mythos)에서 로고스(logos)로 가는 길을 걸으며, 서양에서 근본적 개념과 범주를 창조하고 또 존재와 세계와 인간 전체를 사고할 때의 가능한 기본적 견해를 창시하였다. 우리에게 그리스 철학은 아직도 단순한 유형학(類型學)의 왕국으로, 우리는 이 유형학을 자신의 것으로 만듦으로써 명석함을 유지해야 한다.

제2의 영역은 그리스도교 중세 철학이다. 성서종교에서 그 사상적 이해로 가는 길을, 따라서 계시에서 신학으로 가는 길을 나아가는 것이다. 거기서 생성된 것은 보수적이고 교육을 중심으로 하는 스콜라 철학뿐만이 아니다. 창조적 사상가들, 특히 파울루스와 아우구스티누스, 루터에게는 종교적인 것과 철학적인 것이 근원적으로 일체가 된 세계가 출현한 것이다. 이러한 중세철학은 우리에게 그 광범위한 사상영역을 지닌 그리스도교의 비밀을 아직까지 생생하게 간직해 주고 있다.

제3의 영역은 근대유럽 철학이다. 이는 근대자연과학과 함께, 또 어떤 권위에 대한 인간의 새로운 인격적 독립과 함께 성립된 것이다. 한쪽에서는 케플러와 갈릴레이가, 다른 한쪽에서는 브루노와 스피노자가 이 새로운 방법을 대표하는 인물이다. 우리에게 있어 이 철학에는 본래의 과학의 의의—처음부터 도착된 것이기도 했던 과학의 의의—와 영혼의 인격적 자유의 의의가 확인된다는 의미가 남아 있다.

제4의 영역은 독일 관념론 철학이다. 레싱과 칸트에서 헤겔과 셸링에 이르기까지, 심원한 명상이라는 점에서는 서양에서 그때까지 사색해온 모든 것을 어쩌면 능가하리라 여겨지는 사상가들의 사색의 길로 나아간다. 이들 철학자들은 국가와 사회라는 대규모의 현실을 배경으로 하진 않지만, 사적인 현실생활에서는 비호를 받고, 역사와 우주의 전체로써 충만되며, 사상의 사변적인 기교와 인간의 내실에 대한 비전을 풍부하게 유지하면서, 현실의 세계에는 관여하지 않음에도 불구하고 그것을 감싸안고, 그 위대한 작품을 완성한 것이다. 그리고 이 철학이 없다면 잃을 수도 있는 깊이와 넓이를 이 철학 안에서 획득해 나가는 것이 현재 우리에게 남겨진 과제다.

17세기를 비롯해 그 이후에 이르기까지 서양의 사색은 모두 고대 그리스와 성서, 아우구스티누스가 이끌었는데, 이런 사태는 18세기 이후에 점차 사라져간다. 즉 역사에 기대지 않고 자신의 이성만을 근거로 할 수 있다는 믿음을 얻게 된 것이다. 전통적 사고가 유효한 힘으로서는 소멸하는 반면 철학사에 대해 배우는 역사적 지식은 지극히 좁은 범위에 국한되어 있기는 했어도 증대하였다. 오늘날에는 과거 그 어떤 시대보다 전통적 사상 모두를 쉽게 터득하여 출판물이나 백과서전을 통해 뜻대로 할 수 있게 되었다.

20세기가 되자 산만한 기술적 지식과 능력이 증대해 과학에 대한 미신이나 이 세상에서의 기만적인 목표, 수동적인 사려부족 등이 발생했기 때문에 수천 년에 걸친 이 사상적인 기초가 망각되는 과정이 추진되었다.

이미 19세기 중반에 종말 의식이 발생하여, 철학은 아직도 어떠한 의미로 가능한가 하는 의문이 나타나게 된다. 서양 각국에서는 근대철학이 계승되고, 독일에서는 위대한 과거의 유산을 가꾸어 온 대학교수의 철학이 있었지만, 이러한 것들도 1000년에 걸친 철학의 현상 형태의 종언이라는 사태를 호도할 수는 없었다.

획기적인 철학자로 등장한 이들이 키르케고르와 니체였다. 그들은 이전에는 존재하지 않은 형태의 인물로, 뚜렷하게 현대 위기에 결부되어 출현한 사람들이었다. 이 두 사람과 정신적으로는 멀찌감치 떨어져 있었지만, 대중에게 미친 영향이라는 점에서는 누구보다도 뛰어났던 마르크스 또한 획기적인 철학자였다.

이리하여 현대에는 가장 깊은 근원에 도달하기 위해 모든 것은 의심하고, 기술 시대로 말미암아 완전히 변해버린 세계에서 실존이나 무제약적인 것, 현전하고 있는 것을 자유롭게 통찰하는 시선을 획득하기 위해 모든 것을 털어내는 듯한 철저한 사색이 이뤄질 수 있다.

철학사 전체를 개관하여 이상과 같은 전망을 구상할 수 있었지만 이 전망은 표면적인 것일 뿐이다. 좀 더 깊이 있게 전체 관련을 파악하는 것이 바람직하다. 이를테면 다음과 같은 질문을 세워보자.

첫 번째 질문은 철학사의 통일을 문제로 하는 질문이다. 이 통일은 사실이 아닌 이념이다. 우리는 이 통일을 바라지만 몇 개의 특수한 통일에만 도달할 수 있을 따름이다.

이를테면 개별적인 문제 전개(예컨대 심신관계에 관한 문제)에서 통일이 보이나, 역사적인 사실은 시간적으로는 부분적으로밖에 사고에 의한 시종일관하는 통일적 구성과 일치하지 않는다. 또한 일련의 체계의 통일을 보일 수도 있다. 이를테면 헤겔이 그렇게 보았듯 독일 철학을, 나아가서는 모든 철학을 헤겔을 정점으로 하는 방향으로 구성할 수도 있다. 그러나 이러한 구성은 폭력적인 구성이며 과거의 철학사유 가운데 헤겔적 사유에서 보면 마땅히 사멸해야 한다고 간주되는 것, 즉 헤겔적 사유에 따르자면 존재하지 않는다고 간주되는 것에는 주의를 기울이지 않고, 다른 사유에서 보면 완전히 본질적인 것을 배제해 버린다. 의의있는 일관성을 갖춘 여러 견해의 계열로서 철학사를 구성하여도 그것은 역사적 사실과는 일치하지 않는다.

철학사의 통일을 구성하는 어떠한 구조도 개개의 철학자의 창조성으로 인해 분쇄되어 버린다. 명백한 사상적 관련과 사실상 결합을 가진 경우에도, 역시 모든 위대한 사상에 구비되어 있는, 비교도 할 수 없는 것이 존재한다. 그러한 비교조차 할 수 없는 것은 기적과 마찬가지로 파악할 수 있는 발전과 대립하여 현존한다.

철학사의 통일이라는 이념은 영원의 철학—그 기관과 형성물이나 그 의상과 도구 같은 것을 그 안에서 서로 관련된 생명으로서 창조하기는 하나, 그러한 것에 해소해 버린 적이 없는 영원의 철학—을 알아맞히려는 것이라고 할 수 있다.

두 번째 질문은 철학의 발단과 그 의미에 대한 질문이다. 발단이란 시간 속에서 어느 땐가 사유가 시작되는 것이고, 근원이란 항상 근저에 가로놓인 진실한 것이다.

우리는 사상의 온갖 오해와 도착에서 그때마다 그 근원으로 되돌아가야 한다. 그런데 풍부한 내용을 가진 전통적 원전을 안내자로 자신의 근원적인 철학사유에 도달하려는 도중에 이 근원이 탐구되는 대신, 시간상의 발단 속에서 발견된다고 보는 오해가 발생하여, 이를테면 소크라테스 이전의 최초 철학자들이나 원시 그리스도교, 원시불교에서 이 근원이 발견되는 일이 있다. 즉 근원에 이르기 위한 필연적인 길로서, 발단을 발견해 가는 길이라는 형식이 잘못 받아들여진 것이다.

우리가 아직까지 손에 넣을 수 있는 철학의 몇 가지 발단은 확실히 강력한 매력을 지닌다. 그러나 절대적인 발단이라는 것은 실제상으로는 찾아낼 수 없다. 우리의 전통에서 보아 발단인 것은 하나의 상대적 발단이고, 그 자신이 온갖 전제에서 생긴 귀결에 지나지 않는다.

그런 까닭에 진정한 전통적 원전 속에 현존하는 것을 의지한다는 것이 역사적인 서술의 원칙이다. 역사적 직관에 허용되는 것은 보존된 것에 침잠해 가는 것뿐이다. 잃어버린 것을 보충하거나 자신에게 앞서 있는 것을 구성하거나 역사의 틈을 메우려는 것은 헛수고이다.

세 번째 질문은 철학에서의 발전과 진보에 대한 질문이다. 철학사에서는 예컨대 소크라테스에서 플라톤과 아리스토텔레스에 이르는 과정이나 칸트에서 헤겔에, 로크에서 흄에 이르는 과정이라는 일련의 사상 형태를 인정할 수 있다. 그러나 이 경우 다음 인물이 각각 선인의 진리를 견지하고 그것을 넘어섰다고 여겨진다면, 그러한 계열 자체가 이미 오류이다. 이처럼 서로 관련되어 있는 일련의 세대라도 제각기 새로운 것을 그에 선행한 것으로부터 이해할 수는 없다. 선행한 것에 포함되어 있는 본질적인 것이 버려지고, 어쩌면 이해조차 되지 않은 상황이 종종 있기 마련이다.

개개의 사상가들이 자신의 말을 풀어내는 영역인 정신적 교류의 세계라는 것이 한동안 계속 존재했다. 이를테면 그리스 철학이나 스콜라 철학, 1960년부터 1840년까지의 '독일 철학운동'이 바로 그것이다. 또 근원적으로 사유하는 작용이 생생하게 서로 관련된 세대가 존재한다. 나아가서는 철학이 교양현상으로서 존속하는 다른 세대나, 철학이 거의 소멸한 것처럼 보이는 세대에도 역시 존재한다.

진보 과정으로서의 철학의 전체적 전개라는 광경을 그리는 것은 잘못이다. 철학사는 그 최고의 작품이 바꿔놓을 수 없는 단 한번뿐인 것이라는 점에서는 예술의 역사와 비슷하다. 또 그것은 증가해가는 범주나 방법이 그 도구로서 더욱 의식적으로 사용된다는 점에서는 과학사와 닮았다. 아울러 철학사는 사상적으로 거기서 말로 표현되는 근원적인 신앙 태도로부터의 하나의 귀결이라는 점에서는 종교사와 비슷하다

철학사에도 창조적인 시대는 있다. 그러나 철학은 항상 인간의 본질적 특징을 형성하는 것이다. 다른 정신사의 경우와 달리 타락하고 있다고 여겨지는 시대에 별안간 특출한 철학자가 출현할 때가 있다. 3세기 프로티노스와

9세기 스코투스 에리우게나는 단 한번의 절정을 이룬 고립된 인물들이다. 이 두 사람은 사상의 소재라는 점에서는 전통과 관련성을 맺고, 개별적인 사상이라는 점에서는 틀림없이 전통에 의존한 것으로 보이지만 전체로서는 위대한, 새로운 사유의 근본적 규정을 제시하고 있다.

따라서 철학의 본질에 관해서는 철학은 끝났다고 단언해서는 안 된다. 어떠한 파국에 직면해도 철학은 아마도 개개인의 실제 사고라는 형태로 항상 존속할 것이고, 다른 점에서는 정신적인 결실을 얻지 못한 시대에 생성된 단 하나의 작품이라는 형태에서도, 계량을 넘어선 방식으로 존속할 것이다. 종교와 마찬가지로 철학은 어떠한 시대에도 존재한다.

모든 위대한 철학은 스스로 완결되어 있고 역사적으로 더욱 포괄적인 진리와의 관련 없이 전체적인 동시에 독립적으로 명맥을 유지하고 있다. 그 이유로 보아도 발전이란 견지는 철학사에서는 비본질적인 것에 지나지 않는다. 과학은 그 한걸음 한걸음을 다음 한걸음이 초월하는 길을 걸어간다. 이에 비해 철학은 그 의의에서 보아 제각기 개인에게 있어서 전체가 되어야 한다. 그런 까닭에 철학자를 어떤 발전 도상에서의 한걸음으로서 또 그 전 단계로서 그 발전에 종속시키는 것은 사리에 어긋나는 것이다.

네 번째 질문은 철학의 위계질서에 대한 질문이다. 철학에선 개개인의 사상가나 전형적인 시대관 안에 존재하는 위계질서가 의식된다. 철학사는 똑같이 올바른 무수한 작품과 사상가의 평균화된 영역이 아니다. 거기에는 소수의 사람들만이 손에 넣을 수 있는 의의연관(意義聯關)이 있다. 또한 거기에는 모든 것보다 뛰어난 정점이 있으며 수많은 별 가운데 태양과 같은 것이 있다. 그러나 그런 정점이나 태양은 만인에게 통용되는 최종적인 위계질서로서 존립하는 상태로 존재하는 것은 아니다.

어떤 시대에 모든 사람이 생각하는 것과 그 시대에 창조된 철학적 저작의 내적인 가치에는 커다란 간격이 있다. 모든 사람의 오성(悟性)이 자명한 것으로 간주하는 것은 위대한 철학적 저작이 무한하게 해석 가능한 것과 마찬가지로 철학이라는 말로 표현된다. 제약된 관점으로 본 세계를 만족한다는 그 제약된 관점을 갖춘 안식도, 넓은 곳으로 밀고 나가려는 충동도, 나아가서는 한계에서 질문을 발하며 우두커니 서 있는 것, 모두 철학이라 불릴 만한 것들이다.

우리는 철학의 역사를 종교적 전통의 권위에 비교해야 한다고 명명하였다. 확실히 철학적 사고에는 종교에 있는 규범이 될 만한 책도 없고, 단순히 따라야 하는 권위도 없으며, 지금 이곳에 있는 진리의 궁극성이라는 것도 존재하지 않는다. 그러나 아무리 퍼내도 마르지 않는 진리의 보물창고라고 할 수 있는 철학적 사고의 역사적 전통 전체는 현재의 철학적 사고를 위한 길을 보여주는 것이다. 이 전통을 형성하는 것은 이미 사유된 진리의 절대로 멈추지 않는 기대를 품고 포착된 깊이이자, 해명할 수 없는 소수의 위대한 작품의 존재, 외경심을 가지고 수용되고 있는 과거의 대사상가의 현실적인 모습이다.

철학의 전통이라는 이 권의의 본질은 사람이 이 권위에 일의적으로 복종하는 것이 아니라는 점에 있다. 우리의 과제는 스스로 확인하면서 이 권위를 통해 자기 자신에게 도달하는 것, 이 권위의 근원 속에 자기 고유의 근원을 재발견하는 것이다.

현재 철학을 해나갈 경우 우리의 진지함을 바탕으로 할 때만, 역사적으로 나타나는 영원의 철학과 어떤 종류의 접촉에 성공할 수 있다. 영원의 철학의 이 현상은 우리가 공통의 현대에서 깊은 곳에서 결합하기 위한 수단이 된다.

따라서 철학의 역사학적 연구는 대상에 대해 가깝고 먼 여러 단계에서 이루어지게 된다. 양심적으로 철학하는 사람은 원전으로 연구할 때 자신이 그때마다 무엇을 해야 하는지 알게 된다. 전경(前景)을 이루는 것은 명석하게 잘 이해된 지식으로서 확실하게 소유되어야 한다. 그러나 역사학적인 철학 탐구의 의의와 정점을 이루는 것은 근원에서의 이해가 달성되는 순간이다. 거기서는 모든 전경연구에 비로소 의의를 부여하는 동시에 그것들을 통일시키는 것이 반짝거리기 시작한다. 철학적 근원이라는 이 핵심이 없으면 철학의 역사라는 것은 모두, 결국은 일련의 오류와 호기심의 보고에 그치게 될 것이다.

이렇듯 역사는 우리를 각성시킨 뒤에는 우리 자신의 모습을 비추는 거울이 된다. 거기서는 내가 스스로 사고하는 것이 구체적인 모습을 통해 직관된다.

철학사—내가 사유할 때 그곳에서 호흡하는 공간—에는, 나 자신의 탐구에 있어 전형이 되는 것이, 모방을 허용하지 않는 완전한 모습으로 나타나 있다. 철학사에서는 거기서 시도되고 달성되고 좌절된 것을 통해 질문이 성립된다. 또한 철학사는 자신의 길을 나아가면서 제약없는 단독의 인간존재를 거기서 볼 수 있게 됨에 따라 우리에게 용기를 북돋운다.

어떤 과거의 철학을 우리의 철학으로서 받아들인다는 것, 이것은 이전 예술작품을 또다시 만들어내는 것과 마찬가지로 거의 불가능한 일이다. 거기에는 기만적인 모사가 있을 뿐이다. 우리는 성서를 읽는 경건한 사람과 달리 절대적인 진리를 포함한 하나의 원전을 가지고 있지 않다. 그런 까닭에 유서 깊은 수많은 예술작품을 사랑하는 것과 마찬가지로 오래된 여러 원전을 사랑하고, 하나의 원전의 진리에 침잠하는 동시에 다른 원전의 진리에도 침잠하여, 그들 원전을 이해하려고 하는 것이다. 그러나 거기에는 일종의 간격이, 즉 무언가 도달하기 어려운 것이기는 하나 우리가 그것으로 살아가는 데 역시 아무리 퍼내도 마르지 않는 무언가가 남아 있고, 결국 거기에는 현재 우리가 철학하기 위한 도약판을 획득하게 해주는 무언가가 남아 있다.

왜냐하면 철학하는 것의 의의는 현재성이라는 점에 있기 때문이다. 우리에게는 단 하나의 현실, 지금 이곳의 현실이 있을 뿐이다. 회피함으로써 소홀히 해온 것들은 두 번 다시 되돌아오지 않는다. 그러나 자기를 낭비하는 경우에는 역시 존재를 잃어버리게 된다. 매일 매일이 값비싼 것이 되고 이 한순간이 전부일 수 있다.

과거의 일이나 미래의 일에 빠져들 때 우리는 자신의 과제에 부담을 느끼게 된다. 현재의 현실을 통한 것만이 시간을 초월한 것을 손에 넣을 수 있으며, 시간을 붙잡는 것만이 모든 시간이 소멸하는 곳에 도달할 수 있다.

〈주〉

*1 제2차 세계대전 중 야스퍼스가 겪었던 체험에 근거한 서술이다. 그때 야스퍼스는 유대인 아내와의 이혼을 거부했기 때문에 나치스에 의해 대학에서 쫓겨나는 등 죽음을 각오해야 할 정도로 궁지에 몰렸다. 이런 그의 곁에 머무르면서 그를 도와준 사람은 극소수였다고 한다(특히 《운명과 의지》에 수록된 '일기').

*2 (원주) 이 강연에서는 나의 저서 《역사의 근원과 목표에 대하여》를 부분적으로 그대로 인용했다.

Die großen Philosophen
위대한 철학자들

머리글

인류사상 끼친 영향의 범위나 깊이에 있어서 도저히 다른 이들과 비교될 수 없는 네 사람의 비범한 인물이 있다. 물론 어느 소수의 집단에서 이들과 똑같은 중요성을 가진 위인들이 없는 것은 아니다. 그러나 좀더 넓은 관점에서 오랜 세월에 걸친 지속적인 영향을 생각할 때 소크라테스, 석가모니, 공자, 예수를 능가할 위인은 하나도 없다. 그리하여 우리가 세계 역사를 좀더 명확히 이해하려면 이 네 사람을 특별히 고찰할 필요가 있다.

그런데 그 중의 어느 한 사람을 가지고 다른 사람을 해명할 수는 없다. 그들의 역사성(historicity)과 거기에 따르는 독자성(uniqueness)은 포괄적인 인류 역사 속에서만 파악될 수 있으며 그들은 저마다 다른 독특한 표현 방법을 썼기 때문이다. 사실 이들 사이의 공통점을 발견하게 된 것도 통신 수단이 발달되어 서로 다른 여러 민족의 문화를 알게 된 뒤의 일이다. 그 이전에는 그들이 속했던 문화권 내에서만 위대한 인물로 인정되었었으며 이러한 경향은 오늘에도 어느 정도 지속되고 있다.

이 책의 저술에 임하면서 다음 책에서 인용하도록 승락을 받았음을 밝혀 둔다. 웨일리의 《고대 중국의 세 가지 유형》(Arthur Waley, *Three Ways of Thought in Ancient China*), 워렌의 편저 《불교》(*Buddism in Translations*, ed, by Clarke Warren).

소크라테스

생애(기원전 469~399)

소크라테스는 석공인 아버지와 산파인 어머니 사이에서 태어난 평범한 아테네 시민이었다. 검소한 생활을 했지만, 모든 아테네 시민들에게 주는 국가 보조금과 조금의 유산 덕분에 생활하기에 부족함이 없었다.

펠로폰네소스전쟁이 일어났을 무렵 그는 중장비 병사로 병역의무를 수행하여 델리온과 암피폴리스전투에 참가했다. 기원전 406년에는 평의원 의장직으로 정치활동을 하였으며, 얼마 뒤 성난 군중들이 아르기누사이전투*[1]에서 아테네 군을 인솔했던 최고 지휘관의 탄핵을 요구할 때 그 반대편에 서서 정의를 구현시키려 애쓰기도 했다. 그러나 그는 국가나 군대의 요직을 단 한 번도 탐낸 적이 없었다. 그의 아내 크산티페는 철학자인 남편의 삶에 큰 영향을 끼치지는 못했다.

흥미롭게도 소크라테스는 오늘날 그의 용모가 잘 알려진 최초의 철학자이다. 툭 불거진 눈에다 못생긴 얼굴, 뭉툭한 코, 두툼한 입술, 불룩한 배, 땅딸막한 체격은 마치 실레노스나 사티로스처럼 보인다.*[2] 그는 타고난 건강체질로 추위와 힘든 일도 잘 견디어 낼 수 있었다.

하지만 우리가 알고 있는 것은 주로 장년의 모습일 뿐 소크라테스의 젊은 시절에 대해서는 거의 알려져 있지 않다. 그는 페르시아전쟁이 끝나고 아테네가 한창 번영했던 시기에 성장했다. 기원전 431년 비극적인 펠로폰네소스전쟁이 일어날 무렵, 소크라테스는 마흔 살이 다 되어서야 그의 이름이 비로소 세상에 알려지기 시작했다. 그에 관한 최초의 기록은 그를 풍자하고 있는 아리스토파네스의 희곡 《구름(기원전 423)》이다. 소크라테스는 기원전 405년 아테네의 몰락과 패망을 모두 겪었으며, 그의 나이 70세 때 신을 모독한 죄로 기소되어 사형선고를 받고, 기원전 399년에 사약을 마시고 죽었다.

지적 성장 과정

정확한 기록이 없어 소크라테스의 지적 발달 과정은 추론에 의해서만 짐작할 수 있다. 그는 아낙사고라스*3와 아르켈라오스의 자연철학을 두루 공부하고 궤변철학의 몰락을 직접 겪었으며 궤변론을 독자적으로 발전시켜 나갔다. 그러나 그는 어느 이론에도 만족할 수 없었다. 자연철학은 인간 영혼의 문제에 아무 도움을 줄 수 없었으며, 궤변론은 새로운 지식의 오류에 빠지거나 기존에 전해 오는 모든 타당성을 부인하는 실수를 저지르는 등 문제점이 많았다. 이러한 사상의 소용돌이 속에서 소크라테스는 새로운 철학이나 방법론을 제시할 수 없었다.

어느 날 소크라테스는 새로운 전환점을 맞았다. 자연철학이 인간의 진지한 문제를 등한시한다는 것과 궤변론의 비윤리적인 경향을 알면서도, 자신이 진리를 정확히 파악하지 못하고 있음을 깨달은 것이다. 이제 그는 어떤 사명감을 깨달았다. 그는 신의 명령을 분명히 깨달았지만 다른 예언자들과는 달리 아무것도 선포할 수가 없었다. 어떤 신도 인류에게 진리를 전파하는 일을 그에게 맡기지 않았기 때문이다. 소크라테스의 사명은 인간 속에서 그 자신을 찾는 일이었다. 끊임없이 질문을 하고 보이지 않는 곳까지 모두 찾아다니는 일이 그의 의무였다. 어떤 사물이나 자신에 대한 신뢰를 추구하는 것이 아니라, 끝없이 생각하고 질문하고 조사함으로써 인간 본연의 모습으로 돌아가게 하는 일이었다. 인간의 진정한 자아는 진리와 선을 깨닫는 것이기 때문에 진리와 선에 관하여 진지하게 생각하고 그런 진리에 따라 삶을 영위하는 사람만이 그 자신으로 돌아갈 수 있음을 깨달았다.

대화

소크라테스에게 대화란 인간이 인간으로 돌아갈 수 있는 삶의 근본적인 현장이었다. 그는 정치가, 예술가, 장인, 궤변론자는 물론 매춘부들과도 대화를 나눴다. 그리고 대부분의 아테네인들처럼 길거리, 시장, 운동장, 연회장에서 시간을 보냈다. 그것은 모든 사람들과 대화하는 삶이었다.

이런 대화는 아테네 사람들에게는 익숙지 않았다. 깊은 내면의 영혼을 자극하고 번민을 일으키며 억압적으로 강요하는 대화였기 때문이었다. 현실적인 대화는 자유로운 아테네인들에게 일반적인 삶의 형태였으나, 이제는 소크라테스의 철학적 사고방식으로 바뀌었다. 이런 대화는 사물의 본질에서 나온 것으로 진리 그 자체가 필수적이었다. 진리는 타인과의 대화를 통해서만 나타났다. 이런 사실을 증명하기 위해 소크라테스는 타인을 필요로 했으며 또 타인이 자신을 필요로 한다고 확신했다. 그리하여 소크라테스는 특히 젊은이들을 교육시키기 위해 많은 노력을 기울였다.

소크라테스에게 교육이란 많이 아는 사람이 모르는 사람에게 일방적으로 가르치는 것이 아니라, 서로 대화를 통해 진리를 찾아가는 과정이었다. 이런 의미에서 소크라테스는 젊은이들을 도왔으며, 젊은이들은 그를 도왔다. 그는 그들에게 겉으로 자명한 사실 속에서 어려움을 발견할 수 있도록 그들을 도왔지만, 오히려 그들을 혼란스럽게 만들 때도 있었다. 때로는 강제로 생각하게 하고, 탐구하는 법을 가르쳤다. 그리고 끊임없이 질문을 반복하고 해답을 끌어내어 잠시도 한눈을 팔지 못하게 하였다. 진리란 상호 교류를 통해서만 발견할 수 있는 것이므로 젊은이들은 소크라테스의 가르침을 잘 받아들였다. 소크라테스가 죽은 다음에 플라톤이 이런 실천 과정을 토대로 산문시 형식의 《대화편》을 쓸 수 있었던 것도 이 때문이었다.

그러나 소크라테스는 플라톤과 달리 궤변론에 반대하여 공격하지 않았다. 그는 정당을 만들지도 않았으며 선전교육을 강화하지도 않았다. 또한 어떤 학파나 제도를 만들지도 않았으며 정당화시키지도 않았다. 국가개혁을 추진하거나 지식의 새로운 체제를 발표하지도 않았다. 대중으로부터 등을 돌리지 않았으며 민중집회를 외면하지도 않았다.

《소크라테스의 변명》에서 그는 이렇게 말하고 있다. "나는 언제나 개인을 향해서 말한다." 그는 어디에서나 다음과 같이 역설적으로 선언하고 있다. "대중들 앞에서 공개적으로 솔직하게 말하는 사람은 어느 누구도 생명의 안전을 보장받을 수 없다. 그러므로 정의를 위해 싸우고 싶다면 개인과 대화를 해야 한다."

소크라테스의 주장에서 우리는 다음의 진리를 얻을 수 있다. 현재의 모순된 상황은, 그것이 민주주의제도든 귀족정치든 아니면 독재정치든 상관없이 정치적 행위로는 해결할 수 없다. 교육을 통해 개인을 발전시키고, 각 개인의 잠재된 본질이 현실화되도록 일깨우고, 더 나아가 덕으로써 자기 인식의 과정을 내면의 행동으로 보고 배우는 과정을 이해할 때 비로소 사회의 개선도 가능하다. 올바른 인간이 되어야만 올바른 시민이 될 수 있기 때문이다.

그러나 개인은 그가 속한 사회나 국가에서의 성공이나 영향력에 관계없이 개인 그 자체로서 중요하다. 자기 자신으로부터의 독립성(Eukrateia)과 통찰을 통해 스스로 깨닫게 되는 진정한 자유의식은 인간이 신성(godhead)에 맞설 수 있는 궁극적 토대가 된다.

소크라테스식 삶의 본질

철학이 단순히 학설이라면 소크라테스는 철학자가 아니다. 그리스철학이 단순히 이론적인 입장만을 중시한다면 그리스철학사에서 소크라테스가 차지할 자리는 없기 때문이다. 소크라테스의 교육방법은 사람들이 먼저 자신의 무지를 알고 사색 과정을 거쳐 깨닫게 하는 것이다. 그는 논리적 증명의 한계를 잘 알고 있지만 질문과 답변을 하는 동안 중요한 본질이 더욱 빛나리라고 믿었다.

소크라테스에게서의 경건성의 본질은 크게 다음과 같은 세 가지 요소이다. 첫째는 끊임없이 질문하는 사람에게 진리가 나타나고, 자신의 무지를 인정하면 아무것도 얻지 못하는 것이 아니라 삶의 가장 중요한 지식을 얻을 수 있다는 믿음이다. 둘째는 폴리스의 신성함과 그리스 신들에 대한 믿음이다. 셋째는 신령(Daimonion)에 대한 믿음이다. 이제 이 세 가지를 차례대로 살펴보기로 한다.

1) 플라톤의 《대화편》에서 메논은 소크라테스와 덕에 관해 토론하다가 그의 질문 공세를 받고 궁지에 몰리자 이렇게 말한다.

"당신의 끊임없는 질문들은 당신 자신을 혼란에 빠뜨릴 뿐만 아니라 다른 사람들까지 혼란스럽게 한다고 들었습니다. 지금 이 순간, 당신은 나를 정신없이 만들고 마음대로 힘을 휘두르고 있어 내가 꼼짝 못하고 있다는 사실을 알고 있습니다. 당신은 마치 바다 속의 가시 달린 가오리와 같습니다. 당신은 가까이 다가와 건드리기만 하면 누구나 마비시켜 정신을 잃게 하죠. 당신이 만약 다른 도시에 가서도 이처럼 행동하셨다면 당신은 아마 마술사로 체포되었을 겁니다."

메논의 비판에 소크라테스는 이렇게 대답한다.

"그 물고기가 상대는 물론 자신까지 마비시킨다면, 나를 가시 달린 가오리에 비유한 당신의 생각은 옳습니다. 하지만 만약 그렇지 않다면 당신의 비유가 반드시 맞다고 할 수 없습니다. 나는 일부러 다른 사람들을 곤경에 빠뜨리는 것이 아니라, 나자신도 해답을 몰라 곤경에 처하기 때문입니다."

플라톤의 《대화편》에서 테아이테토스가 현기증이 일어날 정도로 혼란스럽다고 말하자, 소크라테스는 그것이 바로 철학의 시작이라고 대답한다.

인간은 이처럼 혼란과 좌절을 통해 깨닫는 것이다. 소크라테스는 《메논》에서 다음과 같은 비유로 설명한다.

"한 노예 소년이 처음에는 수학 문제에 자신이 있다고 확신하다가 혼란에 빠지게 된다. 그러나 자신의 무지를 인식한 소년은 계속 질문을 함으로써 올바른 해답을 얻게 된다."

이 이야기에서 우리는 대화를 통해 진리가 밝혀진다는 사실을 깨닫게 된다. 처음 대화를 시작할 때는 두 사람 모두 진리를 모르지만, 진리는 항상 그곳에 있다. 둘은 진리의 주변을 맴돌다가 결국 그들이 모르는 사이에 진리로 인도되는 것이다.

발견할 수 있다는 믿음을 가지고 깨달음에 이르는 과정을 소크라테스는 직접 보여 주고 싶었다. 《대화편》 〈테아이테토스〉에서 그는 이러한 역할을 산파에 비유하고 있다. 테아이테토스는 해답을 모르고 있고, 찾을 수도 없다고 생각했으며 다른 사람을 통해서도 알 수 없었다. "그러나 저는 해답을 찾고 싶은 욕망을 버릴 수 없습니다." 그러자 소크라테스는 말한다. "당신은 산고를 겪고 있는 산모나 다름없습니다. 당신의 머리는 텅 빈 것이 아니라, 진리(아기)를 품고 있으므로 곧 진리가 탄생할 것입니다."

그는 이런 식으로 젊은이들과의 대화를 풀어나간다. 산파처럼 진리(아기)가 태어날 것인지 아닌지 판단해 준다. 소크라테스는 자기 방식대로 깨달음의 고통을 더하기도 하고 덜어주기도 한다. 그리고 그것이 진정한 출생인지 헛된 출생인지 구분하는 역할도 한다. 이렇게 그는 젊은이들의 정신이 거짓인지 위선에 빠져 있는지 검시하는 것이다.

여기서 소크라테스는 산파의 역할만 할 뿐, 스스로 지혜를 낳지는 못한다. 따라서 그가 질문만 한다는 비난은 어떤 의미에서 옳은 말이다. "신은 내게 산파의 역할을 맡겼지만, 진리를 탄생시키는 산모의 역할은 허락하지 않았다.” 그러므로 소크라테스와 처음 대화를 나누는 사람들은 얼핏 보아 점점 무지해지는 것처럼 생각된다. 이는 그들이 알고 있다는 착각에서 벗어났기 때문이다. 만약 “신이 허락하는 한 우리와 대화를 하는 사람들은 시간이 지날 수록 놀라운 발전을 하게 된다. 그들은 나에게서 아무것도 배우지 않았다. 그러나 지혜의 출산은, 나와 신의 도움을 통해 나온 공동 작품이라고 할 수 있다.”

소크라테스는 지혜를 직접 전달하는 것이 아니라, 다른 사람들이 지혜를 스스로 발견하도록 이끌어줄 뿐이다. 사람들은 누구나 자기 자신이 알고 있다고 믿는다. 이런 착각에서 벗어나서 그들이 알지 못한다 것을 일깨워줌으로써 그들 스스로 진정한 지식을 찾도록 돕는 것이 소크라테스의 역할이다. 그들은 모르고 있지만, 그렇게 해서 사람들은 이미 알고 있었던 사실을 더욱 깊이 깨닫게 된다. 누구나 다음과 같은 사실을 직접 발견해야 한다.

지식은 상품처럼 사람들에게 손에서 손으로 전달되는 것이 아니라 각자 스스로 깨달음으로써 얻을 수 있다. 따라서 지식을 얻는다는 의미는 예전에 알고 있던 사실을 다시 회상함과 같다. 철학에서 모르면서도 지식을 추구할 수 있는 이유도 여기에 있다.

궤변론자는 다음과 같이 말한다. “나는 아는 것만을 추구할 따름이다. 만약 내가 안다면 더 이상 추구할 필요가 없으며, 만약 내가 모른다면 나는 그것을 추구할 수 없기 때문이다.”

그러나 소크라테스의 철학적 사고방식은 이미 알고 있는 사실을 추구하는 것으로, 예전에 알고 있던 것을 현재의 밝은 의식으로 끌어내어 확인하는 작업이다.

그러므로 소크라테스가 대화를 통해 끊임없이 질문과 반론을 제기하고 시험하는 과정을 올바르게 생각하는 사람은, 누구나 신의 도움을 받아서 언젠가는 반드시 진리에 이른다는 확신에 근거를 두고 있다. 허황된 언어로 둘러대는 헛된 생각이 아니라, 근본에서 우러나온 의미 있는 생각에서 확신이 솟아나온 것이다.

2) 소크라테스는 예부터 전해오는 그리스의 신들을 믿었다. 그는 델피에 있는 아폴로 신의 명령에 복종하며 제물을 바치고 신을 기쁘게 하는 축제에

도 참가했다. 많은 궤변론자들이 그랬듯이, 해야 할 일과 하지 말아야 할 일을 정해놓고 사람들의 사고와 의지에 크게 의미를 부여했던 전통 종교는 간접적이며 사라지기 쉽다. 이와 반대로 소크라테스는 신앙생활을 하고 충심으로 신을 섬기면서 모든 것의 본질을 종교에서 찾았다. 그리하여 그는 전통이란 역사적 토대를 바탕으로 하며 존재의 심연으로부터 솟아나오는 자명한 진리라는, 소박하면서도 위대한 사상을 터득했다. 그는 또한 스스로 판단하기 어려울 때는 언제나 조상들이 믿어 온 종교와 국가의 법을 따르는 것이 가장 좋은 방법이라고 믿었다.

소크라테스는 솔론*4과 페리클레스*5의 국가였으며 두 번의 페르시아전쟁을 겪었던 자신의 조국 아테네와 밀접한 관계를 맺고 있었다. 아테네라는 도시국가는 끊임없는 보완을 거치면서 확고해진 법률 위에 세워졌으며, 조국 아테네를 벗어난 그의 삶은 생각할 수도 없었다. 그만큼 그는 조국의 법률에 충실한 시민이었다. 아르기누사이전투가 끝나고 행해진 재판에서 그는 목숨이 위태로움에도 불구하고 투표권을 거부했다. 이런 절차의 재판은 아테네 법률에 어긋나기 때문이다.

또한 소크라테스는 법이 비록 부당하게 이용되고 있었지만, 법을 어기면서까지 감옥을 탈출하지 않았다. 아무도 그의 이런 태도를 바꿀 수 없었다. 30인의 독재정치가들은 그가 사람들에게 철학을 가르치지 못하게 했으며, 민주정치는 그를 죽음으로 몰아넣었다. 그는 어느 당파에도 속하지 않았지만 모든 법률을 아테네의 역사적 산물로 간주하고 철저하게 지켰다. 언제나 개인을 향해 말하고 자신의 의무를 절대적인 것으로 여겼으며, 모든 것을 비판적으로 받아들이고 대화와 사고를 통해 진리를 터득할 수 있도록 질문을 했던 소크라테스로서는, 알키비아데스처럼 국가를 개인적 야망의 도구로 만들거나 조국을 배반하고 정처 없이 떠돌아다니는 국적 없는 세계시민은 상상조차 할 수 없는 일이었다. 아이스킬로스처럼 늙어서 시칠리아로 이민을 가거나 에우리피데스와 같이 마케도니아로 망명하여 조국에 대항할 생각은 꿈도 꾸지 않았다. 소크라테스는 자신의 존재와 조국 아테네는 불가분의 관계임을 알고 있었다. 플라톤이 저술한 《소크라테스의 변명》에서 그는 죽음과 유배라는 선택에서, "이 늙은 나이에 이 나라 저 나라를 떠돌며 여생을 보내는 것은 바람직하지 않다"면서 죽음을 택했다.

《크리톤》이라는 대화편에서 소크라테스는 법에 대한 그의 태도를 다음과 같이 표현한다. "나는 합법적인 국가에서 합법적인 아테네 시민의 아들로 태어나서 아버지로부터 합법적인 교육을 받았다. 나는 국외 추방이나 변명보다는 차라리 죽음을 택할 만큼 아테네의 법률을 존중하고 사랑한다. 그러므로 나는 법률에 상응하는 동등한 권리를 요구하지 않았으며 법률에 순종하는 절대적인 의무만을 인정했다. 국가의 부름을 받고 목숨 걸고 전쟁터에 나가듯이, 나는 아테네 시민으로서 법의 판결에 복종한다. 우리가 부모의 뜻을 거스르지 못하듯이 비록 부당한 취급을 받더라도 국가에 대항해서는 안 된다고 믿는다."

바로 이런 점이 소크라테스와 소피스트의 차이다. 무자비할 정도로 비판적인 질문을 던질 때의 소크라테스는 소피스트와 다르지 않다. 그러나 소크라테스가 그들과 다른 점은 그는 결코 자신의 역사적 기반인 국가를 떠난 적이 없으며, 오히려 조그만 도시국가의 법률을 겸허하게 받아들였다는 것이다. 이는 우리가 태어나고 속한 근원, 우리에게 영원히 현재로 남아 있는 근원을 먼저 인정해야 한다는 것이다. 그렇지 않으면 우리는 무(無)의 심연으로 빠져들기 때문이다.

소크라테스의 태도에서 가장 주목할 만한 점은, 그가 모든 것에 대해 극단적인 비판을 하면서도 끊임없이 어떤 절대적인 권위를 인정했다는 사실이다. 우리는 이 절대적 권위를 진리, 선, 또는 이성이라고 부를 수 있을 것이다. 그에게 절대적 권위는 절대적인 책임감이 따른다. 그 대상은 소크라테스 자신도 정확히 모르겠지만, 그가 늘 말하던 신일지도 모른다. 그는 영원한 사물의 변화에도 한결같은 책임감을 철저히 지켜 나갔다.

악과 불행이 닥쳐오고 조국이 그를 파멸시키려고 해도 소크라테스는 불의를 행하느니 차라리 고통을 받겠다는 신념으로 살았다. 그는 조국과 세상과 신에 대한 반역을 몰랐다. 왜 이 세상에 죄악이 존재하느냐는 질문으로 신에 대한 정당성을 추궁하지도 않았다. 그는 어떤 저항이나 후회도 없이 죽음을 맞이한다. 신의 정의에 대해서 절망하고 회의를 품거나 그에 대한 해답을 요구하지도 않았다. 오히려 그는 정의에 대한 확고한 자부심과 든든한 믿음으로 살았으며, 세상의 행운에 대해 무관심했다. 그에게 중요한 것은 오직 사유를 통해 밝혀지는 진리의 규범에 따라 사는 것이었다. 따라서 신, 영생,

세상의 종말 같은 문제에 대한 확신이나 지식, 믿음을 원하는 사람은 소크라테스로부터 해답을 찾을 수 없다. 인간에게 가장 본질적인 의미는 마치 선이 실제로 존재하는 것처럼 과감히 추구하며 사는 것이다. 무지는 우리에게 인간은 인간 그 자체일 뿐이라는 것과 선이 바로 진실이라는 것을 일깨워 준다. 그 선을 실천하는 일은 우리에게 달려 있다.

3) 소크라테스는 올바른 생각이 구체적이고 독특한 상황에서 언제나 실현된다고 믿지 않았다. 인간은 신의 도움을 받는다. 이러한 신의 도움은 이해보다는 무조건적인 복종을 요구한다는 한계가 있다. 소크라테스는 어릴 때부터 위기의 순간에 그에게 예언을 해 준 신령에 대해 이렇게 말하고 있다.

"어떤 일을 하지 못하도록 금지시킬 때는 언제나 신령의 소리가 나타나 경고를 하지만, 내게 어떤 일을 직접 명령하지는 않았다."

예를 들어 이 신령의 소리는 소크라테스가 정치계로 나서려고 할 때마다 막았으며, 그를 배반했던 제자가 다시 찾아와 배우기를 원했을 때 어떤 경우는 반대했고, 어떤 경우에는 반대하지 않았다. 그가 재판을 받는 동안 이 신령의 소리는 침묵을 지켰으며 소크라테스는 이를 이상하게 느끼면서도 한편으로 용기를 얻었다.

"아주 사소하지만 옳지 않은 일을 할 때면 언제나 신의 힘이 적극적으로 간섭했다. 이제 머지않아 내게 최악의 죽음이 닥쳐올지 모른다. 그러나 오늘 아침 내가 집을 나설 때나, 법정으로 걸어나올 때나, 내가 지금 무슨 이야기를 하려고 할 때도 신의 소리는 들려오지 않았다. 내가 하려는 일이 옳지 않고 나쁜 일이라면 분명히 경고의 소리가 들렸을 것이다."(《소크라테스의 변명》)

"나보다 먼저 이런 신령의 소리를 들은 사람은 없을 것이다."(《국가》)

그 신령의 소리가 지식을 전해 주는 것은 아니다. 뚜렷한 행동지침을 제시하는 것도 아니다. 다만 안 된다고 말할 뿐이다. 그러나 단순한 부정이 아니라 이리한 상황을 부정하는 것이다. 신령의 소리는 나쁜 결과를 불러올 수 있는 행동이나 말을 금지시킬 뿐이다.

소크라테스는 이 소리에 무조건 따랐다. 이것은 객관적인 권위가 아니므로 말로 표현할 수 없다. 또한 그 소리는 오직 소크라테스의 행동에만 적용된다. 자신의 행동을 정당화시키기 위해 그 소리를 아무 때나 들려줄 수도 없다. 오직 그 소리를 하나의 암시로 받아들일 뿐이다.

재판

소크라테스의 생애는 최후의 장면을 제외하면 그렇게 극단적이지는 않았다. 불경죄로 기소된 그의 재판은 사형선고로 끝났다. 이러한 결과는 우연이 아니라 오랜 역사를 지닌 어쩔 수 없는 결과였다. 아리스토파네스는 희곡 《구름》에서 소크라테스를 자연철학에 심취하고, 천상과 지상의 현상을 연구하고, 전통적인 신을 부정하면서 대신 공기와 구름을 숭배하고, 부당한 논리를 교묘하게 정당화시키는 수사학을 가르치며 그 대가로 돈을 받아먹는 시민의 적으로 그리고 있다. 오늘날 우리가 알고 있는 소크라테스와는 정반대의 모습이다.

그 후에도 소크라테스에 대한 비난은 이어졌다. 젊은이들에게 아무것도 하지 않고 빈둥거리는 게으름만 가르치고, 기존의 시인들에게는 헛된 이론을 가르치는 범죄자의 누명이 그에게 씌워졌다. 그를 비난하는 사람들 중에는 알키비아데스나 크리티아스 같은 그의 제자들도 끼어 있었다.

소크라테스가 이렇게 터무니없는 거짓된 비난을 받게 된 이유는 젊은 시절에 자연철학과 궤변론에 빠져들었기 때문이다. 그러나 무엇보다 근본적인 이유는 그가 민중들의 여론과 반대되는 새로운 철학의 대표자로 인정되었기 때문이다. 그들은 궤변론으로써 궤변론을 초월한 소크라테스를 이해할 수 없었다. 사유라는 새로운 방법으로 궤변론을 극복한 소크라테스의 방법이 너무나 충격적이었기 때문이다.

소크라테스는 사람들에게 끈질기게 질문을 던지며 그들이 삶의 근본문제를 생각하도록 만들었다. 그러면서도 정작 그는 아무런 해답도 주지 않았다. 소크라테스의 끊임없는 요구는 혼란, 열등의식, 분노와 증오심을 자아냈다. 히피아스는 이런 분노의 감정을 다음과 같이 표현했다.

"당신은 언제나 다른 사람에게 질문을 하고 궁지에 몰아넣는다. 그러나 당신은 직접 자신의 의견을 말하거나 해답을 내놓은 적은 한번도 없습니다." (《크세노폰》)

그렇게 해서 소크라테스는 기원전 399년 법정에 서게 된다. 그리스의 전통 신을 섬기지 않고 새로운 신령의 소리를 믿으며, 젊은이들을 잘못된 길로 이끈다는 세 가지 죄목으로 기소된 것이다.

소크라테스는 여러 해 동안 이런 비난의 소리를 무시해 왔다. 그래서 그는 생전에 자신의 철학을 옹호하는 논문이나 글을 한 줄도 쓰지 않았다. 그렇다고 고상하게 은둔 생활을 한 것도 아니었고, 학파를 구성하여 제자들을 가르친 것도 아니었다. 그는 거리나 시장에서 많은 사람들을 상대로 공공연하게 가르쳤다. 비록 언제나 개인을 향해 질문을 던지고 생각하게 했지만 아테네 사람들은 그의 가르침에서 마음의 평온을 찾을 수 없었다.

소크라테스의 변론의 요점은 신이 그에게 다른 사람들로 하여금 삶에 대해 깊이 생각하게 하고 질문을 유도하도록 명령했다는 것이다.

"나는 여러분의 명령보단 신의 명령을 따를 것입니다. 신탁이나 꿈, 온갖 예시를 통해 내리는 이런 신성한 뜻을 모든 사람들에게 전하겠습니다."

그는 신의 명령을 받아들였으며, 이러한 임무를 수행하기 위해 온갖 위험은 물론 심지어 죽음도 불사했다.

"나에게 생명과 힘이 있는 한 진리를 연구하고 내가 만나는 사람들의 양심에 호소하여 계몽하고 일깨우는 일을 그치지 않을 것입니다. 내 형제들이여, 그대들은 왜 지혜와 진리, 영혼의 발전에 무관심한 자신의 태도를 부끄럽게 여기지 않는가?"

이어서 소크라테스의 변론은 재판관에 대한 공격으로 변한다.

"여러분들이 나를 죽이면 여러분들은 나보다 더 큰 피해를 입을 것입니다. 그리고 앞으로 나와 같은 사람을 다시 찾지는 못할 것입니다. 우습게 들리겠지만, 나는 끊임없이 여러분을 붙잡고 설득하고 각성시키고 비난하도록 신이 보낸 쇠파리입니다. 여러분은 갑자기 단잠에서 깨어난 사람처럼 화가 나서 나를 때려죽이고 싶은 심정이겠죠. 그러나 나를 죽이면 여러분은 평생 깨어 있지 못하고 잠을 자면서 보내게 될 것입니다."

소크라테스의 모습과 그의 영향력은 죽음을 통해 우리에게 널리 알려졌다. 그는 철학의 순교자이며 아테네 민주정치가 만든 법에 의해 희생된 위대한 시민이었다. 그러나 소크라테스에 대한 비판도 있을 수 있다.

"그가 공손히 예를 갖추어 변론했다면 쉽게 자신을 구할 수 있었다. 그러나 그는 국가의 권위에 거만하게 행동함으로써 재판관을 모욕했다. 또한 감옥을 쉽게 도망쳐 나와 처형을 면할 수도 있었지만, 자신을 향한 구원의 손길을 모두 거절했다. 그는 자신이 속해 있는 사회의 불문률과 타협하지 않고 스스로 죽음을 선택했다. 그러므로 이것은 재판에 의한 살인이기 보다는 재판에 의한 자살이다."

사형을 선고한 아테네 법정보다는 사형을 당한 소크라테스에게 죄가 있다는 주장이다. 그러나 이런 주장을 하는 사람들은 신성한 사명감을 지닌 소크라테스가 당시에 보편적이었던 비진리를 굴욕적으로 받아들이는 태도를 완강히 거부했음을 이해하지 못했다. 그는 진정한 순교자이며 진리의 산증인이었다.

재판에 의한 자살이라는 견해는 소크라테스 개인에 대한 판단이 아니라 그에 관한 여러 가지 텍스트를 독자들이 어떻게 읽고 판단하는가에 달려 있다. 소크라테스의 모든 행동처럼 그의 변론은 후세 사람들이 쉽게 이해하는데 많은 어려움이 있기 때문이다. 따라서 그의 변론은 철학적인 시각에서 볼 때만 이해할 수 있다. 추상적으로 살펴볼 경우, 소크라테스의 변론은 독자들을 분노와 반항이라는 그릇된 방향으로 이끄는 것처럼 볼 수 있다. 소크라테스의 기본원리를 이해하지 못한 독자들은 그의 가르침을 따르는 대신 오히려 거만하고 주제넘게 되기 쉽다. 그들은 소크라테스를 건방진 사람으로 이해하고 그가 일반 대중이나 재판관을 모욕하는 일에 쾌락을 느낀다고 생각할 수 있다. 그러나 우리는 소크라테스의 변론을 추상적인 본보기로 받아들여 보편적인 법칙을 만들어서는 안 된다. 소크라테스처럼 생각하는 사람만이 정당하게 행동하고 죽을 수 있다. 아마 플라톤도 소크라테스와 같이 죽지는 못할 것이다.

헤겔은 소크라테스의 죽음에 대해 다른 주장을 내세운다. "아테네의 실체를 지키려 했던 아테네인들의 주장도 옳으며, 그 실체의 파괴를 전제로 새로운 세대를 열려 했던 소크라테스도 옳다."

그러나 이러한 역사의 절대화와 비극적 갈등의 미적 객관화는 소크라테스를 완전히 잘못 해석하는 것이다. 물론 각 시대마다 제 나름대로의 정신이 있지만 모든 시대정신이 절대적 정의를 가지고 있고, 그에 따라 다양한 종류의 정의가 있는 것은 아니다. 어느 시대에나 인간에게는 필요한 그 무엇이 존재한다. 인간의 행동은 역사보다도 더 높은 법정의 심판을 받게 마련이다.

진실되고 선한 것과 거짓되고 악한 것의 차이를 비극이라는 단어로 가려서는 안 된다.

소크라테스의 죽음을 진실로 이해할 수 있는 길은 소크라테스를 통하는 길뿐이다. 그는 남에게 반항하거나 억울하다고 원망하지 않고 죽어갔다. 소크라테스는 마지막으로 이렇게 말했다.

"나는 나를 재판한 사람들이나 기소한 사람들에게 아무런 원한이 없다."

이처럼 그는 정의로운 사람에게는 나쁜 일이 일어날 수 없으며, 신이 그의 행위를 이해할 것이라고 확신했다.

그는 마지막 말에 앞서 이렇게 경고하였다.

"나를 죽인 사람들에게 말합니다. 내가 세상을 떠난 뒤에 그대들은 바로 무서운 대가를 치르게 될 것입니다. 여러분들에게 책임을 추궁하는 사람들도 더 많아질 것입니다. 지금까지는 내가 그들을 저지해 왔지만, 이제 젊은 사람들은 당신들에게 더욱 무섭고 가혹하게 대할 것입니다. 당신들이 정의로운 사람을 죽임으로써 당신들의 사악한 행동을 무마할 수 있다고 믿는다면 큰 오산입니다."

플라톤이 본 소크라테스

플라톤의 《대화편》에 나오는 소크라테스에 대한 장면이나 대화 내용은 역사적 사실에 근거한 정확한 기록은 아니다. 그렇다고 하여 완전한 허구만도 아니다. 플라톤이 만들어 낸 소크라테스의 이미지는 어떤 사람도 흉내낼 수 없는 신비로운 사상가로 재창조했다. 결국 플라톤의 대화를 통해 우리에게 전해지는 소크라테스의 이미지는 이미 보완되고 변용된 실재라고 할 수 있다. 따라서 후대의 사람들이 이런 변용된 형태에서 문헌학적으로 정확한 정보를 찾고자 하는 것은 아무런 의미가 없다. 즉, 전체적으로 변용된 실재가 다양하게 전개된 내용을 사진이나 기록에 남은 역사와 교육적 근거에 따라 의문을 제시하는 것은 아무런 의미가 없다는 뜻이다. 역사적 실재를 부인하는 사람을 증명으로 확인시킬 수는 없기 때문이다.

지금 우리가 알고 있는 소크라테스의 이미지는 분명히 플라톤이 본 소크라테스이다. 우리는 그를 통해 소크라테스를 만날 수 있다. 죽기 직전의 소크라테스의 마지막 모습은 플라톤의 《소크라테스의 변명》, 《크리톤》, 《파이돈》에서 알 수 있으며, 그의 생애는 《향연》, 《파이드로스》에서 엿볼 수 있다.

소크라테스의 죽음은 말로 표현할 수 없을 정도로 확실한 비지식에 휩싸인 엄숙한 모습이다. 비지식(非知識)은 우리가 죽음에 대해 말할 수 있는 모든 지식의 근거이며 목적이다. 소크라테스는 이렇게 말한다.

"죽음을 두려워하는 사람은 다른 사람들이 모르는 사실을 자신만 알고 있다고 믿는다. 죽음은 가장 큰 행운일지도 모르는데, 사람들은 그것을 가장 큰 불행으로 알고 두려워한다. 만일 죽음이 꿈도 꾸지 못하는 깊은 잠과 같이 아무것도 느끼지 못하는 무의 상태라면, 영원한 시간도 아름다운 하룻밤의 꿈에 지나지 않는다. 또는 죽음이란 영혼이 한 세상에서 다른 세상으로 옮겨가는 것이다. 그곳은 죽은 사람들이 모두 모여 있고, 정의로운 재판관이 진리를 이야기하고, 억울하게 재판을 받고 사형을 당한 모든 선한 사람들과 만나 대화를 나누면서 좋은 사람들과 지혜에 관해 토론을 하고, 무한한 행복을 누릴 수 있는 곳이다. 그러므로 죽음과 마찬가지로 불행이란 것도 선한 사람들에게는 살아 있을 때나 죽었을 때 일어날 수 없다."

독배를 마셔야 하는 소크라테스는 자신이 불행하지 않다는 사실을 친구들에게 보여 주려고 했다. 그는 슬퍼하는 친구들에게 죽을 때 노래를 한다는 백조 이야기를 들려준다.

"여러분들은 나의 예언을 신의 부름을 받고 죽음을 맞이할 때 가장 아름답고 힘차게 부르는 백조의 노래처럼 여기십시오. 기꺼이 삶을 마감하는 백조들처럼 나도 충실하게 앞날을 내다보며 신을 맞이할 준비를 하고 있습니다."

소크라테스는 '의심의 여지가 없는' 영혼의 불멸성을 증명하기 위해 인간이 가지고 있는 모든 마음의 평화가 바로 거기에 달려 있음을 말한다. 그러나 절대적인 영혼 불멸에 대한 의심은 논리적 증명으로 풀어지는 것이 아니라 의로운 행위와 진리를 탐구하는 과정에서 해소된다. 그것은 이성으로써만 입증할 수 있는 것은 아니다.

오히려 소크라테스는 불멸의 삶을 영위하기 위한 '모험'에 대해 언급한다. 영혼 불멸이라는 개념은 "인간에게 완벽한 신앙과 같아서 사람들은 그것을 위해 과감하게 모험하는 것이다. 이런 모험은 마법사의 주문과 같은 효력을 가지므로, 마음의 평화를 얻는 데 필수 불가결할 정도로 아름답다."

소크라테스는 이런 지식이 영원하다는 믿음을 갖지 않도록 하기 위해 다시 진지하게 회의적인 표현을 덧붙인다.

"내가 말한 것이 진실이라면 나는 진리에 설득당한 셈이다. 그러나 죽은 다음에 아무것도 존재하지 않는다면, 적어도 나는 죽음에 앞서 얼마 남지 않은 시간 동안 친구들을 슬프게 하지 않겠다. 이러한 나의 무지도 잠시 뒤 끝날테니까."

크리톤은 소크라테스에게 그가 죽은 다음에 어떻게 장례를 치러야 할지 물었다.

"자네들 좋을 대로 하게. 그러나 자네는 내가 달아나지 않도록 꼭 붙들어야 할 걸세."

그리고 조용히 태연하게 미소 지으면서 말을 계속했다.

"지금 이렇게 자네들과 이야기하는 소크라테스가 진정한 자아라는 사실을 자네는 믿지 못할 걸세. 자네는 곧 다른 소크라테스, 즉 소크라테스의 시체를 나로 생각하겠지. 자네가 땅에 묻는 것은 내 육체뿐이니 관례에 따라 마음대로 하게."

죽음을 눈앞에 둔 순간 주변에 있던 소크라테스의 친구들은 절망과 기대가 뒤섞인 묘한 기분에 빠졌다. 그들은 비탄과 동시에 왠지 모를 벅찬 감정으로 새로운 신비의 현실을 응시하고 있었다. 하나 뿐인 사람을 잃는다는 엄청난 고통과 그에 대한 신성한 믿음으로 온갖 감정이 교차했던 것이다.

그러나 소크라테스에게 죽음은 전혀 비극이 아니었다.

"심미아스와 케베스, 그리고 다른 사람들도 언젠가 때가 되면 떠날 것입니다. 시인들의 말대로 내게는 운명의 순간이 좀더 빨리 다가왔을 뿐입니다."

죽음을 초월한 소크라테스에게 죽음의 시기는 아무 관심사가 아니었다.

그는 친구들에게 울지 말라고 말했다.

"사람은 경건하고 평안한 마음으로 이 세상을 떠나야 하네. 제발 진정하고 조용히 하게."

소크라테스는 조용히 동료들과 함께 진리를 추구했다. 슬픔은 인간의 마음을 이어주지 못하기 때문이다. 통곡하는 일이 낯설었던 그는 아내 크산티

페를 부드럽게 타일러 집으로 되돌려 보냈다. 고통으로 정신을 잃지 않고 살아 있는 한, 사유하면서 영혼을 고양시켜야 한다는 것이 그의 믿음이었다. 물론 사람들은 슬픔을 이겨내지 못하고 울부짖지만 마지막 순간 모든 슬픔을 견뎌내고 평화로이 운명을 맞이해야 한다.

이런 의미에서 소크라테스는 위대한 실례를 보여주고 있다. 견디기 힘든 고통의 순간에도 영혼을 일깨울 정도로 평안하게, 훌륭하고 사랑스러운 일이 일어나고 있지 않은가. 소크라테스에게 죽음은 이미 의미를 잃었으며, 베일에 가려진 신비한 것도 아니다. 진정한 삶은 '죽음으로 향하는 삶'이 아니라 '선으로 향하는 삶'이다.

마지막 순간에 소크라테스의 삶은 이미 이 세상에서 멀어진 듯했다. 그런데도 친절하게 대해 주는 간수의 선한 행동처럼, 사소한 현실에 관심을 보이며 주변 사람들에게도 신경을 썼다.

"내 시체를 닦는 여자들의 노고를 덜어주기 위해서는 독약을 마시기 전에 목욕을 하는 것이 좋겠군요."

그의 숭고한 정신에는 마지막 순간까지 주변 일에 신경을 쓰며 농담까지 할 수 있는 여유로움이 배어 있었다. 이러한 관심과 해학은 그의 마음이 얼마나 위대하고 평안한 가를 단적으로 보여 준다. 데모크리토스는 마음의 평화를 얻으려면 평정을 유지하며 자신의 능력을 넘어서는 일을 삼가야 한다고 말했다. 그러나 더 심오하고 지혜로운 마음의 평안에서 나오는 소크라테스의 내적 변화를 그는 이해할 수 없었다. 소크라테스가 죽음 앞에서도 자유를 누릴 수 있었던 이유는, 비지식이 그의 생애와 죽음을 바쳐서라도 희생할 가치가 있다고 믿었기 때문이다.

《파이돈》은 《소크라테스의 변명》, 《크리톤》과 더불어 인류 역사상 가장 값진 기록이다. 비록 불행한 운명이었지만 고대 철학자들은 이 책을 읽으며 평화롭게 죽을 수 있는 지혜를 얻어왔다.

우리는 싸늘할 정도로 겉으로 침착함을 잃지 않았던 소크라테스의 태도를 잘못 이해해서는 안 된다. 우리의 사고를 지배하는 깊은 이해심이 없다면 이런 대화편을 읽을 수 없다. 여기서 우리는 광신에 사로잡히지 않는 결단력과 윤리적 독단에 빠지지 않는 최고의 가능성을 발견한다. 무한한 절대 정점에 이르기 위해서는 마음의 문을 활짝 열어야 한다. 그리고 그것을 달성하기 전까지는 절대로 포기하지 말아야 한다. 그래야만 평안히 살고 죽을 수 있다.

플라톤이 본 소크라테스는 신비한 인물이며 육체적 능력까지 신비하게 느껴진다. 소크라테스는 건강체질 덕분에 밤새도록 술을 마시고도 아침에 아리스토파네스, 아가톤과 함께 심오한 철학논쟁을 벌일 수 있었다. 그들이 피곤하여 곯아떨어진 후에야 소크라테스는 자리에서 일어났다.

'그는 평소처럼 리세움(철학을 가르치는 강당)으로 가서 목욕을 하고 하루 종일 지내다가 저녁 때가 되어서야 집으로 가서 쉬었다.'

소크라테스는 종종 이상한 짓을 했다. 친구와 길을 가다가도 갑자기 멈춰서서 깊은 사색에 잠기는가 하면, 어떤 때는 하늘을 쳐다보다가 그대로 밤을 새우기도 했다. 그리고 새벽 동이 트자 '그는 태양을 향해 기도를 올리고 가던 길을 다시 걸었다.' 그의 외모는 비록 실레노스와 같이 추하게 생겼지만 사람을 매료시키는 힘이 있었다. 기이하고 불가사의한 그의 모습은 어떤 규범으로도 설명하기 어려웠다. 그의 존재와 언어, 행동은 언제나 다양한 의미로 해석되었다.

플라톤은 《향연》이라는 대화편에서 술을 마시면 거침없이 이야기하는 알키비아데스의 입을 빌려 소크라테스를 표현하고 있다. 소크라테스 생전엔 그를 비방했으면서도 자신도 이해할 수 없는 그의 매력에 이끌렸던 이 젊은이는 이렇게 말했다.

"소크라테스는 조각가의 작업실에 있는 실레노스의 흉상과 너무나 비슷합니다. 자세히 보면 귀신처럼 괴상한 노인의 모습이죠. 그러나 그의 말에 귀를 기울이면 우리는 완전히 이끌려서 넋을 잃게 됩니다. 적어도 나는 그의 말에 영향을 받았으며 지금도 마찬가지라고 맹세코 말씀드릴 수 있습니다. 그의 말을 들으면 내 가슴은 광란의 춤을 추는 듯 강하게 뛰고 참을 수 없는 눈물이 흘러내립니다. 나는 예전에 페리클레스와 같은 훌륭한 사람들의 연설을 들었지만, 이처럼 감동적인 연설은 처음입니다. 나의 존재와 생활방식에 회의가 들 정도로 벅찬 감정을 일으킨 적은 아직 한번도 없었으니까요. 소크라테스는, 나 자신에게 소홀하고 공직에만 매달리는 나의 삶이 가치가 없다는 것을 고백하도록 만들었습니다. 세이렌*6의 노래를 피해 달아나듯 나는 필사적으로 그의 소리를 멀리했습니다. 소크라테스야말로 나 자신을 부끄럽게 만든 유일한 인물입니다. 때로는 그의 존재가 이 세상에서 사라지기를 바란 적도 있습니다. 그러나 그런 일이 벌어진다면 나의 슬픔은 이루 말할 수 없겠지요."

"나는 여러분 가운데 단 한 사람도 정말 소크라테스를 알지 못한다고 단언합니다. 내가 그의 정체를 보여드리겠습니다. 여러분은 그가 미인들을 좋아하고 늘 그 주위를 어슬렁거리다 비난받는다는 사실을 잘 아실 겁니다. 그러나 이것은 겉모습만 있고 속은 텅 빈 실레노스의 조각상과 비슷합니다. 그가 마음의 문을 열면 그 속에는 무한한 이성이 넘쳐 흐릅니다. 소크라테스는 아름다운 여자나 돈 많은 부자, 온갖 권세를 누리는 사람들 따위에는 관심이 없습니다. 그에게 부귀영화는 아무런 의미가 없을 뿐만 아니라 오히려 경멸했습니다. 겉으로 드러내지 않고 평생 그런 사람들을 풍자하고 조롱하면서 보냈습니다. 여러분 중 누가 그의 내면의 신성한 이미지를 보았는지, 그분이 얼마나 진지하고 허심탄회했는지 나는 잘 모릅니다. 그러나 언젠가 내가 본 그의 내면은 너무나 신성하고 화려하게 빛났으며, 더없이 완벽하고 훌륭한 힘을 지니고 있었습니다."

크세노폰은 소크라테스를 비교적 단순하게 표현하고 있지만 근본적으로 틀린 묘사는 아니다. 크세노폰이 소크라테스의 외면을 보여주었다면 플라톤은 그의 심오한 내면을 강조했다고 할 수 있다. 크세노폰이 엄숙한 세상 사람들에게는 부족한 너그러운 도덕적인 인간을 보여 주고자 했다면, 플라톤은 무한한 지혜와 이성으로 충만한 소크라테스를 보여주고 있다. 크세노폰은 소크라테스의 사상을 하나하나 개별적으로 살피고 우수한 능력과 지적 이해력과 타고난 건강함을 시험해 보았으나 그의 단점을 찾을 수 없었다.

플라톤은 소크라테스의 좋은 점과 나쁜 점을 공평히 찾으려고 했으나 나쁜 점을 찾지 못했다. 플라톤은 소크라테스의 뛰어난 관념세계에 사로잡혀 버렸다. 소크라테스에 정통한 크세노폰은 그에 관한 모든 것을 우리에게 전해 주고 있다. 한편, 소크라테스에게 완전히 사로잡혀 감동을 받은 플라톤은 자신의 일생을 그의 모든 실재와 진리를 파악하는 데 바친다.

크세노폰이 본 소크라테스가 합리적 사고방식을 지닌 이성적 인간이라면, 플라톤이 본 소크라테스는 선을 추구하고 그런 행위에 감동하는 이데아의 세계를 동경하는 철학적 인간이다. 플라톤과 크세노폰은 소크라테스를 인간적인 면에서 살펴보았으므로 아무도 그를 신격화하지는 않았다. 크세노폰에게 소크라테스와 그의 진리가 이성적이며 윤리적인 인간이었다면, 플라톤에게는 무한한 심연에서 우러나온 이야기를 하면서 알 수 없는 근원으로부터 솟아나와 불가사의한 삶을 영위하는 인간이었다.

죽고 나서의 소크라테스

소크라테스는 그의 죽음을 통해 세상에 폭발적인 영향을 끼쳤다. 그의 충격적인 죽음으로 그의 친구들은 소크라테스를 세상에 알리고 증언해야겠다는 의무감과, 그의 철학을 정리해야겠다는 사명감에 사로잡혔다. 이렇게 해서 플라톤으로 대표되는 위대한 소크라테스 문헌이 발표되기 시작했다. 자신의 친구들이 아테네 사람들을 평화롭게 내버려두지 않을 거라는 소크라테스의 예언은 적중했다. 비록 소크라테스 자신은 기록을 전혀 남기지 않았기 때문에 문헌적 이론이나 체계를 세우지는 못했지만, 그의 명성은 오늘날까지 계속되고 있을 뿐 아니라 그리스 철학에도 엄청난 영향을 끼쳤다.

그러나 이상하게도 그의 제자들은 소크라테스에 대하여 저마다 다른 이미지를 들고 나왔다. 여러 개의 학파가 생겨서 제 나름대로 소크라테스를 원조로 내세우면서 서로 상반되는 주장을 했다. 심지어 소크라테스의 겉모습조차 제각기 다양하게 묘사하였다. 한 가지 공통된 사실이 있다면, 그것은 누구나 그를 통해 변화를 체험했다는 것이다. 그의 죽음에서 시작된 다양한 주장은 오늘날까지 한번도 중지된 일이 없다. 지금도 소크라테스의 실재에 대하여 여러 가지 이견이 나오는 것이 이를 잘 설명해 준다.

모든 학파들이 내세우는 한 가지 핵심은 오직 사유를 통해서만 그의 영향을 받고 다른 사람으로 변화될 수 있다는 소크라테스적인 사고이다. 이러한 사고는 커다란 위험을 동반하며 조화로운 합일점을 추구하는 자주성을 길러준다. 사람은 생각하면서 최고의 행복을 누릴 수 있으며, 사고를 통해 무(無)의 심연에 빠지게 된다. 사고는 겉으로 드러나지 않을 때에만 진리이며 그 이상의 의미를 지닌다. 플라톤은 이를 선(善), 즉 영원한 존재라고 불렀으며, 이것이 소크라테스에 대한 플라톤식의 위대한 해석법이다.

소크라테스식 사고방식은 극단적인 요구와 극적인 위험이 동시에 뒤따른다. 이렇게 그와의 접촉은 모든 소크라테스주의자들을 고무하고 사유로 이끄는 계기가 되었다. 그러나 그의 죽음으로 사람들의 주장이 나뉘기 시작하여 모두들 제멋대로 사유하게 되었다. 그들은 자신들이 진정한 소크라테스적인 사고를 물려받았다고 내세우지만, 아무도 그의 사고방식을 소유한 사람은 없었다. 오늘날까지도 많은 학자들이 소크라테스의 목표에 이르지 못하면서도 끊임없이 추구하는 탐구의 추진력이 바로 여기에 있는 것이다.

소크라테스 사후에 다양한 학파들이 생겨났다. 크세노폰은 소크라테스의 외면적인 모습을 기록하면서 그들 나름대로 독특한 사고방식을 이룩했다. 에우클레이데스로 대표되는 메가라학파는 논리학과 논쟁술을 발전시켰고 중요한 논리적 오류를 잘 지적했는데, 그중에서도 디오도로스 크로노스는 가능성의 개념에 포함된 역설을 지적했다. 파이돈으로 대표되는 엘레아학파는 변증법적 탐구를 계속했으며, 안티스테네스로 대표되는 시니어학파는 교육과 문화의 중요성을 부인하고 금욕의 길을 걸으며 내적 독립심을 강조했다. 시노페의 디오게네스도 시니어학파에서 나왔다. 시리아학파는 자연윤리와 쾌락설을 발전시켰다.

그러나 이처럼 일방적인 해석에 얽매이지 않고 소크라테스 사상의 기본 줄거리를 발전시켜 미래 세대에게 전달한 사람은 바로 플라톤이다. 이런 의미에서 위에서 말한 여러 학파의 주장들은 진정한 소크라테스 철학이라고 말할 수 없다. 그들은 소크라테스 철학의 다양한 이미지 가운데 한 가지만을 보여줄 따름이다.

그후 학설이 계속 변화하는 동안 이들이 주장하는 소크라테스의 이미지도 각양각색이었고, 그 때문에 그의 진면목은 가려지고 말았다. 그러나 고대의 철학자들은 서로 적대감을 드러내며 각자 다른 주장을 하면서도 소크라테스를 가장 이상적인 철학자로 간주했다. 그렇게 해서 그는 몇 세기 동안 아주 특별한 인물이 되었다.

기독교 교부들에게도 소크라테스는 고귀한 순교자였다. 기독교 순교자들과 같이 소크라테스는 신념을 위하여 죽었고, 전통 종교에 대한 불경죄로 기소되어 재판을 받았다. 더 나아가 그를 그리스도와 나란히 비교하기도 한다. 소크라테스 역시 그리스도처럼 그리스 종교를 반대했다고 믿었기 때문이다. 한편 타티아노스는 "소크라테스는 오직 하나일 뿐"이라고 말했으며, 오리게네스는 소크라테스와 그리스도 사이에서 공통적인 근거를 찾아냈다. 테오도로스는 비지식으로 통하는 소크라테스의 통찰이야말로 신앙으로 가는 길을 열어준다고 주장했다.

소크라테스가 말하는 자기인식(Selbsterkenntnis)은 신을 인식하는 길이다. 왜냐하면 그는 인간이 신에게 다가갈 수 있는 길은 현세의 모든 정열을 초월한 순수한 정신이라는 사실을 이미 알고 있었기 때문이다. 그는 자신의 무지를 고백했다. 그러나 그는 대화를 통해서 지고의 선이 무엇인지 분명하게 말하지 않았고, 문제를 제기하고 어떤 주장을 하다가도 다시 그 주장을 부인했으므로 사람들은 각자 자기 주장에 맞는 부분만 떼어 소크라테스의 이름을 인용한다는 것이 아우구스티누스의 주장이다.

초기 기독교가 고대철학의 영향을 받고 있는 한 소크라테스와는 뗄 수 없는 관계였다. 그러나 중세에 들어서 소크라테스의 이름은 빛을 잃기 시작했다. 예후다 할레비는 소크라테스를 인류 역사상 가장 지혜로운 인물로 보았지만, 신성함을 갖추지는 못한 것으로 보았다.

그러나 르네상스에 들어와서 소크라테스는 고대철학의 부흥과 함께 다시 활기를 되찾게 된다. 에라스무스는 "성스러운 소크라테스여, 우리를 위해 빌어 주소서"라고 외쳤으며, 몽테뉴는 소크라테스적인 사고를 편안하게 죽음을 맞이할 수 있는 길을 가르쳐 주는 자연주의와 회의주의로 해석하였다. 계몽주의 시대에 들어와서 소크라테스는 윤리적 자유를 외치는 독립적인 사상가로 알려졌다. 멘델스존에게 소크라테스는 신의 존재와 영혼불멸을 증명해주는 도덕적 모범이었다. 이는 이제 시작일 뿐이다. 본래의 소크라테스에 대한 접근을 시도한 키에르케고르는 진리를 전달하는 수단으로서가 아니라 진리를 발견하는 수단으로서, 소크라테스의 아이러니와 산파술의 심오한 철학적 의미를 해석하였다.

반면에 니체는 그를 그리스 비극정신을 파괴하는 위대한 지성주의와 과학의 선구자로 보았으며, 소크라테스 철학에 반론을 제기하기 위해 평생 동안 온 힘을 기울였다.

"소크라테스는 내게 너무나 가까이 있기 때문에 나는 언제나 그와 투쟁하지 않을 수 없다."

이렇게 보면 미래의 철학적 운명도 소크라테스에 대한 학자들의 태도에 따라 변화할 수밖에 없다. 되돌아 보면, 소크라테스의 실재를 안다고도 할 수 있고 모른다고도 할 수 있는 그는 역사가 생긴 이래 모든 인류의 사상적 관심이 집중된 핵심이라고 할 수 있을 것이다. 소크라테스는 하느님을 두려워할 줄 아는 겸손한 기독교인였으며, 자신감 넘치는 이성주의자였고, 악마적인 천재였으며, 휴머니티의 예언자였다. 어느 때는 철학이라는 가면을 쓰고 권모술수를 은폐하는 정치적 책략가이기도 했다. 그러나 그는 이 중에 아무것도 아니었다.

오늘날의 문헌학적 연구에서는 소크라테스를 새로운 방향에서 탐색하기 시작했다. 슬라이어마허 이후 학자들은 그의 모습에 의문을 제기하기 시작했다. 소크라테스의 역사적 실체의 근원은 무엇인가? 역사비평이라는 새로운 방법으로 접근한 철학자들은 신비에 싸인 전설이나 문학 속의 소크라테스가 아니라, 역사 사실에 근거한 현실적인 소크라테스를 찾으려고 애썼다.

그러나 그의 실체를 비판적으로 재구성하려는 철학자들의 노력은 수포로 돌아가고 만다. 결과는 오히려 다양한 역사적인 가능성을 모색한 셈이 되었다. 플라톤, 크세노폰, 아리스토파네스나 아리스토텔레스 중에서 한 사람을 소크라테스의 근거로 보거나 이를 부정하기도 했다. 그중에서도 기곤은 극단적인 비관론을 내세웠다. 소크라테스에 대한 역사적 기록은 물론 그가 직접 남긴 기록이 하나도 없고, 다만 시나 산문 등 문학작품에서만 그를 만날 수 있기 때문에 그의 철학을 재구성하는 일은 불가능하다는 것이다. 그는 소크라테스에 대한 모든 수수께끼를 풀려는 노력 자체를 아무 소득 없는 시간 낭비로 보았다.

그럼에도 기곤은 아리스토파네스가 소크라테스를 자연철학이나 궤변론을 내세우는 엉터리 철학자의 대표자로 선택한 점, 다른 궤변론자들을 제치고 소크라테스가 기원전 399년에 처형당한 점, 수많은 그리스 철학자 중에서도 오늘날까지 유일하게 소크라테스가 중요한 문헌에서 진실한 철학자로 여겨지는 점을 들어, 이는 단순한 우연이 아닐 것이라고 주장했다. 그러나 우리는 그 이유를 알 수 없으므로 소크라테스에 대한 역사적인 탐구를 포기해야 한다는 것이다.

오늘날에도 슬라이어마허 방식에 따른 비판적인 연구는 계속하고 있다.

"크세노폰이 소크라테스적이라고 규정한 성격과 행위규범과 성격에 위배되지 않는 한 소크라테스는 크세노폰이 말한 것 이상의 무엇이 될 수 있는가? 그리고 플라톤이 그의 대화편에서 소크라테스를 주인공으로 내세울 수밖에 없었던 이유는 무엇인가?"

이처럼 자료를 비교하고 종합해 봄으로써 역사적 소크라테스를 찾으려는 학자들의 시도는 단순히 '역사적인 감정'에 불과하다.

학문이 반드시 보편적인 구속력을 가져야 한다면, 소크라테스의 학문은 우리에게 아무런 도움이 되지 않는다. 소크라테스는 단순한 에피소드나 문학적 논증의 종합이 아니다. 비판적인 방법은 그보다 많은 과제를 요구함으로써 소크라테스의 학문성 자체를 부인하는 결과를 가져온다. 그 결과 저마다 다양하면서도 비판적이고 서로 다른 이미지를 부여하기 때문에 전반적으로 비과학적이라는 인식이 들 수 있다.

소크라테스는 플라톤과 아리스토텔레스의 관념철학의 선구자다. 하인리히 마이어는 그를 철학자가 아니라 인간의 극기와 자족과 해방을 외친 정신적 선구자이며 윤리적 혁명가로 보았다. 버넷이나 테일러 같은 학자들은 플라톤의 대화편에 나오는 소크라테스를 이데아 세계와 영혼불멸과 이상 국가를 세우려 했던 플라톤의 이상적 인물일 뿐, 역사적 신빙성이 없다고 보았다.

이런 접근방법과 달리 베르너 예거는 이성적인 방법으로 접근한다.

소크라테스는 플라톤의 후기 대화편에 나오는 이데아 이론과 같은 것을 지지했다고는 할 수 없지만, 어느 정도는 포함하고 있다. 그에 대해 기술한 모든 문헌이나 사상에 대한 가능성은 소크라테스 안에 분명히 들어 있으므로, 모든 것은 우리에게 직접적인 증언을 들려주는 비상한 그의 영향력으로부터 시작되어야 한다."

이렇게 해서 예거는 사실에 근원을 두면서도 문헌학의 영역을 넘어서고 있다.

소크라테스의 영원한 의미

전통적인 소크라테스의 이미지를 살펴본 우리는 나름대로 그에 대한 이미지를 가지고 있다. 우리는 막연한 불확실성과 가변적인 가능성에도 불구하고 문학적 허구가 아니라 소크라테스의 현실적인 이미지를 구성하고 있다.

비록 과학적이고 사실적인 기준에는 이르지 못하지만 그의 강력한 힘은 사람의 마음을 사로잡아 우리는 역사적인 그의 이미지를 구성하지 않을 수 없게 된다. 더욱이 소크라테스의 이미지는 우리의 철학적 사고에 없어서는 안 될 필수 요인으로 등장한다. 오늘날 우리는 소크라테스가 없는 철학은 있을 수 없다고까지 말할 정도가 되었다. 그는 마치 아득히 먼 과거에서 온 희미한 빛과 같다. 누구나 각자 소크라테스를 경험한 방식에 따라 자신의 사고를 결정하기 때문이다.

소크라테스로부터 사고의 자유와 신비로움은 시작된다. 그의 사고방식에 젖어든 사람들은 지식에 대한 순수한 확실성을 찾을 수 없다. 자유로운 사고는 이제 그 자체가 문제로 남기 때문이다.

이러한 사고를 통한 삶의 토대에서 이성적으로 그 근거와 기준을 찾으려는 노력은 우리가 연습을 해서 터득할 수 있는 기술적 사고로는 이룩될 수 없다. 소크라테스의 사고는 그 자체를 확실하게 밝혀 나가는 과정에서 인식의 방법과 논리적 행위로 나뉜다. 그리고 이런 것들을 이용해서 사고력은 더욱 폭넓게 확대되지만, 사고는 그 자체를 포용할 수 있는 근거가 필요하다. 이러한 근거가 없으면 사고는 단순히 논리적인 이해나 다양한 방향 감각이 없는 무의미한 기술로 전락하고 만다.

이러한 소크라테스적인 사고는 오랫동안 자연을 연구했던 이오니아학파의 학문적인 토대가 되지는 못했다. 그러나 모든 학문은 이와 같은 새로운 사고로부터 그전까지 없었던 추진력을 얻었다.

소크라테스적 사고는 이전의 철학자들이 해결하려 했던 존재의 상형문자에 대한 철학적 해석을 돕지는 못했다. 하지만 소크라테스적 사고 속에서 이런 형이상학적 사고는 새롭게 변용되고 정당화되었다.

소크라테스 이전의 철학자들 사고가 고지식하고 소피스트들의 사고가 궤변론적이라면, 이들에게 비추어진 소크라테스의 위대한 빛은 인간을 인간으로 받아들이는 이에게는 진실한 삶이 가능하다는 새로운 순수성에서 비롯된 것이다. 소크라테스는 소피스트들의 성찰을 통해 인간의 실체를 해결하려 하지 않고, 사고 자체의 본질적 실체를 내면적인 행위로 활성화시키고 일깨우려고 노력했다.

소크라테스 이후의 모든 소크라테스적인 사상가들은 그들 나름대로 사고에 대한 정의를 내렸다. 그러나 오늘날까지 계속되는 사유의 현실적 실천문제에 부딪히면 언제나 새로운 문제에 직면하게 된다. 실제로 소크라테스적 사고가 무엇인지 정확하게 이론적으로 제시할 수 있는 사람은 아무도 없었다.

그의 사고는 늘 그대로 남아 있었다. 예를 들면 아리스토텔레스는 소크라테스를 개별적인 것들로부터 보편적 개념을 이끌어내는 개념의 창시자로 인식한다. 이로 인해 그는 플라톤이 가장 훌륭하게 발전시켰던 소크라테스의 진실된 사고를 오해하고 말았다.

소크라테스적 사고는 비지식을 깨닫는 과정에서 얻게 되는 진리의 지배를 받으며, 대화를 통한 사고로 진리와 현실이 나타난다는 믿음에서 나온다. 따라서 그의 사고는 사고를 뛰어넘는 공간에서만 완성된다. 그런 사고는 다른 사람들의 말에 귀 기울일 의무가 있고, 단순한 개념이나 근원이 없는 오락에서 나온 사고라면 그에 대한 책임을 져야 한다.

이런 소크라테스적 사고는 두 가지 오류에 빠질 위험이 있는데, 또 이런 오류를 피할 수도 있다. 첫째로 정당한 행위가 추상적 정당성을 가진 도덕주의로 변질될 수 있다는 것이고, 둘째는 비합리성에서 정당성을 찾을 수도 있다는 것이다. 이 두 가지 오류에 빠지지 않을 때 소크라테스적 사고는 진정한 사유 속에서 구현되는 확고부동한 확실성을 추구할 수 있다.

소크라테스적 사고는 인간이 외부로부터 고립되는 것을 막아준다. 그의 사고는 깊이 생각하지 않는 사람을 용납하지 않으며, 맹목적으로 행운을 믿거나 본능적인 삶에 만족하거나, 자신의 이익만을 추구하는 사람들을 불안하게 만든다. 이러한 사고는 인간의 마음을 열어 주며 개방의 위험을 불러일으키는 사고방식이다.

소크라테스의 영향을 받은 사람들은 스스로 자유로운 확신을 가지고 무조건적인 믿음을 거부한다. 그들은 종교에 얽힌 분파주의 대신에 진리의 탐구를 추구한다. 소크라테스는 인간의 가능성을 밝힘으로써 모든 사람을 똑같이 대했으므로, 젊은 제자를 원하지 않았다. 그리고 그는 자신의 존재를 역설적으로 표현함으로써 권위적인 모습이 드러나지 않도록 노력했다.

〈주〉

*1 아르기누사이전투 : 기원전 406년 소아시아 서안의 아르기누사이제도에서 아테네가 펠로폰네소스 연합 함대에서 승리한 전투를 이른다.

*2 실레노스 : 그리스 신화에 나오는 술의 신 디오니소스의 양부이다.
사티로스 : 숲의 신으로 반인반수의 모습이다.

*3 아낙사고라스(Anaxagoras, 기원전 500~428) : 고대 그리스 철학자. 만물의 근원은 각기 성질이 다른 종자이며 모든 것은 이 모든 종류의 종자를 포함하는데, 어떤 종자를 가장 많이 가지고 있느냐에 따라 그것이 무엇인지가 결정된다.

*4 솔론(Solon, 기원전 638~559) : 아테네의 정치가이자 법률가.

*5 페리클레스(Perikles, 기원전 495~429) : 아테네의 웅변가이자 정치가.

*6 세이렌 : 그리스 신화에 나오는 바다의 마녀. 반은 새, 반은 인간의 모습을 하고, 아름다운 노랫소리로 뱃사람을 유인하여 바다에 빠뜨렸다.

석가모니

생애(기원전 560～480)

오늘날 석가*[1]의 언행을 전해 주는 정확한 기록은 따로 없다. 가장 오래된 기록으로는 디가니카야*[2]가 들어 있는 광범위한 팔리 경전을 들 수 있다. 수많은 학자들이 여러 경전들과 남방과 북방으로 흩어진 전통 불교의 경향과 석가가 죽은 지 200년 후에 일어난 아소카대왕의 불교적 업적 등 역사적 사실에 근거하여 석가를 연구한다. 또한 그들은 불교 자체 내에서 일어난 여러 가지 변화과정을 논의하기도 한다. 이런 논의를 거쳐 그들은 전해 오는 석가의 모습과 후대의 신봉자들이 만들어 낸 상징적 측면을 없애고 석가의 실재를 찾고자 노력한다. 그러나 어디까지 받아들이고 어디까지 없애야 할지는 아무도 모른다. 절대적인 정확성을 찾는 사람은 아무것도 얻지 못하고 결국 실망하는 경우도 있다.

따라서 우리는 비록 확실하지는 않아도 석가의 언행으로 여길 수 있는 여러 경전을 통해 석가의 존재를 논할 수밖에 없다. 이런 이해를 통해 우리는 앞을 내다보는 능력을 지니게 된다. 신비로운 사건에 연루된 초자연적인 석가의 모습은 원래 인간이었던 그의 실재를 상징적으로 발전시킨 것이라고 할 수 있겠다.

석가는 석가족이라는 귀족의 자손으로 태어났다. 석가족은 코살라 왕국 근처에 있는 카필라바스투라는 작은 국가를 여러 종족들과 함께 다스리고 있었다. 석가는 일년 내내 멀리서도 흰 눈을 볼 수 있는 히말라야 산자락에서 성장했다. 그는 어린 시절에 부유한 귀족사회에서 세속적인 행복을 맛보았고, 일찍 결혼하여 아들 라훌라를 두고 있었다.

어느 날, 석가는 삶의 존재에 대한 근본적인 사실을 깨닫게 되면서 세속적인 행복을 잃어버리고 만다. 그는 사람들이 늙어가고 병들고 죽어가는 삶을 목격한 뒤 이렇게 말한다.

"끔찍한 육체적 파멸은 내게 공포와 저주를 안겨 준다. 나도 언젠가는 늙고 병들어 죽을 것이다. 이런 생각을 하면 나는 모든 삶의 의욕을 잃어버리고 만다."

그는 당시 인도의 관습에 따라 가정과 가족, 모든 세속적인 부귀와 영화를 버리고 고행을 통해 구원을 찾기로 결심한다. 출가 당시에 스물아홉 살이었던 그의 모습을 경전은 다음과 같이 전한다.

"집을 떠날 당시 석가는 인생을 막 시작하는 꽃다운 젊은 나이였다. 그는 눈물을 흘리면서 말리는 부모의 간청을 물리치고 삭발을 하고 노란 승복으로 갈아입었다."

스승에게 요가 교육을 받으면서 고행을 시작한 석가는 몇 해 동안 숲 속에서 금욕생활을 실천했다.

"소치는 사람이나 나무를 하는 사람들을 만나면 나는 이 숲에서 저 숲으로, 이 골짜기에서 저 골짜기로, 이 봉우리에서 저 봉우리로 미친 듯이 도망쳤다. 그들이 나를 보지 못하게 하고 나도 그들을 보지 않기 위해서였다."

그는 고독 속에서만 명상이 가능하다고 믿었기 때문이다.

"이곳은 아름다운 땅이며, 사랑스런 숲이다. 몸을 씻을 수 있는 깨끗하고 맑은 물이 흐르고 주위에는 마을들이 있으니, 여기야말로 정말 깨달음을 얻기에 가장 알맞은 곳이다."

석가는 이곳에서 '끈질기게 생각에 집중하며 고뇌하고 번민하면서' 깨달음의 순간을 기다렸다.

그러나 아무런 소용이 없었다. 그의 고행은 깨달음을 주지 못했다. 마침내 그는 고행은 고행으로만 끝나므로 진리를 성취하지 못한다는 사실을 알게 되었다. 그래서 그는 당시 인도의 전통종교인 힌두교에 반대되는 일을 하기 시작한다. 건강을 회복하기 위해 다시 음식을 먹기 시작한 것이다. 그와 같이 고행하던 수도승들은 그를 이단자로 보고 멀리했다. 이제 그는 혼자서 고행이 없는 순수한 명상을 시도했다.

어느 날 밤 그는 보리수 아래에서 깨달음을 이루게 된다. 이제 세상의 모든 일이 분명하게 다가왔다. 존재란 무엇인가? 왜 존재하는가? 왜 존재하는 모든 것들은 삶이라는 맹목적인 욕망에 사로잡혀 있는가? 왜 그들은 끝도 없는 윤회의 길을 따라 이 육체에서 저 육체로 영혼을 옮겨 다니는가? 고통이란 무엇이며 그것은 어디서 나오며, 그것을 어떻게 극복할 수 있는가? 이런 모든 의문에 대한 해답을 알게 되었다.

이런 깨달음을 통해 석가는 다음과 같은 결론을 얻는다. 세속적인 쾌락을 추구하는 삶이나 고행을 통한 금욕적인 삶이나 둘 다 올바른 것이 아니다. 앞엣것은 천하고, 뒤엣것은 고통만 주기 때문에 진정한 삶의 목표를 달성할 수 없다. 이렇게 해서 그가 새로이 발견한 길은 중용의 길이며, 이 길은 깨달음의 길이었다. 살아 있는 모든 존재는 고통이며, 이러한 고통에서 벗어나는 것은 깨달음이라는 믿음에서 나온다. 이 길을 통해 수도자들은 올바른 언행으로 이 세상을 살아가기로 결심하고 여러 단계의 명상을 시작한다. 이러한 명상을 통해 본래 지니고 있던 고통의 진리를 이해하는 것이다.

지금까지 그가 걸어온 길에 대한 깨달음은 분명한 인식능력이 생기는 마지막 단계에 이르러서야 얻을 수 있다. 이제 쳇바퀴처럼 끊임없이 돌던 길은 끝나고, 새로운 성취가 생긴다. 이 길은 끝없는 탄생과 끝없는 죽음으로부터 영원히 뛰어넘는 단계이며 세속적인 존재에서 열반(니르바나)으로 이르는 단계다.

이제 '깨달음을 얻은 사람'이라는 뜻의 불타(부처)가 된 석가는 보리수나무 아래에 7일 동안 앉아서 해탈의 기쁨을 누렸다. 그리고 어떻게 했는가? 깨달음을 통해 얻은 확실성에 대해 그는 침묵하려고 했다. 세상은 그가 깨달은 새로운 지식을 이해하지 못할 것이기 때문이다. 어떻게 세상 사람들이 이렇게 엄청난 진리를 이해할 수 있겠는가? 그는 헛수고를 하고 싶지 않았다. 세상은 불가피하게 파멸과 재생이라는 변화의 과정을 거치면서 흘러갈 것이며, 사리에 어두운 생물들은 죽음과 탄생이라는 윤회의 쳇바퀴를 끊임없이 돌 것이다. 현재의 삶이 과거의 삶에 의해 정해지듯이 현재의 모든 행위는 다음 생을 결정하는 업보(業報 ; 카르마)이다. 영원히 변하지 않는 세상 속에서 지자(知者 : de Wissenden)만이 깨달음을 얻을 수 있을 것이다.

석가는 윤회에서 벗어나 열반으로 들어갔으며, 고독 속에서 깨달음을 얻었다. 세속에서 해방된 그는 외쳤다.

"어떤 사람도 나의 친구가 되지 못한다. 다른 사람에게 이 진리를 전하지 않겠다. 사랑과 미움 속에서 살아가는 세상 사람들에게 내 가르침은 영원히 숨겨질 것이다."

그러나 석가는 깨달음을 얻은 자신의 자족심을 오랫동안 간직할 수 없었다. 살아 있는 모든 것에 자비심을 느낀 그는 오랜 고심 끝에 그의 교리를 전하기로 결심한다. 물론 그는 큰 기대를 하지 않았으며, 훗날 그의 가르침에 감동받은 수많은 대중들에게 진정한 교리는 오래가지 못할 것이라고 예언했다. 그러면서도 그는 계속하여 설교를 했다. "어두운 이 세상에서 나는 끝없는 진리의 북을 치리라."

그의 첫 설교는 인도의 바라나시에서 시작되었고, 첫 제자들이 모여들었다. 그리고 그후 40년 동안 북인도의 넓은 땅을 돌아다니면서 가르쳤다. 이렇게 가르치는 동안 그에게는 아무런 정신적 변화가 일어나지 않았다. 그는 언제나 완성된 교리를 가르쳤으며, 같은 주제를 여러 가지 방법으로 설명했을 뿐이다. 그는 설교나 이야기, 비유나 규율을 통해 설법을 전했으며, 우리는 수많은 대화나 상황에서 진리를 가르쳤다. 그는 산스크리트 어 대신 모국어로 사람들을 가르쳤다. 그는 항상 구체적 이미지를 통해 가르쳤지만, 어떤 때는 그즈음 힌두교 철학의 개념을 이용하기도 했다.

확실한 체제를 갖춘 수도원을 세운 것은 석가의 커다란 역사적 업적이다. 그를 따르는 많은 제자들이 가족과 직장을 버리고서 삭발을 하고 노란 승복을 걸치고 가난한 금욕생활을 하며 사방으로 다니면서 방랑생활을 하였다. 깨달음의 진리에 이른 그들은 이 세상에서 더 바랄 것이 없었다. 이렇게 방황하다가 마을에 도착하면 사람들이 건네주는 음식을 받아 먹는 구걸 생활을 했다. 모든 수도원에는 규칙과 법칙이 정해져 있었으며, 지도자와 많은 제자들을 가지고 있었다. 수도원에는 가끔씩 왕족과 돈많은 상인, 귀족, 고급 창녀와 같은 일반 신도들이 많이 찾아왔다. 그들이 기부한 돈과 재물로 수도원은 커다란 공원과 집을 소유하게 되었고, 설법을 듣기 위해 온 많은 신도들이 비 오는 계절에도 머물 정도로 규모가 커졌다.

이렇게 수도원이 점점 번창하자 석가에 대한 비난이 쏟아지기 시작했다. 석가가 온 뒤 사람들은 아이를 낳지 못하게 하고, 과부가 늘어나 대가 끊기게 생겼다는 불만의 소리가 여기저기서 터져나왔다. 수많은 귀족 가문의 청년들이 금욕적인 생활을 하기 위해 석가를 따라갔던 것이다.

승려들이 나타나면 군중들은 이렇게 비웃었다.

"여기 머리를 벗겨진 사람들이 나타났다! 그들은 마치 쥐를 기다리는 고양이처럼 앉아서 명상만 하는 사람들이다."

이런 조롱에도 석가는 아무 반박을 하지 않았다.

"여러 승려들이여, 나는 이 세상과 싸우지 않는다. 이 세상이 나와 싸우고 있을 뿐이다. 진리를 전하는 사람은 이 세상 어느 누구와도 싸우지 않는다."

석가는 대화를 하면서 영적인 투쟁을 하였다. 그렇다고 하여 모든 세력들이 뭉쳐 석가를 반대한 것은 아니었다.

예를 들면 베다교는 여러 갈래로 나뉘어 있는데, 그중에는 금욕주의 단체가 있는가 하면, 그리스의 소피스트들과 같이 다른 이 질문을 모순으로 몰고가 사람들을 혼란스럽게 하는 철학자들도 있었다. 그러나 석가는 베다교가 행하는 제사와 베다 경전 자체의 권위를 인정하지 않았으므로 사실상 그는 전통 종교와는 완전히 다른 입장을 취했다고 할 수 있다.

경전에 나타난 석가와 그의 제자들의 삶과 행적은 실로 다채롭다. 우기가 되면 3개월 동안 그들은 사원이나 공원에서 지내야 했다. 커다란 홀이나 창고, 아니면 연꽃이 있는 연못 근처의 장소였다. 그 외에는 몇 달씩 여러 곳을 돌아다니면서 방랑생활을 하였다. 방랑하는 동안에는 신도들의 집이나 거리에서 잠을 자기도 했다. 여러 명의 수도승들이 모이면 매우 혼잡했으므로, 석가가 설법을 할 때는 언제나 조용히 하도록 지시해야 했다. 그는 언제나 고요와 침묵을 사랑했기 때문이다.

석가와 승려들을 만나기 위해 수많은 왕족, 귀족, 상인들이 코끼리와 수레를 타고 찾아왔지만, 석가는 날마다 몸소 집집마다 구걸하러 다녔다.

"손에는 밥그릇을 들고 집 대문 앞에 서서 음식을 줄 때까지 눈을 내리깔고 말없이 기다렸다."

방랑을 하는 동안 그의 주변에는 늘 수많은 제자들과 끝없는 무리들이 함께 따라다녔다. 어떤 이들은 수레에 음식물을 싣고 따라다니는 사람들도 있었다.

오늘날 우리는 석가의 죽음과 그 마지막 가는 길에 일어났던 일들을 잘 알고 있다. 기원전 480년에 죽은 것은 역사적 사실로 인정되며, 그의 마지막 고행의 길은 정확하게 기록으로 남아 있다. 처음에 석가는 고통스런 병을 참고 살기 위해 노력했으나 곧 체념한다.

"3개월이 지나면 완전한 자(Vollendete)는 열반으로 들어갈 것이다."

그는 마지막 여행을 하는 동안 그가 사랑하는 베살리시를 눈여겨 돌아보았다. 그리고 조그마한 숲속으로 들어가 제자들에게 지시를 하였다.

"피곤하구나, 아난다야. 두 그루의 쌍둥이 나무 사이에 내 머리를 북쪽으로 향하도록 잠자리를 만들어라."

그리고 석가는 마치 사자가 쉬는 것처럼 누워서 마지막 말을 남겼다.

제자가 울자 석가는 말했다.

"아난다야, 슬퍼하지 말고 울지 말아라. 사람은 언젠가 사랑하는 모든 것과 헤어져야 한다고 이미 가르치지 않았느냐? 태어나고 자라는 모든 것들이 덧없는데 어찌 죽음을 벗어날 수 있겠느냐?"

아난다를 비롯한 제자들은 석가가 죽으면 그의 가르침도 사라질 것이라고 말했다. 그러나 석가는 이렇게 말했다.

"그렇지 않다. 나는 비록 죽지만, 내가 너희들에게 가르친 교리와 교단은 영원히 너희들의 스승이 될 것이다. 완전한 자(석가모니 자신)는 반드시 자신이 세상을 인도해야 한다고 생각하지 않는 법이다. 나는 이제 늙었고 여든 살이 되었으니 곧 죽을 것이다. 오, 아난다여. 그대는 그대 자신의 등불이 되어라. 네 자신에게 의논해라. 진리를 깨달은 자는 자신의 등불이 되고 안식처가 되리라."

석가는 마지막으로 말을 이었다.

"이 세상 모든 만물은 덧없는 것이다. 끊임없이 정진하라."

그리고 불타는 자세로 바꾼 다음에 열반에 들었다.

교리와 명상

석가의 교리는 명상을 통해 깨달음을 얻는 것이다. 참다운 지혜는 그 자체가 바로 깨달음이다. 이러한 지혜의 기원과 방법은 일상적인 지식과는 전혀 다르다. 이는 논리적인 사고와 감각으로 증명될 수 있는 것이 아니라, 의식의 변화와 단계적인 명상을 통해 터득하게 되는 지혜다.

이런 명상을 통해 석가는 보리수나무 아래에서 깨달음을 얻었다. 명상에 몰입하면서 깨달음을 얻고 그 과정에서 교리를 발견한 석가는 이를 세상에 전한다. 석가는 명상을 통해 만물의 존재와 초월적인 세계가 하나임을 깨단게 된다. 그는 명상 속에서 '신적이고 예지적이며 초감각적인 눈'으로 세상의 모든 것을 관찰하였다.

모든 학문과 철학적 사변은 우리에게 주어진 의식의 형태로 머물고 있을 뿐이다. 그러나 인도의 철학은 명상법을 통해 이러한 의식을 더욱 높은 차원으로 끌어올린다. 의식은 명상에 몰입함으로써 위대한 변수가 된다. 몰입과 함께 시간과 공간의 제약을 받는 합리적인 사고, 즉 단순한 의식의 상태를 넘어 초월적 경험으로 승화된다.

존재에 대한 근본적인 해답은 우선 이성적인 결과에 의미와 정당성을 부여하는, 좀 더 깊은 근원에서 찾을 수 있다. 그러므로 석가의 가르침은 간단하게 이야기할 수밖에 없는 언어나 추상적인 논제에서는 사라지고 만다.

"나의 교리는 너무나 심오해서 관찰하기도 어렵고 이해하기도 어렵다. 고요하고 장엄해서 단순한 논리적 반성만으로는 이해할 수 없고, 섬세하여 지혜로운 사람만이 배울 수 있다."

윤리적 행위에 의해 전체 삶의 질을 정화시키려면 일상적 의식에서 일어나는 철학적 사고와 명상의 경험이 손을 잡고 진리를 추구해야 한다. 허위는 단순한 사고 행위나 의식 변화라는 기술만으로는 극복할 수 없다. 영혼이 먼저 정화되었을 때만 사고와 의식의 변화를 모두 성공할 수 있는 것이다.

체계적인 지식이 아니라 광범위하게 얽혀 있는 석가의 교리는 다음과 같은 하나의 문장으로 요약할 수 있다. 즉 석가는 깨달음의 제도를 가르친 것이 아니라 깨달음의 과정을 가르쳤다. 깨달음과 깨달음을 얻은 현자들의 길을 통해 신도들은 논리적 행동을 하면서 목적을 달성하는 것이다. 이런 논리적 행위는 깨달음의 과정에서 그 의미를 얻는다.

석가의 가르침은 여덟 개의 깨달음의 과정으로 나타난다. 이를 '팔정도(八正道)'라고 부르는데 정견(正見)*3, 정사유(正思惟)*4, 정어(正語)*5, 정업(正業)*6, 정명(正命)*7, 정정진(正精進)*8, 정념(正念)*9, 정정(正定)*10이 그것이다. 이러한 구도의 길은 다시 우리 삶에서 가장 근본적인 네 가지 진리인 사성제가 탄생한다. 곧 사고와 언어·행위에 대한 올바른 삶의 태도(에토스, 시타), 명상 단계를 통한 올바른 집중(사마디), 자각(파나), 해탈(비무티)이라는 네 가지 길이 그것이다. 해탈은 깨달음을 통해, 깨달음은 명상을 통해, 명상은 올바른 삶을 통해 이루어진다.

이러한 구도의 길은 그 자체가 하나의 교육적인 체계이다. 석가의 진리는 명상만이 아니라 일상적인 의식의 사고까지 포함된다. 그의 진리는 이해를 초월하지만 물리치지는 않는다. 초월적인 경험을 알리기 위해서는 다시 일상적 의식의 이해가 필요하기 때문이다.

비록 석가의 진리가 사변적 사고의 형태를 취하고 있지만 전적으로 사변적 사고에서만 나왔다고는 할 수 없다. 그렇다고 그의 진리가 수도원의 생활처럼 단순한 윤리의식에 포함되는 것도 아니다. 명상, 이해, 철학적 사변, 수도원의 윤리의식, 이 모든 것들이 독립적인 역할을 하는 것이 아니라 서로 상호작용을 한다. 마치 힌두교의 서로 다른 형태의 요가처럼 육체 단련, 윤리적 행동, 큰 깨달음, 사랑으로의 귀의, 의식 변형의 명상이라는 서로 다른 단계가 서로 보조적으로 작용한다.

명상 단계와 일상 의식의 이해로 얻은 관계, 또는 의식 행위의 경험과 사고행위의 경험을 통한 관계는 언제나 일정한 것이 아니다. 여기에는 일련의 평행관계가 있다. 우리는 저마다 다른 명상의 단계를 통해 새로운 초감각적인 세계를 경험하게 된다. 실재를 극복하기 위해 실재를 버리는 사고과정에서 초감각적인 경험을 반드시 거쳐야 하는 것은 아니다. 형식적이고 논리적 개념은 유한한 인간을 무한으로 풀어놓는 공간을 창조한다.

그러나 진리를 완전히 기억하고 확실성을 얻는 길은 명상뿐이다. 어느 하나가 우선이고 다른 하나가 결과가 되는 것이 아니라, 하나가 다른 것을 확인하고 보장하는 역할을 한다. 명상과 이해는 다같이 우리에게 진리를 얻기 위한 훈련과정이다.

명상과 사변, 에토스와 더불어 목적을 세우고 달성하려는 의지가 무엇보다 중요하다. 모든 인간은 누구나 행동하고 명상하고 사고할 수 있는 고유의 힘을 지니고 있다. 산을 오르는 등산가처럼 단련하고 투쟁을 한다. 그래서 석가는 끊임없이 우리에게 노력하라고 말했다. 이 모든 힘을 다같이 발휘해야 한다. 물론 노력하는 모든 사람이 다 목표에 이르는 것은 아니다. 드물지만 석가의 특별한 지도를 받은 사람은 강한 의지로 애쓰지 않아도 깨달음의 경지에 이르는 경우도 있다. 이렇게 깨달음을 얻은 사람은 갑자기 목표를 이루었으므로 그의 남은 여생에서는 단순한 반복에 의해 진리를 추구하며 정화시켜야 한다.

불교에서 여러 단계의 수행과정을 경험하고 깨닫는 것은 힌두교의 요가처럼 전체적으로 하나의 커다란 조화로 이야기할 수 있다.

명상은 그 자체로 완성된 기술이 아니다. 자신의 의식 상태를 조정하거나 하나의 의식을 끌어들이고, 다른 의식을 물리치는 것은 아주 위험한 일이다. 이러한 방법은 삶을 정화시키겠다는 확고한 의지를 가지고 수행되어야 한다. 명상에서 가장 필요한 것은 '늘 깨어 있는 상태'이다.

이러한 상태에서만 우리는 비로소 육체를 꿰뚫고 명상에 들어가 무의식의 심연까지 맑게 정화시킬 수 있다. 이처럼 무의식의 심연까지 정화시키는 것이 바로 에토스의 원칙이며, 명상과 철학적 사변의 원칙이다. 명상은 마약이나 아편으로 인한 도취나 환각 상태 같은 황홀경이 아니다. 사물에 대해 생각하는 대신 현존하는 사물에 대한 통찰력, 다시 말해 아주 맑은 의식 상태에서 일상을 뛰어넘는 통찰력으로 이루어지는 것이다. 따라서 명상의 일반 법칙은 이렇게 말할 수 있다.

"파멸을 가져올 수 있는 것은 모두 버려라. 언제나 온전히 깨어 있는 상태에서 행동하고 경험하라."

불교의 수행승려들은 매일매일의 언행에서나 사물에 대한 심오한 사고에서나 늘 진실해야 한다. 이런 규율은 수행승들에게 순결해야 하고 음주를 삼가고, 도둑질과 살생을 금한다. 반면 자비, 동정, 기쁨, 그리고 악과 불의에 굴하지 않는 침착한 마음을 요구받는다. 이 네 가지 요소는 명상을 통해 무한한 경지에 이른다. 다시 말해 무한한 부드러움, 비폭력, 야만적인 동물도 순화시킬 수 있는 마력, 사람이나 동물이나 신을 포함한 모든 생명체를 향한 무한한 자비심을 갖는 것이다.

불경에는 기적과 같은 신비한 이야기가 가득하다. 그러나 석가는 이렇게 말했다.

"진정한 기적은 중생을 올바른 믿음과 내면의 깨달음으로 이끄는 자, 스스로 명상 세계에 몰두해 깨달음을 얻을 수 있는 자에게만 일어난다. 모든 개인의 마음은 바람이 불고 물이 흐르듯이 변화무쌍하기 때문이다."

경전 교리

여러 경전에 나타난 석가의 교리는 일상적 의식에서 이해할 수 있는 명제와 합리적 개념으로 깨달음을 구하고 있다. 이런 깨달음은 더 차원 높은 의식 상태인 명상으로만 얻을 수 있다. 자아를 뛰어넘는 통찰력에서 이런 깨달음의 확실성이 나오지만, 그 확실성은 일상적 의식에서도 이해될 수 있도록 나타나 있다. 석가의 교리는 초감각적인 경험을 하지 않고도 합리적 사고로 충분히 이해할 수 있도록 표현되어 있다는 뜻이다. 그의 교리는 전통적 인도 철학에서 사용하던 개념, 추상, 열거, 종합으로 구성되어 있다.

그러나 이러한 석가의 교리도 초감각적인 경험이 없이는 효과적으로 전달되기 어렵다. 우리의 유한한 의식에 바탕을 둔 합리적 사고는 석가의 진리를 충분히 이해하지 못할 것이다. 석가 교리의 핵심 내용은 명상에 의해서만 터득할 수 있다. 합리적 사고는 진리의 희미한 흔적만 암시할 뿐이다. 따라서 우리는 합리적으로 표현된 교리를 살펴보더라도 이러한 교리의 근거와 내용을 잊어서는 안 될 것이다. 이제부터 이러한 전제를 염두에 두고 불경에 나타난 석가의 교리를 간단히 살펴보겠다.

1) 석가는 존재의 통찰이 고통의 진리 속에서 표현된다고 가르쳤다.

"고통에 대한 진리는 여기에 있다. 태어나고, 늙고, 병 들고, 죽는 것이 모두 고통이다. 싫은 것과 함께하는 것도 고통이며, 바라는 바를 이루지 못하는 것도 고통이다.

여기에 고통의 원인에 대한 진리가 있다. 쾌락과 탐욕으로 재생하려는 것도 고통의 원인이며, 감각적인 쾌락의 욕망, 존재하려는 욕망, 과거에 대한 애착도 고통의 원인이다.

여기에 고통을 없애는 진리가 있다. 모든 욕망에서 벗어나 고통을 이겨내는 방법은 바로 욕망의 포기, 단념, 해방에 있다."

끝으로 이런 고통을 없애는 방법에 대한 진리로 석가는 팔정도를 들었다. 앞에서 살펴본 대로 정견·정사유·정어·정업·정명·정정진·정념·정정의 여덟 가지 길이다.

이런 석가의 통찰력은 저마다 다른 현실 존재를 관찰하는 데 있는 것이 아니고 인생을 하나의 전체로 관찰하는 데서 비롯된다. 이때 모든 존재를 비관적으로 바라보지 말고 고통을 이해하는 자비의 눈으로 바라보아야 한다. 이런 관찰만이 참다운 지식을 얻게 하고 참다운 지식만이 깨달음을 줄 수 있다. 석가는 모든 존재의 상변성(常變性), 곧 고요한 가운데 끊임없는 변화를 추구하고 있다.

"모든 것은 불타오른다. 사람의 눈도 불타오르고 눈에 보이는 형상도 불타오른다. 어떤 불인가? 열정과 증오의 불에 타오르고, 출생과 늙음, 죽음과 고통, 슬픔과 비참, 절망으로 불타오른다."

결국 인간은 다른 모든 생명체와 마찬가지로, 맹목적인 집착으로 존재하지 않는 것에 현혹되어 무지의 상태로 삶을 이어간다. 끊임없이 태어났다가 죽어가는 영원한 윤회의 절대적 덧없음'에 사로잡혀 있다.

이런 덧없음에 사로잡히지 않는 유일한 길은 해탈이다. 지식으로 무지를 뛰어넘는 것이다. 삶의 이곳저곳을 하나하나 바라보는 일방적인 통찰력이 아니라, 삶 자체를 하나의 전체로 보고 근본적으로 이해하는 통찰력만이 깨달음의 길로 통하는 변화를 가져온다. 이런 깨달음은 모든 집착과 욕망을 버리고 전체적으로 존재의 근원과 종말을 바라보는 통찰력에서 비롯된다. 무지와 맹목적 집착은 유한에 사로잡힌 존재의 근거이며, 완전한 지식은 바로 이런 존재의 소멸에서 나온다.

2) 무지를 통한 고통스러운 존재의 탄생과 지식을 통한 그 존재의 소멸이라는 관계를 석가는 열두 가지의 연쇄적인 '인과법칙'으로 설명하고 있다.

"무지에서 카르마가 나오고 카르마에서 의식이 나온다. 의식에서 이름과 육체가 나오고 이름과 육체에서 육감이 나온다. 육감에서 관계가 나오고 관계에서 감정이 나온다. 감정에서 욕망이 나오고 욕망은 집착을 낳는다. 집착에서 존재가 나오고 존재에서 출생이 나온다. 그리고 출생과 함께 늙음, 죽음, 고통, 슬픔, 비참, 고뇌와 절망이 시작된다."

이런 열두 가지 인과과정은 매우 낯설게 느껴진다. 이런 과정은 존재가 이루어지는 우주의 과정이라기보다는 병들고 늙고 죽는 고통스러운 윤회(Samsara)를 보여준다. 무엇이 이런 노병사(老病死)를 가능하게 하는가? 출생이 있기 때문이다. 그렇다면 출생은 어디에서 오는가? 존재가 있기 때문이다. 이렇게 계속 나가면 우리는 무지(無知)라는 최초의 대원인에 이른다.

순서를 바꾸면, 근원에서 출발하여 무지를 낳고 무지에서 현상(Sanskara), 즉 삶을 이루는 무의식적 힘을 낳는다. 이런 힘들은 전생의 삶에서 나와 현세의 의식을 만든다. 이런 의식은 모든 것을 육체적 존재의 형식과 이름으로 본다. 이는 오관으로 분류될 수 있다. 그리고 관계가 나오고, 관계에서 감정이 나오고 감정에서 욕망과 집착이 나온다. 이것이 미래로 가면 카르마의 기초가 되고 다시 출생과 늙음, 죽음으로 이어진다.

여기에 석가는 이렇게 말했다.

"모든 진리는 원인으로부터 나오며, 완성된 자(깨달은 자)는 그 원인을 가르치고, 그 원인을 없애는 방법을 가르친다."

존재하는 모든 것은 제한되어 있고 끊임없이 변화된다.

연쇄적인 인과와 마지막 원인에 대한 인식만이 모든 불길한 현상을 쫓아낼 수 있다. 무지가 극복되면 무지로부터 나오는 인과의 사슬이 없어지기 때문이다.

모든 깨달음의 근거는 참다운 지식이다. 이러한 지식은 어떤 것에 대한 단순한 지식이 아니라 전체를 포괄하는 행위다. 이것은 구제불능의 존재를 억제하는 것과 같다. 이런 존재는 자살로는 억제될 수 없으며, 자살은 더 많은 고통과 죽음의 재생을 되풀이할 뿐이다. 이 존재는 지식 속에서, 그리고 지식과 더불어 사라진다.

이처럼 비참한 삶을 가져오는 최초의 무지는 어디서 나왔는가? 석가는 이런 질문에 더 이상 언급하지 않는다. 그는 기독교의 에덴동산에 나오는 아담과 이브의 원죄처럼 영원한 완성에서 무지로 떨어지는 이야기는 하지 않았던 것이다. 연쇄적인 인과법칙은 되풀이되어 그러한 최초의 원인을 담고 있는 듯하지만, 아무튼 석가의 질문은 여기서 끝난다.

이러한 지식은 깨달음을 확신시켜주는데, 그는 이것으로 충분하다고 생각했을 것이다. 여기서는 고통을 제공했다는 죄의식에 연루된 결과를 찾아볼 수 없다. 사실 누가 진심으로 죄의식을 가질 수 있겠는가?

3) 나는 누구인가? 존재란 무엇인가? 자아란 무엇인가? 이런 질문에 대한 석가의 대답은 놀랍게도 자아의 부정에서 시작된다. 석가의 교리에는 자아가 존재하지 않는다. 존재란 오관과 오관의 대상(물체, 감각, 지각)이라

는 인과의 고리로 연결되어 있을 뿐이다. 이런 존재는 천성, 성향, 본능, 건설적인 생명력 속에서 움직이는 무의식적 힘과 의식적 힘으로 이루어져 있다. 존재가 끝나는 죽음을 통해서 무의식과 의식의 힘은 분리된다. 그러므로 결합된 무의식과 의식은 자아가 아니라, 영원한 윤회의 과정에서 일시적으로 하나가 된 카르마에 불과하다.

그러나 석가는 다른 경전에서 자아를 부인하지 않으면 어떤 사고도 참된 자아를 꿰뚫을 수 없다고 가르치고 있다.

"육체는 자아가 아니다. 감각도 자아가 아니다. 이념, 형식, 무의식적 힘까지도 자아가 아니다. 인식이나 순수한 지성적인 인식도 자아가 아니다. 변화하는 것은 나의 것이 아니고, 나의 것은 내가 아니고, 내가 아닌 것은 자아가 아니다."

우리는 여기서 자아가 아닌 것이 참된 자아의 기준으로 표현되고 있음을 알 수 있다. 석가는 자아의 문제는 그대로 남겨놓고 참된 자아로 가는 방향만 제시한 것이다. 이는 열반(니르바나)과 일치하는 자아를 의미하는 것이 분명하다.

석가는 명상의 단계를 말하면서 자아의 세 단계에 대해 언급한다. 첫째는 육체로서의 자아이고, 둘째는 명상에 의해 '나무에서 줄기가 나오듯' 육체적 자아로부터 끌어내는 초감각적인 정신으로서의 자아이며, 셋째는 무한한 에테르의 무한한 영역이면서 형상이 없는 무의식적 자아이다.

모든 자아는 명상의 단계에 속하므로 각 단계에 해당하는 가치가 있지만 그 자체의 존재는 아니다. 참된 자아는 존재하지 않는 것이다. 감각적인 존재에서는 육체가 자아다. 명상의 첫번째 단계에서 이 자아는 무로 돌아가고 형상이 없는 정신적이고 영적인 자아가 나타난다. 이 영적인 자아도 더 높은 단계에서는 사라진다. 명상에서는 자아 자체를 부정한 것이 아니라, 오히려 그 상대적 효과로 다양한 단계가 더욱 뚜렷해진다. 열반과 일치되는 가장 높은 경지에 이르기 전에는 진정한 자아를 얻을 수 없다.

만일 석가의 교리가 참된 자아가 무엇인가를 대답하지 못하거나 대답할 수 없다면, 다음과 같은 질문을 제기할 수 있다. 깨달음의 구원을 받는 자는 과연 누구인가? 내가 아니고 자아도 아니고 개인도 아니라면, 도대체 누가 구원을 받는가?

이런 의문의 갈등은 경전에 그대로 남아 있다. 자아는 존재하지 않는다. 나는 지난날의 존재도 아니고 지금의 존재도 아니다. 생과 생을 이어주는 인연은 생물에서 하나의 존재로 생기는 비인격적인 카르마다. 카르마에서 회상을 낳고 회상을 통해 지금과 지난날의 존재는 하나가 된다.

4) 생겨나는 것은 존재가 아니다. 그러면 존재란 도대체 무엇이란 말인가? 환상적 자아는 절대로 참된 자아가 아니다. 존재하는 것은 모두 환상이요 무지요 비참이다. 훗날의 불교도들이 잘 설명했듯이 탄생은 순간적인 존재의 사슬이다. 존재하는 것처럼 보이지만 비존재로 연결된 일시적인 존재일 뿐이다. 변하지 않는 것은 없으며 아무것도 동일하게 남지 않으며, 어디에도 확실하게 완성된 것은 하나도 없다. 자아는 덧없는 지난날의 환상으로 자아를 그 자체로 인정하며 끊임없이 변하는 것이라고 할 수 있다.

탄생의 흐름과 자아의 환상은 그 근거를 찾아보면 아무것도 없다. 따라서 환상적인 탄생과 자아에 얽매인 모든 사고에서 벗어나 완전히 다른 새로운 것을 찾아야 한다. 존재도 없고 비존재도 없는 이것은 깨달음을 통해 열반에서만 터득할 수 있다.

5) 깨달음이란 가장 높은 명상 단계에서 얻을 수 있는 가장 밝은 통찰력이다. 깨달음은 일상적 의식 단계에서 존재와 자아의 모든 묘사를 변화시키는 통찰력이다.

이 통찰력을 통해 아주 작은 생물로부터 신과 지옥에 이르는 모든 재생의 세계를 볼 수 있다. 이를 통해 고통의 원인과 과정을 볼 수 있고, 석가의 교리에 나오는 명제가 전해 주지 못하는 부분까지 볼 수 있다.

통찰력은 은유로 표현된다. "그것은 마치 티 없이 맑고 깨끗한 물이 흐르는 깊은 산속의 호수와 같다. 이 호숫가에 서 있는 사람은 누구나 밝은 호수에 있는 진주와 갖가지 조개, 자갈과 물고기 무리를 볼 수 있다."

이렇게 맑은 호수를 보듯이 통찰력을 가진 사람은 세상의 근거와 깊은 현상까지 꿰뚫어 볼 수 있다. "영혼이 맑고 자유로운 수도승은 흔들림 없는 시선으로 호수를 바라본다." 그의 시선은 유한한 존재를 뚫고 나가 고차원의 존재를 바라볼 수 있는 통찰력이다. 수도승은 존재를 꿰뚫는 통찰력으로 고통과 고통의 원인과 소멸을 볼 수 있다. 그렇게 해서 '이 세상에서 정신적인 삶은 결실'을 맺게 되는 것이다.

6) 니르바나(열반)는 이 통찰력이 가져다 주는 마지막 해탈과, 해탈의 목적이다. 그렇다면 석가는 열반에 대해 어떻게 이야기하고 있는가?

석가가 열반에 대해 말할 때는 환상적인 의식의 영역 안에서 이야기해야 하므로 열반은 언제나 있음과 없음으로 표현된다. 열반에 대해 이야기하려면 특이한 조건을 인정해야 한다. 대상이 정해진 의견은 아무 소용이 없다. 그러나 중요한 부분을 말하려면 대상이 정해진 언어로 말해야 한다. 그렇다면 과연 열반이란 무엇인가?

우리는 탄생과 자아의 환상은 원래 근거가 없다고 들었다. 그렇다고 이런 환상이 근거나 다음 세계로 사라지는 것도 아니다. 탄생과 자아는 환상과 함께 우리를 이루고 있는 존재의 사고를 벗어나 어떤 영역으로 초월된다. 그러므로 우리가 논리적으로 판단할 때 석가의 열반에 대한 설명은 역설이 아닐 수 없다. 몇 가지 예를 들어본다.

"그곳엔 땅도 바다도 빛도 공기도 없다. 무한한 공간도 무한한 의식도, 아무것도 없다. 의식도 없고 무의식도 없다. 그곳에는 근거도 없고 발전도 없고 멈춤도 없다. 그러나 그곳에는 고행의 종말이 있다."

"오는 것도 없고 가는 것도 없으며 머물지도 않는다. 죽음이나 생겨나는 것도 없고 근거나 멈춤도 없는 곳이다. 그곳에 고행의 종말이 있다. 움직임도 없고 고정되어 있는 것도 아니다. 움직임이 없으니 고요한 상태다. 정적인 상태는 즐거움이 없으며, 즐거움이 없으면 오는 것도 가는 것도 없다. 따라서 그곳엔 죽음도 탄생도 없고, 위도 아래도 중간도 없다. 그곳에는 고행의 종말이 있을 뿐이다."

우리는 여기서 니르바나를 형이상학적인 시각에서 생각해 볼 필요가 있다. 니르바나는 《우파니샤드》에 나타난 것처럼 존재도 비존재도 아닌 '이원성의 부재'로 설명된다. 그것은 이 세상의 어떤 방법으로도 전혀 알 수 없으며, 따라서 학문의 대상이 될 수도 없다. 그러나 한 가지 최종적으로 깊은 내면의 확신을 지니고 있다. 파르메니데스*[11]가 말한 대로 그것은 "태어나지 않은 어떤 것으로서 생겨나지도 형성되지도 않은 것이다. 정체가 없다면 열반의 길도 발견하지 못할 것이다." 이런 방법으로 영원을 말하는 것 자체도 언어의 한계성 때문에 틀릴 수 있다.

여기서 우리는 질문을 계속할 수 없다. 만일 계속 질문하고 싶은 사람은 이런 답변을 듣게 될 것이다.

"그대는 질문의 한계를 지킬 줄 모른다. 니르바나에 들면 성자는 마침내 그 근본적인 근거를 발견할 수 있다. 니르바나는 최종적 목표이고 그 목표의 결론이기 때문이다."

그래서 니르바나에 도달하지 못한 사람은 침묵으로 그의 운명을 겸허하게 받아들여야 한다.

"적막의 상태로 돌아간 사람을 판단할 어떤 방법도 없으며 그를 표현할 어떤 언어도 없다. 그는 사고로 이해할 수 있는 존재를 뛰어넘은 상태다. 따라서 더 이상 논의할 필요가 없다."

7) 석가모니의 길은 형이상학의 길이 아니라 해탈의 길이다. 지금까지 논의해 온 모든 관념도 해탈과의 연관에서만 의미가 있다. 석가는 지식을 가르치는 사람이 아니라 해탈의 길을 전하는 역할을 할 뿐이다.

깨달음의 길이란 말은 원래 고통 확인, 증상과 원인, 고통 구제에 관한 문제와 그 치료방법의 문제 등 인도 의학에서 유래한 말이다. 플라톤이나 스토아학파, 스피노자의 철학과도 비교할 수 있다.

석가는 깨달음에 이르는 길에 소용이 없는 명제를 던지고, 그에 대한 어떤 설명도 하지 않았다. 예컨대 이러한 문제들이다. '세상은 영원하다'거나 '세상은 영원하지 않다', 또는 '세상은 유한하다'거나 '세상은 유한하지 않다', 아니면 '죽은 뒤에 성인이 된다'거나 '죽기 전에도 성인이 된다' 따위의 부질없는 명제를 제시하고 있는 것이다.

석가는 형이상학적인 문제를 이론적으로 다루는 것조차 반대하였다. 그는 형이상학적 사고 자체도 하나의 구속으로 보았다. 인간은 자신으로부터 자유로워지기 위해 해탈을 추구하는 것이기 때문이다. 이 경우 형이상학적 사고는 수도승에게는 무거운 사슬이 된다.

자신의 입장만 진리로 내세우고 저마다 다른 주장을 하는 다양한 철학적 사고는 말다툼과 쓸데없는 토론만을 야기할 뿐이다. 서로 자신이 옳고 상대방이 틀리다고 반박하면서, 자신의 주장이 받아들여진 사람은 당당하게 갈채를 요구한다. 그렇게 하나의 논제가 나오고 사라지면 다시 새로운 철학적 사변이 제기된다. 기분에 따라 때로는 이 이론을 취하고 때로는 저 이론을 선택하기도 한다. 마치 원숭이가 이 나무 저 나무로 옮겨 다니듯이 논쟁은 끝없이 계속된다.

그러나 형이상학적 문제를 부정하는 결정적인 이유는, 그러한 토론이 니르바나의 길로 가는 데 아무런 도움이 되지 않기 때문이며, 그런 사고는 니르바나로 가는 길을 막고 깨달음을 늦출 뿐이다.

"그러한 생각은 마치 독화살을 맞아 전신에 독이 퍼진 사람을 두고 친구들이 의사를 부르러 가는 일이나 마찬가지이다. 화살을 쏜 사람이 누군지 밝혀지기 전에는 절대 화살을 뽑지 않겠다는 사람과 같다. 그러면 환자는 범인을 알아내기도 전에 죽을 것이다. 이처럼 어떤 제자가 세상이 영원하다는 성인의 명제가 밝혀지기 전에는 절대 구도의 길을 걷지 않겠다고 말한다면, 그는 성인의 설명을 듣기도 전에 죽을 것이다. 세상이 영원하든 영원하지 않든 인간은 태어나서 늙고 병들고 죽는다. 그리고 고통과 슬픔, 번뇌와 절망의 길을 가게 마련이다. 고통은 여전히 존재하고 나는 이러한 고통을 이기는 방법을 전해 줄 뿐이다. 그러니 이를 명심하고 설명을 기다리지 마라."

이 문제를 설명하지 않았다고 해서 석가가 그 이유를 모르는 것은 아니다. 불교 교리에서 침묵의 힘은 가장 커다란 역할을 하며, 이것은 그의 사상을 전파하는 데 놀라운 영향력을 발휘한다. 완벽한 해답을 내놓지 않았기 때문에 끝없이 질문이 나오는 것이다. 대답이 없다고 해서 석가의 가르침이 없어지는 것은 아니다. 그의 침묵은 오히려 크나큰 배후로 남아 있다. 이 세상에서 진리의 길을 찾는 하나뿐인 방법은 이 세상이 사라지는 것뿐이다. 우리는 이러한 길을 가는 데 필요한 지혜를 배우는 것이다. 그러나 동시에 우리는 이런 지식을 겸손하게 포기할 수 있어야 한다.

석가의 새로운 문제

불교 교리, 용어, 사고형태, 개념, 행위에서 새로운 것은 하나도 없다. 금욕, 금욕적인 단체, 수도원의 생활방식은 오래전부터 인도에 있어 왔다. 숲속의 은둔자들은 여러 계급에서 나왔고 또 늘 출신성분에 관계없이 존경을 받아 왔다. 깨달음을 통한 해탈이라는 개념도 이미 요가의 명상과정에 있었다.

석가는 지금까지 내려온 우주관, 세상의 연륜, 신의 세계관을 그대로 이어받았다. 이런 점에서 불교 교리는 초월적 삶에 근거를 둔 인도 철학의 완성같이 보였다.

가치의 척도를 나타내는 '새로운'이라는 단어를 오늘날의 서양인들은 특수하게 쓰고 있다. 이런 기준에 따르면 석가의 위대한 생애와 사고에는 하나도 새로운 것이 없다. 그럼에도 불구하고 우리는 몇 가지 새로운 의미를 부여하지 않을 수 없다.

1) 첫째로 석가의 위대한 인간성을 들 수 있다. 전설을 통해서도 우리는 그의 역사적 영향력을 느낄 수 있다. 그는 인간이 무엇을 해야 하는지 보여주었다. 그럼에도 존재와 무지에 대한 근원적 대답에는 침묵을 지켰다. '석가 가문의 침묵을 지키는 사람'이라는 뜻의 석가모니는 침묵을 통해 더욱 강력한 영향력을 보였기 때문이다.

석가의 삶은 강력한 의지로 점철된 노력이었다. 전설에 따르면 아시타 성자는 고타마가 태어날 때 훌륭한 통치자가 아니면 불타가 될 것이라고 예언했다고 한다. 그러나 석가는 세상을 정복하고 지배하려는 의지는 인간의 참된 의지가 아니라고 보았다. 진정한 의지는 자기 자신이나 타인에 굴하지 않을 정도로 자신을 극복할 수 있는 강한 의지다. "오만한 자아를 극복하는 자만이 진실로 최상의 축복을 누릴 수 있다."

석가의 자아 정복은 너무나 완전하므로 어떤 긴장의 흔적도 느낄 수 없다. 의미와 존재, 자아와 오만에 사로잡히지 않은 그의 영적 삶은 고상하고 잔잔하면서도 끝없이 부드러운 행위로 나타난다. 삶의 실재를 뛰어넘은 석가는 자신은 물론 다른 사람과도 항상 거리를 두어 개인적인 은밀한 삶에 신경을 쓰지 않았다. 삶의 깨달음을 얻은 석가는 무언가를 얻기 위해 애쓰지 않았다. 그는 언제나 흔들림 없는 고요함과 모든 세상을 환히 밝힐 정도로 맑고 깨끗한 마음을 지니고 있었다. 또한 그는 평온한 가운데 자연스럽게 세상만

사를 내다볼 수 있는 혜안을 지녔다. 이렇게 석가는 점점 자기 자신을 뛰어넘어 비인간화되었다.

수많은 불타들이 이미 예전에 그와 같은 행동을 했으며, 앞으로도 계속 그의 뒤를 따를 것이다. 석가는 수많은 대중에 파묻혀 자기 자신의 존재를 잃어버린 인물이었다. 그러나 그의 삶은 되풀이된다. "집도 고향도 없이 세상을 떠난 나는 인간과는 인연을 맺지 않고 사방으로 다시 떠돌아다닌다." 그는 이해할 수 없는 존재였다. 어떤 사람은 이렇게 말했다. "아무 발자국도 남기지 않고 세상을 영원히 떠돌아다니는 석가를 어떻게 알 수 있는가?"

이처럼 모든 특성이 사라진 석가의 인간성은 새로운 모습으로 우리에게 나타난다. 독자적인 의지나 특성이 없는 다양한 인간성으로. 석가와 그의 제자들, 또는 제자들 사이에는 근본적인 차이가 전혀 없다. 그들은 모두 작은 부처들이다. 어쩌면 석가는 인간성이 아니라 하나의 유형에 불과한 것이다.

그와 대조적인 다른 유형으로는 악인이나 비신자들, 궤변론자들이 있다. 석가의 인간성이 개인적인 특성이 모두 사라진 인간성이라는 점은 역설적이다. 이러한 진리의 근본은 자아의 부정이라는 사실을 떠올릴 필요가 있다. 석가의 근본 경험은 역사적 자아의 경험이 아니라, 자아를 끊어버리는 진리의 경험이다. 이것이 바로 서양의 개인의식과 동양의 개인의식을 뛰어넘은 인간성의 힘이다.

2) 지난날 선현들의 업적을 석가가 전체적으로 과감하게 개혁해 나간 것은 새로운 사실이다. 그는 종래의 전통적인 권위를 반대했다. 특히 그는 카스트 제도와 신의 위력으로부터 완전히 떨어져 나갔다. 그러나 신에 맞서 싸운 적은 없다. 세상에서 활동하는 신의 실재를 인정했지만 그는 신을 부정하지 않으면서도 무의미한 경지로 만들어 버렸다.

모든 인류를 향해 이야기한 석가의 태도는 매우 극단적이었다. 일부의 사람들에게만 가능했던 것이 이제 누구에게나 가능하게 되었다. 숲속에서 일부 은둔자들에게 가르쳤던 것이 도시나 농촌에서 또는 대중들이 몰리는 수도원에서 공개적으로 전달되었다. 그리하여 이 세상에 새로운 존재가 등장했다. 탁발로 살아가는 수많은 수도승들의 무리가 생겨났다. 가난, 결백, 출가, 출세의 삶을 영위하며 석가의 가르침을 실천하는 이들에게 일반 신도들은 공양을 바치며 그들에게 물질적인 지원을 아끼지 않았다.

실제로 승려들은 카스트제도 중 상위 두 계급에 속하는 사람들이었다. 석가 자신도 귀족 출신으로 '귀족 출신의 젊은이'라는 표현을 자주 인용하였다. 그래서 후대의 불교 교리에서는 브라만 계급이나 왕족에서만 불타가 나올 수 있다고까지 주장한다. 불교는 원래 왕족 종교였으므로 의식 수준이 높은 사람들만 그 가르침을 이해할 수 있다는 것이다. 그러나 석가는 진리를 이해할 수 있는 모든 사람들에게 가르침을 전했다. 심지어 그는 모든 사람들이 자기 나라 말로 불교 교리를 배워야 한다고 강조했다.

이렇게 해서 인류 역사상 최초로 인도주의 사상과 모든 인류를 위한 종교라는 개념이 구체화되었다. 카스트제도, 민족, 국가라는 기존 사회질서의 경계가 완전히 무너졌다. 인도의 일부 상류층에만 제한되어 있던 불교가 역사상 처음으로 모든 사람들이 공유할 수 있는 종교로 발전한 것이다.

같은 세계 종교이지만 그 후에 일어난 스토아학파, 기독교, 이슬람교와 비교해 보면 석가는 특이한 점이 있음을 알게 된다. 그는 인류뿐만 아니라 신과 동물을 비롯한 모든 생명체가 구원을 받을 수 있다는 자비심을 가졌다는 점이다. 석가가 발견한 해탈은 모든 존재가 누릴 수 있는 구원의 길이다.

개개인에게 말하는 것은 모든 사람에게 말하는 것과 같다. 집과 가정과 사회의 모든 법률을 떠난 석가의 삶은 모든 사람들에게 훌륭한 본보기를 보였다. 그의 가르침을 받은 사람은 누구나 깨달음의 길로 들어갈 수 있다고 생각한 석가는 이렇게 말했다. "모든 것은 너희에게 달려 있다."

이렇게 그는 단호하게 이것이냐 저것이냐의 선택을 강요하면서 사람들의 마음을 사로잡았다. 다른 일반 신도들은 공양을 하며 특히 승려들의 물질적 지원을 담당하였다. 그러나 이들에게도 다음 세상에 새로 태어나면 더 높은 깨달음의 기회가 온다. 이것을 진심으로 믿고 따르는 자는 누구나 구원의 길로 들어설 수 있음을 개개인에게 가르쳤다.

해탈의 길에 필요한 믿음은 지식에서 나온다. 석가는 전통적인 사변을 목적이 없고 쓸데없는 논쟁만 일삼을 뿐이라고 물리치면서도, "해탈이 곧 지식이다. 해탈은 깨달음이며 깨달음과 함께 해탈의 길로 들어선다"는 사상은 인도 철학에서 그대로 물려받았다.

석가는 언제나 개인이나 소규모 집단을 대상으로 가르쳤다. 그는 대화나 강의 형식으로 누구나 각자의 행동을 통해 얻을 수 있는 통찰력을 길러 줬다. 석가의 말에는 힘이 있어 그의 말을 들은 사람은 잠에서 깨어나듯 눈을 뜨게 되었다. 비록 불교 교리는 다양한 방법으로 전해오지만, 석가의 말은 기적과 같아서 휘어진 것을 바로 세우는 것과 같았고 숨겨진 것을 다시 드러내는 것과 같았다. 길을 잃은 사람에게 바른 길로 이끄는 것과 같았고, 어둠 속에 등불을 밝히는 것과도 같았다.

3) 석가의 가르침은 모든 개인들에게 전파되고 이 세상 모든 곳을 비추어 주기 때문에 보다 드넓은 새로운 요인, 즉 의식적인 사명감을 불러일으켰다. 그래서 석가는 처음부터 두 가지 목적으로 수도원을 세웠다. 첫째는 개인의 깨달음의 길이며, 둘째는 방랑을 하면서 그의 교리를 온 세상에 전하는 것이었다.

석가 그 뒤의 불교

불교의 전파·변화·분파 과정은 아시아종교사에서 매우 중요한 자리를 차지한다. 강력한 통치자였던 아소카대왕의 적극적인 포교활동으로 불교는 아시아 여러 나라에 널리 퍼지면서 힘찬 발전과정을 거쳐 왔다. 세상 곳곳에 전해졌지만 아시아의 여러 지역에서만 유일하게 특이한 현상이 일어났다. 중국·한국·일본에 형이상학적인 새로운 삶의 형태를 가져다 주었고, 티베트 사람과 시베리아 사람, 몽골인에게는 평온함을 안겨 주었다.

그러나 이상하게도 불교가 발생한 인도에서는 점점 사라져 가고 있다. 인도는 강력한 전제주의 통치, 즉 전통 신을 모시는 카스트제도를 유지해 왔기 때문에 불교는 이곳에서 차차 사라지고 만다. 불교는 인도주의 종교로 몇 세기 동안 인도를 지배해 왔지만 이 땅에서 사라지는 데는 100여년 밖에 걸리지 않았다. 저항도 없이 인도에서 소멸되어 간 것이다.

그러나 아시아 여러 나라에서 불교는 잠들어 있는 인간의 정신을 일깨우는 선구자 역할을 했으며 한 동안 중국이나 일본에서 배척을 당하기도 했다.

예수 그리스도가 탄생했을 무렵에 불교는 삼사라(Samsara : 윤회를 뜻하는 산스크리트어)라는 고통의 바다를 건너 구원의 길로 가는 북방의 대승불교(Mahayana)와 남방의 소승불교(Hinayana)로 갈라졌다. 초기 불교의 교리에 더욱 가까운 소승불교에 비해 대승불교는 석가의 근본교리와는 많이 멀어진 듯하다.

그러나 오늘날까지도 스리랑카나 인도차이나반도에 전해지고 있는 소승불교는 불교의 초기 전통을 지키고 있지만 새로운 기여는 하지 못했다. 반면 대승불교는 훨씬 드넓고 활발하게 새로운 종교활동으로 발전해 나갔다. 이것은 대중의 신앙 욕구를 충족시켰을 뿐 아니라 불교를 사변적 철학의 토대로 승화시켰다.

소승불교가 초기불교의 규칙과 개인의 자아완성을 추구하는 해탈에 몰두한 반면, 대승불교는 개인적인 해탈뿐 아니라 낯설고 새로운 것을 포함한 모든 만물과 인간의 해탈을 내세운다. 대승불교는 소승불교가 소홀했던 석가의 교리, 특히 자비심으로 인간과 신을 비롯한 세상의 모든 만물을 포용하여 깨달음의 길로 이끄는 불교이론을 발전시켰다.

그리고 훨씬 후대에 대승불교를 널리 알렸으며 보다 더 정교하고 체계적인 이론으로 발전해 나간 나가르주나(Nagarjuna : 용수. 인도 승려·철학자. 150~250년쯤)의 사상도 원래는 모든 인류의 종교라는 석가의 교리에서 나온 것이다.

그러나 대승불교의 중요한 역할은 석가의 깨달음의 사상을 종교로 승화시켰다는 것이다. 이제 이렇게 파생된 종파들이 석가의 기본교리와 어떻게 다른지 살펴보기로 한다.

1) 새로운 종파는 곧 권위와 복종에 빠졌다. 석가가 세운 수도원의 모든 수도승들은 저마다의 힘으로 깨달음을 구했다. 그러나 그들은 곧 자신의 책임감을 잊어버리고, 실제로 권위에 복종하는 삶을 살게 되었다. 승려들은 '불타, 교리, 승단에서 안식처'를 찾았다.

2) 인간의 힘에 대한 신념이 사라지고 석가를 신으로 승격시켰다. 원래 석가의 가르침에 의하면 사람들은 기도나 자비, 제사를 통해서가 아니라, 지혜로 깨달음을 얻을 수 있다. 이 지혜는 개인의 도덕적 생활에 의한 통찰력에 의해 얻을 수 있다. 이러한 통찰력은 언어로 쉽게 표현할 수 있는 합리적 지식이 아니라, 스스로 깨달아서 얻는 지혜에서 나온다. 석가의 가르침을 따르는 자는 자신의 힘으로 이것을 구해야 한다. 이런 지혜로 스스로 깨달은 자만이 탐욕과 고통으로부터 자유로워질 수 있다.

그래서 석가는 해탈을 이루면서 이렇게 결론을 내린다.

"태어난 것은 언젠가 다시 사라지고 성스러운 변화와 함께 책임이 따른다. 나는 이런 세상으로 다시 돌아가지 않을 것이다. 나는 깨달았다."

깨달음을 얻은 승려들은 무의식의 힘을 통해 생명체를 만들 수 있다. 그러나 해탈을 이루지 못한 사람은 끝없는 윤회의 바퀴를 돌아야 한다.

석가의 가르침을 받은 사람은 자기 자신의 힘으로 깨달음을 이룬다. 이런 깨달음은 도덕적 삶을 통한 저마다의 통찰력에서 나온다. 이것은 신이 주는 것이 아니라 신도 이러한 통찰력이 필요하다. 석가는 이런 통찰력에 대해 전해줄 뿐이다. 석가의 가르침을 받은 사람은 누구나 스스로 그것을 추구해야 한다. 그래서 석가는 "쉬지 말고 정진하라"고 가르쳤다. 이런 의미에서 석가의 교리는 종교라기보다는 인간의 의지와 힘을 바탕으로 하는 철학이라고 할 수 있다.

그러나 인간의 노력에 의한 깨달음의 개념이 흔들리면서 불교의 사고방식도 변화했다. 이제 불교신자들은 신에게 구원의 손길을 내밀었지만, 신들조차 해방이 필요한 무력한 존재였다. 그들은 통찰력에 의해 스스로 깨달음을 얻어야 한다는 관념과 자발적인 해탈 개념을 포기하지 않으면서도 신의 도움을 찾았다. 석가를 신으로 만듦으로써 그들은 이 도움을 받으려 한 것이다.

이렇게 해서 신이라고 부를 수 없을 지라도 여러 가지 신의 형상과 비슷한 존재들이 등장하였고, 단순히 진리를 가르쳤던 석가는 이제 모든 신 가운데 가장 강력한 신으로 자리잡게 되었다. 철학적 믿음으로 이해되었던 석가의 통찰력은 석가에 대한 신앙으로 변하였다. 이제 인간은 스스로의 힘으로 깨달음의 길을 결정하는 것이 아니라 신격화된 석가의 초월적인 구원을 기다리게 되었다.

석가는 원래 지혜를 개인의 인간성과 연결할 뜻이 전혀 없었다. 그것은 열반을 눈앞에 두고 그가 한 마지막 말에서도 알 수 있다. 그는 자신의 가르침을 각 개인이 본보기로 삼아 정진하기를 바랬다. 그러나 불교신지들은 석가를 인간적인 스승으로 존경하는 것이 아니라 그의 인간성에 강한 힘을 부여하여 신으로 여겼다. 초기 경전에 나오는 석가의 모습은 다양한 신으로 끝없이 변모한다. 석가는 완전히 깨달은 자, 완전한 자, 지혜와 행위를 초월한 자, 세상의 모든 것을 보는 성자, 자신을 극복한 자, 정복당하지 않는 자, 신과 인간의 스승, 세상 누구와도 견줄 수 없는 자 등으로 불리게 되었다.

사람들의 스승이었던 석가는 죽은 뒤 다시 숭배의 대상이 되었다. 그가 남긴 물건을 보관한 사원이 곳곳에 세워졌다. 기원전 3세기쯤에 석가는 비슈누의 아바타처럼 세상 모든 것들의 구원을 위해 태어난 신적 존재로 숭배되었다. 지금까지 남아 있는 석가의 모든 형상에는 명상에서 볼 수 있는 초월적인 모습이 부여되었다. 현세의 고타마 붓다는 아미타불(Amidha Buddha)이 되었다. 다음 세상의 신자들을 맞이하는 아미타불은 서방정토의 지배자로 받든다. 연꽃에서 다시 태어난 신도들은 이곳에서 영원한 삶의 존재가 되어 열반의 세계에 들기까지 행복한 삶을 누린다고 믿었다. 이처럼 다양한 변신을 하는 석가는, 불교신자들에게 도움을 주고 그들의 기도를 들어 주는 역할을 하는 형상으로 통일된다. 이제 신자들은 신비로운 열반보다는 이 세상에서 유한한 생명이나마 축복된 극락 세계에 살게 되었다.

이런 변모와 더불어 석가의 전설은 신비와 광채에 싸인 우주적 사건으로 발전했고, 그 영향을 받아 신자들은 신, 성자, 악마, 악령의 모습을 만들어 냈다.

3) 불교는 아시아의 인도주의 종교로 변모되는 과정에서 다른 민족의 전통문화까지 받아들이면서 발전하였다. 이런 동화과정은 석가의 세계관 때문에 가능하였다. 석가의 가르침인 세상으로부터의 해방은 사실 너그러운 포용력에서 기인한다. 이 세상의 모든 잘못은 무지에서 나오므로 누구나 이에서 벗어날 수 있다는 것이다. 무지의 환상을 극복해야 한다는 사상과 세상의 모든 비진리에 대한 무관심은 모든 사람에게 초월의 가능성을 열어 주었다. 모든 이념, 윤리, 신앙, 원시종교는 최후의 목표가 아니라 준비단계, 시작점, 하나의 필연적인 과정으로 보았다. 그래서 불교는 갖가지 종교, 철학, 삶의 형태를 수용할 수 있었다.

석가의 침묵에 대한 메아리는 아시아의 내면적인 삶에서 나온 침묵일 뿐 아니라 다양한 종교적 이미지의 통합이다. 이런 침묵은 실제로 이들 삶의 본질이 되었다. 이방의 낯선 종교 형태는 불교사상의 옷이 되었으며 때로는 그 자체가 불교사상으로 바뀌었다.

특히 티베트의 경우가 그러하다. 티베트불교에서 전통적인 마술의 방법은 바로 불교의 방법으로 변했고, 수도원은 세속적 통치권을 가진 가톨릭교회와 같았다(티베트수도원은 가톨릭교회와 비슷한 점이 많아서 대부분의 기독교인들은 이곳을 악마의 작품, 즉 그릇된 기독교의 모방이라고 본다).

4) 이런 불교의 변모는 인류의 역할 변화를 불러왔다. 사람을 비롯한 모든 생물은 미래의 부처인 보살이 될 수 있다. 보살이 열반의 길로 들어가지 않는 이유는 다시 부처로 태어나 모든 중생을 구원하기 위해서였다. 모든 중생들이 이러한 목표를 세우고, 열심히 노력하면 이미 보살이 된 부처의 자비로 도움을 받을 수 있다.

샤이어에 따르면, 모든 중생이 구원받을 때까지 세상의 악을 몰아내는 보살의 특성은 자비와 동정심이다. 외로운 수행자의 모습이 아니라, 자비하신 보살의 모습으로 중생들을 감동시킨다. 수행자의 모습을 명상의 교리로 본다면, 보살의 모습은 보다 더 높은 보살의 단계에 다다른 교리와 같다. 다음 세상에서 부처로 다시 태어난 보살은 천상의 세계에 머물다가 마침내는 사람의 형상을 한 부처로 세상에 다시 태어난다.

이제 불교신자들에게 삶에 대한 싫증은 존재에 대한 부정적인 집착의 신호이며, 삶에 대한 무관심은 세상의 애착과 미움을 초월한 것으로 믿게 되었다. 석가는 인간이 찾을 수 있는 유일한 길은 집착, 반항, 욕심을 내지 않고 깨달음을 이루는 것으로 보았으므로 세상을 개조하거나 개혁하는 일은 아무런 의미가 없었다. 그는 세상에 길이 남을 업적, 경제적인 부의 획득, 깊고 오묘한 학문적인 지식, 사랑, 역사적 몰락의 책임감도 아무런 의미가 없으므로, 세상을 있는 그대로 두었다. 석가는 세상을 개혁하려는 생각은 한번도 가진 일이 없이 있는 그대로 이 세상을 살았다. 그는 사람들에게 세상을 개혁하려고 하지 말고 세상으로부터 해방되라고 가르쳤다.

"아름다운 흰 연꽃은 더러운 물에 오염되지 않듯이, 세상이 나를 더럽힐 수 없다."

그러나 불교신자들은 실세로 이 세상을 사는 사람들이다. 이들이 세상으로부터 자유로워질 수 있는 길은 두 가지다. 첫째는 수도승들과 같이 세상에 흔들리지 않으면서 소극적인 태도를 취하고, 속세를 과감하게 포기하면서 끈질긴 고통의 인내와 평온한 삶을 선택하는 길이다.

둘째는 세상에 끌려가지 않으면서 일반 신자들처럼 굳세게 세상과 더불어 사는 길이다. 이처럼 이 세상의 세속적인 삶을 살지만 이들도 '집착을 버림'으로써 해탈을 할 수 있다. 그리하여 일본의 사무라이 같은 무사나 예술가들도 불교인으로서 영웅적인 삶을 마칠 수 있었다. 그들은 마치 활동하지 않는 듯 조용한 가운데 적극적인 삶을 살았으며, 행동하지 않는 듯하면서 과감하게 행동했다. 그들은 있는 듯 없는 듯 살았다. 삶과 죽음도 그들을 건드릴 수 없었다. 그들은 삶과 죽음을 의연히 받아들였다.

5) 그렇다면 석가의 불교철학은 변모된 불교에서 어떻게 살아남았는가? 오늘날 우리는 위대한 문학작품과 예술작품에서 열반을 가로지르는 풍요롭고 아름답게 변모한 불교세계를 볼 수 있다. 그렇다면 이 모든 것은 불교와 무슨 연관이 있는가? 신의 세계, 갖가지 종교의식과 예배형태, 다양한 교단과 종파, 자유로운 수도원 생활에서 우리는 아직도 석가의 가르침에서 나온 철학적 근원의 잔재를 찾을 수 있을 것이다. 처음 석가로부터 퍼져 나왔던 찬란한 영혼의 빛은 후대의 불교에까지 그 흔적을 뚜렷이 남기고 있다.

예컨대 세상을 멀리하고 자신에 헌신하여 영원으로 향하는 삶은 오늘날 모든 불교에서 찾아볼 수 있는 공통된 주제이다. 세상 모든 것의 고통과 즐거움을 함께 하겠다는 석가의 자비심이나 비폭력주의도 모든 불교의 공통점이다. 전쟁을 비롯한 수많은 참사와 끔찍한 역사적 사건을 겪으면서도 여전히 아시아의 불교인들에게는 부드러운 석가의 후광이 비치고 있다. 불교야말로 한번도 폭력, 이교도 탄압, 종교재판, 마녀재판, 종교전쟁을 일으키지 않은 유일한 종교다.

불교의 근본 사상에는 철학과 신학, 자유와 이성의 보이지 않는 알력, 그리고 종교적인 권위가 들어설 자리가 없다. 당연히 그 차이에 대한 논란도 일어나지 않았다. 철학도 종교 행위다. 지식 그 자체는 얽매임이 없는 깨달음의 길로 통한다는 기본 법칙이 있을 뿐이다.

석가와 불교가 우리에게 주는 의미

석가와 불교의 사상은 서양인들에는 너무나 멀리 있다는 사실을 잊어서는 안 된다. 석가에게 통찰력은 명상과 세상일에 대한 초연함을 필요로 한다. 과학적 사고방식이나 몇 가지 요가 자세로 통찰력을 얻을 수 있는 것이 아니다. 세상을 등지고 사색의 세계에 몰입한다고 해서 얻을 수 있는 것도 아니다. 몇 년 동안 명상을 통해 스스로 깨달은 올바른 신앙과 도덕적 삶이 없이는 이성적 사고로 설명될 수 있는 부분만 이해할 수 있을 뿐이다.

이처럼 석가와 불교의 사상에는 서양인이 넘을 수 없는 이해의 한계가 있다. 따라서 불교는 서양 사람들의 관점으로는 이해할 수 없는 거리감이 있고 쉽게 다가갈 수 없다는 사실을 우선 인정해야 한다. 석가가 가르친 진리의 본질을 이해하려면 서양 사람이라는 존재의식을 버려야 한다. 여기서 동·서양의 차이는 합리적 명제에 있는 것이 아니라, 인생 전체를 보는 눈과 사고방식의 차이에 있다.

그러나 불교의 이러한 생소함에도 불구하고, 우리 모두 동일한 인생문제를 가진 동일한 인간임을 잊어서는 안 된다. 어디에서나 인간 존재에 대한 문제는 늘 제기되어왔다. 석가는 이런 인간문제를 찾아내어 답변을 내놓았고, 세상의 많은 사람들이 그의 가르침대로 실제로 살려고 노력해왔다. 그러므로 우리는 가능한 한 그것을 이해하고 익숙해지기 위해 최선을 다하는 길만 남았다.

그렇다면 삶의 방식이 다르고 이질감이 있다고 해서 서양 사람들이 석가와 불교의 사상을 이해할 수 없는 것인가? 선입견을 가지고 섣불리 그릇된 결론을 내리지는 않지만 서양인들도 이러한 사상을 어느 정도는 이해할 수 있다고 믿는다. 그러기 위해서는 마음의 문을 열고, 서양 사람의 객관적 역사성으로 진리를 해석하려는 절대적 사고방식을 버려야 한다.

불교경전은 일상적으로 의식이 깨어 있는 모든 사람을 대상으로 하는 가르침이므로 동서양을 막론하고 어느 정도 합리적 사고방식으로 이해할 수 있을 것이다.

석가의 삶은 실천 가능한 삶이며, 아시아의 여러 곳에서 오늘날까지도 이러한 불교인의 삶을 실천하고 있다. 이런 관점에서 볼 때 불교는 인간의 본성을 추구한다고 말할 수 있다. 인간은 우연한 순간적 존재가 아니라 열려 있는 존재이기 때문이다. 인간에게는 올바른 해결책이나 실현 가능성이 단 하나만 있는 것이 아니다.

석가는 세상일을 잊어버리고 세상 속에서 세상을 떠날 수 있는 휴머니티의 화신이었다. 그는 싸우지도 반항하지도 않았다. 무지를 통해 태어난 존재이므로 그 존재의 인연을 잘라 버릴 수 있는 삶이었다. 그러나 그 삶은 너무 철저해서 죽음조차도 연연하지 않았다. 석가의 일생은 삶과 죽음을 뛰어넘어 영생을 구하는 삶이었기 때문이다.

의연한 태도와 세상을 초연한 신비로움, 죄악에 대한 무저항을 강조한 점에서 예수도 석가와 비슷할지 모른다. 그러나 서양에서 예수의 가르침은 시작 단계에 머물고 있는데 반하여 아시아에서 석가의 가르침은 전체를 완전히 바꿔 버렸다.

개인과 개인 더 나아가 사회현상과 현상 사이의 관계처럼 종교와 종교 사이에도 긴장관계가 여전히 남아 있다. 우정과 친밀감, 믿음과 편안함이 언제나 개인 사이의 교제에 요구되는 것처럼, 다른 사람과 나의 관계도 서로 멀어지지 않으려면 노력을 해야 한다. 내가 다른 내가 될 수 없는 것처럼 타인도 다른 타인이 될 수 없고, 다른 사람이 나를 잘 모르듯이 나도 다른 사람을 완전히 알 수 없다. 따라서 공동 관계를 유지하려면 끊임없는 노력이 요구되고, 보다 더 깊은 이해가 언제나 요구되는 것이다. 이것이 동양과 서양이 가져야 할 관계이다.

〈주〉

*1 석가 : 저자 카를 야스퍼스는 깨달음을 얻은 사람이란 의미의 불타(Buddha) 또는 성을 따서 고타마라는 이름을 사용하고 있지만, 이 책에서는 국내 불교서적에서 일반적으로 통용되는 석가라는 명칭으로 옮겼다. 우리는 보통 부처님이라고도 부르고, 경전에서는 붓다 또는 석가족 출신의 성자라는 뜻으로 석가모니, 석가모니불 또는 석존이라는 명칭을 쓰고 있다. 출가 이전 석가의 성은 고타마이고 이름은 싯다르타였다.

*2 디가니카야 : 팔리어로, 우리나라에서는 장아함경(長阿含經)으로 불린다. 디가는 긴, 니카야는 아함경이라는 의미다. 산스크리트 어에서 따온 아함경은 '전해 온 가르침'이란 뜻이며, 초기 불교시대에 만들어진 수많은 경전들을 통틀어 이르는 말이다.

*3 정견은 올바른 견해로 사성제와 십이인연을 바르게 이해하여 불교의 올바른 세계관을 세우는 것이다.

*4 정사유는 행동을 하기 전에 올바른 생각을 가져야 한다는 뜻이다.

*5 정어는 남에게 바른 말을 해야 한다는 뜻이다.

*6 정업은 부정한 행동을 하지 않고 올바른 행동을 해야 한다는 뜻이다.

*7 정명은 올바른 직업과 규칙적인 생활에 의한 올바른 생활을 의미한다.

*8 정정진은 용기를 가지고 올바르게 노력한다는 뜻이다.

*9 정념은 언제나 올바른 의식을 가지고 이상과 목적을 잊지 않는 것이다.

*10 정정은 명경지수와 같은 맑은 마음과 무념무상의 마음 상태를 뜻하며 선정(禪定)에 의한 정신통일을 이른다.

*11 파르메니데스 : 고대 그리스 철학자. 엘레아에서 태어난 엘레아학파의 시조다. 그는 《자연에 관하여》 제1부에서 '있는 것'은 있고 '없는 것'은 없다라는 전제로, 불생불멸, 불가분, 불변부동이며 완결된 둥근 공과 비슷하다는 '있는 것'의 속성을 끌어내었다. 그리고 '있는 것'을 우리에게 보여 주는 이성만이 진리를 포착하며, 생성소멸 또는 변화를 믿게 하는 감각은 오류의 근거라고 말했다. 제2부에서 그는 감각의 세계란 '있는 것(빛)'과 '없는 것(어둠)'이라는 두 가지 '형체'를 동시에 나타내며, 이 둘에서 모든 것이 합성되어 발생한다고 말했다.

공자

생애(기원전 551~479)

수많은 세월의 변화를 거친 전통의 두터운 벽을 뚫고 역사적인 공자의 상(像)에 이른다는 것은 거의 불가능한 일처럼 보인다. 공자 자신이 직접 그의 사상과 전통을 기록하고 편찬했다는 저서들도 오늘날 우리가 확실히 그의 글이라고 내세울 만한 근거가 하나도 없기 때문이다. 그리하여 중국학자들 사이에서도 여러 가지 다른 의견들이 나오고 있다.

프랑케의 주장에 따르면 공자가 늘그막에 연구했다고 알려진 《주역》을 공자 자신은 알지 못했을 것이라고 주장하며, 포르케는 공자의 스승으로 전해지는 노자가 실제로는 공자보다 훨씬 이후에 살았던 인물이라고 주장한다.

여러 연구 결과들은 찬반 양론에 따라 설득력 있는 자료들을 내놓고 있다. 이처럼 모든 것이 의심스럽기는 하지만 공자의 이야기라고 믿을 만한 여러 가지 자료를 종합해서 역사적인 공자를 찾는 일이 아주 불가능하지는 않다.

그렇게 찾아낸 공자의 모습은 후대의 중국인들이 만들어 낸 공자와는 상당히 다른 점도 많다. 이제 기원전 1세기에 쓰여진 《사기》와 《논어》에 나오는 그의 생애를 통해 우리에게 잘 알려지지 않은 그의 인간적인 모습을 살펴보고자 한다. 여기에서는 그즈음 공자의 생애와 사상뿐만 아니라, 그의 존재를 더욱 돋보이게 하는 반대파들에 대해서도 알아보고자 한다.

공자는 노(魯)나라에서 태어나 그곳에서 죽었다. 그는 세 살 때 아버지를 잃고 홀어머니 아래 가난한 형편에서 자랐다. 어린 시절 그는 제기를 늘어놓고 제사놀이를 즐겨 했으며, 산소 앞에서 제사의례를 흉내내곤 했다. 열아홉 살에 결혼하여 아들 하나와 딸 둘을 두었다. 그러나 아내와 자식들에게 자상한 남편이나 아버지는 되지 못했다.

그는 건장한 체격을 가진 거인이었다. 그는 열아홉 살에 대갓집 경작지와 가축을 관리하는 일을 맡았고, 서른두 살에는 정승의 아들들에게 고대시대 의식을 가르쳤다. 서른세 살에는 당시 수도였던 낙양(지금의 뤄양)으로 가서 주(周)나라의 관습과 전통을 배웠다. 이때 중국은 이미 크고 작은 여러 개의 제후국으로 갈라져 서로 싸우고 있었으므로 낙양은 정치적 수도라기보다는 종교적 중심도시의 역할만을 하고 있었다.

이 무렵 공자가 노자를 방문했다는 주장도 있다. 공자가 서른네 살 때 노나라의 왕이 강력한 지방 제후들의 위협을 받아 이웃나라인 제나라로 피란을 가게 되었는데, 공자도 왕을 모시고 이웃나라로 따라갔다. 여기서 그는 음악을 배우게 되는데, 음악을 듣고 연주하는 일에 완전히 심취한 공자는 먹는 것조차 잊어버릴 정도였다고 한다. 노나라로 다시 돌아온 공자는 15년 동안 오로지 학문에만 전념한다.

공자는 51세 때 노나라의 관리로 발탁되었고, 오늘날 법무장관에 해당하는 '사구'를 지내고 마침내 재상에 오른다. 그는 뛰어난 정치력을 발휘했고, 덕분에 노나라의 권위는 날이 갈수록 강해졌다. 다른 지방의 제후들을 정복하여 그들이 차지하고 있던 지방을 점령해서 노나라는 나라 안팎으로 태평성대를 이루었다.

그러나 이러한 노나라의 번창을 질투한 제나라의 왕이 노나라의 군주에게 춤과 노래가 뛰어난 80명의 미녀와 멋진 말이 이끄는 30대의 화려한 마차를 선물로 바쳤다. 그러자 노나라 왕은 뇌물에 눈이 멀어 나랏일을 돌보지 않고, 공자의 충고를 무시하기 시작했다. 결국 4년 동안 위대한 업적을 쌓았던 공자는 공직에서 물러나 이곳저곳을 떠돌아다녔다. 그러나 공자는 언젠가 다시 나라의 부름을 받으리라는 희망을 버리지 않았다.

그는 56세에서 68세까지 12년 동안 여러 곳을 여행했다. 이 오랜 세월 동안 그는 자신의 재능을 실천할 기회가 올 것이라고 믿으며 여러 나라를 떠돌았던 것이다. 그의 운명은 희망이 보이는가 하면 절망에 빠지기도 했다. 때로는 위험한 모험을 하기도 하고 기습공격을 받아 생명의 위협을 느끼기도 했다.

그즈음 공자가 제자들과 함께 다니면서 겪었던 여러 가지 일화들이 오늘날까지 전해 오고 있다. 간신의 모함으로 위험에 직면한 공자에게 제자들은 독려와 위로의 말을 전하기도 하지만, 그때마다 공자는 위대한 스승답게 현명하고 슬기롭게 대처했다. 한번은 위나라 왕이 자신의 부인을 마차 앞에 태우고 뒤에 공자를 앉게 하고서는 거리를 지나간 일이 있었다. 이를 본 백성들이 "미인은 앞에 태우고 덕 있는 학자를 뒤에 태운다"고 비웃었으며, 공자의 제자도 이에 불만을 드러냈다. 그러자 공자는 실망하여 위나라를 떠나 버렸다.

여러 해 동안 자기 나라를 떠나 방황하면서 공자는 "집으로 돌아가게 해다오, 제발!" 하고 한탄했지만, 국가의 정치자문가로서의 자신의 신념을 잃지 않았다. 9개국을 돌아다녔지만 아무도 자신을 인정하고 불러주지 않자, 결국 68세 때에 노나라로 다시 돌아온 공자는 세상을 한탄하는 시를 짓는다. "사람들은 나를 이해하지 못하고 어느덧 세월만 흘러가는구나."

공자는 늘그막에 여생을 노나라에서 조용히 보냈다. 그즈음에 나라의 어떤 공직도 사양했다. 이때 그의 마음에는 깊은 내면의 변화가 일어났다고 한다. 이런 공자에 대해 한 은둔자는 이렇게 말했다. "아무런 희망이 없다는 사실을 알면서도 계속하여 노력하는 이 사람이야말로 진정한 인간이 아닌가?" 바로 여기에 오랜 세월 동안 보여 준 그의 위대함이 있었다.

그러나 늙은 공자는 더 이상 노력할 기력이 없었다. 그런데도 공자는 불가사의한 《주역》을 공부하여 전통에 입각한 새로운 교육체계를 세우고 실용적인 이론으로 젊은이들을 가르쳤다.

공자는 어느 날 아침 죽음이 다가오고 있음을 느꼈다. 그는 정원으로 나가 산책하면서 이렇게 중얼거렸다. "태산도 언젠가는 무너지고, 대들보도 언젠가는 무너지게 마련이다. 그러니 현자도 나무와 같이 시들어 버릴 것이다." 놀란 제자가 그에게 다가와 걱정스럽게 묻자, 공자는 다음과 같이 말했다. "현군(賢君)이 없으니 이 나라에 나를 스승으로 부르는 사람이 한 사람도 없구나. 내 죽음의 시간은 이미 다가왔노라." 그리고 자리에 누운지 8일 만에 세상을 떠났으니, 이때 그의 나이 73세였다.

공자의 근본 사상 : 전통의 실용화

공자는 춘추시대 끝무렵 여러 제후국이 망하고 나라가 분열된 정치적 혼란기에 살았다. 이 때 공자는 왕에게 정치적 조언을 함으로써 나라를 위기에서 구하려던 많은 철학자 중의 한 사람이었다. 그들은 모두 자기 나름대로 학문적 이론을 주장했으며, 그 가운데 공자는 전통이나 고대에 대한 지식을 이론으로 내세웠다. 옛것이란 무엇인가? 우리는 그것을 어떻게 현실에 맞게 받아들일 것인가? 이것을 어떻게 실천할 것인가? 공자의 사상은 이런 방향으로 나아갔다.

옛것을 이렇게 본다는 것 자체가 새로운 시도였다. 이러한 시도는 과거의 전통을 의식적으로 변화시키는 것이며, 바뀐 것은 더 이상 순수한 것이 아니다. 단순한 과거의 관습은 지식을 통해 활발하고 믿을 수 있는 것이 된다. 잊어버린 옛것은 다시 기억되고 재생산될 것이며, 이렇게 재생산되고 다시 이해된 전통은 더 이상 예전의 전통이 아닌 것이다.

이처럼 전통을 의식적으로 바꿈으로써 과거와 같은 새로운 철학을 세운다. 공자는 자신의 사상보다는 선현의 지혜를 사람들에게 전달하려고 노력했다. 이스라엘의 선지자들이 하느님의 계시를 전하듯이, 공자는 옛 선인들의 말을 전했다. 옛것에 귀를 기울이는 사람은 보잘것없는 자신을 과대평가하는 잘못을 피할 수 있다. 전혀 이해할 수 없는 자신만의 사상은 아무런 소용이 없다. "나는 사색에 몰두하느라 잠도 자지 못하고 먹지도 못했지만, 아무런 소용이 없었다. 차라리 배우는 것만 못했다." 그리하여 공자는 생각이 배움과 상호보완의 관계임을 주장하였다. "배움이 없는 사고는 권태롭고 위험하며, 사고가 없는 배움은 소용이 없다."

"나는 새로운 진리를 창조할 수 있는 사람이 아니며, 전통을 전하는 사람이며, 옛것을 좋아하고 따르는 사람이다." 이렇게 공자는 자신의 근본 사상을 표현했다. 모든 존재의 본질은 역사의 근원에서 찾아야 한다. 공자는 수레, 쟁기, 선박을 발명한 사람을 우러르는 것이 아니라 사회, 정부, 관습을 만든 사람을 존경하는 역사관을 가지고 있었다.

이런 역사의 시작으로는 요왕(堯王), 순왕(舜王), 우왕(禹王)을 왕도정치의 이상적 인물로 삼았다. "하늘은 위대하다. 요왕만이 하늘과 같을 뿐이다." 물론 이런 위대한 통치자들은 가장 훌륭한 사람을 후계자로 골랐다. 요왕은 그 후계를 자기 아들이 아닌 덕과 지혜를 지닌 순에게 물려주고, 순왕은 덕, 지혜, 정치력 모두 갖춘 우에게 물려주었다. 우왕이 세운 하왕조에 들어서면서 왕위세습제도가 생기고 이와 함께 나라의 기강이 무너지기 시작했다. 이와 함께 통치자의 권위가 실추되며 포악한 임금이 나왔다. 하늘의 뜻은 상나라 탕왕에게 기울었다. 그러나 상나라에서도 왕위세습제도가 없어지지 않았으므로 나라는 다시 혼란에 빠졌다. 기원전 12세기쯤 상나라 주왕(紂王)이 물러나고 주나라가 왕위를 이었다. 주나라는 중국의 오랜 혼란기를 극복하고 새로운 기반을 다졌다. 공자가 살았던 시기에도 나라는 다시 혼란에 빠지며 여러 나라로 나뉘어졌다. 그는 이렇게 어려운 시기를 구하기 위해 많은 노력을 기울였다. 공자의 이런 의지는 주공(周公)에게서 그 근원을 찾을 수 있다. 주공은 왕위를 빼앗지 않고 손아래 조카에게 물려주었다. 공자의 저술과 행위는 주공을 본보기로 하고 있다.

이와 같은 공자의 역사관을 '비판적' 역사관이라고 부른다. 그는 지난날 역사를 통해서 현재의 선악을 구별하였다. 과거의 사실을 통해 기억할 만한 가치가 있는 모범과 버려야 할 일들을 찾을 수 있었다. 공자는 과거와 같은 체제를 세워 선을 되찾을 수 없다는 사실을 잘 알고 있었다. 그러므로 그는 이렇게 말했다. "오늘을 사는 사람이 지난날의 방법으로 되돌아가고자 한다면 어리석은 사람이며, 불행을 가져올 뿐이다."

그에게 중요한 것은 단순히 지난날을 모방하는 것이 아니라 영원한 진리를 반복하는 일이었다. 영원의 개념은 과거를 통해 더욱 분명히 나타난다. 공자는 과거를 통해 자신의 완성을 이룬 뒤, 당시의 어두운 상황을 과거의 빛으로 일깨우고자 했던 것이다.

영원한 진리에 대한 믿음은 옛것을 받아들임으로써 그 힘을 발휘하게 된다. 이것은 현재의 길을 가로막는 방법이 아니라 현재를 미래로 발전시킨다. 이렇게 해서 공자는 폭력으로 독점되었던 지난날의 모든 권위 문제를 적극적 방법으로 슬기롭게 해결해 나갔다. 이런 의미에서 공자야말로 영원한 진리의 전통에서 나온 새로움을 삶의 본질로 여긴 최초의 철학자였다. 그에게 과거란 활동적이고 자유로운 개방성을 통해 영향력을 행사할 수 있는 보수적인 삶의 형태일 뿐이다.

진리가 옛것을 통해 발견될 수 있다면, 우리는 진리를 얻기 위해 과거를 먼저 연구해야 한다. 과거를 연구함으로써 진리와 허위를 구별해야 한다. 이런 구별은 단순한 지식 습득이 아니라 옛것을 우리 것으로 만들려는 진정한 배움을 통해서만 가능하다. 진리란 외우는 것이 아니라 내면의 배움을 외적으로 실현시켜 나가는 것이다.

진정한 배움은 고전의 학습을 통해서 가능하다. 그래서 공자는 고대의 경전, 논문, 노래. 연설, 의식이나 관습을 엄선하고 정리하여 좀더 실용적이고 효과적인 경전을 만들었다. 그리고 제자들을 미래의 정치가로 키우기 위해 먼저 그들을 개인적으로 가르치기 시작했다. 이것이 바로 후대의 공공교육 제도의 기틀이 되었다.

그러나 윤리적인 삶을 실천하지 않고는 공자의 가르침을 배울 수 없다. 부모 형제를 사랑하고, 진실되며 신의를 지키는 삶이어야 한다. 윤리적으로 타락한 사람은 배움의 본질을 알 수 없다. 공자는 윤리적인 삶을 실천에 옮기면서도 틈틈이 많은 기술을 배웠다. 그는 제식, 음악, 활쏘기, 마차 끄는 법, 글쓰기, 계산법 등을 익혔다. 이것을 토대로 그는 학문 연구에 몰두할 수 있었다. 그에게 가장 중요한 배움은 먼저 어려움을 알고 끝없는 갈등 속에서 어려움을 극복해 가는 것이다. 배움을 사랑하는 사람은 매일 자신의 부족함을 깨닫고 자신이 무엇을 해야 하는지 잊지 않는다.

공자에게 배우는 법과 가르치는 방법은 매우 중요하다. 모든 배움의 목적은 무엇보다 실용성에 있다. "어떤 사람이 《시경》에 나오는 300수의 시를 암기할 수 있다 하더라도, 나랏일을 맡았을 때나 외국사절로 있을 때 그의 임무를 수행할 수 없다면 그 모든 지식이 무슨 소용이 있겠는가?"

배움이 없으면 모든 덕은 안개와 같이 사라질 뿐이다. 배움이 없으면 정직은 저속함이 되고, 용기는 불복종이 되고, 강인함은 괴벽이 되고, 자비심은 어리석음이 되고, 지혜는 무절제함이 되고, 성실은 오히려 독이 된다.

그러면 공자의 철학에 옛것은 어떻게 새것으로 나타나는가? 이것이 공자 철학에 좀더 구체적으로 다가갈 수 있는 방법이다. 첫째는 '군자(君子)'라는 이상적 인간에서 도덕적·정치적인 윤리와 뛰어난 능력을 살펴본다. 둘째로 근본적인 이념에 바탕을 둔 공자의 사상을 알아볼 것이다. 셋째로는 교육의 한계성, 의사소통의 한계성, 지식의 한계성을 인식하여 자신의 실제적인 실패뿐만 아니라 저작의 전체적인 문제점을 인식하고 있었던 공자의 철학에서 어떻게 불확실한 가운데 완전한 사상체계를 완성했는가를 차례대로 살펴볼 것이다.

공자의 도덕적·정치적 윤리

공자 사상의 중요한 근원은 예절과 음악에 있다. 인간의 본성을 억압하는 대신 인간성을 향상시키는 것이 그의 도덕적·정치적 윤리의 중요한 목적이기 때문이다. 이런 윤리는 인간과 인간의 관계 및 인간과 국가와의 관계에서 이루어지며, 군자라는 이상적 인간상을 통해 구체화된다.

1) 예(禮)와 질서는 관습을 통해 보존된다. "백성들은 지식에 의해서가 아니라 관습에 의해서만 이끌어 갈 수 있다"는 의미다. 관습은 전체 집단의 정신을 창조하고, 반대로 관습은 전체 집단의 정신으로부터 생명력을 얻는다. 곧 백성 개개인은 윤리적인 공동체를 통해서만 진정한 인간이 될 수 있는 것이다.

따라서 예(禮)는 모든 이의 영원한 스승이라고 할 수 있다. 예는 삶의 모든 분야에서 인간의 마음을 성실, 믿음, 존경이라는 올바른 틀에 적용시키는 것이다. 예는 사람을 교육시킴으로서 제2의 천성으로 보편화시키고, 사람들은 보편적인 것을 제약이 아니라 자신의 것으로 만들 수 있다. 예라는 형식만이 개인에게 과감한 의지와 믿음, 자유를 준다.

예를 전체로 이해한 공자는 이를 지키려 애썼으며 수집하고 규범화해서 정리했다. 그는 중국의 관습을 통해 온 세계를 파악하려 한 것이다. 특별한 상황에 따라 걸음걸이와 인사, 태도에 대한 올바른 기준을 내놓았고, 제례 예법과 명절 예법을 제시했으며, 출생·결혼·죽음·장사의 예절을 정하고, 하루 일과, 계절, 일생, 행정, 법률, 노동, 전쟁, 가족, 손님의 예, 가장과 제사장의 역할, 생활 방식은 물론 관리가 지켜야 할 윤리에 대해 하나하나 정리하여 그 도리를 제시했다.

그러나 공자는 예를 절대적인 것으로 여기지는 않았다. "인간은 시로 흥을 깨닫고, 예로 자립심을 얻으며, 음악으로 완성된다." 나아가서 단순한 형식은 마치 단순한 지식과 같이 아무런 가치가 없다. 예는 반드시 인(仁)이 뒤따라야 그 영향력을 발휘하는 법이다. "이웃을 사랑하지 않는 사람에게 예가 무슨 필요가 있겠는가?"

자아를 이겨내고 관습의 규범이라고 할 수 있는 예를 지키는 자만이 참된 인간이다. 비록 의(義)가 사람들에게 가장 중요한 것이지만, 군자는 의를 실천함에 있어서 반드시 예를 따졌다. 예와 예의 내용, 즉 인간의 본성은 같이 서로 조화를 이루어야 되기 때문이다. "내용만 내세우는 사람은 조잡스럽고, 형식만 내세우는 사람은 지식을 팔아먹는 법률 서기관에 불과하다." 예의 형식을 실천하는 데 중요한 것은 '자유로움과 밝은 마음'이지만, 그렇다고 '이런 자유가 정해진 법칙의 리듬에 따라 규정되는 것은 아니다.'

제자 자공이 매달 초하룻날 양을 잡아서 바치는 제사의식을 반대하자 공자는 이렇게 답변한다. "그대는 불쌍한 양을 걱정하지만 나는 예를 지키지 못할까 걱정한다."

공자는 관습, 도덕, 정의를 따로 구별하지 않음으로써 이런 공통된 뿌리를 더욱 분명하게 파악할 수 있었다. 공자는 윤리적 의무와 책임감이 뒤따르지 않는 미적인 의무를 따로 생각하지 않았다. 그는 선(善)과 미(美)를 구별하지 않았다. 구체적으로 말하자면, 공자는 선이 없는 아름다움은 아름다운 것이 아니며 아름다움이 없는 선은 선이 아니라고 믿었다.

2) 예와 마찬가지로 공자는 교육에서 음악을 가장 중요한 것으로 보았다. 공동체 정신도 그들의 음악으로 얻을 수 있으며, 개인의 정신도 음악에서 삶의 도리와 동기를 얻을 수 있다. 그러므로 나라는 건전한 음악을 적극 권장하고 속된 음악을 금지해야 한다. 공자는 이렇게 말했다. "건전한 소(韶) 나라 음악은 권장하고, 정(鄭) 나라 음악은 음탕하므로 금해야 한다."

3) 공자는 본성과 본성의 연마를 주장했다. 그는 모든 일에 본성적인 순리를 따랐다. 모든 사물에는 나름대로 질서, 규칙, 장소가 있으므로 그는 이를 인정하고 무조건 배격하지 않았다.

공자는 금욕이 아니라 자기 극복을 주장했다. 본성은 물론 갈고 닦아야 하나 강제로 하는 연마는 오히려 해가 될 따름이다. 미워하고 분노하는 데도 나름대로 도리가 있다. 선한 사람은 올바른 방법으로 남을 사랑하고 미워한다. 어떤 제자는 공자를 이같이 평했다. "그는 남의 허물을 들추는 사람을 미워하고, 윗사람을 헐뜯는 사람을 미워하고, 용맹스럽지만 도덕을 모르는 사람을 미워하고, 무지하고 무모한 광신자를 싫어한다."

4) 공자는 인간관계를 삶의 중요한 덕목으로 여겼다. 그는 "군자는 이웃에 소홀하지 않는다"고 말했다. 그러나 우리는 사람을 사귀다 보면 선한 사람과 악한 사람을 다같이 만나게 된다. 공자는 그대와 같지 않은 사람은 친구로 사귀지 말라고 충고하면서도 "친구로서 가치가 있는 사람은 사귀고 그럴 만한 가치가 없는 친구는 멀리하라"는 일반적인 견해를 반대했다. "군자는 가치가 있는 사람뿐 아니라 모든 사람을 받아들여야 한다"는 것이다.

그러나 공자는 모든 사람에게 신중한 태도를 취했다. "군자는 기만하는 것처럼 보이지만 남을 속이지는 않는다. 군자는 다른 사람의 좋은 점을 강조하지만, 소인(小人)은 나쁜 점만을 강조한다."

공자는 인간관계를 다음과 같은 다섯 가지로 설명한다.

첫째로 연령에 따른 예의로써 "늙은이를 공경하고 친구에게 신의를 지키며, 어린이들에게 부드럽게 대해야 한다"는 것이다.

둘째로 부모에 대한 예의이다. "생전에 예를 갖추어 공경하고, 죽었을 때는 예를 지켜서 장사지내고, 죽은 다음에는 예를 갖추어 제사를 올려야 한다." 부모를 공경한다는 것은 단지 먹여 살리는 것만이 아니다. "존경심이 없다면, 짐승이나 다름없다." 부모가 잘못했을 경우에도 부드럽게 타이르고 야단을 치지 말아야 한다. 그래도 듣지 않으면 부모의 말씀에 무조건 복종해야 한다. 효자는 부모의 잘못을 숨길 줄 알아야 한다.

셋째로 친구에 대한 예의이다. 자신처럼 선한 사람이 아니면 사귀지 말며 신의를 바탕으로 사귀어야 한다. '마치 엄동설한에도 소나무와 전나무는 언제나 푸르듯이' 친구 사이에는 언제나 믿음이 있어야 한다.

넷째로 윗사람에 대한 예의로써 "훌륭한 신하는 임금을 올바른 길로 모시고 그것이 여의치 않으면 스스로 물러서야 한다." 그는 이렇게 주장했다. "임금을 속여서는 안 되며 임금의 잘못에 직접 반대하고, 좋은 충언을 아끼지 말아야 한다." "나라가 정도를 걷고 있을 때는 대담하게 말하고 행동해야 하며, 나라가 정도를 걷지 못할 때는 대담하게 행동하되 조심스럽게 말해야 한다."

다섯째로 아랫사람에 대한 예의로써 군자는 언행에 본보기를 보여 아랫사람들의 불만을 사지 말아야 하되, 소인과 달리 그들로부터 완벽한 것을 기대하지 않는다. 군자는 뚜렷한 이유가 없이는 늙은 충신을 해고시키지 않으며, 아랫사람의 고충을 헤아릴 줄 알아야 한다.

공자가 내세운 인간관계론에서 우리는 여성에 대한 그의 무관심에 놀라지 않을 수 없다. 그는 부부관계의 예의에 대해서는 한마디도 언급하지 않았으며 여성을 완전히 무시했다. 그는 사랑하는 연인과 함께 자살한 여인들을 못마땅해 했으며, 여자들을 다루기 힘든 존재라고 말했다. 공자가 살았던 시대는 남성 중심의 가부장제 사회였다.

5) 공자는 정치를 인간 사회의 중심으로 보았다. 나라의 발전을 인위적인 것과 자연적인 것으로 구분하여 건전한 사회조건을 기반으로 한 좋은 국가는 예, 올바른 음악, 올바른 인간관계를 통해서만 발전할 수 있다고 강조했다. 그에 따르면 나라는 인위적으로는 발전할 수 없으며, 자연적인 발전을 위해서는 사회 여건을 향상시키는 일이 무엇보다 필요하다는 것이다.

법은 나라를 다스리는 통치 수단이다. 그러나 법은 그 자체가 유해한 것이므로 그 효과에는 한계가 있다. 법보다 더 중요한 것은 모범이다. 법으로 다스린 나라의 국민은 수치심이 없고 어떤 방법을 써서라도 처벌을 피하려고 하지만, 모범으로 다스린 나라의 국민은 수치심과 자기 발전의 개념을 갖게 된다. 그러므로 법에만 호소해 나라를 다스린다면, 질서의식 어딘가에 문제가 있다는 뜻이다. "소송사건에 대해 나는 다른 사람보다 더 잘 알지 못한다. 나의 관심은 단지 소송사건이 일어나지 않도록 미리 막는 데 있다."

올바른 정부는 충분한 양식, 충분한 군대, 국민의 신뢰라는 세 가지에 그 목표를 두어야 한다. 이 세 가지 중에 한 가지를 희생해야 한다면 먼저 군대를 무시해야 하고 그 다음에는 양식을 무시해야 한다. 그러나 국민의 신뢰를 무시해서는 안 된다. "국민의 신뢰가 없는 정부는 단 하루도 존재할 수 없기 때문이다." 그렇다고 정책을 세우고 추진해 나가면서 무조건 국민의 신뢰를 요구해서는 안 된다. 신뢰란 강요에 의해서가 아니라 자발적인 성장에 의해서만 나오기 때문이다. 그러므로 정부 정책에서 가장 중요한 것은 "국민을 잘살게 하는 것이며, 그 다음에는 국민을 가르치는 일이다." 훌륭한 나라에는 언제나 훌륭한 임금이 있다. 훌륭한 임금은 자연자원을 개발하여 경제를 발전시키고, 백성들이 해야 할 일을 신중히 선택하여 불만이 없도록 해야 한다. 교만하지 않으면서 윗사람으로서 존경을 받는 임금은 다수와 소수 위대한 인물이나 보잘것없는 평범한 인물을 무시하지 말아야 한다. 그는 마치 북극성 같아서 늘 조용한 가운데 주위의 모든 사람들을 질서로 다스리므로 힘을 과시하지 않아도 사람들이 따르고 존중한다. 몸소 선을 실천하므로 선한 국민들을 만드는 것이다. "임금이 선한 행위를 사랑하면 국민들을 다스리기 쉽고, 임금이 의로우면 명령을 하지 않아도 모든 일이 제대로 수행된다."

선한 임금은 올바른 신하를 선택한다. 몸소 선을 실천하고 선을 추구하기 때문이다. 선을 알고 선을 추구하는 사람은 악한 사람의 도움을 받으면서 나라를 다스릴 수는 없다.

공자는 어느 날 이렇게 말했다. "악의 무리들이여, 그대들과 힘을 합쳐 어떻게 임금을 섬길 수 있겠는가?"

공자는 정치에 관한 갖가지 격언을 남겼는데, 그 대부분은 윤리적 성격이 짙다. 예컨대 그는 이렇게 말했다. "서두르지 마라. 그러면 실패할 것이다. 적은 이익을 생각하지 마라. 그러면 큰 일을 이룰 수 없을 것이다."

훌륭한 정치가는 임금에 의해 선택되고 임금의 동의와 이해로 백성을 다스리면서도, 윤리와 정치적 기강을 회복시키고 보강시킴으로써 자기 자신의 능력을 증명하는 사람이다. 이런 개념을 현실적으로 수행하기 위해 공자는 두 가지 조건을 내세운다.

첫째, 유능한 정치가는 자기 분수에 맞는 직책을 맡아야 한다. "왕위를 차지하고 있으면서도 그에 필요한 강인한 심성을 가지지 못한 사람은 문화적 변화를 꾀하지 말아야 하며, 강인한 심성을 가지고 있지만 그에 맞는 지위가 없는 사람도 감히 문화적 변화를 꾀해서는 안 된다."

둘째, 유능한 정치가는 자신의 능력을 효과적으로 펼 수 있는 정치적 상황을 고려할 줄 알아야 한다. 현실 상황이 그의 뜻을 받아들일 수 없을 때 그는 숨어서 기다려야 한다. 그는 악과 타협하지 말고, 저속한 사람들과 어울리지 말아야 된다. 그래서 공자는 비록 기다린 보람은 없었지만, 자신의 지혜를 빌려줄 수 있는 임금을 기다리며 일생을 보냈다.

6) 그렇다면 공자가 이상적인 인간으로 내세운 군자란 어떤 사람인가? 군자는 선과 진리와 미를 모두 갖춘 사람으로 성직자와 같은 고귀한 성품과 지

위를 함께 지녔으며, 천부적·후천적 자질에서도 신사의 태도와 성인의 지혜를 겸비한 사람이다.

그러나 군자는 곧 성인이 아니다. 성인은 원래 타고나는 것이지만, 군자는 자기 훈련을 통해 스스로 이루어가는 것이다. "진리를 소유하는 것은 하늘의 길이고, 진리를 추구하는 것은 사람의 길이다. 진리를 소유한 사람은 아무런 고통 없이 옳은 일을 할 수 있고 아무런 반성도 없이 성공할 수 있다." 진리를 추구하는 사람은 선을 선택하고 그것을 굳게 지켜나가야 한다. 군자는 진리를 탐구하고 비판적으로 묻고, 언제나 심사숙고하여 결연히 진리에 따라 행동해야 한다. "다른 사람이 한 번 하면 군자는 열 번을 할 수 있어야 하고, 다른 사람이 열 번 하면 군자는 천 번을 해야 한다. 이처럼 열심히 애쓰면 아무리 어리석은 사람도 곧 똑똑해질 것이며, 아무리 약한 사람도 곧 건강해질 것이다."

공자는 군자의 성격, 사고방식, 행동을 소인과 견주어 말하고 있다.

군자는 소인과 대조적이다. 군자는 옳은 일을 추구하지만 소인은 이익을 추구한다. 군자의 마음은 언제나 조용하면서도 넓지만, 소인의 마음은 언제나 불안에 싸여 있다. 군자는 아무리 큰 슬픈 일을 당해도 자제할 줄 알지만 소인은 작은 슬픔에도 자제심을 잃는다. 군자는 거만하지 않으면서도 위엄이 있지만, 소인은 위엄이 없으면서도 거만하다. 군자는 모든 잘못을 자신에게서 찾지만 소인은 언제나 남의 탓으로 돌린다. 군자는 위를 보고 정진하지만 소인은 아래를 보고 안주한다.

군자는 남에게 의지하지 않으며 부귀영화뿐 아니라 불행도 잘 참으며, 두려움 없이 세상을 살아간다. 군자는 자신의 무능을 고민하되 남이 알아주지 않는다고 괴로워하지 않는다.

군자는 활쏘기 대회 이외에는 일체의 경쟁을 피하며, 말은 천천히 신중하게 하되 행동은 민첩하다.

그는 행동보다 말이 앞서는 것을 삼가기 때문에 언제나 먼저 행동하고 그 다음에 말한다.

군자는 멀리 있는 것이나 보이지 않는 것에 사로잡히지 않고, 언제나 지금 이 시간에 할 수 있는 일부터 생각한다. "군자의 길은 마치 먼 여행과 같아서, 언제나 가까운 데서부터 시작해야 한다." "군자의 길은 늘 평범한 백성의 문제에서 시작하지만, 하늘과 땅에 사무칠 정도로 멀리까지 이른다."

공자의 근본적인 지혜

지금까지 정치적·윤리적 지침이 될 만한 공자의 격언들을 모아 보았다. 이러한 공자의 말을 통해 하나의 관념체계를 이루는 그의 근본적인 이념과 사상을 찾아볼 수 있다.

1) 세상을 멀리하고 고립된 생활을 할 것인가, 그렇지 않으면 세상 사람들과 함께 살면서 세상을 변화시킬 것인가? 이 위대한 선택에서 공자는 단연코 뒤엣것을 택했다. 공자는 "사람이 금수와 함께 살 수 없다면, 누구와 함께 살겠는가?"라고 제자에게 물었으며, "자신의 깨끗한 삶에만 관심을 쏟는 사람은 위대한 인간관계를 해치는 사람"이라고 말했다. 세상이 어지러울 때는 은둔생활을 하며 자기 자신의 구도에 정진하는 길밖에 없는 것 같이 보인다.

공자는 은둔자에 대해 이렇게 말했다. "이들은 사생활이 깨끗하고 은퇴해서는 환경에 순응하며 살고 있다. 하지만 나는 그들과 다르다. 내게는 어떤 경우를 막론하고 가능하거나 불가능한 상황이라는 것이 있을 수 없다." 공자는 은둔자에게 관용을 베풀면서도 자기 자신에게는 엄격하였다. "세상이 올바르게 돌아가고 있다면, 굳이 내가 세상을 변화시킬 필요는 없을 것이다."

여기서 우리는 공자의 근본적인 지혜라고 할 수 있는 그의 몇 가지 이념을 찾을 수 있다. 인간의 본성에 대한 이념, 사회질서의 필요성에 대한 이념, 올바른 언어 사용에 관한 이념, 인간의 사고력에 대한 이념, 인간의 근원과 그 절대성에 대한 이념, 근원의 상대적 표현에 대한 이념, 모든 것을 일관시킬 수 있는 일자(一者)에 대한 이념이 그것이다. 공자는 이 모든 이념을 인간과 사회와의 유기적 조화를 강조했다.

2) 인간의 본성은 인(仁)이다. 인은 인간성이며 도덕성과 하나이다. 인(仁)이라는 한자는 원래 두 사람을 뜻한다. 곧 두 사람 간의 상호 의사소통을 의미한다. 공자는 인간 본성의 문제를 두 가지 방법으로 논의한다.

첫째는 인간은 무엇이며 무엇이어야 하는가 하는 사실성과 당위성의 문제이며, 두 번째는 인간 존재의 다양성의 문제를 밝히는 논의이다.

첫째, 인간은 완성되어가는 존재이다. 인간은 동물처럼 완성된 존재가 아니며, 의식적인 사고를 무시하고 본능으로만 사는 존재가 아니다. 인간은 자기 자신에 대한 의무를 지니고 있다. 곧, 인간은 자신의 삶을 적극적으로 형성하여 본능을 뛰어넘는 인간적인 의무감을 실천해야 한다.

모든 선의 바탕은 인(仁)이다. 어진 사람만이 진실로 다른 사람을 사랑하고 미워할 수 있다. 인은 여러 가지 덕목 중에 하나가 아니라 모든 덕목을 포괄한다. 비록 인은 경건·지혜·배움·정의 등 다양한 덕목으로 나타나지만, 모든 덕목의 근본임을 잊어서는 안 된다. 각각의 덕목을 덕으로 볼 수 있는 것이 인이기 때문이다. 인은 모든 덕을 포괄하는 근원적인 덕이다. 이런 인에서 모든 유능함, 규범, 정당성이 진리로 발전하는 것이다.

인은 조건에 얽매이지 않는 절대성에서 비롯된다. "윤리적인 사람은 어려운 일을 먼저 시작하고 그 결과를 맨 나중에 찾는다"는 공자의 말도 바로 이런 맥락에서 이해할 수 있다.

인에 따른 행동은 일정한 법칙에 따른 행동이 아니라, 모든 법칙에 가치를 부여하는 동시에 그 절대성을 인정하지 않는 행동이다. 인을 정확히 정의하기는 어렵지만, 공자는 "인간 본성 중에서 가장 중요한 것은 중화(中和)에 있다"고 표현했다. 중화는 인간의 내면으로부터 밖으로 드러나는 것으로 "희로애락에 동요되지 않는 상태를 중추라고 하며, 이런 감정을 드러내면서도 늘 절도 있게 조정되는 것을 조화, 즉 화(和)라고 한다." 가장 은밀한 것은 중화에서 나오고, 모든 것의 근원은 중화이므로 군자는 늘 중화를 찾는다. "가장 은밀한 곳은 가장 잘 드러나고, 가장 잘 숨겨진 일은 가장 분명히 드러난다. 그래서 군자는 혼자 있을 때 가장 조심한다."

공자는 인(仁)을 중용(中庸)에 의해서도 설명한다. 그는 이처럼 신비로운 중용사상을 극단적인 두 가지 예를 들어 말한다. "넓고 부드러운 마음으로 가르치고 악을 악으로 갚지 않는 것이 남방의 교육방법이라면, 마구간에서도 스스럼없이 잠을 자고 죽을 수 있어야 한다는 것이 북방의 교육방법이다. 그러나 군자는 그 중용을 지켜 어느 한쪽에도 치우치지 말아야 한다."

중용의 특별한 점은 이런 것이다. "무릇 사람은 천하를 질서로 다스릴 수 있고, 관직을 사양함으로써 명예를 얻을 수 있고, 맨발로 칼날 위를 걸을 수 있다. 그러나 중용의 길에 능할 수는 없다."

둘째, 인간의 본성은 그 다양성에 있다. 모든 사람이 인을 가지고 있다는 점에서는 서로 비슷하지만, 개인 습관, 성격, 나이, 성장과정과 지식에서는 서로 다르다. 연령에 따라 공자는 인간을 이렇게 말했다. "젊을 때는 혈기가 안정되지 못한지라 여색을 조심해야 하며, 장년에는 혈기가 왕성한지라 싸움을 조심해야 하고, 늙어서는 혈기가 쇠퇴한지라 탐욕을 조심해야 된다."

공자는 인간을 네 가지 유형으로 나눴다. 제일 먼저 선천적으로 지식을 지니고 태어난 성인(聖人)을 들 수 있다. 공자는 성인을 만난 적이 없지만, 고대에는 이런 성인들이 있었다고 믿었다. 둘째는 배워서 지식을 얻어야 하는데, 이런 사람을 '군자'라고 할 수 있다. 셋째는 배우는 데 어려움을 느끼지만 배움을 게을리하지 않는 사람이다. 넷째는 배우기가 어려우므로 노력조차 하지 않는 사람이다. 그중 두 번째와 세 번째에 속하는 이들은 실패할 수 있지만 끊임없이 정진하는 사람들이며, "오로지 최고의 성인과 최고의 바보만이 변하지 않는다."

3) 공자는 근원은 절대적이지만 근원의 나타남은 상대적이라고 믿었다. 진리와 실재는 하나다. 단순한 개념은 아무런 소용도 없다. 인간 구원의 근원은 '실재에 영향을 미칠 수 있는 지식', 다시 말해서 내적으로 변화된 행동에서 완성되는 개념의 진리로부터 나온다. 내적으로 진실한 것은 외적으로도 진실한 형식을 이룬다.

"모든 것은 뿌리와 가지를 가지고 있다." 근원의 절대성은 상대적으로 나타난다. 뿌리가 선한 지식은 그 개념이 참되고 거기에서 나온 의식은 올바르다. 이 경우 개인은 발전하고, 가정은 화목하고, 나라는 번창하며, 세계는 평화를 찾을 것이다. 따라서 천자(天子)로부터 평민에 이르기까지 가장 중요한 것은 교육이다. 집안의 가족을 제대로 가르치지 못하면 다른 사람을 가르칠 수 없다. 그러나 "인으로 사람을 다스리면, 온 나라와 백성들이 번창할 것이다."

인간 행위의 모든 규범과 추진력은 정확히 표현할 수 없는 넓고 깊은 뿌리에서 비롯되므로, 우리가 미리 정해 놓은 규율이나 법칙은 언제나 부족하기 마련이다. 진리와 실재는 어떤 국가나 어떤 독단적인 명제로도 완전히 구현될 수 없다. 그래서 공자는 "어떤 의견도 선입관도 고집도 갖지 않으며", "군자는 세상의 어느 것에도 완강히 반대하거나 찬성하지 않고 오직 옳은 길만 걷는다"고 말했다. 군자는 "모든 이를 위해 존재하되 당파를 짓지 않으며", 언제나 열린 자세를 취하고, "그가 이해하지 못하는 일에 대해서는 침묵을 지킨다." 군자는 융통성이 있어서, "의지가 굳지만 고집이 없고", "친절하면서도 비굴하지 않고", "자신을 믿으나 독선적이지 않다."

공자의 사상에서 절대적인 것은 상대적으로 나타난다. 이런 의미에서 그는 모든 것을 상대적으로 인식했다. 아무런 의미가 없다는 뜻이 대상이 아니라, 좀 더 높은 상위개념을 통해 발전한다는 뜻에서 모든 것은 상대적이다.

4) 공자는 또한 질서의 필요성을 역설했다. 인간의 진실된 본질은 인간관계에서만 나타날 수 있기 때문이다.

첫째, 일생 동안 인간의 모든 행동을 이끌어야 하는 질서는 "네가 하고 싶지 않은 일을 남에게 강요하지 말아라"라는 원칙에 근거를 두고 있다. 여기에 따른 인간의 행동에서 우리는 평등 원칙을 이해할 수 있다. "윗사람에게 느낀 증오심을 아랫사람에게 나타내지 말고. 오른쪽 사람에게 느낀 증오심을 왼쪽 사람에게 주지 말아라."

그런데 여기서 중요한 것은 공자의 황금률은 부정적인 표현과 함께 긍정적으로도 표현되어 있다는 사실이다. "인류를 사랑하는 사람은 모든 사람들을 튼튼하게 만든다. 그것은 자신이 튼튼하게 되기를 바라기 때문이다. 또한 그는 모든 사람들이 성공하기를 원한다. 그는 그 자신이 성공하기를 원하기 때문이다."

그러나 공자의 가르침은 악을 선으로 갚으라는 노자의 가르침과는 차이가 있다. 공자는 이렇게 말한다. "그렇다면 무엇으로 선을 갚아야 하는가? 악은 옳은 일로 갚고, 선은 선으로 갚아야 한다."

질서의 두 번째 원칙은 인간은 매우 다양하므로 좋은 국가는 힘의 정도에 따라 그 가능성이 비례한다는 것이다. 백성들이 선하면 선할수록, 지식이 많으면 많을수록, 인간적이면 인간적일수록 더욱 훌륭한 모범 국가가 될 수 있다는 것이다.

따라서 선한 군주는 인간성을 이해하고 "앞장서서 국민들을 이끌어 나가

되 절망해서는 안 된다."

자신을 이길 수 있고, 옳은 일만 하고, 자기가 무슨 일을 하는지 아는 사람은 늘 적은 법이다. 대부분의 사람들은 "원칙에 의해 이끌려 나갈 수는 있으나, 원칙을 이해하지는 못한다." 지도자와 일반 대중의 관계는 마치 바람과 바람에 흔들리는 풀과 같다. "임금의 본성이 바람이라면 백성의 본성은 풀과 같아서, 바람 부는 대로 풀은 이끌려 가게 마련이다." 그러므로 질서는 권위에 의해서만 유지될 수 있다.

모든 것은 사회적 지위와 그 사람의 인간성에 따라 형성된다. 중요한 것은 그 순서가 뒤바뀌면 안 된다는 사실이다.

"지위가 없는 사람이 나랏일에 종사해서는 안 된다." 그래서 우선 '선한 사람을 추천하고 악한 사람을 내보내며 무지한 사람을 교육시키는 것이' 필수적이다.

훌륭한 통치자는 국민들의 여론에 흔들리지 않는다. "모든 국민들이 적대적일 때도 자신을 돌아보고 모든 국민이 호의적일 때도 신중히 생각한다." 공자는 이렇게 말했다. "모든 국민들이 미워하거나 사랑하는 것은 중요하지 않다. 올바른 통치자는 선한 백성들에게 사랑을 받지만 악한 사람들에게는 증오를 받는다."

질서의 세 번째 원칙은 어떤 일이 이미 진전된 상태에서는 직접적인 개입은 더 이상 효력을 발휘하지 못하므로 간접적으로 개입해야 한다는 것이다. 직접적인 개입은 이미 늦었다는 의미다. 권력이나 법률 또는 처벌을 통해 개입할 수도 있겠지만 그것은 오히려 악영향을 미친다. 위협을 느낀 백성들은 법적인 조치를 어떻게든 피해 보려고 하기 때문이다. 그러므로 간접적인 개입이 오히려 큰 효과를 발휘할 수 있다. 현재 일어나는 문제를 강제로 억누르기보다는 다른 방향으로 이끌거나 독려하는 것이 가장 좋다. 인간 본성이 자연스럽게 흘러가게 만드는 것이다. 그러면 모든 것이 자연스러운 결과를 맺을 것이다.

5) 공자는 언어의 올바른 사용에 대해 정명(正名)이라는 개념을 주장했다. 그는 어지러운 난세를 평정할 수 있는 방법이 무엇인가 하는 질문에 '정명'이라고 대답했다. 그리고 이름에는 역할 책임이 따르는 것이므로 공자는

이같이 말했다. "임금은 임금다워야 하고, 아버지는 아버지다워야 하고, 신하는 신하다워야 한다." 우리는 그릇된 말을 남발하고 사실에 맞지 않는 말을 자주 사용해서 실재와 말이 일치하지 않고 따로 노는 경우가 많다. 그러므로 "내적인 실재를 갖춘 사람이 말을 하지만 말을 하는 사람이 늘 내적인 실재를 갖춘 것은 아니다."

말이 실재와 맞지 않으면 모든 것이 제대로 되지 못한다. "말, 이름, 관념이 올바르지 못하면 판단이 흐려지고 일이 바로 이루어지지 못한다. 엉뚱한 사람이 벌을 받게 되므로 국민들은 안주할 곳을 찾지 못하고 불안에 떨게 된다."

"군자는 반드시 실행할 수 있는 말을 하고, 정확히 실행할 수 있는 판단을 함으로써 말에 실수가 없다."

6) 일자(一者) 혹은 일이관지(一以貫之)란 무엇인가? 여러 가지 사물이나 덕목, 무엇을 배우고 무엇을 실천해야 하는지에 대해서 여러 모로 토론할 때 공자는 이렇게 말한다. "너희는 내가 많이 배워서 많이 알고 있다고 생각하느냐? 그렇지 않다. 나는 그저 모든 것을 꿰뚫어 볼 수 있는 한 가지 방법만 알고 있을 뿐이다." 그러면 하나의 이치로 모든 것을 꿰뚫어 본다는 것은 무엇인가? 이에 대해 공자는 직접적인 대답 대신 충(忠)이나 서(恕) 같은 개별적인 덕목으로 대답한다. "하늘의 뜻을 모르는 사람은 군자가 아니며, 예(禮)를 모르는 사람은 성숙한 사람이 아니며, 정명을 모르는 사람은 다른 사람을 이해하지 못한다." 공자는 이를 다시 정리하여 도덕은 인류에 대한 사랑이며 지혜는 인류에 대한 지식이라고 했지만, 그 모든 것은 이제 더 이상 일자(一者)가 아니다.

공자가 말하는 일자는 어떤 배후의 위대한 권위나 마지막 판단이 필요한 곳에서 절실히 느낄 수 있다. 공자는 노자의 무위사상(無爲思想)과 지난날 성인들에게서 최고의 권위를 발견했던 것 같다. "몸소 일하지 않고도 천하를 다스린 사람은 바로 순임금(舜王)이다. 그러면 그가 무엇을 했는가? 자기 자신을 경건하게 살피고 남쪽으로 눈을 돌렸을 뿐이다. 그것뿐이었다." 공자가 말하는 일자는 다음의 한계성 인식에서도 느낄 수 있다.

공자의 한계성 인식

지금까지 우리는 공자의 사상을 그 자체로서 완전한 지식으로 보고 모든 문제를 해결할 수 있는 철학으로 이야기했다. 그러나 이러한 공자의 이미지는 옳지 않다.

1) 공자는 한번도 그가 완전한 지식을 가지고 있다고 생각하지 않았으며, 그런 지식이 가능하다고 믿지도 않았다. "단지 아는 것을 안다고 하고 모르는 것을 모른다고 하는 것이 지식일 뿐이다."

2) 공자는 이 세상에 악이 존재하고 있음을 잘 인식했던 사상가로서 악이 인간의 실패에서 비롯되었다고 보았다. 그는 말한다. "사람의 좋은 천성은 가꾸어지지 않고, 후천적으로 배운 것만으로는 충분하지 않으므로, 사람들은 의무를 알면서도 실천하지 않고 결점이 있으면서도 고치지 않으니, 이런 것들이 나를 슬프게 한다."

때로는 한 사람의 선인도 찾을 수 없음을 탄식하기도 했다. "모든 것은 지나갔다. 진심으로 자기 자신의 잘못을 깨닫고 내면을 살펴서 자기 자신을 비판하는 사람을 한 명도 만나지 못했다." 그는 어느 곳에서도 비인간성을 두려워하고 인간성을 사랑하는 믿음을 발견하지 못했던 것이다. "여성의 아름다움을 사랑하듯이 윤리적인 가치를 사랑하는 사람을 본 일이 없다." 훌륭한 통치자를 찾았으나 발견할 수 없었고, 성인을 찾았으나 만날 수 없었고, 군자를 찾았으나 만날 수 없었고, 심지어는 꾸준히 노력하는 사람조차 발견할 수 없었다.

그럼에도 공자는 이 세상 전체를 악으로 여기지 않았다. 예전에도 그랬던 것처럼 다만 시대가 어지러울 뿐이라고 믿었다. 그래서 어떤 제자는 이렇게 말했다. "공자는 오늘날에는 진리가 빛날 수 없다는 사실을 이미 알고 있었다."

3) 공자는 인간의 죽음이나 다음 세상에 관하여 말한 적이 없었다. 행복, 운명, 순수한 미덕에 대해서도 별로 말하지 않았다. 죽음, 인간 본성, 세계 질서에 대하여 질문을 받았을 때도 대답을 뚜렷하게 내놓지 않았다. "나는

그대들에게 밝히지 않은 일이 없다"는 공자의 말대로 그는 비밀로 간직하기 위해서가 아니라, 그런 질문들은 막연한 대답이 필요하다고 생각했던 것이다. 사상가들은 호기심, 현재의 고통에서 잊으려는 욕구, 자신의 삶을 회피하려는 동기에서 죽음에 대한 문제를 제기한다. 그러나 공자는 그러한 욕구를 충족시키려고 하지 않았으며, 현실적으로 경험할 수 없는 문제를 엄밀한 의미에서 살펴볼 수 없다고 생각했다.

이 밖에도 그는 갖가지 형이상학적인 질문에 대해서도 직접적인 언급을 회피했다. 공자의 이런 태도를 불가지론(不可知論)이라고 이른다. 이것은 모르는 것에 대한 무관심이 아니라 모르는 것을 아는 것처럼 착각하지 않으려는 삶에 대한 경건한 태도를 의미한다.

우리는 이러한 공자의 태도에서 끝없고 인식할 수 없는 것에 대한 충동이나 훌륭한 형이상학자들이 제시하는 복잡한 질문을 발견할 수 없음을 유의해야 한다. 그러나 분명히 말하지는 않았지만 관습에 대한 공손한 자세와 전통을 지키려는 그의 답변에서 어떤 방향을 찾을 수 있다.

공자는 전통적인 종교 개념을 중요하게 여겼다. 영혼의 실재와 예언의 힘을 믿고 있었다. 조상숭배와 제사는 그에게 중요한 일이었다. 그러면서도 그는 대단한 거리감을 두고 제사를 지냈다. 그의 제자는 "스승께서는 어떤 마술적인 힘이나 초자연적인 귀신에 대해서 말한 적이 없다"고 하였고, 공자는 "다른 사람의 조상을 섬기는 것은 아첨일 뿐"이라고 말했다. 귀신에 대하여 질문을 받았을 때도 그는 "살아 있는 사람도 섬기지 못하면서 어떻게 귀신을 섬길 수 있겠느냐?"고 말했다. 지혜에 대한 질문에서 공자는 "다른 사람에 대한 의무를 철저히 수행하고, 귀신을 섬기되 거리감을 두라. 그것이 바로 지혜"라고 충고했다.

이러한 표현은 귀신을 멀리하라는 것인지, 아니면 가능하면 무시하라는 것인지 애매모호하다. 뚜렷한 것은 공자는 제사를 정성껏 드리면서도 그 의미는 정확히 몰랐다는 사실이다. 그는 이렇게 말했다. "조상에 대한 제사의 의미를 제대로 아는 사람은 마치 자신의 손바닥을 들여다보듯이 쉽게 천하를 다스릴 수가 있을 것이다."

공자는 하늘에 대해서 이렇게 말했다. "세상에서 오직 하늘만이 가장 위대하다." "사계절은 주기적으로 흘러가고 모든 것이 태어난다. 그러나 하늘은 말이 없다." 하늘에 모든 부귀영화가 달려 있고, 모든 것을 파괴할 수 있는 것도 하늘이다. 천(天)으로 표현되는 하늘은 비인격적인 존재이다. 하늘이 내린 운명 또는 천명(天命)은 상제(上帝)로 불리는 인격적인 존재라기보다는 인간이 무조건 받아들여야 하는 비인격적인 존재이다. 공자는 가끔 '이것이 하늘의 뜻' 이라는 말을 사용했다.

공자의 제자가 중병에 걸리자 그는 이렇게 말했다. "사는 것도, 그런 병에 걸리는 것도 하늘의 뜻이다. 진리가 전해지고 없어지는 것도 하늘의 뜻이다."

공자는 기도에 대해서도 별로 언급한 적이 없다. 마술적인 힘을 빌리는 기도뿐만 아니라 일반적인 바람의 기도에 대해서도 그는 별로 말을 하지 않았다.

빌헬름의 번역대로 라면, 공자의 전 생애가 기도하는 과정이기 때문이다. 9세기쯤 일본의 한 유학자는 이렇게 표현했다.

"마음으로 진리의 길을 걷는다면 기도할 필요가 없다. 기도하지 않아도 신들이 그대를 보호하기 때문이다."

"죽고 사는 것은 하늘의 뜻이고", "모든 사람은 누구나 언젠가는 죽게 마련이다." 공자는 죽음에 대해 이렇게 솔직하게 받아들이고 있다. 공자에게 죽음은 아무런 감정의 동요도 일으키지 않고, 어떤 근본적인 의미를 가지고 있지도 않다.

그러나 공자도 성숙하기 이전의 죽음에 대해서는 슬퍼하고 있다. "꽃도 피지 못한 싹이 있고, 열매도 맺지 못한 꽃이 있다는 것은 정말 슬픈 일이다." 그는 죽음 자체에 대해서는 비중을 두지 않았다. "오늘 땅거미가 내릴 때 죽어도 여한이 없다." 죽음을 두려워하지 않음을 공자는 이렇게 표현했다. "새는 죽을 때 슬프게 울지만, 사람은 죽을 때 선한 말을 남긴다." 공자에게 죽음에 대한 질문은 아무런 의미가 없었다. "그대들이 아직 삶을 알지 못할진대. 하물며 죽음에 대해 어떻게 알 수 있겠는가?"

죽은 사람이 그에게 바치는 제사를 알 수 있는가 하는 물음에 공자는 이같이 대답했다. "그것은 내가 알 바 아니다." 공자는 모든 문제에 대해 현실적 효과를 살펴서 답변했으며, 죽음에 대한 해답을 내놓지 않는 것이 가장 현명한 방법이라고 믿었다. "만일 내가 죽은 사람이 제사 지내는 것을 안다고 대답하면 수많은 효자들은 죽은 사람에게만 온 정성을 다할 것이고, 만일 모른다고 대답하면 효성이 없는 사람들은 죽은 조상에 대한 의무를 게을리할 것이다."

공자의 인간성

공자와 그 제자들의 말을 근거로 추측해 보면, 공자는 사명감이 철저했던 사람이다. 그는 목숨이 위험한 처지에 놓였을 때 이렇게 말했다. "문왕(주나라를 세운 왕)이 돌아가신 뒤 그가 이룬 문화가 내게 전해지지 않았느냐? 하늘이 이 문화를 없애려 했다면 후손인 나는 그것을 물려받지 못했을 것이다. 하늘이 이 문화를 없애 버리려고 하지 않는다면 그 사람들이 나를 어떻게 하겠는가?"

공자는 사명감을 철저하게 의식하면서도 겸손한 자세를 잃지 않았다. 배우는 데 있어서는 누구에게도 뒤떨어지지 않지만, 그 지식을 실천하는 군자가 되기에는 부족하다고 솔직하게 인정했다. "나는 군자가 되기 위해 늘 애쓰고, 다른 사람을 가르치는 데도 열심히 노력할 뿐이다."

그의 제자들은 가끔 그를 비판하기도 했다. 어느 날 제자들이 공자가 남자(南子) 부인을 방문한 것에 대해 비판하자, 공자는 이렇게 대답했다. "내가 잘못을 했다면, 그것은 하늘의 탓이다." 제자들이 맹세를 어겼다고 비판하자, "위협에 의해 어쩔 수 없이 맹세를 했을 뿐"이라고 대답했다.

어떤 제자가 공자의 언짢은 행동을 못마땅하게 여기고 비판했을 때 그는 동의하듯이 이렇게 말했다. "마치 초상집의 개를 야단치듯 나를 야단치는구나." 또한 공자는 자신의 사람됨에 대해 묻는 사람에게 "열심히 진리를 탐구하며 늘 사람들을 가르치는 일에 열중하느라 식음을 전폐하고, 너무 진지해서 세상 일의 모든 근심을 잊어버릴 정도였으며, 노년으로 접어든 것조차 몰랐던 사람"이라고 말하라고 그의 제자에게 당부하기도 했다.

공자는 자신의 실패를 잘 알고 있었다. 어느 날 생명이 위태로운 상황에서 그는 제자에게 이렇게 외쳤다. "내 삶이 잘못 되었는가? 왜 이런 슬픔이 내게 닥쳐오는가?"

그러자 첫 번째 제자는 공자가 아직 참된 선을 이룩하지 못했으므로 사람들이 그를 신뢰하지 않으며, 참된 지혜를 얻지 못했으므로 사람들이 그의 말을 따르지 않는다고 말했다. 그러자 공자는 지난날 선인 군자들도 갖가지 어려움을 겪었으므로, 반드시 선이 신뢰받고 지혜가 복종을 부르는 것은 아니라고 답변했다.

두 번째 제자는 공자의 교훈이 너무 훌륭해서 세상 사람들이 그것을 끝까지 따를 수 없으니 수준을 좀더 낮추어야 한다고 말했다. 이에 공자는 부지런한 농부가 씨를 뿌리지만 항상 거두어 들일 수 없듯이, 군자도 사람들에게 열심히 가르치지만 반드시 모든 사람들이 그의 가르침을 받아들이는 것은 아니라고 말하면서, 다른 사람들의 인정을 받는 데만 신경을 쓰는 것은 멀리 보지 못하기 때문이라고 답변했다.

세 번째 제자는 "선생님의 교리는 너무나 훌륭하므로 세상 사람들이 그것을 제대로 따를 수 없습니다. 그러나 우리는 그 가르침에 따라서 계속하여 행동하고 있습니다. 사람들이 우리를 알아주는 것이 그렇게 중요합니까?" 이에 공자는 말없이 웃었다고 한다.

공자는 자신의 실패를 소홀히 여기지 않고 그 원인을 곰곰이 생각하고 따져보기도 했다. 그의 태도는 언제나 한결같고 미리 준비된 상태였던 것은 아니기 때문이다. 그는 어느 날 이렇게 말했다.

"군자는 자신의 이름을 남기지 못한 채 세상을 떠나는 것을 슬퍼하는데, 이제 아무도 내 길을 따르지 않으니 나는 어떻게 후세에 내 이름을 남길 수 있는가?"

그는 "아무도 나를 알아주지 않는구나" 하고 탄식하면서도, 이렇게 자신을 위로했다. "나는 하늘에 불평하지 않고 사람들에게 원망하지 않는다. 나는 이 세상에서 진리를 탐구하며 하늘과 소통하니 나를 알아주는 이는 하늘이다."

공자는 자신의 운명에 만족할 줄 아는 사람이었다. "배우고 때로 익히면 기쁘지 아니한가? 멀리서 친구가 찾아오니 또한 즐겁지 아니한가? 사람들이 나를 알아주지 않아도 노여워하지 않음이 또한 군자가 아니겠는가?" "나는 남이 나를 알아주지 않는 것을 슬퍼하지 않고, 내가 남을 알지 못함을 슬퍼할 따름이다."

어리석은 사람은 공자에게 이처럼 말했다. "그대는 이제 쓸데없는 노력을 포기해라. 오늘날 나라를 위해 일하겠다는 사람은 스스로 위험에 빠질 뿐이다." 또한 노자는 이렇게 충고했다. "날카롭고 영리한 사람은 남을 판단하기 좋아하므로 언제나 목숨이 위태롭다."

공자는 세상 사람들의 질서를 세우는 데 뜻을 두고 있었다. 성공하리라는 자신감 때문이 아니라, 인간은 사회를 위하여 자신의 책임을 다해야 된다고 믿었기 때문이다. "어진 이는 인(仁)을 해치면서까지 살려고 애쓰지 않는다. 인을 달성하기 위해 기꺼이 죽음의 길을 택할 뿐이다." 공자의 태도는 언제나 준비하는 태도였다. "사람들이 그대를 필요로 하면 적극적으로 일하고, 그대를 원하지 않으면 조용히 뒤로 물러나라." 여기서 중요한 것은 "모든 것은 마음에 달려 있으므로, 행운이나 불행으로 인간의 가치를 판단할 수 없다"는 사실이다. 더욱이 외적인 불행은 순자(荀子)의 말을 빌리면, 하나의 시험이 될 수 있으므로 반드시 나쁜 것은 아니다. 그러니 지나치게 상심할 필요는 없다. 절망속에서도 언제나 희망은 남아 있는 법이다. "절망적인 상황에서 최고의 경지에 이르는 경우도 얼마든지 있기 때문이다."

공자는 살아생전에 자신의 뜻대로 사람들에게 영향을 주지 못했으며, 죽은 뒤에도 마찬가지였다. 다만 그의 가르침이 어느 정도 수정된 다음에야 영향력을 발휘할 수 있었다.

이러한 사실은 겉으로는 변형되었지만 여전히 우리 삶의 기준으로 남아 있는 공자 본래의 가르침을 찾아야 한다는 의미이다.

지금까지 전해 내려온 문헌 중에서 가장 의미 있고 독자적인 내용을 가려내어 공자의 참모습을 찾아볼 필요가 있다. 그러나 후대에 나온 케케묵고 형식적인 이론만 들추어낸다면 우리는 공자의 참모습을 찾기 어려울 것이다. 문헌 속에 나오는 공자의 일화나 설화를 객관적으로 선택하고 정리할 때 우리는 참된 진리를 찾을 수 있을 것이다. 그렇지 않다면 그런 일화나 설화가 오랜 세월을 거쳐 후대에 전해오지 않았을 것이다.

공자는 세상을 등지고 자기 자신에만 전념한 일이 없다. 경제제도, 법률제도, 정부 형태를 제안하지 않았다. 그는 직접적인 방법보다는 간접적인 방법으로 이룩할 수 있으면서 모든 것의 기초가 되는 일, 곧 윤리·정치적 국가관, 국가의 일원인 모든 개인의 정신적 발전을 드높이는 일에 전념하였다. 공자는 어떤 종교적 경험이나 계시를 받은 일이 없으며, 인간의 재생이나 신비적 삶을 내세우지도 않았다. 그러나 공자는 합리주의자가 아니었다. 그는 늘 인간이 인간 노릇을 할 수 있는 공동체 개념에 따라 행동했다. 그는 이 세상의 아름다움, 질서, 진실, 행복을 추구했으며, 이 모든 것들은 실패나 죽음으로써 의미가 사라진다고 생각하지 않았다.

공자는 이 세상에서 가능한 것만을 추구했으며, 이것은 바로 그의 중용사상의 밑바탕이 되었다. 그는 두려워서가 아니라 책임감 때문에 늘 말과 행동을 신중하게 하고 조심했다. 의심스럽고 위험한 일은 가능하면 피하려고 했으며, 배우기 위해 모든 사람의 말을 주의 깊게 들었다. 특히 그는 고전을 통해 끝없이 지식을 추구했으며 사람의 도리를 가르치면서 무엇을 금지하기보다는 적극적인 참여를 유도했다. "중용을 지키고 준비하는 자세를 가져라." 이처럼 공자를 움직인 힘은 권력에 대한 힘이 아니라, 이와 같이 자신을 극복하려는 의지였다.

공자는 언제나 웃으면서 열린 모습으로 자연스럽게 우리에게 다가온다. 그는 자기 자신이 신격화되는 것을 반대했으며, 늘 약점을 가지고 있는 평범한 인간으로 살았다.

공자는 무엇을 했는가? 노자와 달리 공자는 복잡한 이 세상 속으로 들어와서 더 나은 인간의 발전을 위해 애썼다. 그는 미래의 정치가를 키우기 위해 학교를 세우고 고전을 정리하고 편찬했다. 그러나 무엇보다 중요한 일은, 한 인간으로서 그는 언제나 백성의 편에 선 중국 최초의 위대한 인물이라는 사실이다.

공자와 노자

공자는 여러 사람들과 논쟁을 했고 또 논쟁에 휘말려 들어갔다. 처음에는 단순히 공자의 정치적 무능력과 반대파들의 질투심에서 나온 논쟁들이었다. 그러나 공자와 노자의 논쟁은 심오하면서도 본질적인 양극화 현상을 보여주고 있다.

1) 공자의 반대파들 중에는 이 세상은 타락했으므로 요령 있게 행동해야 한다고 주장한 사람들도 있었고, 진실과 거짓, 선과 악 구별을 무시하는 궤변론자들도 있었다.

공자가 관직에 있을 때, 나라를 위태롭게 한다는 이유로 한 사람의 귀족을 처형한 일이 있었다. 이것을 비판하는 목소리가 높아지자 공자는 그 행동의 정당함을 이렇게 말했다. "도둑이나 강도보다 더 나쁜 것은 간사한 불복종이고, 늘 변명을 내세우는 거짓말이며, 널리 알려진 스캔들이고 적당히 얼버무리는 불의의 묵인이다." 공자는 이것들을 이렇게 요약하여 표현했다. "그는 어디를 가든지 당파를 만들고, 위선적인 말로 대중을 현혹시키며, 쓸데없이 반대하면서 법을 어기고 자신의 요구만 내세웠다. 이런 사람을 묵인할 경우 사회는 크나큰 불행을 불러올 따름이다."

공자는 이외에도 반대파들로부터 갖가지 비판을 받았다. 어떤 사람은 그의 가르침이 너무 고귀하고 심오해서 인간이 평생 동안 실천하기에는 힘들다고 비판했으며, 어떤 이는 그의 가르침이 비실용적이어서 일반 백성에게는 아무런 소용없다고 비판하였다. 어떤 사람은 공자가 올바른 행정능력과 현실적인 통치능력이 부족하다고 주장했으며, 어떤 사람은 성대한 장례식을 내세워서 국가재정을 어렵게 만든다고 비판했다. 심지어 어떤 이는 그가 이곳저곳 떠돌아다니면서 기생충처럼 생활하는 유세객에 불과하다고 주장하는가 하면, 어떤 사람은 공자를 화려한 옷과 미사여구로 백성들을 현혹하는 인물이라고 비판하였다.

2) 전설에 따르면 젊은 시절 공자는 늙은 노자를 찾아갔다고 하는데, 이 자리에서 노자는 공자의 계획, 충고, 학문을 인정하지 않았다고 전한다. 고전은 의문이 많으므로 고대 위인들의 발자취에 불과한데, 오늘날 사람들은 그런 발자취를 그대로 따르고 있다고 노자는 비판했다. "네 교리는 모래 속의 흔적만도 못한 것을 논하고 있구나. 네가 읽은 것은 지난날의 찌꺼기와 부스러기에 불과하다. 읽을 만한 것은 고인들의 죽음과 함께 사라지고, 아무짝에 쓸모없는 것만 경전에 남아 있다." 더욱이 노자는 근본적인 지식을 내세우면서, 공자가 도에 대해 무지하다고 야단쳤다. "너는 네 자신이 만들어 놓은 절대적 윤리관에 사로잡혀 있다. 정의와 인(仁)은 도를 따르는 사람에게는 단순한 결과일 뿐이다. 그 자체로는 아무 의미도 없다."

공자가 모든 인류에 대한 평등한 사랑을 역설하자 노자는 그를 다음과 같이 신랄하게 나무라면서 말했다. "모든 사람을 사랑한다고 말하는 것은 어리석은 사람의 과장에 불과하며, 모든 이에게 공평하게 대하자고 말하는 것 자체도 하나의 불공평이다. 너는 먼저 천지가 어떻게 영원히 돌아가며 일월이 어떻게 빛을 내고 별이 어떻게 운행하는지, 새와 짐승들이 어떻게 떼를 지어다니고 초목이 어떻게 제자리를 지키는지 배워야 한다. 그러면 자연에 순응하며 내면의 삶을 발전시켜야 한다는 사실을 알게 될 것이다. 또한 너는 인과 정의를 찬양하며 실천하려고 노력하지 않고도 삶의 목표를 이룩할 것이다. 네가 끝없이 말하는 인과 정의에 대한 주장은 듣는 이의 신경을 곤두세우고 짜증나게 할 뿐이다. 백조는 흰 털을 유지하기 위해 매일 목욕할 필요는 없다는 뜻이다."

노자에 따르면, 도는 무위를 통해서만 나타난다. 그 밖에 모든 것은 모두 피상적일 뿐이다. 도를 바탕으로 하지 않는 단순한 도덕은 인간 본성에 맞지 않는다. 우리가 도의 세계, 곧 자연의 이치를 잃지 않으면 예의와 덕이 저절로 나온다.

"도가 사라질 때 인의(仁義)가 나오고, 지식이 생길 때 모든 인위성이 나타난다." 도의 근원이 사라지면 인간은 인의를 구하지만 아무런 소용이 없다. 노자는 이 사실을 물고기의 비유로 설명했다. "샘이 사라지고 연못의 물이 마르면 물고기들은 살아남기 위해 서로 물기를 뿜어 적신다. 그러나 어떻게 냇물이나 연못 속에 살던 자유와 비교할 수 있겠는가?"

그러니 인간의 올바른 길에는 조작과 강요가 없고 선악에 대한 생각과 지식도 없이 단순한 삶을 도(道) 안에서 실천하는 것이다. "옛 선인들의 도에 대한 태도는 백성들을 계몽하는 것이 아니라 백성을 무지 상태에 그대로 두는 것이다."

공자는 노자를 그의 진정한 논적으로 인정하였다. 그러나 후대 사람들은 도교와 유교 사이의 이 전설적인 논쟁에 그들 나름의 뉘앙스를 던지고 있다. 사실 후대 사람들은 공자와 노자의 근본 입장과는 많이 멀어져 있었다. 후대의 도교인들은 세상을 멀리하는 금욕주의자, 마법사, 연금술사, 생명을 연장시키는 사람, 주술사, 또는 허풍쟁이로 변했으며, 유교인들은 자신의 이익만 챙기는 세속적인 인간, 세태에 아부하는 정치가, 사리사욕과 권력을 탐하는 학자와 관료로 변했다. 두 위대한 철학자를 객관적으로 살피고 그들의 중심 태도를 탐구하면, 이들은 양극을 달리면서도 상호보완적인 관계이며 결국은 하나로 통한다는 사실을 알 수 있다. 후대에 일어난 좁은 의미의 유교사상은 공자의 본래 사상과는 거리가 멀다.

일반적으로 노자는 선악을 뛰어넘어 도를 파악하고 공자는 도를 윤리화시켰다고 말한다. 그러나 사실 공자는 선악의 초월과는 무관하게 세상 문제를 놓고 선악의 지식을 통해 인간사회에 질서를 부여했다는 표현이 더 정확할 것이다. 공자는 인간사회라는 공동체를 절대적인 것으로 보지 않았다. 그는 직접적으로 관여하지 않았지만 포괄하는 존재를 모든 일의 배경으로 인정하고 있다. 두 철학자의 차이는 노자가 도(道)로 향하는 직접적인 방법을 제시한 데 반해 공자는 인간의 질서라는 간접적인 방법을 주장한 것이다. 곧 그들은 동일한 형이상학적 개념에서 각자 다른 결론을 이끌어냈다고 볼 수 있다.

노자가 모든 것에 앞서고 모든 것을 넘어선 것으로 본 도(道)는 공자에게는 일자(一者)가 된다. 그러나 노자가 도에 깊이 몰두한 반면에, 공자는 일자의 인도로 세상일을 처리해 나간다. 공자도 자신의 한계성을 인식하는 순간 노자와 같은 무위의 행동으로 세상을 평정하려고 애쓴 흔적을 찾을 수 있다. 따라서 두 철학자는 서로 반대 방향을 바라보지만 동일한 선 위에 서 있다고 할 수 있다. 두 사람의 이러한 공통점 때문에 그들은 중국 역사상 위대한 인물로 연속하여 논의되고 있다.

중국인에게 공자와 노자는 전문적이고 체계적인 철학자라기보다는 중국인의 실생활에 지혜를 주는 현자로서 비중이 더 크다는 사실을 알 수 있다.

공자의 영향

공자는 그 당시에 수많은 철학자들 중 한 사람에 불과했을 뿐 가장 성공적인 철학자는 아니었다. 그러나 공자로부터 발생한 유교는 1912년 청나라가 망할 때까지 2000년이란 유구한 세월 동안 중국인의 사상을 지배해왔다. 유교의 발달 과정을 다음 몇 단계로 나눌 수 있다.

첫째, 공자가 죽은 뒤 몇 세기 동안 유교는 맹자(기원전 372~289)와 순자(기원전 310~230)에 의해 효율적인 학문 원칙으로 발전했다. 이 두 사람을 통해 유교사상은 더욱 관념적이고 구체적이며 체계적으로 확립되었다. 공자의 사상을 가장 명확히 전달한 고전은 《대학》과 《중용》이다. 공자의 사상에 가장 가까우면서 일부는 공자가 직접 언급했다고 추정되는 《논어》는 문장이 너무나 짧고 단편적이어서 여러 가지로 해석할 수 있었다. 마치 소크라테스 이전의 많은 철학적 개념들처럼 그 자체로는 완성된 이론이지만, 내용상 여러 개념으로 다양하게 해석할 수 있기 때문이다. 이러한 개념들은 후대에 조직적인 체계로 정리되어 그 개념적인 구조가 더욱더 뚜렷하게 밝혀졌으나, 원래 가지고 있던 생동감은 어느 정도 잃어 버리고 말았다. 공자는 맹자와 순자에 의해 우리에게 더욱 명확하게 다가왔으나 동시에 근원과는 거리가 생길 수밖에 없었다.

이렇게 탄생한 유교는 한 사회의 중심 사상이 되었지만 정치적 야망을 가진 문인들에 의해 위기를 맞는다. 진시황제는 한때 유교말살정책(기원전 221~210)을 펴면서 모든 경전을 불태워 버렸다. 그 뒤 관련 설화도 더 이상 전해지지 않게 된 것이다. 진시황제가 죽은 다음 진나라는 내란에 의해 망해 버렸고 봉건국가는 강력한 중앙집권제로 바뀌었다.

둘째, 한(漢)나라(기원전 206~기원후 220)가 들어서면서 이상한 일이 일어났다. 고조 유방이 세운 새로운 관료주의 국가에 의해 유교가 다시 부활한 것이다. 그 후 국가 권력은 공자의 이념을 통해 새로운 권위를 찾게 되었지만, 유교는 어느 면에서 공자의 원래 사상과는 멀어졌다. 공자는 봉건제도 국가밖에 알지 못했다. 그러나 이제 유교는 실제적인 권력과 합세하여 새로운 정치 이념이 되고 유학자들은 관료주의의 노예가 되었다. 그들은 신분의 이익을 위해 광신주의에 가까운 새로운 정통성을 주장했다. 이제 유교는 관리 양성을 위한 제도가 되었고, 유교사상은 국가를 신성시하고 국가의 질서 유지를 위한 통치 방법을 가르치는 교육체제로 변했다.

셋째, 송(宋)나라(960~1276)에 들어와서 유교는 다양한 방면으로 발전했는데 형이상학과 자연철학이 많이 발전했다. 이와 함께 유교는 순자 사상을 버리고 맹자 사상을 정통적으로 받아들였는데, 이런 유교는 청나라(1644~1912) 시대 절정을 이루었다. 이렇게 발전한 유교는 곧 서양인에게 중국에 대한 인상으로 자리잡았다. 중국 역사의 위대한 실체가 알려지기 전까지 중국은 유구한 세월 동안 발전 없이 정체된 나라라는 잘못된 인식을 서구인에게 심어 주었던 것이다.

기독교와 불교처럼 유교도 오랜 역사를 통해 다양한 변화를 겪으면서 발전하였다. 유교가 공식적으로 국가이념이 되고 대중적으로 받아들여졌을 때는 이미 공자의 사상과는 많이 멀어져 있었다. 유교 역사는 이념적으로는 정통성을 찾고 정치적으로는 지배계급의 권위를 찾는 한없는 투쟁사였다. 유교에 대한 반대가 늘 의식적으로 일어난 것은 아니었으나, 중국문화의 토대가 되는 위대한 예술·문학·철학의 발전은 유교의 장벽을 무너뜨릴 수밖에 없었다. 그러나 이러한 사상이 쇠퇴할 때면 서구의 가톨릭교와 같이 언제나 다시 유교가 부활하곤 했다. 마치 가톨릭교가 성 토마스 아퀴나스에 의해 절정에 이르듯이 유교도 주희(1130~1200)에 이르러 꽃을 활짝 피운다.

기대가 너무 높으면 그만큼 위험이 따르게 마련이다. 몇 세기 동안 유교의 타락을 지켜 본 학자들은 그 원인을 공자의 근본 사상에서 찾으려고 했다. 그들은 공자의 사상이 반동적이며, 과거만을 절대화시킴으로써 지난날에 고정되고 앞날을 내다보지 못했으므로 모든 창조적이고 진보적이고 살아있는 힘을 억압한다고 공격했다.

그러나 공자에 대한 반론은 우리가 지금까지 살펴본 격언들과 공자가 인정했던 일자(一者), 곧 모든 것을 포괄할 수 있는 존재에 비추어 볼 때 받아들이기 힘들다. 공자와 유교학자들에게는 해당되지 않는 이런 견해는 몇 세기를 거치는 동안 나온 퇴행 현상의 결과라고 볼 수밖에 없다. 우리는 이런 유교의 퇴행 현상은 다음과 같이 정의 내릴 수 있다.

첫째, 무지와 일자(一者)에 대한 개념이 형이상학적인 무관심으로 변했다. 공자가 절대적 생각과 기도의 도움을 거부하고 모든 것을 포괄하는 일자에 근거를 둔 것은 현실 세계에 관심을 갖도록 한 그의 확실성에서 시작된 것이다. 공자가 죽음에 구애되지 않고 모르는 것을 알고자 하지 않았던 것은 그의 열린 마음에서 나왔다. 그러나 공자의 이러한 확실성이 사라진 다음에는 회의주의와 미신이 걷잡을 수 없이 파고 들어와 그 자리를 차지하였다. 불가지론(不可知論)은 공백상태가 되었고 후대의 유교는 그 빈자리를 마술이나 환상적인 기대로 채우려고 애썼던 것이다.

둘째, 인(人)에 대한 객관적이고 열정적인 공자의 탐구는 실용주의 사고로 변했다. 그 결과 유교는 인간의 도덕적 가치를 떠난 현학적 실용주의로 발전한 것이다.

셋째, 예(禮)와 예를 인도하는 힘으로서 인(仁)과의 극단적 대립 현상에서 나타난 자유로운 윤리는 예만 내세우는 피상적인 교리로 변했다. 인과 일자에 대한 근거가 사라진 예는 이제 단순한 외적 행동법칙으로 변했다. 공자 시절에는 약간의 힘을 가졌던 예가 후대에는 강제성을 지닌 규범이 되어 버렸다. 복잡한 법칙과 다양한 규범에 얽힌 예는 살아 있는 인간관계를 일정한 틀 속에 가두어 놓고 억압하는 구실을 하게 되었다.

넷째, 공자가 내세웠던 개방된 사상은 독단적 이론으로 변했다. 유학자들은 이제 인성(人性)의 선과 악을 놓고 서로 다투었으며, 예가 인간을 선하게 만드는지 또는 단순히 그의 본성을 회복시켜 주는지에 대해 열띤 토론을 벌였다. 공자는 원래 이러한 흑백논리를 주장하지는 않았다. 그는 바뀔 수 없는 성인과 바보를 제외하면 누구에게나 자신의 능력을 개발할 수 있는 기회가 오므로 모든 것은 실천을 통해 결정된다고 믿었다.

그러나 이제 유학자들은 이러한 이론의 실천보다는 논쟁에 관심을 두고, 공자가 중요하게 여기지 않았던 이론적 선택에만 초점을 맞추면서 유교는 본래의 모습에서 더욱더 멀리 떨어져 나가고 말았다.

다섯째, 내적 행위로서 지식은 인위적인 학습으로 대체되었다. 그 결과 이제는 인격에 의해서가 아니라 형식적 학습과정에 따라 평민과 다른 선비 계층이 생기고, 이들은 과거제도를 통해 신분의 특권을 누리려고 했다. 그러나 공자는 옛것은 스스로 깨달아 얻는 규범이라고 생각했다. 이런 공자의 이념도 후대의 유교에서는 단순히 지난날의 책 몇 권을 읽거나 일부 학자들의 이론을 근본적인 이해도 없이 다만 모방하는 것으로 전락하고 말았다. 결국 학교교육은 이론적 정통만 내세움으로써 실생활과 단절되고 말았다.

이러한 유교의 쇠퇴과정은 중국역사에 커다란 영향을 끼쳤다. 그러나 그것이 유교의 근원을 완전히 말살시키지는 못했다. 유교의 발전과정에서 공자는 아직도 중요한 위치를 차지하고 있다. 언제나 사람들은 새로이 그에게 눈을 돌리고 그의 고귀한 윤리관과 위대한 정신을 추구하였다. 공자의 제자들은 스승의 위대한 권위를 인정하면서도 그의 잘못을 비판하기도 했다. 그러나 그들은 '인간의 삶을 지탱해 주는 영원한 해와 달처럼' 그들의 스승을 우러러 보았다. 조상 숭배의 예절에 따라 공자에게 제사를 올렸으며, 그 후에는 그를 모시는 사원이 건립되었다. 기원전 2세기쯤 중국의 역사가 사마천은 공자의 무덤을 방문하고 이렇게 쓰고 있다.

"나는 벅찬 감동과 존경심에 사무쳐 그곳에서 발길을 돌릴 수 없었다. 세상에는 살아생전에 유명했던 임금과 현자들이 수없이 많지만, 그들의 명성은 죽음과 더불어 사라졌다. 공자는 백성을 위해 소박한 삶을 산 사람이었다. 그러나 그의 가르침은 몇 십 세대를 거쳐 꾸준히 전해 오고 있다. 천자를 비롯한 모든 임금들이 이 위대한 인물로부터 그들 중대사의 결정과 기준으로 삼았으니, 이것이야말로 공자의 최고의 존엄성을 입증해 주는 것이다."

후대에 들어서 공자의 사원이 중국 곳곳에 세워졌으며, 20세기 초에 들어와서는 신으로 모시기까지 했다. 소박한 인간으로 살기를 원했으며 스스로 성인이 될 수 없다고 믿었던 공자의 신격화는 역사의 아이러니가 아닐 수 없다.

예수

계시

객관적인 역사적 기록에 의해서 예수의 상(像)을 서술한다는 것은 불가능하겠지만, 우리는 전통의 베일을 통해 어느 정도는 사실적으로 파악할 수 있다. 단편적인 전통을 무시하고 잘못을 범하지 않는 역사 비판적인 연구만 고집한다면 예수의 실체를 놓쳐 버릴지 모른다. 학자들의 연구를 바탕으로 믿을 만하거나 가능성 있는 자료를 수집하여 예수의 참된 상을 정립하는 것이 중요하다. 이러한 이미지 정립은 예수의 인간적 모습에 대한 우리의 인간관을 근거로 해야 한다. 그가 진정 어떤 사람이었으며, 어떤 일을 하고 무슨 말을 했는가를 살펴봄으로써 우리는 예수의 참된 모습을 추구할 수 있을 것이다.

우리가 예수에 대하여 한 가지 확실하게 알 수 있는 것은 신성한 하느님나라가 다가오니 도덕적으로 마음의 준비를 하고 믿음을 통해 구원을 얻으라는 그의 계시다.

1) 예수는 세상의 종말과 하느님나라의 계시를 전했다. 슈바이처나 마르틴 베르너가 지적한 바와 같이 예수의 사상과 행동은 세상의 종말이 다가오고 있다는 것을 전제로 한다. 이러한 세상의 종말은 하나의 대재앙이다.

"그런 재난의 기간이 지나면 곧 해가 어두워지고 달은 빛을 잃을 것이며 별들은 하늘에서 떨어지고 모든 천체가 흔들릴 것이다."

당시에 널리 퍼졌던 계시적 관념을 예수는 그대로 받아들였다. 그러나 그는 세상의 종말이 임박했다고 주장하면서 매우 진지하게 받아들였다. "진실로 너희에게 말하니, 인류가 멸망하기 전에 이런 일이 모두 이루어질 것이다." "여기 서 있는 사람들 중에는 죽기 전에 사람의 아들이 자기 나라에 임금으로 오는 것을 볼 사람도 있다."

이 사실을 세상에 널리 알리기 위해 제자들을 파견하면서도 예수는 "너희가 이스라엘의 동네들을 다 돌기도 전에 사람의 아들이 올 것"이라고 말했다." 그러나 당시의 계시적 문헌들과는 달리, 예수는 종말의 두려움에 대해서는 거의 말하지 않았다. 다만 먼 미래에 다가올 이러한 종말이 임박했음을 알리며 살아 있는 사람이면 어느 누구도 겪어야 할 이 사실에 관심을 가져야 한다고 굳게 믿었다. 이 사건 앞에서는 모든 것이 무의미하며, 우리가 하는 모든 일은 이 종말에 관련해서만 그 의미를 생각할 수 있다.

이러한 해석이 가능한 것은 세상의 종말이 단순히 무(無)에서 오는 것이 아니라 하느님나라에서 오기 때문이다. 하느님나라는 오직 하느님만이 지배하는 새로운 시대를 가져온다. 인간의 행위를 통해서가 아니라 하느님의 행위를 통해서 하느님나라는 반드시 찾아올 것이다. 이 하느님나라는 모든 영광을 가지고 다가오므로 종말이 얼마 남지 않은 이 세상은 거기에 비하면 그렇게 중요하지 않다.

이런 의미에서 하느님나라는 진실로 좋은 소식(복음)이라 할 수 있다. 그래서 예수는 "마음이 가난한 자는 복이 있나니, 하느님나라가 너희들의 것"이며, "두려워하지 말라, 어린 양들이여. 너희에게 하느님나라를 주는 것이 아버지의 기쁨"이라고 외쳤다. 인간은 "당신의 나라가 임하소서!"라고 기도할 것이다. 예수가 전하는 종말은 위협과 파괴일 뿐 아니라 하느님나라라는 약속이 뒤따른다. 그러므로 두려움과 동시에 환호의 기쁨이 따르는 것이다.

세상의 종말과 하느님나라의 도래에 대한 예언은 우주적인 사건과 관련이 있다. 그러면서도 그것은 새로운 권력이 새로운 사회를 탄생시키는 사건이 아니다. 그것은 세상이 끝나고 역사가 정지되는 사건이다. 하느님나라는 세상도 아니요 역사도 아니요 다음세상도 아니다. 그것은 전혀 다른 것이다.

그러나 하느님나라의 소식에는 의문점이 뒤따른다. 그 나라는 앞으로 찾아올 것이면서도, 다른 한편 이미 여기에 와 있다. 미래에 실현되어야 할 일이 이미 이 세상에 와 있는 것이다. 예수는 이러한 사상을 겨자씨에 비유한다. 작은 겨자씨에서 커다란 나무가 나오듯이, 하느님의 나라도 조그만 겨자씨처럼 이미 인간의 마음속에 있는 것이다. "보아라, 하느님나라는 바로 너희 가운데 있다." 그러므로 하느님나라가 이미 존재하는 것이 아니라 하느님나라의 신호가 온 것이다. 마르틴 디벨리우스의 표현에 의하면 하느님나라의 도래가 임박했다는 신호다.

세례 요한이 예수에게 "당신이 오셔야 할 그분입니까?" 하고 물었을 때, 예수는 가부의 대답을 피하고 하느님나라의 신호를 다음과 같이 말했다. "눈이 먼 사람은 볼 것이요, 앉은뱅이는 걸을 것이요, 한센병(나병) 환자는 나을 것이요, 귀가 먹은 사람은 들을 것이요, 죽은 사람은 일어날 것이요, 가난한 사람에게 복음이 전파될 것이다." 예수는 또 "내가 성령의 힘으로 악마를 쫓아내면 하느님나라가 너희에게 올 것"이라고 말했다.

예수가 기적을 행한 일, 죄인과 버림받은 자와 창녀에 대한 그의 태도, 듣는 이의 영혼을 흔들어 놓는 그의 설교, 이 모든 것은 하느님나라의 신호이며 예시다. 예수의 목표는 이 세상을 향상시키거나 개혁시키는 것이 아니라, 하느님나라가 임박했다는 것을 모든 사람들에게 보고 듣게 하는 일이다. 이런 의미에서 예수는 이 세상과 하느님나라 사이의 짧은 '중간 시대'를 살았다고 말할 수 있다.

세상의 종말을 알리는 예수의 메시지는 어리석은 군중에게만 해당되는 것이 아니라, 바로 이 순간에도 결단의 어려움에 직면하고 있는 모든 사람들에 대한 메시지다. 그는 이렇게 말했다. '때가 되어 하느님나라의 도래가 임박했다. 너희는 회개하고 복음을 믿어라!" 이 세상의 종말이 오면 무엇을 해야 하며, 무슨 의미가 있느냐는 질문에 예수는 "회개하라"는 메시지로 답한다.

하느님나라가 모든 사람에게 행복을 주는 것은 아니다. 모든 개개인은 이 재앙에서 어떻게 벗어나야 하느냐는 물음에 부딪치게 된다. 세상의 종말에는 하느님의 심판이 뒤따르기 때문이다. "그 때 들판에 두 사람이 있으니 그 중 한 사람은 구제되고 한 사람은 남게 될 것이다." 세상의 종말과 최후의 심판은 아직 오지 않았다. 그러나 매 순간마다 찾아올 수 있다. 동에서 서로 치는 번개와 같이 갑자기 올 수 있고, 밤중에 갑자기 나타나는 도둑과 같이 올 수도 있고, 종들에게 알리지도 않고 갑자기 돌아오는 주인처럼 다가올 수도 있다. "그날과 그 시간은 아무도 모른다. 하늘의 천사들도 모르고 아들도 모르고 오직 하느님만이 아신다."

그리하여 예수는 언제나 깨어서 준비하고 있으라고 충고한다. "언제 주인이 올지 모르니 너희들은 늘 깨어 있어라. 그가 갑자기 왔을 때 잠들어 있지 말아라." 깨어나 기다려라. 사람의 뜻으로 하느님나라가 오는 것이 아니라 오직 하느님의 뜻에 따라 오는 것이기 때문이다. 인간들은 마치 농부가 추수를 기다리듯 하느님나라를 기다려야 한다. 결국 예수는 이 메시지를 온 세계에 전하고 있다. 설교를 통해 재앙과 복음을 전파함으로써 모든 사람이 구원을 얻도록 하라고 당부했다.

2) 인간이 무엇을 해야 하는가를 말할 때, 예수는 이 세상의 구조와 질서 내에서 인류의 완성을 실현할 수 있는 윤리체계를 내세우지 않았다. 오히려 모든 윤리체계를 하느님나라와 이 세상의 종말에 대한 신호로 나타난 신의 의지로 정당화했다.

종말이 오면 이 세상 만물들은 그 의미가 퇴색할 수밖에 없다. "이 세상은 건너야 할 다리에 불과하니, 그 위에 집을 짓지 마라." 그러나 이 세상은 신의 창조물이니 무조건 그런 식으로 몰아서는 안 된다. 예수는 자연을 사랑하고 인간 질서와 그 타당성을 주장했다. 예를 들어 예수는 결혼을 신성한 것으로 여겼다. "하느님께서 짝지어 주신 것을 사람이 갈라 놓아서는 안 된다." 그는 또한 윗사람을 거역해서는 안 된다고 말했다. "가이사(카이사르)의 것은 가이사에게 하느님의 것은 하느님에게 바치라." 그러나 세상의 모든 것은 하느님나라의 영광에 비하면 헛된 것이다. 가정과 법률, 문화는 아무런 의미가 없다. 어머니와 형제의 인연도 의미를 잃는다. 예수는 "누구나 신의 뜻대로 행하는 사람이 나의 형제요 자매요 어머니"라고 했다. 물질적 소유도 방해가 될 뿐이다. 예수는 모든 계율을 지키지만 하느님과 함께 하지 못하는 젊은이에게 가지고 있는 것을 모두 팔아서 가난한 자에게 나누어 주라고 말했다.

이 세상 모든 만물들은 언젠가 모두 사라진다. 예수는 "누가 근심으로 삶의 기준을 대신할 수 있겠는가?" 하고 물으며 "하루의 괴로움은 그날로 족하다"고 말했다. 이 세상은 걱정할 가치가 없는 것이다. "어떻게 살 것인가, 무엇을 먹을 것인가를 염려하지 말고, 내일 일을 걱정하지 마라. 내일 일은 내일 염려하라"고 예수는 말한다. 오직 하느님나라의 실재만이 가장 중요하다. "재물을 하늘에 쌓아 두어라. 거기서는 좀먹거나 녹슬어 못쓰게 되는 일도 없고 도둑이 뚫고 들어와 훔쳐 가지도 못한다." 인간에게 가장 중요한 것은 무엇인가? 그것은 모든 사람이 하느님나라에 들어가느냐 아니냐 하는 선택의 기로에 서 있다는 일이다. 이 세상에는 신과 악마, 천사와 악령, 선과 악이 있으므로 모든 사람은 어느 쪽을 선택할지 결정을 내려야 한다. 이것은 바로 개개인이 선택할 일이다. "너의 오른손이 죄를 범하면 잘라 버려라. 한 손으로 살아가는 것이 양손으로 지옥에 가는 것보다 낫다." "누구나 두 임금을 받들 수 없듯이, 너희들은 하느님과 재물을 동시에 섬길 수 없다." 따라서 타협이나 중재가 없이, 오직 가지느냐 버리느냐 하는 선택만이 있을 뿐이다. 인간이 해야 할 유일한 길은 하느님을 따라서 영원한 하느님나라에 이르는 것이다.

유대인들의 종래의 방식대로, 예수의 윤리도 하느님에게 복종하는 것이다. 그러나 하느님에 대한 복종은 법률처럼 형식적인 복종으로는 만족하지 못한다. 마음속에서 우러나온 복종이어야 한다. 선지자 예레미야의 말대로 하느님은 인간의 마음속에 그 법률을 새겨 놓았기 때문이다.

그러면 하느님의 뜻은 무엇인가? 우리는 제한된 이해와 사고에 길들여져 있어 무조건 따를 수 있는 지시와 규정을 요구한다. 그리고 신에게 도전적으로 질문을 던진다. "당신의 뜻은 도대체 무엇인가?" 이에 예수가 말한 하느님의 계명을 들으면 놀라지 않을 수 없다. 그 계명이 너무 극단적이기 때문에 이 세상에서는 도저히 이룰 수 없을 정도이기 때문이다. 하지만 이런 극단적인 계명이야말로 하느님나라가 실재화될 수 있는 길을 알려 준다. "하늘에 계신 아버지께서 완전하신 것같이 너희도 완전한 사람이 되어라"고 말하는 이유도 여기에 있다. 이 계명은 오직 하느님과 이웃을 사랑하고, 이 세상이 없는 듯 행하고 이 세상의 모든 부조리가 없는 듯 행하라는 의미다. 이러한 명령은 인간이 이 세상에서 더 이상 유한한 존재가 아니며 이 세상을 구원하거나 개혁하려는 사명을 초월한 상태를 전제로 한다. 예수의 명령은 하느님나라의 백성으로서 따를 수 있는 성인(聖人)을 위한 계명이다. "나는 이렇게 말한다. 앙갚음하지 말아라. 누가 오른뺨을 치거든 왼뺨마저 돌려대고 또 재판을 걸어 속옷을 가지려고 하거든 겉옷까지도 내 주어라. 누가 억지로 5리를 가자고 하거든 10리를 같이 가 주어라. 달라는 사람에게 주고 꾸려는 사람의 청을 물리치지 말아라." 이러한 예수의 계명은 외면적인 행위에 대한 계명이 아니라, 그러한 모든 행위에 선행하는 내적 영혼의 계명이다. 영혼이 먼저 정화되어야 한다. 영혼에 은밀히 숨어 있는 작은 악의 씨도 외적으로 나타나는 악한 행동과 마찬가지로 비난을 받아야 마땅하다. "누구든지 여자를 보고 음란한 생각을 가진 사람은 이미 마음 속으로 간음을 저지른 것이다."

예수는 존재로부터 나오는 외적인 행위가 아니라 존재 그 자체를 요구한 것이다. 의지 그 자체로는 이루어질 수 없지만 의지의 근원이 되는 것을 예수는 요구하고 있다. 이곳에서는 세상의 어떤 힘도 이러한 존재를 오염시킬 수 없다. 이렇게 예수는 비유하였다. "입으로 들어가는 것은 사람을 더럽히지 않는다. 더럽히는 것은 오히려 입에서 나오는 것이다."

하느님의 뜻은 바로 하느님나라의 삶이다. 마치 하느님나라가 이미 다가온 것같이 생각하고 살아가는 삶이다. 그러므로 이런 뜻에서 이 세상의 삶은 하느님나라의 신호이며 이미 하느님나라가 실재로 다가오고 있다는 의미로 볼 수 있다.

예수의 윤리를 이 세상을 살아가는 데 필요한 행동방침으로 이해해서는 안 된다. 예수의 원칙은 오직 하느님나라의 이념에서 나오며, 그는 이 원칙을 옛 성서의 기록처럼 나타내고 있다.

"네 마음과 영혼과 힘을 다하여 하느님을 사랑하고 네 이웃을 네 몸과 같이 사랑하여라." "올바르게 행동하고 자비를 사랑하며, 겸손하게 하느님 앞에 복종하라." 예수는 여기서 '진실로 너희에게 말하노니……'와 같은 표현처럼 새로운 계명을 내세우지 않았다. 그는 전통적인 계명을 하느님나라라는 사랑의 실재를 통해 하느님나라가 다가옴을 알리는 데 썼을 뿐이다.

신비스러운 하느님과의 결합이나, 하느님과 하나가 되어 사람들과 어울려 살면서도 홀로 세상을 초월하는 것은 사랑이 아니다. 개인이 홀로 하느님나라에 들어가는 것이 아니라 다른 이웃과 함께 하느님나라에 도달해야 한다는 게 예수의 가르침이었다. 하느님을 사랑하는 그 사람은 이웃을 사랑한다. 그리하여 이 세상의 삶도 사랑으로 충만해지며, 이러한 삶은 하느님나라의 신호가 된다.

인간에 대한 하느님의 사랑과 이웃에 대한 인간의 사랑은 서로 뗄 수 없는 관계이다. 사랑하는 사람만이 하느님의 사랑을 만날 수 있고, 하느님의 사랑만이 이웃에 대한 우리의 사랑을 창조한다. 우리가 사랑하지 않으면 하느님은 우리를 버릴 것이다.

이 세상으로부터 구애받지 않는 초월적인 사랑만이 하느님나라의 실재로 나타난다. 그러한 사랑은 끝이 없으며 절대적이다. 예수가 구약의 계명과 전혀 다른 새로운 계명을 선포한 이유도 여기에 있다. "원수를 사랑하고 너희를 미워하는 사람을 선하게 대하라. 너희를 저주하는 사람을 축복해 주고 너희를 욕하는 사람을 위해 기도하라."

예수의 사랑은 대상이 없는 보편적인 사랑이 아니라, 이웃에 대한 사랑이다. 그렇다면 누가 내 이웃인가? 혈연으로 맺어진 내 친척이나 특별한 관계가 있는 사람이 아니라, 시간과 공간적으로 나와 가까이 있고 나를 필요로 하는 사람이면 모두 내 이웃이다. 마음이 따뜻한 사마리아인 이야기가 이 사실을 잘 증명해 준다.

예루살렘 사람이 강도를 당해 빈사 상태로 길가에 쓰러져 있었다. 사제가 그곳을 지나가고 레위 사람이 그곳을 지나갔지만 모두 못 본 척하였다. 그러나 예루살렘 사람들이 멸시하는 사마리아인이 지나가다가 쓰러진 그를 보고 도와주었다. 예수는 이같이 물었다. "세 사람 중에 누가 강도를 맞은 사람의 이웃이냐?" 예수의 사랑은 자기 자신의 이익을 위한 지배적인 사랑이 아니다.

그는 이렇게 말했다. "너희들 중에 자신을 높이는 사람은 반드시 비천하게 될 것이며, 으뜸이 되고자 하는 자는 모든 사람의 종이 될 것이다."

이러한 사랑은 결국 예수에 대한 끝없는 헌신을 강요한다. "아버지나 어머니를 나보다 더 사랑하는 사람은 내 사람이 될 자격이 없고 아들이나 딸을 나보다 더 사랑하는 사람도 내 사람이 될 자격이 없다. 또 자기 십자가를 지고 나를 따라오지 않는 사람도 내 사람이 될 자격이 없다."

하느님나라의 신호가 되는 예수의 완전한 사랑은 단순히 율법에 복종하거나 어떤 계획이나 목표를 통해 실현되는 사랑이 아니다. 예수는 절대적인 율법주의를 반대했다. 율법이 무법주의로 빠지기 때문이 아니라 모든 법을 초월하는 근원을 찾기 위해서였다. 그는 구약의 전통적 율법을 중요시하여 당연하게 받아들였으며, 사도 바울과 같이 구약의 율법을 반대하지 않았다.

그러나 정해진 법률을 따르는 것은 하느님에 대한 순종의 삶에 비하면 아무것도 아니다. 예수는 이와 같이 말한다. "안식일은 인간을 위해 만들어졌으며, 인간이 안식일을 위해 만들어진 것은 아니다." 어떤 의식적인 봉사도 도덕적인 잘못을 대신할 수 없다. 그는 이렇게 말했다. "제단에 예물을 바치려 할 때 너에게 원한을 품은 형제가 생각나거든 먼저 그에게 가서 화해를 한 다음에 예물을 드려라." 단순한 율법은 위선만 부추길 뿐이다. 오직 법에 의해서 살아가는 사람은 법으로 자신이 저지른 죄악을 숨길 뿐이다. 예수는 겉으로는 법을 지키면서 마음속에 신앙이 없는 사람을 향해 이렇게 말했다. "너희들은 전통을 지키기 위해 하느님의 계명을 반대하였다." 그리고 "긴 예복을 입고 다니며 공공장소에서 인사받기를 좋아하고, 교회당에서 앞자리에 앉기를 좋아하는" 율법학자들과 "홀어미의 집을 착취하고 위선의 기도를 올리는 자들"을 조심하라고 충고했다.

하느님나라 윤리의 중요한 특징은 예수의 행동에서 보여 준 자유이다. 이러한 자유는 법에 기초한 것이 아니라 사랑에서 우러나온 것이다. 사랑은 참된 법을 파괴하지 않는다. 오히려 법을 받아들이고 법의 한계를 일깨워 준다. 예수가 주위 사람에게 용납될 수 없는 여러 가지 일을 용인한 이유도 여기에 있었다. 그는 결혼 연회에 참석했으며, 그의 발에 향수를 뿌린 여인의 행동을 옹호했다. "이 여인은 나를 위해 좋은 일을 했다." 그는 창녀와 이야기를 나누었으며, 신앙을 지닌 그녀의 죄를 '사랑이 충만하기 때문에' 용서해 주었다.

예수는 새로운 윤리체계를 주장하지 않았다. 단지 옛날의 윤리체계를 원칙적으로 정화하여 마치 하느님나라가 이미 세상에 실현된 것처럼 진지하게 받아들였다. 곧 세상의 종말이 올 것이므로 그는 이 세상에서 어떤 결과를 가져올 것이냐는 문제에 연연하지 않고 하느님의 계명대로 살았다.

3) 신앙이란 무엇인가? 그것은 신념을 가지고 복음을 믿는 것이다. 신앙은 하느님나라로 들어가는 입장권이며 신앙은 구원의 전제조건일 뿐 아니라 구원 그 자체다.

하느님나라는 신앙을 통해서만 나타난다. 사람들은 구름이 몰려 오는 것을 보고 비가 올 것이라고 여기고, 나뭇잎을 보고 여름이 다가오고 있음을 짐작한다. 그러나 하느님나라가 다가온다는 신호를 보지 못한다. 곧 그들은 그것을 믿지 않는 것이다. 하느님나라의 진정한 신호는 예수 자신이요 그의 행동이며 그의 메시지다. 신앙만이 예수를 볼 수 있다. 그리하여 그는 이렇게 말한다. "나를 믿는 자는 축복을 받으리라."

신앙은 이미 하느님나라에 마음이 사로잡힌 사람의 삶이다. 이러한 신앙을 가진 사람은 믿을 수 없을 정도로 신기한 선물을 받게 된다. '믿는 이에게 불가능은 없다." 예수는 이렇게 말했다. "내가 진정으로 너희에게 이르니, 만일 너희가 믿음이 있고 의심하지 않으면, 이 산을 들어 바다에 던지라 하면 그대로 될 것이다. 너희가 기도할 때 믿고 구하는 것은 무엇이든지 다 받게 될 것이다." 예수가 수많은 병자를 고칠 수 있었던 것도 그들의 신앙 때문이었다. 그는 말했다. "네 신앙이 너를 온전하게 만들었다."

여기서 예수는 오늘날 세상에서 일반적으로 통하는 방법을 썼다. 병적인 현상을 없애거나 유도해서 병을 고치는 보통의 방법을 선택했다. 우리는 의학적·심리학적 경험으로 알고 있듯이 '믿음'이 있는 자만이 그런 치료 효과를 얻을 수 있다. 그러나 예수의 기적은 이런 치료만으로 끝나지 않았다. 예수는 치료를 받은 중풍환자에게 이렇게 말한다. "네 죄를 용서하겠다." 그는 병자의 믿음을 보았기 때문이다. 예수가 그의 병을 고친 이유는 자신이 죄를 용서해 줄 힘이 있음을 사람들에게 증명하기 위해서였다.

하느님나라를 믿는 사람은 하느님이 사람의 간청을 물리치지 않는다는 것을 안다. 마찬가지로 사람도 절박한 간청을 물리치지 않는다. 아버지는 배고픈 아들에게 돌을 주지 않으며, 재판관은 불쌍한 과부에게 그녀의 몫을 찾아준다. 아무리 악한 사람이라 하더라도 하느님은 기도하는 사람의 소원을 듣는다. 성서는 이렇게 말한다. "구하라, 받을 것이다. 찾으라, 얻을 것이다. 문을 두드리라, 그러면 열릴 것이다."

그러나 인간은 그럴 만한 자격이 없으므로 하느님의 선물로 받아들여야 한다. "네게 명한 모든 계명을 지킨 다음에도 너는 이렇게 말해야 할 것이다. 저는 쓸모없는 종이며, 단지 제 의무를 다했을 뿐입니다."

사람은 하느님을 판단해서는 안 된다. 하느님은 "악한 사람이나 착한 사람이나 골고루 햇빛을 보내고, 올바른 사람이나 올바르지 못한 사람이나 골고루 비를 내린다." 사람은 어떤 일이 일어나야 한다고 상상하면서 믿음을 무시할 수 없다. "하느님에게는 모든 것이 가능"하기 때문이다. 어떠한 일이 일어나든지 하느님은 그 이유를 알고 있으며, 믿음을 가진 자는 예기치 못한 불행이나 이해할 수 없는 일에 대해서도 하느님에게 불만을 말해서는 안 된다. 예수는 불평하는 구약의 욥이 아니다.

이러한 무조건적 신앙은 주기도문에 나오는 '우리 아버지'라는 표현으로 나타난다. 여기에는 세 가지 중요한 표현이 나온다.

첫째, "당신의 나라가 임하소서"라는 표현이다. 이것은 주의 뜻에 따라 하느님나라에서 우리가 하느님과 하나가 되고, 이 세상의 종말과 모든 재앙이 사라진다는 의미다.

둘째, "오늘날 우리에게 일용할 양식을 주옵시고"라는 표현이다. 이 세상의 모든 근심걱정에서 벗어나는 길은 오로지 하느님에 대한 신앙으로써만 가능하다는 의미다.

셋째, "우리의 죄를 용서해 주시고 우리를 시험에 들지 않게 하소서"라는 표현이다. 죄를 씻는 일이 하느님나라로 가는 길이며 죄의 용서는 하느님의 선물로써만 가능하다는 의미다.

신자에게 하느님은 모든 것이며, 끝이 없고 일시적인 세상은 하느님나라의 신호일 따름이다. 그럼에도 하느님은 들판의 백합을 피우며, 참새 한 마리도 떨어지지 않게 하고, 사람의 머리카락까지 모두 헤아린다. 하느님나라의 신호와 실재가 서로 뒤엉켜 있음에도 모든 세속적인 존재의 상징성은 이 세상과 하느님나라가 완전히 떨어져 있음을 나타낸다. 이 세상은 사라지지만 하느님나라는 영원히 남는다.

신앙은 성서에 나오는 하느님과의 관계를 표현하는 말이다.

신앙은 하느님의 의지에 대한 무조건적인 믿음이다. "당신의 뜻대로 이루어지소서"라는 기도는 바로 이러한 믿음의 표현이다. 신앙은 하느님에 대한 확신이며, 하느님과 인간이 하나 됨에 대한 확신이자, 기도하는 사람을 인도하는 하느님의 사랑에 대한 확신이다.

신앙은 음식의 소금처럼 인간의 존재에 스며들어야 하지만 자연스럽게 얻을 수 있는 것이 아니며, 의도적으로 얻을 수 있는 것도 아니다. 신앙은 그 자체를 이해하지 못한다. 신앙은 변하기 쉬우며 약하다. 인위적인 의지는 신앙을 왜곡시킬 뿐이다. 신앙은 하느님의 은혜의 선물이지 소유하는 것이 아니다. 우리는 이렇게 기도해야 한다. "주님이여, 저는 믿습니다. 저의 믿음 없음을 도와주소서."

4) 예수의 대화 방법은 무엇인가? 그는 지식을 전한 것이 아니라 신앙을 전했다. 그의 가르침은 믿지 않는 자에게는 보이지 않으나 믿는 자에게는 보인다. 그러나 신자에게도 직설법이 아니라 비유와 역설로 나타난다.

제자들이 비유에 대해 묻자 예수는 이렇게 대답한다. "너희는 하느님나라의 신비를 알 수 있는 특권을 받았지만 다른 사람들은 받지 못하였다. 가진 사람은 더 받아 넉넉하게 되겠지만 못 가진 사람은 그 가진 것마저 빼앗길 것이다. 내가 그들에게 비유로 말하는 이유는 그들이 보아도 보지 못하고 들어도 듣지 못하고 깨닫지도 못하기 때문이다."

예수는 구체적인 언어를 사용하고, 이해할 수 있는 이념으로 말하고, 일정한 계명을 선포했다. 이렇게 하지 않았다면 효과적으로 의미를 전달하지 못했을 것이다. 그러나 직접적인 표현도 결국은 합리적인 해석이 불가능한 의미 전달의 매개체에 불과하다.

예수는 표현의 논리적 모순에 대해 별로 신경 쓰지 않았다. 예컨대 그는 "나와 함께하지 않는 자는 나를 반대하는 자"라고 말하는가 하면, 때때로 "우리를 반대하지 않는 자는 우리를 위하는 자"라고 말했다. 어떤 때는 "악에 맞서지 마라"고 했으며, 어떤 때는 "나는 평화가 아니라 칼을 가지고 왔다"고 말했다. 모든 것이 신호로 되어 있어 문장의 모순은 문제가 되지 않는다. 그의 모든 표현은 어떤 사고체계가 아니라 신호가 담긴 메시지였다.

예수의 생애

예수는 갈릴리에 있는 나사렛에서 어머니 마리아 아래 네 명의 형제와 몇 명의 누이와 함께 성장했다. 그는 목공일을 배웠으며 랍비로부터는 구약성서를 배웠다. 예수는 자라나서 요르단 지방의 한 성자인 세례 요한으로부터 깊은 감명을 받는다.

그는 하느님나라가 다가옴과 하느님의 심판에 대해 선포하면서 회개하여 세례를 받아 죄를 용서받으라고 설교하던 요한에게 가서 세례를 받은 다음 바로 광야로 떠났다. 광야에서 돌아온 예수는 세상 사람들에게 관심을 갖기 시작했다.

그의 나이 서른 살이 되던 무렵 예수는 교회에서 설교를 하고 랍비 대우를 받았다. 갈릴리 지방을 떠돌아다니는 동안 그의 주변에 몰려든 제자들에게 예수는 세상의 종말과 하느님나라에 대해 설교했다. 동시에 그는 병자를 고쳐 주고 악마를 쫓아냈으며, 죽은 사람을 살려내어 기적을 일으키는 사람으로 인정을 받았다.

또한 그는 세상에 대한 무관심을 가르쳤고 하느님의 뜻과 이웃에 대한 끝없는 사랑을 가르쳤다. 예수의 친지들은 그를 미친 사람으로 여겼다.

예수가 이렇게 세상 사람들에게 설교한 기간은 몇 달 또는 기껏해야 3년 정도였을 것이다. 그의 생애 중에서 우리는 그의 최후의 행적만을 비교적 자세히 알고 있다. 유월절 전후의 예루살렘 입성, 장사꾼을 성전에서 몰아낸 사건, 최후의 만찬, 겟세마네 동산에서의 고민, 제자 유다의 배반과 체포, 심문, 재판과 판결, 빌라도 총독의 결정, 십자가의 죽음과 매장, 텅 빈 무덤 이야기 등에 대해서 잘 알고 있다.

예수는 왜 예루살렘으로 갔는가? 많은 군중들이 그를 따라 예루살렘으로 들어갔다. 예수의 예루살렘 입성은 하나의 사건이었다. 당국은 민중의 선동자들이 일으킬 무질서를 불안하게 여겼다. 분명히 예수의 행동에서 어떤 정치적 권력을 추구하려는 의도는 보이지 않았다. 그러나 당시의 분위기가 모종의 중대한 결정을 내린 것으로 보였다. 과연 그는 무슨 결정을 했는가?

예수가 하느님나라의 도래를 유월절에 유대교의 중심지였던 예루살렘에서 되도록 많은 사람들에게 전하려고 했다는 것이 일반적인 견해다. 또 다른 견해는 세상의 종말이 빨리 오지 않자 실망한 예수가 자신을 선지자 이사야가 예언한 하느님의 종으로 여기고, 하느님이 자신을 순교시킴으로써 하느님나라를 빠르게 내려보낼 것이라고 믿었으므로 일부러 예루살렘으로 갔다는 것이다.

이 주장에 따르면 십자가에 매달린 예수는 마지막 순간까지 하느님나라가 찾아오지 않자 이렇게 탄식했다고 한다. "나의 하느님, 나의 하느님, 어찌하여 나를 버리시나이까!" 그러나 이런 주장은 모두 상상에 불과하다. 우리가 확실히 알고 있는 것은 예수가 예루살렘에 가서 사람들을 가르쳤고 많은 군중들이 그의 뒤를 따랐다는 사실뿐이다.

예수는 결코 경솔하게 행동하지 않았다. 그가 맹목적으로 파멸의 소용돌이 속으로 들어간 것은 아니다. 오히려 그는 제자들에게 신중히 행동하라고 경고했다. "내가 너희를 보내는 것은 마치 양을 이리떼 가운데 보내는 것과 같다. 그러므로 너희는 뱀같이 슬기롭고 비둘기같이 양순해야 한다." 그리고 거듭하여 강조했다. "거룩한 것을 개에게 주지 말고 진주를 돼지에게 던지지 말라. 그것들이 발로 그것을 짓밟고 돌아 서서 너희를 물어 뜯을지도 모른다."

갈릴리 지방을 여행할 때도 다른 예언자들처럼 헤롯왕에게 처형당할까 봐 가능한 한 숨어서 돌아다녔다. 예루살렘에서도 그는 함정에 빠지지 않으려고 조심했다. 그에게 로마에 바치는 세금에 대해 어떻게 생각하느냐고 묻는 방법으로 로마인과 유대인의 적대 감정을 불러일으키려 했을 때도, 예수는 동전의 그림을 가리키면서 지혜롭게 대답했다. "가이사의 것은 가이사에게 바치고 하느님의 것은 하느님에게 바치라."

그는 낮에는 항상 많은 군중들과 함께 예루살렘에 나타나서 체포의 위험을 피했으므로, 당국자들은 그를 밤에 체포하려고 했으나 그가 숨은 곳을 찾아내지 못했다. 그는 자신이, 체포되었을 때 반항할 것인가에 대해 깊이 생각하지 않았던 것 같았다. 그의 제자들은 그렇게 생각했다. 그는 제자들에게 칼을 사라고 했지만, 체포되었을 때 반항하지는 않았다. 그의 제자 한 사람이 칼을 빼내어 제사장 하인의 귀를 베었을 때, 예수는 제자를 꾸짖지는 않았지만 진정하라고 명령했다.

예수는 예루살렘에 나타났을 때도 완전히 공개적으로 행동했다. 그는 예루살렘의 입성을 미리 준비한 것이다. 예수는 자신의 권위를 이용해서 성전을 정화시켰다. 대제사장들은 이러한 행동을 유대교의 신성을 모독하는 반역 행위로 여겼으며, 로마인들은 그를 정치적 선동자로 보았다. 그러나 예수는 자신의 신분을 구체적으로 발표하기를 꺼렸다.

성서에 따르면, 예수는 마지막에 가서야 자신의 정체에 대해 밝히고 있다. 한 제사장이 그에게 그리스도인지 물었을 때 긍정했으며, 유대인의 임금이냐고 묻는 빌라도 총독의 질문에도 그렇다고 대답했다. 그래서 예수의 십자가 위에는 임금을 사칭한 죄라는 판결문이 기록되어 있다. 예수가 이른바 광신도들처럼 열성적인 정치지도자가 아니었다면, 어떤 사회혁명도 바라지 않았다면, 하느님의 메시지를 전하기 위해 순교자의 죽음을 택하지 않았다면, 신앙을 가진 자로서 하느님을 재촉하지 않고 그 뜻이 이루어지도록 조용히 기다렸다면, 개인의 명예를 멀리하고 오직 하느님의 뜻에만 복종하는 삶을 살았다면, 예수의 행동은 이해하기 어려울 것이다. 예수는 사원에서 장사꾼들을 내쫓아 정화하거나 대중 운동을 선동하는 등 폭력을 행사했으며 그 힘으로 인해 그 자신이 탄압을 받았던 것이다. 따라서 예수가 당한 고통은 이러한 행동의 결과라고 볼 수 있다. 이런 그의 행동에서 다른 사람들이 찾지 못했던 호전적인 인간을 읽을 수 있다. 예수 자신에 대한 자기 견해도 결코 뚜렷하지 않다. 복음을 전파하면서 그는 자신이 보고 노력하는 것과 남들이 자신을 이해하는 것 사이에는 커다란 간격이 있음을 알았을 것이다. 군중들은 열광하면서 그를 따랐고, 어떤 면에서 그들은 나름대로 예수를 필요로 했다. 그러므로 예수는 사람들이 그를 받들고 따르는 것을 감내할 수밖에 없었다. 이러한 상황에서 그가 어떻게 자신의 이미지를 만들어 나갔는지는 확실히 밝혀지지 않고 있다. 다만 그의 표현 중에 모순된 것을 종합해 보면, 그는 자신의 이미지를 형성하고 노력했지만 결과적으로 완성하지 못했음을 짐작할 수 있다. 그러므로 예수가 어떤 생각을 가지고 무엇을 추구했는지 우리는 알 수 없다. 다만 그의 몇 가지 발언을 통해 예수의 이미지를 좀더 구체적으로 살펴보고자 한다.

"내가 왔노라", "내가 진실로 너희에게 말하노니"와 같은 표현은 예수의 소명감을 보여 준다. 그는 자신을 빛이나 불에 비유함으로써 비범한 존재임을 드러내고 있다. "나는 세상에 불을 주기 위해 왔노라." 한편 예수를 오랫동안 알고 지내던 사람들이 그에게 무관심하거나 멸시하는 태도를 보이면 이렇게 말했다. "예언자는 결코 자신의 고향과 친척, 가족으로부터 환영받은 일이 없다." 그는 사람들의 불신에 놀랐으며, 그들의 불신을 돌이킬 수 없는 자신에 대해서도 놀랄 수밖에 없었다.

예수는 설교를 통해 하느님의 메시지를 세상에 알리는 일을 자신의 사명으로 믿었다. 그는 처음에는 자신을 선지자로 인식했지만, 나중에는 메시아로 여겼다. 이러한 그의 이미지는 구약성서에 나오는 예언으로 이루어진 것이다. 말세를 다스리는 세속적이면서 신성한 '다윗 왕'의 후손, 다니엘의 예언에서 말세를 다스리는 '인자(人子)로 나오는 천사, 이사야의 예언대로 고통받고 죽어서 부활하는 구세주이자 하느님의 종에 대한 상징이 종합적으로 이루어진 것이다. 이런 모든 이미지들이 실제로 예수의 이야기에서 나타나고 있다. 예수가 자신을 인자라고 부르는 경우는 흔히 찾아볼 수 있다. "여우도 굴이 있고 공중의 새도 둥지가 있는데, 오직 인자만이 머리 둘 곳이 없다." 비록 예수를 고발한 사람들이 그의 마음을 이해하지 못했다고는 해도, 예루살렘으로 들어온 예수의 행동 중에는 왕위를 노린다는 의심을 받을 여지가 어느 정도 있었다.

예수는 확실히 자신을 메시아나 그리스도로 여겼는가? 예수는 사람들이 그를 메시아라고 부르는 것을 원하지 않았으며, 귀신들린 사람들이 그를 다윗의 아들이라고 부르는 것도 막았다.

제자와의 유명한 일화가 있다. "너희는 나를 누구라고 생각하느냐?"라는 예수의 질문에 베드로는 이렇게 대답했다. "선생님은 살아 계신 하느님의 아들 그리스도입니다." 그러자 예수는 "시몬 바르요나, 너에게 그것을 알려주신 분은 사람이 아니라 하늘에 계신 내 아버지"라고 말했다. 그는 제자들에게 자신이 그리스도임을 다른 사람에게 밝히지 못하도록 했다. 그러나 베드로와의 대화에서는 자신이 그리스도임을 인정한 것이다.

다음의 표현들은 예수가 말했다기보다는 신학적인 표현으로 보인다. 예를 들면, 《마태오의 복음서》 11장 27절의 표현이다. "아버지께서는 모든 것을 저에게 맡겨 주셨습니다. 아버지밖에는 아들을 아는 이가 없고 아들과, 또 그가 아버지를 계시하려고 택한 사람들밖에는 아버지를 아는 이가 없습니다." 한편 《마르코의 복음서》 10장 18절에 나오는 "왜 나를 선하다고 하느냐? 선하신 분은 오직 하느님뿐이시다"라는 말은 예수가 직접 했을 것이다.

이런 표현을 종합해 보면 예수의 말에서 어떤 분명한 이미지를 끌어내기는 어렵다. 그는 어떤 교리적인 체계를 확실하게 세우지도 않았다. 예수는 설교를 하는 동안에도 자신의 개인적인 견해를 반영하지 않았으며, 궁극적인 결론의 필요성도 갖지 않았다. 그러므로 예수의 정확한 성격을 밝히려는 노력 자체가 잘못된 편견으로부터 나온 교리적 관심에서 비롯된 것이다.

복음서에서 예수의 생애는 여러 가지 일화나 사건으로 표현되는데, 이런 이야기들은 대부분이 구약성서에서 나왔다는 사실이 역사가들에 의해 실증되었다. 그러나 역사가들의 연구만으로 예수의 세밀한 부분까지 설명할 수는 없다.

예를 들면 어떤 학자는 겟세마네 동산에서의 예수의 고민은 실제로 있었던 사건이라기보다는 오히려 구약성서에 나오는 하느님의 예언을 확인시키기 위해 지어낸 거짓이라고 주장했다. 또한 그는 어떻게 예수의 내면에서 일어나는 갈등을 관찰하고 보고할 수 있느냐고 반문했다. 이 학자는 더 나아가서 십자가에 매달린 예수의 마지막 절규인 "나의 하느님이여, 어찌하여 나를 버리시나이까?"라는 표현도 같은 맥락에서 허구로 보고 있다. 예수가 절망과 비통으로 탄식하면서도 기도를 통해 위로를 받았다는 주장도 후대의 기독교인들이 구약성서에서 힌트를 얻어서 덧붙인 것이라고 주장한다.

그점에도 불구하고 우리는 예수에 관한 일화에서 막연히 사실적인 면이 있으리라는 믿음을 쉽게 버릴 수 없다. 인간 예수는 순수한 영혼과 예기치 않았던 현실과의 투쟁 속에서 참된 모습을 보여 주고 있다. 이런 현실과의 투쟁은 완전한 자의식이나 독단적인 교리만으로 끝나지 않는다. 뜻하지 않은 공포와 크나큰 절망 속에서 예수가 할 수 있는 유일한 길은 기도하는 것뿐이다. "당신의 뜻이 이루어지소서."

예수의 인간성

예수가 어떤 사람이 아니었는가는 쉽게 말할 수 있다. 그는 방법론적으로 생각하고 그 생각을 체계적으로 분석해 들어가는 철학자는 아니었다. 그는 개혁을 구상하는 사회혁명가도 아니었다. 그는 이 세상이란 어차피 머지않아 끝날 것으로 생각하여 세상을 있는 그대로 남겨 두었다. 그는 한 나라를 전복하여 다른 나라를 세우려는 강인한 정치지도자도 아니었다. 그는 당시의 정치문제에 대해서는 한 마디도 말하지 않았다. 초기 교인들처럼 유대교 의식을 그대로 따랐던 예수는 어떤 새로운 의식도 만들지 않았다. 그는 세례를 받지 않았다. 어떤 기구도, 단체도, 교회도 세우지 않았다. 그렇다면 예수는 과연 어떤 사람이었는가? 예수의 인간성은 세 가지 측면에서 살펴볼 수 있다. 첫째는 심리학적으로 그의 개인성을 살펴볼 수 있고, 둘째는 중요한 문화적 상황이라는 당시의 포괄적인 관계를 통해 역사적으로 살펴볼 수 있다. 셋째는 그의 독자적인 이념에 나타난 본질적인 특성을 살펴볼 수 있다.

1) 심리학적 측면에서 살펴볼 예수는 어떤 사람인가?

니체는 《반(反)그리스도》에서 예수를 쉽게 고통받고 그 고통에 아주 민감한 인물로 표현하였다. 예수는 이 세상을 현실로 받아들이지 못하고 비유나 신호로 받아들였다. 그는 참된 현실세계가 아니라 상징적이고 이해할 수 없는 애매한 신호로 가득찬 세계에서 살았다. 예수에게 죽음은 실재가 아니요 과정도 아니다. 그에게 죽음은 단순한 현상이며 필요한 세상의 신호일 따름이다. 그는 현실세계의 어떤 적대감이나 반목·저항을 참을 수 없었으므로 실제로 저항하지 않았다.

니체는 이와 같은 예수의 성격이 드러나는 "악을 대적하지 말라"는 복음을 기독교의 중심 사상으로 보고 있다. 현실에 저항할 수 없는 예수에게 이런 사상은 윤리적인 원칙이 되었다고 니체는 주장했다.

예수에게 유일한 내적인 실재는 생명, 진리, 빛이다. 하느님나라는 하느님의 심리적 상태일 뿐이다. 하느님나라는 실현될 수 없다. 어디에나 존재하는 동시에 어디에도 존재하지 않기 때문이다. 하느님나라는 예언이나 기적, 성서로 입증할 수 없는 행복한 삶의 상태이며, 그 자체가 증명이며 기적이며 보상이다. 따라서 하느님나라에서는 내적인 빛, 쾌락의 감정, 자기만족만이 '그 힘을 증명'할 수 있다. 남은 문제는 우리가 어떻게 하느님나라에 있는 기분으로 이 세상을 살아가느냐에 달려 있다.

니체에 따르면 예수는 영웅이나 천재가 아니라 오히려 둔재에 불과하다. 니체는 여기서 '둔재'라는 단어를 도스토예프스키와 같은 의미로 사용하고 있다. 예를 들면, 산상 설교자로서 예수의 모습은 대제사장들과 신학자들의 무서운 적이며 광신적인 투쟁가로 나오는 예수의 이미지와는 전혀 맞지 않다. 그래서 니체는 이처럼 예수의 이미지와 일치하지 않는 것들을 통틀어 상징적 인물로 보고, 호전적 이미지를 필요로 했던 초기 기독교인들이 조작한 것에 불과하다고 주장하였다.

니체의 이러한 해석은 여러 가지 의문점을 가지고 있다. 예수의 전체적인 모습을 아시시의 프란체스코를 통해서만 찾을 수는 없는 일이다. 물론 우리는 평화주의자로서의 예수의 면모를 복음서에서 읽을 수 있지만, 그것만이 예수의 진정한 모습은 아니다.

복음서에서 우리는 예수의 강인한 불굴의 의지와 공격적인 측면뿐 아니라 끝없이 부드러운 온화함을 함께 읽을 수 있기 때문이다.

"그는 분노에 찬 눈초리로 주위를 둘러보았다." "그는 그 사람을 향해 호통쳤다." "그는 그 사람을 야단쳤다." "그는 그 사람을 위협했다." 그는 열매를 맺지 못하는 무화과나무를 보고 이같이 저주했다. "아무도 네 과일을 먹지 못하리라." 또한 하늘에 있는 아버지의 뜻에 따라 행하지 않는 사람은 마지막 심판의 날에 "나는 너희를 알지 못하니 나에게서 물러나라"는 질책을 듣고 "어둠 속으로 떨어져서 이를 갈면서 슬피울 것"이라고 말했다. 이런 표현들은 모두 예수의 적극적이고 공격적인 측면을 나타낸다.

이외에도 우리는 위협하는 예수의 면모를 읽을 수 있다. "누구든지 사람 앞에서 나를 부인하면 나도 하늘에 계신 내 아버지 앞에서 너희를 부인하리라. 내가 세상에 평화를 주기 위해 왔다고 생각지 말아라. 평화가 아니라 칼을 주려고 왔노라. 아들이 아버지와, 딸이 어머니와 싸우도록 만들기 위해서 내가 온 것이다." 예수는 회개하지 않는 도시를 향해 "코라진과 베싸이다는 저주를 받을 것이다! 심판의 날에는 띠로와 시돈이 너희들보다 가벼운 벌을 받을 것"이라고 비난했다.

수많은 고통을 겪으며 죽었다가 다시 살아날 것이라는 예수의 말을 듣고 베드로가 어찌할 바를 모를 때, "사탄아, 물러가라. 너는 하느님의 일은 생각하지 않고 사람의 일만 생각한다"며 야단을 쳤다. 또한 예수는 채찍을 들고 폭력적으로 장사꾼들을 성전에서 몰아내기도 했다.

이와 같은 사실들은 예수를 단순히 부드러운 인내심과 사랑으로 행동하는 인물이라거나, 저항할 줄 모르는 신경쇠약자라고만 해석할 수 없음을 보여준다.

예수는 끝없는 부드러움과 투쟁적인 호전성이라는 이중 성격을 가진 사람이었다. 그는 '내 멍에는 쉽고 내 짐은 가볍다'고 말했지만, 제자들에게는 주저하지 말고 즉시 자신을 따르라고 명령하기도 했다. 예를 들면, 한 제자가 아버지의 장례를 치른 다음 예수를 따르려고 하자 "죽은 자의 장례는 죽은 자에게 맡기고 너는 나를 따르라"고 명령했다.

또한 믿지 않는 사람들을 이사야의 말을 빌려서 "너희는 완고해서 듣기는 해도 깨닫지 못할 것"이라고 저주했고, 현명하고 이해심이 많은 사람에게는 진리를 감추고 어리고 미숙한 자에게만 진리를 나타내는 하느님에게 감사했다.

2) 역사적 측면에서 살펴본 예수는 어떤 사람인가?

예수는 고대 그리스·로마시대가 끝나갈 무렵의 사람이다. 찬란한 문화와 역사의 시대에 살면서도 그는 바깥 사람들에게 전혀 알려지지 않은 채 그의 삶을 마쳤다.

권력을 중요시했던 현실적이고 합리적인 사회에서 그는 이해 타산에 밝지 못했으므로 세상 사람들과 어울리지 못했다. 물질적인 현실 사회에 적응하지 못한 그의 삶은 한마디로 실패한 삶이라고 말할 수 있다.

고대 유대교 선지자들에 견주면, 예수는 관조적이고 다방면으로 활동적인 인물이었다. 그러나 낯선 그리스·로마의 문명사회에서 예수는 무엇인가를 새로 시작하려는 창의를 가진 사람이었다.

예수는 당시 유행하던 종교 및 정치적 광신자, 근동지방에서 흔히 볼 수 있던 계시적 운동가, 엣세네학파와 같이 깨끗한 삶과 인류애에서 구원을 추구한 인물, 이스라엘왕국을 재건할 왕과 구세주를 기다리는 민중의 선구자, 셀수스가 말한 바와 같이 도시와 성전·전쟁터를 떠돌며 구걸하고 점을 쳐주고 다른 사람을 구해 주면서 하느님이 파견한 사람이라고 주장하지만 자신을 인정하지 않는 사람을 저주하는 방랑의 예언자, 베두인족과 함께 사막을 떠돌아 다니는 가난한 목수의 모습으로 나타나서 양쪽의 부상자들을 돌봐주는 평화의 사도 등 다양한 인물로 등장한다.

아마도 예수는 이 모든 유형의 사람들과 어느 정도 연관성이 있을지 모른다. 그들의 삶과 사고방식에서 예수의 존재를 이해할 만한 어떤 테두리를 찾을 수 있기 때문이다. 그러나 예수의 실재는 그러한 테두리를 벗어난다. 그의 테두리는 의미, 기원, 지위의 시각에서 볼 때 그들과는 너무나 다르다. 예수는 이런 인물들과는 거리가 먼 심오함과 광범위함을 갖추고 있다. 지금까지 구세주로 나타난 인물들은 처형 당한 다음에 곧 사람들의 기억 속에서 사라졌다. 그들의 삶은 실패했고 더 이상 믿을 만한 가치가 없어졌기 때문이다. 모든 종교적 광신자들은 특수하고 외적인 것만 내세움으로써 곧 사라지고 말았다. 이처럼 여러 이질적인 유형 중에서 예수에게만 나타나는 특별한 현상은 그가 어떤 인물에도 속하지 않음을 증명하고 있다.

어떤 사람은 예수의 가르침에는 아무런 새로운 점이 없다고 주장하기도 한다. 그의 말이 옳은지도 모른다. 왜냐하면 예수는 주변의 지식과 전통의 이념을 그대로 지키면서 유대교의 하느님을 섬기며 살았지만, 그는 한번도 유대교의 신앙을 저버리려고 하지 않았기 때문이다. 그는 오히려 옛날의 예언자들과 마찬가지로 유대교의 엄숙한 교리와 형식에 반대하면서도 그 속에서 살았다. 역사적으로 그는 유대교의 마지막 예언자였다. 그가 가끔 유대교의 예언자들을 정확히 인용했던 것도 이 때문이다.

그러나 고대의 예언자들이 살았던 시대와 예수가 살았던 시대는 서로 다른 시대였으므로, 그들과 예수 사이에는 여러 가지 다른 점이 있다. 고대의 예언자들은 독립국가에서 살다가 나라가 망하는 것을 보았다. 그러나 예수는 수세기 동안 안정을 누렸지만 정치적으로는 독립하지 못한 신권정치시대에 살았다. 그는 예루살렘이 파괴되어 유대인들이 각처로 흩어져 살았던 시대에 살았다. 성서에서 가장 감동적인 《시편》, 《전도서》, 《욥기》 대부분이 이 5세기 동안에 발표되었다.

왕정시대의 제사장들이 예언자들을 물리쳤듯이, 유대인의 신권정치도 예수를 물리쳤다. 고대의 예언서를 경전의 일부로 받아들였던 《탈무드》의 유대인들은 예수를 인정하지 않았다. 그들은 갈릴리의 비유대인들이 예수를 중심으로 새로운 세계 종교를 내세우고 있다고 믿었기 때문이다.

역사적으로 하느님에 대한 예수의 믿음은 유대인의 성서 종교가 만들어낸 위대한 창작품 가운데 하나다.

예수의 하느님, 성서의 하느님은 이제 더 이상 야훼 개념의 기원인 동방의 신들 가운데 하나가 아니다. 그는 예수의 사상으로 제시한 선지자들의 심오한 희생정신과 함께 차츰 동방의 잔인성과 헌금에 대한 탐욕에서 벗어난다.

이제 하느님은 아테네와 아폴론, 다른 모든 신들과 같이 인간 존재의 근본적 힘을 상징적으로 승화시켜서 인도하는 신비적이고 위엄 있는 신이 아니다. 그는 이미지가 없고 형태도 없는 일자(一者)가 된 것이다. 그러나 그는 단순한 우주적 힘이나 그리스 철학에 나오는 세계 이성이 아니라 실제로 활동하는 인간이다.

성서의 하느님은 명상을 통한 신비적 합일로만 만날 수 있는 심오하고 거대한 존재가 아니라, 믿을 수는 있지만 볼 수는 없는 타자(他者)이다. 곧 인간이 이 세상 안이나 밖에서 만날 수 있는 절대 초월자이면서 세상의 창조주이며, 인간과 세상의 관계에서 그는 하나의 '의지'이다. "그가 말하면 이루어지고, 그가 명령하면 굳건히 일어선다." 인간은 그의 결정을 이해할 수는 없지만, 절대적으로 믿고 순종해야 하는 대상이다. 그는 인간이 판단하기 이

전에 인간의 가장 은밀한 내면까지 들여다보는 심판관이다.

그는 인류를 사랑하고 용서해 주는 아버지이며, 모든 인류는 그의 자녀들이다. 그는 질투심이 많고 엄격하면서도, 자비심과 동정심으로 가득한 분이다. 그는 접근하기 어려울 정도로 멀리서 다스리면서도, 인간의 마음에 충고하고 명령을 내릴 정도로 가까이에 있다. 그는 사변적 사고 세계에서 나타나는 존재처럼 만질 수 없고 말이 없는 일자(一者)가 아니다. 그는 인간과 직접 대화할 수 있는 살아 있는 하느님이다.

예수는 구약성서에 나오는 하느님을 믿음으로써 고대 예언자들의 종교를 완성시켰다. 예수는 예레미야와 같이 모든 법률, 의식, 제사를 벗어난 순수한 마음을 지닌 유대인이었다. 그는 이런 모든 형식을 물리치지 않고, 현존하는 하느님의 뜻에 따르게 했다. 예수는 몇 세기 동안 인류를 지켜왔고 오늘날까지 인류를 지켜줄 '예언적 신앙'을 직접 구현한 인물이다.

3) 본질적인 이념의 측면에서 살펴본 예수는 누구인가?

예수의 생애는 신성(神性)을 통해 설명할 수 있는 것처럼 보인다. 그는 언제나 하느님과 가까이 있으며, 하느님과 하느님의 뜻만이 그에게 중요한 의미가 있다. 하느님이라는 개념은 아무런 조건에도 구속받지 않지만, 그 개념에 의한 규범은 다른 모든 것을 규정한다. 하느님의 개념으로부터 모든 것의 근원에 대한 지식이 나온다.

신앙의 본질은 자유에 있다. 인간은 이런 신앙을 통해 하느님을 말하고 인간의 영혼이 포괄자(包括者)에 접근하기 때문이다. 인간의 영혼은 이 세상의 행복과 불행을 함께 겪으면서도 그 자체를 일깨울 수 있는 자유를 가지고 있다. 이 세상의 유한한 것은 영혼을 사로잡을 수 없다. 하느님에 대한 헌신과 무조건적인 믿음만이 인간의 영혼에 한없는 힘을 준다. 상처받기 쉬운 마음의 연약함과 북받쳐 오르는 오열 속에서도 영혼은 그 자체가 신의 선물임을 깨닫게 된다. 인간은 신앙을 통해서만 진실로 자유롭게 된다.

하느님에 대한 예수 신앙의 확실성은 이해할 수 없는 영적 태도를 가능하게 해 주었다. 예수는 이 세상에 남아 있는 시간적 존재였다. 그러나 혼란한 세상 속에서도 비세계적인 심오한 근원에 의하여 움직이는 존재였다. 그는 이 세상을 살면서 이 세상을 초월하는 존재였다. 이 세상에서 삶을 영위하면서도 그 존재를 입증할 수 없는 예수는 이 세상에 회의적이고 이 세상으로부터 독립된 인물이다.

이러한 세상으로부터의 독립과 몰입은 예수를 자유롭게 해 주었다. 한편으로는 어떤 세속적인 것도 예수를 '유한한 절대'로 끌어들일 수 없었다. 세속적인 지식도 그에게 전체적인 지식인 양 꾸며댈 수 없었다. 세속적인 법률이나 규율도 그를 확실하게 몰아세울 수 없었다. 이 모든 유혹은 하느님에 대한 그의 신앙의 자유 앞에서 좌절되고 말았다.

다른 한편으로 세상의 독특한 존재인 그의 눈은 모든 실재에 열려 있어서 특히 무엇보다 인간의 영혼을 볼 수 있다. 그리하여 인간은 혜안을 지닌 예수 앞에서는 아무것도 마음 속에 숨길 수 없다.

하느님의 개념은 신비롭다. 그러나 하느님의 개념이 영혼으로 들어오면 인간은 하느님을 잃을까 불안해지고, 하느님이 사라지지 않도록 무슨 일이든 끊임없이 하고 싶은 충동이 솟아난다. 예수는 이렇게 말한다. "마음이 깨끗한 사람은 행복하다. 그들은 하느님을 뵙게 될 것이다."

구약성서에서 시작된 싹은 예수에서 완성되었다. 그는 하느님의 개념을 극단적인 결론으로 이끌었다. 예수에게 하느님은 살아 있는 육체적 존재가 아니며, 환상이나 음성으로 나타나는 존재도 아니다. 그러나 하느님은 이 세상의 모든 것에 의문을 제기하며, 그 모든 것은 하느님의 심판을 받게 된다. 예수가 이러한 사실을 하느님에 대한 신앙적 확신에서 이룩했다는 것은 정말 무서운 일이다.

공관복음서(共觀福音書 : 마태오의 복음서, 마르코의 복음서, 루가의 복음서 등 같은 관점을 가진 복음서를 통틀어 이룬다. —옮긴이 주)에서 이런 사실을 읽고도 자신의 현재와 존재에 만족하며 살아갈 수 있는 사람은 이 세상에 하나도 없다. 예수는 이 세상의 모든 세속적인 질서의 틀에서 벗어났다. 그는 세상의 모든 세속적인 질서와 습관을 바리새인의 것으로 보고, 이 모든 질서와 습관이 사라져 버리는 근원을 내놓았다. 지상의 실재는 모두 다 그 근거를 잃어버리고, 모든 질서, 경건, 법률, 합리적 관습은 무너졌다. 하느님을 따라서 하느님나라로 가라는 계명 이외의 다른 것은 아무 의미가 없어졌다. 밥벌이를 위한 일, 법률에 대한 맹세, 정의나 재산에 대한 권리도 아무런 의미가 없었다. 이 세상의 권력에 의해 고통당하고 추방당하고 탄압받고 멸시받으며 죽는 것은 신앙을 가진 사람에게는 당연한 일이었다.

그리하여 헤겔은 "지금까지 이렇게 혁명적인 말을 한 사람은 아무 곳에도 없었다. 그로 인해 인류에게 가치가 있는 것으로 여겨졌던 모든 것이 일고의 가치도 없는 무관심으로 변해 버렸다"고 말했다.

예수는 이 세상의 기준에 의해 멸시받는 가난하고 병든 사람, 추한 사람에게 모든 가능성과 희망을 줄 수 있었던 것은, 그가 예외적으로 이 세상의 종말과 변두리에 서 있었기 때문이었다. 그는 어떤 상황에서도 인간에게 기회가 있음을 보여 주었다. 실패한 사람에게도 따뜻한 가정의 문이 열려 있음을 증명해 준 것이다.

예수는 이 세상의 모든 것이 그늘뿐 아니라 빛이 있는 곳으로 향하는 길을 열어 주었다. 비유적으로 표현하면, 그것은 빛이며 불이고, 직접적으로 표현하면 사랑이며 하느님이다. 그것은 이 세상에 있지만 이 세상 어느 곳에도 존재하지 않는다. 사랑과 하느님은 이 세상 사람들의 잣대로는 오해일 수밖에 없다. 이 세상의 처지로는 불가능하기 때문이다.

예수가 이 세상의 근원을 보여 주는 것은 간접적으로만 이루어질 수 있다. 그는 마치 진리의 가능성을 추구하기 위해 이 세상의 광기(狂氣)를 시험해 보는 사람인 듯했다. 그의 행동과 언어는 합리적 이성의 잣대로는 모순같이 보인다. 예수는 서로 반대되는 면을 동시에 지니고 있기 때문이다. 때로는 투쟁적이고 엄격하며 가차없지만, 때로는 한없이 온화하고 다정하며 버림받은 사람에게 무한한 자비를 베푼다. 그는 도전적인 투쟁자이며 침묵하는 수난자이다.

하느님을 믿는 예수의 극단적인 확신은 이 세상의 종말이라는 대재앙에 특별한 의미를 부여하였다. 과학적 우주론의 지식에서 볼 때 이러한 종말 사상은 틀린 것이다. 비록 세상의 종말이 곧 다가오지는 않는다 하더라도, 예수가 말하는 근본 사상의 의미는 그대로 남아 있다. 세상의 끝이 지금 임박하였든 먼 훗날에 오든 이러한 개념은 인간에게 빛과 그림자를 던져 주고, 모든 것을 의심하게 하며 결단을 내릴 것을 요구한다.

세상이 곧 끝난다는 그의 잘못된 생각은 현존하는 재앙으로부터 살아남는 지혜를 일깨워 주었다. 인간은 궁극적인 것에 눈을 감고 있지만, 계속하여 그에 직면해 있는 것이다. 이 세상에는 처음만 있는 것이 아니라 끝이 있으며, 인간은 언젠가 죽는다. 인류는 영원히 존재할 수 없다.

이와 같은 상황에서 우리는 "하느님이냐 아니냐?" 또는 "선이냐 악이냐" 하는 선택을 할 수밖에 없다. 예수는 우리 인간에게 이런 극단적인 상황을 알려 준 것이다.

예수의 본질적 이념은 가장 잔인한 십자가의 죽음으로 끝나는 끝없는 고통과 끔찍한 수난에 있다. 예수의 고통의 경험은 유대교적 고통의 경험이었다. 십자가에 매달린 예수가 "나의 하느님, 나의 하느님, 어찌하여 나를 버리십니까?" 라고 울부짖는 절규는 《시편》 22장 1절에 나오는 귀절이다. 참을 수 없는 고통 속에서 터져나온 이 구절은 고통을 참으려는 외침이 아니라, 고통 속에서도 오직 하느님만을 믿고 찾는 하느님을 향한 외침이었다.

《시편》에서 저자는 극도의 고통 속에서 이렇게 외쳤다. "저는 사람도 아닌 구더기이며, 사람들의 천대와 비난의 대상입니다." "오 하느님이여, 온종일 불러도 당신은 어찌 대답이 없으십니까." 이와 같은 하느님의 침묵과 절망 속에서 모든 것이 갑자기 바뀌게 된다. "그러나 당신은 성스러우며, 우리의 조상들은 당신을 믿었나이다." 이런 비참함 속에서도 확실히 깨닫는다. "여호와는 나의 목자이시니, 내게 부족함이 없으리라. 내가 죽음의 어두운 골짜기를 헤맬지라도 두려워하지 않는 것은 주께서 나와 함께 하기 때문이니라." 결국 하느님에 대한 한결같은 신앙은 신성불가침의 근거가 된다.

예수의 고통과 수난은 역사적으로 독특하다. 그는 체념과 인내로 고통과 공포를 감추지 않았다. 그는 고통의 실재를 드러내어 표현했다. 버림받고 멸시당했을 때 그는 너무 고통스러워 거의 죽을 지경이었다. 그에게 마지막으로 남은 것은 신성뿐이었다. 이제 침묵을 지키며 보이지 않고 상상도 할 수 없는 하느님만이 하나뿐인 실재였다. 인간 존재의 적나라한 공포와 함께 나타난 이런 실재는 우리가 접할 수 없는 하느님을 통해서만 도움받을 수 있음을 알려 주었다.

영웅적인 스토아학파의 잣대에 의하면, 예수의 죽음에 나타난 한없는 절망과 그 절망의 표현 그리고 마치 기적과도 같이 마지막 순간에 느낄 수 있는 최후의 근거에는 실로 아무런 '위엄'도 없다. 이런 위엄은 극단적인 상황에서 사라지거나, 아니면 무관심만이 남기 때문이다.

예수는 수난을 받을 수 있는 힘의 절정이었다. 예수의 본질을 알기 위해서는 먼저 몇 세기 동안 전해 오는 유대인의 본질부터 알아야 한다. 예수는 단지 수동적으로 고통을 받지 않았다. 그는 자신의 수난과 죽음을 통해 사람들이 자극을 받을 수 있을 만큼 고통을 받았다. 그의 고통은 우연도 아니고 참된 실패도 아니다. 그는 제약과 규제만 앞세우는 세속적인 교회와 이 세상에 절대성을 드러냈다. 그는 진리를 말하고 진리가 되려는 신의 소명감을 완성하는 용기를 가지고 있었다.

이는 바로 유대교 선지자들의 용기였다. 후세의 명성을 위해 위대한 행동과 죽음을 감수하는 용기가 아니라 하느님 앞에서만 나타나는 용기였다. 십자가에서 이러한 영원하고 근본적인 실재는 시간과 함께 나타났다. 이와 같은 십자가의 상징을 통해 인간은 이 세상의 모든 실패에도 불구하고 본질적인 확신을 얻게 되는 것이다.

기독교, 유대교, 이슬람교는 수많은 역사적 과정을 겪으며 왜곡되고 수정되어 왔다. 그러나 그들은 모두 구약성서의 종교의 일면인, 유대인의 수난의 경험을 근거로 하고 있다. 이런 의미에서 이들 종교는 모두 수난의 이념을 가지고 있지만 진정한 성서 종교를 가지고 있다고는 말할 수 없다. 그러므로 어떤 위험을 무릅쓰지 않고는 진정한 성서 종교를 직접 설명할 수 없다.

하지만 우리는 아마도 다음과 같이 말할 수 있을지 모른다. 초대 교회와 사도 바울이 만들어 낸 그리스도는 유대교의 계율이나 유대교, 그리고 수많은 기독교의 민족적 특성과 마찬가지로 모든 성서 종교의 공통된 개념은 아닐 것이다. 공통된 개념이 있다면 그것은 하느님의 개념이며 예수는 십자가에 매달려 고통받는 하느님의 종이라는 유대교의 개념을 마지막으로 실현한 인물이라는 것뿐이다.

예수가 남긴 영향

예수가 우리에게 남긴 영향은 수없이 많겠지만 여기서는 그중에서 몇 가지만 살펴보기로 한다.

1) 예수가 살아 있는 동안 그의 영향은 작은 모임과 알려지지 않은 군중들에게만 한정되어 있었다. 바리새인들, 로마의 백인대장, 몇 명의 주변 친구들과 반대파들이 예수에게 깊은 감명을 받았다. "모두들 놀라 말했다. 그렇게 감동적인 장면을 우리는 본 적이 없다." 율법학자로서가 아니라 권위

있는 사람으로서 당당하게 그들을 가르쳤으므로 사람들은 예수의 가르침에 놀랄 수밖에 없었다. 그러나 예수는 가르침의 결과에 대해서는 실망하였다.

예수는 누구를 향해 말했는가? 근본적으로 예수는 길에서 만나는 모든 사람들에게 말했다. 모든 신자들이 볼 수 있고 사랑할 수 있도록 내면의 등불을 일깨워 주었다. 그는 주로 가난한 자, 추방당한 자, 죄인을 가르쳤다. 그들의 불안한 영혼이 새로운 신앙을 받아들일 준비가 되어 있다고 믿었기 때문이다. 그는 이렇게 말했다. "의사는 건강한 사람에게는 필요가 없고, 병든 사람에게만 소용이 있으리라. 나는 의인을 부르러 온 것이 아니라 죄인을 부르러 왔노라." 그리고 바리새인과 서기관에게는 "세리와 창녀들이 너희들보다 먼저 하느님나라에 들어갈 것이다"라고 말했다.

예수와 가장 거리가 먼 사람은 이 세상의 재물에 연연하거나 안락과 안전에만 매달리며 사는 사람들이다. 그러므로 예수는 "부자가 하느님나라로 들어가는 것이 가장 어렵다"고 했으며, "하느님, 당신에게 감사드립니다. 강도, 불법자, 간통한 사람, 세리와 같지 않음을 감사드립니다"라고 기도하는 바리새 교인보다는 감히 하늘을 올려보지도 못하고 가슴을 치며 "하느님, 이 죄인에게 자비를 베푸소서!"라고 기도하는 세리가 하느님 안에서 평화를 찾을 것이라고 말했다. 우리는 돌아온 탕자의 비유에서 이러한 예수의 생각을 분명히 읽을 수 있다. 예수는 떠돌아다니면서 만나는 사람들마다 세워놓고 설교하는 일에 만족하지 못했다. 그는 제자들을 "사람을 낚는 어부"로 내보내며 세상의 종말과 하느님나라가 다가옴을 전하라고 명령했다. 그리고 제자들을 둘씩 짝지어 파견하면서 이렇게 말했다. "여행하는 데 지팡이 외에는 아무것도 지니지 말고 먹을 것이나 자루도 가지지 말고 돈도 지니지 말며, 신발은 신고 있는 것을 그대로 신고 속옷은 두 벌씩 껴입지 말라."

그들의 선교 지역은 제한되어 있었다. "이방인들이 사는 곳에는 가지 말며, 이스라엘 사람들 중에서 길 잃은 양들을 찾아가라." 예수가 이렇게 말한 이유는 그들이 이스라엘을 모두 돌기 전에 세상의 종말이 온다고 믿었기 때문이다.

예수는 선교의 영향이 얼마나 보잘것없고 믿을 수 없는지 경험하게 된다. 전도의 씨앗은 비옥한 땅과 메마른 땅에 떨어졌다.

많은 사람들이 그의 메시지를 기쁘게 받아들였지만, 언제나 잠시뿐이었다. 사람들은 곧 세상의 근심, 부귀영화에 대한 환상, 육체적 욕망으로 돌아가서 그의 가르침을 잊어버렸다. 결혼식의 비유에 나오는 초대된 손님들과 같이 거의 모든 사람들이 한결같이 핑계를 내세웠다.

그리하여 예수는 그 실망을 이렇게 표현했다. "나는 이 세상 한가운데 서 있으며 모든 사람들이 취해 있고, 그들 중 목마른 사람은 하나도 찾지 못했다. 내 영혼은 마음의 눈이 가려서 보지 못하는 인간의 아들들 때문에 괴롭다." "많은 사람들을 불렀지만, 소수의 사람들만이 선택되었다."

2) 예수가 살아 있을 때 그의 제자들은 예수와 함께 하느님, 하느님나라, 세상의 종말을 믿었다. 그러나 그가 죽은 다음에 그들은 모두 사방으로 흩어져 버렸다. 그러다가 그들은 곧 다시 모여서 혁명적인 일을 벌였다. 예수가 다시 살아나는 것을 본 그들은 이제 예수와 더불어 하느님을 믿는 것이 아니라, 예수를 제치고 부활한 그리스도를 믿게 되었다. 이렇게 해서 유대교 선지자로서 인간 예수가 선포한 종교가 기독교로 바뀐 것이다. 예수가 살아 있을 때는 이런 일이 없었는데, 어떻게 이런 일이 일어났는지 오늘날 우리는 자세히 알 수 없다.

오버베크는 이렇게 말했다. "예수가 죽은 다음에 최초의 기독교인들은 역사의 현장에서 사라지고, 그리스도를 지지하는 사람들은 존재와 비존재 사이를 넘나들 정도로 그 자취가 보이지 않게 되었다. 기독교를 가장 처음으로 역사적 현장으로 끌어 올린 사람은 사도 바울이다. 기독교가 역사적 인물 예수와 더불어 시작되었다는 것은 하나의 망상일 뿐이다."

예수와 가까이 지내면서 그의 인간성을 통해 직접적인 영향을 받은 제자들은, 그가 죽자 처음에는 몹시 당황했으나 나중에는 도리어 십자가에 못 박혀 죽은 예수를 찬란하고 웅장하게 해석하기 시작했으며, 이것이 바로 기독교의 시작이 되었다. 그렇다면 기독교는 과연 무엇인가? 기독교의 역사는 아직 끝나지 않았다. 야만스러운 서방세계를 재창조하는 데 기독교가 중요한 역할을 맡았고, 라틴 및 게르만 유럽인의 정신적 삶을 풍요롭게 하는 동기도 기독교에서 시작되었으므로 모든 기독교 교회는 무언가 공통점이 있는 것처럼 보인다.

이런 공통점은 정통과 이단이라는 문제로 서로 죽을 힘을 다해서 싸웠던 여러 기독교 교회를 결속시키는 힘이 되었다. 심지어는 기독교 세계에서 자라났지만 기독교에 무관심한 사람들까지 유대감을 느끼게 했다.

그럼에도 불구하고 이런 공통점을 '기독교의 본질'로 내세우고, 이런 기준으로 어떤 종파는 기독교이고 어떤 종파는 기독교가 아니라고 판단하는 것은 불가능한 일이다. 역사적 관점에서 그런 기독교의 정의는 언제나 기독교의 사변적인 이상형이거나, 또는 어떤 특정 교회나 단체가 자신들만이 참된 기독교이고 다른 교회는 모두 이단이나 이교도로 몰아세우는 독단적인 행위에 불과하다.

그러므로 서방세계가 기독교적인 세계인 만큼, 로마가톨릭에서 개신교의 다양한 종파에 이르기까지 어떤 특정 종파가 자신들만이 기독교적인 요소를 전부 소유하고 있다는 독선에서 벗어날 때, 모든 기독교 교회는 유대인과 기독교인은 물론 신앙이 없는 사람들이나 다른 신앙을 내세우는 사람들까지도 받아들일 수 있는 '성서 종교'가 될 수 있다.

성서 종교는 아브라함으로부터 오늘날까지 몇 세기 동안 모든 종교인을 통틀어 아우르는 종교이다. 어느 누구도 이 종교를 무시하거나 독점할 수 없다. 성서 종교와 유대를 맺고 사는 사람은 그 가운데서 자신의 삶을 발견하면서 그가 원하는 것을 선택하고 강조하게 된다.

그러므로 기독교에서 말하는 서구의 종말은 이런 다양한 형태의 성서 종교가 사라질 때만 다가올 것이다.

예수는 이런 성서 종교의 한 가지 요소에 불과하다. 그를 그리스도로 믿는 사람들에게 가장 중요한 하나의 요소에 불과한 것이다.

비록 예수 그리스도가 이런 신앙의 시작이며 그 중심에 자리잡고는 있지만, 예수 자신은 단지 기독교의 한 가지 요소에 불과하다. 그는 기독교의 창설자도 아니며, 그를 통해서만 기독교가 탄생한 것은 결코 아니다. 예수의 실재는 그와는 거리가 먼 갖가지 이념들로 겹쳐져 있어 완전히 다른 실재가 되어 버렸다. 그럼에도 불구하고 실재의 발자취는 늘 우리에게 남아 있다.

예수가 우리에게 남긴 영향은 크게 두 가지 방향으로 살펴볼 수 있다.

첫째, 그는 예수에서 그리스도로 하느님의 아들이 되었고, 인간적인 실재로부터 신앙의 대상으로 바뀌었다. 그 첫 단계로, 제자들은 그의 메시지뿐 아니라 예수라는 존재 자체를 믿게 되었다. 이러한 믿음은 예수를 메시아 또는 하느님의 아들로, 더 나아가 하느님과 동격인 존재로 받들게 되었다. 이러한 변화과정의 결과 예수가 실재로 이 세상에 살았다는 사실과 십자가에 못 박혀 죽었다는 두 가지 사실을 제외한 인간적인 예수는 그다지 중요한 의미를 갖지 않게 되었다.

예를 들어 《사도신경》에도 예수의 인간적 실재는 기록되어 있지 않다. 특히 《사도신경》의 두 번째 절에는 예수가 하느님의 독생자인 주님이며, 성령으로 잉태하여 동정녀 마리아의 몸에서 태어났다고 기록되어 있다. 이와 같은 초월적인 존재임을 명시한 다음에는 그가 빌라도 총독에게 고통을 받고 십자가에 못박혀 죽었고 장례가 치러졌다는 내용이 나온다. 그리고 《사도신경》은 다시 초월적인 이야기로 돌아간다. 예수는 지옥으로 내려갔다가 사흘만에 부활해서 하늘로 올라간다. 그는 하느님의 오른쪽에 앉아 있다가 마지막 날에 죽은 자와 산 자를 심판하러 올 것이라고 기록하고 있다.

키에르케고르는 여기서 다음과 같은 결론을 끄집어냈다. 우리에게 중요한 것은 예수가 세상에 있었고, 십자가에 못 박혀 죽었다는 사실뿐이다. 역사적인 실재는 신앙과는 아무런 관련이 없다. 신약성서에 대한 공부도 신앙에 아무런 도움이 되지 못하고 오히려 신앙에 방해가 될 뿐이다. 신앙은 비판적인 연구로 확인할 수 있는 역사적 실재에 근거를 두고 있지 않기 때문이다.

그러므로 예수의 육체를 직접 보고 그의 삶, 태도, 행동, 가르침을 알고 있던 같은 시대 인물들의 신앙까지도 역사적 산물이라고 인식할 수 없다는 것이다.

그리스도에 대한 믿음은 예수가 시작한 것이 아니라, 그의 사후에 일어난 현상이다. 처음에는 막달라 마리아와 몇 명의 제자들의 환상에 근거를 둔 부활에 대한 믿음에서 시작되었다.

그 다음에는 부끄러운 십자가의 죽음이 희생 행위이라는 명분으로 바뀌었고, 나중에는 성령의 힘으로 신도들이 모여서 교회를 세우는 기초가 되었다. 그리고 이 초대 교회에서는 최후의 만찬에 언급된 복음서의 기록이 예식의 기초가 되었다. 결국 나중에 가서야 최후의 만찬이 예배의식이 된 것이다. 만일 예수가 직접 예배의식을 만들었다면 만찬예식은 맨 처음 순서가 되었을 것이겠지만. 폰 조든은 "예수는 직접 자신을 예배의식으로 만들지 않았다"라고 잘라 말했다.

신앙고백으로서는 그리스도의 희생적인 죽음, 그리스도는 모든 사람들의 죄를 짊어지고 갔으므로 이 죽음을 통해 모든 신자들이 구원된다는 확신, 신앙에 의한 정당화, 삼위일체에서 제2인자로서의 그리스도, 세계를 창조하고 이스라엘 백성을 광야에서 이끌었던 세계 이성으로서 그리스도, 성체로서 교회, 새로운 인류의 역사적 시조가 되는 제2의 아담으로서 그리스도와 같은 많은 것들을 아우르고 있다.

그러나 기독교의 풍부한 역사를 장식하는 이런 신앙고백이나 교리들은 예수와는 아무런 관련이 없는 것이다. 역사에서 가장 훌륭한 효과를 발휘하는 새로운 실재는 예수가 아니라 예수가 죽은 다음 부활한 그리스도이다.

예수가 우리에게 남긴 두 번째 영향은 예수 자신을 인류의 모델로 삼게 된 과정이다.

교회가 없었더라면 기독교는 몇 세기 동안 발전하지 못했을 것이다. 기독교의 수많은 발전 동기 중에서 예수가 아직까지 비교적 중요한 위치를 차지하는 것은 성경이라는 경전의 힘이 존재했기 때문이다. 초기 기독교인인 바울이 인간 예수에 관심이 없었을 때도 복음서들은 신약성서에 일부로 남아 있었다. 구약성서를 포함한 모든 경전은 너무나 여러 가지 모순이 많으므로 그 안에서 복음, 예수의 메시지, 성서 종교의 열쇠를 발견할 수 없었다. 예수조차도 그 열쇠를 발견할 수 없을 정도다. 그럼에도 예수를 본받도록 자극을 준 것은 예수의 역사적인 실재였다.

예수를 모방하려는 생각은 사람들에게 가끔 극단적인 태도를 취하게 만들었다. 예를 들어 예수의 산상 수훈을 실천하기 위해 전혀 저항하지 않고 다른 쪽 빰을 내밀기도 하고, 예수의 교훈을 따르려고 구걸하면서 떠돌아다녔다. 또한 직접 고통과 파멸의 길로 스스로 빠져들어 예수의 수난을 체험했으며, 예수의 극단적인 행동과 가르침을 그대로 모방함으로써 순교의 진리를 터득하려고 애쓰기도 했다.

다른 한편으로는 후세 사람들은 예수의 수난을 모방하는 과정을 예기치 않게 우리에게 닥쳐오는 '수난의 변용'으로 해석하기도 한다. 예수의 고난은 우리에게 이해할 수 없는 가장 부당한 고통이 닥쳐왔을 때 절망하지 않고, 모든 사물의 근원이 되는 최후의 정신적 보루인 하느님을 찾아 인내심을 갖고 십자가를 질 수 있는 모델로 제시되었다. 세상의 모든 수난은 예수를 통해 성화(聖化)될 수 있다고 믿었기 때문이다. 또 다른 한편으로는 예수의 모방은 윤리적인 기준으로 인식되기도 한다. 곧 오직 사랑과 정결로 하느님의 뜻을 읽을 수 있다는 윤리적 규범으로 예수의 고난을 해석한 것이다. 이런 견해는 하느님에 대한 지식이 요구되며, 이와 더불어 우리는 윤리적으로 부족한 존재임을 확인할 수 있다.

그러나 예수가 내세운 방향 설정은 예수를 모방하지 않고도 가능하다. 삶의 의미는 실패했다고 없어지는 것이 아니라, 비록 정확한 방향 설정은 제시되지 않았지만 어떤 가능성이 열려 있음을 예수의 본보기를 통해 보여 주었기 때문이다. 그는 십자가를 짊어짐으로써 삶에 항상 내재되어 있는 공포를 없애 버리는 방법을 우리에게 보여 준 것이다. 예수의 메시지는 우리에게 이 세상에 존재하는 절대 악에 대해 눈을 뜨게 하고, 자기만족으로 안주하는 삶을 거부하면서 우리에게는 더 높은 권위자가 있음을 가르쳐 주었다. 그의 말과 행동에 나타나는 모든 부조리는 도리어 우리를 자유롭게 하는 효과를 주었다.

성서 종교의 세계에 사는 많은 사람들은 끝없이 반복되는 전통의 단층을 통해 근원으로서의 예수를 찾아낼 수 있을 것이다. 신약성서에서 예수는 직접 말하고 행동하여 그들에게 영향력을 발휘한다. 의미심장한 그의 극단주의 때문에 현존하는 인간으로서의 예수에 대한 명상은 언제나 한없는 영감을 주는 듯하다. 인간 예수는 언제나 그를 기초로 하여 세워진 기독교에 대립되는 강력한 힘으로 남아 있으며, 세속적인 교회로 뭉친 기독교를 파괴하려는 다이너마이트로 남아 있다. 그뿐만 아니라 예수를 극단적으로 받아들이는 이교도들에게 탄원의 대상이 되기도 한다.

예수에 대한 비상한 관심은 인간 예수의 삶과 사상에 드러나는 모순을 체계적으로 정리하고 재해석하려는 시도로 나타난다. 이런 세속적인 의도에서 교회는 불꽃을 조절하듯이 예수의 폭발적인 힘을 약화시키고 제한하는 데 크게 성공을 거두었다. 그러나 때때로 세상의 종말이라는 재앙의 공포를 퍼뜨려 교회의 노력을 헛되게 하기도 한다.

처음부터 교회는 그의 교리와 정책에서 이처럼 근본적인 난점을 지니고 있었다. 이런 문제를 극복하지 못한 근본적인 이유는 기독교에 내재된 생동감과 베일에 싸인 듯한 은폐력, 그리고 놀랄 만한 진실성에 있을 것이다.

이러한 난점은 먼저 예수의 예언대로 세상의 종말이 오지 않은 것에서 비롯되었다. 마르틴 베르너의 말대로 모든 사고와 행동은 새로운 상황에 맞게 수정되어야만 했다. 그리하여 고대하던 하느님나라는 교회로 대체되고, 종말을 예언했던 예수는 성만찬을 주도하는 이로 바뀌었다.

그러나 역사의 종말을 가져오는 하느님나라는 변형 과정을 거쳐 다시 역사 속으로 받아들여졌다. 세상사와 존재 형성에 대한 인류의 극단적인 상황과 지식이나 문학이나 예술의 진흥을 위한 극단적인 상황을 예수의 메시지에 적용하여 파악하게 되었다.

이로 인해 '기독교와 문화'를 토론할 때마다 없을 수 없는 이율배반적인 현상이 나타나게 된다.

인간 예수의 가르침은 그의 교리를 그대로 따르는 교조주의자들에게나 반대하는 사람들에게나 다같이 단편적으로 받아들였다. 반대하는 사람들은 그의 교리를 이 세상의 모든 것을 부정하고 권력에 대한 파괴적 욕망을 정당화시키는 근거로 삼았고, 교조주의자들은 기독교의 영원불변의 진리를 통해 폭발적이고 극단적인 예수의 가르침을 약화시키는 근거를 찾았다. 그래서 교조주의자들은 세상의 종말이 당장 돌아오지 않으니 기독교의 사상을 즉시 수정해야 한다는 주장을 인정할 수 없었다.

예수에 대한 역사적 지식에 근거해 볼 때, 이른바 정통적인 신앙을 지키는 사람들은 예수의 수난사는 경험적이라기보다는 초월적이므로 신앙으로만 이해되며 역사적인 비판은 불가능하다고 주장하면서 역사적 실재의 공간을 메꿀 수 있는 극단적인 회의주의를 내세우기도 한다. 어떤 때는 반대로 복음서에 나오는 이야기는 비록 역사비판적인 고찰이 없더라도 역사적 실재로 받아들여야 한다고 주장하기도 한다.

앞의 경우에 신앙과는 무관하게 역사적 지식은 철저히 거부되며, 뒤의 경우에 역사적 지식은 단지 부수적인 것으로 제한되었다. 성서에 나오는 예수의 설교는 모두 절대적 확신에서 우러나온 것이므로 조금도 수정할 수 없다고 믿었기 때문이다.

인간으로서 예수의 역사적 실재는 철학사에서 우리들에게 대단히 중요한 의의를 지닌다. 그래서 정통파나 반대파를 막론하고 예수의 인간적인 면에 관심을 갖게 되는 것이다.

4대 성인의 비교

네 사람을 선택한 이유

세계의 위대한 인물을 꼽으면 지금까지 살펴본 네 명의 위인 말고도 아브라함, 모세, 엘리야, 조로아스터, 이사야, 예레미아, 마호메트, 노자, 피타고라스 등이 있다. 그러나 우리가 지금까지 살펴본 네 사람과 같은 역사적으로 깊이 있고 지속적인 영향을 끼친 인물은 없다. 유일하게 마호메트만은 역사적 영향력에서 앞의 네 명의 위인과 어느 정도 견줄 만하지만, 인간적인 깊이에서는 이들을 따를 수 없다.

소크라테스, 석가, 공자, 예수 네 사람 모두 같은 방법론적 상황에서 이해할 수 있다. 그들의 삶과 사상을 알 수 있는 모든 경전이 그들이 죽은 다음에야 나왔기 때문이다. 우리는 경전을 서로 비교하고 그 발생 과정을 분석하는 언어학 및 역사비판적 연구를 통해 이들이 자신과는 전혀 상관없게 다양한 전설과 신화에 싸여 있음을 알 수 있다. 따라서 경전의 비판적 연구는 결과적으로 어떤 상대적인 확실성을 우리에게 심어줄 뿐이다. 그나마 추측이나 가능성만으로 만족해야 하는 경우가 대부분이다.

우리는 역사적 고찰의 성과를 무시해서는 안 되지만, 그러한 연구로는 역사적 실재의 모습을 발견할 수 없다. 우리가 역사적으로 확실한 것만을 골라낼 때 그 결과로 알 수 있는 것은 아주 미약한 내용일 수밖에 없다. 우리는 쌓여 있는 전통을 골라내어 위대한 인물들의 본래의 실재를 찾으려고 하지만, 전통은 믿기 어려우므로 실재와는 거리가 멀어진다. 앞의 네 위인에 대한 믿을 만한 역사적 기록은 존재하지 않으며, 전통에 나타나는 모든 것은 거의 역사적으로 의심의 여지가 있다. 결국 석가모니나 예수의 경우와 같이 그 존재 자체가 의심을 받게 된다. 이들은 언제나 신화나 전설 속으로 사라지고 말기 때문이다. 이처럼 비합리적인 결론은 비판적인 방법 자체를 의심하게 만든다.

위대한 인물의 역사적 실재는 그들의 주변 사람들과 후대에 미친 비상한 영향력을 통해서만 감지하고 추론할 수 있다. 이들의 영향력을 되돌아보면 더 이상 증명이 필요 없을 정도로 대단하지 않은가? 그들의 추종자로 알려져 있는 후대의 많은 저자들 덕분에, 이 네 사람은 처음부터 나름대로의 이미지를 가지고 있을 뿐 아니라 그들에 관한 기록도 남아 있다. 이런 이미지야말로 새로운 역사적 실재가 아닐 수 없다.

방법의 차이는 있지만, 지금까지 우리는 이런 위대한 역사의 주인공들의 이미지를 실재로 파악했다. 이를 위한 전통의 비판적 분석에는 경전이 가장 중요한 자료가 되었다. 그 근원의 연구를 통해 위인들의 이미지가 우리들 마음속에 형성되었다. 그리하여 우리의 선조들이 그랬던 것처럼, 우리는 고정된 신앙에서 벗어나 역사의 주역들의 실재를 관찰할 수 있었다. 이런 고찰은 비판적 연구를 통해 그 규범과 한계성뿐 아니라 준비단계를 발견하게 된다.

그러나 한번 연구된 비전은 원래의 모습 그대로 우리에게 나타나서, 이성적으로 그 내용을 발견하거나 증명할 수 없다. 오히려 이렇게 이루어진 비전은 비판적 연구의 길잡이가 된다. 그 자체는 증명이 불가능하지만 이성적 입증이 가능한가 하는 질문을 제시해 주기 때문이다. 전통의 비판적 분석으로부터 벗어나 우리는 언제나 위험을 무릅쓰고라도 역사적 실재의 이미지를 형성하려는 도를 감행하지 않을 수 없게 된다.

네 명의 위인 중 누가 더 우리에게 잘 알려져 있는가? 아마도 우리는 석가보다는 예수와 소크라테스를 더 잘 알고 있는 듯하다. 석가의 가르침은 소크라테스, 예수, 공자의 가르침보다는 더욱더 의심나는 점이 많기 때문이다. 그러나 엄밀히 말하면 네 사람 모두 의심의 여지가 있다. 그러면서도 네 사람 모두 우리 앞에 분명히 존재한다.

그러나 우리가 그들을 보는 빛의 정도는 서로 조금씩 다르다. 소크라테스가 실재적인 빛이라면, 예수는 마법처럼 변용된 빛이고, 석가는 마력적인 추상의 빛이며, 공자는 냉정하게 빛나는 객관적인 빛이라고 할 수 있다. 소크라테스는 다른 인물들과 달리 플라톤이라는 존재가 있었으므로 더욱 현실적이고 일관성 있게 이해되는 것이 아닐까? 또는 예수의 사도들은 전문작가도 아니었고 의식적으로 문학작품을 창작하려고도 하지 않았으므로 우리는 예수의 말을 더 확신하는 것일까?

우리는 단순한 비판만으로는 아무것도 알아낼 수 없다. 비록 실재는 사라지지만, 우리는 언제나 이런 실재를 바라보고 있다. 이런 행위를 우리는 다음과 같은 이유로 정당화시킬 수 있다.

우리가 살펴본 네 명의 위인은 과학적 비판이 일어나기 이전에 이미 전통의 높은 자리를 차지하고 있었다. 몇 세기 동안 인간의 정신에 이렇게 막강한 영향을 미친 인물들이 실제로 존재했다고 믿는 것은 아마도 우리의 편견일지도 모른다. 어떤 인물의 무의미성으로부터 고귀한 영혼을 느낄 수 있는 위대한 이미지를 만든다는 것은 불가능하기 때문이다. 그러므로 이러한 이미지의 근원 그 자체가 초월적일 수밖에 없다.

아무튼 우리가 살핀 네 사람의 영향은 이미 그들의 생전에 시작되었고, 처음에는 이미지가 아니라 살아 있는 인물 자체에서 시작되었음을 알 수 있다. 이와 같이 의심할 수 없는 확실한 영향을 통해 우리 역시 감동을 받는다. 오늘날까지 우리를 사로잡는 그들의 영향력은 어떤 합리적 증명도 필요 없는 역동적 힘이라고 할 수 있다. 이와 같이 4대 성인은 아직도 우리에게 영향을 주고 있으며, 이런 의미에서 그들은 아직도 우리와 함께 살아 있다.

하지만 4대 성인들의 위대함이 그들 자신에게 있던 것이 아니라 그들 외부의 사회질서, 즉 사회나 교회 또는 익명의 힘에서 나왔거나 그들을 핵심으로 하는 여러 유형의 신화와 영적인 내용이 결합하면서 쌓인 결정화 과정의 산물로 보는 견해도 있다. 그래서 본래 요소는 모두 사라졌다고 믿게 한다.

그러나 우리는 이와 같은 주장에 반대한다. 과연 이런 우연이 무에서 영원한 존재를 창조할 수 있을까? 정치적인 경우는 좀 다를지 모른다. 곧, 아무런 힘이 없는 사람이라도 우연히 외적 상황에 따라 중요한 영향력을 미치고 일시적으로 힘을 과시할 수 있을 것이다. 그러나 이런 사람은 우리의 영혼을 깊이 감동시키지 못할 뿐 아니라 그 영향력도 오랫동안 계속되지 못한다.

다음으로 4대 성인들의 실재에 대해 비판을 하는 또 다른 주장으로 4대 위인들을 당시에 존재했던 한 인물 유형으로 해석하는 경우가 있다. 소크라테스는 구두 수선공 시몬이나 다른 궤변론자들과 비슷하며, 공자는 떠돌아다니는 유세객이나 정치 조언자에 불과했다. 또한 석가는 그즈음의 수많은 수도원 창시자의 한 사람이었으며, 예수는 자기 자신이 메시아라고 외치다가 처형당한 유대교인 가운데 한 사람일 뿐이다.

이와 같은 견해는 그들의 개성을 무시한 사회학적 현상과 일치하기 때문에 흥미롭게 보인다. 그러나 위대한 인물들의 역사적 특이성은 이런 유형론을 통해 더욱 분명해질 뿐이다. 이들은 유형론이 아니라 하나뿐인 역사적 존재로 이해되어야 한다. 그렇다면 수많은 위인들 중에 왜 소크라테스, 석가, 공자, 예수 네 명만이 오늘날까지 그토록 강력한 영향을 미치는가? 합리적 역사 비판은 이 문제에 대해 아무런 해답을 제시하지 못하고 있다.

그렇다면 우리는 이 위대한 인물들의 이미지를 어떻게 형성해 나가야 하는가? 이미 우리는 그들의 실재로부터 감동을 받았다는 사실을 전제로 하고 있다. 그러나 이러한 전제는 역사적 지식을 인위적 주관성으로 대체했다는 뜻이 아니라 역사적 지식을 그들에 대한 우리의 경험을 분명하게 하는 데 활용하고, 이런 경험이 없으면 역사적 지식 자체도 무의미해진다는 뜻이다.

위인들의 이런 이미지를 형성하기 위해서는 우리는 먼저 전해오는 전통을 다음과 같은 원칙에 따라 증명해야 한다. 전통적인 자료는 이들의 내적 일관성을 통해 이상적 유형이 나타나도록 정리되어야 한다. 위대한 인물들의 정신적 사상에는 언제나 몇 가지 이상적 형태가 함께 존재하기 때문이다. 이런 이상적 유형을 견주어봄으로써 우리는 통일 속의 양극성을 찾을 수 있다. 참된 위대함은 원래 모순과 모순이 서로 결합된 속에서 탄생하기 때문이다.

우리는 처음부터 전통 속으로 들어와서 시간이 지나면서 그 가치를 발휘하게 된 이탈이나 남용보다는 본래의 현상을 살펴보려고 했다. 이런 노력으로 모든 이미지는 본래의 근원을 떠나서 시작되었으며, 그렇게 될 수 있었던 가능성을 더욱 분명히 알게 되었다. 이와 함께 이러한 노력으로 우리는 본질에서 벗어난 잘못된 비판을 막을 수 있었다.

그러나 우리는 어떠한 이미지도 절대적으로 옳을 수 없다는 사실을 알게 되었고, 특히 이미지를 만들기는 쉽지만 그 원칙을 실제로 적용하는 것은 불가능하다는 사실을 분명히 깨닫게 되었다.

4대 성인의 공통점 차이점

네 사람은 그들의 태도, 행위, 존재의 경험, 명령을 통해 어떤 규범을 세웠다. 이런 규범의 핵심을 파헤치기 위해 많은 철학자들이 그들을 관찰하였다. 이런 의미에서 네 사람은 후세의 철학에 크나큰 영향을 미쳤다고 할 수 있다. 이제 그들의 공통점을 간단히 살펴보고 이를 토대로 각자의 차이점을 탐구하고자 한다.

첫째, 네 사람의 출신성분을 통해 사회학적인 측면을 살펴볼 수 있다. 신분이 높은 귀족 출신이었던 석가를 제외하면 소크라테스, 공자, 예수는 평범한 서민 출신이었다. 그러나 모두 가문이 있는 집안의 후손으로 사회적으로 안정된 삶을 누리고 있었다.

심리학적 측면으로 보면, 네 사람 모두 남성적 성향이 두드러진다. 소크라테스, 공자, 석가는 결혼했으나 가장의 역할을 제대로 하지 못했다 그러나 그들은 모두 제자나 학생들과 깊은 유대관계를 맺었다. 그들의 남성적 성격은 어떤 의지나 노력의 결과가 아니라 그즈음의 사회적 추세에 따라 자연스럽게 주어진 것이다.

둘째, 그들은 모두 환상이나 황홀경을 경험한 예언자가 아니었다. 하느님의 목소리를 직접 듣거나 그 모습을 보지도 않았다. 또한 계시된 하느님의 뜻을 따르고 전파하라는 직접 명령을 받지 않았다. 그러나 네 사람은 이런 계시와 비슷한 면을 지니고 있었다. 소크라테스, 공자, 예수는 신의 임무를 전하는 종이었으며, 석가는 구원을 위해 임명된 신분임을 알고 있었다. 그들의 메시지는 직접적인 계시에서 나온 것은 아니었다. 과거의 예언자들과 같이 명상을 통해 고독과 침묵, 광명의 세계를 알게 되었다. 그들은 비교적 넓은 의미에서 예언자라고 할 수 있으나, 과거의 예언자들과는 전혀 다른 면을 가지고 있었다.

그들과 더불어 세상은 질서를 잃어버렸고 극단적인 변화를 경험하게 되었다. 사람들이 이런 일을 이해하지 못하자 그들은 놀랄 수밖에 없었다. 그들은 진리를 적절히 표현할 수 없음도 알게 되었다. 그래서 그들은 일정한 답변을 피하고 비유, 변증법적인 모순, 대화식 응답으로 말했다. 그들은 무엇을 해야 하는지 사람들에게 지시했지만, 그것은 일정한 도구를 수단으로 하는 기술이나 새로운 세계질서에 대한 계획처럼 금방 이해하기 어려운 지시였다. 그들은 습관적인 것, 지금까지 당연하게 받아들였던 것, 단순히 사색을 요구하는 것을 거부했다. 그들은 새로운 가능성을 창조했고, 지금껏 한번도 결과에 이르지 못한 새로운 영역을 제시하여 완성해 나갔다.

셋째, 네 사람은 모두 변용의 과정을 겪었다. 따라서 본질적인 것은 그들의 작품이나 작품의 내용이 아니라, 인류 변용의 시작이 된 그들 삶의 실재다. 그들을 이해하기 위해서 큰 하나의 변용, 재생, 실재의 새로운 존재의식, 깨달음을 직접 겪어야 한다. 그들이 우리에게 요구하는 명령은 지시로 표현될 수 있는 것이 아니다. 그들의 명령을 이해하려면 듣는 사람의 독자적인 변용이 필요하다.

소크라테스가 주장한 변용은 사고의 변용이며, 석가가 주장한 변용은 명상과 명상을 위한 삶의 길이다. 공자는 단순한 배움 이상의 교육을 내세웠고, 예수는 이 세상에 집착하지 말고 하느님의 뜻에 따르라고 가르쳤다.

넷째, 네 사람의 죽음과 수난은 어떠했는가? 소크라테스와 예수는 세속적인 권력에 의해 잔인하게 죽음을 당했고, 석가는 죽음의 실재에 따르는 삶을 보냈다. 공자는 죽음 앞에서도 그것에 중요한 의미를 두지 않았다. 이 네 사람을 통해 우리는 인간 존재의 기본 요건인 죽음과 수난의 관계를 볼 수 있다.

소크라테스는 격한 감정이나 생의 마감에 대한 불안의 기색도 없이 일흔의 나이로 태연하게 죽었다. 그는 마치 죽음에 초연한 사람 같았다. 독약을 마시면서도 태연해서 위대한 순교와 같은 파토스도 없이 죽었다. 이러한 그의 죽음이 없었더라면, 소크라테스는 역사적으로 인류를 감동시키지 못했을 것이며, 플라톤과 그의 제자들도 그의 위대함을 깨닫지 못했을 것이다. 죽는 순간까지 함께했던 친구들도 그 위대한 장면을 오랫동안 생생하게 기억하지 못했을 것이다.

예수는 30대의 젊은 나이에 십자가에 못박혀 죽었다. 그는 네 사람 중에서 가장 가혹하고 비참한 죽음을 당했다. 그의 죽음으로 우리는 폭력적인 죽음의 공포와 분노를 직접 느낄 수 있었다. 그는 처음에는 자신의 죽음을 반대했지만 곧 하느님의 뜻으로 받아들였다. 이와 같은 죽음이 없었더라면 예수는 그리스도가 되지 못했을 것이며, 다시 살아나서 신앙의 대상이 되지도 못했을 것이다.

서구 세계에서 죽음의 문제는 소크라테스와 예수의 죽음을 통해 전혀 다른 두 가지 해답을 얻게 된다. 소크라테스의 경우에는 죽음에 아무런 의미도 두지 않고 편안하게 죽음을 맞이한 반면, 예수의 경우에는 인간의 한계를 뛰어넘는 극한의 고통과 괴로움 속에서 초월의 근거를 발견하는 죽음을 맞이한다.

소크라테스와 예수와 같은 역사적 인물은 신화문학 속의 주인공처럼 신비적인 원형의 모습으로 변해왔다. 우리는 그들을 통해 《길가메시서시시》와 《욥기》, 《이사야서》에 나오는 수난받는 하느님의 종, 그리스 비극의 영웅의 모습을 발견하게 된다. 그리스 신화의 보편적 테마가 소크라테스와 예수에 의해 실현된다. 그 테마는 존재가 고통이며, 인간의 모든 행위는 이러한 고통의 극복을 추구하는 일이며, 결국 인간은 실패할 수밖에 없다는 내용이다. 소크라테스는 이 세상에서 실패한 철학자로서, 예수는 이 세상에서는 불가능하지만 하느님을 통해서 삶의 의미를 발견한 인간으로서, 누구보다 인간의 마음을 감동시켰고 인간의 지위를 높였다.

우리들의 일상적인 조건은 냉혹한 무감각 상태이다. 언제 우리에게 끔찍한 일이 벌어질지 모르며, 인간이 인간을 괴롭힐 수도 있다. 우리는 연민의 감정과 함께 그런 일들이 우리에게도 일어날 수 있다는 걱정을 그칠 수 없다. 그러면서도 우리는 다시 일상의 존재로 돌아가 모든 걸 잊고 일에 파묻히게 되고, 우리의 마음은 다시 무디어진다. 멀리 떨어져 있거나 이름을 모르는 이웃에 대해 무관심해지는 것이다. 그러나 우리가 살펴본 위대한 역사의 주역들은 그렇지 않았다. 그들은 점점 무감각해지고 꿈과 이해력이 부족해지는 사람들에 대해 걱정하지 않았다. 석가와 예수에게 고통과 죽음은 이런 세속적인 존재의 진정한 실재이며, 그들은 자신들의 생명, 비전, 사고를 통해 이러한 실재를 극복했다. 그리고 이러한 극복을 "열반(니르바나)만이 영원하다" 또는 "하느님나라만이 영원하다"라는 이해할 수 없는 말로 표현했다. 소크라테스와 공자는 죽음을 직시했기 때문에 그들 앞에서 죽음은 그 의미를 잃고 말았다.

다섯째, 네 위인은 어떻게 원수를 사랑하게 되었는가? 이들에게 있어서 인간애는 보편적이고 끝없는 것이었다. 그들은 부당하게 대하는 적에게 어떻게 행동할 것인가 하는 궁극적 질문을 내놓았다. 그러나 그 대답이 항상 같은 것은 아니었다.

가장 극단적인 답변은 원수를 사랑하라고 말하는 예수의 주장이다. 노자도 적대 감정을 자비로 대하라고 말했다. 그러나 공자는 이러한 답변과 달리

"선은 선으로 갚고, 악은 정의로 갚으라"고 대답했다. 소크라테스는 플라톤이 쓴 《크리톤》이라는 대화편에서 이렇게 말했다. "악을 악으로 갚는 것은 옳지 못하다." "악을 갚기 위해 불의가 다시 되풀이되어서는 안 된다." 그는 이러한 대답이 선뜻 받아들여지기 어렵다는 사실을 알고 이렇게 말했다. "이런 의견을 가졌던 사람은 이전에 없었다. 이런 의견에 동의하는 사람이나 반대하는 사람들은 어떤 공통점을 발견하지 못하고 결국 서로 멸시하게 될 것이다." 석가는 어떤 악에도 저항하지 않는 보편적인 사랑, 한없는 온정과 모든 생명체에 대한 자비심을 가르쳤다.

여섯째, 고난과 죽음을 어떻게 극복하느냐 하는 문제는 바로 우리가 세상을 살아가는 문제와 직결된다.

소크라테스는 사고를 통해 자신과 타인의 관계를 발견했다. 그는 극단적인 질문을 던져 단순한 지식이 아니라 살아 있는 참된 존재에 대한 확신을 얻을 수 있었다. 그는 세상을 부정하지 않고 세상을 극복하는 방법을 깨달았다. 소크라테스는 전체적인 지식과 전체적인 판단을 포기하고 진리와 실재가 현실화될 수 있는 비지식에 만족했다. 이와 같은 소크라테스의 방법은 상당히 어려운 방법이다. 우리 인간은 원래 객관적인 이해를 원하고, 존재하는 것을 인식하기 바라며, 상대적인 교훈을 배우고 싶어하기 때문이다.

석가는 명상과 이 세상으로부터의 자유로운 삶을 통해 열반에 이르고 이 세상을 떠날 수 있다고 가르쳤다. 세상 모든 것에 대한 동정으로 그의 고통은 끝이 없었다. 그는 해탈의 길을 터득했다고 믿었다. 그러나 이런 깨달음의 방법은 새로운 존재를 가져오는 폭력적인 파괴를 통해서가 아니라, 이 세상의 모든 욕망을 끊어버림으로써 가능하다고 믿었다. 그것은 바로 영혼의 고요 속에서 일어나는 비폭력적인 욕망의 포기였다.

석가의 큰 깨달음은 그것이 인간 경험을 제한하고 인간의 마음이 이 세상에서 경험할 수 있는 모든 정신적 내용을 무시하기 때문에 한계가 있다. 석가의 자비심은 삶의 과정에서 비롯되는 근본적인 고통보다는 부분적인 인간의 고통에만 관심을 둠으로써 그의 자비심은 제한을 받고 있다. 그러므로 석가의 경우 이 세상에서 경험한 내용의 실현을 통한 인간 본성의 발전은 기대할 수 없다. 더구나 모든 본질적인 지식은 이미 완성되어 있고, 이 세상의 모든 삶의 가능성은 무관심으로 사실상 사라진 것이나 다름없다.

이에 반해 공자는 교육을 통해 이 세상에서 인간의 삶을 발전시키려고 노력했으며, 이 세상에 모범적인 영원한 질서를 부여하려고 애썼다. 그는 이 세상의 조건 속에서 자연스러운 인간 존재의 개념으로 인간을 완성시키려고 노력했다. 이 세상은 단순히 현실적인 편의와 유용성에 따라 움직이는 것이 아니라, 도(道)라는 규범에 따라 조절되기 때문에 가능하다고 믿었다. 공자의 한계점은 악과 실패에 직면했을 때 그것을 정면으로 헤쳐나가려는 노력을 포기한 채 단순히 슬퍼하고 위엄을 지키며 수난을 당하는 데 있다. 이것이 바로 그의 세계적 이념이 성공하지 못하는 이유가 될 것이다.

예수는 이 세상의 모든 질서를 타파함으로써 끝없는 극단주의를 내세웠다. 그는 세상을 부인하지 않았지만, 모든 것을 세상의 종말에 나타나는 하느님나라로 귀결시키고 있다. 그는 선과 악, 진리와 위선으로 영원한 가치를 분리하고, 이 세상의 종말에 대비하여 하느님의 뜻에 순종하는 무조건적인 윤리를 주장하였다. 그의 한계점은 이 세상 속에서의 성취에 더 이상 관심을 가질 수 없다는 데 있다.

소크라테스는 어떤 학교나 기관을 세우지 않았다. 그는 자유롭고 즉흥적인 대화를 통해 사람들을 교화시켰다. 석가는 절대적 윤리를 실현하는 전제조건 아래 모든 사람들이 열반의 길로 들어설 수 있도록 수도원을 세웠다. 그러나 수도승들이 큰 깨달음 이루었다 해도 얼마 동안은 이 세상에 머물러야 하므로 해탈의 지식을 다른 사람들에게 가르칠 수 있다. 공자는 정치가에게 윤리교육을 시켜 세상을 올바른 질서로 이끌 수 있도록 학교를 세웠다. 예수는 이 세상의 종말과 하느님나라를 알리고 이를 위해 제자들에게 계시를 내렸다.

네 사람 모두 이 세상을 등지거나 세상의 질서를 무시함으로써 현실을 극복하려고 노력했다. 이와 함께 모두 초월적인 힘을 가지고 있었다. 이 세상에 대한 태도, 악과 맞서 싸우는 방법은 이 세상의 질서를 위한 투쟁을 포함해서 언제나 높은 권위자의 지배를 받기 때문에 인간의 노력과 계획을 초월하고 있었다.

좀더 체계적으로 설명하면 이러하다. 소크라테스는 이 세상에 살면서 인간 이성으로 생각하는 방법을 택했고, 이것은 독특하게 인간에게만 가능한 길이었다. 석가는 존재하려는 의지를 단절시켜서 이 세상과의 인연을 끊으려고 노력했으며, 공자는 이 세상을 변화시키려고 애썼으며, 예수는 이 세상의 위기를 보여주었다.

일곱째, 네 사람이 보여준 사상과 교훈은 무엇인가? 그들은 모두 자신의 사상을 세상에 알려야 한다는 소명감을 지니고 있었다.

그들은 거리로 나가 돌아다니면서 사람들과 대화를 하거나, 또는 질문과 대답 형식으로 상황에 따라 적절히 가르침을 전했다.

그들의 관심은 사물에 대한 단순한 지식이 아니라, 인간의 사고와 내적인 행동을 변화시키는 것이었다. 하지만 어떻게 다른 사람들의 영혼을 깊숙이 움직일 수 있는가 하는 문제가 남는다. 이 질문에 대한 네 사람의 답변은 이론적인 해석이 아니라 실천적인 해답이었다. 그들 모두 행동에 앞서 깊은 내면에 관심을 가지고 이야기해야 한다는 사실을 알고 있었다. 그들의 메시지는 존재, 영원, 하느님, 절대적 규범에서 비롯된 질서에 근거를 두고 있으며, 객관적인 지식으로는 표현할 수 없기 때문이다.

그렇다면 누가 이러한 교리에 이를 수 있는가? 이런 질문에 석가는 이렇게 대답했다. “내 교리는 이해할 수 있는 사람들을 위한 것이므로 바보들에게는 해당되지 않는다.” 예수는 “어린아이들을 내게 데려오라”고 했으며, 소크라테스는 영력(靈力)이 부족한 사람을 거부했다. 공자는 재능을 중시했고, 예수는 모든 사람들에게 가르침을 전했다.

먼저 예수와 석가를 비교해보자. 예수의 메시지는 하느님과 연관된 역사적 사건이다. 그러므로 예수와 동행하는 사람은 가장 위험한 결정의 순간에 근거를 둔 어떤 열정에 빠지기 쉽다. 석가는 여기저기 떠돌아다니면서 가르쳤다. 그는 언제나 똑같이 머물러 있는 세계에 무관심하면서도 강요하지 않고 귀족적인 침착성으로 그의 가르침을 전했다. 예수는 구약성서에, 석가는 인도철학에 기초를 두었다. 예수는 신앙을, 석가는 통찰력을 요구했다.

예수와 소크라테스를 비교해보자. 예수는 복음을 전파하면서 교리를 가르쳤고, 소크라테스는 사고하도록 강요하면서 가르쳤다. 예수는 신앙을 요구했고, 소크라테스는 변증법적 사고방식을 이용하여 가르침을 전했다. 예수가 직접적인 열성을 보여주었다면, 소크라테스는 간접 화법이나 아이러니를 사용했다. 예수가 하느님나라와 영생을 알고 있었다면, 소크라테스는 어떤 확실성을 보여주지 않고 그냥 문제로만 제시했다. 그러나 두 사람 다 사람들을 편하게 내버려두지 않았다. 예수는 하나뿐인 길을 제시했고, 소크라테스는 사람들을 자유롭게 내버려 두면서도 끊임없이 자유에 대한 책임을 일깨워 주었다. 두 사람 모두 절대적 요구를 주장했다. 예수는 정해진 구원의 길을 전했지만, 소크라테스는 자유롭게 구원의 길을 찾도록 동기를 일으켰다.

여덟째, 네 위인은 침묵과 비지식에 대해 어떤 태도를 보였는가? 네 사람 모두 침묵의 중요성을 알고 침묵을 강요했지만, 진실을 숨기지는 않았다. 다만 그들의 심오한 진리는 간접적으로 전달되었다. 그들은 비유를 사용했고, 때로는 침묵을 지키기도 했다. 적절하지 못하다고 생각하는 질문에는 대답을 피했다. 아무도 형이상학적인 사고나 자연과학에는 관심을 갖지 않았다. 그러나 그들이 알고 싶어하지 않는 거대한 영역이 있음을 인정했다.

네 사람은 모두 비지식을 강조하였다. 지식으로 해결할 수 없는 문제를 생각하느라 헛되이 시간을 낭비할 필요가 없다는 것이 그들의 생각이었다. 아무리 위대한 지식이라 하더라도 영혼의 구원과 관련이 없으면 굳이 알 필요가 없다는 것이다. 또한 그들은 인간의 근본적인 목적과 대립되지 않는 한 전통적 삶의 형태와 전통적 질서와 함께 사는 것이 좋다고 생각했다.

4대 성인에 대한 우리의 태도

철학이 모든 학문의 기본이라는 전제 아래서, 네 사람 모두 학문에 관심이 없었기 때문에 철학자라고는 할 수 없다. 단지 아리스토텔레스의 말을 근거로 해서 소크라테스를 귀납법의 창시자, 또는 단순히 철학의 발전에 일익을 한 인물로 이해하는 것은 잘못이다. 그들은 모두 합리적 명제를 내놓고 철학사의 일부를 장식한 사람들이 아니다. 그들은 아무런 글도 쓰지 않았다. 그중 세 사람은 위대한 종교의 창시자로 간주되고 있지만, 그 때문에 그들을 철학자로 부른다는 것은 비합리적인 생각이다. 그렇다면 어떤 의미일 때 그들을 철학자로 주장할 수 있을까?

교회의 의식이나 교의와 같은 형식적인 종교는 그들에게 근본적인 의미가 되지 않는다. 그들은 철학이나 종교에 대해 어떤 요구를 하지만 철학이나 종교가 그들을 독점하지 못하도록 막는 역사적 실재라고 할 수 있다. 오히려 철학이 이들의 위대한 경험과 개인적 실재를 통해 영감을 얻었다고 해야 옳을 것이다.

네 사람은 모두 위험을 동반한 삶을 살았지만, 그들의 행동을 지지하는 기존 단체는 없었다. 그들은 모두 자기 자신을 모델로 내놓지 않았음에도 불구하고 인류의 모델이 되었다. 《요한의 복음서》에 나오는 "나는 길이요 진리요 생명이다"라는 표현은 분명히 예수가 직접 말한 것은 아니다. 비록 이들의 위대함이 어떤 규범이나 이념으로 정리되지는 않았지만, 그런 식으로 모범이 되었으며 인류에 영원히 기억되고 있다. 그리고 이러한 그들의 이미지는 신으로 형상화되었다.

그러나 철학적인 면에서 보면 그들은 인간이었다. 인간으로서 그들은 특별한 성격과 한계를 가지고 있었다. 그들은 역사적이었기 때문에 보편타당성을 내세울 수 없었다. 더 나아가 그들은 한 사람이 아니라 네 사람이었다. 그중 한 사람만을 유일한 진리로 절대화시킨다면, 신자들에 의해 그들의 이미지는 변하고 그 순간 그들은 자연스러운 인간성을 모두 잃어버리고 만다.

네 사람이 가졌던 실재의 핵심은 기본적인 인간 상황이며 인류 문제를 확인시켜주는 것이었다. 그들은 사람들에게 문제를 제시하고, 극단적인 질문을 유도하여 답변했다. 네 사람의 공통점은 바로 궁극적인 인간의 가능성을 실현시켰다는 데 있다. 그러나 그들을 하나의 전체적인 진리의 집단으로 획일화할 수는 없다. 그들은 다같이 인간의 가능성 안에서 살면서 진리를 추구하고 해답을 구했으므로 서로 연관성이 있으면서도 서로 다르다. 제각기 다른 이들을 동시에 한 곳을 향하는 하나의 인간으로 만들 수는 없는 일이다.

네 사람의 공통점은 인간의 경험과 열정이 극단적으로 표현되었다는 사실이다. 따라서 그들에게 본질적이었던 것은 영원히 철학의 본질이 될 것이다. 그들 네 사람의 실재와 사고방식은 우리의 역사에 영원히 본질적인 요소로 남아 있을 것이다. 그들은 언제나 철학적 사고와 저항할 수 있는 계기의 근원으로 우리에게 남을 것이며, 이를 통해 우리의 자각은 분명해질 것이다.

네 사람에 대한 우리의 철학적 태도는 다음과 같이 정의내릴 수 있다. 우리는 그들과 같은 인간 존재의 상황에 처해 있으므로 그들의 공통점에 깊은 감동을 받는다. 그들 중 어느 누구도 우리와 무관하지 않다. 모두 한결같이 우리를 평안하게 내버려두지 않는 질문을 우리에게 던지고 있다.

우리는 네 위인들 중 어느 누구의 실재도 따르지 않는다는 사실을 인식하고 있다. 그러나 우리의 일상적 삶이 위인들의 열정에서 멀어질 때면, 우리는 우리에게 내재되어 있는 열정의 가능성을 불러일으킬 필요성을 느끼게 된다. 이런 의미에서 네 사람은 우리가 모방해야 할 모델이 아니라, 우리에게 방향을 제시하는 등대이다.

네 사람은 저마다 다른 사람에게 비교될 수 없는 위대한 점을 지니고 있다. 소크라테스와 공자는 비록 도달하기 어렵지만 우리가 나아갈 길을 제시하고 있다. 우리는 소크라테스의 이해할 수 없는 질문을 통해 내면적 사고방식을 배우고, 공자에게서는 자연스러운 인간성의 실천을 배운다.

예수와 석가는 다른 방법으로 우리에게 다가온다. 예수는 세상의 종말과 하느님나라를 통해 이 세상에서 실현할 수 없는 산상의 교훈을 가르쳤고, 석가는 이 세상을 넘어서 열반의 세계로 가는 길을 보여주었다. 두 사람 모두 이 세상에 대한 지나친 무관심으로 일관했으며, 실제로 그들의 삶을 따르는 사람은 거의 없다.

소크라테스와 공자의 경우에는 그들의 사고방식이 오늘날 우리에게 맞지 않지만 공유할 수 있다. 예수와 석가의 경우는 소크라테스와 공자의 경우와는 다르다. 예수와 석가 두 사람의 사고와 삶은 내용이나 방식에서 우리와 가깝다. 만일 그렇지 않다면, 우리는 곧 결과를 선택하고 그 결정의 대가를 받아야 한다. 그런 결정이 없이는 모든 것이 허위로 남을 뿐이다.

4대 성인을 편파적이 아닌 자유로운 사고방식으로 바라보는 서구인들은 필자의 의견과 같을 것이다. 그들의 중요한 점을 무시하거나 그들의 근본 사상을 은폐하고 왜곡하는 사람들만이 예수와 석가를 철저히 모방한다는 헛된 생각에 빠질 것이다.

이와 같은 위선은 진정한 모방의 가능성과는 아무 관련이 없는 것이다. 이런 위선이 실제로 일어날 때 그 위선에는 존경이 요구된다. 그러나 철학을 하는 사람은 이런 실제의 상황을 깨닫고 거기에 따른 어쩔 수 없는 결과를 알아야 한다. 그럴 때 비로소 우리는 구체적인 삶의 현장에서 자신이 무엇을 하고 무엇을 원하는지를 알 수 있기 때문이다.

야스퍼스 생애와 사상

야스퍼스는 소년시절을 태어난곳인 올덴부르크에서, 청장년시절을 하이델베르크에서, 노년시절을 바젤에서 보냈다.

Ⅰ. 야스퍼스가 걸어온 길

제1차 세계대전까지

어린시절 가정과 환경

현대 사상가 야스퍼스

데카르트나 칸트보다, 카를 야스퍼스가 훨씬 더 우리와 가까운 사상가라 할 수 있다. 20세기 지구상의 운명을 우리와 함께 짊어지고 사색해 온 사상가이기 때문이다.

반면에 야스퍼스는 우리와 근접한 시대의 인물이기 때문에 오히려 역사상 인물인 데카르트나 칸트 쪽이 사상이나 인간 자체에 관하여 우리에게 더 잘 알려졌다고도 할 수 있다. 고등학교에서 윤리를 배웠다면 누구나 데카르트와 칸트의 주요 저작이나, 《심신이원론》이라면 데카르트, 《정언명법(定言命法)》은 칸트와 각각 이어진다는 점을 알 것이다. 나아가 다양한 일화 등까지 꿰고 있을지도 모른다. 예를 들어 데카르트가 30년전쟁에 참가하여 겨울 진영의 진막에서 생애의 사색을 결정지은 세 가지 꿈을 보았다든가, 칸트의 일과였던 산책은 산책로와 통과 시간이 언제나 정확해 길에서 칸트를 만난 사람은 그를 기준으로 자신의 회중시계 바늘을 맞췄다든가, 칸트가 이 일과를 깬 것은 루소의 《에밀》에 탐독했을 때뿐이었다든가 등이다.

과거의 위대한 사상가에게는 반드시라고 해도 좋을 정도의 상세한 전설이 있으며, 그 사람의 완전한 전집이 있고, 일기나 편지, 미발표된 초고, 때로는 잘못 써서 버린 노트나 메모까지 보존되어 있다. 이것이 그 사람의 생애나 일화를 쉽게 알 수 있는 이유이다. 하기야 그 재료가 너무 많아서 어느 것이 사실인지 알 수 없어 전기나 사료를 대조해 보아야만 할 때도 있다. 이것은 사치스런 고민이다. 현대의 사상가에게는 그 사람이 이미 공개한 저작을 빼면 재료는 거의 없으며, 그만큼 그 사상가의 인물과 경력을 알기란 과거 사상가의 생애를 알기보다 어렵다. 물론 그 사상가와 평소에 친분이 있던 사람이라면 역사 속의 인물보다 더욱 잘 알겠지만 이는 지극히 소수에 지나지 않는다. 사상가의 수기나 편지가 생전에 공개되는 경우는—사상가가 의도적 작품으로 발표하는 경우를 제외하고—거의 찾아보기 어렵다.

야스퍼스의 《철학적 자서전》

그럼 우리는 야스퍼스의 경력이나 야스퍼스가 왜 철학에 뜻을 두게 되었는지에 대해 아무것도 알 수 없는 것일까. 아니, 그렇지 않다. 왜냐하면 야스퍼스가 1953년, 즉 70세에 직접 자서전을 써서 1957년에 실프라는 사람이 편집한 논문집 《카를 야스퍼스》에 '철학적 자서전'이라는 표제를 달아 발표했기 때문이다. 또한 야스퍼스는 앞서 1941년 이탈리아 어로 낸 야스퍼스 논문 발췌집 서문에 '나의 철학에 대해'라는 간단한 자서전적 해설을 썼으며, 1951년에는 바젤의 라디오 강연에서 〈철학에 대한 나의 길〉이라는 역시 간단한 자서전을 공개했다. 최근에도 제너라는 사람이 편집한 야스퍼스의 자서전과 병력, 일기를 담은 200쪽 분량의 책 《운명과 의지》가 출판되었다. 그러나 분량이나 내용 면에서 1957년에 발표된 《철학적 자서전》이 훨씬 더 중요도가 높으며, 우리는 이 자서전 덕분에 야스퍼스의 경력을 상당히 자세히 알 수 있게 되었다.

자서전은 남이 쓴 전기와 달리 본인이 자기 자신에 대해 쓴 것이다. 특히 그것이 사상가의 자서전일 경우에는 그의 사상을 내부에서 밝혀주는 것이므로 매우 중요한 의의를 지닌다. 사상은 근원적으로 사상가의 생과 뗄 수 없는 관계이다. 그러한 사상과 생의 관계를 사상가 자신이 재확인하고, 그것을 남에게 전하는 것이 자서전이다. 생의 철학자로 꼽히는 딜타이가 자서전을 '삶을 이해하는 최고의 형식'이라며 중시한 것도 이 때문이다. 그러한 의미에서 자서전은, 자서전이라 이름 지어진 것뿐 아니라 더욱 넓은 범위의 작품에도 적용된다. 예를 들어 아우구스티누스의 《고백》도 자서전이며, 니체의 《이 사람을 보라》도 자서전이다. 우리는 이들 작품을 통해 사상가의 삶 또는 영혼에 깃든 사상을 깨닫는다. 다른 작품, 더구나 다른 사람이 쓴 계몽적인 해설서로는 느낄 수 없는 것을 자서전이 제공한다.

야스퍼스의 《철학적 자서전》도 마찬가지이다. 이 자서전은 단순한 생활 기록이 아니다. '철학적'이란 표제에서 나타나듯, 거기서 이야기되는 것은 모두 철학의 문제이며, 야스퍼스의 철학에 대한 자세이다. 야스퍼스는 이 자서전의 서문에 '철학은 정신의 행위로서 인생 행로와 뗄 수 없는 관계'이며, '대체로 실생활에서 철학과 관계없는 것은 하나도 없다'고 썼다. 이는 야스퍼스가 실생활 전체를 철학에 바치고, 어떠한 사건이든 그것에 철학적 태도로 대처해 왔음을 뜻한다. 딜타이 식으로 말하면, 야스퍼스의 '생의 연관'은 오직 '철학하는 것'을 목적으로 하며, 그것으로 인해 통일된 것이다.

현실 속에서의 사색

그러나 이를 야스퍼스가 서재에서 만들어 내는 철학 이외의 것에는 무관심했다는 뜻으로 이해해서는 안 된다. 제2차 세계대전 뒤에 야스퍼스는 전쟁의 죄에 대해, 역사의 기원과 목표에 대해, 원자폭탄과 정치에 대해 왕성한 발언을 계속했다. 이는 서재에 틀어박혀 과거 철학자의 학설 연구에 전념하는, 우리가 자칫 품기 쉬운 '철학자'의 이미지와는 거리가 멀다. 정말로 철학한다는 것은, 언제나 주어진 현실 속에서 사색하는 것이며, 반대로 사색을 통해 그러한 현실에 대처하는 것이다. 바로 그러한 의미에서 무릇 실생활에서 철학에 관계없는 것은 아무것도 존재하지 않는 것이다. 야스퍼스의 문명 비판이나 정치 발언은 이른바 지식인에게 흔히 있는 일시적인 생각에 따른 것이 아니라 그 배후에 두터운 층을 이룬 철학이다. 야스퍼스의 원자폭탄이나 정치에 대한 발언은, 현실 속의 철학에서 나온 것임을 간과해서는 안 된다.

야스퍼스가 일찍이 서독의 정치적 현실을 매섭게 비판한 것에 대해, 같은 서독의 〈슈피겔〉지는 그를 필로폴리티커(Philo-Politiker=정치를 사랑하는 자)라고 조롱했다. 물론 이것은 필로소프(Philosoph=지혜를 사랑하는 자, 즉 철학자)를 염두에 둔 것인데, 이 말은 오히려 야스퍼스를 기쁘게 했을지도 모른다. 동서양을 불문하고 직업적인 정치가 중에 참된 의미에서 정치를 사랑하는 사람이 몇이나 될까. 정치가들이 자주 입에 담는 국가백년지계라는 말에 현혹되어서는 안 된다. 플라톤은 '철인국가'에서, 진실로 지식을 사랑하는 자만이 참된 정치가가 될 수 있다고 주장했다. 정치가에게 무엇보다 필요한 것은 인간의 폴리스, 즉 공동체가 본디 어떠한 이념을 바탕으로 유지되어야 하는가에 대한 지혜이다. 나중에 설명하겠지만('인류의 미래를 위해' 항목 참조), 야스퍼스의 정치이념은 '자유에 기초한 인류의 통일'에 있는데, 이 이념이야말로 야스퍼스의 지혜에서, 즉 그 철학적 사색에서 태어난 것이다.

《철학적 자서전》에 대해 한 마디 더 덧붙이면, 이것은 야스퍼스의 '지적 성실함'의 산물이다. 야스퍼스의 철학은 개인의 '실존'과 공개적인 '이성'을 두 개의 극으로 하고, 그 양극의 긴장 관계 속에서 이루어지는 사색이다. 간단히 말하면, 그는 모든 사람들의 이성에 따른 공공의 '교류'에서 개인의 실존을 주장한다. 자서전을 통해 본인의 철학을 이야기하는 것은, 이성을 위한, 사상의 공개적인 전달을 위한 노력이다. 자신을 숨기지 않고 자기의 사상을 거짓 없이 성실하게 남에게 전하는 것, 이는 그 사람의 사상의 진실성을 보증하는 조건이기도 하다. 자서전의 의미에 대해서는 이 정도로 하고 이제 바로 그 자서전 속으로 들어가 본다.

성장 과정 그 시절의 유럽

1883년 2월 23일, 북해 연안에 가까운 독일의 북서쪽 올덴부르크에서 카를 야스퍼스가 태어났다. 1883년은 세계사의 미래에 있어서도, 또 야스퍼스의 앞으로의 운명에 있어서도 매우 상징적인 해였다. 왜냐하면 이 해는 같은 카를이라는 이름의 마르크스가 런던의 누옥에서 생애를 마감한 해이며, 훗날 파시스트당을 결성하여 세계를 두 번째 동란으로 이끈 무솔리니가 태어난 해이기 때문이다.

1871년 1월 1일 파리 교외의 베르사유 궁전에서 엄숙한 즉위식이 거행되었다. 프로이센(프러시아) 왕 빌헬름 1세가 황제의 관을 받고 독일제국의 초대 황제 자리에 올랐다. 독일제국은 22개의 군주국, 3개의 자유시, 하나의 제국령으로 이루어진 일종의 연합 국가였다. 독일인은 이로써 처음으로 민족적 통일 국가를 조직하게 되었다. 제국의 중심은 물론 프로이센이며, 독불전쟁을 승리로 이끈 비스마르크가 제국 재상으로서 통일된 독일 내정의 기초를 굳혔다. 비스마르크는 먼저 종교와 정치의 분리를 도모하고, 제국 내의 가톨릭 단체를 독일화시켜 그 종교적 세력을 없애려 했다. 이것이 이른바 '문화투쟁'이다. 그러나 가톨릭 교도의 반항은 예상 외로 강하여 1878년의 총선거에서 가톨릭 교도가 지지하는 중앙당의 의석이 오히려 증가하게 되었다. 그러자 비스마르크는 정책을 전환하여 문화투쟁을 중지하고 가톨릭 교도에게 양보하는 대신 중앙당의 지지를 얻는 데 성공했다.

마르크스(1818~1883)
독일의 정치·경제학자

한편 경제 면에서는 독불전쟁으로 독일령이 된 알사스와 로렌이 막대한 산업 자원을 제공했으며, 배상금으로 받은 50억 프랑이라는 돈의 지대한 위력에 힘입어, 독일은 독립 뒤 급속히 자본주의 국가로 변모해 갔다. 그러나 전후의 갑작스런 번성은 1874년부터 갑자기 침체기로 들어선다. 그리고 이듬해인 1875년에 일찍이 60년대에 결성된 독일 노동자의 양대 세력이 합동했다. 즉 우파인 라살이 만든 '독일노동자총동맹'과 좌파인 리프크네히트와 베벨이 결성한 '독일사회민주노동당'이 합동하여 고타에서 대회를 열고 '독일사회주의노동당'을 결성한 것이다. 참고로 말하면 마르크스의 《고타강령비판》은 이 합동강령을 비판한 것이다.

합동한 노동당의 세력은 급속히 성장하여 2년 뒤인 1877년의 총선거에서는 50만 표를 모아 제국의회에서 12개의 의석을 획득했다. 그러나 이듬해에 빌헬름 1세의 암살미수사건이 2번이나 이어지자 비스마르크는 이를 기회로 '사회주의자단속법'을 의회에서 성립시킨다. 노동당은 비합법단체로 간주되어 그 지도자들은 투옥되거나 외국으로 망명할 수밖에 없었다. 이후 비스마르크는 보수제정당의 지지를 얻어 점진적인 사회개혁의 길을 열고, 보호관세정책을 취하여 독일제국의 기초를 더욱 강고히 했다. 야스퍼스가 태어난 1883년은 비스마르크의 내정이 가장 안정되었던 시기였다.

1888년 3월 빌헬름 1세가 죽고 아들인 프리드리히 3세가 2대 황제가 되었으나 재위 99일 만에 세상을 떠났다. 그 뒤를 이어 당시 29세였던 빌헬름 2세가 즉위했다. 이후 친정을 주장하는 기예한 새 황제와 비스마르크는 사사건건 대립하였으며, 결국 1890년 황제는 칙명으로 비스마르크를 재상의 지위에서 추방했다. 비스마르크를 추방한 빌헬름 2세는 '사회주의자단속법'을

비스마르크(1815~1898)
독일의 정치가

폐지했다. 그 결과 합법 정당으로 결성된 사회민주당은 1890년의 총선거에서 일거에 150만 표를 획득하게 되었다. 그러한 사정과는 별개로 '독일의 장래는 바다에 있다'며 대 함대 건설을 개시했다. 이는 영국과의 전함 경쟁을 야기하여 이제껏 미묘한 관계를 유지하던 독일과 영국의 관계를 완전히 악화시켰다. 균형을 잃은 유럽은 결국 좋든 싫든 제1차 세계대전으로 돌입하게 된다.

그렇기는 하지만 독불전쟁이 끝난 1871년부터 제1차 세계대전이 시작된 1914년까지의 44년간 일단 유럽에는 평화가 유지되었다. 이는 비스마르크가 신생국 독일이 국력을 키워 자립할 때까지는 어떻게든 유럽이 평화 상태에 머물도록, 다양한 외교 수단을 통해 이른바 비스마르크 체제를 강요했기 때문이다. 즉 프랑스와 러시아라는 양대 강국 사이에 끼인 독일이 자국의 안전을 위해 취한 수단은 독일·오스트리아·러시아의 삼제동맹(1881)과 독일·오스트리아·이탈리아의 삼국동맹(1882)이었다. 프랑스의 고립과 열강의 세력 균형을 노린 이 비스마르크 체제는 성공적으로 19세기 말부터 20세기 초에 걸쳐 유럽의 평화를 보장했다. 야스퍼스의 소년시절과 청년시절은 이 평화의 시대였다. 두 대전을 몸소 체험한 발트(1886년 출생)나 하이데거(1889년 출생)도 모두 이 평화로운 시대에 청춘을 즐기며 꾸준히 학문적 수련을 쌓았다. 그때 그들 중 누가 훗날 독일의 비극을 예지했겠는가.

야스퍼스 집안 자유로운 지적 분위기

야스퍼스는 가정에서도 더없는 혜택을 누리며 성장했다. 같은 이름의 아버지 카를 야스퍼스(1850~1940)는 올덴부르크 근처의 에벨란트 출신으로, 법률가에서 지방장관이 되었고 훗날에는 은행장을 지내기도 했다. 그는 여가 시간에는 그림을 그리고 사냥을 즐겼던 교양 있는 신사였다. 어머니 헨리에테 탄첸(1862~1941) 역시 올덴부르크에서 가까운 브트야딘겐 지방의 유서 깊은 집안 출신으로, 자식들을 무한한 사랑의 광명으로 채우고, 과격한 성미로 용기를 북돋아 주고, 현명한 배려로 지켜 주었다. 야스퍼스 집안의 종교는 프로테스탄트였지만, 집안에서는 종교적으로 자유로웠으며 신앙보다도 이성과 신뢰와 성실을 중시했다.

야스퍼스는 이 풍족한 가정 생활에 대해서는 많은 언급을 삼갔다. 그런 그가 말하는 다음의 에피소드는 야스퍼스 집안의 자유로운 지적 분위기를 전하고 있어 매우 흥미롭다.

"고교 최상급생이었을 때 나는—견진성사는 이미 몇 년 전에 받았지만—성실하게 살자면 교회를 떠나야 하지 않겠는가라는 생각이 들었습니다. 이 뜻을 이야기하자 아버지는 이렇게 말씀하셨습니다. '네가 하고 싶은 대로 하거라. 그러나 너는 자신이 하려는 일의 의미를 분명히 알지 못한다. 너는 이 세상에서 홀로 사는 것이 아니니다. 공동 책임의 요구가 있으므로 개인은 단순히 자신만의 길을 걸을 수 없다. 우리가 질서를 지키려면 다른 사람들과 함께 살아갈 수밖에 없다. 종교가 유지하려는 질서도 있다. 그 질서를 어지럽히면 예상을 뛰어넘는 악이 범람한다. 인간의 여러 제도와 마찬가지로 교회에도 많은 거짓이 있는 것은 사실이다. 네가 70세 정도가 되면 아마 생각이 바뀔 것이다. 죽기 전에, 즉 우리가 더 이상 세상에서 활동할 수 없게 되었을 때 교회를 벗어나는 것으로 문제를 해결해도 된다.'

아버지는 70세를 넘기자 정말로 교회에서 탈퇴했습니다. 아버지는 교회 당국에 은밀하게 일을 처리해 줄 것을 부탁했습니다. 며칠 뒤 목사가 찾아오자 아버지는 이렇게 말했습니다. '목사님, 이 일에 대해서는 서로 아무 말도 하지 않는 것이 우리 두 사람에게 가장 좋지 않을까요? 내가 이유를 말하면 당신은 기분이 상할 것입니다. 그러나 나의 결의는 확고합니다.' 목사는 아버지를 힐난했습니다. 그러자 아버지는 대답했습니다. '나는 이제 나이도 들었으니, 죽기 전에 나의 갖가지 관계를 정리하고 있습니다. 나는 교회가 가르치고 행하는 것에 좀처럼 동의할 수 없었습니다. 한 가지 예로, 최근 한 젊은이가 자살했습니다. 교회는 자살이 죄라고 선고했고 목사는 장례를 거부했습니다. 어째서 당신에게 그러한 판결이 가능합니까? 죽은 자에게 더 이상 손을 대지 못하는 당신이, 어째서 유족들을 그렇게 괴롭힐 수 있습니까! 목사님, 당신은 내가 왜 나의 탈퇴를 남에게 알리는 걸 불필요하게 생각하는지 아실 겁니다. 이 일이 다른 사람들에게 아무런 문제도 되지 않았으면 합니다.' 90세가 되어 죽음의 문턱에서 이별을 고할 때, 아버지는 신세지던 믿음 깊은 여의사에게 말했습니다. '믿음·소망·사랑이라지만, 나는 믿음에는 무게를 두지 않습니다.'"

"……키에르케고르는, 당신은 왜 믿는가라는 물음에 아버지가 그렇게 가르치셨기 때문이라고 대답했는데, 나의 아버지는 다른 것을 가르치셨습니다. ……누구도 내게 기도를 가르쳐 주지 않았습니다. 그러나 나의 부모님은 언제나 경외의 마음을 품으면서 성실과 신의라는 지도 이념을 지니고, 한 순간도 방심하지 않는 근면함으로, 자연의 장려함과 정신적 작품의 내용을 자유롭게 채택하면서 우리를 엄하게 교육했습니다. 부모는 우리를 하나의 충실한 세계 속에서 키우셨습니다."

야스퍼스 집안의 지적 분위기를 알기 위해서는 이것으로 충분할 것이다. 이성·성실·신의·사랑·진정한 경외·인간의 연대·공동 책임—이는 모두 훗날 야스퍼스의 철학에서 보이는 기본적인 개념들이다. 교회와는 다른 근원적인 사색과 신앙도 나중에 계시신앙에 대한 철학적 신앙으로 정식화된다. 모든 것은 이미 소년 야스퍼스가 자란 가정 환경 속에 마련되어 있었다고 해도 과언이 아닌 것이다.

김나지움 시대

1892년부터 1901년까지 야스퍼스는 올덴부르크의 김나지움에서 교육을 받았다. 김나지움은 고전어 교육을 중심으로 하는 9년제 학교로, 우리 나라의 초등학교 4학년부터 고등학교 3학년까지에 해당하는 중등교육기관이다. 야스퍼스는 우등생이었으나 결코 온순하지는 않았다. 이성에 어긋난다고 생각되는 명령은 맹종하지 않고 끝까지 저항했다. 예를 들어 그때 이미 학교 안으로 들어와 있던 군사 교련은 본디 교육 제도와는 무관계하다고 주장하여, 교장에게서 반역이라고 비난받기도 했다. 또한 김나지움에는 '오브스큐라' '프리마' '삭소니아'라는 세 학생회가 있었는데, 학생들은 그 중 하나에 가입해야 했다. 그러나 야스퍼스는 학생회가 부모의 사회적 신분이나 직업에 따라 구별되는 데다가 인격적인 우애에 기초한 것이 아니라는 이유로 그 어느 것에도 가입하기를 거부했다. 동급생들은 처음에는 야스퍼스의 태도를 이해했으나 나중에는 비난하였다. 야스퍼스가 한 친구와 주말 하이킹을 하자, 그 친구가 소속된 학생회에서는 그 친구를 제명하겠다고 협박하며 야스퍼스와의 교우를 끊으라고 요구했다. 친구는 학생회에 남고 야스퍼스에게서 멀어져 갔다. 야스퍼스는 이 일로 해서 교장의 질책을 받았고, 친구들로부터 고립되었다.

이 사건이 계기가 되었는지, 아니면 원래 내향적 성격 때문이었는지 알 수 없지만 야스퍼스는 고독을 사랑하게 되었다. 야스퍼스는 아버지가 빌린 넓은 수렵장에서 빼어난 자연 경관을 즐기며 혼자서 마음껏 휴가를 보냈다. 17세 때 그가 처음으로 손에 넣은 철학서는 스피노자의 저작이었다. 스피노자가 그의 철학자가 된 것이다. 아마 스피노자의 조용히 흐른 고독한 생에 마음이 끌렸을 것이다. 야스퍼스는 곧잘 여행을 떠났다. 때묻지 않은 자연 속에서, 스위스의 엥가딘이나 북해 해안에서 고독한 자아를 음미했다.

스피노자(1632~1677)
네덜란드의 철학자

야스퍼스는 유소년 시절부터 만성적인 질환으로 고생했다. 기관지 확장증과 심장부전으로, 사냥에 따라갔다가 발작을 일으켜 아무도 없는 숲 속에서 쓰디쓴 눈물을 흘리며 주저앉는 때도 종종 있었다. 병명을 모르던 때에는 잘못된 처치로 격심한 발작을 일으켜 괴로워하기도 했다. 처음으로 진단을 받고 병명을 알게 된 것은 18세 때였다. 이 병을 상세하게 기술했던 병리학자 피르호의 논문에는, 이 병에 걸린 환자는 늦어도 30대에는 전신화농(全身化膿)으로 죽는다고 씌어 있었다. 야스퍼스는 자신의 삶에 부과된 이 운명과 대결할 수밖에 없었다. 이때 야스퍼스가 냉정하게 선택한 길은 병을 기준으로 삼되 병에 얽매이지 않고 모든 생활의 방침을 세운다는 것이었다.

병은 야스퍼스에게서 도보여행·승마·수영·춤 같은 청년시절의 기쁨을 빼앗기도 했지만, 그 이상의 것을 주기도 했다. 병은 병역의 의무와 그에 따른 전사의 위험을 면제해 주었다. 그러나 그 무엇보다 중요했던 것은 야스퍼스에게 이후의 연구에 대한 마음가짐을 굳혀 준 점이다. 연구는 건강한 상태일 때 집중적으로 이루어져야 하지만, 그것에는 본질을 파악하는 감수성과 순간적인 착상, 신속한 구상이 필요하다. 또한 아무리 짧은 순간이라도 그것을 연구하기 위해 이용해야 하고, 중단되기 쉽기 때문에 어떠한 사정에서도 집요하게 연구를 계속하는 마음가짐이 필요하다. 86세로 장수를 누리면서 병을 억누르고 부지런히 사색을 해 온 야스퍼스를 보면, 몸이 병들었다는 사실이 오히려 그에게 다행이었을지도 모른다. "오래 살려면 병에 걸려야 한다"란, 야스퍼스가 중국의 속담을 인용하여 했던 말이다. 그렇다고 병이 들기만 하면 누구나 대사상가가 될 수 있는 것은 물론 아니다. 그것에는 역시 병과 싸워 이길 수 있는 강고한 자제심과 냉정한 배려, 그리고 여기에 기초한 왕성하고 지속적인 사색과 연구하는 마음가짐이 필요하다.

정신병리학자의 길

법학부에서 의학부로 옮기다

고교시절에 스피노자를 접하기는 했지만, 대학에 진학할 때에는 철학을 연구하거나 하물며 철학을 가르치는 것을 훗날의 직업으로 삼으려는 생각은 조금도 없었다. 아버지는 아들이 예술과 문학과 철학을 좋아하므로 정신과학을 공부하고 싶어할 것이라고 생각했다. 그러나 야스퍼스는 장래에 사회에서 변호사로 활약하고 싶었으므로 법학을 전공으로 선택했다. 그리하여 먼저 하이델베르크 대학에서 법학을 공부하게 되었으나, 이제껏 자신에게 미지의 분야였던 이 학문에 도저히 적응할 수가 없었다. 야스퍼스는 법학의 '사회생활에 관한 추상적 개념 조작'에 환멸을 느끼고 자신의 성격에 맞는 문학과 예술과 연극 감상에 열중했다. 법학뿐 아니라 머지않아 적극적으로 활약하게 될 실사회, 사회의 온갖 음모와 부정도 그를 실망시켰다. 그는 이렇게 술회하고 있다. "인간 세계는 물론 자기 자신과도 어쩐지 원만하지 않다는 것이 일상적인 느낌이었습니다. 하지만 이와는 다른 세계 즉 자연, 예술, 문학, 학문은 얼마나 멋집니까! 그러나 그럼에도 사랑하는 부모의 감화와 비호 덕분에, 인생에 대한 신뢰감이 모든 것에 우선한다는 점은 변함이 없었습니다."

사회의 거짓을 싫어하고 고독을 즐기며 예술과 자연을 사랑한 야스퍼스도, 앞으로의 인생에서 무엇을 직업으로 삼아야 하느냐에 대해서는 진지하게 생각해야 했다. 목적 없이 법학부에 적을 두고만 있어서는 방법이 없었다. 먼저 구체적인 방침, 대학에서의 연구 목표를 분명히 세워야 했다. 그러한 고민을 품고 야스퍼스는 이탈리아로 여행을 떠났다. 1902년의 일이었다.

국경을 넘어 스위스에 들어서면 관광지로 유명한 생 모리츠 근처에 실스마리아라는 곳이 있다. 높은 산으로 둘러싸인 호반이 절경을 이루는 곳으로, 여기에서 니체가 종종 여름을 보내며 그 호수의 큰 바위 옆에서 유명한 '영겁회귀'의 사상에 이르렀다고 한다. 야스퍼스는 결의를 굳히고 그 뜻을 부모에게 써서 보냈다. "……나의 계획은 이렇습니다. 규정된 학기를 수료하면, 의사 국가시험을 볼 것입니다. 그때 지금처럼 능력을 자신할 수 있으면, 나는 정신병학과 심리학 연구를 할 것입니다. 그리고 우선 정신병원의 의사가 될 것입니다. 마지막에는 아마도 심리학자로서, 예를 들어 하이델베르크의 크레펠린처럼 학구의 길로 들어설 것입니다. 그러나 이는 확실하지 않으며, 나의 능력 여하에 따르게 될 것이므로 공언하고 싶지는 않습니다. 그러므로 의학을 배워 온천의(溫泉醫)가 되거나, 아니면 정신과 의사와 같은 전문가가 된다는 것이 가장 적절합니다. 그 이상은 내가 이미 정해 둔 것이 있다고 하더라도 때가 되어야 비로소 분명해질 것입니다."

대학에서의 철학에 대한 실망과 불신

야스퍼스가 의학부로 옮기기로 결심한 이유는, 그렇지 않아도 환멸을 느끼는 실사회에서 병든 자신이 변호사로서 활동하는 것은 불가능하므로, 그보다는 조용한 학구의 생활을 보내고 싶었기 때문이다. 또한 비록 학자는 되지 못하더라도, 시간적으로 비교적 여유로운 온천 의사나 정신과 의사라면 할 수 있을 것이라는 생활에 대한 고려도 있었을 것이다. 야스퍼스 본인도 《철학에 대한 나의 길》에서, 학문의 길이 도중에 좌절되어도 '실제로 유용하고, 나아가 생활을 꾸려 나갈 수 있는 한 가지 직업만은 배워 둔다'고 말했기 때문이다. 그러나 이것은 어디까지나 부차적인 이유이다. 야스퍼스의 목표는 이미 철학을 향하고 있었다. 철학만이 진리를, 그리고 우리 생활의 의의와 목표를 준다고 확신했다. 그러나 대학의 철학 강의는 야스퍼스를 실망시켰다. 그것은 무미건조한 인식론과 심리학 강의였으며, 철학사 강의는 단순히 이제까지 나타난 여러 학설을 소개하는 것일 뿐이었다. 단 하나, 법학부 학생이었을 때 뮌헨에서 청강했던 테오도르 립스에게는 감명을 받았지만, 그것도 립스의 인격에 대해서였을 뿐, 그의 강의는 거의 흥미를 끌지 못했다. 하물며 다른 철학 교수들은 인간적으로도 거만하고 독선적이었으므로, 야스퍼스는 그들에게 일종의 반발을 느꼈다.

야스퍼스는 자신을 타일렀다. "현실 세계에서 그것과 함께 살지 않으면, 즉 무언가를 행하지 못하면 정말로 철학을 한다고 할 수 없다. 철학으로 가는 길은 강단에서 이야기되는 추상적인 사고의 길이 아니다. 그렇다면 나는 무엇을 해야 하는가. 일단 인간에 대한 '사실'을 알자! 대학의 철학이 주는 것은 과학적이라는 베일을 뒤집어 쓴 수상쩍은 억측뿐이다. 이는 사실에 대한 참된 과학이 아니다. 먼저 현실을, 사실을 알아야 한다. 립스의 심리학적 인식론도 아직 인간의 전체에 대한 사실적 지식에 입각해 있지 않다. 심리학으로 들어가기 전에 먼저 의학 공부가 필요하다. 의학이야말로 자연과학 전체와 인간에 관해 가장 광대한 시야를 펼친 학문이다." 철학은 과학이 아니지만, 과학 없이 철학은 있을 수 없다는 생각은 이후 야스퍼스의 일관된 신념이 되었다.

의학부의 연구와 생활

베를린 대학으로 옮긴 야스퍼스는 본격적인 의학 공부에 착수했다. 학기 초에, 뮌헨 시절 자주 함께 체스를 두던 공학부 친구와 만나 의학을 공부하고 있다고 이야기했다. 친구는 말했다. "뭐, 나쁘진 않겠지. 한동안은 재미있을 거야." 야스퍼스는 아무 말도 하지 않았지만 속으로는 반발했다. 그의 고백에 따르면, 그때 중간에 좌절하지 않고 전력을 다하여 의학을 공부하리라 결심했다고 한다.

야스퍼스는 종일 해부학 교실이나 화학, 동물학 강의에 출석하여 다양한 사실을 배웠다. 그 무렵의 그에게는 연구실이나 병원에서 경험을 쌓는 것이 '현실'을 의미했다. 과학서에서 읽고 외우는 것보다 자기 자신의 눈으로 확인하는 것이 중요하다고 생각했기에 야스퍼스는 강의보다 연구실에 있는 경우가 많았고, 공립병원이나 헬골란트의 동물생태관측소에서 생활하기도 했다. 사실에 대한 지식이 축적되어 감에 따라 지식욕의 목표 또한 점차 분명해졌다. 사실을 단순히 아는 것이 아니라, 그것을 무엇을 통해 어떻게 아는가라는 점, 즉 '방법'의 문제가 야스퍼스의 마음을 차지하게 되었다. 해부학 실험은 '척수 구조에 대한' 문제였으나 야스퍼스는 교과서대로 기술하는 대신, 연구의 방법과 해부의 과정에서 연구 대상이 어떻게 알게 되는가를 검토했다. 이는 해부학 교수 멜켈을 놀라게 했다. 이 방법적 원칙—즉 대상의 평판적 서술이 아니라 대상이 각각의 장면에서 어떻게 나타나는가를 그 과정에 따라 서술한다는 원칙은, 후에 야스퍼스가 최초의 대저인《정신병리학 총론》에 적용한 원칙이었다. 이는 일종의 현상학적 방법으로 야스퍼스는 의학 연구 과정에서 이미 스스로 체득했던 것이다.

게르트루트와의 만남

1907년 여름, 야스퍼스는 한 의학생과 친해졌다. 나이가 같은 동기생인 그 친구—에른스트 마이어와 일생 동안 친교를 이어가며 많은 철학적 자극을 받게 된다. 하지만 무엇보다 그의 소개로 누나를 만난 것이 야스퍼스의 고독한 성격을 일변시키고 생애를 결정짓는 사건이 되었다.

"내가 그녀의 동생과 함께 처음 그녀의 방에 들어갔던 순간은 결코 잊을 수 없습니다. 그녀는 큰 책상을 마주하고 앉아 있었는데, 방에 들어온 우리에게 등을 돌린 상태로 일어나 천천히 책을 덮으며 뒤를 돌아보았습니다. 나는 그녀의 움직임 하나하나를 눈으로 좇았습니다. 그 움직임은 꾸밈이 없고 틀에 박히지도 않았으며, 차분한 밝음 속에 무의식적으로 그녀 영혼의 아주 솔직한 본질, 영혼의 고귀함을 나타내는 것처럼 보였습니다. 우리는 예전부터 이미 알던 사이인 양 곧 인생의 근본 문제에까지 이야기하기에 이르렀지만 조금도 이상하게 느껴지지 않았습니다. 우리 사이에는 처음 순간부터 예측할 수 없는 일치가 있었던 것입니다."

에른스트와 그의 누나 게르트루트 마이어는 17세기 말 마르크 브란덴부르크 주에 정착한 경건한 유대인 집안 출신이었다. 야스퍼스를 만났을 때 게르트루트는 대학에 들어가 철학을 공부하기 위해 고등학교 졸업자격 검정시험을 준비하고 있었다. 그녀의 하나뿐인 자매는 정신병에 걸려 있었고, 친한 친구였던 시인 월터 카레는 자살했다. 게르트루트가 간호사라는 직업을 버리고 철학을 공부하려 했던 것은 그러한 정신적 번민을 안고 있었기 때문이다. 1910

년 야스퍼스와 게르트루트는 결혼했다. 야스퍼스는 《철학에 대한 나의 길》에서 첫 만남에 대해 이야기하고 있다. "나도 소년시절 몇몇 소녀들을 좋아한 적은 있습니다. 그러나 비록 실제로 만난 적은 없지만 내게 정해진, 나의 충실을 지켜야 할 아내를 이미 알았던 것처럼 생각될 때가 종종 있었습니다. 거기서 항상 억제가 생겼습니다. 그래서 그 조숙하고 감격스러운 생의 환희가 아직 현실로 비약하지 않았던 것입니다. 1907년에 갑자기 모든 것이 달라졌습니다. 그때 나는 24세였습니다. 우리는 드디어 만났습니다."

정신병리학자의 첫걸음

국가시험에 합격한 야스퍼스는 1908년부터 1915년까지, 먼저 의학 실습생을 거쳐 내과 클리닉의 신경계 질환 부문에서 연수를 받은 뒤 하이델베르크의 정신과 클리닉에서 무급 조수로 근무했다. 연구자로서의 첫발을 내딛은 것이다. 클리닉의 주임교수는 크레펠린의 뒤를 이은 프란츠 니슬로, 뛰어난 뇌조직 학자였다. 그 밑으로 마찬가지로 야스퍼스의 스승이었던 의국장(醫局長) 윌만스를 비롯하여 우수한 정신과의가 많이 모여 있었다. 야스퍼스는 대리로서 이후 환자를 진료하지는 않았으나, 클리닉의 일원으로서 다양한 검사에 관여하고, 판별이나 상해보험을 위한 감정을 하며 학생보험 조직에서 정신병 담당의를 맡았다.

그러나 야스퍼스에게 큰 영향을 끼친 것은 외적 경험보다는 클리닉에 감도는 고도의 학문적 분위기였다. 정기 집회에서는 각 멤버가 우수한 학술발표를 하고 그에 대한 철저한 비판이 이루어졌다. 니슬 교수조차 자신의 통찰이 성공하지 못할 때에는 자신의 오류를 깨끗하게 인정할 정도였다. 이러한 학문적 분위기는 지적 성실함을 나타내는 것이기도 했다. 구성원들은 독단과 편견을 가차 없이 잘라내는 분위기 속에서 고도의 정신적 단결을 자랑했다. 후년의 야스퍼스가 《철학》에서 강조한 인간 상호의 참된 교류, 즉 '사랑을 수반한 투쟁'이 클리닉 구성원 사이에 성립되어 있었다.

후설과 딜타이의 방법을 배우다

1909년에 야스퍼스가 제출한 학위논문 〈향수(鄕愁)와 범죄〉는 니슬에게 높은 평가를 받았다. 야스퍼스는 이듬해인 1910년에도 학회지에 몇 편의 논문을 발표하면서 점차 신진 정신병리학자로서 주목받게 되었다. 그리고 1911년, 윌만스와 슈프링거의 권유에 따라 첫 저작인 《정신병리학 총론》을 정리하기 시작했다. 이 저술에서 그는 이제까지의 정신병리학자와는 달리 두 철학자—후설과 딜타이의 방법을 채택했다.

후설(1859~1938)
독일의 철학자. 현상학 창시

딜타이(1883~1911)
독일의 역사학·심리학자

야스퍼스는 에드문트 후설로부터, 사상(事象)에 온갖 이론적 해석이나 구성을 더하지 않고 그 사상이 의식에 나타나는 대로의 모습을 기술한다는, 이른바 넓은 의미의 현상학적 방법을 배웠다. 또한 딜타이에게서는 설명심리학에 대한 이해심리학의 방법을 배웠다. 심적 현상을 그 여러 요소의 인과적 관계에서 설명하는 것이 아니라, 그 구조와 관련하여 이해한다는 것이었다. 후설은 당시 이미 현상학이라는 엄밀학(嚴密學) 이념을 철학에 도입한 철학자로 이름이 높았으며, 야스퍼스도 1909년에 후설의 강의를 듣고 현상학적 방법의 의의를 높이 평가했다. 그러나 야스퍼스는 철학자로서의 후설의 자세에는 의문을 가졌다. 1910년에 후설이 〈로고스〉라는 잡지에 발표한 〈엄밀학으로서의 철학〉이라는 논문에 대해서는, 걸작임을 인정하면서도 명백히 철학과 과학을 전도하는 것이라며 비판적이었다. 1913년에 개인적으로 후설과 알게 된 야스퍼스는 철학에 대한 후설의 거만한 태도에 더욱 반발심을 품게 되었다. 즉 야스퍼스는 철학으로서의 현상학은 인정하지 않았으나, 그 방법은 과학적인 방법으로서 유효하다고 인정하고, 정신병에 대한 체험을 기술하는 데 응용한 것이었다.

《정신병리학 총론》

《정신병리학 총론》은 1913년에 완성되어 출판되었다. 그 뒤로 몇 차례의 개정을 거쳐 오늘날 우리 손에 있는 제7판까지 왔다. 이 저작은 전체가 6부로 나뉘어 있다. 제1부에서는 정신 생활의 경험적인 개개의 사실을 기술하고, 제2부와 제3부에서는 정신 생활의 연관을 이해적 연관과 인과적 연관이라는 두 가지 면에서 고찰한다. 제4부에서는 정신 생활 전체를 파악하고, 제5부는 이상한 정신 생활의 사회학적·역사적 관찰, 제6부에는 도대체 건강이나 병은 무엇을 의미하는가라는 문제를 포함한 인간 존재 전체를 고찰한다. 개정과 증보를 거치면서 쪽수가 두 배 이상 늘어났다고는 하지만, 이만큼 완성된 내용의 책을 20대에 완성한 야스퍼스는 확실히 비범한 능력의 소유자라 할 수 있다.

서론에서 이미 분명하게 밝혔듯이 이 《총론》은 하나의 이론에 기초한 체계로 모든 영역에 무리한 힘을 가하는 대신, 연구 각각의 길과 견지와 방법을 철저하게 분리함으로써 그것들을 분명하게 나타내고, 동시에 정신병리학의 다면성을 나타내려고 시도했다. 당시 독일의 정신병 학계는, 정신병은 뇌질환이라는 신체의학 입장이 주류였고, 한편으로 정신병은 신체질환이 아니라 바로 정신, 즉 인격의 질환으로 보는 좁은 뜻에서의 정신의학 관점이 있었다. 그러나 야스퍼스는 그 어느 쪽도 절대적 입장이라고 인정하지 않았다. 야스퍼스의 생각으로는 어느 하나의 입장이나 이론을 고정화하고 절대시하는 것은 위험하며 오히려 여러 사상을 왜곡하는 행위였다. 갖가지 이론은 어디까지나 사실 해명을 위한 도구일 뿐이며, 사실을 사실대로 파악하기 위해서는 오히려 그러한 여러 이론을 상대화한 뒤에 다시 조직화하는 작업이 필요하다. 야스퍼스가 《총론》에서 의도하는 것은 정신병리 현상을 전체로서 해명하기 위한 하나의 이론이나 체계를 수립하는 것이 아니라, 개개의 현상을 현상학적으로 엄밀하게 기술하고, 그들 현상에 대한 기존 이론들을 음미하고 검토하면서 조직화하기 위한 것이었다.

이러한 의도로 쓰인 《총론》에 몇 가지 비난이 쏟아졌다. "이 정신병리학은 대상적으로 정리된 전체적인 상(像)이 없다. 모두 제각기 병립하고, 소재와 견지가 다양하기 때문에 분규하고 있다. 병든 인간 존재의 상이 이루어져 있지 않다"는 것이다. 그러나 이러한 것이 야스퍼스에 대한 비평이 되지 않음은 이미 앞에서 서술했다. 야스퍼스는 인간에게 하나의 전체상을 내리는 과학적 이론을 거부했다. 이는 그 무렵의 야스퍼스가 과학적 정신과는 다른 철학적 정신에 이미 눈떴음을 이야기하는 것이기도 하다. 같은 과학의 길을 걷더라도, 만약 야스퍼스가 정신병리학이라는 인간 존재에 밀접한 학과를 선택하지 않았다면, 훗날의 철학자 야스퍼스는 존재하지 않았을지도 모른다. 정신병이란 무엇인가라는 문제를 구명해 가다 보면, 그럼 정상적인 인간이란 어떠한 인간인가라는 물음이 당연히 생기게 된다. 정신병이 아닌 대다수 인간의 평균치가 그것이라는 해답을 얻을 수 있을지도 모른다. 그럼, 그 대다수의 정상적인 인간의 특성은 무엇인가. 윌만스는 재치 있게 "정상이란 가벼운 정신박약이다"라고 정의했다. 그러나 그렇게 되면 더 이상 정상과 이상이 무엇인지 알 수 없게 되어, 정상이 아닌 것이 이상이고 이상이 아닌 것이 정상이라는 순환론으로 빠지고 만다. 정신병리학자도 그 연구의 마지막 지점에서는 인간이란 무엇인가라는 철학적 물음과 마주할 수밖에 없는 것이다.

철학부에서 심리학을 담당하다

《정신병리학 총론》은 비판도 받았지만 많은 사람들이 다시금 야스퍼스의 우수한 학문적 재능에 경탄했다. 야스퍼스는 출판에 앞서 《총론》의 교정쇄를 스승 니슬에게 보였다. 니슬은 며칠씩이나 그것을 가운 주머니에 넣고 다니며 야스퍼스에게는 한 마디도 하지 않았지만, 다른 동료에게는 "훌륭해, 크레펠린을 훨씬 능가해!"라고 말했다. 3주 뒤 야스퍼스는 갑자기 니슬의 자택에 초대받았다. 니슬은 그때 처음으로 야스퍼스를 칭찬하며, 하이델베르크 대학에는 결원이 없어서 아쉬우나 뮌헨 대학의 크레펠린과 브레슬라우 대학의 알츠하이머가 모두 그에게 교수 자격을 줄 용의가 있다고 하니 둘 중 한 곳을 선택하라고 말했다. 그 제의에 야스퍼스는, 하이델베르크에 남고 싶으며 그러기 위해 의학부가 아니라 철학부에서 심리학 교수 자격을 얻고 싶다는 뜻을 전했고, 니슬도 그에 동의했다. 1913년 가을, 당시 하이델베르크 대학의 철학과 주임교수였던 빈델반트 밑에서 심리학 교수 자격을 얻은 야스퍼스는 이듬해인 1914년 가을부터 강단에 서서 심리학 강의를 하게 되었다.

빈델반트는 오늘날 《철학사교본》이나 《근세철학사》를 저술한 철학사가로 잘 알려져 있으며, 당시 독일 철학계의 주류였던 '신칸트 학파'의 대표적 인물이었다. 같은 신칸트 학파 중에서도 코헨이나 나트르프로 대표되는 마르부르크 대학의 '마르부르크 학파'에 맞서, 하이델베르크 대학을 중심으로 하는 '서남독일학파'를 창설한 철학자였다. 신칸트 학파는, 헤겔 사후 정체되

빈델반트(1848~1915)
독일의 철학자·철학사가

어 있던 독일 철학계에 칸트의 비판적 정신을 부활시키기 위해 "칸트로 돌아오라"고 주장한 리프만에게서 시작되었다. 이후 점차 이론적으로 정비되어 앞의 두 학파로까지 발전한 것이다. 이 두 학파는 모두 사실 문제가 아니라 권리 문제를 따진다는 점, 즉 사실에 대한 인식이 어떠한 과정을 거쳐 생기는가를 문제삼는 것이 아니라, 그러한 인식이 참이기 위한 보편적이고 필연적 조건이 무엇인가를 묻는다는 점에서 확실히 칸트의 비평철학 방법을 계승했다. 그러나 마르부르크 학파가 수학적 자연과학적 인식의 기초를 중시한 데 반해, 서남독일학파는 넓은 의미의 정신과학적 인식과 문화 문제를 다루며 가치의식의 선험적인 것의 구조를 해명하려 한 점에서 두 학파는 서로 달랐다.

정신 사상(事象)의 인식에 관한 선험적인 것의 구조를 묻는 서남독일학파의 학풍에서는, 그러한 정신사상의 발생 과정에 대한 고찰은 사실 문제에 지나지 않다고 하여 철학 영역에서 추방되었다. 그러나 이것이 오히려 심리학의 교수 자격을 얻으려던 야스퍼스에게는 다행이었다. 하이델베르크 대학 철학부의 많은—철학과 이외의—교수들은 심리학 개강이 필요하며 그것이 시대의 요구라고 생각했다. 그러나 서남독일학파의 철학자들은 그러한 이유에서 심리학을 철학으로 포섭하는 것을 인정하지 않았으며, 철학풍의 심리학을 경멸했다. 야스퍼스가 심리학 강사로 적임이라고 여겨졌던 것은 사실 야스퍼스를 철학에 대해서는 완전히 문외한인 '현실적 경험적 심리학자'로 보았기 때문이다. 빈델반트 사후 그 후임으로 프라이부르크 대학에서 전임해 온 리케르트도 서남독일학파의 거장으로, 야스퍼스를 철학자로 여기지 않았다. 세상에서 학파라 불리는 것이, 그리고 그것을 주재하는 학자들이 얼마나 폐쇄적이며 편견에 사로잡혔는지를 나타내는 좋은 예이다.

막스 베버와의 만남

막스 베버(1864~1920)
독일의 정치·경제학자, 사회학자

그러나 야스퍼스 또한 서남독일학파의 철학자를 철학자로 인정하지 않았다. 철학은 과학과는 다르며, 어떤 의미에서는 과학 이상이라고 믿는 야스퍼스에게, 서남독일학파가 지향하는 보편타당적인 가치에 대한 과학적 철학이란 무의미할 뿐이었다. 철학에서 중요한 것은 가치의 체계를 만드는 것이 아니라, 가치를 지니는 것이 아닌가. 가치의 체계를 구하는 자칭 철학자들이 과연 가치를 지니고 있을까. 야스퍼스가 추구하던 것은, 스스로 가치를 정하고 그것으로 숨쉬는 위대한 인격이었다. 야스퍼스는 그러한 인물을 가까운 곳에서 발견했다. 사람들이 철학자로서가 아니라 사회학자로 그 학문적 업적을 높이 평가한 막스 베버가 바로 그였다.

1896년 프라이부르크 대학에서 하이델베르크 대학으로 옮긴 베버는 얼마 지나지 않아 건강상의 이유로 정교수를 사임하고, 명예교수로서 하이델베르크에서 자유로운 나날을 보내고 있었다. 베버의 집에는 많은 저명한 학자들이 출입했고, 살롱에서는 하루가 멀다 하고 학문과 예술에 대한 토론이 이루어졌다. 종교학자 에른트스 트렐치, 정치학자 옐리넥, 경제학자 고타인, 언어학자 포슬러, 제1차 세계대전에서 전사한 철학자 에밀 라스크, 문예사가 프리드리히 군돌프, 정신병학자 그룰레 등이 단골이었다. 야스퍼스는 1909년, 그룰레의 권유로 처음 베버를 알게 되었으나, 나중에는 베버 일가와 가족 단위로 교제하기에 이르렀다. 철학으로 가는 길을 모색하던 야스퍼스에게 베버와의 만남은 결정적이었다. 베버는 자신을 철학자로 여기기를 거부했으나 야스퍼스는 베버에게서 현대를 사는 철학자의 화신을 본 것이었다.

막스 베버로부터 결정적인 영향을 받다

1920년 베버가 죽자 야스퍼스는 학생들이 주최한 베버 추도제에서 강연을 하고 1932년에는 베버론을 썼는데, 다음과 같이 이야기되고 있다. 철학자란 단순히 사실을 인식하는 자 이상이어야 한다. 철학자는 시대의 생명에서 심장이며, 시대 앞에 거울을 두고 시대를 말로 표현함으로써 정신적으로 규정하는 자이다. 따라서 철학자는 언제나 자기의 인격과 결부된 존재이며, 철학자라는 사실에 자신의 인격을 전부 거는 인간이다. 야스퍼스는 그러한 의미에서 막스 베버를 실존적인 철학자로 인정한 것이었다. 확실히 막스 베버는 철학을 전혀 가르치지 않았다. 그러나 그는 한 사람의 철학자였다. 베버는 철학자라는 이념에 대해 새로운 실현을 주었으며, 철학적 실존에 현대적 성격을 부여했다.

베버는 객관성을 요구하는 사회학적 인식에 개인의 주관적 가치평가를 섞어서는 안 되며, 어디까지나 몰가치적으로 인식해야 한다고 주장했다. 베버는 자기가 내린 가치평가를 다시 인식의 일반적 대상으로 삼음으로써, 지적 양심을 지키고 연구의 시야를 무한히 확대해 갔다. 야스퍼스에 따르면, 이 인식과 평가의 구별은 생명에 대한 무관심이나 관조적인 방관을 의미하는 것이 아니다. 베버에게 환상으로 빠지지 않는 진실의 관찰이란, 동시에 매우 강렬한 평가에 대한 자극이기도 했다. 여기서 통일과 완성은 객관적인 형상으로서가 아니라…… 오히려 순간적인, 완성된 종합에 이른 베버의 실존에서의 생생한 움직임으로서 존재한다. 이 실존에서 베버는 평가를 할 때는 사실성을, 사실 해명을 할 때는 가능한 평가를 잊지 않았으며, 분리되어 있는 것이나 분리된 채로 이어져 있는 것을 끊임없이 서로 관련시켰다. 베버에게는 (객관적 사실과 주관적 가치평가라는) 대립이 무한 움직임으로 결합되었던 것이다.

나중에 언급하겠지만, 야스퍼스의 철학은 객관성을 요구하는 이성과 주체적 결단이 필요한 실존의 무한한 움직임 속에서 이루어지는 사색이다. 이 근본 자세가 바로 야스퍼스가 베버라는 인물에게서 피부로 직접 느낀 것이었다. 베버는 그 저작이나 생애에서도 '단편'이었지만, 그의 철학적 실존 속에 깊은 뿌리를 내렸다. 베버를 알려면 이러한 단편의 전체 속에 있는 하나의 통일을 직관해야 한다. 베버는 죽기 전날 밤, "진실은 진리이다"라는 수수께끼 같은 말을 남겼다. 이는 야스퍼스에게 '실존을 표현하는 주문 같은 것'이었다. 주체적 진실은 객관적 진리이며, 객관적 진리는 주체적 진실이다. 철학이 추구하는 것이 바로 이러한 '진실=진리'가 아닐까.

제1차 세계대전에서 제2차 세계대전으로

《세계관의 심리학》 시대

제1차 세계대전

야스퍼스가 심리학 강의를 시작한 1914년 여름이었다. 6월 28일, 보스니아의 수도 사라예보를 방문한 오스트리아 황실 합스부르크가의 황태자 프란츠 페르디난트와 태자비 조피가 차를 타고 시청으로 향하는 도중 갑자기 군중 속에서 한 청년이 폭탄을 던졌다. 수행원 세 명이 다쳤으나 황태자 내외는 무사했으므로 시청에서의 환영행사는 예정대로 이루어졌다. 황태자는 그 뒤의 예정을 변경하여 상처 입은 수행원을 문병하기 위해 차를 병원으로 향하게 했는데, 이번에는 길모퉁이에서 총성이 울렸다. 전속력으로 달리는 자동차 속에서 황태자 부처는 숨을 거두었다. 범인은 가브리엘 프린칩이라는 세르비아 인으로, 19세의 학생이었다.

7월 23일 오스트리아는 세르비아에 엄중한 최후통첩을 보냈으나 그것이 거절되자 28일에 선전포고를 했다. 세르비아를 지원하는 러시아는 30일에 총동원령을 내렸다. 이것이 오스트리아의 동맹국인 독일의 선전을 촉진했고, 그것이 또 러시아의 동맹국인 영국과 프랑스의 참전을 불렀다. 8월 12일에는 두 진영으로 나뉜 5대국이 상대국 전체에 선전포고를 마치면서, 비스마르크 체제에 따라 40년간 유지되어 온 유럽의 평화는 무너지고 말았다.

제1차 세계대전이라 불리는 이 전란은, 전쟁에 대한 종래의 사고를 완전히 뒤바꿔 놓았다. 전장은 유럽 안으로 제한되어 있었으나, 당사국 이외의 제국들이 차례차례 참전하면서 그 규모는 말 그대로 '세계적'으로 커졌다. 그것은 전차나 비행기나 독가스 같은 근대 병기가 동원된 첫 근대전이며, 엄청난 병력과 탄약을 투입한 소모전에, 나라의 모든 힘을 기울인 총력전이었다. 동부전선에서 독일군이 12만의 러시아군을 섬멸시킨 탄넨베르크 전투도 전세를 결정짓지는 못했다.

이윽고 이탈리아가 독일·오스트리아와 맺었던 동맹을 깨고 러시아·프랑스 쪽에 붙었다. 영국의 해상 봉쇄에 맞서기 위해 독일의 잠수함이 일으킨 통상 파괴전은 경제력이 풍부한 미국의 참전을 부르면서 사태는 겨우 결말로 향하기 시작했다. 1917년에 발생한 러시아의 10월혁명은 독일·러시아 사이의 강화로까지 발전하여, 독일은 동부전선의 병력을 서부전선에 투입하여 대공세를 펼쳤다. 그러나 영국·프랑스의 반격을 받아 전선 유지조차 불가능한 상황으로 몰렸다. 1918년 10월 3일, 독일의 수상 막스는 미국 대통령 윌슨에게 휴전과 강화를 제안했으나, 붕괴는 국내에서 발생했다. 10월 28일 킬 군항의 수병이 일으킨 반란을 계기로 독일 각지에서 혁명이 차례로 일어났다. 2월 9일에는 베를린의 노동자가 봉기하면서 정권은 사회민주당의 손으로 넘어갔다. 빌헬름 2세는 네덜란드로 망명했고, 독일은 연합국의 가혹한 휴전조건에 굴복했다. 이로써 11월 11일 오전 11시, 4년간에 걸친 제1차 세계대전은 막을 내렸다.

세계대전이 정치에 대한 관심을 일깨우다

야스퍼스는 어릴 때부터 정치 이야기를 들으면서 컸다. 야스퍼스의 조부와 아버지, 어머니의 형제들은 올덴부르크 주의 주의회 의원을 지냈으며, 집안에서도 종종 정치적인 논의가 이루어졌기 때문이다. 그들은 모두 보수적이었으나 이른바 자유 사상의 소유자들이었다. 야스퍼스도 그들의 토론에 참여할 때도 있었지만 어디까지나 방관자로서였다. 자서전에서 야스퍼스가 고백한 것처럼, 야스퍼스의 기본적 태도는 1914년까지는 철저하게 비정치적이었다. 야스퍼스는 오직 학문에 몰두하며 연구에 여념이 없었다. 황제의 연설과 제국정치의 동향은 야스퍼스에게는 전혀 상관이 없었으며, 오히려 불쾌한 것이라 생각했다. 야스퍼스의 아버지는 올덴부르크의 지방자치에는 헌신적으로 봉사했으나, 프로이센은 달갑지 않게 여기며 그가 장악한 제국의회에 출석하기를 거부했다. 청년 야스퍼스가 독일의 정치에 등을 돌렸던 것도 어쩌면 이러한 아버지의 자세와 통하는 부분이 있었기 때문인지도 모른다.

그러나 제1차 세계대전의 발발은 학생시절을 보내던 야스퍼스에게 새로운 충격을 주었다. "……1914년 전쟁의 발발로 사정은 돌변했습니다. 역사적 세계는 흔들렸습니다. 오랫동안 확실하다고 여겨지던 모든 것이 일격에 붕괴되었습니다. 우리는 멈출 수도, 예측할 수도 없는 과정 속으로 말려들었음을 알게 되었습니다. 우리 세대는 이후에 겨우 파국의 격류에 던져졌음을 깨

제1차 세계대전(1914~1918) 베르됭 요새 공방전(1916)

달았습니다."

베버의 집을 곧잘 드나들던, 날카로운 지력과 번득이는 기지를 갖추었던 철학자 에밀 라스크는 자진해서 하사관으로 전장에 나아가 갈리치아 전투에서 전사했다. 베버는 유족에게 위로의 편지를 보냈다. "이렇게 특출하고 비범한 사람의 죽음, 그것도 갈리치아 황야에서 야만인과 싸우던 사람들의 '대량 죽음'에 속하게 되면, 그것을 지금 즉시 올바르게 자리매김하기란 쉽지 않습니다. 이러한 사태에 대해서는 무엇보다 먼저 분노할 뿐입니다. 그러나 이것만은 확언할 수 있습니다. 한 사람이 제자들에게 가르쳐 온 것의 올바름을 자신의 죽음의 방식으로 증명해 보인다면, 그것은 완전히 무의미한 것이 아닙니다. 자신이 전장으로 나아가는 것을 꿈에도 생각지 않았던 그는 그것을 자신의 저주받은 의무와 책임 이외의 무엇으로도 여기지 않았습니다. ……그러나 그것은, 거기에 따르는 대가가 우리 인간에게 얼마나 참을 수 없는 것인지 분명히 알면서도 그가 강단에서 설명했던 그 많은 견해와 일치하는 것이었습니다."

막스 베버에게서 정치 사상을 배우다

야스퍼스는 베버로부터 독일 국가는 어떠해야 하는가에 대한 '국가적 사고

(思考)'를 배웠다. 세계사의 정세는 일대 세력으로 성장한 독일 민족의 국가에 피할 수 없는 책임을 지운다고 베버는 주장했다. 세계는 앞으로 러시아적 전제정치의 채찍과 앵글로색슨적 협상 사이에서 분열될지도 모른다. 그러면 후세 사람들은 소국 사람들이 아니라 독일인에게 책임을 물을 것이다. 독일인의 임무는 둘 사이에 있는 제3의 것, 즉 자유 해방의 정신, 개인적 생활의 자유와 다양성, 서양 전통의 위대함을 구하는 것이다. 야스퍼스는 이러한 베버의 사상에 공감했다.

또한 베버는 개전 당초부터 일관적으로 무배상·무병합의 강화를 제창했다. 독일은 자신의 국토를 지키는 것만으로 동서의 '중간'을 구한다는 위대한 세계사적 사명은 다하게 된다. 전황이 독일에 완전히 불리해진 1918년 7월, 야스퍼스는 하이델베르크 대학의 정치 클럽에서 의견을 발표했다. 독일의 패배는 확실하다. 우리는 철저하게 양보하고, 점령지를 해방하고, 벨기에에 배상금을 지불하고, 러시아와의 옛 국경을 복원하고, 마지막으로 올바른 의회 제도에 바탕을 둔 민주주의를 도입해야 한다. 이는 정치 클럽에서 따돌림을 당하던 베버—베버 자신은 대전 중 자진해서 하이델베르크의 야전 병원에서 봉사하고 있었지만—의 대변이기도 했다. 베버는 최악의 경우 영국이나 프랑스의 지배를 받더라도 러시아의 지배를 받아서는 안 된다고 생각했으며, 이렇게 역설했다. "영국이나 프랑스는 독일인의 기질을 말살하려고 생각지 않을 것이며, 실질적으로 하지 못할 것이다. 그러나 러시아에 지배되면 어느 나라의 국민이라도 그 정치체제하에서는 자기 나라의 국민으로서 존속할 수 없는 것처럼 우리도 독일인으로서 존재하지 못할 것이다." 베버는 제1차 세계대전에서 독일의 유일한 공적은 러시아의 유럽 진출을 저지했다는 점이라고 생각했다. 제1차 세계대전에 대한 베버의 이러한 생각은, 제2차 세계대전 후 야스퍼스의 정치적 발언의 진의를 가리는 데 어떠한 단서를 제공한다.

베버의 정치 사상은 야스퍼스에게 큰 영향을 주었다. 정치는 '대정치'여야 한다. 즉 대국을 보는 눈을 갖추고, 스스로를 제어하며 성실하게 온 힘을 기울이는 정치, 인류의 사건 전체에 세워진 정치, 세계의 신뢰를 받도록 행동하고 사고하고 발언하는 정치가 필요하다. 야스퍼스 스스로도 고백한 것처럼, 그에게는 베버가 지닌 '영웅적 풍모와 파격적인 위대함'이 빠져 있었다. '최후의, 참된, 순수한 독일인'이었던 베버와 달리, 야스퍼스에게는 '프로이센 국가나 비스마르크가 위대하다는 의식이 결여'되어 있었다. 베버는 야스퍼스보다 9살 연상이며, 세대나 고향—베버는 엘푸르트에서 태어나 베를린에서 자랐다—이나 학문 환경이 다른 점이 이러한 차이를 낳았다고도 할 수 있으나, 궁극적으로는 양자의 실존의 차이에 의한다고 보아야 한다. 실존은 바로 다른 실존과 대치 불가능한 것을 토대로 실존한다.

《세계관의 심리학》을 쓰다

전쟁이 한창이지만 야스퍼스는 대학에서 본디 직무인 심리학 강의에 전력을 다했다. 환경이 어떻든 대학인의 사명은 어디까지나 진리의 학문적 탐구에 있다. 1914년 '성격과 재능의 심리학'이라는 테마로 강의를 시작한 야스퍼스는 이어서 감각심리학·기억심리학·피로 검사 같은 경험심리학을 강의하고, 나아가 역사상 많은 병적 인물들의 병력을 강의했다. 강의는 점차 이해심리학의 영역으로 들어가 사회·민족·종교·도덕 같은 이른바 정신과학의 대상이 되는 사상에까지 이르렀으나, 그러한 강의 중에서 야스퍼스가 가장 힘을 기울인 것이 세계관의 심리학이었다. 이 강의는 대전이 끝난 다음 해인 1919년, 《세계관의 심리학》이라는 제목의 400쪽이 넘는 큰 책으로 출판되었다(이듬해에 증보되어 500쪽 가까이로 늘어났다).

이 책은 제목은 심리학이지만, 내용은 이미 철학적인 문제들을 다룬다. 나중에—1930년대 이후의 원숙한 철학적 저작에서—철학의 근본 문제로서 전개되는 거의 대부분의 문제가 더러는 반쯤 완성된 형태로, 혹은 아직 맹아의 상태로 포함되어 있다. 그러한 의미에서 이 책은 훗날 이른바 현대 실존철학이라 불리는 것 중 가장 최초의 서적이라 해도 좋다. 1927년에 푸셀이 편집한 《철학 및 현상학적 연구 연보》 제8권에서 공개된 하이데거의 《존재와 시간》은 좋은 의미에서든 나쁜 의미에서든 너무나도 매력적인 책이며, 보통은 이 책이 현대 실존철학의 선구로 여겨진다. 그러나 하이데거도 이 《존재와 시간》에서 세 번이나 야스퍼스의 《세계관의 심리학》을 언급하며, '인간이란 무엇인가'를 깊이 탐구하는 철학적 경향을 지닌 책으로 높이 평가했다. 야스퍼스와 하이데거는 오늘날에는 서로 대립하며 상대의 사상을 거부하는 경향이 있지만 여기서 그것에 휩쓸릴 필요는 없다. 문제는 책의 내용이다.

마르틴 하이데거(1889~1976)
독일의 철학자. 실존주의 대표적 인물

다섯 철학자의 영향

야스퍼스는 고교시절에 읽었던 스피노자를 비롯하여, 이미 과거의 많은 철학자의 사상을 접했었다. 《세계관의 심리학》 서론에서 책을 쓰기에 앞서 특히 결정적인 영향을 준 다섯 명의 철학자의 이름을 언급했다. 헤겔·칸트·키에르케고르·니체·막스 베버이다. 야스퍼스에 따르면, 헤겔의 《정신현상학》은 이제까지 시도된 세계관 심리학 중에서 거의 유일하고 위대한 체계적인 작품이다. 《세계관의 심리학》의 가장 중요한 부분인 제3부 표제 〈정신의 생〉은, 책 전체에 나타나는 일종의 변증법적 삼분할 구조와 더불어 헤겔의 강한 영향을 나타낸다. 훗날 '실존'이라 불리는 인간 주체의 모습이 여기서는 '정신' 속에 포괄되어 있다. '실존'과 '정신'을 명확히 구별하는 후년의 사상과 비교하면, 야스퍼스는 여기서는 아직 참된 실존사상에 이르지 못했다고 할 수 있다.

칸트에 대해서는, 정신의학 연구를 하며 라스크의 칸트 세미나에 출석했는데 특히 그 이념 사상에 주목했다. 칸트의 경우 이성의 이념은, 그것 자체는 결코 경험인식의 대상이 되지 못하는 초월적 존재—칸트의 《순수이성비판》의 변증론은 신이나 세계 전체, 영혼 같은 이념을 대상화하여 파악하려는 전통적 형이상학의 비판이다—이나, 개개의 대상인식을 전체로 통일시켜 통제하는 작용을 하는 것으로서 존재의의가 인정된다. 야스퍼스는 세계관을 서술할 때 칸트의 이러한 이념을 이용했는데, 단순한 이용의 영역을 벗어나 야스퍼스의 철학적 사상 자체를 키우는 원동력으로 성장했다. 훗날 야스퍼스의 '포괄자'라는 사고에도 칸트의 이념에 대한 사고가 큰 영향을 주었다.

키에르케고르와 니체가 야스퍼스에게 끼친 영향은 이제껏 많은 사람들이 이야기해 왔으므로 여기서 다시 반복하지는 않겠다. 피상적인 관찰자에게는 '그리스도교와 반그리스도교'처럼 보이는 이 두 사상가의 결정적인 동일성을 간파한 사람이 바로 야스퍼스였다. 야스퍼스가 후에(1935) 네덜란드의 흐로

닝언 대학에서 강연한 《이성과 실존》의 제1강은 《현대의 철학적 상황의 계보(키에르케고르와 니체의 역사적 의의)》로, 여기서 두 사람의 공통점을 훌륭하게 파헤쳤다. 키에르케고르와 니체가 야스퍼스에게 끼친 영향이나 계보를 알고 싶으면 그것을 참조하도록 하고, 여기서는 야스퍼스가 1913년부터 이미 키에르케고르의 저작을 즐겨 읽었던 점(《철학으로 가는 나의 길》), 젊은 시절에는 니체의 극단적이고 열광적인 면을 혐오하고 피했으나, 결국 현대에서 참된 사상에 달하기 위해서는 '니힐리즘을 통과해야만 한다'는 것을 계시해 준 인물로서 중시되었다는 점(《철학으로 가는 나의 길》)만을 들겠다. 참고로 야스퍼스는 1936년에 《니체》라는 책을 썼지만, 키에르케고르에 대해서는 짤막한 논문 이외에 완성된 책은 쓰지 않았다.

G.W.F. 헤겔(1770~1831)
독일의 철학자. 관념 철학을 대표한다.

막스 베버에 대해서는 이미 언급했다. 《세계관의 심리학》에서는 베버의 종교사회학이나 정치학 논문이 '일종의 세계관 심리학적인 분석'을 담고 있으며, '세계관적 가치매김과 학문적 고찰의 분리'라는 베버의 근본 자세가 '학문적 고찰'로서의 《세계관의 심리학》 서술의 밑바탕이 되었음을 이야기하고 있다. 또한 세계관 분석에 있어 베버의 이른바 이상형 사고가 채택된 점도 간과할 수 없는 사실이다.

이 외에 이미 '세계관학'을 제창했던 딜타이도 영향을 주었던 한 사람으로 꼽고 싶다.

예언자적 철학과 심리학

그럼 《세계관의 심리학》이라는 책 자체는 어떠한 의도 아래 쓰인 것일까. 야스퍼스는 왜 철학 대신 심리학을, 그것도 세계관의 심리학을 쓴 것일까. 철학과 심리학과 세계관은 서로 어떻게 관련되어 있는가.

먼저 세계관이란 무엇인가. 지식으로 보자면, 개개의 과학으로 분화된 부분적 지식이 아니라 통합된 전체를 이루는 지식이며, 코스모스로서의 지식이다.

니체(1844~1900) 독일의 시인·철학자

그러나 세계관은 단순히 그러한 지식에 머물지 않고 한 걸음 더 나아가 내용의 좋고 나쁨 같은 가치를 판정하고, 그로 인해 인생을 어떻게 살아야 하는가를 결정한다. 즉 어떤 세계관을 지닌다는 것은, 그것을 알 뿐 아니라 살아가는 것이기도 하다. 또한 야스퍼스에 따르면, 본디 있어야 할 모습의 철학은 예언자적 철학이다. 그것은 사람들에게 적극적으로 스스로 믿는 세계관을 부여하고, 인생의 의미와 의의를 나타내며 가치의 질서를 뚜렷이 설정하는 철학인 것이다. 철학이라는 이름이 고귀하고 힘 있는 울림을 유지해야 한다면 그것은 이 철학에만 합당하다.

그러나 세계관의 심리학은 직접적으로 어느 하나의 세계관을 이야기하는 예언자적 철학이 아니다. 그러므로 어떻게 살아야 하는가라는 질문에 대한 직접적인 대답을 얻고 싶은 사람은 이 책 속에서 그 해답을 구하려 해도 헛수고다. 세계관의 심리학은 다양한 세계관에 대한 보편적 고찰이며, 각각의 세계관이 인간의 어떠한 정신력에 의거하는가를 밝힌다. 심리학은 과학이지 철학이 아니다. 그러나 야스퍼스의 《세계관의 심리학》은 생의 자유로운 정신성과 활동성을 방향 짓는 수단을 제시함으로써 호소하는 작용을 한다. 사람은 《세계관의 심리학》에서 자신의 세계관을 형성하기 위한 재료와 수단을 배울 수 있다. 그러나 세계관 형성에 있어 원래 무엇이 중요한가는 각 개인이 자기 자신의 근원적 경험을 통해 찾아내야만 한다.

철학과 세계관과 심리학을 야스퍼스가 어떻게 생각했는가는 이상으로 거의 밝혀졌다. 철학은 세계관을 부여하는 예언자적 철학이어야 한다. 그 시절 야스퍼스가 이렇게 생각한 이유는 베버 외에, 생을 궁극적인 근원으로 삼는 세계관의 개념적 표현이 철학이라는 딜타이의 영향을 받았기 때문이기도 하지만, 예언자적 철학이라는 표현은 분명 당시의 시대정신을 반영한다. 제1차 세계대전은 기존의 가치질서를 파괴했다. 과학자를 포함한 사람들은 새로운 생의 지침을 추구해야 했다. 그들은 확실한 생의 지침을 마치 예언자처럼 의연하게 제시해 줄 철학자를 원했다.

그러나 서남학파 같은 대학 강단의 철학자는 가치의 보편적 체계에 대해서는 이야기해도, 지금 어느 가치를 선택해야 하는가에 대해서는 말해 주지 않는다. 사람들은 실망했다. 그러나 누구보다도 가장 실망한 이는 같은 대학에서 그러한 철학자를 동료로 둔 야스퍼스였다. 그가 예언자적 철학이라는, 오해를 낳기 쉬운 표현을 굳이 쓴 것도 그러한 이유에서이다. 한편 야스퍼스는 베버의 정신을 본받아 과학 영역에서 승부하려 했다. 심리학이라는 제목으로 책을 쓴 것도 그때 야스퍼스가 심리학을 가르치고 있었다는 표면적 이유뿐 아니라, 과학은 예언에서 해방되었을 때만 참이며, 예언자처럼 목적은 나타내지 않으나 그것을 실현하기 위한 수단을 준다고 생각했기 때문이다.

후에 야스퍼스는 자신의 《세계관의 심리학》에 대해 두 가지 점을 반성했다. 하나는 본디 철학은 결코 예언자적 철학이 아니라 '고지하는 철학'이어야 한다는 점이다. 그것은 이성과 인간끼리의 교류를 기반으로 하여, 사람들에게 진리를 호소하는 형태로 전달되는 철학이다. 또 하나는 과학적 심리학과 이미 철학화된 심리학을 명확히 구별해야 한다는 것이다. 심리학은 경험적 사실에만 입각하여 그러한 범위 안에 자신을 제한시킴으로써 과학으로서 순수성을 유지할 수 있다. 그러나 이러한 반성은 야스퍼스의 《세계관의 심리학》이 이미 '고지하는 철학'을 향한 '철학화된 심리학'이었음을 말해준다. 거기서 다루는 것은 다음과 같다. '인간에게 세계는 어떻게 존재하는가라는 세계에 대한 물음, 인간의 상황과 인간이 피할 수 없는 한계 상황(죽음·고뇌·우연·죄·투쟁), 시간과 그 의미의 다차원성, 자기를 산출해 가는 자유로운 움직임, 실존, 니힐리즘, 세계관의 핵심인 살아 있는 정신에 대한 합리적 체계로서의 외피(外被), 사랑, 현실적인 것과 진실한 것의 개시, 신비설로 가는 길과 이념으로 가는 길 등에 대한 물음', 이러한 문제는 전부 훗날 야스퍼스의 철학에서 다시금 질문되며 계통적으로 완성된다.

한계상황과 세계관

한 예로 '한계상황'을 들어 본다. 한계상황은 일상에서 우리가 접하는 많은 우연적 상황과는 달리, 인간은 거기서 벗어날 수 없다는 의미의 인간 존재 자체와 결합하여 유한한 현존재에 불가피하게 부여된 결정적이고 본질적인 상황이다. 구체적으로 말하면, 우리의 생에는 언제나 고뇌나 우연, 죄, 투쟁이 따르며 결국에는 죽을 수밖에 없다는 한계적인 상황에서, 만약 우리가 살아 있는 동안 이 상황에서 벗어날 수 없다면 도대체 어디서 생의 지지대를 구해야 좋을지 알 수 없게 된다. 무엇 하나 확고한 것 없이 모든 것이 유동적, 상대적, 분열적이므로 생의 지주가 될 전체적인 것·절대적인 것·본질적인 것은 어디서도 찾을 수 없기 때문이다. 야스퍼스가 이 비일상적인 절망을 인간의 결정적 상황으로 본 것은, 생의 한계에 직면한 전쟁을 야스퍼스 본인이 깊이 체험했기 때문이다. 그러나 야스퍼스는 그것을 단순히 객관적 상황으로서가 아니라 인간의 주체적인 상황으로 파악했다. 인간이 그 한계상황에 어떠한 반응을 보이고, 어떻게 대처하는가에서 정신유형인 세계관의 차이를 발견하려 한 것이다.

한계상황에 절망한 정신은 어떻게든 자신을 받쳐줄 무언가를 찾으려 한다. 버팀목이 없으면 살아갈 수조차 없기 때문이다. 그래서 정신이 취하는 첫 번째 유형은, 오히려 '무(無)'에 기대어 세계의 질서에 무관심 또는 신뢰하지 않는 태도를 보이는 것으로, '니힐리즘'이나 '회의주의'가 그것이다. 두 번째 유형은, 다시금 유한적인 것 중에서 버팀목을 찾는 '권위주의'나 '자유주의', '가치절대주의'로 공통적으로 '합리주의'적인 태도를 보인다. 야스퍼스는 이를 '외피'(달팽이가 자신의 외피인 껍질에 틀어박혀 있는 모습을 상상하면 된다)라 부른다. 세 번째 유형은, 한계상황에 직면하면서도 어떤 무한한 존재 속에 자기의 지주(支柱)를 두는 사람들로, 야스퍼스가 생각하는 가장 대표적인 인물은 키에르케고르이다. 인간은 한계상황 속에서 절망하면서도 신에게 귀의할 수 있으며, 신앙을 통해 자기의 지주를 신에게서 발견한다.

곧 밝혀지겠지만, 훗날 야스퍼스의 철학적 사색은 이 한계상황에서 출발하여 제3유형의 방향으로 발전해 간다. 따라서 대전(大戰)의 혼란스러운 정신적 상황 속에서 접하게 된 키에르케고르의 사상이 야스퍼스의 철학 형성에 거의 결정적인 영향을 주었다고 볼 수 있다. 또한 야스퍼스는 세계관의 유형을 단순히 병렬적으로 열거해 보인 것이 아니라, 생생한 정신의 동적 과정의 여러 단계로서 제시했으므로, 거기에는 제3의 유형으로 가는 방향 제시가 자연스럽게 이루어져 있다고 보아야 한다. 즉 《세계관의 심리학》은 이미 일종의 '고지(告知)하는 철학'이며, 자유로운 정신에 그러한 방향을 '호소하는' 철학이었다.

리케르트와의 대립과 막스 베버의 죽음

막스 베버를 비롯하여 야스퍼스의 강의를 청강하던 다른 많은 사람들에게, 《세계관의 심리학》은 인정과 칭찬을 받았다. 그러나 체계를 중시하는 강단 철학자들은 당연히, 종래의 강단철학을 공공연하게 비판하며 철학계통이라 한들 하나의 외피에 지나지 않는다고 한 야스퍼스에게 반발했다. 그 최선봉이 1916년에 하이델베르크 대학의 철학과 주임교수가 된 리케르트였다. 리케르트는 〈로고스〉라는 철학 잡지에 《세계관의 심리학과 가치의 철학》을 써서 야스퍼스의 저서를 하나하나 차례로 비판하고, 1921년에 출판한 《생의 철학》이라는 책에서는 야스퍼스를 '단순한 생의 철학자'에 불과하다고 공격했다. 말해 두지만, 리케르트가 이 책에서 생의 철학의 의미를 전면적으로 부인한 것은 아니다. 생이 철학의 중요한 문제이자 시대의 추세임은 그도 인정했다. 생을 그것 자체로만 보고, 생의 피안을 인정하지 않으며, 생에 내재된 생물주의나 생명주의의 입장에서 하나의 세계관을 수립하려는 철학을 '단순한 생의 철학'이라 부르며 비판했던 것이다. 야스퍼스도 그러한 생물주의·생명주의의 입장에 서는 철학자로서 비판받았으나, 이 평가가 편파적인 것임은 말할 필요도 없다. 야스퍼스의 후기 사상은 물론 《세계관의 심리학》조차도 그러한 생물주의·생명주의와는 본디 전혀 관계가 없다.

앞에서도 말했지만 리케르트는 원래 야스퍼스를 철학의 문외한으로 보았다. 사실 야스퍼스는 정규 철학 과정을 거치지 않은 의학도 출신의 심리학자였다. 그러나 야스퍼스 또한 리케르트를 참된 의미의 철학자로 인정하지 않았다. 야스퍼스에게는 오히려 리케르트의 친구였던 사회학자 막스 베버야말로 철학자의 이름에 어울리는 인물이었다. 리케르트와 야스퍼스의 사이가 원만하지 않았던 것도 당연했다.

막스 베버의 죽음은 두 사람의 사이에 결정적으로 작용했다. 1920년 막스 베버의 부보를 접한 야스퍼스는 세계가 완전히 뒤바뀐 기분에 휩싸였으며, 마치 진공 속으로 던져진 느낌이었다.

5일 뒤 상심한 야스퍼스는 리케르트를 방문했다. 리케르트도 베버의 죽음을 애도하며 그 뛰어난 인품을 칭송했으나, 이야기가 베버의 저작에 이르자

단호한 어조로 그 의의와 장래의 유효성을 부정했다. 야스퍼스는 순간 흥분하여 리케르트야말로 베버의 저작의 주석에나 나오는 인물로 이름을 남길 뿐이라고 응수했다. 몇 주 뒤 야스퍼스는 하이델베르크 학생조합에서 베버의 추도 연설을 하면서, 베버야말로 현대의 유일한 철학자이며 오늘날 다른 누군가가 철학자인 것과는 다른 의미로 그러하다고 단정했다. 리케르트는 격노하여 야스퍼스에게 말했다.

"당신이 베버에게서 하나의 철학을 만들어 내려는 것은 당신의 자유이다. 그러나 그를 철학자로 부르는 것은 말도 안 된다."

이후 리케르트는 야스퍼스의 공공연한 적이 되었다.

철학적 사색의 시작

하이델베르크 대학 철학교수가 되다

《세계관의 심리학》을 공간(公刊)한 뒤로 야스퍼스는 자신의 사상을 이제는 심리학으로서가 아니라 분명한 철학으로서 전개해야 한다고 느꼈다. 이러한 느낌은 막스 베버의 죽음과 리케르트와의 대립을 계기로 자신이 철학교수로서 철학을 강의해야 한다는 일종의 사명감으로 발전했다. 야스퍼스는 1921년, 쾰른 대학으로 옮긴 자연철학자 한스 드리슈의 후임으로서 철학의 원외교수가 되었다. 리케르트는 이 인사에 반대했으며, 이어서 야스퍼스가 베를린 대학으로 옮긴 하인리히 마이어의 뒤를 이어 철학 제2강좌의 정교수가 되기를 희망했을 때도 전면적으로 반대했다. 그는 야스퍼스가 경력이나 사상 내용으로 보더라도 자격이 없다고 주장했다. 그러나 인사위원회와 학부는 야스퍼스를 강력 추천했으며, 이듬해 1922년 4월 1일부터 정식으로 철학 정교수로서의 길을 걷게 되었다. 역사는 결코 멈추지 않는다. 신칸트 학파의 전성 시대는 지나갔다. 사람들은 그것을 대신할 새로운 철학을 원했다.

침묵하여 본격적으로 철학과 씨름하다

야스퍼스는 이제는 새롭고 더욱 철저한 방식으로 철학 연구에 몰두하기 시작했다. 리케르트를 비롯한 자칭 정통파 철학자들에게 비판받을 것도 없이, 야스퍼스 스스로도 철학자로서는 자기 자신의 척도로 보더라도 아직 미숙함을 잘 알고 있었다. 7년 동안 강의한 심리학 강의노트 등은 아직 세 권의 책을 쓸 정도는 되었으나, 야스퍼스는 그것들을 책으로 만들고 싶지 않았다. 아무리 많은 재료를 구사하고, 아무리 폭넓은 심리학적 고찰을 해도 그것들은 결국 철학의 대용품이었으며, 자기 자신을 이해해야 한다는 철학의 엄숙한 요청에서 도피한 심심풀이에 지나지 않았다. 철학의 이러한 요청을 충족시키려면, 막연한 고찰이 아니라 독자적인 방법적 자각이, 많은 재료를 모으는 대신 소수의 독창적이고 위대한 철학적 작품에 대한 투철한 이해가 필요하다. 야스퍼스는 이 방침에 따르며 본격적으로 철학을 하기 시작했다.

리케르트(1863~1936) 독일의 철학자. 빈델반트와 함께 신칸트 학파의 서남독일 학파를 대표한다.

철학의 절정을 향한 야스퍼스의 행보는 느리지만 확실하게 한 걸음씩 나아갔다. 그는 더 이상 교직을 얻기 위해 책을 쓸 필요가 없었으며, 미완성인 사상을 그때마다 솜씨 좋게 포장하여 세간에 내놓을 생각도 없었다. 1922년과 23년에 야스퍼스는 《스트린드베리와 반 고흐》《대학의 이념》이라는 두 권의 소책자를 저술했으나, 이 원고들은 철학 교수가 되기 이전에 완성된 것이었다. 이후 야스퍼스는 세간에 대해 완전한 침묵을 지켰다. 사정을 모르는 사람들은 야스퍼스가 망가졌다, 《세계관의 심리학》은 순간의 불꽃에 지나지 않았다고 수군거렸으며, 사실상 하이델베르크 대학에서의 평가도 그의 지위가 공석으로 간주될 정도로 하락했다. 그러나 1924년 이후로 야스퍼스는 자신의 철학적 사색을 모두 담은 책을 머지않아 세상에 낼 수 있도록 착실히 준비하고 있었다. 그 원고가 완성된 것은 《세계관의 심리학》으로부터 12년이 지난 1931년이었다. 3권으로 된 두꺼운 책은 그 해가 거의 끝나가는 12월에 《철학》이라는 제목으로 출판되었다. 칸트의 《순수이성비판》과 하이데거의 《존재와 시간》이 각각 10년 이상의 침묵 뒤에 공개되었다는 점을 생각하면 12년이라는 세월이 반드시 긴 것은 아니다. 그러나 그 기간 동안 쉼 없이 한 가지 일에 집중하려면 예사롭지 않은 정신력과 인내력이 필요하다. 야스퍼스는 터무니없는 소문을 견디며 이 세월을 극복한 것이다.

바이마르 공화국

야스퍼스가 침묵을 지키던 기간은 독일의 역사상 이른바 바이마르 공화국 시기에 해당한다. 제1차 세계대전에 패한 독일은 한동안 혼미한 상태였다. 1919년 1월 프롤레타리아 독재를 목표로 무장 봉기한 공산당계의 스파르타쿠스단이 정부군에 진압되어 지도자 로자 룩셈부르크와 칼 리프크네히트가 참살되는 사건이 일어났다. 그 직후에 열린 총선거에서는 옛 의회다수파가 대승했고, 바이마르에서 열린 헌법제정 국민의회에서는 제1당인 사회민주당의 에베르트가 임시대통령으로, 샤이데만이 초대 수상으로 뽑혔다. 같은 해 6월에 베르사유 강화조약이 체결되고, 8월에는 바이마르 헌법이 공포되어 독일은 민주공화제 국가로서 재출발하게 되었다. 그러나 국내에서는 제1차 세계대전의 패배가 국내 좌익의 반란 때문이라고 생각하는 보수와 우익 세력이 여전히 강했다. 1924년에 이미 사회민주당이 지배 정당의 지위에서 쫓겨났고, 이듬해 1925년에 대전의 영웅 힌덴부르크 원수가 대통령으로 뽑혔다. 독일 국내의 우익화는 그 뒤로도 급속히 진행되었으며, 1933년에 극우 정당 나치스를 거느린 히틀러가 수많은 곡절 끝에 정권을 잡게 됨으로써 바이마르 공화국은 사실상 붕괴되었다.

그 사이의 1923년에는 독일의 배상 미불에 대하여 프랑스군이 루르 지방을 점령했고, 마르크 화폐가치가 폭락하면서 각지에서 폭동이 잇달아 발생하는 위기도 있었다. 그러나 1924년에 배상 지불에 대한 도즈안(案)이 실시되면서 독일의 경제 보장이 이루어지자, 이번에는 미국을 중심으로 외국 자본이 일제히 몰려들어와 독일의 국력은 급속히 회복되었다. 1927년에 벌써 생산이 전쟁 전 수준으로 돌아갔고, 2년 뒤인 1929년에는 그것의 10% 이상이나 상회하면서 독일은 다시 프랑스를 능가하는 강국이 되었다. 국민 생활은 향상되었고, 그와 더불어 학술과 문화 역시 모든 분야에서 신장되었다. 신문과 라디오, 영화 등 매스커뮤니케이션 매체가 발달한 것도 이 시대의 특징이다.

시대에 대한 야스퍼스의 태도

그 시절의 야스퍼스는 《철학》의 완성을 위해 사색에 몰두했으나, 시대의 온갖 사건에 완전히 무관심했던 것은 아니다. 철학이 현실을 사는 자기의 문제라고 생각하는 야스퍼스가 자신이 살고 있는 시대의 사건에 무관심할 수 있겠는가. 그러나 그것이 자신의 철학하는 자세를 시대의 경향에 맞추어 정한다는 뜻은 아니다. 오늘날 실존주의 철학자로 불리는 야스퍼스 자신은 실존주의를 피하고, 실존주의자로 여겨지는 데에 반발했다. 철학은 모든 '주의'에서 자유로운 공정한 사색이어야 한다는 신념 때문이었지만, 또 다른 이유는, 실제로 실존주의를 제창하는 사르트르 등 프랑스 실존주의가 시대에 맞는 철학인 데에 반해, 자신의 철학은 시대에 맞지 않는 철학이라고 구별하기 위해서였다.

야스퍼스가 말하는 시대에 맞지 않는 철학이란 시대 의식을 철학적 사색의 출발점으로 삼지 않는 철학이며, 더욱이 시대의 유행에 맞춘 철학 건설을 목표로 하지 않는 철학이다. 이러한 의미에서 그는 언제나 시대의 철학을 멀리하고 영원한 철학을 추구했다. "철학은 어떠한 시대에도 그저 가장 오래된 영원한 철학 자체임을 원할 뿐"이라는 것이 철학에 대한 야스퍼스의 일관된 신념이었다. 그러나 우리는 여기서 그의 이러한 신념에 대하여, 즉 영원한 철학을 희구하는 태도에 대하여 다시 한 번 그 시대적 의의를 짚어볼 수 있다. 야스퍼스가 시대의 철학을 원하지 않는다고 하더라도, 그것이 시대의 의식과 완전히 무관한 발언이라고 볼 수는 없다. 야스퍼스 자신도 철학하는 본인이 시대를 떠나서는 있을 수 없음을 인정했다. 그럼 야스퍼스에게 시대와 철학은 어떻게 연결되어 있었을까.

《현대의 정신적 상황》

1929년, 야스퍼스는 '현대의 정신적 여러 동향'이라는 테마로 책을 써 달라는 의뢰를 받았다. 그는 단순히 철학의 동향들만 나열해서는 의미가 없으므로, 독자를 움직이고, 주의를 촉구하기 위해 당시의 정신적 상황을 쓰기로 결심했다. 《철학》을 위해 준비한 방대한 자료 속에서 과제에 해당하는 내용을 선별하는 것은 비교적 쉬운 일이었다. 원고는 1930년 9월에 완성되었으나, 《철학》에 맞추기 위해 출판은 1931년 10월까지 연기되었다. 이 책이 바로 야스퍼스의 시대 비판으로 유명한 《현대의 정신적 상황》이며, '실존철학'이라는 사고도 여기서 처음으로 등장한다.

이 책은 문고판으로 200페이지를 넘기지 않는 소책자였다. 그 내용은 국가부터 가정생활에까지 두루 미치며 집단, 기술, 정치, 교육, 신문, 스포츠 등의 온갖 문제가 정신적 상황과의 관계 속에서 이야기되고 있다. 그러나 여기서는 야스퍼스가 당시의 지배적인 시대의식을 어떻게 파악했는가를 나타내는 두세 곳을 인용하는 것으로 그치겠다.

"확실히 어떤 하나의 의식이 퍼져 있다. 즉 모든 것은 쓸모없다, 의심스럽지 않은 것은 하나도 없다, 본래적인 것은 무엇 하나 확증되지 않는다. 끝없는 소용돌이가 다양한 이데올로기의 상호기만과 자기기만 속에 존속한다. 시대의 의식은 모든 존재에게서 스스로를 해방하여 자기 자신에 몰두한다."

"불안한 인간은 오만한 반항에서든, 니힐리즘의 절망에서든, 많은 충족되지 않는 것의 곤궁함에서든, 잘못된 탐구에서든 일시적인 버팀목을 멸시하고, 조화의 유혹에 굴하지 않으려는 양상을 시대에 나타낸다. 신은 존재하지 않는다란, 고조되어가는 대중의 절규이다."

"그럼 오늘날 무엇이 아직도 존재하는가라는 물음에는, 철저한 위기의식에서 오는 위험과 상실의 의의가 있다고 대답할 수 있다. 오늘날에는 단지 가능성만이 있으며 소유와 보증도 없다. 모든 객관성은 모호해졌다. 참된 것은 돌이킬 수 없는 상실 속에, 실체는 혼미 속에, 현실은 가장 속에 있는 것처럼 보인다."

이상의 인용만으로도 명백해지듯이, 야스퍼스가 시대의 의식으로 보는 것은 불안·상실·허무·절망·위기·혼미 등이며, 한 마디로 니힐리즘 의식이다. 그러나 이 니힐리즘 의식은 단순히 1920년대에만 특징적인 의식이 아니라, 이미 19세기 말부터 서서히 유럽에 침투하여, 두 대전을 거친 오늘날 세계적 규모로 성장한 시대의식이다. 사실 야스퍼스도 《현대의 정신적 상황》에서 그린 시대의 상황을 그대로 제2차 세계대전 후의 현대의 상황으로 보고 있었다. 이는 그의 《새로운 휴머니즘의 조건과 가능성에 대하여》(1949년, 논문집 《변명과 전망》 수록) 등을 읽어보면 분명히 알 수 있다.

시대의식과 철학의 지향

니힐리즘 의식이란 간단히 말해, 모든 절대적 가치의 부정을 기반으로 하는 의식이다. 따라서 당연히 시대를 초월한 영원한 존재나, 그것과 인간의 결합을 인정하지 않는다. 그 점에서 니힐리즘 의식은 시대성과 그 상대성 의식과 밀접하게 관련되어 있다. 아니, 오히려 니힐리즘은 그러한 시대의식의 과잉, 즉 시대의식이 자기 자신에게 몰두하는 것에서 유래한다고 할 수 있으며, 그런 뜻에서 현대는 바로 '시대'적인 시대, '시대에 맞는' 것이 유일한 척도로 여겨지는 시대인 것이다. 그러나 야스퍼스의 철학은 이처럼 시대에 부합하는 시대의식에 반하며, 모든 시대 속에서 시대를 초월한 것을 지향한다. 야스퍼스는 유일한 초월자와 영원한 진리를 향해 '시대적'인 시대를 넘어 나아가려 한다. 즉 야스퍼스의 시대에 맞지 않는 철학은, '시대적'인 현대에서 잃어버린 '초시대적'인 것을 추구하면서 '반시대적'인 사색 태도를 통해 관철된다. 반시대적이라 하면 니체의 《반시대적 고찰》이 떠오르는데, 이것도 시대에 맞지 않으며 시대에 저항하면서 시대를 고찰한다. 그러나 니체가 철저한 니힐리즘의 길을 걸으며 마지막까지 초월자의 존재를 부인했던 것과 달리, 야스퍼스는 니힐리즘의 기반인 한계 상황에서 출발하면서도 초월자를 추구하고, 그 초월자에게서 자기 실존의 버팀목을 찾으려 한다. 야스퍼스의 이 근본 지향은 이미 《세계관의 심리학》에서 예시되었다.

야스퍼스 서재에서

정신병리학적 철학자 야스퍼스

여기서 프리츠 하이네만의 다음과 같은 견해를 소개하고자 한다. 하이네만은 정신병리학자에서 철학자가 된 야스퍼스의 경력에 의미를 두고, 그를

'시대병의 진단과 치료에 노력하는 현대의 위대한 정신병리학적 철학자'라 부르며, '그의 실존철학은 본질적으로 치료법적이다'라고 했다. 즉 하이네만은 현대의 기술적 기계적인 세계 기구 밑에서 대중 속에 가라앉아 있는 각 개인으로 하여금, 그 자신의 실존에 눈뜨게 하는 치료법이 야스퍼스의 철학이라고 보았다. 하이네만은 정신병리학적이나 치료법적 같은 표현을 일종의 비유로서 사용했으나, 단적으로 말하여 현대인의 생활태도는 오히려 그대로 정신병리학의 대상이 된다. 즉 현대인의 생활은 기술 기구(技術機構)의 팽창과 복잡화를 수반하며, 대체로 서로 관련성 없는 많은 행동의 연쇄작용으로 이루어진다. 연속성이 결여되어 지리멸렬하지만, 그럼에도 불구하고 이른바 '건전한' 사람들은 그 불연속성을 의심하지 않는다. 현대를 건전하게 살아가려면 오히려 분열적 기질의 소유자여야 한다는 것이다. 반대로 분열에 적응하지 못하는 사람은 의학상의 '정신병자'가 된다.

이 점에서 하인츠 홀스트 슈라이라는 사람이 《20세기의 세계상과 신앙》이라는 책에서 '시대 정신의 병리학'을 전개하고, '정신분열증은 시대병 자체이다'라는 관점에서 시대 정신의 분석을 시도한 것도 타당하다. 그리고 그러한 현대인의 행동 분열성이 자기 존재의 상실과 일치함은 다시 말할 필요도 없다. 그것은 결국 니힐리즘의 반영이며, 단지 사람들이 그렇게 인식하지 않을 뿐이다. 현대는 니힐리즘의 시대임과 동시에 정신분열적 시대이다. 그러므로 니힐리즘에서의 회생을 추구하는 야스퍼스의 철학이 정신병리학적이며 치료법적이라는 것은 단순한 비유가 아니라고 할 수 있다.

실존철학의 자세와 《철학》

《현대의 정신적 상황》에 이어 대표 저작인 《철학》이 출판되었다. 전 3권으로 되어 있는데, 제1권은 《철학적 세계정립》, 제2권은 《실존조명》, 제3권은 《형이상학》이라는 제목이며, 서문을 포함하여 1,034쪽에 이르는, 말 그대로 대작이다. 야스퍼스는 여기에 10년 동안의 사색을 모두 담았다. 강의에서 했던 지엽적인 논의나 과거의 위대한 철학자에 대한 해석은 모두 버리고 정수만을 남겼는데도 1,000쪽이 넘는 책이 된 것이다. 이 책의 정수에 대해서는 철학사상을 다루게 될 뒷장에서 살펴보기로 하고, 여기서는 《현대의 정신적 상황》에서 다음의 한 구절만 인용하겠다.

"실존철학은 온갖 사실인식을 이용하지만 그것을 초월하는 사고이며, 인간은 그 사고를 통해 자기 자신이 될 수 있다. 이 사고는 대상을 인식하는 것이 아니라, 사고하는 자의 존재를 사고 속에서 조명하고 활동시킨다. 이 사고는 존재를 고정시키는 모든 세계 인식을 초월함으로서 부동 상태가 되어(철학적 세계 정립으로서), 자기의 자유에 호소하고(실존 조명으로서), 초월자를 불러들이는 것으로 자기의 무조건적인 행위의 공간을 창조한다(형이상학으로서)."

야스퍼스는 여기서 처음으로 '실존철학'이라는 말을 사용했는데, 위의 실존철학의 프로그램이 상세히 전개된 것이 《철학》이다. 다만 그는 그 뒤에, "이 실존철학은 하나의 저작으로 완결된 형태를 취할 수 없을 뿐 아니라, 한 사색가의 현존재로서 궁극적 완성을 이룰 수도 없다"고 했는데, 이는 결코 앞의 말과 모순된 것이 아니다. 인간을 객체로서가 아니라 주체로서 문제 삼는 실존철학은, 단지 그때마다의 근원에서 발생한 사고의 다양성이 한 사람에게서 다른 사람에게 전달되면서 현실이 되며, 따라서 인간이란 무엇인지 알았다고 믿자마자 즉시 잃고 마는 것이다. 《철학》은 얼핏 종결된 체계처럼 보이나 실은 그렇지 않다. 하나의 '초월하는 것'을 조직적으로 수행해 보일 뿐이며, 그로 인해 독자의 실존에 호소하고, 독자로 하여금 새로이 독자 측에서 초월자로의 길을 찾아내도록 만든다. 이것은 예로부터 내려온 철학의 전달 방법으로, 이미 플라톤 시절부터 이야기되어 온 것이다.

협력자 에른스트 마이어

《철학》은 부인 게르트루트 야스퍼스의 도움이 컸지만, 부인의 동생 에른스트 마이어의 조력도 지대했다. 이는 야스퍼스가 《철학》의 〈머리말〉에서 마이어에게 심심한 감사를 표하고 있음으로도 잘 나타난다. 의대생 시절의 친구였던 마이어는 1938년 유대인으로서 나치스에게 쫓겨 네덜란드로 망명하기 전까지는 베를린에서 의사로서 업적을 쌓고 있었다. 그는 의사이지만 철학을 즐겼으며, 야스퍼스가 보내 온 《철학》 초고와 씨름하며 철저하게 비판 검토했다. 두 사람은 언제나 편지를 주고받았는데, 마이어의 영향은 장절의 편성부터 사실적인 내용, 문체에까지 이르렀다고 했다. 야스퍼스는 이 공동작업을 통해, 진리는 실존의 교류에서 온다는 것을 몸소 체득했다. 그가 《철학》 이후의 저작에서 '교류'의 의의를 더욱 강조하게 된 것도 이것이 계기가 되었기 때문이다.

나치스의 대두와 히틀러의 독재

《철학》은 철학자로서의 야스퍼스의 명성을 드높였다. 이제 야스퍼스는 《존재와 시간》으로 무명 학도에서 일약 출세한 하이데거와 더불어 새로운 시대의 철학을 짊어질 대표적인 철학자로 여겨졌다. 그러나 그러한 야스퍼스 앞에 펼쳐진 길은 영광의 길이 아니라 고난으로 가득한 가시밭길이었다. 바로 나치스의 대두와, 유대인과 결혼한 야스퍼스에게 가해진 나치스의 압박 때문이었다.

13세에 아버지를, 17세에 어머니를 잃은 아돌프 히틀러는 빈의 서민촌에서 화공(畫工)으로 가난한 삶을 보냈다. 1913년에 뮌헨으로 이사하여 제1차 세계대전에 일개 병사로 참가했으며, 패전 뒤에는 다시 뮌헨으로 돌아와 점차 정치 활동에 발을 들여놓는다. 히틀러가 가입한 독일노동자당은 1920년에 유대인 박해와 재군비 주장을 포함한 국수주의적 강령을 지닌 국민사회주의적 독일노동자당, 즉 나치스로 발전했다. 당원은 3천 명에 이르렀으며, 1922년에는 6천 명, 이듬해인 1923년 1월에는 1만 5천 명으로, 같은 해 가을에는 5만 5천 명에 달했다. 다른 당파를 타도하기 위한 조직은 바이에른 국방군의 보호 아래 군사 조직을 지닌 돌격대로까지 성장했다. 그러나 극우 정권을 목표로 한 11월의 뮌헨 폭동에 실패하고, 히틀러는 투옥되어(이때 옥중에서 히틀러가 쓰기 시작한 것이 유명한 《나의 투쟁》이다) 우익혁명은 좌절을 맛보았다. 이듬해에 석방된 히틀러는 정력적으로 당 조직을 재건했다. 돌격대는 군부와의 대결을 피해 대중 단체로 개조했으나, 그것과는 별개로 비밀경찰로 두려움의 대상이었던 소수정예의 친위대를 조직하여 이전보다 더욱 적극적으로 정치 운동을 재개했다.

히틀러의 의도는 적어도 외면상으로는 합법적인 정권 획득이었다. 1924년에 나치스는 국회에 32석의 의석을 얻었으나, 다음의 2회 선거에서 격감하여 1928년에는 겨우 12석밖에 차지하지 못했다. 그러나 1929년 10월에 뉴욕 월가에서 발생한 주식 대폭락은 세계공황의 도화선이 되었고, 이미 전해부터 불황이 시작된 독일의 실업자는 200만을 넘으며 정세는 다시 불안해졌다. 히틀러는 이를 계기로 민심을 교묘하게 조종하여, 1930년의 선거에서 나치스의 의석을 일거에 107석까지 끌어올리는 데 성공하고, 나아가 1932년 7월의 선거에서는 230석을 획득하여 제1당의 당수가 되었다. 뒤로도 몇 가지 곡절이 있었으나, 1933년 1월 힌덴부르크 대통령이 히틀러를 수상으로 임명한 것이 사실상 바이마르 공화국의 종언을 고했다. 합법적으로 정권을 획득한 히틀러는 구실을 붙여 공산당을 탄압한 뒤, 히틀러에게 전권을 위임한다는 수권법을 의회에 제출하여 3분의 2 이상의 표를 얻어 나치스의 일당독재제를 확립했다.

뉘른베르크에서 열린 나치당 집회(1934)

나치스의 획일화 정책

1934년 6월 돌격대장 룀을 포함한 수많은 이색 분자(異色分子)를 숙청한 히틀러는, 8월 힌덴부르크의 죽음으로 명실공이 독일의 총통이 되었다. 그는 전체주의적인 이른바 획일화 정책을 모든 분야에서 더욱 강력하게 추진했다. 청소년은 '히틀러 유겐트', 여자는 '나치스 부인단', 노동자는 '독일노동전선'으로 조직되었고, 대학의 교관과 학생들도 각각 나치스 독일 교관동맹과 학생동맹으로 조직되면서 대학은 자치 능력을 완전히 상실했다. 학장은 국가가 임명했고, 그 학장이 학부장을 임명했다. 반나치스나 유대계 학자는 추방되거나 미국 등지로 망명했다. 출판물은 당연히 검열되었고, 나치스의 사상과 맞지 않는 책은 돌격대가 태웠다. 국민의 정신 생활과 문화 생활은 구석구석까지 국가문화국의 통제를 받았다.

개인의 자유는 이제 어디에도 없었지만 대다수의 독일 국민은 나치스의 획일화 정책에 자진하여 협력하며 '국민공동체'라는 전체에 자기를 던졌다. 그런데 사람들은 왜 스스로 나서서 자유를 포기한 것일까. 독일의 한 역사학자는 과거를 상기하며 다음과 같이 서술했다. "……'국민공동체'로 오라는 나치스의 부름은 특히 예민한 곳—계급대립으로 갈라지고 물질적 관계로 고정화된 사회에서의 인간의 불행한 고독감—을 자극했다. 이 불행을 극복하고 싶다는 순수한 동경이 '국민공동체' 관념에 매달리게 한 것이다. 그리고 이 관념의 배후에 자신의 의지가 없는 무정형한 대중이라는 참담한 전체주의사상이 숨어 있으리라고는 모두가 꿈에도 생각지 않았다." "나치스는 지도자 원리를 주장했는데, 이는 공동의 복지에 대한 개인의 공동 책임이라는 민주주의의 근본 원리와 대립하는 것이었다. ……(제1차 세계대전 종결 시의) 혁명은 전통적인 권위를 무너뜨렸으나 그것을 대신할 것, 사고와 생활상의 습관에 얽매인 인간이 신뢰를 보내고 싶어하는 것(그 위에 권위가 세워진다)을 무엇 하나 만들지 못했다. 히틀러가 독재자가 된 비결은, 그가 이를 재빨리 눈치채고 '지도자'를 갈구하는 목소리를 자신에게 끌어들인 점이다. 그는 권위를 원하는 사람들의 요구에 눈부신 성공으로 답하여, 자신의 인격에 절대적인 신뢰를 결부시켰다. 사람들은 자신들로부터 불유쾌한 공동 책임을 없애 준다고 약속해 주기만 한다면 누구에게든 이 절대적인 신뢰를 보낼 용의가 있었다." 야스퍼스가 《현대의 정신적 상황》에서 그려 보인 대중의 모습은 결코 허상이 아니었다.

전쟁 중에서 전후에 걸쳐

제2차 세계대전

획일화를 통해 국내에 전체주의 체제를 확립한 히틀러는 같은 국가체제를 지닌 이탈리아와 일본과 추축연합(樞軸聯合)을 만들고, 1939년에 별안간 폴란드 공격을 개시하여 제2차 세계대전의 불씨를 당겼다. 곧이어 이탈리아와 일본도 참전하여 영·미·프·소련 연합군을 상대로 벌인 전쟁은 아시아를 포함한 세계 각지로 번졌으며, 그 규모는 모든 면에서 제1차 세계대전을 훨씬 능가했다. 독일은 파죽지세로 폴란드와 노르웨이에 이어 프랑스를 전격작전으로 함락시켰다. 영국 본토로의 진공이 불가능함을 깨닫자, 방향을 바꾸어 소련

제2차 세계대전 독일군과 소련군의 대전차전(1943. 7)

영내로 발을 들였으나, 지구전 끝에 스탈린그라드(현재의 볼고그라드)에서 포위된 9만의 독일군이 항복할 위기에 빠지며 독일의 패세를 결정지었다. 1944년 6월 6일, 대함대의 원호사격 아래 노르망디에 상륙한 연합군은 프랑스 국내의 독일군을 제압하여 파리를 해방하고, 소련군과 함께 동서 양쪽에서 독일 국내로 돌입했다. 이듬해 1945년 봄, 히틀러는 베를린 시가전 중에 자살하고 독일군도 무조건 항복했으며, 8월에는 일본도 연합국에 항복하면서 제2차 세계대전은 종결되었다.

제2차 세계대전은 제1차 세계대전의 배가 넘는 전사자를 냈다. 전투원 이외의 일반 시민에게도 방대한 피해를 주었다. 제1차 세계대전에서 일반 시민의 사망자는 50만 명이었으나 제2차 세계대전에서는 공습이나 집단 학살, 유랑에 따른 사망자가 2000만에서 3000만으로 추정된다. 그 중에서도 으뜸가는 희생자는 유대인이다. 아우슈비츠 강제수용소 등에서 나치스에게 학살된 유대인은 모두 570만으로, 일반 시민 사망자 5명 중 한 명 꼴의 비율이다.

나치시대 야스퍼스

나치스의 지배하에서 야스퍼스는 유대인을 아내로 두었다는 이유만으로 공공 활동의 자유를 빼앗겼다. 국가권력이 대학 자치에 개입하기 시작한 1933년 이후로 야스퍼스는 대학 운영에 참가하지 못하게 되었으며, 1937년에는 교수직에서 추방되었으나 그래도 책을 낼 자유만은 남겨져 있었다. 1935년에 《이성과 실존》이 출간되었고 36년에는 《니체》, 37년에는 《데카르트와 그 철학》, 38년에는 전년 말에 프랑크푸르트에서 했던 강연이 《실존철학》으로 각각 출판되었다. 그것을 경계로 저서 출판마저 금지되면서 학자로서의 공적 활동은 완전히 봉쇄되고 말았다.

야스퍼스는 나치스 압정 시대를 묵묵히 견뎠다. 자서전에 따르면 "점점 커지는 위험 속에서 무력한 상태로 12년이라는 긴 시간 동안 방관했던" 것이다. 그동안 야스퍼스는 나치스에 대해 철저하게 진중한 자세를 지켰으며, 굳이 저항하려 하지 않았다. 점령지인 프랑스와 달리, 비밀경찰이 구석구석까지 눈을 번득이고 있는 독일에서 저항은 거의 불가능했으며, 실제로 저항한 사람들은 예외 없이 체포되어 처형되었다. 사람들은 눈앞에서 유대인이 끌려가는 것을 보고도 저지는커녕 말조차 꺼낼 수 없었다. 어찌할 수 없는 상황이기는 했으나, 야스퍼스는 자신이 그러한 사람들 중 하나라는 사실에 깊은 죄의식을 느끼며 살아가고 있었다.

《철학적 논리학》과 《철학 세계사》의 구상

암울한 나날 속에서 야스퍼스는 이전보다 더욱 사색과 독서에 마음을 쏟았다. 야스퍼스의 소원은, 《철학》 집필 이후로 점차 명확하게 의식하게 된 '포괄자'를 중심으로 두 번째 철학적 주저를 완성하는 것이었다. 《이성과 실존》이나 《실존철학》에서 언급된 것은 말하자면 그 선구이자 개요였다. 야스퍼스는 그 내용을 더욱 조직적·전체적으로 집대성하기 위해 4권으로 된 《철학적 논리학》을 쓰기로 결심하고, 언젠가는 출판되어 사람들 눈에 뜨일 것이라 믿으며 1937년 계획에 착수했다. 이 작업은 《세계관의 심리학》 시절의 젊은 혈기나 《철학》 시절처럼 자신감으로 가득한 인생의 정점에서 이루어진 것이 아니라, 하루하루 깊은 어둠 속에서 진행된 것이었다.

이것만으로도 엄청난 작업인데, 야스퍼스는 이 외에 또 다른 거대한 계획을 세웠다. 남의 손을 빌리지 않고 자기 힘만으로 철학 세계사를 쓰려 했던 것이다. 야스퍼스가 이러한 계획을 세운 동기는 다음과 같다. 첫째, 조직인 자신의 철학을 전개할 때에도 언제나 철학사 전체의 파악이 필요하다. 야스퍼스는 이미 유럽의 과거 철학에 대해 강의나 저서를 통해 대표적 인물의 사상을 접해 왔는데, 그것을 더욱 계획적으로 계통을 나누려 했다. 둘째, 야스퍼스는 하이델베르크 대학의 동양학자 하인리히 침머와 친해지면서—그는 1939년 봄에 국외로 망명했다—중국과 인도의 고전을 접하고, 유럽의 철학자뿐 아니라 공자나 부처 같은 동양의 위대한 사상가도 세계철학사 속에 포함시켜야 한다고 생각했다. 셋째, 야스퍼스는 당시의 세계 정황 아래에서 과거의 사상가를 한 사람 한 사람 음미하며, 누가 진정으로 두려움에 저항한 정신의 창조자이며, 자유 정신의 수호자였는가를 확인하려 했다. 그는 뒷날 이렇게 회상했다. "참으로 위대한 인물, 피해 갈 수 없는 인물, 중요한 인물, 이러한 구별이 내 일생의 관심사가 되었다."

대전이 끝나고 2년이 흐른 1947년, 《철학적 논리학》의 제1권이 《진리에 대하여》라는 제목으로 출판되었다. 본문만도 1,000쪽이 넘는 이 책은 허탈 상태에 있던 전후의 독일 사상계에 큰 반향을 불러일으켰고, 사람들은 야스퍼스의 출중한 정신성에 다시금 경의를 표했다. 세계철학사는 조금 늦은 1957년 《위대한 철학자들》 제1권으로 태어났다. 이 또한 1,000쪽에 가까운 큰 책이다. 이 책은 시대에 따라 철학자의 사상을 기술하는 일반 철학서와는 달리, 동서고금의 우수한 사상가를 '모범이 되는 인물' '철학을 재생시키고 기초를 닦은 자' '근원에서 사고하는 형이상학자'로 나누었다. 제1군으로 소크라테스·부처·공자·예수 그리스도라는 네 명을, 제2군에는 플라톤·아우구스티누스·칸트를, 제3군으로 아낙시만드로스·헤라클레이토스·파르메니데스·플로티노스·안셀무스·스피노자·노자·용수(나가르주나)의 여덟 명을 각각 다루고 있다. 이 형식 파괴적인 체재는 야스퍼스가 누구를 '진정으로 위대한 인물'로 여기고 있는가를 자연스레 나타내고 있다. 《위대한 철학자들》은 제1권에 이어 제2권, 제3권이 예정되어 있었으며, 다루게 될 철학자들의 이름도 이미 예시되었으나 이 책들은 《철학적 논리학》 제2권 이후와 함께 생전에 세상에 나오지 못했다.

전후의 대학 재건에 힘쓰다

1945년 4월 1일, 하이델베르크는 미군에 점령되었다. 야스퍼스는 나치스가 같은 달 14일에 예정했던 강제 이송을 받기 직전에 구출된 것이다. 그는 "그때 나는 하룻밤 사이에 세상이 뒤바뀌는 동화 세계에 있는 듯한 느낌이었다"고 감개무량하게 말했다. 자유의 몸이 된 야스퍼스는 쉴 틈도 없이 점령군이 맡긴 대학 재건에 착수했다. 비나치스 당원으로 구성된 재건위원회는 대학의 새로운 강령을 작성하고, 8월에 의학부를 재개했으며, 학장 사무를 대행하고 있던 야스퍼스를 대신하여 공선(公選) 학장이 취임했다. 야스퍼스는 그날의 감격을 이렇게 기록하였다.

"12년이 지나 우리는 겨우 다시 자유롭게 학장을 선출했다. 우리에겐 우리의 학장이 있다. 오늘, 의학부의 수업이 시작된다. 오늘은 우리의 대학의 위대한 날이다. ……이는 붕괴에 따른 휴지(休止) 뒤의, 그리고 대학에 12년 동안 강제된 황폐 뒤의 새로운 출발이다." 야스퍼스는 의학부의 재건에 임하여 '대학의 부흥'을 강연했다. "의학을 지지하는 두 개의 기둥은 과학성과 인간성이다. 이 두 기둥이 단단히 자리잡기만 했더라면 나치즘의 의학 개입은 일어나지 않았을 것이다. 나치즘은 비과학적인 인종이론으로 인간성을 짓밟았다. 과학성과 인간성은 서로 상대를 추구한다. ……과학성과 인간성은 뗄 수 없이 맺어져 있다. 과학이 등한시되면 환상과 미망이 신조로 떠오르며, 그로 인해 방황하는 자는 신을 버리고 광기에 사로잡힌다. 비과학성은 비인간성의 지반이다."

독일인의, 전쟁 죄에 대한 반성

이어서 가을에 철학부가 재개되어, 야스퍼스는 대전 중의 독일인의 죄를 주제로 강의를 했다. 그 무렵에는 전세계가 전쟁 중에 자행된 나치즘의 죄과를 비난했고, 그러한 나치즘을 낳은 독일 국민을 탄핵했다. 전승국은 물론 중립국의 국민, 나아가 망명 독일인들조차 독일과 독일인을 증오하고 경멸하며, 처벌과 보복을 원했다. 독일인 스스로도 자신감을 잃고 죄의식에 사로잡혀 있었다. 이러한 상황 속에서 야스퍼스가 강의 주제로 독일인의 죄 문제를 선택한 것은, 그의 사색이 여전히 현실과 밀착되어 있음을 증명한다.

이 강의에서 야스퍼스는 죄를 4가지로 구별했다. 형사상의 죄, 정치상의 죄, 도덕상의 죄, 형이상학적인 죄이다. 야스퍼스는 먼저, 나치스 정권의 지도자들이 명백히 형사상의 죄를 범했음을 인정했다. 국제군사재판소가 규정한 범죄, 즉 침략전쟁 계획과 수행이라는 '평화에 대한 범죄', 포로 학살과 재산 약탈 등 전쟁법규 침해라는 '전쟁 범죄', 비전투원인 일반 시민에게 가

하이델베르크

한 살해와 이송 등의 '인간성에 대한 범죄' 등이다. 이러한 범죄를 저지른 지도자들은 공정한 재판관을 통해 처벌되어야 하며, 일반 독일인은 그들의 피해자로서, 비록 국제 재판이 독일 국민의 굴욕과 치욕으로 느껴지더라도 재판 자체의 정당성은 인정해야 한다. 하지만 야스퍼스는 뉘른베르크 재판이 결과적으로 승자가 패자를 패자로 재판했을 뿐인 '겉치레에 불과한 재판'으로 끝나자 크게 실망한다. 재판은 그가 기대했던, 세계법에 근거한 공정한 세계를 수립하지 못했던 것이다.

일반 독일인은, 형사상의 죄를 범하지 않았다고 하여 정치상의 죄도 범하지 않은 것은 아니다. 나치스에 의해 범죄가 이루질 때 독일인은 모두 그 국가의 국민이었다. 독일국의 이름으로 이루어진 범죄에 대해서는 모든 국민이 정치적인 책임을 져야 한다. 그러나 그보다 더 큰 문제는 도덕상의 죄이다. 도덕적 양심이 있으며 속죄를 아는 사람들은 많건 적건 전쟁 중의 자기기만에 대한 죄를 고백할 수밖에 없을 것이다. 나치즘을 부분적으로 긍정하고 어중간한 태도로 때로는 그것에 순응하며 살아온 사람은, 실수로 나치즘에서 이상을 발견하고 최선을 바라며 헌신한 사람보다도 훨씬 도덕적인 죄가 무겁다.

그러나 자기의 행위를 아무리 반성해 보아도 도덕상의 죄를 발견할 수 없다면 어떨까. 나치즘에 대한 저항을 원하면서도 저항할 수 없었던 사람도 있다. 그것을 도덕상의 죄라고 할 수는 없다. 도덕은 어떤 목적 달성을 위하여 생명을 위험에 빠뜨리는 모험을 요구할 수는 있어도, 목적 달성이 불가능한 파멸을 요구하고, 무의미하게 생명을 희생하라고 명령하지 않기 때문이다. 그러나 거기에는 다른 죄가 있다. 야스퍼스는 이를 형이상학적 죄라 불렀다. 도덕적으로 의미 있는 요구가 모두 바닥난 뒤에도 형이상학적 죄는 여전히 남아 있다.

그리고 이 죄의 원천은 사람들 사이에서 인간으로서의 절대적인 연대성이 확립되지 않는다는 점에 있다. 야스퍼스는 이렇게 고백한다. "살아남은 우리는 죽음을 택하지 않았다. 우리의 친구인 유대인이 납치되었을 때 거리로 뛰쳐나가 외치며, 자신도 그들과 함께 죽을 수 있다는 위험을 무릅쓰지 않았다. 우리가 죽는다고 하여 어떻게 되진 않을 것이라는, 옳지만 연약한 이유를 붙여 살아남는 길을 선택한 것이다. 우리가 지금 살아 있다는 것이 우리의 죄이다."

인간은 인간인 이상 죄를 피할 수 없다. 죄는 인간의 한계 상황의 하나이다. 야스퍼스가 이전부터 인간의 불가피한 제약으로서 생각했던 죄는, 제2차 세계대전을 체험하면서 인간의 연대성 결여라는 형태로 굳어졌다. 대전 중의 죄를 의식하고 그로 인해 재생한 인간은, 이제 단순한 한 독일인으로서가 아니라 세계 시민으로서 행동해야 한다. 편협한 민족주의가 아니라 세계주의가, 지구상의 모든 인간을 포괄하는 공통된 휴머니즘이 처음으로 인간의 장래를 약속한다. 전후의 야스퍼스의 역사와 정치에 대한 사색은 모두 이 휴머니즘을 둘러싼 것이며, 그것을 지상에 현실로 실현시키기 위한 호소였다.

스위스 바젤로 이주, 그곳에서 죽음을 맞다

1947년 7월, 야스퍼스는 스위스의 바젤 대학에 초빙되어 '철학적 신앙'이라는 제목으로 5회의 객원 강의를 했다. 그리고 그것을 인연으로, 이듬해 48년의 오랜 세월 정들었던 하이델베르크를 떠나 바젤 대학의 교수로 취임했다. 이후로 1961년에 마지막 강의를 할 때까지 바젤 대학의 강단에 섰던 야스퍼스는, 퇴직 후에도 그곳에 정착하여 1969년 2월 26일, 조용한 스위스의 도시에서 86세로 생을 마감했다. 제2차 세계대전 중에도 독일인임을 긍지로 여기며 국외 망명 권유에 귀를 기울이지 않았던 야스퍼스, 그러한 그가

베를린 장벽(1961. 8) 제2차 세계대전의 패배로 독일은 연합국인 미·영·프·소련이 나누어 관리하였는데, 이때 동·서 베를린 즉 동독과 서독으로 분단되었다. 이 장벽은 1989년 11월 자유왕래가 허용되면서 철거되었다.

왜 독일을 떠나 스위스로 향했으며, 거기서 만년의 20년을 보냈을까.

야스퍼스는 자서전에서 두 개의 독일에 대해 이야기했다. 진정으로 독일적인 것은, 독일어와 독일어로 나타난 정신 생활, 독일어로 전달되는 종교적 윤리적 현실 속에만 보존되어 있다. 프러시아와 프러시아를 중심으로 건설된 독일 제국이라는 정치적 국가는 부차적인 의미에서 독일적일 뿐이며, 세계사적으로 보면 매우 짧은 에피소드에 지나지 않는다. 게다가 그것은 중세에서 유래된 제국사상을 두른 저주스러운 부실함의 산물이며, 야심과 방만함으로 가득하고, 그렇기 때문에 파국에서 파국으로 향하는 비참한 역사를 걷고 있는 것이다. 그런 뜻에서 진정 독일적인 것은, 구 제국령 내의 독일 국가가 아니라 오히려 독일어를 사용하는 스위스에 남겨져 있다. 바젤에서 태어나 바젤에서 죽은 역사학자 부르크하르트는, 스위스 인이 독일인임을 가르치는 것이 자신의 사명이라고 말했다. 야스퍼스가 하이델베르크에서 바젤로 옮긴 이유는 여러 가지 있겠지만, 가장 큰 이유는 아마도 이러한 점에 있지 않을까. 야스퍼스는 결코 독일을 버린 것이 아니라, 오히려 진정 독일적인 것을 찾아 이주했다고 볼 수 있다.

그렇게 보면 야스퍼스가 전후의 점령 정책에서 분열될 수밖에 없었던 동서독일의 재통일론에 왜 반대했는가도 납득할 수 있다. 1960년 8월, 야스퍼스는 서독의 텔레비전에서 재통일 문제를 논하면서, 서독은 동독 국민이 스스로의 힘으로 자유를 획득하지 않는 이상 동독과의 재통일을 요구해서는 안 된다고 주장했다. 이는 재통일을 원하는 일반 독일인의 국민 감정을 상하게 했다. 그러나 야스퍼스는, 동서 독일은 이제 체제를 달리한 두 개의 국가로, 현 상태에서의 원칙 없는 재통일을 바라는 것은 구 비스마르크 국가에 대한 향수일 뿐이며, 만일 독일이 재통일로 구 판도를 회복한다고 한들 진정으로 독일적인 것이 회복되는 것은 아니라고 생각했다.

또한 그는 1966년에 "연방공화국(서독)은 어디로 가는가?"라는 문장을 기초로 서독 정부의 권위주의적 관료 체제를 비판했다. 정부는 동독의 공격에 대비하여 각종 비상사태법을 구상하고 있었는데, 그 내용도 그렇지만 구상 자체를 국민에게 알리지 않고 비밀리에 진행했던 점에 문제가 있었다. 그 무렵 서독에는 국가를 적대하는 극좌나 극우의 세력은 거의 없지만, 그 과두정당제는 국민에게 정보를 주지 않는 국민 멸시의 정치체제이며, 결국 야당을 포함한 모든 정당제로 번져나가 국민에게 신민으로서의 복종을 요구하는 권위주의적 국가로 성장할 것이다. 비록 군주나 독재자가 없어도 현재의 연방공화국은 독일제국의 구체제로 회귀하는 경향을 보이고 있다. 야스퍼스가 이렇게 서독의 국가체제를 신랄하게 비판한 것은, 역시 진정으로 독일적인 것에 대한 애착과 그것을 구하고 싶다는 의지가 작용하고 있었기 때문이다. 야스퍼스는 막스 베버와는 또 다른 의미에서의 순수한 독일인이었으며, 독일적 영혼의 소유자였다.

전후의 야스퍼스의 활동에 대해서는 1946년의 마르크스주의자 루카치와의 유물론과 실존주의를 둘러싼 논쟁이나, 1954년에 신학자 부르트만과의 성서의 비신화화 문제에 대한 논쟁 등 기록으로 남긴 것도 있다. 그러나 다음 장부터는 야스퍼스의 '사상'에 대하여 살펴보면서 먼저 중심적인 그 철학 사상부터 둘러보도록 한다.

Ⅱ. 야스퍼스의 사상

야스퍼스 철학

실존에서의 철학

'실존'이라는 개념과 그 역사적 배경

야스퍼스의 철학은 하이데거나 사르트르나 마르셀의 철학 등과 함께 일반에게는 실존철학이라든지 실존주의의 철학이라고 불린다. 이미 언급한 바와 같이 야스퍼스 자신은 그 자신의 철학에 실존주의라는 레테르가 붙는 것을 좋아하지 않았지만, 그러나 《실존철학》이라는 서적이 있는 것처럼 '실존'이라는 개념이 야스퍼스 철학의 중심 개념이라는 것에는 의심할 여지가 없다.

야스퍼스의 '실존'은 간단하게 말하면, 개체로서의 자신에 대해 진실로 눈을 뜬 인간, 요컨대 자신이 타인과 대치 불가능한 존재라는 것을 진실로 깨달은 인간만을 뜻한다. 실존은 독일어로 엑시스텐츠(Existenz)이며, 이것은 종래 철학 용어에서는 본질(에센티아=어떤 것이 어째서 있는가라고 할 때의 '어째서')에 대하여 존재(엑시스텐티아=어떤 것이 존재한다는 그것)를 의미하고, 인간 이외의 동물도 식물도 무기물도 모두 실존하는(존재하는) 것이 된다. 즉 존재하는 것은 모두 '본질'과 '실존'(존재)으로 이루어지며, 예를 들어 사르트르가 인간에게는 실존이 본질에 우선한다고 하는 경우, 실존이라는 말은 그 전통적 용법에 바탕하여 사용된 것이다. 그러나 야스퍼스는 사르트르와 다르게 나무의 뿌리나 커터 칼과 같은 물건에 대해서는 그것이 '실존한다'고 하지 않는다. 야스퍼스의 경우, 실존은 어디까지나 개별적 인간만의 고유한 존재 방법이다.

그리고 야스퍼스가 실존을 이렇게 특별히 인간에 한정해서 쓰는 것은 키에르케고르의 영향이다. 키에르케고르는 절대 정신의 입장으로부터 개인의 실존(존재)을 무시하고 보편적인 본질만을 문제로 삼는 헤겔의 철학에 반항하여 진리는 어디까지나 실존하는 개인의 주체성에 있다는 것을 강조했다. 키에르케고르에 의해 '진리를 묻는 것은 실존하는 정신'이며, '진리를 묻는 자는 자기가 실존하는 단독 인간이라는 것을 인식하고 있다'라고 한다. 지금 키에르케고르가 실존철학의 아버지라고 불리는 것도 이러한 이유 때문이나, 덴마크 인이었던 키에르케고르의 사상은 그 생전에는 독일에 거의 알려지지 않았다. 야스퍼스의 말에 따르면, 1909년 이후에 간행되었던 슈렌프의 독일어 번역본 전집을 통해 처음으로 키에르케고르의 전체를 알게 되었다고 한다. 야스퍼스가 1913년에 《키에르케고르》를 읽고, 그때부터 결정적인 영향을 받은 것 뒤에는 이러한 역사적 배경이 있었다.

'실존'의 세 가지 규정

야스퍼스의 '실존'으로 돌아가도록 하자. 야스퍼스는 《철학》의 서론에서 그 실존을 더욱더 자세하게 규정하였다. (1)'결코 객관이 되지 않는 것', (2)'내가 사고하고 행동하는 근원', (3)'자기 자신에게 관계되고, 또한 그것의 범위에서 초월자와 관계되는 것.' 여기에서는 그 세 개를 규정한 손을 빌려 야스퍼스의 '실존'과 그 '실존철학'의 성격을 살펴보고자 한다.

먼저 첫 번째로 내가 그것이라는 실존은 결코 나의 객관이 아니다. 실존을 눈앞에 있는 사물과 같이 객관이나 대상으로 인식하는 것은 불가능하며, 또한 개념만으로 충분하게 규정하는 것도 불가능하다. 야스퍼스에 따르면 '실존'이라는 말조차도 "어떤 개념이 아니라 '일체의 대상성의 피안(彼岸)'을 지시하는 지표"에 불과하다는 것이다. 따라서 실존은 사물을 객관화하고 대상화하여 받아들이는 개별 과학의 대상에는 결코 해당되지 않고, 또한 그러한 과학적 인식을 모범으로 하는 과학적인 철학을 통해 자각되는 것도 아니다. 실존은 인간을 동물의 일종으로 대상화하는 인류학과도, 또한 인류학의 지식을 섭취하여 그것에 철학적 반성을 가하는 철학적 인문학과도 인연이 없는 존재이다. 실존은 이러한 견해에서 보자면 무(無)와 같고, 그것을 있는 것으로 하는 것은 허망할 뿐이다.

실존이 객관으로 파악되지 않는 것은 앞서 두 번째 규정에서 말한 것과 같이 실존이 그야말로 '내가 사고하고 행동하는 근원'이기 때문이다. 나는 예를 들면 자신의 존재를 동물의 것과 같은 유기적 생명으로써, 또는 과학적인 일반적 진리를 배우거나 탐구하거나 하는 의식일반으로써, 또는 전체적인 진리에 도달하려는 정신으로써 대상화할 수 있다.

다만 자기의 존재는 그러한 대상적으로 파악되는 어떤 존재와도 다르며, 그것들을 모두 합친 것과도 다르다. 스스로 그러한 존재로서 파악되는 나의 존재는 생명도 인식 일반도 정신도 아니다. 다시 말하면 대상화에 따라 의식되는 존재의 어느 것도 내 존재의 궁극의 근거가 되지 않는다. 그리고 야스퍼스가 실존이라는 지표에 따라 지시하는 것은 이 '자기 존재의 암흑의 근거'인 것이다.

장 폴 사르트르(1905~1980)
프랑스의 소설가·극작가. 실존주의 대표적 사상가

반면에 실존이 사고와 행동의 근거라는 규정을 통해 야스퍼스의 실존철학이 어떠한 성격의 철학인지가 명확해진다. 즉, 야스퍼스의 실존철학은 무엇보다도 먼저 '실존으로부터의 철학'을 실존에 기초한, 실존으로부터 발생한 사색을 의미하는 것이며, 예를 들면 법철학이 법에 대해서 철학하는 것이고, 과학철학이 과학에 대해서 철학하는 것이라고 해서 실존철학이 실존에 대해서 철학하는 것을 의미하진 않는다는 것이다. 실존은 원래 대상이 될 수는 없으므로, 의식일반 등의 입장에서 실존에 대해서 철학하는 행위는 무의미한 실험일 것이다. 실존으로부터의 철학으로서 실존철학이 원하는 것은 비대상적인 실존을 대상화하여 인식하는 것이 아니라, 자기의 암흑 같은 근거인 실존을 스스로 조명하면서 자각하는 것이고, 이를 통해서 자신의 실존이 그야말로 실존한다는 의의를 확인하고 타방, 타인의 실존에도 그것을 호소하여 타인 쪽에서 그것을 자각할 수 있게 하는 것이다. 실존철학은 이러한 성격을 지닌 철학으로서 그것 자신이 실은 하나의 '행위'라고 해도 좋을 것이다. 야스퍼스의 실존적 사색의 의도는 예를 들면 《존재와 시간》에서의 하

키에르케고르(1813~1855)
덴마크의 종교철학자. 실존주의 철학 창시자

이데거와 같이 인간존재의 분석을 통해서 존재의 의미를 밝히려고 하는 것이 아니고, 실존조명이라는 방도를 통해 '인간 자신이 본디 무엇인가 하는 것을 상기시키고 각성시킨다'라는 것이다. 이것은 야스퍼스가 반복하여 강조하는 점이다.

그러면 대상으로서 파악되지 않고, 과학적 입장에서는 무에 지나지 않는다고 생각되는 실존이 딱 들어맞게 현실에 존재한다(실존이라고 하는 한국어는 원래 '현실 존재'라고 하는 말을 줄인 것이다)는 것에 대해 야스퍼스는 어떤 의의를 부여할까. 여기에서 우리는 앞서 보았던 세 번째 규정으로 돌아가 보자. 즉 실존은 그저 자기에게만 관계되는 존재가 아니고, 그것의 범위에서 그것을 통해서 초월자와도 관계하는 존재이다. 야스퍼스의 생각에는 자기 존재의 궁극의 근거인 실존도 실은 그것만으로 자립적으로 존재할 수 있는 근거는 아니다. 실존은 더욱 하나가 되는 초월자의 지지를 받는 것이며, 따라서 스스로 그러한 초월자에게로 귀의하는 관계가 되는 것을 진실로 자각할 때 말하자면 처음으로 실존하게 되는 것이다. '내가 실존하는 것은 힘으로써 초월자와 같은 앎에 가까워지는 것밖에 없으며, 그 힘에 의한 내가 본래적인 나 자신이다.'

실존은 초월자를 향하여 마주볼 때에 처음으로 현실이 되고, 역으로 초월자는 실존에 대하여 처음으로 현실이 된다. 초월자의 존재를 지금까지 확인하지 못한 실존—말하자면 그 과정에 있는 실존, 초월자와 면한 현실의 실존에 대하여는 가능적 실존이라고 칭해야 할 것이다. 실존과 초월자와의 관계는 이제까지 우리가 현실이라고 해왔던 지평과는 전혀 별개로 한 개의 새로운 지평에서 성립하는 것이며, 그 지평이야말로 본디 현실의 지평이며, 그 지평에서만이 양자는 본래적인 현실이 되는 것이다.

키에르케고르는 인간은 단독자(單獨者)가 되는 것으로 처음으로 신과 마주할 수 있다고 주장했다. 실존이 초월자와의 관계에서 처음으로 현실이 된다는 야스퍼스의 사상은 그런 면에서도 명확하게 키에르케고르의 사상과의 친근성을 보인다. 사르트르는 《실존주의는 휴머니즘이다》에서 실존주의를 두 개로 나누어 마르셀과 야스퍼스를 유신론적 실존주의자라 하고 자신과 하이데거를 무신론적 실존주의자라고 했으나, 이 구별이 바른지 어떤지는 다른 문제로 접어 두자. 어쨌든 야스퍼스와 사르트르 사상의 근본적인 차이는 인간을 넘은 신적인 초월자를 인정하느냐 부정하느냐 하는 것이다. 그리고 그 차이는 키에르케고르와 니체의 차이와도 같다고 할 수 있다.

마르셀(1889~1973)
프랑스의 철학자·극작가·비평가. 최초의 프랑스 실존주의 철학자

앞서 밝힌 것과 같이 야스퍼스가 실존주의자라고 불리는 것에 저항을 표한 까닭은 초월자의 존재를 부정하는 사르트르의 실존주의에서 자신의 철학을 엄격히 구별하기 위해서였다.

철학 과제로서의 '존재 탐구'

야스퍼스가 실존을 기본적으로 어떻게 생각했는지 다시 한 번 확인하기 위해 첫 번째 저서 《철학》으로 돌아가 여기에서 서술하는 내용의 의미를 생각해 보기로 하자. 먼저 그 '서론'에도 있으나 그것은 4부로 갈라져서 '존재의 탐구', '가능적 실존에서 철학을 하는 것', '분절화 원리로 초월하는 것의 양태', '철학하는 것의 영역 개관'이라는 표제가 각각 붙어 있다. 이 중에서 '가능적 실존에서 철학'이라고 하는 것의 의미는 벌써 밝혀졌다. 야스퍼스의 실존철학은 현실이 되기를 목표로 삼은 가능적(可能的) 실존에서의 철학이다. 그러면 '존재의 탐구'라는 것은 무엇을 의미하고 그것은 또한 '실존에서의 철학'과 어떤 관련이 있을까.

존재라는 것은 무엇인가, 이것은 철학이 예로부터 계속 던져왔던 질문이다. 대체 어떤 것이 존재할까, 즉 그것이 있다는 것은 무엇이며, 어떤 의미일까. 플라톤은 《소피스테스》에서 말했다.

"……그렇다는 것은 너희가 '있다'는 말을 할 때 그것이 대체 어떤 의미인지 이전부터 계속 물론 잘 알고 있다는 말이다. 우리도 이전에는 그것을 잘 알고 있다고 생각했다. 하지만 지금에 와서는 전혀 모르겠기 때문에 답답한 것이다."

일상에서 우리는 '있다'라는 것이 무엇이냐고 질문을 던지지는 않는다. 책상 위의 라이터를 보고, 그 라이터가 '있다'는 것은 무엇이냐 같은 질문은 하지 않을 것이다. 만약 묻는다면 "있으니까 있지"라든지 "보이잖아" 정도의 대답이 돌아올 것이다. 그러면 '있다'라는 것은 '보인다'는 것일까. 공기는 보이지 않기 때문에 '없다'인 것일까. 아니다. 직접으로는 보이지 않더라도 여러 가지 실험을 해보면 '있다'는 것을 알게 된다고 할지도 모른다. 그러면 실험으로 확인할 수 없는 것은 예를 들면, 수학 정리가 '있다'라든지, 이 그림에 미가 '있다'라든지, 신이 '있다'와 같은 것은 어떻게 되는 것일까. 더욱 말하자면 이것들은 모두 '있다'는 무엇인가 공통의 의미를 지니는 것일까, 그렇지 않은 것일까.

이렇게 단적인 존재를 묻는 학문은 '존재론'이나 '형이상학'이라고 불리는데, 과거부터 철학의 중심 부문을 이루었다. 근세가 되면서 철학의 관심은 존재란 무엇인가 하는 것보다도 존재에 대한 우리의 인식이 어떻게 성립되었는가 하는 것을 문제로 삼는, 말하자면 '인식론'으로 옮겨갔다. 그러나 그것은 존재란 무엇인가 하는 난문이 벌써 해결됐기 때문이 아니다. 19세기 말부터 20세기 초에 걸쳐서 유행한 신칸트 학파의 철학은 인식론을 중심으로 하지만 제1차 세계대전 무렵을 전환기로 삼아 다시 한 번 존재란 무엇인가 하는 것을 구하는 목소리가 철학 속에서 생겨나고 있다. 철학 내부에서의 이러한 사건은 '형이상학에 대한 반전'이라고 일컬어지는데, 야스퍼스나 하이데거의 실존철학도 그 반전의 계열에 속해 있다. 하이데거는 《존재와 시간》의 서두에서 먼저 《소피스테스》의 한 부분을 인용하여 그것과 연결해서 이야기를 하고 있다. "'있다'라는 말에서 우리가 본래 무엇을 생각하는가 하는 질문에 대하여 지금 우리는 어떤 답을 가지고 있는 것일까. 결코 가지지 않았다. 그렇기 때문에 존재의 의미를 묻는 질문을 다시 한 번 생각해 보아야 한다."

존재의식의 변혁과 그 방법

그러면 야스퍼스는 '존재의 탐구'라는 것으로 무엇을 갈구했던 것일까. 그것은 하이데거가 《존재와 시간》에서 의도한 것과 같은 존재의 의미를 해명하는 것이 아니라, 우리의 '존재인식의 변혁'이다. 즉 실존에서의 철학에 대한 사색은 '나의 존재의식을 변혁하는 사색'인 것이다. 그것은 파고들어보면 나는 존재한다(실존한다)라는 궁극의 의미를 자각시키기 위한 사색이며, 내가 본디 그러한 것이라는 실존을 찾기 위한 사색이라고 말할 수 있을 것이다. 존재의식의 변혁이라고 해도 그것은 먼저 잘 모르지만 무엇인가라고 하는 대상이 존재하고, 다음으로 그 존재에 대해서 의식을 하고, 그 의식을 변혁시키는 것이 아니다. 그것이 아니라 존재의식의 변혁은 그야말로 전체로써 하나인 '내적 행위' 즉 실존 자각으로서의 실존에서 철학하는 것, 그것을 말하는 것이다. 따라서 야스퍼스는 다음과 같이도 말하고 있다. "철학한다는 것의 의미는 그것으로는 말로 표현할 수 없는 독자의 사색, 즉 존재의식 그것이다." 야스퍼스의 '존재의 탐구'가 '실존에서의 철학'과 다름없다는 것은 이상으로 명백해진다.

그런데 《철학》에 따르면 그 존재의식 변혁의 구체적인 방법이 서론 제3부의 표제인 '초월하는 것'이다. 초월이란 일체의 대상성을 넘어서 비대상적인 것으로 넘어간다는 뜻이다. 하지만 이것은 우리의 주체라는 쪽에서 보자면, 개개의 대상에 관계하는 어떤 일상적 또는 과학적인 대상인식의 위치에서 먼저 그것들 대상을 전체적으로 포괄하는 고차적 자각의 위치로 넘어가는 것이다. 초월적인 '철학하는 것'은 이렇게 개개의 대상 인식에 관계하지 않고, 그 자신은 비대상적이지만 우리의 개개의 대상으로의 태도를 전체적 근본적으로 규정하는 것에 관계한다. '존재인식과 사물에 대한 내적 태도의 변혁'은 이러한 초월로 가능하고 또한 수행되는 것이다. '초월함으로써 나의 의식 태도가 지금까지와는 다른 것이 되며, 내 속에 하나의 충격이 생기고 그것이 여러 가지 대상에 대해 나의 태도를 최초로 그저 형식적이지만 변혁하는 것이다.'

철학은 과학이나 기술과 달리 무언가 눈에 보이는 구체적인 연구 결과라는 것을 만들어 낼 수 없다. 철학하는 것은 그 의미로 보면 극히 비생산적인 연구라고도 할 수 있다. 생산성이나 실효성이 중시되는 현대 기술 사회에서 특히 철학의 불모성이 공격받는 것은 사실 이러한 실효성의 관점 때문이다. 성과라고 하면 야스퍼스가 정신의학을 연구했던 시대의 에피소드 하나를 소개하겠다. 주임 교수 니슬과 복도에서 스쳐지나갈 때, 니슬은 언제나처럼 "뭐 성과가 있었어?"라고 물었다. 그러나 그때 야스퍼스의 뇌리를 번개처럼 스친 것은 어떤 성과도 없지만 유의적인 사색이라는 것이 존재한다는 것이었다. 물론 그 시절의 야스퍼스는 아직 철학을 자신의 업으로 생각하지 않았으나, 이러한 번뜩임은 벌써 야스퍼스가 모든 것을 과학적이 아니라 철학적으로 생각하기 시작했음을 암시하는 부분이다.

제1권《철학적 세계정립》

야스퍼스《철학》의 본론은 존재의식 변혁을 꾀하며 '하나의 "초월하는 것"을 체계적으로 수행'하는 것이다. '하나의'와 같이 이것은 야스퍼스 자신이 시험한 초월의 방법이며, 모두가 다 이 방법에 따라야 하는 것은 아니다. 달리 말하면 우리는 이 야스퍼스의 초월의 길을 하나의 절대적인 것으로 고정하여 이해해서는 안 되며, 요컨대 그것을 스스로 초월하는 경우 한 개의 참고로 삼으면 된다는 것이다. 실존에서 철학한다는 것은 어떤 실존철학을 교설로서 배우는 것이 아니라 어디까지나 자신의 실존으로부터 사색하는 것이기 때문이다.

더 간단하게 요약하자면《철학적 세계정립》이라는 표제를 단 제1권에서는 우리의 일상적인 경험적 지식이나 과학적인 대상인식의 기반이 되는 '세계'에 대한 초월이 행해진다. 세계는 우리가 생명을 지닌 '현존재'로서 존재하는 경우 유일한 의지처이며, 따라서 우리가 현존재인 한에는 유일의 현실로 보인다. 하지만 세계에 대해서의 초월적 사색에서는 그 세계가 결코 완결된 전체가 아니라는 것이 명백해진다. 예를 들면 과학은 세계 인식을 할 경우에 원리적으로 넘을 수 없는 한계를 지니고, 또한 그런 과학의 처지를 넘어서 완결된 세계상을 그리려고 시험하는 실증주의나 관념론의 철학도 결국 스스로 정합성(整合性)을 갖추기란 불가능하다. 즉, 세계가 '세계는 존재의 모든 것이며 과학적 인식은 현실성의 전부이다'라는 태도를 초월적 사색을 통해 유지하기는 곤란하고, 여기에서 세계에 전부 의존하는 현존재의 존재의식은 변혁의 발걸음을 한발 내딛는 것이며, 계속해서 초월적 사색은 세계 존재에서 삭제할 수 없는 실존에 대하여 시험하며 제2권의《실존조명》으로 옮기게 된다.

그런데 야스퍼스가 실존의 문제는 차치하고 먼저 과학적 세계인식의 문제부터 출발하는 것은 그 나름의 의미가 있다고 해야 한다. 즉 그것은 철학과 과학을 명확하게 구별하고, 이를 통해 양자의 독립성과 진정성을 보증하기 위해서이다. 과학은—막스 베버도 주장한 바와 같이—모든 사실에 대해 가치판단을 하고, 그것이 사실의 어느 정도에 존재하는 것인지를 명확히 하기 위해서 스스로의 독립성과 진정성을 확보한다. 과학적 인식은 인생에 대해서 어떤 목적을 나타내는 것은 불가능하지만 그렇기 때문에 만인에게 공통된 과학적 진리를 제공할 수 있는 것이다. 그러나 그 과학적 인식은 어디까지나 전진하는 것으로 결코 완결된 세계상을 주지는 않는다. 만약 과학이 스스로 취한 세계상을 주는 것이 가능하고, 인생의 의미를 그에 따라 표하는 것이 가능하다고 생각한다면, 그 과학은 벌써 그것이 지닌 진정성을 포기한 것이다. 역으로 또한 만약 어떤 철학이 스스로를 과학적이라 부르고 인생의 의미를 과학적, 객관적으로 명시하는 것이 가능하다고 생각한다면, 그 철학 또한 과학성을 표방함으로 철학으로서의 순수성을 상실하는 것이 된다. 과학이 철학적으로 생각되는 것, 철학이 과학적으로 생각되는 것은 모두 독단이다. 더욱이 철학은 과학이 인생의 목표를 표시해 주지 않는다고 해서 과학을 적시하거나 무시해서는 안 된다. 철학은 과학의 한계를 넘어서는 것이긴 하나, 과학을 무시하는 악의적인 비과학적 사변에 빠져서는 안 된다. 한때 과학자였던 야스퍼스는 《실존조명》에 앞서서 먼저 철학과 과학의 관계를 밝히고, 과학에게 그 위치를 정해줌과 함께 철학이 나아가야 할 방향을 제시했다.

아리스토텔레스(BC 384~322)
그리스의 철학자

제2권 《실존조명》

제2권 《실존조명》은 먼저 '자아 바로 그것'에 대해서 고찰한다. 다음으로 본래의 자아인 실존을 구성하는 '교제'라든지 '역사성'이라든지 '자유'의 문제의 내부에서 실존으로 비추어 내려고 한다. 벌써 언급한 바와 같이 《철학》에서의 사색은 모두 실존에서의 사색이며, 그 의미에서 《철학》은 전체로써 실존조명이라고 말할 수 있다. 그러나 이 제2권에서는 특히 실존이란, '자기 자신의 주위를 둘러싸고' 있으면서 '자기의 사유된 가능성에 관계한다'는 것,

말하자면 협의에 대한 실존조명이 수행되는 것이다. 거기에서 '교제'란 실존이 결코 하나하나가 따로 따로 독립된 것이 아니고 개개의 실존 상호 간에 관계하는 '사랑을 동반한 투쟁' 가운데 실존하는 것이다. '역사성'이란 세계사와 다른 운명으로서의 역사라든가, 그 속에서 실존이 참으로 실존할 수 있는 '때'인 '영원의 현재'로서의 '순간'이다. 그리고 '자유'란 실존의 자유가 참으로 초월자에게 결박당한 운명적 필연성과 하나가 되는 것으로 각각 조명된다. 벌써 이것들을 조명함으로써 실존이 독립된 자기 충족적인 것이 아님이 밝혀졌으나, 더욱 실존의 유한성을 철저히 자각하고, 초월자에 대한 실존비약을 촉구하는 것이 '한계상황'의 조명이다.

앞서 언급한 바와 같이 한계상황이라는 생각은 벌써 《세계관의 심리학》 속에 등장한다. 그리고 거기에서는 한계상황을 정신유형의 분류에 관해서 말했으나, 《철학》에서는 실존의 자각을 촉구하는 가장 중요한 계기로 명시된다. 즉 죽음, 고민, 싸움, 죄는 '우리가 뛰어넘을 수도 변화할 수도 없는 상황'—한계상황이며, 실존은 그 상황과 맞닥뜨렸을 때 스스로의 유한성에 절망하는 것과 동시에 초월자가 주재하는 진실한 현실에 눈을 돌리고 그리하여 존재의식을 변혁해 가면서 본디의 자기 존재로 회상한다. 《세계관의 심리학》에서 키에르케고르가 선택한 길로서 간접적으로 언급되었던 것이 여기에서는 확실히 야스퍼스 자신이 선택한 길로써 천명되고 있다. 야스퍼스는 또한 《철학입문》이라는 글에서 아리스토텔레스의 '놀람'과 데카르트의 '회의'에 더해서 한계상황에서의 좌절과 상실의 의식을 '철학하는 것'의 근원으로 가르치고 있다. 이것으로도 밝혀지는 것처럼 한계상황의 자각은 야스퍼스에게 실존의 사색을 향해가는 주요한 동인(動因)이 된다.

제3권 《형이상학》

《철학》은 《실존조명》에 이어지는 제3권 《형이상학》에서, 초월자가 스스로를 어떤 모양으로 실존에게 개시(開示)하는가를 문제로 하여, 초월하는 것의 최종단계인 '암호해독'에 도달한다. 즉, 존재의식의 최종적인 변혁에 대응해서 모든 사상은 초월자의 '암호'가 되고, 세계는 '암호의 세계'가 되며, 실존은 그들 암호의 해독이라는 형태로 그 자신은 볼 수 없는 초월자의 현실을 인식한다. 암호는 또한 실존이 들을 수 있는 초월자의 '말'이라고도 할 수 있으며, 그것은 실존의 절대의식에 그저 순간적으로 전달되는 초월자의 직접적인 말과, 신화나 계시나 예술에서 보이는 실존 상호 간에 전달 가능한 말과, 철학적 전달이 가능한 사변적인 말로 분류된다. 이들 말은 각각 제1, 제2, 제3의 말이라고 불린다. 초월자의 현실은 그저 제1의 말에서만 결정적이며, 따라서 단적으로 '존재의 말'로도 불릴 수 있는 것이다.

그런데 야스퍼스는 이들 중에서도 특히 한계상황에서의 좌절 경험을 '결정적인 암호'라고 한다. '좌절은 모든 암호—존재의 포괄적 근거'로 그것에 대해서는 벌써 어떠한 해석도 불가능하며, 그저 침묵으로 답하는 것만이 가능하다. 존재가 있다는 것으로 충분한 것이다. 신성(神性)에서의 앎은 사실 미신이다. 하지만 진리는 좌절하는 실존이 초월자의 다의적인 말을 극히 간결한 존재확신으로 번역할 수 있는 경우에 존재하는 것이다. 야스퍼스가 최종적으로 도달한 이 경위란 그 결과물로서는 철학적인 말로 표현할 수 없을 정도의 경위이며, 사실 《철학》은 여기에서 끝난다. 가능적 실존에서의 실존의 자각은 초월자의 인식을 통하여 극에 이른다. 거기에서 우리는 다시 한 번 출발점으로 돌아가서 야스퍼스의 철학을 받치고 있는 또 하나의 계기 즉, '이성'에 눈을 돌려보는 것이다.

이성에 의한 철학

실존과 함께 이성의 중시

야스퍼스의 철학은 '실존에서의 철학'이며 실존은 그의 '철학하는 것'의 근원이라고 말해 왔다. 그러나 그 철학은 《철학》을 보아도 명백해지는 것처럼, 지극히 조직적이고 통일적인 루트를 따라 도달한다. 즉, 그것은 일종의 체계적 성격을 갖추고 있으며, 그 점에서 다 같이 실존에서의 사색을 시험한 키에르케고르나 니체의 그것과는 본질적으로 다른 성격을 보인다. 잘 알려진 바와 같이, 키에르케고르나 니체는 '이성'에 반항하고 실존을 무시한 이성적 구조물인 '체계'에 반대한다. 즉 이 두 사람에게 있어서 체계적, 이성적인 사색과 실존에 바탕한 성실한 사고란, 서로 바라볼 수 없는 사색 양식을 의미하는 것이다.

그러나 이에 반하여 야스퍼스는 "사색은 그 본성상 벌써 체계적이다"라고 하며, 초월적인 사색은 스스로 '조직화하는 것'을 포함한다고 한다. 《철학》이 그 외견상 조직적 체계적 구조를 갖춘 것도 철학적 사색에 내속(內屬)하는 '조직화하는 것'의 발현이다. 그리고 그것은 야스퍼스의 실존에서의 철학이 동시에 이성에 의한 철학이 하는 것을 의미할 것이다. 즉, 야스퍼스는 키에르케고르나 니체와 같은 이성을 실존의 적(敵)으로 배제하려고 하지 않고 양자를 같이 자기의 '철학하는 것' 속에 위치시키려고 한다. 그러면 야스퍼스는 키에르케고르나 니체에게 있어서, 말하자면 '이것인가 저것인가'라고 했던 실존과 이성을 왜 '이것도 저것도'라는 식으로 수렴하려 한 것일까. 야스퍼스는 왜 이성에 복위를 허락한 것일까.

그 점에 있어서는 먼저 시대의 차이를 고려해야 할 것이다. 키에르케고르나 니체는 19세기 중엽부터 후반에 걸친 시대, 즉, 헤겔 철학의 잔상이 그대로 있는 비속한 합리 사상이 횡행하던 시대의 사색가이다. 거기에서 이러한 시류에 반항하여 무엇보다도 '단순한 이성에 대한 전반적 반항'은 시험할 수 없었고, 실존으로부터의 사색이 단순한 이성적인 사고와는 다르다는 것을 강조할 수밖에 없었을 것이다. 그러나 현대는 《현대의 정신적 상황》에서 말하는 것처럼 벌써 니힐리즘이 표면화된 시대이며, 오히려 그저 반이성인 편이 이성을 지배하는 시대이다. 하지만 그렇다고 해도 야스퍼스의 생각인 실존적 사색은 확실히 실존을 무시한 단순한 이성적 사고는 아니지만 그렇다고 해서 그것은 단순한 반이성적 사고라고 할 수도 없다. 야스퍼스는 키에르케고르나 니체에 대해서도 "이성성의 여러 양식을 무제한으로 자기의 것으로 하려는 시도"라고 말하고 있다.

이 해석이 맞고 안 맞고는 별개로 하고, 야스퍼스는 이성의 존재를 단적으로 부정하려는 현시대(現時代)의 의식에 대해서 역으로 실존적 사색의 이성성을 강조한다. 《이성과 실존》에서 야스퍼스는 말한다. "지금 실존철학이라고 명명되는 철학이 혼돈된 반이성 운동의 하나이길 바라지 않는다. 합리적 이성성의 위장 속에 드러나고, 또는 공연된 반이성으로써 나타나는 혼돈적인 것이나 파멸적인 것에의 반격이 되기를 바란다." 야스퍼스의 이러한 태도는 '시대의 철학'에 대해서 '영원의 철학'을 갈구하는 앞서 서술한 자세와 한가지이다. 그러니까 야스퍼스는 《현대의 이성과 반이성》이라는 저서에서 현대에 만연한 반이성적 마술적 사고를 물리치면서 다음과 같이 서술했다.

"여기 수십 년 나는 실존철학에 대해서 말해 왔으나, 그때에 문제로 삼은 것은 하나의 새로운 특수 철학이 아니라, 하나이며 영원한 철학이 되기를 부언해 왔다. 지금 내가 철학을 오히려 이성의 철학이라고 부르고 싶다고 하는 것도 철학의 그 아주 옛 본질을 강조하는 것이 긴급하다고 생각하기 때문이다."

그러면 실존을 각성하기 위한 사색에서 이성은 어떠한 기능을 하는 것일까. 한편으로는 또한 역으로 말하면 야스퍼스는 본디 어떠한 기능을 갖춘 것을 이성으로 명명한 것일까.

실존을 자각하기 위한 매개자로서의 이성

먼저 실존과 이성의 관계를 주목해보자. 《이성과 실존》에서 이 양자의 관계를 간결하게 표현한 것이 있다. 즉 '실존은 그저 이성을 통해서만 명확해지고, 이성은 그저 실존을 통해서만 내실을 쌓는다'라는 것이 그것이다. 자기 존재에서 암흑의 근거인 실존은 이성의 도움을 받아 처음으로 밝혀지는 것이다. 실존의 자각은 실존으로부터의 자각이므로, 물론 그저 사변에 불과한 것은 아니다. 그러나 다른 한편으로 실존의 자각은 그야말로 자각이고, 신비적 직관의 한 종류가 아닌 이상 그것은 대단히 넓은 의미로의 앎을 사고의 매개로 해야만 한다. 그리고 야스퍼스는 이성이라고 하는 것을 먼저 이러한 매개자로 취급한다. 즉, 이성은 자신으로부터 어떤 내용을 산출하는 능력이 없으며, 실존과는 다른 자기 존재의 '고유의 근원'이 아니다. 이성은 실존에서 내실을 얻으면서 실존을 밝히는 매개자가 되며, 그러한 의미에서 '실존의 도구'라고도 부를 수 있다.

이성은 이렇게 그 자체로는 비생산적·비창조적·소극적인 능력이며, 그 자신으로부터 많은 내실을 산출하지도 않으나, 반면 이해력과 같은 개개의 지식을 고정화하고 수장(守藏)하지 않는다는 점에서 오히려 하나의 적극적인 기능을 완수하는 것이 된다. 즉, '이성의 사고는 멈춰 서거나 끝을 알 수 없는 운동과 같다'는 것이며, 이런 이 이성은 실존이 그때그때 산출하고, 이해가 그때그때 그것을 고정화하려는 앎을 뒤집으면서 실존을 한층 더 광대한, 그리고 한층 더 심화된 자성의 영토로 향하도록 한다. 만약 실존이 이러한 이성을 빼놓는다면 실존은 그때마다 감정이나 자의에 흔들리는 맹목적인 것이 될 것이다. 그리고 그때에는 실존은 벌써 실존하길 포기하는 것이 된다.

통일과 교제를 향한 의지로서의 이성

이성적인 사고는 저절로 실존의 자각을 조직화하고, 통일하고, 약속해간다. 이성은 이러한 것으로서 통일에 대한 의지이기도 하다. 이성은 자칫하면 개개의 확신에 맹종하면서 실존을 알고, 그 확신의 한계를 자각시키고 그것을 한층 더 고차원의 자각으로 통합한다. 즉, 이성이 통일을 향한 의지라고 해도 그것은 단순하게 통일을 위한 어떤 통일을 구하는 것이 아니라, 무한의 저편에서 이루어질 수 있는 '현실적 유일의 통일'을, '그 속에 모든 것이 존재하는 한 가지'를 실존에서 추구하고 있으며, 그렇기 때문에 스스로는 쉬지 않는 운동을 하며 실존에게 무한의 자성을 촉구하는 것이다.

더욱이 이성은 그것으로 무한의 공개성을 지니며 총체적인 교제를 향한 의지이다. 실존의 그때그때 확신이 그대로 하나가 되는 진리가 아니라는 것과 같이 개개의 실존이 그 스스로 폐쇄하고 타인과의 교제를 결핍하여 진리와 확신을 얻는다고 해도 그 진실은 궁극의 진리가 아니다. 야스퍼스는 "진리는 둘에서부터 시작된다"고 한다. 즉 실존철학은 이제 독립된, 말하자면 예외자(例外者)의 독백이 되어서는 안 된다. 야스퍼스는 확실히 위대한 예외자인 키에르케고르와 니체의 사상을 중시는 하지만, 그가 의도하는 바는 '예외자를 주지하면서 예외자라는 것으로 철학한다'는 것이다. 이성은 독립적 폐쇄적 실존을 부수고, 그것을 타인의 실존에 대해서 공개하며, 교제하는 것으로 그 독선적인 신념을 고친다. 하나의 보편적 진리의 길은 총체적인 교제의 의지로서 이성을 통해 처음으로 열리는 것이다.

수직과 수평의 차원으로서의 실존과 이성

지금까지 야스퍼스의 철학이 실존에서 철학이 되는 것과 함께 이성을 통한 철학이라는 것을 살펴 왔다. 그런데 실존과 이성과의 관계는 또한 다음과 같이 생각할 수도 있다. 즉, 실존과 이성은 야스퍼스의 '철학하는 것'을 구성하는 두 개의 차원이며, 실존에서의 사색은 말하자면 그 수직의 차원을, 이성에 의한 사색은 그 수평의 차원을 각각 구성한다. 실존은 초월자가 주재하는 하나의 현실을 추구하면서 위를 향한 수직 방향으로 도약을 꾀하나, 그

도약은 언제나 수평의 차원에서의 이성의 한계의 반성을 받아야만 한다. 또한 역으로 이성은 수평의 차원에서 극대화된 앎의 영역과 질서를 탐색하지만, 그것은 실존이라는 수직 차원에서 올바른 비약을 촉구하기 위한 것이다.

실존과 이성이 수직과 수평의 차원을 형성하는 것과 관련하여, 우리는 또한 실존의 시간적 역사적 성격과 이성의 공간적 지평적 성격을 지적할 수 있을 것이다. 실존은 그야말로 역사적으로 실존하고, 따라서 실존에서의 자각은 항상 역사적 시간적인 자각이지만 동시에 이성을 통한 자각으로서 무시간적인 광대한 앎의 지평에 입각한 자각인 것이다.

이성에 중점을 둔 '철학적 논리학'

이 수직과 수평이라는 그림에 따르면 《철학》에서의 야스퍼스의 사색은 이 수직 차원에 중심이 있고, 주로 이 방향에 따라서 전개된다고 생각할 수 있다. 즉, 《철학》은 실존이 하나인 현실을 추구하며 추구해 가는 경로를 그대로 기술한 것이다. 따라서 거기에서는 이성에 관해 거의 말하지 않음에도 불구하고 '세계 정위(定位)', '실존조명', '형이상학'이라는 《철학》의 조직적 구조는 여기에서 전개되는 실존에서의 사색이 그대로 이성에 의한 사색이라는 것을 말해 주고 있다.

그러나 이에 반하여, 《철학》 이후의 야스퍼스는 오히려 수평의 차원에서 즉, 이성의 면에 역점을 두고 스스로 '철학하는 것'을 서술하게 된다. 이러한 점은 사실 벌써 《철학》의 머리말에서 예시되지만, 그 구상은 그로부터 3년 후의 《이성과 실존》에서 처음으로 구체적으로 표현되고, 더욱 침묵을 지켰던 시대에 준비되었던 제2의 주저 《진리에 대하여》에서 대부분 그 전모를 밝히고 있다. 그리고 야스퍼스는 광의의 '실존조명'인 《철학》과 대비하면서, 이 새로운 저술을 '철학적 논리학'이라고 명명하고 있다. 철학적 논리학은 이성이 스스로의 작용에 바탕하여 지평을 샅샅이 제시하고, 그것을 조직화하려는 시도이다. "이성은 철학하는 자기 자신을 스스로 조명하면서 철학적 논리학을 전개한다. 철학적 논리학은 이성의 자기의식 또는 기관이라고 부를 수 있다. 철학적 논리학은 이성에 부속하는 것이며, 그것은 실존조명이 실존에, 형식 논리학이 의식일반의 인식에……부속하는 것과 같다."

벌써 이야기한 것처럼 이성은 자기 자신으로부터의 어떤 철학적 내실을 산출하지 않는다. 따라서 이성의 자기의식인 철학적 논리학도 그와 같으며, 그와 같은 한 이 논리학의 의의는 소극적이기는 하지만, 한편으로 보면 그것은 철학적 내실이 어느 순간 처음 진실로 확증되는 것이 가능한 지평과 형식과 실현이며, 그리하여 여러 가능적 내실에 대한 공간을 보증하는 하나의 적극적인 의의를 지니는 것이 가능하다.

포괄자라는 생각

그러면 이러한 의도를 지닌 철학적 논리학은 먼저 '여러 가지 존재가 존재하는 방법을 그 형식에 따라서 표출한다'는 것을 시도하는 것이며, 그 사고를 조작할 경우 새로이 등장하는 것이 '포괄자'라는 생각이다. 야스퍼스는 여러 가지 존재가 언젠가는 현상(現象)되고, 그러면 존재하는 것을 통하여 앎이 언젠가 처음으로 성립되게 되는 포괄적 공간을 상정하고, 그것을 포괄자라고 부른다. 즉 포괄자는 본래는 인간존재를 포함한 여러 대상존재의 지평을 포괄하는 전체자(全體者)이며, 그 의미로 또한 주관, 객관의 분열에 이르지 않을 초월적 일전체(一全體)이다. 하지만 우리가 그 '하나인 포괄자'를 확인하려면 그것은 바로 주객으로 분열되고 '존재 그것인 포괄자'와 '우리의 그것인 포괄자'로 나뉘며 더욱이 전자는 '세계'와 '초월자', 후자는 '현존재'와 '의식일반'과 '정신'과 '실존'으로 각각 분열한다. 그리고 야스퍼스는 포괄자의 제반 양태를 다시 한 번 제시한 후에 그야말로 그것의 '유대(紐帶)'인 '이성'을 통해 각각의 존재양식이 앎의 양식, 진리의 의의나 교제의 의의 등을 비교하고 헤아려, 그 전체의 관련을 추구해 간다.

또한 덧붙이자면 야스퍼스가 '포괄자'라는 말에 이러한 적극적 의의를 부여하고, 자각적으로 그 용어를 사용하게 된 것은 《철학》을 다 쓴 후의 '철학적 조직법'이라는 제목으로 강의(1932)한 이후이며, 저작에서는 《이성과 실존》 이후가 된다. 그러면 이러한 사정에서 야스퍼스가 '포괄자'를 철학적 논리학을 위한 개념으로써 설정했다는 것, 즉 그것이 직접 어떤 내실을 가지는 개념으로써가 아니라 오히려 이성의 자성에 이바지하는 방법, 개념으로서 설정했다는 것이 추측 가능하다. '포괄자'가 '공간'이라고 불리는 것도 그것이 시간적 역사적인 실존으로서가 아니라 무시간적 편재적인 이성에 직접 대응하기 때문이라고 할 수 있다.

그러면 여기에서 포괄자론의 내용에 대해서 지적하는 대신에 이 포괄자의 사상을 근간으로 하는 이성에 의한 철학이 동시에 더욱 실존으로부터의 철학이라는 것을 지적해보겠다. 벌써 언급한 바와 같이 야스퍼스는 이성을 '실존의 도구'로 보았으며, 철학적 논리학은 그야말로 그러한 이성의 기관(機關, 오르가논)이며, 그것 자신이 독립된 하나의 존재론으로서의 실존조명에 대립하는 것은 아니다. 그리고 그것은 좀 전의 포괄자의 분류 방법에서도 드러난다. 그것은 실재론적 존재론과 같은, 말하자면 객관주의의 입장에서는 지극히 자의적인 것이며, 부정합적인 것이라고 비난할지도 모른다. 그러나 그건 그대로 괜찮다고 하는 것도 포괄자 이상의 분류는 주관으로서의 실존 자각에 있어서도 실시된 분류이기 때문이다.

포괄자의 분류는 《실존철학》 등에 의하면 세 개의 단계를 거쳐서 이루어진다. 먼저 제1단계는 하나인 포괄자가 주객의 분열에 반응해서 '세계'와 '의식일반'으로 분열하는 단계이며, 거기에서는 칸트의 사상—즉, 우리에게 대립하는 대상존재가 모두 우리가 사고하는 의식에 의해 제약된다고 하는 사고가 참조되었다. 그러나 내가 그 포괄자를 생각해 봐도 그것은 결코 의식일반만으로 다할 수 있는 것이 아니다. 여기에서 제2단계, 내가 그것인 포괄자는 더욱 '현존재', '의식일반', '정신' 등 세 가지 양태로 구별된다. 이 세 가지 양태는 어떤 것도 자기 충족적인, 그러니까 그 의미는 내재적인 존재이며, 이 단계를 기반으로 하여 '내재로부터의 초월'이 시도되고 여기에 처음으로 나는 '실존'과 '초월자'라는 포괄자가 나타나는 제3의 단계로 이동한다. 이 과정을 보면 명확해지는데, 포괄자의 사상이 의도하는 것은 역시 존재의식의 변혁이며, 실존의 각성이다. 철학적 논리학은 이성에 의한 사색에 중점을 두면서 '철학하는 것'을 서술하나 그것은 어디까지나 수직적 차원에서 성립하는 실존으로부터의 사색을 스스로 내포하고 있다.

과학과 종교 사이의 철학

실존과 이성관계의 재검토

지금까지 실존과 이성의 관계를 주제로 야스퍼스의 '철학하는 것'을 살펴보았다. 요약하면 (1)야스퍼스의 '철학하는 것'은 실존과 이성이라는 두 개의 극(極)—또는 차원—을 가지는 것, (2) 그 발현으로 즉, 서술된 것 중에 '철학'에 있어서는 《철학》에서 실존, 《철학적 논리학》(《진리에 대하여》라고 그 전 단계 또는 준비로서의 《이성과 실존》이나 《실존철학》 등의 저서)에서는 이성이 주축을 이루며, (3) 그럼에도 불구하고, '철학하는 것'은 그 어느 쪽에서도 동등하게 '실존의 사색'임과 동시에 '이성에 의한 사색'일 것이다. 여기에서 가장 마지막에 다시 한 번 실존과 이성의 관계를 묻고, 그 양자를 두 극(極)으로 하는 야스퍼스의 '철학하는 것' 그것의 근본 성격에 대해서 생각해 보고 싶다.

실존과 이성은 지금까지의 서술에 따르는 한 당신이 상호 협조하고 상보(相補)하는 조화로운 두 극인 것처럼 보인다. 그리고 사실 야스퍼스는 실존과 이성이 그러한 관계여야 하는 것으로 하고 있다. 그러나 나는 여기에서 야스퍼스의 이러한 서술의 배후를 살펴보고 싶다. 즉, 야스퍼스가 양자의 관계를 조화적이어야 한다고 주장하는 것은, 실은 양자가 원래 그러한 조화적 관계가 아니라는 것을 충분하게 이해하기 때문에, 그렇게 되어야 한다는 관점에서 새로 뒤집어 파악하는 것이다, 라고 이해하고 있다. 실존과 이성은 —키에르케고르나 니체도 그렇게 본 것처럼—원래 조화적이지 않으며 배타적이고, 그 본성에서는 상호 견제하거나 혹은 부정하려는 대립관계와 같다고 본다. 즉, 실존은 이성의 멍에로부터 벗어나서 초월자의 현실에 비상하는 것을, 또한 이성은 실존의 희구를 제치고 완결되고 내재적 세계에 머물려는 것을 지향한다. 실존은 본성상 무이성적 실존이 되는 것을 희망하고, 이성도 또한 스스로는 무실존적 이성이 되기를 원한다.

야스퍼스의 '철학하는 것'의 근본 성격은 실존과 이성을 다시 한 번 이러한 대립관계로 보는 것으로 인해 처음으로 명확해진다. 즉, 그의 '철학하는 것'이라는 것은 사실 서로가 서로를 거부하는 실존과 이성의 무한한 상극과 긴장 속에서 꾀해지는 것이다. 실존과 이성은 최종적으로는 조화해야 하는 것이지만 야스퍼스는 양자의 단순한 종합이나 피상적인 변증법적인 통일 등을 원하는 것은 아니다. 종합이나 통일은 칸트라고 하는 의미로서의 이념에 멈추는 것이며, 만약 우리가 현실적으로 그것에 도달하는 것이 불가능하다고 하면 그것은 벌써 참된 종합도 통일도 아니다. 야스퍼스가 두려워하는 것은 종합을 의도한 나머지 '철학하는 것'이 오히려 양자 어느 쪽인가에 기우는 것이다. 그 의미에서 야스퍼스는 실존과 이성의 현실적 종합을 원한다기보다는 오히려 양자의 순수한 긴장 관계 속에서 철학하는 자신을 되돌리려 했고, 그러한 것에 따라 스스로의 '철학하는 것'의 성실함을 걸고 있는 것이다.

칸트(1724~1804)
독일의 철학자·계몽주의 사상가

과학과 종교 사이 철학적 신앙

야스퍼스의 철학적 사색은 그렇게 실존과 이성 어느 쪽에도 편중되지 않고 긴장관계 속에서 이루어져간다. 이것은 철학이 갖추어야만 하는 모습, 즉, '계시신앙과 무신성 사이에서의 철학'이라는 견해에 합치한다. 이것은 다시 말하면 종교와 과학 사이의 철학이라고도 할 수 있다. 실제로 철학은 이러한 견해를 취함으로서 종교의 이방으로부터는 무신앙이라고 비난받고 과학으로부터는 '종교의 희박화'이며 비과학적이라고 비난받는다. 그러나 야스퍼스는 '그렇다고 해도 철학하는 것은 독자적인 것으로서 타자와 대립할 수 없는 자기 고유의 근원을 지각할 수 있는 한, 응당 그것이 진실이다'라는 것이 가능하다고 주장한다. 그것은 야스퍼스의 철학에 대해서 말하면 다음과 같이 된다. 철학한다는 것은 실존과 이성의 긴장 관계 속에서, 초월자를 구하는 것에서 철학 특유의 근원을 보고, 그 어느 쪽에 편중되는 일 없이 그 근원에 성실한 사색을 전해 갈 수 있는 한, 종교나 과학에 대하여 자기의 독자성을 주장하는 것이 가능하다.

야스퍼스는 또한 이러한 철학의 근원을 '철학적 신앙'이라고 명명했다. 철학적 신앙은 인간존재만을 절대시하고 초월자의 존재를 인정하지 않는 무신앙—예를 들자면 인간의 신격화라든지 니힐리즘—에 대립하나, 그것은 또한 '철학적' 신앙인 한 계시나 권위에 바탕한 특정의 '종교적' 신앙에서도 대립한다. 야스퍼스의 실존철학은 사르트르가 '유신론적'이라고 한 것과 같이 하이데거나 사르트르의 철학에 비교하면 뚜렷하게 종교적—그리스도교적—색채가 강한 철학이다. 이런 것은 야스퍼스가 초월자에 대해서 이야기하고 그 초월자를 단적으로 '신'이라든지 '신성'이라고 부르기 때문으로 생각된다.

하지만 야스퍼스 자신은 철학을 종교와 구별하고 양자 사이의 명확한 선을 긋고 있으며 그것이 '철학적 신앙'이라는 말에 나타난다.

종교에 대한 비판

야스퍼스는 벌써 그의 《철학》에서 과학이나 예술로부터 철학을 구별함과 함께, 종교로부터도 철학을 구별하고 있다. 종교는 자신만이 진실이며, 철학은 종교의 전 단계에 불과하다고 주장한다. 과학은 진리를 점유하는 것은 과학뿐이며, 모든 것이 과학의 대상이 된 후에는 철학은 무용하다고 주장한다. 예술은 예술대로 공허하며, 진실 등은 예술 작품에서만 파악된다고 주장한다. 이것은 모두 철학과 그 자립성을 부정하는 견해이다. 그러나 순순히 반성해 보면 이렇게 보이는 원인은 철학에도 있을 것이다. 철학 속에는 스스로 철학적 종교가 될 것을 원하고 계시나 권위에 몸을 맡긴 경향도 있었고, 또한 자신을 과학과 동일시함으로써 과학적 철학일 것을 원했던 자도 있었다. 자신을 오해하여 일종의 예술적 개념시(概念詩)라고 생각했던 자도 있었다. 그러한 철학은 어느 것도 철학 고유의 근원을 내버리고 철학과는 별개의 근원에 기생해서 살아갔던, 말하자면 가짜 철학이다.

그런데 그 어느 것에도 기생하지 않고 자신의 근원으로부터 생긴 철학은 과학과 화해할 수 있고 예술을 사랑할 수 있으나, 종교와는 싸울 수밖에 없다. 철학은 과학이나 예술과도 대립 긴장 관계에 있다. 그러나 그 대립 긴장은 종교와 대할 때에는 절대적인 것이 된다. 철학자와 과학자, 철학자와 예술가는 어떤 면에서는 협조할 수 있다. 그러나 야스퍼스는 "본래적인 신자는 신학자가 될 수 있으나 자기에게 등을 돌리고서는 철학자가 될 수 없다. 또한 철학자는 철학자인 이상 자기에게 등을 돌리지 않고서는 신자가 될 수 없다." 라고 말했다.

철학의 타자(他者)로서의 종교는 기도와 예배와 계시와의 공동체(교회)를 건설하고 그들이 또한 권위와 그것에 따르는 사람들의 순종과의 원천이 되는 경우에만 존재한다. 거기에서는 예를 들면 계시라는 것은 사적으로 일회적인 사실로서 고정화되어 있고, 신의 말 또한 우리 쪽에서 자유로운 해석을 허락하지 않는 절대적인 것으로서 주어진다. 우리는 그런 신의 말의 권위를 믿고 그것에 순종해야만 한다. 그러나 그것에 반해서 '실존의 자주성은 모든 역사적 객관성에서 그저 초월자의 가능성 있는 말만 듣는 것이고, 그 말은 자신의 것으로 해서 이해하는 것이 실존의 과제'인 것이다. 예배나 기도라는 특수한 종교적 행위는 실존과는 아무 인연이 없다. 그야말로 철학은 순간적인 단독자의 비행 속에서 종교에 근접한 것이 된다. 하지만 철학적으로 실존하고자 하는 인간은 종교적인 인간이 굳이 시도하려는 자기를 버림에 따른 회생이라는 비약을 자기 스스로 행하는 것을 허용하지 않는다. 문제는 자주성을 내버리고 복종으로 전향하든가, 아니면 예배나 계시를 내버리고 자유로 고개를 돌리든가, 둘 중 하나를 선택하는 것이다. 종교와 철학 사이의 이 결단은 인간이 애매모호한 무규정(無規定) 속에 머물려고 하는 이상, 어떤 인간도 실로 그것을 회피하기란 불가능하다고 한다.

야스퍼스가 종교에 대해서 철학의 독립성을 주장하는 까닭은 이상에서 거의 명확해진다. 종교와 다르게 철학은 권위에 복종하는 것에 대하여 실존의 자유를, 우리를 강제하고 속박하는 교의에 대해서 이성의 자유로운 사색을 요구하는 것이다. 야스퍼스는 교회의 권위에 대해서는 항상 비판적이었다. 이는 앞에서 서술한 부친의 교회에 대한 태도 등에서도 알 수 있는 것처럼, 아무래도 야스퍼스가 자란 종교적으로 자유로운 가정 환경 때문인 듯하다. 또한 김나지움 시대의 에피소드가 나타내듯이 야스퍼스는 위에서 권위로 억누르는 것에 대해서는 무엇이든 저항했다. 그것은 결코 제멋대로 하는 반항이 아니라 내부에서 움직이는 이성의 불허였다. 이성에 대한 신뢰를 내버릴 때 인간은 스스로 나서서 권위에 복종하게 되며, 이것은 학교의 권위에 대해서든, 나치스 국가의 권위에 대해서든, 교회의 권위에 대해서든 모두 같다.

신은 자유로운 실존 앞에 나타난다

그러면 실존의 자유를 강조하는 것은 같은 인간의 자유를 주장하는 사르트르처럼 신의 존재를 부정하는 것이 되지 않을까. 종교에 대해서 철학의 독자성을 옹호하는 것은 종교가가 비난하듯이 결국은 무신론이 아닐까. 야스퍼스는 결코 그러한 생각은 아니다. 그것은 야스퍼스가 실존의 자유 속에서 강제나 속박으로부터의 자유 이상의 것을 보았기 때문이다.

실존의 자유는 《철학》에서도 초월자에게 결박되는 운명적 필연성과 하나라고 여겨져 왔다. 벌써 여기에서도 실존의 자유와 초월자의 존재가 불가분의 관계라는 것이 나타난다. 여기에서는 양자의 관계를 1950년에 간행되었던 《철학입문》 속에서 찾아보자. 야스퍼스는 이 글 속에서 '신의 사상'에 대해서 말하고 있다. 신은 결코 지식의 대상이 아니므로 중세 이래 여러 가지 형태로 실험되어 왔던 '신의 존재증명'을 통해서 알기란 불가능하다. 또한 신은 불가시(不可視)이므로 물론 감상적 경험의 대상도 되지 않는다. 하지만 그럼에도 불구하고 신은 존재한다.

그러면 신이 존재한다는 신앙은 어디에서 생기는 것일까. 야스퍼스에 따르면 그것은 인간의 자유로부터 생기는 것이다. 자기의 자유를 진실로 자각하는 인간은 동시에 신을 확인한다. 자유와 신은 분리할 수 없다. 왜일까. 나는 내가 나의 자유 속에서 나 자신의 힘으로 존재하는 것이 아니라, 내가 자유 속으로 나를 보내는 것을 확신한다. 왜냐하면 나는 내가 될 수 없는 부분이 있고, 나의 자유 존재를 힘으로 돌려 놓기란 불가능하기 때문이다. 내가 본래적으로 나 자신이라고 할 때 나는 내 자신의 힘으로 나 자신이 아님을 확신하고 있다. 최고의 자유는 세계로부터의 자유이며, 동시에 초월자와 가장 깊은 관계를 맺음으로써 자각되는 것이다. 인간의 자유 존재를 우리는 또한 인간의 실존이라고 명명한다. 신은 지식 내용으로서가 아니라 실존에 대한 현전으로서 확실한 것이다.

실존의 자유는 이제 강제 속박에서의 자유가 아니며, A, B 어느 것을 선택해야 할 경우 그 어느 것을 선택할 수 있는 선택의 자유도 아니다. 실존의 자유가 정말 그 자체로서 자각되는 것은 인간이 자신의 모든 존재를 건 행위를 해야 할 때이며, 여기서의 결단의 자유야말로 자력에 의한 자유(강제 속박으로부터의 자유, 선택의 자유)가 아니라, 신으로부터 인간에게 위임된 자유로서 자각되는 것이다. 그렇다면 실존의 자유를 주장하는 것은 결코 신의 존재를 부정하는 것은 아니다. 역으로 혹시 우리가 실존의 자유를 부인한다면 신의 존재 또한 부인된다. 또한 만약 우리가 어디까지나 인간의 자력으로 자유를 주장한다면 그것은 인간의 신격화이다. 신은 어디까지 자유로운 실존에 대해서만 현존하는 것이다.

《계시와 마주친 철학적 신앙》

1962년 야스퍼스는 퇴직 전에 바젤 대학에서 했던 강의를 정리하여 《계시와 마주친 철학적 신앙》이라는 책을 저술했다. 기술적 현대에서 계시신앙은 점차 쓸모없게 되어 가나, 그렇다고 성서의 더없이 소중한 진리를 늘 자신의 새로운 지표로 삼는 것을 배척할 수는 없다. 성서 속에 나타난 계시와 계시신앙은 구별해야 한다. 계시신앙 쪽은 경험적 현상으로 탐구 가능하나, 계시는 과학적 탐구의 대상이 되지 않는다. 야스퍼스가 이 글에서 시험하는 것은 '성서 내용의 진리를 철학하면서 나의 해석을 통해 나의 것으로 할 것'이다. 그것은 곧 계시를 신의 암호라고 해독하는 것이며, 《철학》 제3권에서의 암호해독이 성서에 적용된다고 봐도 좋을 것이다. 하지만 야스퍼스도 거부한 것처럼 그 해석은 계시로 바뀌려 하는 것도 아닐뿐더러, 계시의 유일한 해석으로 권위를 주장하려고 하는 것도 아니다. 그것은 어디까지 실존의 자유에 바탕한 자유로운 해석이다. 따라서 성서의 자유로운 해석을 시험하는 철학적 신앙은 계시신앙의 의의를 부정하는 것은 아니다. 철학이 대립하는 것은 신학적인 교의학(教義學)이지 계시신앙이 아니기 때문이다.

그리스도교의 계시나 신앙에 대한 야스퍼스의 이러한 태도는, 같은 인간의 실존을 중시하고 실존에서의 신앙을 설명한 현대의 여러 실존주의 신학의 견해와 극히 가깝다. 하지만 반대로 양자의 다른 점이 첨예화되었다고도 할 수 있다. 신학은 실존의 자유와 계시의 실존적 해석을 인정하려고 해도 계시 그것이 인간의 실존을 떠나서 존재하고 있다는 그 실정성(實定性)을 부정할 수는 없다. 신학의 측면에서 보면 야스퍼스의 철학적 신앙은 아직 인간주의적인 신앙이며, 신과 계시의 존재로부터 출발하는 계시신앙일 수는 없다. 그러나 야스퍼스에게 이것은 별 상관 없는 문제로 철학적 신앙과 계시신앙은 합일하지 않는다. 하지만 그렇다고 해서 양자가 대립하는 것은 아니고, 어딘가에서 서로 만날 것이다. 그리고 그것은 아마도 실존 상호의 교제일 것이다. 설령 어떠한 종교를 믿더라도, 또한 어떠한 믿음의 방법이라도 인간은 이성적인 교제를 통해서 서로 다른 견해를 인정하고 하나의 진리를 확인할 수 있다. 이성은 원래 이러한 교제에 의지하는 것이며, 신앙은 이성이 빠진 타인에 대한 불관용인 폐쇄적 종교이며, 종교란 말의 뜻인 사람들의 결합에 반하여 일부러 인간을 고립시키는 결과를 초래한다.

철학적 생활 태도

지금까지 야스퍼스의 철학 사상을 살펴보았다. 그것은 실존에서의 사색이며, 이성에 의한 사색이자 초월자에 대한 철학적 신앙이다. 야스퍼스의 철학은 지극히 포괄적이며, 그 속에는 지극히 난해한—단어가 아니라 내용이—부분도 있다. 하지만 우리는 막연하나마 야스퍼스의 철학으로부터 철학적인 생활 태도라는 것을 배울 수 있을 것이다. 인간의 생활 방식에는 여러 가지가 있다. 인간의 현존재만을 중시하는 일상적인 생활 방법도 있고, 과학적 합리적인 것만을 믿고 사는 과학적인 생활 태도도 있다. 또한 신의 존재를 믿고 오로지 그것에 귀의해서 사는 종교적인 생활 태도도 있다. 하지만 그것들과는 다른 철학적인 생활 방법도 있다. 철학이 단순히 직업적인 철학자의 화제로서만 쓰인다면 그러한 철학은 생명이 없는 것이다. 머지않아 멸종될 것이다. 철학이 인간의 생활 방식 속에 반영되고, 다른 생활 방식과는 다른 철학적인 생활 태도를 지킨다면, 철학은 하나의 생명을 획득하는 것이다. 그러면 야스퍼스가 추천하는 철학적인 생활 태도란 무엇일까.

《철학입문》 속에서 야스퍼스는 말한다. "실제로 부여받은 일이나 매일의 요구에 따르는 것은 인간의 현존재에게 과연 확실히 가장 중요한 일이다. 그러나 그것만으로 만족하지 않고, 어떤 일이나 여러 가지 목적에 몰두하는 것은 벌써 자기 망각의 길이며, 동시에 태만이고 죄라는 것을 경험하는 것이 철학적인 생활 태도의 의지이다." 기술적인 세계에서 인간의 자기 망각은 점점 촉진된다. 인간은 자신을 거대한 기계의 한 개 톱니바퀴라고 느끼며 거의 포기하고 그것만으로 자신을 한정하든가, 그렇지 않으면 그 톱니바퀴가 된 것에 오히려 삶의 보람을 찾고 타인이 대신할 수 없는 톱니바퀴가 되기 위해서 노력한다. 그러나 그러한 생활 방식은 어느 것도 인간의 현존재만을 문제로 삼는 자기(실존) 망각이며, 거기에는 자기란 무엇인가 하는 성실한 성찰이 빠져 있다. 즉 철학적인 생활 방식은 자신에 대해서 매일 성찰하는 데 바탕을 두며, 항상 이성의 눈을 뜨고, 끝까지 자기의 본질적인 것에 다다르려고 하는 생활 태도이다. 실존의 자유에 대한 자각이나 그것에 따르는 초월자의 확인도 그러한 생활 태도 속에서 처음으로 생기는 것이다.

철학적으로 사는 인간은 자기를 끊임없이 성찰할 뿐만 아니라 항상 열린 마음으로 타인과의 사귐을 구한다. 그것은 단순한 사회적인 목적이나 모두에게 좋은 사람이 되고 싶다는 바람에서가 아니라, 자기가 그 근원에 있어서 타자와 연결되고 '진리는 둘에서부터 시작된다'는 것을 알기 때문이다. 타인에 대한 이 열린 태도는 사랑이라고 불러도 좋을 것이다. 하지만 그것은 항상 자기 자립성을 동반한 사랑이지 맹목적인 사랑, 탐닉하는 사랑이 아니다. 타인을 타인으로, 즉 타인을 자신과 같이 독립된 둘도 없는 타인으로 인정하고 그러한 인간으로서 대접하는 것이 그 인간을 사랑하는 것이다. 그것은 또한 문자 그대로의 의미로 휴머니즘이다. 자신을 타인보다도 일단 높은 곳에 두고, 약한 자나 학대당하는 자에 대하여 감상적인 동정을 보내는 자칭 휴머니즘과는 달리, 이것은 타인과 함께 진리를 추구하고자 하는 결의를 동반한 인간주의이다. 최근 '이야기하기'나 '대화'가 강조되고 있다. 그러나 야스퍼스의 눈으로 보면 서로 대등한 위치에서 서로를 신뢰하고 그것을 기초로 공통의 진리를 구하려는 자세가 없는 한, 이야기는 성과 없이 끝나고 대화는 각자 자신의 주장을 거듭 되풀이해서 말하는 수다에 그친다.

그렇다면 철학적 생활 태도란 장래에 어떤 목표를 정하고 그것을 추구하는 생활 태도일까. 그렇지 않다. 실존에서의 철학적 생활 태도에서 중시되는 것은 미래도 과거도 아니고 언제나 현재이며, 자신이 처해 있는 '지금=여기' 상황이다. 지금=여기에서 자신이 무엇을 해야 하는가, 그 결단이 그야말로 실존하고 실존을 표현하는 것이다. 그렇다면 실존은 그 결단에 있어서 충실히 완결된 존재라고 생각할 수 있다. 장래에 무엇을 걸고 사는 인간이 항상 현재의 자신에게 불만을 품는 것에 비하여, 실존하는 인간은 현재가 항상 영원히 연결됨을 알고 지금=여기의 결단에서 자기가 진실한 인간으로서 존재하는지를 확인한다. 요컨대 이성적인 성찰과 실존적인 결단에 따른 생활, 그것이 야스퍼스가 추천하는 철학적인 생활 태도이다.

야스퍼스의 역사관

역사의 기원과 목표

역사에 대한 태도

제2차 세계대전 뒤 야스퍼스가 낸 서적 중에서 《역사의 기원과 목표》라는 책이 있다. 이 책은 야스퍼스의 많은 저작물 중에서 일종의 특이한 자리를 차지하고 있다. 그것은 야스퍼스가 이 책 속에서 세계사의 과정에 대해 무척이나 대담한 견해를 기술하고, 그에 맞추어 역사의 장래와 의미에 대해서도 말하기 때문이다. 즉, 이 책은 철학서라기보다는 역사서라고 해야 옳으며, 야스퍼스의 역사관을 알아볼 수 있는 중요한 책이다. 따라서 이 책은 철학자뿐만 아니라 역사학자나 일반 지식인에게 모두 큰 화제를 불러일으켰다.

그러나 그 전에 한 가지 문제가 있다. 원래 철학자인 야스퍼스가 왜 세계를 살펴볼 생각을 했을까. 이 시험은 야스퍼스의 철학과 어떤 관련성이 있을까.

야스퍼스는 먼저 '세계사의 개관이 우리 자신의 시대를 결정적으로 의식하기 위한 조건이다'라고 생각했다. 우리가 지금 살고 있는 이 현대라는 시대가 진실로 어떠한 시대인지 충분히 이해하기 위해서는 세계사 전체의, 지금까지의 움직임을 생각하고 그 속에서 현대가 어느 정도의 위치를 차지하는지를 알아야만 한다. 이미 《현대의 정신적 상황》에서 현대의 역사적 모습들에 초점을 맞추었던 야스퍼스였으나 그때에는 또한 암흑의 부분에 남겨졌던 역사의 과거 발자국을 비추어서 전체 조명 속에서 새로이 현대의 의의를 확인하려고 한 것이 《역사의 기원과 목표》의 한 가지 목적이었다.

역사 의식의 양면성

거기에서 우리의 역사 의식이 문제가 되는데 야스퍼스에 따르면 그것은 본디 두 개의 대립하는 태도를 포함하는 긴장 상태에 놓인 것으로 생각되었다. 우리는 한편에서는 역사를 전체로 객관화하고 역사를 우리와 마주 본 것으로 간주하나, 다른 한쪽에서는 역사를 주제적으로 우리가 사는 현재로서 체험한다. 즉, 나에 대한 타인으로서의 역사적 객관성과, 내 자신이 그것인 지금의 주체성과는 역사 의식 속에서 대립하게 되지만, 그러나 그 양자의 긴장관계가 없어지면 역사 의식 그것도 이완되고, 그럴 경우 역사는 우리에게 있어서 아무래도 좋은 공허한 지식의 집합이 되든가 그렇지 않으면 완전히 망각되어 버리든가 그 둘 중 하나가 된다. 인간은 인습에 사로잡힌 해석으로 역사의 범위를 좁히는 일이 생기지 않도록 하는 공명한 태도와, 현재 생기는 일과 자기 자신을 동일화하는 태도의 긴장 속에서, 즉 전체적인 역사의 이성적 인식과, 현재의 근원으로부터 실존적으로 살아 있는 것과의 긴장 속에서, 자기의 본래적인 역사성을 사각하는 것이 가능하다.

역사 속에서의 결단

또는 야스퍼스는 이렇게도 말하고 있다. 과거의 역사에 대해서 보편적 역사상(歷史像)과 현대의 상황 의식이란 상호 의존적인 관계가 된다. 내가 과거 전체를 어떻게 볼 것인가 하는 것과 내가 현재 할 수 있는 일을 어떻게 경험할까 하는 것은 서로 관련되어 있다. 그러므로 현재의 사건에 대한 나의 참여는 내가 과거의 사건 속에서 더욱더 깊은 근거를 찾아내기 위해서 한층 더 본질적인 것이 된다. 야스퍼스가 그 철학 속에서 '지금=여기'에서의 실존의 결단을 강조하는 것에 대해서는 벌써 이야기했다. 영원한 것은 시간 속에서의 결단에 더욱 빛나는 것이다. 하지만 만약 이 '지금=여기'가 과거의 회상도 미래의 전망도 포함하지 않는 단순한 현재 시점으로서, 즉 역사적 내실을 갖추지 않는 시간의 한 단편으로서 이해되는 것에 그친다면, 이때의 결단 또한 역사성 없는 부동적(浮動的)인 것이 될 것이다. 과연 실존 때문에 충실한 '지금=여기'의 수수께끼는 오로지 역사 의식만으로 해명할 수는 없으나 적어도 역사 의식을 매개로 깊어질 수는 있다. '지금의 깊이는 그저 과거와 미래가 하나로 되어 과거의 회상, 목표로 삼은 이념 등이 하나가 되는 것을 통해 처음으로 명확해진다'는 것이다.

역사관과 세계사

그러면 야스퍼스는 과거 세계사의 과정에서 어느 시점에 초점을 맞추려는 걸까. 역사에 직면하는 자는 의식적이든 무의식적이든 과거의 역사를 전체로서 통일적으로 이해하려고 한다. 달리 말하면 하나의 역사관을 통해 과거의 역사를 본다는 것이며, 그곳에는 여러 가지 세계사상(世界史像)이 성립한다. 예를 들면 19세기의 대표적 역사학자 레오폴드 폰 랑케(1795~1886)에 따르면 세계사란 즉 서양의 역사로서, 이집트와 메소포타미아를 전단계로 하고 그리스와 팔레스티나를 시작으로 하여 현대 서양에 이르는 과정이며, 그 이외의 것은 민족학의 영역에 속할 뿐 진정한 역사의 틀에는 들어가지 않는다. 반면 인간의 역사는 시간적이고 공간적이고 전지구적이며, 따라서 세계사는 공간의 구분에 기초하여 지리적으로 배열되어야 한다는 헬몰트와 같은 생각도 있다. 또한 오스왈트 슈펭글러나 아놀드 토인비는 독립된 역사 문화체(文化體)를 각각 8개와 21개로 잡아, 세계사 전체를 그들 문화체의 비밀에 싸인 흥망의 과정으로 추적하려고 한다. 그러면 야스퍼스의 역사관은 어떨까.

야스퍼스의 역사관

야스퍼스에 따르면, 그의 역사관은 인류에게 하나의 기원과 하나의 목표가 있다는 근본적 신앙에 기인한다. 그렇다고 해도 이 기원과 목표는 확정적인 지식이 아니라 그저 막연한 다의적인 상징을 통해 느껴지는 것에 지나지 않는다. 역사 속에서 생기는 인간은 그 기원과 목표 사이에서 말하자면 과도적 존재이다. 대체 인간은 어디에서 와서 어디로 가는 것일까. 이 양 끝은 암흑 속으로 사라지고 확실하게 꿰뚫어 볼 수 없다. 거기에서 야스퍼스는 실증적 연구의 방법이 아니라 하나의 철학적인 자각을 통해서 이 인류의 기원과 목표에 근접하기 위한 시도를 한다.

인류의 역사를 하나의 기원과 하나의 목표 사이의 존재로 본 야스퍼스의 역사관은 아담을 인류의 시조로 하고 종말의 완결을 기다리는 영원한 영(靈)의 나라에 인류가 엿보인다는 그리스도교의 종말사관을 상상시킨다. 사실 야스퍼스도 자신의 역사관을 말할 때 그리스도교의 이 역사관을 다루고 있다. 단 야스퍼스에 따르면 거기에서 말하는 아담이라든지 영의 나라는 어디까지나 상징이지 현실이 아니다. 즉, 그리스도교의 종말사관은 인류가 하나의 기원과 하나의 목표를 가진다는 하나의 상징적 표현일 수는 있어도, 현실의 역사 과정을 반영하지도 않을뿐더러 세계사의 유일한 반영도 아니란 것이다. 야스퍼스는 그리스도교에서의 계시를 초월자가 보이는 하나의 암호 형태로 간주하고, 그리스도교의 종말사관도 역사의 그것을 설명하는 하나의 암호 형태로 이해하고 있다. 거기에서 다음으로 야스퍼스가 이러한 역사관에 기초하여 세계사의 과정을 구체적으로 어떤 구조로 보았는지를 살펴보도록 하자. 야스퍼스의 역사관의 진정한 의의도 거기에서 처음으로 명백해질 것이다.

세계사의 구조

세계사의 기축 문제

그리스도교 신앙을 몸에 지닌 서양인은 그 종말사관을 믿지 않더라도 자기도 모르는 사이에 그리스도교 중심의 역사에 기울게 되는 관습에 익숙해져 있다. 실제로 서양의 기원은 예수가 태어난 해를 (이것은 역사학적으로는 정확하지 않으나) 기원 원년으로 정하고 거기에 역사의 기축을 두고 있다. 그러나 원래 그리스도교 신앙은 하나의 신앙 형태이며 인류 전체의 신앙이 아니다. 그렇다면 그것과는 다른 세계사의 기축이 되는 시대가 있다고 한다면 그것은 그리스도교도뿐 아니라 세계의 모든 인간이 공통의 기축으로 인정할 수 있는 시대여야 한다. 그러한 기축은 또한 대부분 오늘날 인간이 인간으로 있을 수 있도록 형성된 시대이며, 게다가 그것이 가장 알차게 결실을 맺은 시대이고, 서양과 동양의 구별 없이 모든 인간이 그곳에서 자신의 정신적인 고향을 볼 수 있는 시대일 것이다. 그러나 그런 시대가 단순한 이념이 아니라 현실에 존재했다고 한다면 그것은 세계사의 어떤 시기로 봐야 하는 걸까.

덧붙여 여기에서 '기축(基軸)'이라고 하는 것은 독일어에서는 '아크세'인데 이것은 본디 '차축(車軸)'을 의미한다. 야스퍼스는 동서 세계사를 가로로 꿰뚫는 기본축을 구했던 것이다.

세계사의 기축시대

야스퍼스는 기원전 500년 무렵 전후로 각각 300년 정도의 시기(기원전 800년에서 200년 정도)를 '기축시대'라고 이름 붙였다. 이 시대에는 정신사상 실로 경이로운 사건이 집중적으로 일어났다. 중국에서는 공자와 노자가 태어났고, 묵자나 장자나 열자 외에도 다수의 사상가가 배출되었다. 인도에서는 우파니샤드가 생겼고 또한 석가모니가 태어나 여러 가지 철학적 사상이 전개되었다. 이란에서는 조로아스터가 선과 악의 투쟁을 설파하고 팔레스티나에서는 엘리야부터 이사야 및 예레미야를 거쳐 제2 이사야에 이르는 예언자들이 활동했다. 그리스는 호메로스의 2대 서사시나 파르메니데스, 헤라크레이토스, 플라톤과 같은 철학자들과 나아가 비극시인 소포크레스나 역사가 튜키디데스를 낳았다. 이렇게 보면 이 몇 세기는 실로 놀라울 만큼 위대한 시대였다고 말할 수 있다. 게다가 중국과 인도와 서양은 서로 달리 아는 사이가 될 리도 없었으므로 그것만으로도 이 시대가 세계사에서 차지하는 기축적 성격은 한층 더 깊게 인상에 박힌다.

이 기축시대에 그리스나 중국이나 인도에서 태어난 인간의 기본적 사고형식은 오늘날 더욱 살아 이어지고 우리가 무엇을 생각할 때의 기초가 되고 있다. 또한 이 시대에는 뒷날의 그리스도교나 불교라는 세계적인 종교의 맹아가 싹텄다. 인간은 이들 세계 종교를 통해 오늘에 이른 것이다. 기축시대의 성립과 함께 인간이 신화의 세계에 매몰되어 살았던 시대는 종말을 고했고, 신화에 대한 인간 이성의 투쟁이, 또한 신화 속의 위력은 있으나 비진실한 신들에 대한 인간의 윤리적 반항이 시작되었다. 한 마디로 말하자면 인간은 기축시대에 '정신화'라는 형식으로 전면적으로 변혁했고 그것에서 인간이 인간인 까닭을 본 것이다. 그러나 그 변혁을 그 시대에 완전하게 자각한 사람은 극히 적었다는 사실을 인정해야만 한다. 그들을 통해 나타난 인간의 사고와 실천의 최고도의 가능성은 대다수의 사람에게 무시당했고 만인의 공유재산은 되지 못했다. 그러나 반대로 그렇기 때문에 후세의 마음이 있는 사람들은 끊임없이 이 기축시대에 행해졌던 정신적 창조에 대해 생각하고, 그곳으로 돌아가 그것에 의해 새로운 정열을 끌어낸다. 기축시대는 그런 의미로 인간의 정신적 고향이며 정신적 인간의 고향이다. 훗날 서양에서 일어난 르네상스는 이 기축시대 정신의 재생이다. 그런 면에서 르네상스를 제2의 기축시대라고 부를 수 있으나, 그것은 규모 면에서 제1 기축시대에 훨씬 미치지 못한다. 르네상스는 현대의 서양에 직결되는 역사적 기반으로서 여러 가지 꺼림칙한 왜곡이나 도착(倒錯)의 원천이기도 하며, 거기에는 기축시대가 지녔던 정신적인 모든 순수성이나 근원성은 보이지 않는다.

기축시대 설정의 의의

공자(기원전 552~479)
세계사의 기축이 되는 시기에 공자를 비롯 노자, 묵자 등 위대한 사상가가 많이 배출되었다.

야스퍼스가 설정한 기원전 500년을 중심으로 한 이 기축시대의 존재는 19세기 후반 이래로 화제에는 올랐으나 본격적으로 논해진 적은 없었다. 세계적으로 동시대에 생겨난 이 문화적 평행 현상을 전체적으로 문제삼고, 왜 이러한 시대가 생겼는가 하는 의문을 역사학적으로 해명하려고 한 사람은 없었기 때문이다. 아니, 그것만이 문제가 아니다. 오히려 반대로 전문적인 역사가는 이 기축시대라는 생각을 비전문가의 생각에 지나지 않는다고 무시하거나 부정할 것이다. 실증 정신을 중히 여기는 역사가는 기축시대에 대양의 동서에 걸쳐서 공통으로 일어난 현상은 우연의 일치라든지, 기축시대는 지금부터의 하나의 가치 판단의 산물이고 사실적으로는 존재하지 않는다든지, 상호 교류가 없는 평행 관계는 어떤 공통의 역사에 속하지 않는다든지, 등등의 여러 가지 이의를 제기할 게 틀림없다. 야스퍼스는 이러한 이의를 예측하고 그 하나하나에 대해서 반박을 했으나, 그것은 여기에서 소개할 필요는 없을 것이다. 세계적으로 발생한 평행 현상(平行現象)의 의문은 그것이 실증적인 역사 연구를 통해 해명할 수 없는 성질의 것이기 때문에 수수께끼인 것이다. 그렇다고 해도 야스퍼스가 그것에서 기축시대라고 하는 역사적 시대를 대담하게 설정한 까닭은, 그 시대가 단순하게 인간의 정신 사상에서 특기할 만한 시대라고 하는 이유뿐 아니라 그 시대를 기축으로 하여 전후에 걸친 인류 전체의 세계사를 해명하려고 하는 의도가 있었기 때문이다.

세계사의 4단계

그러면 야스퍼스는 세계사 전체의 구조를 어떻게 생각할까. 야스퍼스의 구상을 간단하게 도식화해서 말하면 인류는 세계사의 과정에서 네 가지 새로운 기반으로부터 출발한다. 제1 출발은 선사시대에서 언어나 도구나 불을 사용하기 시작한 것으로, 이로써 인간은 다른 동물과는 다른 인간 독자의 생활 형식을 취득했다. 제2 출발은 메소포타미아, 이집트, 인더스, 황하를 중심으로 하는 고대 고도문화(高度文化)의 창시이고, 제3 출발은 먼저 서술한 것과 같이 기축시대로부터 시작된 것이다. 그리고 제4 출발은 우리가 지금 경험하는 과학적 기술시대이다. 인류는 이 새로운 프로메테우스의 시대에서, 말하자면 제2의 호흡을 시작했다. 그리고 한때의 고대 고도문화의 조직화와 계획화를 닮은 사태를 거쳐, 먼 미래의 기축시대와 닮은 인류의 정신적 창조시대를 향해서 가는 것이다.

선사시대

역사는 문자 기록으로 전승될 수 있는 범위 내에서 다루어진다. 그렇다면 그것은 기원전 약 3000년 이래의 일이며, 역사는 지금까지 약 5000년을 경과했다는 것이 된다. 그러나 인류의 발생은 그것보다 훨씬 앞서 일어난 일로, 인골 화석은 약 10만 년 이상 전에 이미 인류가 지구상에 존재했음을 말해주고 있다. 인류는 수십만 년에 걸친 선사시대를 거쳐 비로소 겨우 5000년의 역사를 이룩할 수 있었다. 그 선사시대의 인간 발전은 인간존재의 광의에서의 자연적 기질 구조의 생성이며, 역사 속에서의 발전은 획득된 정신적·기술적 내실의 전개이다. 선사와 역사는 이렇게 인간존재의 두 기초를 만들고 있다. 그 기간의 길고 짧음에서 알 수 있듯이 제2의, 역사적으로 형성된 인간성은 제1의 선사적 인간 천성을 기저층으로 한 얇은 표피와 같은 것이다. 인간은 이러한 표피를 벗기는 가능해도—때로는 벗겨질 때는 있어도—선사시대에 유래한 인간 천성을 버리기란 불가능하다. 역사가 붕괴하면 인간은 선사시대의 인간으로 돌아갈 수 있을까. 아니, 현대에 태어난 우리가 석기시대의 인간으로 돌아가는 것이 아닐까 하는 불안이 때때로 엄습해 오는 까닭은, 우리 자신이 그 밑바탕을 선사시대의 인간으로서 살아가기 때문일 것이다.

인류의 기원

그러면 이 선사시대의 발단에 있어서 인간은 일원적인 기원에서 발생했을까, 그렇지 않으면 다원적으로 발생했을까. 인류는 전체로서 하나의 동족일까. 그렇지 않으면 말하자면 독립된 몇 개 가족의 집합일까. 야스퍼스에 따

이집트의 피라미드
고대의 고도문화는 성립과 함께 문을 닫았다. 우리는 그들의 문자를 해독하여 역사를 이해할 뿐이다.

르면 일원적 발생설이 유리하고 다원적 발생설은 불리한 사실이 몇 개가 있다. 예를 들면 엄청나게 광대한 미국 땅에서 오래된 인골이 발굴되지 않는다는 점, 또한 여러 가지 인종이 상호 혼혈임에도 의연하게 생식 능력을 갖춘 인간을 낳는다는 것, 최고등 동물이라고 해도 인간을 동물로부터 떨어지게 하는 거리는, 인종 간의 차이에 비해 문제가 되지 않을 정도로 크다는 것, 이것들은 모두 일원발생설에 유리한 사실이라고 할 수 있다. 그렇더라도 우리는 인류의 기원이 일원적인지 다원적인지 경험적으로 입증해서 진위를 가려내는 일은 할 수 없다. 그것보다 오히려 중시해야 할 것은 인간 상호의 관계는 유유상종이라고 하는 동물학적 형태의 상동성(相同性)에 따른 것이 아니라, 인간이 상호 타인을 이해할 수 있다는 사실, 즉 인간이 의식이나 사고나 정신이라는 사실 위에 성립한다는 것이다. 여기에서 인간 동지(同志)의 가장 내밀한 친근성이 있으며 타방(他方)의 인간을 인간에 가장 가까운 동물로부터 구별하는 단절성이 있다. 인간의 기원이 일원적인지 다원적인지는 과학적으로는 확정할 수 없다. 하지만 인간은 역사 속에서 인간 모두가 하나의 같은 것에 속해 있다는 동족성의 신앙을 획득했다. 그리고 이 신앙과 함께 현실에서도 인류의 통일을 실현하려는 의욕이 생기고 있다. 즉 이렇게 말해도 좋을 것이다. 야스퍼스는 인류가 하나의 기원으로부터 생겼다는 신앙에 기초하여 인류의 선사(先史)를 보고 있었으며, 그 신앙은 또한 인류가 장래 하나의 목표에서 통합하려는 신앙이기도 하다.

고대 고도문화

인간은 고대의 고도문화 성립과 함께 그 긴 침묵의 선사시대를 닫았다. 인간은 문자로 적은 기록을 통해서 말하고 있다. 또한 우리가 그들의 문자를 해독하는 것을 통해 그들이 우리에게 말을 걸어온다. 나일, 티그리스, 유프라테스, 황하 유역에서는 치수와 관개의 조직화가 중앙집권화된 국가를 낳았고, 그들은 후에 일련의 세계 제국으로까지 발전했다. 또한 공통의 언어나 문화나 신화에 따라 일체(一體)의 자각을 지닌 민족이 발생했고, 말이 전차(戰車) 말이나 기승(騎乘) 말로서 등장했다. 이러한 사건들이 인간에게 역사를 열어 주었으며, 그것과 함께 인간은 내면적으로도 변화하고 고정된 선사적 상태에서 해방되었다. 이 해방은 의식이나 기억, 정신적으로 획득된 것의 전승을 통한 단순한 현존재 상태에서의 해방이다. 합리화와 기술에 따른, 그 경우에 한하는 생존으로부터 장래에 대비하는 보증이 있는 생활로 가는 해방이다. 그리고 지배자나 현자를 거울로 삼아 우매한 자의식이나 마신(魔神)의 공포로부터 벗어난 해방이다. 말하자면 자연 민족으로서 오늘에 이르는 여러 민족은 고대의 고도문화에 전혀 참여하지 않았던 민족이며, 멕시코나 페루의 아메리카 원주민도 그렇다. 그들은 시대적으로 훨씬 뒤에 처음으로 고대의 고도문명과 닮은 문명(마야, 잉카 문명)을 만들어 냈다.

그렇다고 해도 야스퍼스에 따르면 그들 고대의 고도문화에는 후세의 기축시대에 버금갈 인간의 정신 혁명이 아직 보이지 않는다. 아니, 오히려 대규모의 조직화는 빼어난 문명을 이루면서도 무자각성(無自覺性) 속에 살아가는 인간을 만들었다. '빼어난 기술적인 합리화는 본디의 반성이 결핍된 무자각성에 대응한다'는 것이다. 고대의 고도문화에는 참으로 역사적 움직임이 결여되어 있다. 눈에 띄는 최초의 창조가 있은 후, 기축시대에 이르는 수천 년의 시간은 정신적으로는 점점 움직이지 않고 역사적인 대사건 때문에 중단된 문화의 재흥이 부단하게 반복되었다. 이집트 등은 그 좋은 예이다. 그

마야 문명(BC 200~AD 900) 신전 제단

사이에 확실히 많은 사건이 있었으나, 그들 사건이 인간존재를 정신적 역사적으로 결정하는 것은 아니었다.

야스퍼스가 고대의 고도문화를 이렇게 특징지을 때, 거기에는 아마도 현대의 제2의 기술적 시대가 그대로 성장을 계속할 때 생길 역사의 미래 모습이 비추어졌을 것이다.

현대의 대규모 기술화와 조직화는 고대의 고도문화가 보여준 모습과 같고 인간 정신과 그것이 이루는 역사의 정체화를 불러일으킨다.

기축시대 그뒤의 진전

이렇게 야스퍼스는 인간 정신의 진정한 발현이 기축시대의 것이라고 여긴다. 그러나 여기의 기축시대는 또한 여러 민족이 그 후의 세계사에 어떠한 역사적 의의를 부여하는지를 명확하게 재어 보려고 한다. 기축시대에 실제로 인간의 정신 창조에 참여한 민족, 즉 기축 민족은 중국, 인도, 이란, 유대, 그리스 민족이다. 그런데 한때 고대의 고도문화를 알면서도 기축시대의 정신 창조를 성취하지 않았던 민족도 있다. 예를 들면 이집트나 바빌로니아 민족이 그런데, 야스퍼스는 그러한 이유에서 중국, 인도를 이집트, 바빌로니아와 확실하게 구분한다. 전자는 그 문화가 지금까지 이어질 뿐만 아니라 기축시대의 창조에 참여했기 때문이다. 그리고 야스퍼스는 전자를 이란, 유대, 그리스의 민족이 이룬 창조를 계승한 서양과 견줄 만한 것으로 본다.

서양에서는 기축시대 개시 후 약 1000년 동안 동서 로마제국의 분열을 겪고, 서로마에서는 500년의 공백 시대 끝에 게르만-로마 민족이 이룬 새로운 서양의 역사가 시작되어 오늘에 이른다. 또한 동로마를 포함하는 동양과 가까운 지역에서는 슬라브 민족의 비잔틴 문화가, 아랍민족의 이슬람 문화가 꽃을 피웠다. 이들 민족은 기축민족은 아니지만 기축시대의 정신 창조를 계승한다. 이들은 전래된 기축시대의 문화와 대결하고 동화하고 변화해 가는 과정에서 각각의 독자적인 새로운 문화를 펼쳤다. 기축시대가 존재하지 않았다면 이들 민족의 미래 운명도 달라졌을 것이다.

동양의 정체와 서양의 발전

그러면 같은 기축시대를 지나오면서도 그 후 서양의 문화만이 발전을 거듭하고 중국이나 인도에서는 문화의 정체, 오히려 후퇴하는 양상을 보인 것은 어째서일까. 야스퍼스의 생각에 따르면, 서양은 그리스의 그 옛날로부터 서양과 동양과의 대립을 포함한 채로 그 발전의 길을 걸어왔다. 서양에서는 헤로도토스 이래, 서양과 동양의 대립은 저녁의 나라와 아침의 나라의 영원한 대립으로 의식되어 왔으나, 이 대립 의식이야말로 서양 문화를 촉진하는 원동력이 되었다. 즉 서양은 동양을 고려하고 동양과 대결하며 동양에서 받아들인 것을 수용하여 그것을 동화하면서 전진했다. 그리스 인과 페르시아인, 동서 두 개의 로마 제국, 동서 두 개의 그리스도교, 서양과 이슬람, 유럽과 아시아, 서양은 항상 이렇게 대립 속에서 성장해 왔다. 이에 비해서 동양은 서양과의 대립을 의식하거나 서양의 이질적 문화와 적극적으로 대결하려고 하지 않았다. 정신은 대립하면서 자기를 의식하고, 투쟁하면서 자기를 볼 때 처음으로 생겨나며 실로 풍부한 것이 된다. 서양은 모태였던 동양과 대결할 때마다 새로운 에너지를 획득하고 정신을 젊게 되돌렸으나, 동양은 떨어져 있던 서양과 대결하지 않은 채 정신을 노화시켰다.

그러나 그럼에도 불고하고 중국과 인도는 14, 15세기까지는 그 전체적인 생활 수준에서 보자면 서양과 같은 정도의 문명을 계속 유지하고 있었다. 동양의 정체(停滯)가 눈에 보이기 시작한 것은 그로부터 수세기가 지난 후이다. 18세기 이후 서양 역사학자의 다수가 동양에는 역사가 없다고 주장한 것은 서양 중심적인 편견이기는 했으나, 그것에도 이유가 있었다. 그들은 당시 침체한 동양의 모습에만 주목하여, 거기서 고대와 변함이 없는 아시아 문화의 정체성을 본 것이다. 그렇다고 반대로 20세기에 있었던 서양 역사가와 같이 서양은 몰락하는 중이고, 그것과 대조적으로 동양의 장래성을 강조하는 것도 오해이다. 이러한 주장은 사실 18세기 역사가의 견해를 뒤집기만 한 것으로, 서양에만 역사가 있고 동양에는 역사가 없기 때문에 침몰도 없다는 견해와 같다. 야스퍼스는 인도와 중국도 기축시대에 참여했다고 봄으로써 종래의 서양 대 동양에 대한 오해와 고정관념을 타파했다. 그렇게 장래의 진정한 세계적인—서양과 동양을 포괄한—인류의 통일 기반을 추구하는 것이다.

서유럽의 과학과 기술

그런데 아시아가 정체하기 시작한 그 시기에 서양에서는 전혀 새로운, 동양 문화권에서는 생긴 적 없던 것이 일어나고 있었다. 기술의 응용에서 여러 가지 성과를 이루어 낸 과학의 성립이 그것이다. 과학은 역사가 시작된 이래 다른 어떤 사건도 이루어 낼 수 없었던, 세계를 안팎으로 크게 변혁시켰다. 과학은 인간에게 지금까지 줄 수 없었던 많은 기회를 줌과 동시에 많은 위험도 안겨 주었다. 그러한 과학의 공과(功過)는 19세기 이후 우리가 살아가고 있는 기술의 시대에 와서 밝혀졌으며, 게다가 최근 십수 년 사이에 더욱 명백해졌다.

이 과학과 기술의 기원은 서양 속에서도 특히 서유럽 즉, 게르만-로마 민족에게 귀착한다. 이들 민족은 과학과 기술로 역사를 그리는 단층을 만들어 냈고, 그것과 함께 전 지구를 덮는 인류사를 열었다. 과학과 기술은 지금에 와서는 서유럽만의 것이 아니라, 세계 온 인류의 것이 되어 있다. 따라서 이렇게도 말할 수 있다. 인간에게 유용한 서양의 과학과 기술에 동화함과 동시에 그에 동반하는 숱한 위험을 부담하는 민족만이 앞으로 인간의 운명 결정에 적극적인 역할을 할 수 있을 것이다. 과학과 기술을 단순하게 부정하는 것에 그쳐서는 새로운 전진을 기대할 수 없다. 기술이 인간의 장래에 위험스러우면 위험스러울수록 그 의의를 숙고하여 그것을 근본적으로 규제하는 지혜가 필요하다. 과학과 기술을 무시하거나 그것으로부터 도망치려고 해서는 인류의 통일을 바랄 수 없다. 인류의 장래를 생각한다면 우리는 싫어도 그것들과 대결해야만 하고, 또한 그것들을 지탱하고 있는 서유럽의 기본적인 정신과도 대결해야 한다.

인류 전체의 시대

세계사는 계속 움직이고 있다. 서유럽은 확실히 한 시기에는 세계의 중심이 되었었다. 19세기 전반의 철학자 헤겔은 자신있게 말했다. "세계는 배로 일주되었다. 유럽인에게 그것은 하나의 공 같은 물체이다. 아직 유럽인에게 지배되지 않은 것은 지배할 가치가 없거나 아직 지배당할 운명이 안 된 것, 그 둘 중의 하나이다." 하지만 서역이 세계 지배의 중심이었던 시대는 19세기 말로 저물어 갔다. 서유럽은 지금 미국과 러시아(소련) 사이에 끼어서 더 이상 익히 알던 세계 지배자가 아니다. 확실히 서유럽의 정신은 미국에도 러시아에도 침투해 있지만, 그러나 양자는 서유럽이 아니다. 야스퍼스에 따르면 미국인은 서유럽에서 나왔지만 새로운 자기 의식을 가지고 있고 또한 밝혀진 것 없는 새로운 근원을 주장하고 있다. 러시아 인은 서양과 동양에 끼인 민족이며 역사적으로는 동양에서 자신의 근원을 찾고, 정신적으로는 비잔틴에 의지한다. 중국이나 인도 또한 현재는 그렇다고 치고 장래의 세계사에서 중요한 역할을 다할 것이다.

그렇게 본다면 지구 전체 규모의 세계사는 지금 겨우 시작됐다고 할 수 있다. 지금부터 앞으로의 역사의 주도자는 이제 어떤 특정한 민족이 아니라 전 인류가 될 것이다. 인간은 긴 선사시대와 병행한 몇 개의 역사를 거쳐 20세기의 지금에 와서 처음으로 하나의 역사를 가지게 된 것이다. 인류의 미래는 지금부터 이 하나의 역사가 어떻게 나아가는지에 따라 결정된다. 그리고 이 역사에 대한 우리들 한명 한명의 참여 방법이 인간 전체에게 있어서 중요한 의의를 가질 것이다.

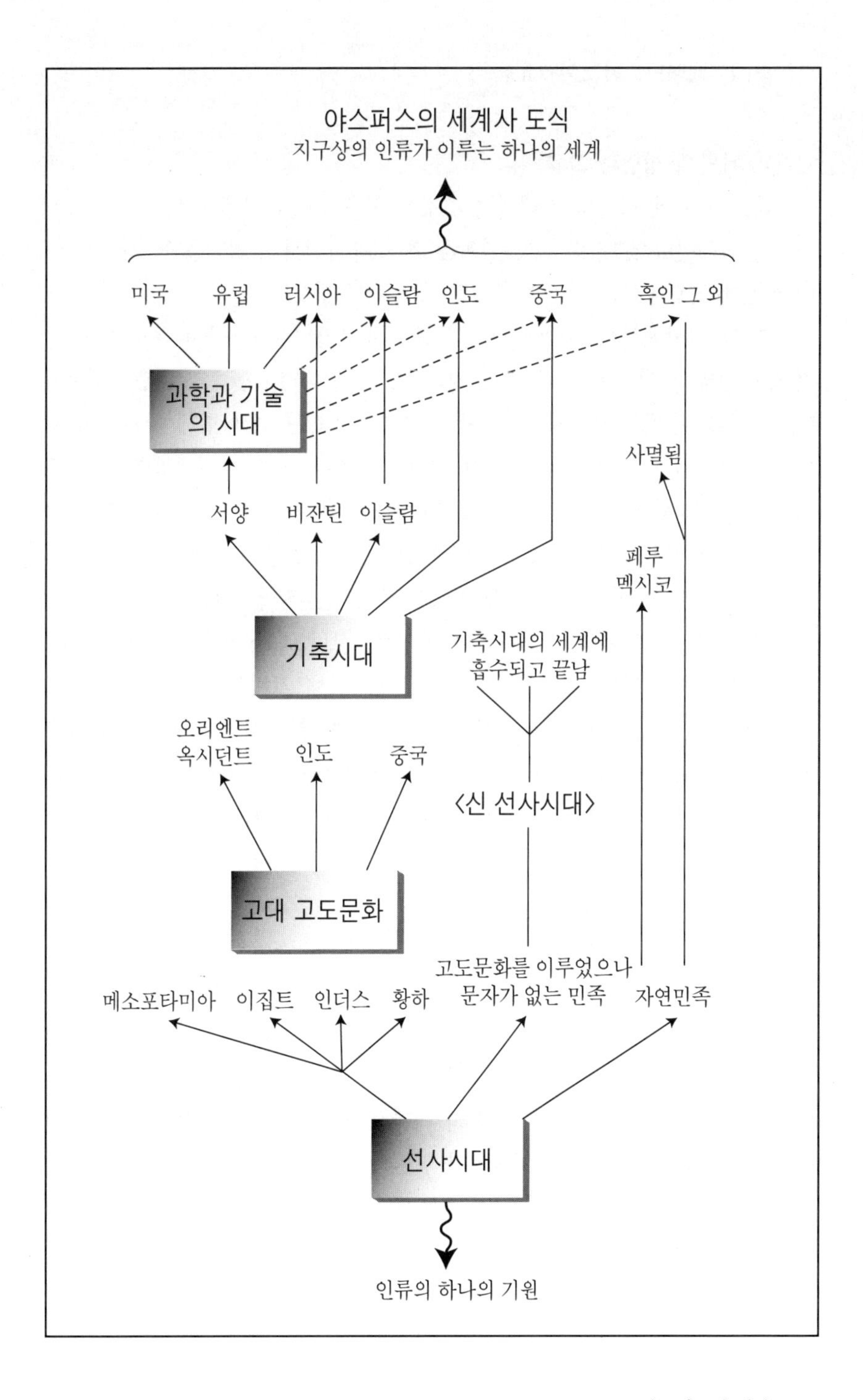
야스퍼스의 세계사 도식
지구상의 인류가 이루는 하나의 세계
미국
유럽
러시아
이슬람
인도
중국
흑인 그 외
과학과 기술
의 시대
사멸됨
서양
비잔틴
이슬람
페루
멕시코
기축시대
기축시대의 세계에
흡수되고 끝남
오리엔트
옥시던트
인도
중국
〈신 선사시대〉
고대 고도문화
고도문화를 이루었으나
문자가 없는 민족
메소포타미아
이집트
인더스
황하
자연민족
선사시대
인류의 하나의 기원

현대—과학과 기술의 시대

근대 과학의 성립과 그 특징

현대는 과학과 기술의 시대이며 그것은 서유럽에서 발생했다는 것이 야스퍼스의 견해이다. 그러면 근대 과학은 왜 서유럽에서 생겨났을까. 그것은 어떤 정신에 기댔을까.

또한 그 과학에서는 그것이 과학인 한 필수불가결한 세 가지 특징이 있다. 첫째로 방법적 인식이며, 둘째로 강제적인 확실이며, 셋째로 보편타당성이다. 그러나 이러한 기준에 부합하는 과학은 설령 순수한 형태에서는 현존, 또한 완성되지 않는다고 해도 벌써 그리스 과학 속에서 존재했었다. 그것에서 특히 근대 과학의 특징적 성격을 꼽는다면 다음과 같다. 근대 과학은 그 정신이 보편적이고 모든 것을 그 대상으로 한다. 또한 원칙적으로 미완결이며, 무한한 전진(그리스 인은 무한하게 전진하는 과학이라는 것을 몰랐다)을 시험한다. 근대 과학은 무관심이라는 것을 모르며 구체적 인식의 형태에서 철저성을 추구한다. 모든 것이 이러한 성격과 합일해서 근대의 과학적 태도가 생긴 것이다. 과학적 태도란, 모든 것을 포괄적 이성에 바탕하여 묻고 탐구하고 음미하고 숙고하는 태도로, 동시에 독단이나 맹신이나 분파로부터는 자신을 해방시켜 두는 자세이다. 그렇다면 진정한 과학적인 태도는 인간이 인간이기에 적합한 품위의 한 요소라고도 할 수 있다.

근대 과학 성립의 이유

그런데 이러한 근대 과학이 서유럽에서 생긴 건 대체 어째서일까. 그 근본 이유는 역사 속의 여러 가지 정신적 창조와 같이 역사의 비밀에 속하는 문제일지도 모른다. 그러나 아마도 많은 조건이 서유럽의 어떤 시기와 엮여서 혼란이 일어나고 그것이 새로운 과학의 세계로 발전한 것일 터이다. 예를 들면 국가나 도시의 자유라든지, 귀족이나 시민의 여유라든지, 서유럽 내부에서의 국가 분열이라든지, 각축이라든지, 십자군 이래의 이문화와의 접촉이라든지, 국가와 교회의 정신적 투쟁이라든지, 인쇄 기술을 둘러싼 의견의 교환과 같은 것이 근대 과학 성립의 사회적 조건이 될 수 있다.

그러나 이러한 조건을 일일이 세어 보는 것과는 별개로, 근대 과학은 단적으로 말해서 인간의 권력 의지로부터 생겨난 것이라는 견해가 있다. 과학을 통한 자연의 지배와 이용, 베이컨의 '앎은 힘이다'라는 말이 그 견해에 정당성을 부여하는 이유라고 한다. 그러나 야스퍼스에 따르면 이러한 견해는 대단히 단편적이다. 위대한 과학자의 정신적 태도를 관찰하면 금세 명확해지는 것처럼 그들의 지혜에 대한 의지는 오히려 자연에 대한 순응과 복종에 기초한 것이며, 자연에 대한 공격성이나 권력 의지와는 무관하다고 해야 한다. 과학자가 자연을 볼 때 취하는 자유로운 정신 태도는 지배를 목적으로 하는 권력 의지가 아니라 오히려 인간의 내면적 독립성의 발현이라 할 수 있다. 그리고 과학자의 이 정신적 자유야말로 사실을 왜곡하지 않는 순수한 사실로 파악하기 위한, 즉 진정한 과학적 인식을 위한 필수 조건이다.

베이컨(1561~1626) 영국의 철학자·정치가. 영국 고전경험론 창시자

근대 과학과 그리스도교 정신

거기서 야스퍼스는 근대 과학 발생의 정신적 기반을 그리스도교에서 찾았다. 그리스도교의 기본 정신은 뭐니뭐니해도 성실함을 요구한다. 우리가 만약 지적 노력을 오락이나 시간 죽이기에 불과하다고 생각한다면 그것은 성실함에 반하는 것이다. 과학자의 철저하고 진지한 자연 탐구의 능력에는 오락이나 시간 죽이기와는 거리가 먼 신의 사명에 따르는 듯한 진지함이 있다. 또한 근대 과학은 대체로 이 세상 모든 것을 연구의 대상으로 하며, 우주를 완성시킨 합리적인, 항존적(恒存的)인 것으로서 인식하려는 그리스 인의 자세에서는 나오지 않는다. 이것은 오히려 그리스도교적인 즉, 세계가 신의 피조물이며 그런 한 무릇 존재하는 모든 것은 알 가치가 있고 그리스 인이 무시한 극히 사소한 것에도—신이 창조한 것이라면—알 가치가 있다는 정신이다. 과학자는 말하자면 신의 창조를 뒤이어서 추상(追想)한다는 형태로 인식을 밀고 나간다. 게다가 그때 진정한 과학자라면 과학적 인식에는 한계

가 없음을 알 것이다. 세계는 결코 완결된 전체로서 취해지는 일이란 없다 —그것은 흡사 인간이 신의 전지(全知)에 이를 수 없는 것과 같다. 또한 신을 추구하는 것이 자신의 환상을 끊어 내는 것처럼, 정말로 과학적인 탐구 의지는 자신의 희망이나 기대와 맞서는 투쟁이다. 과학적 연구자는 자기 자신이 세운 학설과도 싸우고 그것을 위해서 굳이 자기의 학설에 반대하는 자를, 더욱이 그것에 가장 격렬히 반대하는 자를 원한다.

막스 베버는 자본주의의 성립을 그리스도교 정신에서 설명하나, 야스퍼스는 그러한 근대 과학의 성립을 그리스도교 정신에서 설명한다. 근대 과학을 낳은 서유럽은 그리스도교 정신이 순수하게 전해진 유일한 문화권으로, 비잔틴의 그리스도교는 다른 교의(教義) 종교의 경우와 같이 제정국가(祭政國家)의 체제에 의해 조직되었다. 서유럽에서 교회는 국가나 그 밖의 세속 권력에 대한 자유의 동인이 되고 있으며, 그리스도교는 여기에서는 교회의 적에게까지도 자유의 의식을 이식하고 그것을 키워 왔다. 근대 과학은 그리스도교를 통해 키워지고 인간의 자유로운 정신과 성실한 지적 태도로부터 생겨났다. 만약 인간이 이러한 정신이나 태도를 잃어버리면 근대 과학 또한 변질되어 버릴 것이다.

근대 과학의 변질과 일탈

근대 과학의 변질은 이미 시작되고 있다. 과학은 오늘날 단순한 서유럽만의 것이 아니고 전 세계의 것이 되었다. 하지만 본디의 과학성, 보편적인 인식 태도, 확실한 방법적 비판, 순수한 탐구적 인식은 오늘의 세계에서는 전도된 여러 형태의 혼란 속에서 겨우 하나의 힘줄을 만든 것에 지나지 않는다. 과학적 시대라고 불리는 것처럼 현대에서 과학은 방법도 없는 위엄과 신망을 받지만, 그러나 대다수의 인간은 과학의 본질을 꿰뚫어 보고 있다. 거기에서부터 모든 것을 과학적으로 해결하려는 과학적 미신이 생겼고, 그것에 이어진 환멸이 과학의 멸시를 낳는다. 하지만 이 두 개의 태도는 모두 과학의 오해에 바탕을 둔 것이다.

그 오해는 다음과 같다. 확실히 우리는 과학적 연구에 바탕하여 세계가 인식 가능하다고 하는 것을 전제로 하고 있으나, 이 전제의 의미는 두 가지로 이해할 수 있다. 첫째로 그것은 세계 속에서 대상이 인식 가능하다는 의미이고, 둘째로 세계가 전체로서 인식 가능하다는 의미이다. 하지만 여기서 첫 번째의 이해는 정당하고 두 번째의 이해는 부당하다. 과학적 인식은 그 본성상 한계라는 것이 없고 어디까지나 무한하게 진전한다. 그러나 세계를 전체로 해서 과학적으로 인식 가능하다는 잘못된 해석이 지배적이 된 결과, 이 세계를 그러한 전체에 걸친 앎에 기초해서만 계속 과학적 합리적으로 처리하려는 의지가 생겼다. 근대 기술은 그런 경향을 오히려 촉진시키는 힘이 되었다.

기술의 본질과 그 일탈

현대는 과학의 시대인 동시에 기술의 시대이다. 그런데 기술이란 원래 과학적 인간의 자연 지배이다. 그것은 인간의 현존재를 궁핍으로부터 구하고 현존재에 적합한 환경 세계를 획득하는 것을 목적으로 한다. 하지만 인간의 기술적인 행위가 인간에게 역작용을 불러일으켰고, 그 기술적 노동 방식·노동 기구·환경 형성이 인간 자신을 변화시킨 것도 사실이다. 그리고 18세기 후반 이후 급속하게 발달한 근대 기술이 처음으로 그 사실을 인간의 운명으로 노출시켰으며 카를 마르크스가 그것을 최초로, 하지만 대규모적 형식으로 인정했다.

도구의 발명으로부터 18세기 전반에 이르는 장기간의 비교적 완만한 변혁과는 달리, 근대 기술은 인간의 환경 세계 내에서의 일상생활을 철저하게 변혁했고 노동 방식이나 사회를 불문곡직하고 새로운 궤도로 끌어들였다. 대량생산 방식이나 사회생활의 기술적 기계화에 따라 지구는 하나의 공장이 되었고, 그와 동시에 인간 각자의 생활 지반으로부터 유리(遊離)되기 시작하였다. 인간은 전통과의 관계를 잃어버리고 고향 없는 지상의 주인(主人)이 되었다. 그리고 오늘날 바른 생활 형식을 찾아내기가 불가능한 상황 속에서 살고 있다. 개인을 지배하는 것은 자기 자신에 대한 심각한 불만이거나, 아니면 자기 망각적인 자기 방치이다. 후자의 길을 선택한 인간은 굳이 자신을 비인격화하며 기계의 톱니바퀴가 되어서 몰개성적이고 생각 없는 생활에 몰두한다. 자신에게 불만을 품은 인간의 다수도 자기 자신에 대해서 기만적이 되고 가면을 쓰고 살아가는 방법을 선택한다.

다시 한 번 기술의 본질에 대해서 생각해 보자. 기술은 자연을 지배하는 힘이며, 그 힘은 인간의 목적을 통해서만 의미가 있다. 즉 그것은 우리의 생활을 편리하게 하고 생존하기 위한 일상의 노동을 줄여 여유를 준다는 점에서, 달리 말하면 인간을 자연의 속박으로부터 자유롭게 한다는 점에서 의미가 있다. 기술은 여러 가지 위협에 가득 찬 자연 속의 동물과 같이 구속되었던 상태로부터 인간을 해방시킴과 동시에 한편으로는 적극적으로 인간에게 고유한 환경의 형성을 촉진했다. 인간은 동물과는 다른 스스로 만든 환경 세계 속에서 살고, 게다가 그 환경 세계를 넓혀 가면서 자기의 실재를 높이고 있다. 그러나 만약 기술에 있어서 도구나 행위의 수단성(手段性)이 그것으로부터 독립적인 것으로 되거나 본디 목적이 망각되도록 만드는 수단, 그것이 목적이 되어 절대화되는 것, 그것은 기술의 일탈일 것이다. 그리고 현대에서는 이러한 기술의 일탈이 여기저기에서 일어나고 있다.

노동의 변혁과 기계화

그런데 근대에 기술의 근본적 변혁은 노동의 근본적 변혁을 가져왔다. 벌써 헤겔은 도구로부터 기계로 가는 비약이 노동에 어떠한 변화를 가져올지에 대하여 이야기했다. '인간이 자연을 기계에서 가공함으로써 자기 노동의 필요성을 폐기하는 것은 아니다…… 인간은 노동을 자연으로부터 멀리하고, 살아 있는 자연으로서 자연 속에서 살면서 살아 있는 자연과 마주볼 생각을 하지 않는다…… 인간에게 남겨진 노동, 그것 자체를 점점 기계적으로 바꾸고, 노동이 점점 기계적으로 바뀌면서 노동의 가치는 점점 감소하며, 게다가 인간은 그러한 기계적인 방법으로 한층 일하지 않게 된다.' '노동은 점점 생기를 잃는다…… 개인의 숙련은 한없이 좁아지고 공장 노동자의 의식은 최저의 무기력까지 내려간다.' 야스퍼스에 따르면 노동은 기계에 더욱 의존하게 되고, 노동 자체가 일종의 기계에서 벌어지는 노동 조직에 이중으로 의존하게 된 결과 인간 자신이 이른바 기계의 일부분이 되어 버린다. 극히 열외적인 소수의 창조적 발명가를 제외하고 거의 모든 노동자는 기계의 부품으로 취급되고 스스로 개성을 잃어 가며 대중의 일원이 된다.

대중의 발생

인간이 스스로 고유의 세계를 형성하지 못한 채 유래도 지반도 없이 있는 그대로 움직이고, 특별한 개인이 되지 못한 채 누구와도 자리를 쉽사리 바꿀 수 있는 상황, 거기에서 대중은 발생한다. 대중은 자기 자신을 의식하지 않고 동일하게 양적인, 전통을 가지지 않는다는 점에서 민족이나 공중(公衆)의 존재 방법과는 다른 인간의 한 집단화 현상이다. 대중은 너무 쉽게 선전에 휩쓸리고 암시에 걸려든다. 게다가 현대에는 이런 대중이 역사의 결정적 인자가 되고, 이런 대중이 받아들이는 것만이 역사에 등록된다. 대중이 좋아하는 것은 단순화이고, 여러 가지 표어나 일체를 해명(이라고 칭하는)하는 보편적 이론이나 또한 그것에 대한 조잡한 반박 등이 성공을 얻는다. 모든 것은 이것이냐 저것이냐 하는 단순한 양자택일로 결정되고, 게다가 대중은 그러한 단순한 사고방식이 과학적이라고 생각하고 있다.

현대의 총괄

이상을 통해서 결론을 말하자면, 현대는 과학의 시대이자 기술의 시대이며, 대중의 시대이고 단순화의 시대이다. 현대는 지구상의 온 인류가 처음으로 하나의 역사에 통합된 획기적인 시대이지만, 그렇다고 한때의 기축시대와 같은 정신적 창조의 시대는 아니다. 기술적인 현대와 비슷한 시대를 과거에서 구하려고 한다면 그것은 오히려 선사시대, 도구나 무기의 발명 시대일 것이다. 인간은 현대를 기점으로 하여 제2의 새로운 행보를 시작했다. 그러나 이 제2의 행보가 제1의 행보와 같은 과정을 밟고 인간이 훗날 다시 제2의 기축시대를 맞이했던 것처럼 된다고 미리 단정할 수는 없다. 우리는 오히려 인간의 정신적 하강과 절멸을, 그것도 아주 가까운 장래에 당할지도 모른다. 그렇다고 해도 물론 역사는 정해진 필연이 있는 것은 아니다. 역사는 인간이 만들어 가는 것이다. 인류의 멸망이 아니라 그 정신적 재생을 원한다면, 우리는 미래에 대해서 어떤 태도를 취해야 하는 것일까.

인류의 미래를 위해

평화와 진리를 위한 자유

인류의 미래에 관한 두 가지 관점

인류의 미래에 관해서는 낙천적인 관점과 비관적인 관점이 있다. 낙천적인 관점은, 인류는 역사와 함께 무한히 진보한다는 18세기의 계몽적인 진보사상으로 대표된다. 이 견해는 오늘날에도 형태를 달리하여 살아 있는데, 과학과 기술의 무한한 진보가 인류에게 빛나는 미래를 약속한다는 것이다. 실제로 인공위성 발사나 그에 따른 인간의 우주공간으로의 진출, 전자계산기의 발명과 의료·의약의 진보 등은 과거에 이루지 못했던 인간의 바람을 충족시켜 주었다. 그러한 의미에서 과학과 인류의 진보는 병행하는 것처럼 보인다. 그러나 문제는, 과연 이러한 진보가 인간성 자체의 진보라 할 수 있는가 하는 점이다. 앞에서도 말했듯이 과학과 기술이 지닌 인간의 조직화와 기계화 측면은 오히려 인간성의 퇴보를 촉진시키는 조건이 된 것은 아닌지.

게다가 과학과 기술의 진보는 정말로 무한히 뻗어 나가는 것일까. 예를 들어 장차 인간의 달 여행이 가능해진다고 하여 은하계 밖으로까지도 갈 수 있을까. 과학과 기술이 장래 어디선가 실제상의 한계에 이르러 그때까지의 성과를 단지 보존할 뿐인 상태가 된다고도 생각할 수 있지 않을까. 뿐만 아니라 과학은 인류의 장래를 보증하기는커녕, 오히려 반대로 인류의 생존 조건에 관한 과학적인 테마를 근거로 멀거나 가까운 미래의 인류 멸망을 예측하는 것은 아닌가. 그렇게 보면 과학과 기술에 의한 인류의 무한한 진보라는 관점은 말 그대로 낙천적인 관점일 뿐 확실한 근거는 찾을 수 없다.

그러면 비관적인 관점은 어떠한가. 원자폭탄의 등장은 제2차 세계대전의 종식을 앞당겼으나, 과학과 기술은 그 뒤로도 여전히 더욱 강력한 수소폭탄을 발명하고 원자로를 개발했으며 원자력 잠수함을 건조했다. 그리고 현재 이들 병기는 언제든 효과적으로 사용할 수 있는 상태이다. 즉 인류는 내일이 아니라 오늘 이 순간에도 절멸하든가, 아니면 소수만이 살아남아 다시 태고부터의 생활을 반복해야 하는 위험에 놓인 것이다. 이러한 상황하에서는, 인간은 인류의 미래에 관하여 싫어도 비관적인 견해를 가질 수밖에 없다. 거기서 나타나는 것이 니힐리즘이며, 순간적인 만족을 추구하는 찰나주의이다. 이른바 건전한 마이홈주의자도 실은 자기 자식을 포함한 인류의 미래에 큰 희망을 걸 수 없기 때문에, 현시점에서는 내 가정의 자그마한 행복에서 자신이 기댈 곳을 찾는지도 모른다.

부르크하르트(1818~1897)
스위스의 역사가

그러나 인류의 미래에 대한 비관적인 관점은 인류 절멸의 위기감에서만 유래하는 것은 아니다. 야콥 부르크하르트는 원자폭탄은커녕 제1차 세계대전도 몰랐던 19세기의 역사가였으나, 그가 인류의 장래에 관해 진지하게 우려했던 점은, 인간이 언젠가 인간성 그 자체를 잃고 수평화되고 기계화된, 자유와 충실이 없는 하루살이 인생을 살게 되지는 않을까 하는 것이었다. 그는 《세계사적 고찰》이란 저서에서 다음과 같이 말했다. "이성을 대신하여 예속이 지배한다. 개인과 다수자 대신 전체와 하나가 지배한다. 문화를 대신하여 다시 한 번 단순한 생존이 문제된다. ……경직된 합목적성이 생활의 지배적인 형태가 될 것이다." 부르크하르트와 절친한 친구였던 니체 또한 《짜라투스트라》에서 인류의 몰락과 '종말적 인간'에 대해 말했다. "지구는 작아지고, 그 위에 모든 것을 작게 한 종말적 인간이 날뛴다. 이 종류는 벼룩처럼 근절하기 어렵다."

20세기에 들어서자 기술의 급속한 진보와 함께, 부르크하르트와 니체가 우려했던 인간의 수평화와 기계화가 눈에 보이게 증대되었다. 그러나 그보다 더 인간의 자유를 위협하게 된 것은 전체주의 국가의 출현이다. 인간은 스스로 만든 기계에 지배되는 것처럼, 자신이 만든 전체주의 체제에 지배되어 자유를 빼앗긴다. 기계는 그나마 그것을 조작하는 인간이 제어하지만 국가체제의 변혁은 매우 어렵다. 사실 독일과 일본 국민은 자력이 아니라 남의 힘에 의해, 그것도 패전에 따른 많은 희생을 대가로 겨우 전체주의의 멍에에서 벗어났다. 그러나 제2차 세계대전 뒤에도 전체주의의 위협은 사라지지 않았다. 인류는 앞으로 하나의 전체주의 체제 아래 자유 없는 예속적인 생활을 강요당할지도 모른다. 아니, 인간은 강요받지 않아도 스스로 나서서 '자유로부터의 도피'를 꾸미고, 유지하기 어려운 자유보다 안이하고 가까이 있는 예속을 추구하게 될지도 모른다. 《자유로부터의 도피》의 저자인 미국의 심리학자 프롬도 인간 내부에 깃든 그러한 경향에 경고를 보내고 있다.

《원자폭탄과 인간의 미래》

1956년 10월 야스퍼스는 라디오에서 《원자폭탄과 인간의 미래》라는 강연을 했다. 강연 자체는 짧았지만, 이듬해에 27쪽의 소책자로 출판되었고, 그 다음 해에는 같은 표제에 〈현대의 정치 의식〉이라는 부제와 함께 500쪽에 이르는 큰 책으로 출판되었다. 부제에서 알 수 있듯, 이 서적은 제2차 세계대전 뒤 그의 정치 사상을 전하는 것으로, 야스퍼스는 원자폭탄이 인간의 미래에 대한 중대한 위협임을 인정하고, 또 하나의 위협, 즉 '모든 자유와 인간의 존엄을 말살하는 공포정치적 구조를 지닌 전체주의 지배의 위험'을 더불어 강조한다. 현대를 사는 우리는 원자폭탄 탓에 현존재 자체를, 전체주의 탓에 살아갈 가치가 있는 현존재를 위협당하고 있는 것이다.

야스퍼스에 의하면 이 두 가지 위기는 밀접하게 관련되어 있으며, 각각 따로 해결할 수 있는 성질의 것이 아니다. 동서 양 진영의 대립이라는 현재의 세계 정세가 계속되면, 가까운 장래에 전체주의 지배나 원폭이라는 양자택일을 할 수밖에 없을 것이다. 즉 인간은 전체주의 지배에 굴복하고 단순한 현존재를 선택하여 살아갈 가치가 있는 현존재를 포기하든가, 아니면 살아갈 가치 있는 현존재를 끝까지 주장하며 그로 인해 굳이 원자폭탄에 의한 죽음을 선택할 수밖에 없는 국면에 접어들게 된다. 19세기의 사상가나 과학자가 인류의 미래에 관해 품었던 불길한 예감—인류의 절멸과 인간성의 상실은 20세기 중반에 이미 현실의 위기로 나타났다. 그러므로 만약 우리가 우리 자신을 포함한 인간의 미래를 깊이 우려하고 미래의 인간과 인간성의 존속을 진심으로 바란다면, 단순히 비관적인 견해에 만족하지 않고 적극적으로 현재의 위기와 대결해야만 한다. 그러나 이 위기의 극복은 결코 단순하지 않으며, 그러기 위해서는 인간이 윤리적·이성적·정치적 상황에서 역사의 방향을 완전히 전환시킬 정도의 변혁을 성사시켜야 한다.

야스퍼스가 말하는 전체주의의 위협이란, 직접적으로는 당시 소비에트의 국가체제와 자유 세계에 대한 위협을 가리킨다. 소비에트에서의 스탈린 독

원자폭탄 최초의 원자폭탄 투하로 발생한 구름(1945. 8. 6. 일본 히로시마)

재는 그가 사망한 때인 1953년까지 계속되었다. 1956년 2월 흐루시초프의 스탈린 비판과 동서 양진영의 평화공존 제창은 사람들에게 제3차 세계대전을 피할 수 있다는 밝은 희망을 안겨 주었다. 그러나 같은 해 10월 헝가리 민주혁명에 대한 소비에트의 군사적 개입은, 집단지도제라는 허울 속에 숨겨진 공산당 일당독재하의 소비에트 전체주의 체제와 그 위성국 지배 실태를 국내외에 알리게 되었다. 야스퍼스가 라디오에서 '원자폭탄과 인간의 미래'에 대해 강연한 것은 바로 그 시점이었다. 물론 세계의 정치 정세는 그 뒤로도 변화했다. 소비에트의 대립정책은 미국의 그것과 함께 유연성을 보이며 냉전 상태는 완화되었다. 또한 중국의 강대화는 같은 공산 진영인 소비에트와의 대립을 초래했으나, 그 중국도 현재는 국내 체제의 개혁과 정비에 쫓기고 있다. 이렇게 보면, 각지의 국지적 분쟁은 차치하고 동서 양국 간의 평화공존은 일단 성공한 듯싶다. 그러나 우리는 과연 이 평화 상태에 만족해도 좋은 것인가.

야스퍼스는 평화공존이라는 사태의 배후에 일종의 기만이 있음을 지적했다. 즉 표면적으로는 평화공존을 이어가고 있으나, 사실 전체주의는 마르크스주의 이론이 자본주의 세계를 내적으로 자연스럽게 붕괴시키길 기대하며, 자유 세계 또한 전체주의 체제가 국민의 불신으로 약체화되어 해체되기를 바라지 않는가. 그렇다면 평화공존은 진정으로 공존을 바라는 것이 아니라 서로 상대국의 자멸을 노리는 것이며, 그것은 결코 위기의 근본적인 해결이 될 수 없었다. 어느 한쪽이 자멸의 위기에 처하면 원자폭탄이 사용될 가능성도 충분히 높아진다. 즉 현재의 평화공존은 위장된 평화 상태이다. 비록 이로써 전면적인 핵전쟁을 하루 더 늦출 수 있다고 해도, 인간의 윤리와 이성의 근본적 개혁이 이루어지지 않는 한, 인간과 인간성의 미래를 보증하는 참된 평화가 달성되었다고는 할 수 없다.

《진리와 자유와 평화》

그렇다면 그러한 참된 평화 상태는 어떻게 확립되는가. 야스퍼스가 1958년에 '독일 출판평화상'을 수상하면서 강연했던 《진리와 자유와 평화》라는 제목의 책에 야스퍼스의 평화에 대한 기본 생각이 잘 나타났으므로, 그 요지를 소개한다.

제1단계

평화에는 외적 평화와 내적 평화가 있다. 외적 평화란 어떠한 전쟁도 없고, 대량 살상 병기도 두 번 다시 사용되지 않으며, 원자폭탄에 의한 인류의 종말을 영원히 면할 수 있는 상태로, 이러한 평화는 세계 평화로서만 가능하다. 즉, 우리가 오늘날 추구하는 평화이며, 그것을 달성하기 위해서는 단순한 정치적 조작이나 술수가 아니라 이성적으로 숙고된 세계 정책이 필요하다. 그러나 그러한 정치적 평화 정책과는 별도로, 외적 평화 달성을 위해서는 인간의 내적 평화 유지가 그 절대적 조건임을 간과해서는 안 된다. 내적 평화 없이는 어떠한 외적 평화도 존재하지 않는다. 그렇다면 내적 평화란 무엇인가.

평화란 단순히 전쟁이 없는 상태가 아니다. 실제로 전쟁은 인간의 한계상황이며 인간은 그 상황에서 이탈할 수 없다. 그러나 인간은 투쟁을, 폭력적인 전쟁에서 정신적인 '사랑을 수반한 투쟁'으로 바꿀 수 있다. 폭력적 투쟁은 '사랑을 수반한 투쟁'인 인간 상호의 관계로 소실되고, 승리의 우월 대신 자타 공동의 진리가 나타난다. 그것이 내적 평화이다. 그렇다면 평화는 먼저 자신의 가정에서 시작되는 것이며, 세계 평화는 여러 국가의 내적 평화를 통해 비로소 가능해진다. 국내 정치의 평화 상실은 대외 정책에서의 평화도 불가능하게 한다.

제2단계

그런데 개개의 인간과 국가의 내적 평화는 자유를 바탕으로 존재한다. 자유가 바로 내적 평화의 절대 조건이다. 그러면 평화의 조건인 자유는 어떠한 자유인가. 첫째는 '개인의 자유'이며, 둘째는 칸트가 공화국적 통치 방식이라 부르는 국가의 자유로운 통치 방식인 '국가의 내적 자유'이며, 셋째는 타국의 압제에 대한 자국의 자기 주장으로서의 '국가의 외적 자유'이다. 이렇듯 자유는 다의적이므로, 전제국가에서도 외적 자유를 가질 수 있으며, 내적으로 부자유한 사람들로 이루어진 국민도 내적으로 자유로운 헌법을 가질 수 있다. 그러나 국가의 외적 자유와 내적 자유는, 국민의 내적 자유, 즉 국민을 형성하는 개개인의 '실존적 자유'를 통해 비로소 그 영속성을 획득한다. 외면적인 정치 조작으로 얻은 외적 평화는 인간 자체의 근본으로 보증된 평화가 아니므로, 인간의 부자유라는 사실적 불화에서 다시 전쟁으로 이르게 된다. 순서를 보면 자유가 우선하고 이어서 세계 평화가 확립되며, 그 반대로 자유보다 평화를 우선시하는 것은 그릇되고 기만적인 요구이다.

제3단계

그런데 자유는 진리의 토대 위에서만 존재한다. 자유란 단순히 무구속의 상태도 아니려니와, 마음대로 무언가를 할 수 있는 상태도 아니다. 자유의 전제는 진리에의 귀의이며, 그것을 통해 처음으로 충실한 자유가 가능해진다. 어떠한 평화도 자유 없이는 존재하지 않지만, 어떠한 자유도 진리 없이는 존재하지 않는다. 여기에 결정적인 특징이 있다. 자유는, 그것이 태어나고 섬기는 진리가 고려되지 않으면 공허하다. 만약 우리가 진정으로 자유와 평화를 추구한다면, 우리는 먼저 모든 당파나 입장에 앞서 존재하는 이 진리의 공간 안에서 서로 만나야 한다. 우리가 자유롭고 진실하다면 끊임없이 이 진리의 공유 공간으로 돌아오며, 그곳에서 참된 내적 평화가 확립되는 것이다.

자유의 위기와 그 옹호

평화에 대한 야스퍼스의 사고는 대략 이상으로 명백하다. 외적 평화는 내적 평화에, 내적 평화는 자유에, 자유는 진리에 각각 의거한다. 우리가 추구하는 세계 평화의 궁극적인 기초는 우리 이외의 어디에도 없으며, 우리 자신 속, 즉 진리를 추구하는 우리 한 사람 한 사람의 자유 속에 있다. 그렇기 때문에 진리를 추구하는 자유로운 개인은 동시에 자유로운 국가, 즉 모든 개인의 자유가 최대한 실현될 수 있는 국가를 바라는 것이다.

자유로운 국가란, 그 모든 국민이 고정화된 기존의 질서를 끊임없이 합법적인 형식으로 시정하고, 그것이 공개 토론·보도의 자유·최고의 교양과 사상의 자유를 통해 촉진되는 정치가 펼쳐지는 곳이다. 이러한 환경은 당연히 전체주의 국가에서는 찾아볼 수 없다. 진리를 추구하는 개인의 자유가 억압된 곳, 국가가 자진하여 진리 추구의 자유를 포기한 곳에서는 자립한 개인의 실존적 교류를 기반으로 하는 내적 평화 또한 있을 수 없다. 그러나 야스퍼스는, 이른바 자유 진영의 국가들이라고 하여 자유로운 국가 상태가 완전히 실현되어 있다고 생각하는 것은 성급한 판단이라고 했다. 자유 세계에서는 전체 지배보다 개인이 자유로워질 기회가 많을 뿐이다. 자유 세계가 그 이름처럼 자유로운 세계로서 존속하려면, 자유 세계 속에서 개인이 자유로워질 기회가 충분히 존중되고, 그것을 위해 온갖 노력을 기울여야만 한다. 칸트가 이상으로 여긴 공화국 통치 방식은 자유 세계에서도 사라질 가능성이 있으며, 실제로 이름만 공화국일 뿐 이미 그것을 잃어가는 나라도 있다.

야스퍼스는 이러한 요지를 '자유의 위기와 기회'(1951년, 《변명과 전망》 수록)라는 글에서도 되풀이했다. 그는 여기에서 개인의 자유와 개인 간의 자유로운 관계가 폐기되는 몇 가지 가능성을 소개했다. 첫째, 절대적 진리를 이미 소유했다는 주장은 자유를 폐기한다. 왜냐하면 이미 진리를 소유했다면, 그저 그것을 남에게 선언할 수 있을 뿐이며, 남은 그것을 승인하거나 거부할 수밖에 없다. 이러한 진리의 배타적 주장은 관계 속에서 진리를 확인한다는 인간의 자유로운 태도를 부정한다. 둘째, 인간의 신격화도 자유와 맞지 않는다. 만약 특정한 개인을 지도자로 숭배하고 최종적으로 복종한다면 우리는 자유를 자진해서 포기한 것이 된다. 셋째, 인간에 대한 신뢰를 잃고 인간을 멸시하는 것도 자유와 자유로운 관계를 부정한다. 또한 이상 세 가지 계기는 서로 관련되어 있다. 결론적으로, 모든 인간이 자유로워지지 않으면 몇 명도 진실로 자유로울 수 없으며, 따라서 자유는 사람들이 힘을 모아야만 실현될 수 있다.

이해에 철저를 기하기 위해 다시 한 번 야스퍼스의 말을 들어보자. 《역사의 기원과 목표》에서 인용했다.

"만약 모든 개인이 자유로워야 한다면, 개인의 자유는 다른 사람들의 자유와 동시에 성립할 수 있어야만 가능하다.

법적으로 개인에게는 그의 자의(소극적 자유)의 활동 여지가 남아 있으며, 그것으로써 다른 사람들로부터 자기를 격리할 수도 있다. 그러나 윤리적으로 자유는 바로 기탄없는 상호 관계를 통해 존립하며, 그 자유는 강제가 아니라 사랑과 이성으로 전개될 수 있다(적극적 자유).

소극적 자유의 법적 보증에 근거하여 적극적 자유가 실현되어야 비로소 다음의 명제가 타당해진다. 곧, 인간은 자유를 자기 주변에서 발견함에 따라, 즉 모든 인간이 자유임에 따라 자유이다."

평화의 조건으로서 진리의 자유

야스퍼스가 강조하는 자유는, 한 개인의 실존적 자유인 동시에 여러 사람들 사이에서 주고받는 실존적 관계의 자유이다. 이 두 가지 자유는 얼핏 따로따로 이루어지는 것처럼 보이나 결코 그렇지 않다. 개인의 자유는 관계의 자유 안에만 있으며, 관계의 자유도 개인의 자유 안에만 있다. 이는 실존은 결코 독립된 존재가 아니라 반드시 상호 관계가 있어야 하는 것이며, 자유도 궁극적으로는 진리를 위한 자유이기 때문이다. 인간이 자유를 필요로 하는 근본적인 이유는 진리를 위해서이며, 다른 많은 자유는 그저 이 진리로 가는 자유를 정비하기 위해 있다고 해도 과언이 아니다. 즉 진리는 언제나 진리를 향해 자기를 개방한 자유로운 사람에게만 나타나지만, 그 진리는 개인적이고 주관적인 것은 아니다. 그것이 진리인 이상 만인에게도 진리이며, 그러한 진리의 이른바 진리성은 이성을 매개로 하는 인간 상호의 자유로운 관계의 장에서만 확증되는 것이다.

그런데 자유는—그것이 바로 자유이므로—사람들에게 강제할 수 없으며, 어디까지나 인간 한 사람 한 사람이 스스로 체득해야 한다. 진리로 가는 자유를 체득한 인간이 많아질수록 진리는 점점 그 빛을 더하고 내적 평화는 점점 더 견고해지며, 그와 더불어 외적 평화까지 보장된다. 야스퍼스가 평화의 궁극 조건으로 인간의 근본적 변혁을 주장한 것은 이러한 이유에서이다. 인간의 미래는 모든 사람들의 어깨에 걸려 있다. 한 사람 한 사람이 진리로 향한 자유를 체득하는 정도에 따라 인간의 미래도 밝아진다. 반대로 진리로 향한 자유를 포기하고 모든 것에 노예적 복종 태도를 취하며, 소수의 지도자나 그 이론에 맹목적으로 따르는 인간이 늘면 인간의 미래는 절망적이다.

야스퍼스가 살아갈 가치가 있는 현존재라 부르고 인간에게 가치 있는 삶이라 부르는 것은, 이러한 진리로 향한 자유를 체득한 인간의 생활 방식을 말한다. 따라서 진리로 향한 자유를 포기한 인간은 단순한 현존재를 선택한다 하여도 살아갈 가치가 있는 현존재를 선택한 것이 아니다. 아니, 야스퍼스의 주장대로라면, 진리로 향한 자유를 포기한 인간은 사실 평화로 향한 의지도 포기하는 것이므로 단순한 현존재도 선택했다고 할 수 없다. 그러한 인간은 오히려 전쟁에 의한 인류 파멸의 길을 선택하며, 단순한 현존재마저 부정하는 길을 걷는다. 그렇다면 인간은 단순한 현존재를 위해, 즉 전쟁을 회피하고 인류를 멸망에서 구하기 위해서라도 살아갈 가치가 있는 현존재, 진리로 향한 자유를 체득한 삶을 선택해야 한다. 야스퍼스의 경우 그러한 삶은 앞에서 언급한 철학적 생활 태도를 지닌 삶과 일치한다. 즉 야스퍼스의 평화론은 그의 철학과 분명 관계가 있다. 그것은 어디까지나 그의 철학에 기초한 평화론이며 그만큼 그 주장은 의연한 태도로 일관하고 있다.

사회주의와 세계 질서

사회주의의 이념

야스퍼스는 소비에트로 대표되는 현대의 사회주의 국가를 전체주의 체제 국가로 보고 그곳에선 자유가 억압된다고 생각했다. 그러면 야스퍼스는 사회주의 자체를 부정하는가. 결코 그렇지 않다. 야스퍼스에 따르면 사회주의는 '모든 사람의 자유를 가능하게 하기 위해 노동 및 노동생산의 배분을 조직화하려고 하는 현대 인류의 보편적 경향'으로, '정의를 기반으로 특권을 버리고 모든 사람이 함께 일하고 함께 생활하는 질서를 목표로 한 의향과 경향과 계획'은 오늘날 전부 사회주의라는 이름으로 불리고 있다. 그런 의미에서 오늘날 거의 대부분의 사람들은 사회주의자이며, 사회주의의 이러한 요구를 인정하고 야스퍼스 또한 그것을 부정하지 않았다.

그러나 야스퍼스에 따르면 사회주의는 원래 개인의 자유를 옹호해야 하는 것이므로, 그러기 위해서는 독재자의 자의든 일시적인 다수자의 자의든, 그러한 자의에 기초한 권력이나 폭력에서 인간을 지키기 위한 많은 노력을 해야 한다. 즉 이제껏 서양에서 전개된 정치적 자유의 원리들을 받아들여 동화시키는 사회주의만이 자유의 사회주의를 관철할 수 있다. 그러나 현실에 존재하는 사회주의 국가는 대체로 이러한 사회주의 이상과는 맞지 않는 전체주의적 권력 기강을 갖추고 있다. 야스퍼스의 눈으로 보면 이는 사회주의의 일탈에 불과하다. 이러한 사태가 생긴 원인은 어디에 있는가. 전체주의 권력을 부정하고 그것과 싸워온 사회주의가 다시 전체주의 권력을 지니게 된 것은 어째서인가.

전체계획화

야스퍼스는 그 원인이 계획화에 있다고 생각한다. 즉 '사회주의를 섬기는 대신에 지배하는 권력은, 사회주의에 원래 포함되어 있는 계획화라는 특성에 의해, 그것도 전체계획화의 경우에 나타난다'는 것이다. 전체계획화는 국가를 통해서만 가능하며, 특히 절대 권력을 갖춘 국가의 주도로 비로소 달성된다. 현재 사회주의 국가에서의 계획화는 자본주의 경제하에 있는 어떠한 독점 기업의 계획화보다도 강대하며, 사생활을 포함한 인간의 모든 생활 영역을 망라한 전체계획화에까지 이르고 있는 것이다.

야스퍼스는 먼저 계획화와 전체계획화를 문제시한다. 계획화란 어떤 목적을 겨냥한 조정이므로 이는 인간에게 고유한 것이며, 인간은 예로부터 현존재의 많은 목적을 위해 계획화를 시도해 왔다. 그러나 근대적 계획화의 특징은 경제 영역까지 대규모로 이루어지게 되었으며, 고도로 기술화된 생산 수단의 제어와 연결되어 있다. 따라서 우리는 오늘날 자유시장경제에서도 상당히 광범위한 계획화를 필요로 한다. 그러나 계획화의 문제점은, 계획화를 구체적인 개개의 목표로만 제한하고 전체적인 추세는 어디까지나 많은 힘의 자유로운 활동에 맡기느냐, 아니면 전체계획화를 채용하여 하나의 계획으로 국민 전체의 행위를 규제하느냐의 선택에 있다.

언뜻 보면 전체계획화는 능률적이며 부분적인 계획화의 집합보다도 훨씬 실제적 효과를 거둘 수 있는 것처럼 보인다. 그러나 야스퍼스는, 전체계획화는 의의 있는 방식으로는 결코 불가능하다고 보았다. 왜냐하면 전체계획화는 전체를 관통하는 하나의 전체 지식을 기반으로 해야만 하는데, 신이 아닌 인간에게 이러한 전체 지식은 자신의 지와 힘에 대한 착각에 불과하기 때문이다. 우리는 단지 한정된 부분적인 목적들에 대해서만 유효한 계획화를 통해 목적을 달성할 수 있다. 대체로 계획을 세울 때는 그때마다 계획의 구체적인 한계를 간파해야 하며, 그 한계가 무시되면 본디 의의 있는 계획화도 파괴적인 결과밖에 초래하지 못한다. 다시 말하면 전체계획화가 유효하기 위해서는 전체 지식을 필요로 하지만 인간에게 전체지의 획득은 불가능하며, 따라서 유효한 전체계획화 또한 불가능한 것이다.

관료제·테크노크라시·역사적 전체 지식

야스퍼스는 이러한 전체계획화 자체의 의의를 부인하면서, 전체계획화에서 나오는 현실의 온갖 폐해도 지적했다. 예를 들어 전체계획화는 절대 권력을 지닌 국가에서 이루어지는데, 그것은 필연적으로 관료제의 자립화를 촉진한다. 관료제는 국가 사업계획의 수단으로 모든 국가에 존재하며 실제로 필요한 수단이기는 하다. 그러나 전체계획화의 경향이 강해짐에 따라 국민에게 봉사한다는 자기제한의 에토스 대신 무제한적인 자기확장으로 나아가는 경향이 관료제 내부에 나타난다. 정책이 재난과 혼란을 불러일으켜도 그것에 대한 책임 의식은 존재하지 않는다. 규제가 만능 약이라는 믿음은 자기타파의 정신을 말살한다. 말 그대로 국민 부재의 관료제가 된다. 이러한 관료제는 물론 사회주의 국가뿐 아니라 계획화를 추진하는 자본주의 국가에서도 찾을 수 있으며, 야스퍼스는 서독의 관료제에 대해서도 가차 없는 비판을 했다.

또한 전체계획화는 테크노크라시와 이어져 있다. 테크노크라시란 기술 자체로 기술을 이끌고 그것으로 모든 재난을 극복하려는 사상이다. 야스퍼스에 따르면 이는 완전히 과학 만능의 미신에 지나지 않는다. 기술시대는 전체계획화를 기반으로 한 새로운 인간 생활의 건설이라는 이념을 기술적 방법으로써 능률적으로 실현하려고 하지만, 이는 오히려 위험한 결과를 초래할 것이다. 기술은 기술에 지배되지 않으며, 테크노크라시는 오히려 인간의 결정적인 수평화와 노예화를 야기할 뿐이다. 기술적인 것의 한계를 이해하는

아우구스티누스(354~430)
초대 그리스도 교회가 낳은 위대한 철학자·사상가

것은 오직 인간으로 기술에서 자유로운 인간만이 기술을 지배할 수 있다. 확실히 계획화는 기술적 영역의 내부에서는 특히 현저한 성과를 거둘 수 있으며 거기서 테크노크라시 사상이 생겨났다. 그러나 만약 기술자가 인간의 생활 전체를 기술적으로 제어할 수 있으며 그렇게 해야 한다고 생각한다면 그는 그릇된 기술적 전체 지식에 사로잡혀 있는 것이다.

뿐만 아니라 마르크스주의를 신봉하는 사회주의 국가의 전체계획화는 억측적인 역사적 전체 지식에 기초하고 있다. 세계의 역사적 과정에 대한 전체 지식을 추구하는 이른바 역사철학은 그리스도교적 종말관의 세속화로 나타났다. 아우구스티누스가 《신국(神國)》에서 펼친 그리스도교의 섭리 사상을 기본으로 하는 전체적 역사관은, 헤겔에게는 변증법적으로 역사를 지배하는 개념의 필연적 전개라는 사상으로 바뀌었고, 마르크스주의에서는 경제변혁의 변증법에 기초한 역사 과정의 필연성이라는 유물사관이 채용되었다. 즉 마르크스주의의 생각으로는 역사의 과정은 일종의 과학적 필연성에 기초하며 인간과 그 사회의 미래도 과거와 현재의 상태에서 과학적으로 예측할 수 있으므로 그것을 지향한 전체계획화 또한 가능하다. 여기서 인간 본연의 모습은 전체계획화에 따라 달성되는 목표로 거론된다.

그러나 야스퍼스는 우리가 인간의 미래 전체를 예측하는 것은 절대 불가능하다고 했다. 확실히 역사의 과정 속에서 개별적으로 탐구 가능한 인과관계나 의미관계를 찾을 수 있다. 그러나 그것들에 대한 과학적 인식은 가능해도 거기서 역사 전체의 행보에 대한 전체 지식은 얻지 못한다. 미래에 걸친 역사의 과정 전체를 파악할 수 있다는 사고는 잘못된 것이다. 그것은 이를테면 역사 속에서 경제적 요인이라는 하나의 이해 가능한 요소를 절대시하거나 혹은 단순히 개념적으로 파악한 하나의 역사 과정을 역사 전반으로 전체화한 것일 뿐이다.

역사의 주체는 인간이다

역사에 관하여 간과해선 안 되는 것이 역사의 주체는 인간이며 그것도 자유로운 인간이라는 점이다. 제일의적으로 인간이 역사를 만드는 것이지 역사가 인간을 만드는 것은 아니다. 확실히 인간은 역사의 과정을 다양하게 생각하여 시종일관한 전개상을 그리고 과거에서 현재를 지나 미래를 향해 방향선을 그음으로써 역사를 조명하려고 한다. 그러나 역사에 대한 우리의 태도는 이러한 조명에 지배되지 않는다. 조명된 역사상은 우리가 역사에 대해 어떠한 태도를 취해야 하는가를 확인하기 위한 참고에 불과하므로, 현실의 역사 전체에 대한 객관적인 인식으로 오해해서는 안 된다.

따라서 반대로 이렇게도 말할 수 있다. 자유로운 인간이란 다양한 역사적 가능성 속에서 살아가며 미래를 향해 열린 세계를 보는 존재이다. 미래에 대한 이러한 개방성이 자유의 조건이며 견해의 넓이가 현재에서 내리는 명확한 결의의 조건이다. 미래를 고려한다는 것은 그것밖에 없다는 일의 필연적 경과를 알려는 것이 아니라, 미래에 숨어 있는 다양한 가능성을 이해하고 그것에 대해 자유롭게 대처하는 자세를 기르는 것이다.

사회주의의 일탈

사회주의가 인간의 자유와 정의를 위한 이념이라면, 미래를 미리 판단하여 전체계획화에 의해 그것을 실현하려는 열광적인 사회주의가 아니라, 냉정한 이성으로 자유로운 민주주의를 한 걸음 한 걸음 실현시켜 나가는 사회주의일 것이다. 사회주의는 기성 사회의 개혁을 목표로 다양한 의견을 내놓는다. 개혁되어야 할 사태를 냉정하게 간파할 수 있으면 그 의견들은 올바르고 유효하다. 그러나 만약 그 제언이 추상화되고 절대화되면 순식간에 현실과 동떨어진 것이 되고, 그럼에도 그것을 고집한다면 이미 미친 소리에 지나지 않는다.

예를 들어 사회주의는 스스로를 개인주의와 대립하는 것으로 여기고, 개인주의를 부정한다. 분명 단순히 개인의 사리사욕을 탐하는 개인주의라면 부정되어야 한다. 그러나 사회주의가 그 대립을 일방적으로 절대화하고 개인의 사적인 권리를 전혀 인정하지 않는다면 그것은 개인을 수평화하고 개인의 인격을 파괴하는 것이다. 사회주의가 자본주의 사회의 생산수단 사유에 반대하며 공유를 제안한다면 확실히 대기업의 독점으로 생기는 폐해를 없앤다는 점에서는 유효하다. 그러나 사유에 대한 반대가 절대화하여 사유 일반을 폐지하자고 주장하면, 인간은 스스로의 본질을 반영시키고 거기서 다시 양분을 얻는 개인적 사회를 잃게 된다. 또한 사회주의가 방종한 자유방임주의로서의 자유주의를 반대하는 것은 당연하지만 한정된 목적을 위한 계획화에 머물지 않고 전체계획화를 주장한다면, 인간의 창조성과 진취적이고 과감한 정신을 빼앗게 된다.

사회주의에 대한 야스퍼스의 생각을 요약하면 다음과 같다. 사회주의는 본디 개인의 자유와 정의가 보장되는 사회 실현을 목표로 한 인류 공동의 이념이며, 현실의 사회주의가 곧 그것은 아니다. 아니, 현실의 사회주의는 그러한 이념으로서의 사회주의에서 일탈한 사회주의이며, 전체계획화나 역사적 전체 지식과 의견의 절대화로 인해 오히려 인류의 수평화를 촉구하고 개인에게서 진리로 향한 자유를 빼앗는 것이다.

미래 국가의 두 가능성

사회주의와 더불어 인류의 미래에 문제가 되는 것은, 인류의 통일이 현실적으로는 어떠한 국가 형태로 실현되는가라는 점이다. 지구 전체가 공간적으로 일체가 된 오늘날, 미래의 국가 형태에 대해 생각하는 것은 결코 무의미하지 않다. 오히려 인류의 통일을 추구하는 입장에서 보면 그것이 어떠한 형태로 실현되는가는 중대한 관심사이다.

야스퍼스는 두 가지 가능성을 보았다. 첫째는 다수 국가의 주권을 승인한다고 하면서도 실제로는 중앙집권적 지배 형태를 취한 단일지배 제국의 출현이다. 또 다른 가능성은, 인류라는 유일한 주권을 위해 각각의 주권을 포기한 연합국가의 협조에 따른 세계 통일이다. 전자인 '세계제국'은 지상의 어떤 한 곳에서 권력으로 인류 전체를 압제하는 세계 평화이며, 후자인 '세계 질서'는 공동 결의에서 나온 힘 이외에는 통일된 힘이 없는 인류의 통일이다. 전자는 독재적인 통일 국가로 표면상 정지된 안정 상태가 이어지나, 민주적인 평화 사회인 후자는 언제나 자기수정을 거듭하며 변화해 간다.

야스퍼스가 이 두 가지 가능성 중 무엇을 원하는지는 말할 필요도 없다. 그러나 야스퍼스는 그가 바라지 않는 가능성, 즉 세계제국이 미래에 출현하기 쉽다는 것도 충분히 알고 있다. 일단 세계제국이 출현하면 거기서 인간의 정신이 어떻게 변하는지는 기축시대 말기에 나타난 로마나 중국 제국을 보면 상상할 수 있다. 아마 일찍이 한 번도 보지 못했을 정도로 수평화된 인간 존재가 나타날 것이다. 허무한 일상을 거듭하는 개미 같은 생활, 경직되고 말라비틀어진 정신, 정신을 잃은 권위가 굳게 주장하는 구태(舊態)한 의견. 물론 그러한 위험이 인간에게 절대적인 것은 아니며, 제국 내부로부터 진리로 향한 자유를 희구하는 소수의 사람들이 새로운 정신의 활동을 다시 시작할 것이다. 그러나 그러한 활동에 대한 권력자의 탄압 역시 역사가 증명하고 있다.

그러면 세계제국을 회피하고 인류를 위한 세계 질서를 실현하는 것은 과연 가능한가. 야스퍼스는 만약 그것이 가능하다면 기존 자유 국가의 연방제에서 출발할 수밖에 없다고 보았다. 거기서 확립된 정신이 인력으로 다른 사람을 불러들여 지구상의 모든 나라가 평화롭게 법질서에 참가한다면 인간의 미래도 구제될 것이다. 그러나 그러기 위해서는 강대국이 솔선하여 자국의 주권을 자발적으로 포기해야 한다. 인류 전체의 질서라는 주권 이외에 다른 어떠한 주권이 남으면 비자유의 원천도 잔류하게 되기 때문이다. 세계 질서가 진행되면 주권은 물론 종래의 국가 개념 또한 사라질 것이다. 세계 질서는 일종의 지역적 자치제에 따른 여러 국가의 포괄적인 연방제를 통해 최종적으로 확립된다.

미국 뉴욕에 있는 국제연합

국제연합

야스퍼스는 국제연합 기관에 불만을 품고 있었는데, 그것은 이상의 이유 때문이었다. 확실히 유엔헌장의 전문에 기록된 원칙들은 훌륭하며 세계 질서를 위한 의지와 신념을 담고 있으나, 거기엔 빠진 점이 많으며 국제연합의 현실적 행위도 환멸을 불러일으킬 때가 많다.

유엔헌장은 여전히 구성국의 주권을 인정하며, 게다가 안전보장이사회에서는 특히 5대국의 월등한 주권을 드높인다. 한 강대국의 이해에 관계된 것은 거부권이 발동되어 결정에 이르지 못한다. 국제연합 자체에는 집행권이 없으며, 주권을 가진 국가들의 정치에 전적으로 의존하는 것이다. 게다가 국제연합의 목적인 세계 질서를 원하지 않는 나라들이 국제연합의 제도를 정치 도구로 이용하거나, 온갖 허언과 거래를 통해 자국의 불법을 세계 세론(世論) 앞에서 정당화하려고 한다. 국제연합은 '여러 국가의 현실 행동 사이에 삽입된 구속력 없는 유희가 상연되는 한 막' 같은 것이다.

그렇다고는 하지만 오늘날 국제연합을 대신할 기관은 없으며, 국제연합도 없는 것보다는 낫다. 유엔헌장은 존중되어야 하며 비록 현재에는 그 기능이 충분히 활용되지 못한다 하더라도, 여전히 평화에 봉사하는 수단임에는 변함이 없다. 그러나 역시 국제연합의 실제 활동의 변화는 인간의 윤리적 정치적 의식의 근본적 변혁을 통해야 비로소 가능할 것이다. 현실에 실존하는 국제연합은 그러한 미래의 세계 질서를 위한 발판으로서 유효하다.

세계 질서는 유토피아인가

마지막으로, 그러한 세계 질서는 단순한 유토피아에 불과한 것은 아닌가라는 반론이 있다. 그에 따르면 인간은 원래 공동체 질서에 어울리지 않는 존재이며, 세계 질서는 그것을 세우는 독재자의 권력 아래에서만 가능하다. 그러나 그것이 흔들림 없는 사실이라면 왜 우리는 되풀이하여 평화왕국으로의 인류 통일과 세계 질서를 추구하는가. 게다가 그 길은 인간이 서로의 질서를 위해 국가공동체를 창설한 때에 이미 시작된 것이 아닌가. 그렇다면 그 공동체를 확대하여 인류 전체의 공동체를 만들려는 노력에는 어떠한 원리적인 한계점이 존재하지 않을 것이다. 그리고 바로 그 때문에 이제까지의 역사 속에서도 권력과 폭력에의 충동과는 달리 양보와 타협, 상호 희생, 법에 따른 권력 자제 등의 정신을 잃지 않았던 것이다.

인류의 통일과 세계 질서를 불가능하다고 생각하는 인간은 스스로 그러한 의지를 포기한 것이다. 전쟁이 불가피하다고 생각하는 사람은 자신도 모르는 사이에 전쟁에 협력하는 것과 마찬가지로, 인류의 통일이 불가능하다고 생각하는 사람은 저도 모르는 사이에 인류의 통일을 파괴하는 것이다. 야스퍼스가 거듭 강조하는 것처럼, 인류의 통일과 세계 질서는 인간 전체가 그 정신 태도의 근본적인 변혁을 이루는 것을 전제로 한다. 그러한 일은 불가능하며 개인의 힘은 무력하다고 주장하는 사람은, 자기 정신의 변혁을 원하지 않거나 다른 사람들이 어떻게 그러한 변혁을 하느냐 하며 남을 멸시하는 사람이다. 야스퍼스의 정치론을 서유럽의 이데올로기로서 평가하는 것은 너무나 피상적이다. 그것을 정말로 이해하려면, 실존은 다른 실존과의 교류 속에서만 존재하며, 인간은 인간의 통일에 있어서만 인간이라는 그의 철학의 근본까지 돌아가 생각할 필요가 있다. 그리고 일단 그곳까지 돌아가면, 그의 정치론 한 마디 한 마디가 깊은 무게를 지니고 있음을 알 수 있다.

철학적인 신앙과 생활

인간의 미래에 관한 또 하나의 문제

사회주의와 세계 질서는 모두 인간의 미래에 관련된 문제인데, 이 외에도 인간의 미래를 점치는 근본적인 문제가 하나 더 있다. 우리는 과학과 기술과 문명을 사회주의와 세계 질서의 기초로 삼는 것으로는 절대 충분하지 않다. 과학과 기술과 문명은 선으로도 악으로도 이용된다. 그렇다면 인간은 그것들과는 또 다른 근원에 서서 살아가야 하는데 그것이 바로 신앙이다. 인간존재를 결정짓는 참된 미래의 문제는 인간이 무엇을 어떻게 믿는가이다. 우리는 오늘날 공통된 신앙을 기반으로 하는 전통적인 지지를 잃었다. 그러나 그런 만큼 전통이 부여한 신앙보다 한층 깊은 신앙의 근원, 즉 이제까지 역사에서 나타난 온갖 신앙이 나온 근원에 마음만 먹으면 되돌아갈 수 있는 것이다.

그럴 때의 신앙은 어떤 특정한 내용과 교의가 아니다. 그것들은 지금 말한 것처럼 신앙의 역사적인 여러 형태의 표현에 지나지 않는다. 신앙 자체란 인간을 그 근원에서 충족시키고 움직이는 것이며, 인간은 그 근원에서 자기 자신을 넘고 존재의 근원과 맺어지는 것이다. 야스퍼스는 이렇게도 말했다. 인간은 심리학과 사회학 같은 학과의 대상이 아니라 하나의 포괄자로 관여함으로서 진정한 자기 자신이 되는데, 이 포괄자는 인간이 정신이라면 이념이며 인간이 실존이라면 신앙이라고 했다. 사회주의나 세계 질서의 기초가 되는 것은 이러한 인간 저마다의 신앙이다. 만약 인간에게 이 신앙이 없다면 사회주의나 세계 질서는 빛바랜 것에 지나지 않는다. 그것들을 살리고 생명을 불어넣는 것이 신앙이다. 우리는 앞에서 평화의 궁극적인 기초는 진리를 추구할 자유임을 보았다. 그러기 위해서는 인간의 윤리·정치의 근본적 변혁이 필요하다는 것도 들었다. 이들은 모두 하나를 가리키고 있다. '진리를 믿고 진리에 모든 것을 거는 생활 방식을 관철하라.' 야스퍼스가 하려는 말이 바로 이것이다.

이러한 신앙은 본성상 인간 개개인의 자유에 맡겨지며 객관적인 명제의 형태로 실현되는 것은 불가능하다. 그러나 그 내용을 굳이 나누어 본다면 단편적이지만 신에 대한 신앙, 인간에 대한 신앙, 세계의 여러 가능성에 대한 신앙으로 다음과 같이 표현할 수 있다.

신에 대한 신앙. 인간을 통해서만 나타난 신의 표상은 모두 신 자체가 아니다. 그러나 신성은 그러한 표상을 사이에 두어야만 우리에게 의식된다. 신성은 근원이요 목표이자 안정이며, 여기에 인간의 비호가 있다. 인간이 인간임을 버리지 않는 한 이러한 초재(超在)를 잃는다는 것은 생각할 수 없다.

인간에 대한 신앙. 인간을 향한 신앙은 자유의 가능성에 대한 신앙이자 자유에 기초한 인간의 많은 가능성에 관한 신앙이지 인간을 신격화하여 믿는 것이 아니다. 오히려 인간을 향한 신앙은 인간존재의 근거인 신성을 향한 신앙을 전제로 한다. 또한 인간 상호의 참된 교류가 가능하다는 신앙이며 참된 교류란 단순한 접촉이나 공감, 이해의 공유를 넘어선 것이다.

세계의 여러 가능성에 대한 신앙. 세계를 그 자체로 완결된 것이나 전체로서 인식 가능한 기구로 보는 것은 잘못된 인식이다. 세계로 향한 신앙은 세계 전체로서는 고려할 수 없으며, 조합할 수 없는 많은 가능성을 지녔다는 것에 대한 신앙이다. 동시에 인간이 그러한 무한한 가능성을 품은 세계 속에 던져져 있다는 근원적인 수수께끼를 직시하는 것이다.

철학적인 신앙과 생활

야스퍼스가 신앙이라 부르는 것은 특정한 종교나 교의에 관계된 신앙이 아니라, 종교와 무신성(無神性) 사이의 철학으로서 주장한 철학적 신앙이다. 사회주의와 세계 질서의 기반이 되는 인간의 생활 태도는 이 철학적 신앙을 몸에 익힌 철학적인 생활 태도를 말한다. 이때, 신앙이 특정 종교의 신앙이 아닌 것과 마찬가지로, 철학적으로 산다는 것도 어떤 특정한 내용을 지닌 특정한 철학에 따라 살아간다는 것이 아니다. 철학적인 생활 방식이란 특정한 종교나 과학적 지식을 절대시하지 않으며, 인간의 마음을 언제나 수많은 가능성을 향해 열고 그 안에서 끊임없이 진리를 추구하는 생활 태도이다. 그것이 곧 인간의 '이성적'인 삶이다. 신앙을 품은 삶과 이성적인 삶은 결코 모순되고 대립하는 것이 아니다. 그러나 그것이 말처럼 간단한 생활 태도가 아님도 분명하다. 인간은 그러한 생활 방식의 부담을 견디지 못하고 거기서 벗어나려고 한다. 자유를 포기하고, 신앙을 포기하고, 이성을 포기하려고 한다. 인간은 살아갈 가치가 있는 생활 태도보다도 동물적인 단순한 생활 방식을 선택하려 한다. 인간의 내면에 이러한 위험이 숨어 있음을 끊임없이 경계하라. 아니 인간의 내면이 아니라 자신의 내면에서. 야스퍼스가 제창하는 철학적인 생활 태도는 이 위험을 반복적으로 떠올리는 자세이다. 만약 사람들이 그러한 생활 태도를 몸에 익히면 처음부터 그 실존을 일깨우려 했던 야스퍼스의 철학도 빛을 볼 것이다. 방대한 저작 속에서 야스퍼스가 호소하는 것은 오직 이 한 가지이다.

야스퍼스 연보

1883년　2월 23일, 오늘날 독일의 북서쪽 올덴부르크에서 태어남.

1892년(9세)　올덴부르크의 김나지움에 입학.

1901년(18세)　김나지움 졸업. 이후 하이델베르크와 뮌헨의 대학에서 세 학기 동안 법학을 배움.

1902년(19세)　이탈리아 여행. 스위스의 실스마리아에서 의학부로 전과할 것을 결심. 이후 1908년까지 베를린, 괴팅겐, 하이델베르크의 각 대학교에서 의학을 배움.

1906년(23세)　이후 1948년까지 42년간 하이델베르크에 거주.

1907년(24세)　에른스트 마이어와 그 누나 게르투르트 마이어와 알게 됨. 의사 국가시험 합격.

1908년(25세)　하이델베르크 대학교 정신과 클리닉의 조수가 됨.

1909년(26세)　학위논문 〈향수와 범죄〉를 제출하여 의학 학위를 받음. 후설의 강의를 들음. 막스 베버와 알게 됨.

1910년(27세)　게르투르트 마이어와 결혼.

1913년(30세)　《정신병리학 총론》. 처음으로 《키에르케고르》를 읽음.

1914년(31세)　개인강사로 심리학 강의를 시작함.

1916년(33세)　심리학 원외교수가 됨.

1919년(36세)　《세계관의 심리학》.

1920년(37세)　막스 베버의 죽음을 맞아 추도 연설을 함. 리케르트와 결렬. 스스로 철학자가 되기로 결심함. 《정신병리학 총론》 개정 제2판. 《세계관의 심리학》 개정 제2판.

1921년(38세)　한스 드리슈의 뒤를 이어 철학과 원외교수가 됨. 《막스 베버》(전년도 연설).

1922년(39세)　4월, 하인리히 마이어의 뒤를 이어 철학과 정교수로서 강의를 시작함. 《스트린드베리와 반 고흐》, 《정신병리학 총론》 재개정 제3판.

1923년(40세) 《대학의 이념》.

1924년(41세) 이후 《철학》의 완성을 목표로 노력함.

1931년(48세) 10월에 《현대의 정신적 상황》을, 12월에 《철학》 전 3권(1932년의 연호를 붙여)을 출판.

1932년(49세) 《막스 베버》.

1933년(50세) 나치스에 의해 대학 운영 참가에서 배척됨.

1935년(52세) 네덜란드의 프로닝겐 대학교에서 강의, 그것을 《이성과 실존》으로 간행.

1936년(53세) 《니체》.

1937년(54세) 나치스에 의해 교수직에서 추방당함. 《데카르트와 그 철학》.

1938년(55세) 프랑크푸르트 암 마인에서의 강연을 《실존철학》으로 간행. 이후 제2차 세계대전 종료까지 침묵을 강요당함.

1940년(57세) 아버지 카를 사망.

1941년(58세) 어머니 헨리에테 사망. 봄부터 다음 해 여름에 걸쳐 《정신병리학 총론》을 대폭 개정함. 이탈리아 어판의 야스퍼스 논문 발췌집에 '나의 철학에 대해'를 보냄.

1945년(62세) 4월, 미군이 하이델베르크 점령. 복직하여 대학 부흥을 맞아 재개한 의학부에서 '대학의 부흥' 강연. 또 철학부에서 '죄의 문제' 강의.

1946년(63세) 9월, 제네바의 국제회합에서 유럽정신에 대해 강연, 루카치와 논쟁. 10월, 로마의 국제철학회에서 실존주의에 대해 강연. 《죄의 문제》〔전기(前記) 강의〕, 《대학의 이념》, 《유럽정신에 대해서》(전기 강연), 《니체와 그리스도교》, 《정신병리학 총론》 재개정 제4판.

1947년(64세) 7월, 스위스 바젤 대학교에 초빙되어 '철학적 신앙'을 강의. 8월, 프랑크푸르트 암 마인에서 괴테상을 받고 '우리의 미래와 괴테'를 기념 강의함. 《진리에 대하여》(철학적 논리학 제1권), 《지그리트 빈센트에의 회답》, 《우리의 미래와 괴테》

(전기 강연).

1948년(65세) 오랜 세월 정든 하이델베르크를 떠나 바젤 대학교 교수가 됨. 취임 연설 '철학과 과학'. '철학적 신앙'(전기 강의). 《철학과 과학》(바젤 대학교 취임 강연).

1949년(66세) 제네바의 국제회합에서 '새로운 휴머니즘의 조건과 가능성에 대하여' 강연. 가을, 바젤의 라디오 강좌에서 '철학입문'을 방송. 《역사의 기원과 목표》.

1950년(67세) 하이델베르크에서 '현대의 이성과 반이성'을 강연. 《철학입문》(전기 라디오 강좌), 《현대의 이성과 반이성》(전기 강연).

1951년(68세) 2월, 바젤방송에서 '철학으로 가는 나의 길'을 강연. 《변명과 전망》(강연논문집).

1952년(69세) 《비극론》(《진리에 대하여》의 일부).

1953년(70세) 바젤에서 라디오 강연 '현대철학의 과제'. 바젤에서 '의사의 이념' 강연. 《철학자로서의 레오나르도》, 탄생 70년 기념논문집 《열린 지평》 간행.

1954년(71세) 9월, 스위스 라가츠에서 열린 셸링 100주년 기념식에서 '셸링의 위대함과 숙명'을 강연. 하이델베르크의 라디오를 통해 '비그리스도교적 종교와 서유럽' 강연. 《비신화화의 문제》(불트만과 공저).

1955년(72세) 《셸링, 그 위대함과 숙명》, 《정신요법의 본질과 비판》(《정신병리학 총론》의 일부).

1956년(73세) 하이델베르크의 라디오를 통해 '집단과 단독자' 강연. 바젤방송국에서 '원자폭탄과 인간의 미래'를 강연.

1957년(74세) 바젤방송국에서 '불사(不死)'를 강연. 《위대한 철학자들》 제1권, 《원자폭탄과 인간의 미래》(전기 강연), 실프 편집의 《카를 야스퍼스》 간행, 야스퍼스가 1953년에 집필한 《철학적 자서전》을 수록.

1958년(75세) 프랑크푸르트 암 마인에서 독일 출판평화상 수상, 기념으로 '진리와 자유와 평화'를 강연. 남독일 방송에서 '기술시대에 있어서의 의사' 방송. 《원자폭탄과 인간의 미래—현대의 정치 의식》, 《철학과 세계》(강연논문집), 《진리와 자유와 평화》(전기 강연).

1959년(76세) 에라스무스상 수상. 《이성과 자유》(논문발췌집).

1960년(77세) 바젤 대학교 창립 500주년 기념식에서 '진리와 과학' 강연. 텔레비전을 통해 독일의 재통일에 대한 견해를 말함. 《자유와 재통합》, 《진리와 과학》(전기 강연).

1961년(78세) 바젤 대학교 퇴직. 《대학의 이념》(로스만과 공저), 《플라톤·아우구스티누스·칸트》(《위대한 철학자들》의 일부).

1962년(79세) 《계시와 마주친 철학적 신앙》, 《새로운 휴머니즘의 조건과 가능성》(논문집).

1963년(80세) 《독일정치의 사활문제》(논문집), 《철학과 계시신앙》(차른트와의 대화), 《정신병리학전논문집》, 80세 기념논문집 《카를 야스퍼스, 작품과 영향》.

1964년(81세) 가을, 바이에른 텔레비전에서 '철학적 사유의 작은 학교'를 방영. 《규준을 부여하는 사람들》(《위대한 철학자들》의 일부), 《니콜라우스 쿠자누스》, 《언어》(《진리에 대하여》의 일부).

1965년(82세) 《철학학교》(전기 강연).

1966년(83세) 《독일 연방공화국은 어디로 나아가는가》.

1967년(84세) 《회답》(연방공화국론의 비판에 대한 회답), 《운명과 의지》(자전적 작품집).

1968년(85세) 《습득과 논박》(철학사를 위한 강연논문집), 《야스퍼스, 1909년부터 1967년까지의 비브리오그래피》(게프켄·쿠네르트 편집).

1969년(86세) 2월 26일, 스위스 바젤 시에서 사망.

옮긴이 전양범
성균관대학교 및 동대학원 졸업. 독일 BOCHUM대학 독문학과 수료. 문학박사. 성균관대학교 및 한양대학교에서 강의. 성결대학교 교수 역임. 지은책 연구논문집 다수. 옮긴책 디오게네스 라에르티오스 《그리스철학자열전》 마르틴 하이데거 《존재와 시간》이 있다.

세계사상전집078
Karl Theodor Jaspers
KLEINE SCHULE DES PHILOSOPHISCHEN DENKENS
ÜBER DAS TRAGISCHE/EINFÜHRUNG IN DIE PHILOSOPHIE/DIE GROßEN PHILOSOPHEN
철학학교/비극론/철학입문/위대한 철학자들
카를 야스퍼스/전양범 옮김
동서문화창업60주년특별출판
1판 1쇄 발행/1975. 8. 8
2판 1쇄 발행/2009. 5. 1
3판 1쇄 발행/2016. 11. 30
발행인 고정일
발행처 동서문화사
창업 1956. 12. 12. 등록 16-3799
서울 중구 다산로 12길 6(신당동 4층)
☎ 546-0331~6 Fax. 545-0331
www.dongsuhbook.com
*

사업자등록번호 211-87-75330

ISBN 978-89-497-1593-3 04080
ISBN 978-89-497-1514-8 (세트)